西方制度的历史变革研究丛书

西方国家制度史和国家理论研究

——从文艺复兴到20世纪初

沈汉 著

山东教育出版社
·济南·

图书在版编目（CIP）数据

西方国家制度史和国家理论研究：从文艺复兴到20世纪
初／沈汉著．——济南：山东教育出版社，2022.12
（西方制度的历史变革研究丛书）
ISBN 978-7-5701-2215-8

I.①西…　II.①沈…　III.①政治制度史–研究–西方
国家　②国家理论–研究–西方国家　IV.①D59　②D03

中国版本图书馆CIP数据核字（2022）第092884号

XIFANG ZHIDU DE LISHI BIANGE YANJIU CONGSHU
XIFANG GUOJIA ZHIDU SHI HE GUOJIA LILUN YANJIU
——CONG WENYI FUXING DAO 20 SHIJI CHU

西方制度的历史变革研究丛书

西方国家制度史和国家理论研究
——从文艺复兴到20世纪初

沈　汉　著

主管单位：山东出版传媒股份有限公司

出版发行：山东教育出版社

地址：济南市市中区二环南路 2066 号 4 区 1 号　　邮编：250003

电话：（0531）82092660　　网址：www.sjs.com.cn

印　　刷：山东临沂新华印刷物流集团有限责任公司

版　　次：2022 年 12 月第 1 版

印　　次：2022 年 12 月第 1 次印刷

开　　本：710 毫米 × 1000 毫米　1/16

印　　张：49

字　　数：600 千

定　　价：198.00 元

（如印装质量有问题，请与印刷厂联系调换）印厂电话：0539–2925659

作者简介

沈 汉

1949年生，江苏常熟人，教授。著作有《英国议会政治史》（合著）、《欧洲从封建社会向资本主义社会过渡研究——形态学的考察》（合著）、《西方国家形态史》、《英国宪章运动史》、《西方社会结构的演变——从中古到20世纪》、《20世纪60年代西方学生运动》（合著）、《英国土地制度史》、《资本主义史——从世界市场形成到经济全球化》（主编）、《资本主义史》（3卷）、《中西近代思想形成的比较研究》、《非资本主义、半资本主义和资本主义农业——资本主义时代农业经济组织的系谱》、《世界史的结构和形式》、《西方国家制度史和国家理论研究——从文艺复兴到20世纪初》等。译著有《资本主义社会的国家》（主译）、《近代国家的发展》、《共有的习惯》（合译）、《合法性的限度》（主译）、《宗教与资本主义的兴起》（主译）。

目 录

导言
国家的形态学

> "……必须提出和解决的一个问题，就是关于政治是一门独立科学的问题，也就是关于政治学在系统化了（完整的和一贯的）世界观中，在实践哲学中所占有的或应该占有的位置的问题。"
>
> ——安东尼奥·葛兰西：《狱中笔记》

一、国家的维度

目前国内学者在对国家下定义和研究时，其方法论上的主要弱点表现为两个方面：一是忽视了辩证唯物主义的历史过程论的原则，不是把国家理解为一种发展过程，而是把某一种社会形态下的国家视为从一开始便已固定下来和成熟的国家，没有注意到一类国家在一个漫长的历史时期的发展中其本质和形式都往往经历了部分的演变和改进。二是在研究国家时，主要强调国家阶级属性方面的特征，而忽视对国家其他属性和特征的研究，有简单化的倾向。国家是历史发展的产物，并非人类社会从一开始便有的。在人类社会形态发展的诸阶段上，国家在其要素的构成、活动的特质等方面都有很大的差别。国家的概念作为一种社会文化的词汇也具有时代性。英国文化历史学家雷蒙德·威廉斯曾指出，在对词汇这样一个社会文化讨论中极其重要的范畴的研究中，应当看到它始终是对一种明确的历史和社会条件的继承，由于它们是在真实的环境中形成和再形成的，它们反映了历史中深刻的差异，所以我们在使用这些词汇时要注意其变动性[①]。雷蒙德·威廉斯的告诫非常有益。在对国家的历史研究中，我们需要对国家这个词语在不同时期内涵的变化加以分析，以认识国家形态的变化。从本质上说，国家的活动和国家机构设置诸方面的发展受到经济发展的制约，同时受到人与人之间相互关系发展的制约。要想脱离对国家的历史研究而全面地定义国家简直是不可能的，或者说很难是科学的和细致的。从哲学上说，国家的本质和内涵蕴藏在其全部发展过程中，又表现于国家与整个外部世界的联系交往的历史中。国家的类型具有时代性或历史性。西方一位国家理论研究者指出，对国家的理论研究"要求把特殊的国家和一般国家的定义综合起来，把特殊的国家形式和关于财产、人性以及人与外部世界的联系综合起来"，[②]同时注意到国家存在的共性及不同时期国家的个性。

国外学者迄今为止在对国家下定义时，就其方法而论可以分作两大派。一派是从结构上来描述和定义国家，一派则从功能上来定义国家。西方学者中盎格鲁—撒克逊传统居支配地位的国家理论认为，国家的基本任务是经济和内政方面的任务，国家通过司法和镇压的手段

---

① Raymond Williams, The Key Words in Culture and Society. Oxford U. P. 1976. pp. 21–22.

② Kenneth H. F. Dyson, The State Tradition in Western Europe. A Study of An Idea and Institution. Oxford, Martin Robertson. 1983. p. 16.

来管理国家疆界范围内个人和阶级之间的经济关系。西方学者把霍布斯、洛克、马克思、伊斯顿和普兰查斯都归为第一派学者。但是，日耳曼传统居主导地位的国家理论则完全不同于前者。这一派认为国家的基本任务是军事的和地理政治学方面的：国家是调节人们之间关系的权力，在正规情况下，通常是通过军事力量来达到这种目的。在冈普罗维奇、奥本海默、欣茨和马克斯·维贝尔那里，可以在不同程度上看到这种观点[1]。这两种研究方法的对立同样表现在当代西方马克思主义政治学理论两个学派即结构主义学派与工具主义学派的争论之中。但是，研究方法的差异并没有妨碍两个马克思主义流派的学者在研究资本主义国家时得出相同的或类似的结论。

无论从结构上来理解国家或者从功能上来理解国家都是需要的，但仅仅论及一方面却都有缺陷。因为国家的本质有多种表现或存在形式，结构和功能都属于国家本质的存在形式。因此，任何对国家全面的定义都必须把其结构和功能两方面的因素囊括进去。只不过需要补充一点，大量对国家活动史的研究表明，构成国家的要素不仅在结构和功能两方面，还包括其他的因素，如一些非结构非功能的因素，特别是国家权力。因此，必须确定一种新的更具有包容性和概括性的国家研究方法或定义的方法。任何对于国家的完整的定义必须容纳进国家的外延和内涵不断发展的观念。为了调和上述对国家的结构解释和功能解释两个冲突的学派，我们应当在对国家的本质和国家的发展研究时建立国家的维度（dimension）的理论考察方法[2]。国家的结构和职能都属于国家的维

---

[1] Michael Mann Sources of Social Power. Cambridge U. P. 1988. Vol. I . p. 417.

[2] 佩里·安德逊在《绝对主义国家的系谱》一书中便尝试把维度的研究引入对绝对主义国家的理解中，他说："出现在绝对主义（国家）之中的维度的历史转变绝不应忽视。"——Perry Anderson，Lineages of the Absolutist State. London，1986. p. 19.

度，但国家还包括非结构和非职能的维度，例如国家权力便是非结构非职能的国家要素。需要指出的是，国家的维度是发展变化的，随着生产力的发展和外部交往的延伸，国家的结构即国家的维度也发生着变化。国家史的研究需要研究这种变化的特征和趋势问题。

在国家制度史研究中必须把对国家的宪法史的研究与软政治的研究结合起来。从宪法学的角度来研究国家史应该说很重要，但也有一定的局限性。宪法和法律是反映国家性质的一个重要文件，它们描述了国家的政治和社会制度，但是，西方任何国家的宪法性文件对于国家的镇压和压迫职能总是有一种粉饰的作用，它常常把不公正的制度用公正的词语掩盖起来，把国家描写成一种完全合法的、合乎伦理的并为绝大多数民众接受的实体形象。宪法常常反映不出国家在软政治和社会关系方面的特征。正如德国研究国家制度史的学者亨利希·米特斯所指出的，制度和立法的管理并没有在封建社会早期的日耳曼国家里起决定性的作用。真正的问题在于它们如何在实际生活中付诸实施，同样的立法原则会在变化了的历史环境下产生完全不同的结果。社会发展过程为宪法和立法因素，以及政治、经济和社会解决之间的相互作用所共同影响①。因此，从法的角度来研究国家不应当是国家史研究的全部内容，必须辅之以对国家实际统治的研究。

过去国内学者在对国家的研究时常常把人的活动排除在国家研究之外，这是一种需要弥补的研究角度。任何一种国家从来不是机械地反映一种生产关系，而是一种充满人的思维的历史活动，因此研究国家史要深入研究各历史时期统治集团维护其政治权力采用的

---

① Heinrich Mitteis, The State in the Middle Age: A Comparative Constitutional History of Feudal Europe. Amsterdam, oxford. 1975. p. 6.

各种统治治术。对国家运行起影响的不仅有上层的因素，同时，社会下层劳动群众的反抗斗争和压力也在一定程度上作用于统治上层。从古代到现代，国家制度史发展的一个重要线索就是民众政治的不断发展。尤其在工人阶级走上历史舞台后，他们对于资本主义国家的压力更是不可忽视的。任何统治阶级要维持较长久的统治，它就不可能随心所欲，正如它不可能单纯采取镇压措施而必须辅之以社会控制手段一样。文明化的发展迫使统治者采取一定的自我抑制措施，使其统治易为被统治者暂时容忍和接受。统治者还需要用种种策略缓和来自政府以外的被压迫群众的反抗，使之不至于发展到临界点而酿成摧毁统治阶级国家的革命爆发。把下层群众和革命运动对于国家活动的影响与统治集团心理活动的研究相结合，是国家史研究新的角度。

过去我们研究国家制度史时，比较注意对国家制度和国家职能的研究，而对于国家权力这样一个非机构非职能性的维度注意得不够。这种研究倾向的弱点正如尼科斯·普兰查斯所指出的，关于国家纯粹制度性的概念使得国家权力退化为国家设置，这样在研究国家时便无法触及问题的核心。"今天难道有谁能回避国家和权力这个问题吗？"①各派政治学者都试图对权力做出自己的定义。拉斯威尔把权力当作"参与决策"，这种权力观的弱点在于它具有被资产阶级的政治民主程序蒙蔽的倾向，忽视了背后某些集团对决策过程的控制作用。马克斯·韦伯认为权力是"某个既定集团的人们遵从既定特殊内容的命令的概然性"。美国社会学家塔尔科特·帕森斯认为"权力是

---

① Nicos Poulantzas，Class，Power and Socialism. London，1980. pp. 11，12.

坚持某种职责以造福于整个社会制度的能力"。帕森斯的定义过分强调权力的一般社会属性的一面，回避了权力的镇压性质和阶级控制性质的一面。马克思主义学者对于权力的定义则比资产阶级学者的定义要全面得多和本质得多。普兰查斯对权力下定义说："权力标志着一个社会阶级实现其特殊的客观利益的能力。"他特别指出："各种社会机构，尤其是国家机构，严格说来并没有任何权力，从权力的观点来看，这些机构只能与掌握权力的社会阶级联系在一起。在执行权力时，社会阶级的这种权力被组织在特殊机构中，这些机构就是权力中心。在这个意义上，国家就是执行社会权力的中心。"[1]关于国家权力的构成问题，英国学者迈克尔·曼认为，有四种国家权力，即意识形态权力、经济权力、军事权力和政治权力[2]。意大利学者贾恩弗兰科·波齐的看法与迈克尔·曼稍有差别，他认为社会权力有三种，即经济权力、意识形态权力和政治权力[3]。总之，国家权力是国家史研究中不可忽视的重要方面。

在马克思主义理论中通常将国家划为上层建筑，人们在规定它时通常不把生产关系包括在国家概念之内。然而，随着国家的历史性发展，特别是当代资本主义国家的经验告诉我们，分析国家时必须分析它是如何反映某种生产关系的，即分析国家和社会经济形态的具体关系。分析国家时还需要研究政治权力与社会阶级的关系。尽管我们常常说封建主义国家是封建贵族阶级的国家，资本主义国家是资产阶级的国家，但是在具体的历史政治实体中，国家的性质和它的掌权集团

---

① [希腊] 尼科斯·普兰查斯：《政治权利和社会阶级》，叶林等译，中国社会科学出版社1982年版，第109–120页。

② Michael Mann, Sources of Social Power. Cambridge U. P. 1988. Vol. Ⅰ. pp. 22–27.

③ Gianfranco Poggi, The State. Its Nature, Development and Prospects. California, 1990. p. 4.

并不处处表现出严整的一致，政治权力与社会阶级关系上常常表现出普兰查斯所说的"错位"。而且，一般说来，国家统治集团的社会构成在一定时期会不断发生某种渐变，如在近代国家中完全由资产阶级掌权的情况并不多见。国家是怎样通过特定的方式让其他集团参与执政来保持国家的阶级属性并为它所代表的阶级服务，是国家史研究中需要注意的问题。

国家在不同的历史时期，其地域、民族的内涵及其作为一种抽象的主体的政治形象有较大差别，因此，在不同历史时期的政治文化中存在着不同的国家概念。它们反映了国家一般的政治维系作用的特质，属于国家非结构非职能方面的属性，是国家形态的一个组成部分，也是国家史研究的对象。

以上是对国家的个案研究而言。国家史研究还应当包括对各个不同历史时期各种国家形态的比较研究。通过这种研究，可以洞察国家历史发展过程中的连续性和非连续性。国家总是某个社会统治阶级的国家，这种阶级属性具有非连续性。但是，国家的职能分类的发展与国家行政和司法等机构的形成却是经过了数代、数世纪经验积累的过程。国家必须具备的基本职能和基本的机构设置受到时代更迭和权力归属转变的影响，但却不会因此发生大的突变，在历史长时段中表现出粗略的历史连续性和承继性。国家作为一种政治上层建筑，随历史发展而机构愈益繁多、臃肿庞大。国家发展史的整体观应当是非连续性和连续性的统一。[①]

国家的形态学分析或国家维度的研究，是阐释国家演变发展以及

---

① 沈汉：《西方国家形态史》，甘肃人民出版社1993年版，第20—26页。

比较国家制度的有效视角。要反对简单和单一的理论思维方式。

国家维度的存在形式有三个最显著的特点。

第一，国家的维度在国家长时期的分阶段的历史发展中，表现出连续性和非连续性的两面。一些国家的维度，如国家的阶级属性，国家占主导地位的生产关系，是随着历史时期的更迭而更迭的。例如资产阶级革命的发生终结了封建国家，封建国家不再延续下去，另一种由资产阶级统治的国家取代了旧的封建国家。马克思主义政治学特别强调国家制度的非连续性。

但是国家其他的一些维度却不是随着革命中断的。比如，国家的经济职能要继续下去，国家的机构和职能分工的特点要继续下去，一些政府职能要继续下去，尽管这个或那个机构在下一个时代可以更改名称。法庭机构的设置和司法职能要继续下去，国家的权力关系也会连续下去，例如，中央政府和地方政府的关系可能不发生变化，但也可能发生变化；分权和权力监督是几乎各个国家都会采取的制度形式。诸如此类的连续性在历史上常见。

第二，国家代表的阶级和社会利益不容含糊，但不能简单断言一个国家所有的维度都是同质的。一个时代的国家诸多维度有些是同质的，但也会有异质的维度。例如，资产阶级革命以前的国家可以简单地划入封建国家的范畴。这类国家的性质是封建君主掌控的国家，它的法律是封建的，封建特权和封建等级制受到保护，这样的国家照理应当维护封建的生产关系，并且阻碍资本主义关系的发展。然而在绝对主义国家里，已经大量发展起了资本主义生产关系，君主制政府推行的某些政策是有利于资本主义发展的。所以，国家维度的不一致性会出现在绝对主义国家中。当然在典型化的国家中，国家维度的性质保持了一致性，这是具有同质维度的国家。国家维度的异质性表明，一种国家可以从另一种国家中借用维度，这并不影响这个国家的性质。

第三，国家的维度在长期的历史发展过程中，兼有共时性和历时性的存在形式。权力民主制这种政治制度形式，在人类历史上不止一种国家制度中存在过，先后出现过古代氏族民主制、城邦民主制、贵族民主制和近代普遍的民主制。可以说，民主作为一种制度形式，是具有共时性的制度。直接民主和间接民主选举形式，也是具有共时性的制度形式。

在社会人文科学各个学科中，没有哪一个比国家制度理论更引人注目和具有冲突性。如果说经济是一切社会关系的潜在的基础的话，那么国家制度便是一切社会关系的集中体现和一切社会活动不得不在其中展开的结构。马克思在《路易·波拿巴的雾月十八日》中把第二帝国描绘为俨如密网一般缠住社会全身并阻塞其一切毛孔的可怕的寄生肌体，是法国社会肌体上的肿瘤①。这在今天仍然发人深省。只要国家存在，它就是阶级的国家，它只能是阶级进行社会压迫的工具和社会不公正的代表。因此，在国家中，理想的全体人的民主和理想的社会政治公正总是难以实现，很少有例外。

马克思主义史学家佩里·安德森指出："在我们理解过去获得很大进展之时，无论如何这里必须记起历史唯物主义的一个基本的自明之理：阶级之间的现世斗争最终通过社会政治领域的斗争——而不是经济和文化领域——来最终解决。换句话说，只要阶级继续存在，唯

---

① 马克思：《路易·波拿巴的雾月十八日》，载《马克思恩格斯选集》，第一卷，人民出版社1972年版，第691页。

有建设国家或破坏国家才能确定生产关系的基本转变。"①国家、阶级和政治，从来就是马克思主义的历史唯物主义的中心问题之一。②国家活动公开的清晰的政治线索表明，它从不掩饰它与现实世界政治利益的关系。③

二、革命的国家学和治理的国家学

国家是人类历史上为统治者精心设计的最复杂和最精巧的组织。它表现了镇压敌对阶级和协调社会冲突的功能，也表现了组织和协调社会经济生活的职能。国家的政治学是在人类社会分化、整合和发展的漫长的历史过程中形成和体系化的。关于国家的政治学无疑有其阶级性。不同的阶级对这一问题的见解差异之大，超过了在其他任何社会和人文学科。但是，任何一种经历了长时间的历史发展的科学都形成了其理论范畴，否则就不成为一种科学。所以，它有严格的范畴规定性，研究和阐述对象有其严格的体系性。因此，任何一种政治学流派倘若缺少了国家学说作重要的奠基，它就称不上有严格的科学体系。

马克思主义国家学与资产阶级国家学代表的阶级利益是对立的。然而，不同的政治学在所面对的需要研究的范畴结构上恐怕有

---

① Perry Anderson, Lineage of the Absolutist State. London, Verso, 1986. pp. 15, 17.

② Ralphmiliband, Class Power and State Power, London, Verso, 1983.

③［美］爱德华·W.萨义德：《文化与帝国主义》，李琨译，生活·读书·新知三联书店2003年版，第16页。

一些共同之处，即他们都不得不对某些基本的社会政治问题做出自己的解答和陈述自己的观点。回避了必不可少的重大范畴的学科不是一种严肃的和成熟的科学。

在对国家这个基本概念的把握上，马克思主义国家理论通常极为强调国家的镇压职能。但实际上对国家的研究需要全方位地进行。除了镇压职能外，国家的机构和功能、国家的权力关系、国家反映的阶级关系、国家和社会经济的关系等都需要研究。国家的研究需要有开阔的研究视野。①

在马克思、恩格斯和列宁的时代，建立一种体系化的马克思主义政治学的任务没有完成。针对这种情况，葛兰西在《狱中札记》中写道："必须提出和解决的一个问题，就是关于政治是一门独立科学的问题，也就是关于政治学在系统化了（完整的和一贯的）世界观中，在实践哲学中所占有的或应该占有的位置的问题。""政治是一种具有自己的原则和规律的独立的活动部门"。②如果我们接受葛兰西上述关于马克思主义政治学的理论建构论，我们就必须讨论马克思主义政治学应当包含的范畴这个问题。马克思主义政治学需要纳入的范畴或对象，既要包括资本主义国家，也要包括社会主义国家。它需要讨论的问题包括：权力来源的理论，国家的权力是来源于（归属于）全体公民还是其他集团或一个阶级；国家的强力职能和社会的管理职能；国家是淡化阶级斗争还是强化阶级斗争的存在；宪法是作为执行法律的准则还是为国家辩护的工具；国家是否能任意发动对外侵略战争；国

---

① 参见［美］贾恩弗兰科·波奇：《近代国家的发展——社会学导论》，沈汉译，商务印书馆1998年版，"译者序"第2页。

② ［意大利］安东尼奥·葛兰西：《狱中札记》，葆煦译，人民出版社1983年版，第109、106页。

家权力是否应当保护公民的人身安全和人权；分权和权力监督的原则是否应当成为各种国家共同接受的原则；国家履行意识形态职能的度的问题；国家是否需要政治伦理等等。在17世纪和18世纪初，在国家理性的概念提出的同时，管制国家即治理国家的任务也提出来了。[①]作为管理的国家学，也应当成为马克思主义国家理论研究的重要问题。对国家权力的研究、国家权力关系和国家管理职能的研究是国家理论范畴的组成部分。

政治史在发展，马克思主义政治理论需要随着时代的发展而发展。新的政治学理论观念的提出，基本的或主要的路径是对政治历史和当代政治经验和教训的总结，同时借鉴和引入其他学科有价值的研究方法。对马克思主义经典著作的文本研究对于全面理解把握他们的思想无疑是重要的。但是，与总结实践经验和教训相比，理论文本的演绎即阐释学的途径能取得的新成果无疑是有限的。这正是20世纪后期"西方马克思主义"政治学遇到的理论窘境并无法有生气地发展的原因之所在。

研究梳理西方国家制度发展中出现的各种国家类型，及其国家历史发展过程中运作的特点、结构和职能的变化，是重写国家理论史的任务。对国外资产阶级的和马克思主义的与国家相关的政治理论做一种直率的研究，则是必须展开的工作。

马克思对国家机器职能和政府设置的正面研究不多，但也有论及。马克思在《路易·波拿巴的雾月十八日》和《法兰西内战》中，注意到法国中央集权的国家机器形成的历史过程。他们指出，这个过

---

① ［法］米歇尔·福柯：《生命政治的诞生》，莫伟民、赵伟译，上海人民出版社2018年版，第11页。

程从绝对主义时期开始，经过法国大革命，直到路易·波拿巴的第二帝国才完成。马克思在《〈法兰西内战〉初稿》中写道："这次革命不得不继续发展君主专制制度已经开始的工作，即使国家政权更集中更有组织，并扩大这一政权的辖制范围和职能，增加它的机构、它的独立性和它控制现实社会的超自然威势。"他随后没有进一步对这种机构发展的历史作用作评论，而是提出了关于国家和政府机构是肿瘤即寄生物的观点。他写道："市民社会身上这个冒充为机器完美反映的寄生赘瘤，在第一个波拿巴的统治下得到了充分的发展。"[①]"这个政府及其集中力量建立庞大的常备军，制造大批的国家寄生虫和巨额的国债。"[②]"但是，事实上，这只是那个阶级统治的最后的、堕落的、唯一可能的形式，它既给统治阶级本身带来耻辱，也给受它束缚的工人阶级带来耻辱。"[③]

马克思对资本主义国家机器的作用评价很低。他写道："国家机器与议会制只是统治阶级进行统治的有组织的总机构，只是旧秩序的政治保障、形式和表现，而不是统治阶级的真正生命"。[④]他用另一句话来对国家和政府活动作概括："国家寄生虫的非生产活动和为非作歹的活动。"[⑤]

---

① 马克思：《〈法兰西内战〉初稿》，载马克思：《法兰西内战》，人民出版社1961年版，第136页。

② 马克思：《〈法兰西内战〉初稿》，载马克思：《法兰西内战》，人民出版社1961年版，第136页。

③ 马克思：《〈法兰西内战〉初稿》，载马克思：《法兰西内战》，人民出版社1961年版，第138页。

④ 马克思：《〈法兰西内战〉初稿》，载马克思：《法兰西内战》，人民出版社1961年版，第142页。

⑤ 马克思：《〈法兰西内战〉初稿》，载马克思：《法兰西内战》，人民出版社1961年版，第143页。

由于马克思对于资本主义国家和政府的历史作用持消极的评价，这导致了他和恩格斯对于资产阶级国家的分权和权力制约制度不加重视。他们从未提及分权和权力制约制度，也未对它做过任何否定的或肯定的分析评价，而是把这种对于资本主义社会极为重要的机构和统治机制作为一种寄生物简单地抛弃了。

在马克思和恩格斯的政治学理论中，由于当时无产阶级管理国家的任务还没有提到日程上来，他们没有考虑到可以在法理层面借鉴资本主义国家在监督管理领域的经验和教训用于未来社会主义国家的建设。马克思政治学这方面空白的原因，是因为当马克思开展其理论活动和革命的实践活动时，面对的是危机和内在矛盾充分暴露及无产阶级处境悲惨的工业革命完成时期和完成后初期的资本主义国家制度，因此，他们的任务是作为资本主义国家的捣毁者和革命者的身份去思考和构建国家理论。在马克思活动的时代，社会主义国家建设和治理的问题还不具有现实性，还没有提到马克思和恩格斯的实践和理论活动的日程上来。马克思和恩格斯没有以社会主义制度建设者和治理者的身份去展开理论活动是可以理解的，因为任何一个思想家都不可能去思考和解决时代还没有向他提出的任务。然而，到了20世纪后期和21世纪初，社会主义国家的政治制度出现了严重的腐败而又无法克服，导致人民失去了信心，最终多数社会主义国家解体。今天，对于苏联和东欧社会主义国家解体究竟主要是西方资本主义世界的渗透造成的还是由于社会主义体制本身的缺点和问题沉积造成的，仍然是需要进一步探讨的问题。

社会主义制度是从资本主义制度的缝隙中成长起来的一种新的制度，它在诞生时没有任何历史经验可以借鉴，它是在革命实践中匆匆建立的。社会主义制度在建立时尚没有现成的理论设计和深思熟虑。因此，在它以后的实践中暴露出了一系列缺点和问题。第二次世界大战以后，在资本主义的影响下，同时也由于社会主义制度运作中自身的问题，苏联和东欧社会主义国家的社会主义体制在20世纪80年代末到90年代初骤然解体，成为一大历史悲剧，使马克思主义者警醒。进入21世纪，许多资本主义社会的弊病在社会主义制度肌体上同样出现了。同时，社会主义国家体制还出现了一些资本主义国家没有的问题。现实政治生活面临的问题已是如此紧迫，我们找不到任何怯懦的理由在学术上和理论上继续回避对国家制度史包括社会主义制度史的研究。在这种背景下，认真地来研究社会主义国家制度的历史，批判地借鉴外国和西方的国家制度的历史经验和教训，为建设现代的社会主义民主的政治制度提供参考，是有积极意义的。

从学术史来看，到了20世纪后期，当西方学界把制度学和文化学、心理学的研究方法引入政治史研究后，对国家制度史和国家权力的研究发生了重大的变化。对国家制度史和国家权力的研究开阔多了，学者把对国家史的研究从狭窄的机构制度史的研究发展到对统治方式和政治制度对人的控制形式的研究。研究开始从国家表象深入到人类政治社会隐秘的深层。

西方古典学者、中世纪学者，特别是资产阶级政治学者，在国家形成时期和反封建斗争时期对于政治学和国家制度研究做了一些奠基工作。他们的研究成果同古典哲学、古典政治经济学和空想共产主义思想一样，是人类文化思想史的财富。诚然，资产阶级学者对于资本主义制度的阐述包含了对它辩护的内容，我们在研究他们的思想和理论时，需要批判性地审视这些理论成果，吸收其有价值的成分，摒弃其中的糟粕。

从资本主义国家建立以来，特别是从工业革命完成以来，资本主义国家内部的阶级冲突没有成为对资产阶级统治的主要威胁，相反，来自世界上被发达的资本主义国家侵略和掠夺的不发达国家的斗争，却逐渐构成了对资本主义国家的主要挑战。这种斗争在第二次世界大战以后近三十年间冲击着资本主义政治世界及其国内的国家制度。但是在反对殖民主义的民族解放运动基本完成后，在以美国为首的帝国主义国家对第三世界国家的武装干涉告一段落后，后一种挑战也逐渐平息。进入全球化阶段，资本主义国家制度内部比较稳定，资本主义国家之间的矛盾常常不再以公开的武装冲突的形式表现出来。世界进入了一个表象上和平发展的时期。一个老练的剥削阶级领导着一种经济上不平等的但却是稳定的国家制度。所以，西方国家制度史的研究既是一个理论问题，同时也是一个现实政治问题。

三、历史的制度结构对资本主义国家制度形成的影响

欧洲中世纪社会结构和政治设施都有若干不同于东方封建社会的特征。欧洲中世纪国家的结构与西方封建主义时期政治的特征直接相联系。东方中央集权化的封建国家，它的社会内部除了偶尔的农民起义外，几乎不存在有组织的与中央权力相抗衡的力量。但是在西方封建化时期，王权不那么强大，西欧各地都存在封建诸侯势力，它们在

一些国家酿成了割据，成为各国等级会议和议会的基础。贵族分权势力制约着以王权为代表的集权化力量，形成了中世纪的代议制。这对以后欧洲资产阶级民主制的形成影响极大。

　　东方的封建主义和欧洲中世纪封建主义存在着结构差别。欧洲封建社会不是由同质成分构成的，在其中存在着异质的社会关系。乔治·居尔维奇发展了马克·布洛赫对封建社会的研究，对西方封建社会做了很好的概括。他认为封建社会是数世纪的积淀、破坏和萌发作用形成的。"封建社会"实际上包括了五种不同的社会制度。第一种社会制度是古老的领主制社会，它把地方上的地主和农民结合在一起。第二种是不那么古老的制度，即起源于罗马帝国由教会体制为核心构成的神权社会，它不仅通过征服，而且通过信仰的控制来持续地巩固它。第三种社会制度是领地国家，它在卡洛琳帝国后期开始形成，但残缺不全。第四种社会制度是严格意义上的封建制度，这是一种插入到由于国家削弱而造成的上层建筑的裂隙之中的制度，它用一个长长的链条把封建领主联系在一起，并通过这种等级制控制整个社会。第五种制度是由城市所代表，它在10世纪到11世纪作为一种与国家、社会、文明、经济相区别的实体出现。在城市中出现了最初的分工、持续的经济流动、贸易和金钱关系的复兴。①在欧洲中世纪初期到中期，国家统一和集权化的任务并没有完成。在这个时期，存在着妨碍中央集权国家形成的地方封建割据势力。他们是一种分权化的力量。他们与以王权为代表的中央集权化力量处在不断的冲突中。在斗争中双方势力此消彼长。封建诸侯贵族甚至通过内战迫使国王签署宪

---

　　① Fernand Braudel，Civilization and Capitalism from Fifteenth to Eighteenth Century. New York，1981—1982. vol. 2，pp. 464–465.

章，作出政治让步，在宪章中确认贵族诸侯的自由权利。

公元5世纪初罗马帝国对不列颠的统治结束以后，德意志北部沿海的盎格鲁和撒克逊部落在5世纪中叶从莱茵河下游渡过北海侵入不列颠岛。当时不列颠处在部落社会阶段，社会发展较落后，当地居民凯尔特人被盎格鲁、撒克逊人征服。如恩格斯所指出的，德意志野蛮人用它的"灵丹妙药给垂死的欧洲注入了新的生命力"，"他们至少在三个最重要的国度——德国、法国北部和英国——以马尔克公社的形式保存下来一部分真正的民族制度，并把它带到封建国家里去"[①]。日耳曼人把本民族的一些社会机构转化为国家机关。他们的民族的议会逐渐演变成为不列颠各王国的贤人会议，并在9世纪逐渐演变成正式的议事机构。它由国王召集，参加者有重要的主教、大乡绅和郡长官，有时还有较小的贵族参加。贤人会议有权向国王提出施政建议、为王室册封土地作证、为王室的行政法令签字作证等。但并没有在法律上确定贤人会议的地位。总之，贤人会议的特征是古代氏族民主制残余的表现。远古氏族社会的影响还表现在地方各级行政组织中。早在日耳曼部落居住在欧洲大陆时，便把一个部落单位称为百户村，盎格鲁-撒克逊时代的百户村以及其他各级行政组织如民众大会、郡议会均是自下而上选举代表参加。这些古代民主制的残迹作为一种传统，影响了英国封建社会的政治和早期代议制的形成。至于作为政治文化最主要组成部分的英国的法律思想，则受到属于日耳曼法系的盎格鲁-撒克逊法极大的影响。盎格鲁-撒克逊法的特征是习惯法。12世纪初期曾有人对卡纽特、阿尔弗雷德、爱德华时期的法令进行过整理。以后，亨利

---

① ［德］恩格斯：《家庭，私有制和国家起源》，载《马克思恩格斯选集》，人民出版社1972年版，第四卷，第148页。

二世进行的司法改革建立了巡回审判制，在巡回法官调查和运用盎格鲁-撒克逊习惯法的过程中形成了英国的普通法，在其中保存下来某些"日耳曼自由"，即氏族民主制的残余。[①]

西欧封建主义社会在它的封建化阶段出现了强大的分权化的势力。恩格斯曾描述说："封建贵族以疯狂的厮杀喊声响彻了中世纪"，形成了一种"普遍的混乱状态"，"在那纵横捭阖的漫长的中世纪有使诸侯归附中央王权的向心力"，"也有由这种向心力不断地、必然地变成的离心力"。[②]诺伯特·埃利亚斯指出，在中世纪的权力结构中，既有集中化的势力，也有非集中化的势力。欧洲庞大的查理曼帝国是军事征服者用武力建立起来的。当国王无法监督管理整个帝国时，便派出他信赖的朋友和臣仆去治理所属的各个地区，代表他本人进行管理统治。但国王不付给他们薪俸，这样，这些封臣便以土地所有者的身份取得收益。久而久之，封臣的谋利方式便导致了封臣和国王之间关系的紧张，对这些地区的领地控制权便落入了封臣之手，一种反对帝国国王集权的势力便发展起来。

中世纪中期英国的地方贵族与王权的矛盾和斗争不断，地方贵族的斗争造成了一种削弱中央王权的国内政治形势。1215年的《大宪章》是搞分封的封建贵族势力和王权斗争取得的法律成果，13世纪议会的建立则是这种斗争取得的政治制度成果。《大宪章》规定："如征收贡金与免疫税，应用加盖印信之诏书致送各大主教、主教、住

---

① William Stubbs, ed., Select Charters and Other Illustrations of English Constitutional History, From the Earliest Times to the Reign of Edward the First. Oxford, Clarendon Press, 1921. pp. 5–11.

② 恩格斯：《论封建制度的解体及资产阶级的发展》，载《历史问题译丛》，中国人民大学1953年版第6本，第1、7页。

持、伯爵与显贵男爵，指明时间与地点召集会议，以期获得全国公意。""伯爵与男爵，非经同级贵族陪审并按照罪行程度外，不得科以罚金。""不得再行颁布强行转移土地争执案件至国王法庭审讯之敕令，以免自由人丧失其司法权。""任何自由人如未经同级贵族之依法裁决或经国法判决，皆不得被逮捕、监禁、没收财产、剥夺法律保护权、流放，或加以任何其他损害。""任何人凡未经同级贵族之合法裁决而被夺去其土地城堡、特许权或合法权利者，应予立即归还。"《大宪章》确认了诸侯贵族有对国王征税发表意见的权利，有司法权、人身权利、财产权等若干自由和权利。《大宪章》还确立了封建社会英国上层政治活动必须经过咨议和监督。它规定推选25个男爵监督法官、行政官以及国王的活动，并允许25个男爵在需要时"可联合全国人民共同行使其权力，用一切方法向他们施加压力"，使弊政能及时纠正。①《大宪章》表现出了君主对封建贵族的让步，具有封建贵族民主制的特征。

波奇指出："封建主义的成长在西欧大多数地区导致了对领域统治者世袭的地产猛烈的侵蚀。""暴露出很尖锐的协调问题、秩序的危机、周期性地发作并且很明显是无政府主义的暴力行为。""作为一种统治制度的封建主义"，"它无法抵挡它内部的衰落"。②

当城市市民兴起时，统治者赐予或者城市自动产生的城市宪章，旨在创造一个时期免受封建统治的司法秩序。它最重要的内容是授予所有市民以自由民的法律身份。

---

① G. B. Adams and H. M. Stephens, eds. Selected Documents of English Constitutional History. New York, 1927. pp. 42–49.

② ［美］贾恩弗兰科·波奇：《近代国家的发展——社会学导论》，沈汉译，商务印书馆1997年版，第35–36页。

到了等级君主制时期，"等级会议是为了与统治者对抗和合作的特殊目的而著称的团体，""拥有很少政治特权的单一构成的等级在那里联合起来并转而去争取更有意义的目标和更广泛的特权。""在等级制国家中，有势力的个人和团体通过个人或其代表频繁地聚合成各种以合法形式设立的代表制会议并与统治者或他们的代表打交道，发表他们的声明，重申他们的权利，系统地陈述他们的建议，确定他们与统治者合作的条件，并承担他们分享的责任。"①这便成为西方宪政理论形成时可以借鉴的中世纪封建政治制度因素。

在欧洲封建社会中期，各国普遍地经历过等级君主制时期。在这个时期，几乎所有欧洲国家，如法国、西班牙、英国、德意志帝国、意大利半岛诸王国等，都出现了议会或等级会议。但是，到了作为封建社会最后一个阶段的绝对主义王权时期情况发生了很大变化，中世纪各等级分权的现象迅速让位于君主集权，从葡萄牙到芬兰，从爱尔兰到匈牙利，每个国家都有的议会或等级会议不是被消灭就是极大地被削弱了。在法国，1615年最后一次召开三级会议。法国各省的三级会议在1650年以后就未再集会。到17世纪，西班牙的22个国王只有6个还保留着他们的议会。在葡萄牙，1697年议会召开了最后一次会议。在那不勒斯，1642年以后议会不再议事。

至于俄国，在中世纪是一个中央集权的封建国家，在其历史上从未出现过西欧式的议会或等级会议。结果在18到19世纪，俄国在沙皇统治下形成一个精巧的专制的集权国家。直到1905年革命发生，俄国没有起码的资产阶级民主制度。在1905到1907年资产阶级民主革命过

---

① ［美］贾恩弗兰科·波奇：《近代国家的发展——社会学导论》，沈汉译，商务印书馆1997年版，第47页。

程中，在遭到无产阶级和资产阶级双重力量的打击和威胁下，沙皇政权匆忙颁布十月法令，向资产阶级妥协，建立国家杜马。但沙皇和资产阶级终究无法维持自己的统治，二月革命推翻了沙皇政权，随后发生的十月革命又推翻了资产阶级的临时政府。俄国是一个由于在封建社会缺少起码的政治民主制度因素，导致中央集权的封建国家被推翻的例子。

中世纪议会制度的存在对于资产阶级政治制度的形成所起的重要作用。昂格尔论述道："可以这样说，官僚专制主义和议会立宪主义是从等级社会向自由主义社会过渡的两条主要途径，它们分别以普鲁士和英格兰为代表。在三级会议为特点的等级制国家中，官僚专制主义很是兴旺发达。议会立宪主义则产生于实行两院制的等级国家之中，在其中，各等级总是保持着很大程度的独立性。"①亨廷顿就欧洲历史上中世纪议会或等级会议对近代政治民主的影响写道："在封建议会经历专制时代而幸存下来的国家里，它们通常变成了倡导主权在民而抵御王权至上的工具，皇室的权力和特权逐渐受到限制乃至终止，议会成为占统治地位的政治制度。随着选举权的扩大，议会最终代表了全国。"中世纪的等级会议和多元议会持续保持生命力的地区，到了近代时期那里的资本主义民主制的发展较为顺利。②

东方的封建制度结构单一，没有多元权利与王权抗衡的政治结构。中国封建社会后期的政治观念始终围绕君臣关系展开，政治说教的中心一是宣传君主的统治体现了天意，二是强调为臣者必须忠于君

---

① [美] R. M. 昂格尔：《现代社会中的法律》，吴玉章、周汉华译，译林出版社2001年版，第159—160页。

② [美] 萨缪尔·P. 亨廷顿：《变化社会中的政治秩序》，王冠华等译，生活·读书·新知三联书店1989年版，第115页。

主。在中国直至近代的政治理论中，没有把国家作为一个重要的和君主分离的政治主体来看待。所以，统治者与国家关系始终没有作为一个论述和讨论的问题提出来。可以说，中国的政治学的体系几乎完全是专制主义的。西方中世纪的政治理论有神学做它的支撑，而中国的宗教不像西方基督教那样强大和与政治发生那么密切的联系，它无法支撑封建政治体系，中国古代的政治学很单薄，封建的政治观念支离破碎，没有形成一种系统化的理论体系。在中国封建社会的思想体系中，伦理学特别强大，政治理念由封建伦理观念作它的强大支撑。

中国和西欧的封建制度的结构差别对中国政治民主思想的产生造成了很大的困难。近代时期的东方国家在资本主义世界市场形成中沦为殖民地或半殖民地，通常没有经历一次疾风骤雨的资产阶级革命，对封建旧文化的清除不像西方国家那样较为彻底。

历史上的制度结构对近代资本主义国家的形成及其结构形式有很大的影响。欧洲国家彼此毗邻，民族和地区之间的相互交往和密切联系促成了思想文化的多元化。封建社会前夜氏族民主制的制度残余和记忆给日后各国在构建政治制度时重要的启示，古代希腊罗马的文化的再发现和承继，则给近代欧洲文化的形成注入了新的活力，古代民主制的政治设施成了欧洲的历史财富。多元化的历史思想遗产给近代欧洲的形成提供了思想借鉴的可能性，而其中有些思想和制度则成为近代思想形成中可以借鉴的要素。

四、资本主义国家制度在国家制度史演进中的地位

马克思和恩格斯在确立历史唯物主义理论时，肯定了资产阶级在历史上起的进步作用和他们建立一整套制度的功绩。他们指出："资产阶级在历史上曾经起过非常革命的作用。"[①] "资产阶级的这种发展的每一个阶段，都有相应的政治上的成就伴随着。它在封建领主统治下是被压迫的等级，在公社是武装的和自治的团体，在一些地方组成了独立的城市共和国，在另一些地方组成君主国中的纳税的第三等级；后来，在工场手工业时期，它是等级制君主国或专制君主国中同贵族相抗衡的势力，甚至是大君主国的主要基础；最后，从大工业和世界市场建立的时候起，它在现代的代议制国家里夺得了独占的政治统治。" "资产阶级日甚一日地消灭生产资料、财产和人口的分散状态。" "各自独立的、几乎只有同盟关系的、各有不同利益、不同法律、不同政府、不同关税的各个地区，现在已经结合为一个拥有统一的政府、统一的法律、统一的民族阶级利益和统一的关税的国家了。"[②] 他们认为，资产阶级建立了和先进的生产力相伴随的先进制度。

今天，当我们研究西方政治制度史的时候，必须客观地肯定资本主义政治制度对于巩固那个社会所起的作用，必须客观地肯定资产阶

[①] 马克思、恩格斯：《共产党宣言》，载《马克思恩格斯选集》，第一卷，人民出版社1972年版，第253页。

[②] 马克思、恩格斯：《共产党宣言》，载《马克思恩格斯选集》，第一卷，人民出版社1972年版，第255–256页。

级启蒙思想家和资产阶级政治家在构建自己的国家时所确定的一些政治原则及其有效性。

资产阶级在夺取政权之前很久便已参加了政治斗争，并有部分参政的活动经验。他们先是在城市政权中取得举足轻重的地位。而后，他们的代表当选为议员进入议会下院。在绝对主义国家里，资产者的代表在一些国家进入贵族队伍，并且在政府的核心部门与贵族分占了职位，把持了部分财政、司法要职。他们对腐败的旧制度的洞察使这个阶级的理论家在制定未来社会的政治蓝图时，加进了分权和权力监督制约的内容。政治管理是一门科学，也是一门技术，它在资产阶级时代有很大的发展。①

从16世纪资本主义国家建立以来的历史来看，西方资本主义国家制度是较为稳定的制度。由于有了分权和权力监督制约制度，由于有了文官制度的运行，资产阶级革命后几百年间，尽管劳资冲突不断，民众反抗资本主义国家的斗争不断，在资本主义经济领域不断出现周期性的经济危机和萧条，资本主义国家却没有出现大量的贪污腐败，这个制度比较廉简。在这个制度内部几乎没有出现阴谋家政变颠覆的活动。资产阶级选择和确立的一套政治制度，对于保护资产阶级的利益和巩固资本主义国家的统治权力是有效的。正是有了那些制度规定，资本主义国家至今没有因贪腐而倒塌。这是西方资产阶级留下的

---

① 西方资产阶级在国家管理方面的理论认识远远早于他们在经济领域的认识。资本主义经济管理的理论在19世纪末20世纪初才出现。弗里德里克·温斯劳·泰罗（1856—1915年）是工人出身的工程师。他提出了一整套工业管理的工作方法。他的科学管理思想形成于19世纪末20世纪初，其根本内容是如何提高企业生产效率。泰罗认为，企业效率低的主要原因是管理部门没有合理的工作定额，工人缺乏科学指导，因此必须把科学知识和科学研究系统运用于管理实践，并制定出严格的规章制度和合理的日工作量。

重要历史政治经验。

资产阶级把教育的因素带给了无产阶级。我们看到，由于资产阶级是一个拥有知识和文化的阶级，这个阶级创造和拥有了科学的政治机构运作规则。资产阶级建立的国家制度、宪政主义和三权分立的政治原则是一种反封建的政治成果，也是维持国家稳定运行的有效机制。这使得这个阶级能够在1500年以后五个世纪的时间里持续执掌政权。他们建立的资本主义的经济秩序和资产阶级的政治制度总的来说是有效的。尽管资本主义经济危机不断周期性地发生，资本主义国家制度却保持了相当的稳定，在其内部很少发生试图毁灭这个制度的重大的震荡。分权学说是资产阶级政治学重要的遗产。作为组织管理手段的国家的运作则是资产阶级政治实践方面一项有贡献的成果。

"西方马克思主义"政治学家密里本德尖锐地批评了马克思主义政治学不注意政治制度设施研究的弱点。他指出："不深入到政治制度设施和形式底下，就无法理解政治现实。"在马克思主义中存在"一种非常强烈地贬低了或忽视了'纯粹'政治形式的重要性"的倾向，"而且毫不重视跟'纯粹'政治形式有关的这些问题"。他还指出，布哈林到1917年以后才意识到，并"向马克思主义者提出了精英理论和官僚化理论"，"而这个问题在好多年过去以后都还是没有解决。造成这种情况的诸多原因应该在马克思主义缺乏一套严谨的政治研究传统这里来找；也应该在1917年以前马克思主义者提出的一般假设里头来找，这种假设是说，社会主义革命本身会——假定它会是这个压倒性的群众运动——解决向它提出来的那些重要的政治问题。

《国家与革命》就是这种信念的基本表现"。①密里本德批评的这种理论倾向在目前我国不难看到。

当代的政治学受到系统理论的很大影响②。避免简单性的分析是我们在国家制度和国家史研究中需要注意的。国家是一个复杂的研究对象。作为马克思主义学者，我们在研究国家时当然首先关注国家的本质即它的阶级内涵，关注每种国家到底代表了哪个阶级的利益。但我们在对国家进行全面研究时还要关注国家运行和国家职能的多个方面。国家包含了多重维度。对国家的研究需要从维度的角度去做进一步的思考。研究的理论方法有一部分是解决实际社会生活问题所需要的。我国社会主义体制运作的过程提出了一些新问题。这是我们在今天研究国家制度和国家运作时需要注意的。

---

① 拉尔夫·密里本德：《马克思主义与政治学》，赵相明译，远流出版事业股份有限公司1995年版，第16—18，19页。

② 到了20世纪上半叶，亨利·法约（1841—1925年）提出，管理过程普遍适用于一切组织（即不仅适用于私人企业，而且适用于所有其他组织），企业指挥权应当协调统一，职责要分明，要建立行使职责的机构。（古奥尔吉奥·佩利西利："1920—1970年的企业管理"，载，［意］卡洛·M.齐波拉（主编）：《欧洲经济史》，第五卷上册，胡企林、朱泱译，商务印书馆1988年版，第164–168页。）不管怎样，一种管理制度的建立，无论在国家政治领域还是在经济领域都是必不可少的，这是常识层面的问题。西方资产阶级在管理、制约、控制等方面表现得极为成熟和老道，也是不争的事实。（［美］R. H. 奇尔科特：《比较政治理论——新范式的探讨》，高铦、潘世强译，社会科学出版社1998年版，第127页。）

第一编

国家理论

第一章
非马克思主义的国家理论

第一节　中世纪的国家概念

在近代世俗国家理论和国家主权理论诞生以前，就已出现了把王权神圣化的意识形态。在16世纪最后几年世俗国家权力理论和国家主权理论出现后，王权政治神学的各种表述形式仍然继续与世俗国家观念共存过一段时间。

法国历史学家马克·布洛赫注意到：在中世纪"英法君主权力得到的肯定"与他们"神奇能力的获得"相辅而行。"神奇权力是王朝运用的一种工具。"①马克·布洛赫在书中开列了在国王的仪式中起重要作用的神圣物，它们中有"国王胎记、圣托马斯·贝克特的油瓶、兰斯的圣油瓶、斯昆石、狮子与国王、百合花及军旗、圣餐两圣体、圣长矛、宝剑、加冕程式、权杖、冠、戒指（以及痉挛戒

---

① ［法］马克·布洛赫：《国王神迹，英法王权所谓超自然性研究》，张绪山译，商务印书馆2018年版，雅克·勒高夫的"序言"，第XXX页。

指）。"①瓦莱里奥·瓦莱里认为，在对神圣国王的研究中，"关于王权起源的理论主要有两大类型：魔法起源论与历史起源论。历史起源论又分为两个主要论点，即暴力起源论与契约论"。②在中世纪，对王权所具有的意象与我们现在迥然有别。在那个时代，各国的国王都被视为神圣的，而且，至少在一些国家，他们被认为具有超凡的治病能力。③在法国，1575年克洛德·达尔邦在《论君权》中写道："诸王备受尊崇的原因主要是，人们只是从他们身上，而不是在其他人身上，看到了神性和神力。"④

国王通过触摸瘰疬者为其治病，是中世纪早期和中期流行的仪式。在英国15世纪，约翰·福蒂斯丘认为英王亨利六世有这种能力，"经他至纯之手的触摸……你可以看到，即使是今日罹患国王之魔疾病的人，包括医生们束手无策的那些患者，都由于神的介入而恢复了渴望已久的健康"。在亨利七世和亨利八世的账目中，用于国王触摸的开支的记载再次出现了，不过这些账目出现的次数很少。⑤1825年查理十世曾短暂地复活过圣化礼。法国历史学家雅克·勒高夫写道："一种历史现象，尤其是一种心理行为，是很难被扼杀的。它的消亡，或多或少地是随着心态的变化节奏，以及这种心态所由产生的环

①［法］马克·布洛赫：《国王神迹，英法王权所谓超自然性研究》，张绪山译，商务印书馆2018年版，雅克·勒高夫的"序言"，第ⅹⅹⅹⅲ页。
②［法］马克·布洛赫：《国王神迹，英法王权所谓超自然性研究》，张绪山译，商务印书馆2018年版，雅克·勒高夫的"序言"，ⅹlⅷ。
③［法］马克·布洛赫：《国王神迹，英法王权所谓超自然性研究》，张绪山译，商务印书馆2018年版，导言，第3页。
④［法］马克·布洛赫：《国王神迹，英法王权所谓超自然性研究》，张绪山译，商务印书馆2018年版，导言，第4-5页。
⑤［法］马克·布洛赫：《国王神迹，英法王权所谓超自然性研究》，张绪山译，商务印书馆2018年版，第91-92页。

境的变化节奏而缓慢实现的。"①英国教士威廉·奥卡姆在《教皇的权能与尊严八问》中试图证明，国王们通过涂油礼接受了"精神能力的恩典"；他提到法国国王和英国国王对瘰疬病的治疗。他的影响几乎不逊色于格利高里。②

法国国王神圣化的另一个仪式，是通过涂敷来自天堂的神圣之油，即涂油礼（或称圣化礼），获得神奇的能力，成为中世纪晚期人们虔诚崇奉的王。③在1493年高等法院一桩重要的诉讼案件审理中，律师说道："国王不是纯粹的世俗之人，因为他不仅像其他国王一样接受加冕和涂油，而且已被圣化。"④

造成民众对君主和国家的崇拜是任何一代统治者必做之事，它的历史比国家理论的存在要悠久得多。这是国家的意识形态职能的一个组成部分。1500年前后及16世纪一些年间，在拉芒什海峡两岸，关于国王奇迹的传说得到了广泛扩散。⑤

中世纪是欧洲国家制度的奠基时期，欧洲关于国家的政治概念也在这个时期形成和发展。这个时期欧洲国家概念的基本结构特点是围绕着国王的权力、封君和封臣的权力、王权与教权的关系诸问题展开阐述。由于此期间国家权力还没有发展成熟，所以关于国家的理论表

---

① ［法］马克·布洛赫：《国王神迹，英法王权所谓超自然性研究》，张绪山译，商务印书馆2018年版，雅克·勒高夫的"序言"，ⅩⅩⅩⅦ。

② ［法］马克·布洛赫：《国王神迹，英法王权所谓超自然性研究》，张绪山译，商务印书馆2018年版，第119页。

③ ［法］马克·布洛赫：《国王神迹，英法王权所谓超自然性研究》，张绪山译，商务印书馆2018年版，雅克·勒高夫的"序言"，第ⅩⅩⅨ页。

④ ［法］马克·布洛赫：《国王神迹，英法王权所谓超自然性研究》，张绪山译，商务印书馆2018年版，第118-119页。

⑤ ［法］马克·布洛赫：《国王神迹，英法王权所谓超自然性研究》，张绪山译，商务印书馆2018年版，第275页。

现出混沌、纷杂和多元，在其中除了与世俗王权对抗的教权、自然法、封建民主观念外，也呈现出初步的理性观念。

从思想结构来看，在中世纪的大部分时间，政治学说没有独立地清晰地成形并陈述出来。厄尔曼教授写道："在中世纪的大部分情况下，我们一般叫作'政治'的东西都是以法律的方式来表达的。"法律是由政府颁布的，旨在将社会的目标变为现实。在中世纪大部分时间里，法律是我们赖以认识政治观念的唯一途径。因为当时的政治学说是在法律之中得到应用的。①

东罗马帝国皇帝查士丁尼在公元527年登基。他组织律师开展了恢复古典时代的罗马法和编纂法典的工作。法典编撰工作中最重要的是《学说汇纂》的编纂。这是39位古典法学家著作摘要的汇集，其中三分之一选自乌尔比安的著作，六分之一选自保罗的著作。《学说汇纂》的第三部分是后来在16世纪被称为《民法大全》的《法典》。《法典》分为12卷，第1卷论及信仰和教会的地位、法律的源泉和官员的责任问题；第2至8卷论及私法；第9卷论及刑法；第10—12卷论及拜占庭行政法。《学说汇纂》在开篇"论正义和法"中，认为一般意义上的民法与国家法相对，后者是对所有法律体系共同适用的规则的总和。在当时的法学家认为，合法统治根源于社会生活，无须进一步论证。"依据理性"就是自然要求必须如此。但在另一篇文献中，乌尔比安认为，皇帝的决定具有法律的效力。他引用每个皇帝登基之初通过的《帝国法律》，称该法律授予他权力，他可以做任何有利于国家的事情。但当时从古典时代和后古典时代发现的材料倾向于认为

---

① ［英］沃尔特·厄尔曼：《中世纪政治思想史》，夏洞奇译，译林出版社2011年版，第11页。

皇帝的立法权受到限制。他得尊重传统的法律，只有在合法需要的情况下才能背离传统法律。①教皇杰拉西乌斯一世在494年给阿纳斯塔休斯的一封信中，提出了世界有两个不同的统治权威，教皇统治精神的事务，皇帝统治世俗的事务。当时在国家法领域，对世俗皇权和教权权限的看法常常是矛盾的。

《帝国之道》是拜占庭政治思想的资料。它由拜占庭早期皇帝波尔菲罗·格尼图斯汇编而成。这是一本关于统治术而非王权理论的手册。波尔菲罗·格尼图斯主张与法兰西联姻。

西奥多·梅托彻斯特在讨论民主制和君主制的文章中认为，国王或皇帝的统治可能是现存的最好的政体。"而且，在这个体制下，我们的基督神学法律也是将维护人人各司其职，发挥有效效力的最好法律……神学法律包含了神的事务与人间事务最完美的智慧。"②

1415—1418年间，普勒松分别给皇帝努埃尔二世和他的儿子狄奥多尔写了两份备忘录。普勒松拒绝了拜占庭的"全宇宙帝国"的概念，他给皇帝提出的建议是划分更多的小公国。普勒松建议采用一种新的政体形式，它必须有一个高度集权的君主政体。他建议，君主或米斯特拉的领主，可以拥有由少数有教养的、富有的人构成的社会上层，以及由公民构成的中等阶级。军队必须进行改革，它必须是一个职业化的常备军，它不仅仅由雇佣军组成，还应该包括希腊本国人。它是一个特权阶层，它的天职就是防御和战争。它需要社会其他阶层即纳税人供养，这些纳税人可以免除兵役。政府应当特别鼓励对荒地

---

① ［英］J. H. 伯恩斯主编：《剑桥中世纪政治思想史：350年至1450年》（上），程志敏等译，生活·读书·新知三联书店2009年版，第56，58，60，62页。
② ［英］J. H. 伯恩斯主编：《剑桥中世纪政治思想史：350年至1450年》（上），程志敏等译，生活·读书·新知三联书店2009年版，第103页。

的开垦，但不允许土地私有。每个农夫应当缴纳他的收获物的三分之一作为公共基金。为保护和与刺激国内市场，要谨慎地管控贸易，限制货币流通，必须进口的物资可以通过交换当地产品丝绸而获得。国内生产的货物就没有必要进口。社会惩罚罪犯的最好办法是让他们戴上镣铐去修筑防御设施。普勒松的社会政治理论受到柏拉图《王制》的影响。①

米兰的圣安布罗斯写过《论仆人之书》，他把皇帝视为"教会之子"。他认为罗马帝国未来应当是一个完全基督教化的社会，其中教会应当肩负塑造民众生活和风俗习惯的任务。他认为私有制不是自然而然地出现的制度，而是"非法侵占"的结果。因此，私有制必须用以资助他人。圣安布罗斯勾勒出一个有良好秩序、与自然和谐一致的社会。他将建立于完全平等基础上的"共和政体"与"君主专制政体"作对比。他表明，前者在某些方面优于后者。君主政体的政府，是"自由城邦"，是完全自然的社会组织形式，其中统治者与被统治者由自然择出，各就其位，各任其职，为了共同的、其实也是各自的利益而一起努力。他关于政府的观念存在着很多模糊之处。②

在欧洲中世纪政治文化中，先有"政府"概念，再有"国家"概念。在13世纪以前的中世纪，国家还不是一个为人熟悉的概念。王国和帝国被当作大的单位即基督徒团体的一部分，而不是被视为单独的、自足的、自主的、有主权的团体。到了13世纪，在希腊哲学家亚里士多德的影响下，才产生了国家概念。国家被理解为一个独立、

①［英］J. H. 伯恩斯主编：《剑桥中世纪政治思想史：350年至1450年》（上），程志敏等译，生活·读书·新知三联书店2009年版，第105–107页。
②［英］J. H. 伯恩斯主编：《剑桥中世纪政治思想史：350年至1450年》（上），程志敏等译，生活·读书·新知三联书店2009年版，第130–134页。

自足、自主的公民团体，它按照自己的律法而存在。到13世纪，"政治"这个词才进入政府和学者使用的词汇中。此前，无论是国家概念还是政治概念都不存在。当时所用的词既不是"国家"也不是"政治"，而是"政府"。①指谓"国家"的专门术语的缺失，和独立的国家形态尚不成熟直接相联系。

天主教思想家圣奥古斯丁年轻时坚信存在一种世界的理性秩序，坚信完全可能在人类生活、个人生活和社会生活中获得这一理性秩序。社会秩序在宇宙秩序中有其位置。世俗社会的秩序是一种更高的可理解的秩序的反映，是诸多将秩序带进人类事务的方式之一。统治者是将宇宙理性秩序中的社会机构联系起来的基本纽带。他认为，政府的行为不是提高生活质量、提升美德、促进完美，它的基本任务是消除罪的影响。它的功能是解决社会矛盾。②

圣奥古斯丁提出，在没有真正的正义的情况下，不可能存在共和国。在共和国的社会中，真正的正义会得到完全的伸张，而其他社会不过是"抢劫者的秘密藏身之处"。一个群体的成员所信奉的社会价值观对是否构成一个以政治方式建立的共和国这样的问题无关紧要。只要有政治形态，就可能成为一个共和国。③

到了9世纪，出现了一些政治思想著作。它们中有斯马拉格杜斯的《皇家之路》（813年）、奥尔良的若纳斯的《俗世机构和皇家机构》（818—831年或834年）、兰斯的安马克尔的《国王其人》

---

① ［英］沃尔特·厄尔曼：《中世纪政治思想史》，译林出版社2011年版，第12-13页。
② ［英］J. H. 伯恩斯主编：《剑桥中世纪政治思想史：350年至1450年》（上），程志敏等译，生活·读书·新知三联书店2009年版，第146-147页。
③ ［英］J. H. 伯恩斯主编：《剑桥中世纪政治思想史：350年至1450年》（上），程志敏等译，生活·读书·新知三联书店2009年版，第143-144页。

和《皇家等级》（882年）、塞杜里乌斯·斯各特的《基督教统治者》。这些著作的主要内容是对国王提出公正和尽职尽责的告诫。它们也对许多实际政治问题表示了强烈的兴趣，如权威与法律的来源和性质问题，王权与法律的关系问题，教皇、主教和世俗国王的关系问题。这些作品没有形成首尾一致的系统的政治思想，但它们都涉及了当时重要的与国家相关的最重要的政治理念。[①]以后，佛勒里的雨果写了《论王权与神职人员尊严》（1102年），将它献给英格兰国王亨利一世。

索尔兹伯里的约翰曾出入于阿尔卑斯山上两侧许多国家的宫廷，他积累了许多政治、外交和行政经验。约翰和当时许多官员和朝臣一样，是学者型的牧师，在履行自己职责的同时，撰写说教性的论文、手册和书信。约翰在1159年完成了有重大影响的著作《论政府原理》。该书被称为是第一部将罗马法为政治学服务奠定基石的论辩专著。这部著作在很大程度上依赖于罗马法。他的书中有一千多处引用了古罗马作家的观点，引用的次数超过了对《圣经》的引用。约翰清楚地认识到，只有在罗马法律的帮助下，君主专制的统治形式才会有说服力并被接受。约翰提出了无所不包的"基督教共和国"的概念，他将这个概念与"拉丁世界"等同起来，他认为，后者就是全体基督徒有形的可见的联合体。他主张君主在制定法律时应听取神职人员的意见，因为唯有神职人员才有能力判断法律的本质。在约翰看来，法律就是一种以基督教信仰为基础的行为规范，除了神职人员外没有人能够判断对法律存世的建议是否符合信仰。他认为，法律是政府的载

---

① ［英］J. H. 伯恩斯主编：《剑桥中世纪政治思想史：350年至1450年》（上），程志敏等译，生活·读书·新知三联书店2009年版，229页。

体，是对一个有组织团体的权威的引导和指导，他的共和国是基督教共和国。约翰没有把政治与宗教分开。基督教社会有机体有一个统一的领袖，约翰认为就是教宗，他居于各民族、各国家之上，任何事物都处于他的裁判之下。教宗的法律要求无条件服从。君主是神设立的，君主的主要任务是惩恶，君主可以比作刽子手。约翰说，国王的意志在神权政府的形式中是法律的本质，它依赖于上帝的律法，因为法律是作为"上帝的赐予"和"神意之形象"而成为法律的。约翰还说，法律必须体现正义的观念，而正义完全是一个基督教的概念。约翰认为，暴君是对基督教国王的颠倒，因为他的统治方式完全与基督教君主所应有的方式相反。由于他是基督教人民的祸害，臣民就可以杀掉他。但是在著作中另一些地方，又主张为暴君的改悔而祈祷。该书反映出约翰政治理论的矛盾性，只要国王是法律的来源，只要法律的强制性来源于"君主的意志"，就没有任何限制性的有效手段能够用法律的手段来除掉暴君。①约翰的政府论是教权政府论。

约翰理论的另一方面阐释了在中世纪很有影响的"社会器官论"。约翰认为，社会有机体的灵魂是国王。作为君主的咨议机构的元老院就是有机体的心脏，法国和行省总督是有机体的眼、耳、舌，农民是社会的足，国库是胃，因为国库喂养着官吏。但是，在约翰的体系中，没有任何地方论及臣民有反对君主的权利。约翰坚持，君主的责任就是看顾他的臣民。虽然臣民也应当向君主表达他们的愿望和建议，但这离臣民拥有自主的权利还差得很远。在他的观念上，臣民被排除了具有政治学上的权利的可能。在这部书中，约翰对朝臣个人

---

① ［英］沃尔特·厄尔曼：《中世纪政治思想史》，译林出版社2011年版，第116页。

行为和道德的关注超过了对政府和政府机构的客观特征和运作状况的关注。他认为，《圣经》和古代经典可以为君主提供一面自省的镜子，可以通过哲学教育纠正道德缺陷。[①]在约翰的著作和书信中，暴政问题是重大的话题。约翰划分了领主统治与暴政的区别。认为诛杀暴君是合理的。[②]

教权政府论同样在罗马的吉尔斯的著作中得到阐述。吉尔斯在教宗和法国国王激烈斗争的时期写作了小册子《教会权力》。他论证教宗对整个世界，对任何人、任何事都具有主权，因此君主也是教宗的子民。所有的祭司权力和王权都属于教宗。除非服从他，否则就无法合法地行使任何权力。他认为，治理权或领有权只有通过上帝的恩典才能得到。教宗并不直接处理俗世事务，但是以地上权力为中介。主权依然属于教宗。[③]

英格兰国王亨利二世时期的《财政署对话集》提出了支持王权的理论。该书写道，没有任何人能认为自己可以抵挡国王为和平之善而发出的法令。究竟什么是"和平之善"，只有国王最为了解，因为只有国王才要负责保持和促进和平。[④]

12世纪是中世纪形成时期[⑤]。这个时期国家运作和关于政治运作

---

① ［英］J. H. 伯恩斯主编：《剑桥中世纪政治思想史：350年至1450年》（上），程志敏等译，生活·读书·新知三联书店2009年版，第455页。

② ［英］J. H. 伯恩斯主编：《剑桥中世纪政治思想史：350年至1450年》（上），程志敏等译，生活·读书·新知三联书店2009年版，第485页。

③ ［英］沃尔特·厄尔曼：《中世纪政治思想史》，夏洞奇译，译林出版社2011年版，第118–119页。

④ ［英］沃尔特·厄尔曼：《中世纪政治思想史》，夏洞奇译，译林出版社2011年版，第126–127页。

⑤ 卡莱尔将这个时期称为"中世纪的伟大的形成时期。"——Carlyle，R.W. and A.J.，A History of Medieval Political Theory in the West.1903—1936.Vol.Ⅲ.p.115.

的规则都反映了它在这个形成时期的不成熟性。中世纪社会主要依赖政治集团内部享有特权的个人之间松散的协议网络维持运转。为了保证这些协议的有效性，把誓言作为对双方的约束。在中世纪，誓言成为各种交往与合同的基础。订立盟约、合同、条约，建立行会，法庭审判都要宣誓。和平联盟也通过集体宣誓缔结。国王的统治需要得到臣民的认可，如果国王的资质没有得到承认，或者未能获得政治精英集团成员的选举通过，或国王没有做出遵守法律和习俗的承诺，那么即使国王暂时篡夺了统治权，也可能无法继承王权。政治协议在中世纪政治生活中成了众所接受的规则。这一事实表明，国王当时在政治观念上和事实上都没有确立至上权威。①

由于教权和世俗国王的权力同时存在，在政治观念形态中产生了两种权力理论。这种理论的经典表述见诸教皇杰拉斯一世在494年致罗马皇帝的信：

"世界主要是由两种权力统治，一种是主教神圣的权力，另一种是君主的权力。在这两者中，教士的责任更为重大，因为在神的审判时，他们本身将就人类国王的状况而向上帝有所交代。因为你这位极仁慈的子民知道，尽管你高贵地统治着人类，你仍然要对那些掌管宗教事务的人虔敬恭顺，从他们那里寻求拯救灵魂的方法；你也了解，宗教法令是要求接受和正确实施天国的圣事。据此而言，你必须做的事是服从而不是命令。"②在杰拉斯一世的阐述中，他认为王权应当服从上帝的权力。

①［英］J. H. 伯恩斯主编：《剑桥中世纪政治思想史：350年至1450年》（上），程志敏等译，生活·读书·新知三联书店2009年版，第217、219页。

②［英］J. H. 伯恩斯主编：《剑桥中世纪政治思想史：350年至1450年》（上），程志敏等译，生活·读书·新知三联书店2009年版，第401页。

杰拉斯的两种权力理论通过教会权威的法典汇编流传下来，在加洛林时代向人们传递了一个基督教社会由两种作用不同的权力统治的观念。英国学者阿尔昆就这一原则阐述说："世俗和精神的权力是不同的，前者的手里挥舞着死亡的宝剑，而后者的唇舌中却传播着生命的钥匙。"10世纪的神职人员继承了杰拉斯的论点，强调国家和神职人员体系的合作。

这种教皇和国王具有两种权力的理论，正是查理曼796年被立为国王时写给教皇利奥三世的信件的主题。他写道，国王的职责就是"在外部，保卫神圣的教会免受异教徒的攻击，免遭异端军队的灾难，在内部通过对天主教信仰的认可，对教会加以巩固"。教皇的职责就是"像摩西那样向上帝伸手求助……让基督教的人民在任何地方都能赢得胜利"。[1]查理曼认为，国王的职责包括扩张和防御，传播信仰和保卫信仰。帝王扩张基督教国家疆域的任务是圣奥古斯丁和圣格列高利规定的，发动战争是"为了共和国的扩张，让我们就可以看到上帝在其中受到膜拜……这样，通过宣讲基督教的信仰，基督的名字将在臣服的各个民族中流传"。[2]

此外，帝王还有保卫教会的责任。查理曼的法典中将查理曼称为教会的卫士："法兰克人王国的君主，神圣教会的虔敬卫士及其一切事务的帮手。"从《加洛林王朝法典》保存下来的书信中，可以看到

---

[1]［英］J. H. 伯恩斯主编：《剑桥中世纪政治思想史：350年至1450年》（上），程志敏等译，生活·读书·新知三联书店2009年版，第406页。

[2]［英］J. H. 伯恩斯主编：《剑桥中世纪政治思想史：350年至1450年》（上），程志敏等译，生活·读书·新知三联书店2009年版，第407页。

教皇们力劝阿努尔夫家族的军阀担负起罗马教会卫士的职责。①

杰拉斯一世在写给阿纳斯塔修斯一世的信中陈述了牧师的影响力比世俗君主的首领更大："教皇的尊贵更甚于国王，因为国王是由教皇祝圣才登上王权的巅峰，而国王却不能够为教皇祝圣使其就任；与牧师相比，国王对世人俗务承担了更重的责任，因为众王之王赋予了他们颁布律法以及为神圣教会的荣誉、安全、宁和而战的职责"②。

到了欧洲中世纪的第二个阶段，国家政治理论的中心不只是讨论君权与教权的关系，而且还讨论等级制问题。因为这个时期国家的权力是以各等级的支持为基础的。

撒克逊时代英格兰的一份手稿中写道："每个公平的王座在三只脚上，这样，它立得完全对。一只脚是僧侣，一只脚是劳动者，第三只脚是贵族。僧侣是祷告的人，他们奉祀上帝并日日夜夜为民族代求神佑。劳动者是做工的人们。"③公元10世纪，英格兰恩舍姆修道院院长、散文家艾尔弗雷德根据王权的三个支柱，对社会结构做了三重划分：

"劳作者系为我等提供衣食之人，唯犁耕播种者专事于此。说教者系为我等求助上帝，并在基督的臣民中间弘扬福音之僧侣，唯有专事圣职者方使我等蒙恩受惠。作战者系以武器防范即将临近之敌，为我等护卫城市及家园之人。"④

---

① ［英］J. H. 伯恩斯主编：《剑桥中世纪政治思想史：350年至1450年》（上），程志敏等译，生活·读书·新知三联书店2009年版，第408页。

② ［英］J. H. 伯恩斯主编：《剑桥中世纪政治思想史：350年至1450年》（上），程志敏等译，生活·读书·新知三联书店2009年版，第414页。

③ ［美］汤普逊：《中世纪经济社会史》下册，耿淡如译，商务印书馆1963年版，第334页。

④ ［英］阿萨·布里格斯：《英国社会史》，陈叔平译，中国人民大学出版社1991年版，第58页。

在11世纪的加洛林王朝，也存在着这种传教者、士兵和劳动者的三分法，认为他们是王权的三个支柱。

在加洛林时期，存在的把王国作为君主及其继承者个人财产的观念，它体现出权力世袭的特征。当时把君主政权定义为对个人的效力。由于职位和任职者之间没有明确区别，国王只能被看作个体，或者是父亲，或者是主人。①

在国王和法律的关系上，德意志帝国的亨利三世曾对波希米亚人说过这样的话："法律的鼻子是蜡做的"，"而国王的手是用铁做的，能伸得很远，而且他想怎么伸就怎么伸"。②这表明在中世纪，君主并不是真正实行法治。就二者的关系而论，君主的地位在法律之上而不是在法律之下。

总之，在13世纪以前，欧洲的政治理论极为贫乏和混乱。没有严格意义上的国家观念。13世纪是中世纪政治思想史重要的转折点，开始有了国家观念。

中世纪有两个权力源。"教会权力在其自身范围内独立于世俗权力，而世俗权力在其自身范围内无疑也是独立的和至高无上的。""每一个都是至高无上的，每一个都是服从性的，此乃教父们交给中世纪的原则。"③

中世纪中期政治思想的主要革新是世俗国家观念的发展。这种观

---

① ［英］J. H. 伯恩斯主编：《剑桥中世纪政治思想史：350年至1450年》（上），程志敏等译，生活·读书·新知三联书店2009年版，第305页。

② ［英］J. H. 伯恩斯主编：《剑桥中世纪政治思想史：350年至1450年》（上），程志敏等译，生活·读书·新知三联书店2009年版，第345页。

③ Carlyle, R. W. and A. J., A History of Medieval Political Theory in the West. Vol. 5. pp. 254, 255.

念通过亚里士多德的《政治学》和《伦理学》的重新发现而流行。亚里士多德提供了一套关于政治和国家的理论，这种国家存在于纯粹自然和今世的范围内。它产生了一种关于人类活动和关系的独特范畴的政治概念。这种观念在布鲁内托·拉蒂尼的《宝鉴》（完成于13世纪60年代）和阿拉伯特、托马斯·阿奎那和奥维涅的彼特等人对《政治学》的早期评注中表现出来。[①]国家观念的再一个来源是《民法大全》。民法的结构分为"公法"和"私法"。它为公共和政治领域的活动提供了一套清楚的语言。罗马法中关于"政府"的大量内容实质上是世俗性的。《学说汇纂》中的"万民法"是对有秩序社会基础的描述。中世纪民法学的一个特点是它的世俗方法。当时的法学家巴尔托卢斯和巴尔杜斯将罗马法的观念同亚里士多德关于自然的、政治的人的观念结合起来，推进了作为一个抽象实体的国家观念的发展。[②]巴尔托卢斯的主权城市共和国的理论还包含了民治内容。

阿奎那和巴黎的约翰都认识到，教会在本质上是精神性的，它不同于国家的政治性质。

捍卫共和自由的人文主义精神13世纪晚期出现在布鲁内托·拉蒂尼等人的著作中。

在教会权力和国王权力的角逐中，在英国，所有关于土地的拥有和所有权的问题，包括教会受俸牧师的推荐权、捐赠给教会的土地，都属于国王的司法权管辖范围。这是"克拉伦敦条例"确认的英国司

① ［英］J. H. 伯恩斯主编：《剑桥中世纪政治思想史：350年至1450年》（下），郭正东等译，生活·读书·新知三联书店2009年版，第500—501页。
② ［英］J. H. 伯恩斯主编：《剑桥中世纪政治思想史：350年至1450年》（下），郭正东等译，生活·读书·新知三联书店2009年版，第501—502页。

法习惯的重要原则。①

在中世纪中期，君主权的理论发展起来。在阿奎那以前，早已有人给出了有关君主统治的定义。这就是，君主的责任在于为了共同利益而统治。托马斯·阿奎那强调了君主统治的必要性和自然性。他在《论君主政体》中将人描写成一种"社会政治动物"。这种动物的本性要求他必须生活在"许多人组成的社会"中。如果人不聚集在一起生活，并由某个人统治及保护大众共同的利益，而非私人的利益，那么社会将陷入混乱。"国王这一观念表明，并不存在什么权力最大之人，国王只是牧者，他在为大众寻求共同利益，而不是为了他自己。"②除了基督教传统外，亚里士多德等人的作品也都影响着阿奎那。

13世纪晚期至14世纪的法学家发展了有关领主国自治权的理论。最早是在讨论西西里的君主时，法学家提出了这种理论。马里努斯引述历史说："早在帝国和古罗马人出现之前，王国就已经得到认可，被建立起来，其来源是与人类自身共同产生的万民法。"③伊塞恩尼亚·安德里亚将皇帝在其帝国之内拥有的权力同等地赋予王国之内的国王。他说："只要符合理性，国王可以在他的王国之内享有与皇帝在帝国之内同等的权力。"④

---

① ［英］J. H. 伯恩斯主编：《剑桥中世纪政治思想史：350年至1450年》（上），程志敏等译，生活·读书·新知三联书店2009年版，第539–540页。

② ［英］J. H. 伯恩斯主编：《剑桥中世纪政治思想史：350年至1450年》（下），郭正东等译，生活·读书·新知三联书店2009年版，第603–604页。

③ ［英］J. H. 伯恩斯主编：《剑桥中世纪政治思想史：350年至1450年》（下），郭正东等译，生活·读书·新知三联书店2009年版，第631页。

④ ［英］J. H. 伯恩斯主编：《剑桥中世纪政治思想史：350年至1450年》（下），郭正东等译，生活·读书·新知三联书店2009年版，第633页。

巴尔托卢斯揭示了政治生活的真相，即事实上的权威已不再是缺乏合法性的力量。他写了一本小册子《论城邦的体制》，论及君主和王权问题。巴尔杜斯发现，有一些国王并不服从皇帝，因此他论述说，尽管存在着法律上的普遍的统治权，但事实上这一普遍统治权已无法再覆盖全体，领地内的君主自治权因而得以实现。①巴尔托卢斯稍迟一些时候提出了关于城市共和国的统治权理论，发展了中世纪后期流行的统治权理论。②巴尔托卢斯先是证明民众的认可是民众习俗及法令的构成部分，然后继续发展他的思想，认为民众的赞同在实践中的运用可以推导出这样的结论，上级统治权被否决掉了，这也就是自治权的基本特征。他论述说："不承认最高统治者的城市，就好像是一个'自由的人'一样。城市自己就是国王。"③

巴尔托卢斯将城市共和国的统治结构视为社团。他论述说："人民组织集会，选出议会，而议会作为城市里的统治主体，再反过来选举城市的官员。""议会代表了人民的意见。"巴尔托卢斯和巴尔杜斯认为，抽象的城市公民应当支持执行部门，并且通过执行部门来行动，这个执行部门由两个部门组成，一个是它的人类成员组成的议会，一个是选举出来的具有代表性的官员。把领主国视为社团的观念，使得关于领主国的法学理论完整起来。④

① ［英］J. H. 伯恩斯主编：《剑桥中世纪政治思想史：350年至1450年》（下），郭正东等译，生活·读书·新知三联书店2009年版，第635页。
② ［英］J. H. 伯恩斯主编：《剑桥中世纪政治思想史：350年至1450年》（下），郭正东等译，生活·读书·新知三联书店2009年版，第637页。
③ ［英］J. H. 伯恩斯主编：《剑桥中世纪政治思想史：350年至1450年》（下），郭正东等译，生活·读书·新知三联书店2009年版，第638页。
④ ［英］J. H. 伯恩斯主编：《剑桥中世纪政治思想史：350年至1450年》（下），郭正东等译，生活·读书·新知三联书店2009年版，第643–644页。

罗马的吉尔兹在《论君主政体》（约1277—1279年）一书中提出，君主制与一般的政治体制有着根本的差别。前者是统治者的个人意志居于主导地位，而后者的统治却要受到人类法规和惯例的限制。真正的君主制同专制独裁又有显著的不同。独裁者依个人兴趣进行统治，国王的统治则是为了臣民的利益。正是由于这一点，君主统治才具有了合法性。[1]

在这个时期，国王具有最高统治权的理论和国王受法律约束的观念都形成了。英格兰法学家布雷克顿强调了国王和法律之间的关系："因为正是法产生了国王。所以他应当将法所授予他的名为统治和权力的东西再施予以法。因为没有任何国王是凭借意志而不是法律来实施统治的。"[2]

第二节　文艺复兴时期的国家学说

人文主义精神体现在文艺复兴时期意大利城市国家的政治学说中。

但丁（1265—1321年）是意大利文艺复兴时期的政治思想家。他曾参与了佛罗伦萨共和国的工作，在1300年任最高行政会议6名行政官之一，后因为党争被放逐。他在流放期间写了《宴会》《论俗

---

[1] ［英］J. H. 伯恩斯主编：《剑桥中世纪政治思想史：350年至1450年》（下），郭正东等译，生活·读书·新知三联书店2009年版，第656页。

[2] ［英］J. H. 伯恩斯主编：《剑桥中世纪政治思想史：350年至1450年》（下），郭正东等译，生活·读书·新知三联书店2009年版，第660页。

语》《神曲》等著作。他的政治理论的代表作是《论世界帝国》。该书具体写作年代不详，大致在14世纪初年写成。但丁认为，全人类文明需要世界和平，而要实现世界和平，就必须建立一个统一的君主国家。他说："在那些虽然有用但尚未揭示出来的真理当中，关于一统天下的尘世政体的知识最为有用，然而对这方面的探讨却极为罕见。"① "为了造就天下的幸福，有必要建立一个一统的世界政体。""关于一统天下的城市政体，一般也称作帝国。"② "我们所谓的一统天下的尘世政体或囊括四海的帝国，指的是一个一统的政体。这个政体统治者生存在有恒之中的一切人，亦即统治者或寓形于一切可用时间加以衡量的事物中。"③ "无论何种机构都需要统一治理，因此，从整体的角度看，人类必然也需要统一治理。"④但是，但丁还没有完全摆脱神学，他认为："尘世政体不过是那同上帝相结合的单一的世界政体的一部分。""为了给尘世带来幸福，一个统一的世界政体是必要的。"⑤ "凡是不符合神的意旨的，就不可能是公理：反之，凡是符合的，就是公理。"⑥但他又说："体现世俗权力和神圣权力的'两把刀'并不掌握在教会之手。"⑦ "世界政体最利于实现合理的统治。"⑧ "世界政体是在人类共性的基础上统治人类并依据一种共同的法律引导人类走向和平的，我们必须根据这一意义来理解

① ［意］但丁：《论世界帝国》，朱虹译，商务印书馆2015年版，第1页。
② ［意］但丁：《论世界帝国》，朱虹译，商务印书馆2015年版，第7页。
③ ［意］但丁：《论世界帝国》，朱虹译，商务印书馆2015年版，第2页。
④ ［意］但丁：《论世界帝国》，朱虹译，商务印书馆2015年版，第9页。
⑤ ［意］但丁：《论世界帝国》，朱虹译，商务印书馆2015年版，第10页。
⑥ ［意］但丁：《论世界帝国》，朱虹译，商务印书馆2015年版，第29页。
⑦ ［意］但丁：《论世界帝国》，朱虹译，商务印书馆2015年版，第74页。
⑧ ［意］但丁：《论世界帝国》，朱虹译，商务印书馆2015年版，第19页。

它。"①但丁提出的世界帝国的观念应当说和基督教世界帝国的观念不无联系。但是，但丁的世界帝国的观念在当时缺少现实的依据，它尚未具备建立的客观条件。

14世纪初，欧洲的政治思想家对教会的至上地位发动了攻击，提出了每个独立的王国内的最高权力在他自己的领土范围内具有至高无上的立法权，并且是臣民效忠对象的观念。意大利学者帕多瓦的马西利乌斯（1278—1343年）在《和平的保卫者》（1324年）中论述说，自然和上帝的联系属于信仰问题，无法通过理性证据来解决。政治学是在经验的层面上就自然对人类政府的影响进行研究。他认为国家具有自我价值，不可能通过上帝的恩典来"改善"。"公民的集合"具有充分自主性的阶段已经到来。公民团体是一种"完美的结合"，国家只由公民组成。构成国家的要素是纯粹而简单的公民。法律理论是马西利乌斯政治理论的中枢。他认为，既然法律在国家中是规范和管理人的生活的力量，那么，可以强制性地规定行为规则的是"人"本身，也就是公民。法律是从人民的意志之中产生的并具有强制性。法律不是由某些具有特殊资格的长官赋予他们的，而是他们自己制定的，所以马西利乌斯将全体公民的总和称为"人类立法者"。他不仅强调公民对立法的赞同，而且指出公民是完全成熟的、自主的。作为法律制定者，公民总体所关心的是通过法律来自主地规范自己的生活。马西利乌斯把"臣民"的概念抛弃了，因为"公民"和"臣民"两个概念分属两种完全不同的政治体制。②

---

① [意]但丁：《论世界帝国》，朱虹译，商务印书馆2015年版，第22页。
② [英]沃尔特·厄尔曼：《中世纪政治思想史》，夏洞奇译，译林出版社2011年版，第203-205页。

马西利乌斯认为，公民最有资格制定自己的法律，因为他们最清楚他们所想要实现的东西。马西利持一种自下而上的人民论的政法理论。他认为，公民总体的首要职责就是制定法律，因为法律是实现公民社会目标的载体。法律完全是公民的事情，通过法律，他们表达了如何塑造公共秩序和生活的愿望。

马西利乌斯认为，公民不仅能够针对他们所愿意的任何事物制定法律，还可以建立他们所喜欢的任何形式的政府。他认为，是人类立法者将权力让给了政府。公民让予政府的职责是什么，这取决于公民所选择的宪法。政府的职责是执行性的或工具性的，它在公民制定的具有限制性的法律的框架内行动。政府的权力最初来自人民，因此它始终要对人民负责。政府应当由选举产生。政府是人民意志的工具。如果政府侵犯了作为其职务依据的宪制性法律，政府就可以撤销。马西利乌斯强调没有人居于人民至上，人民、公民总体就是"上位者"，也就是最高统治者，因为再也没有居于其外或居于其上的权威了。马西利乌斯甚至说，充分的权力属于人民。马西利乌斯将国家称为"活的自然"。在马西利乌斯那里，法律和道德有一条分界线。道德没有可强制性。人类法律没有道德的意蕴，不为拯救提供捷径，也不体现永恒的真理。①

意大利法学家巴托鲁斯（1313—1357年）出生在意大利的萨索费拉托，获得博洛尼亚大学法律博士学位。他先后在比萨大学和佩鲁贾大学教书，著有《观点、问题、论著》（10卷本）、《论城市政府》。巴托鲁斯在谈到意大利几个城市共和国的社会冲突时，认为解

---

① ［英］沃尔特·厄尔曼：《中世纪政治思想史》，夏洞奇译，译林出版社2011年版，第206-208页。

决的根本办法是由全体人民成为统治者。这样就不可能发生自相残杀的斗争。巴托鲁斯在他的《论城市政府》中，明确论述了城市关切的事务，反映了普通百姓的道德信念。他认为，在除了最大的城市以外的任何城市中，最恰当的统治形式必须永远是"一个民众的政权"。在这个政权之下，"城市的权限始终掌握在全体人民手中"。①他在为一些城市作辩护时明确地说："那些城市在世俗事务方面事实上根本不承认有上级，所以本身便拥有绝对的权力。"巴托鲁斯认为，在这样的城市中市民的法律地位是："他们是他们自己的国君"，因此他们的统治者和地方行政长官所掌握的任何"裁决权""只不过是有主权的全体人民委托给他们的"。②

巴托鲁斯和马西利乌斯都假定，人民事实上都愿意为了方便起见，委托"进行统治的角色"代表他们行使他们的主权行为。但这又产生了另一个问题，即如何确保"进行统治的角色"的行动事实上全部置于握有主权的全体人民的最终控制之下。巴托鲁斯和马西利乌斯建议对所有统治者和地方行政官加以约束。他们的第一个意见是，要通过某种选举程序产生比较可靠的政府。第二个意见是约束，不允许统治者和地方行政官越过权限。巴托鲁斯在《论暴政》中说，倘若选出某个似乎合适的统治者，然后又允许他们自己随意地治理国家，这就会为他成为"沉默的或隐蔽的暴君"创造了机会，因为他可能在当选后"取得许多权力，以致使他得以随心所欲地处理城市事务"。第三个意见是采取一种复杂的牵制体制的形式，即用议会对一切地方行

---

① ［英］昆廷·斯金纳：《近代政治思想的基础》上卷：文艺复兴，奚瑞森、亚方译，商务印书馆2002年版，第106–107页。

② ［英］昆廷·斯金纳：《近代政治思想的基础》上卷：文艺复兴，奚瑞森、亚方译，商务印书馆2002年版，第108页。

政官进行强行牵制，以确保他们始终对选出他们的市民的愿望做出反应。巴托鲁斯在对《查士丁尼法典》所做的注释中详尽地设计了一种类似于金字塔的政府结构，这个体制的基础是由全体市民选出的大议会或全体会议，这个大议会然后选出一个由"教区长"或最高地方行政长官召集的较小的议会，再由这个机构任命执行政府工作所需要的技术性官员。他认为，这个制度之所以能够对人民的意志迅速做出反应，是由于选举以及撤销教区长和进行统治的议会的最终权力始终掌握在大议会手中，可以将"大议会"与"人民的愿望"等同起来。巴托鲁斯和马西利乌斯提出的民众主权学说。对于日后激进的早期近代立宪主义的形成，起了巨大的作用。[1]

巴托鲁斯和马西利乌斯为共和和自由辩护。他们认为政治生活的根本价值是维护和平，但他们否认维护和平和维护自由两不相容。他们对人民说，人民有可能享受和平的幸福而不必丧失自由，关键之处是要保证由人民自己来发挥"和平保卫者"的作用。[2]

早期文艺复兴时期的人文主义者继承了亚里士多德的观点，他们认为共和国是他们自由理想之所在，为了捍卫共和国及其自由，他们随时准备为之尽其所能，甚至在必要时献出自己的生命。1360年，萨卢塔蒂在称赞佛罗伦萨《颂辞》的结尾提出，每一个公民必须准备"拿起武器保卫自由"[3]。他在1390年的一封公开信中宣告："现在我们将拿起武器保卫我们自己的自由，以及你正以你那暴政的桎梏对之

---

①［英］昆廷·斯金纳：《近代政治思想的基础》上卷：文艺复兴，奚瑞森、亚方译，商务印书馆2002年版，第111–112页。

②［英］昆廷·斯金纳：《近代政治思想的基础》上卷：文艺复兴，奚瑞森、亚方译，商务印书馆2002年版，第113页。

③［英］昆廷·斯金纳：《近代政治思想的基础》上卷：文艺复兴，奚瑞森、亚方译，商务印书馆2002年版，第130页。

进行沉重压迫的其他人民的自由，希望上帝永恒的正义将保护我们的自由并注意到伦巴第的灾难。我们不愿让一个不能宽恕的人的野心得逞而牺牲如此多的人的自由。"①这些人文主义者认为，自由的含义就是要推行一种自由的政体，使每个公民都享有积极参与政府事务的同等的机会。

弗朗切斯科·圭恰迪尼在《意大利史》中叙述了1497年美第奇家族逃走后在佛罗伦萨发生的那场讨论，讨论的内容是寡头政体、民主政体或其折中政体各自的优点。在这个时期有关理想城市国家的文献中，核心内容就是这种制度可塑性的意识。②

15和16世纪，共和主义政治自由的观念在佛罗伦萨和罗马这些保持了共和制度残余的地区绵绵不断地延续下来，这种思想有着现实的基础。比埃尔·保罗·维里杰里奥在14世纪末提出了要保障政治自由的观点，他写了《威尼斯共和国片断》一书。他说，威尼斯人民理解柏拉图所说的城市最佳治理方式，所以十分成功地管理他们的事务，得以在这么长的时间内"和平和亲切地"相处，以至"在意大利，甚至在全世界再也没有比威尼斯更富有或更光辉灿烂的城市"。③

萨沃纳罗拉在《论佛罗伦萨城的体制和政府》（1498年）中指出，唯有共和国才能保证人民得以享有"真正的自由"，这种自由

---

① ［英］昆廷·斯金纳：《近代政治思想的基础》上卷：文艺复兴，奚瑞森、亚方译，商务印书馆2002年版，第130页。

② ［美］彼特·伯克：《意大利文艺复兴时期的文化和社会》，东方出版社2007年版，第209-210页。

③ ［英］昆廷·斯金纳：《近代政治思想的基础》上卷：文艺复兴，奚瑞森、亚方译，商务印书馆2002年版，第221页。

"比金子银子更为宝贵"，也"比所有其他财宝更贵重"。①

里努齐尼在对话集《论自由》中，称"爱好自由"是政治生活的基础。他认为，如果佛罗伦萨人希望过幸福和美满的城市生活，他们就必须首先恢复过去一度表现出来的那种"对保持他们的自由的渴望"。②

马基雅维利（1469—1527年）出生于佛罗伦萨，贵族家庭出身。曾任正义旗手和执政官，著有《君主论》《论提图斯·李维的前十书》《佛罗伦萨史》《兵法七卷》。

在马基雅维利的著作中，指谓"国家"的关键词常常变化，"城市""政府""共和国""国家"几个词常常交替出现，在他笔下，国家从属于"君主"，即能够成为"共和国"的主人，也能成为统治"君主国"的人。③马基雅维利将封建的或宗教的思想与王权的实践相分离，这是他的思想具有近代特点的一个标志。

马基雅维利在《罗马史论》中论及"自由"。他认为自由是指自由民族具有自己管理自己而不是受一位君主统治的相应的力量。他指出了"一个一向生活在君主统治下的民族"与一个已经设法摆脱了这类"暴虐政府"，从而"获得自由"的民族之间存在的鲜明区别。他在讨论罗马共和国的起源时，认为国王被驱逐和代议制政府建立之际，就是罗马"获得自由和保持自由"之时。④

---

① ［英］昆廷·斯金纳：《近代政治思想的基础》上卷：文艺复兴，奚瑞森、亚方译，商务印书馆2002年版，第232页。
② ［英］昆廷·斯金纳：《近代政治思想的基础》上卷：文艺复兴，奚瑞森、亚方译，商务印书馆2002年版，第245页。
③ ［英］佩里·安德森：《绝对主义国家的系谱》，龚晓庄、刘北成译，上海人民出版社2001年版，第167页。
④ ［英］昆廷·斯金纳：《近代政治思想的基础》上卷：文艺复兴，奚瑞森、亚方译，商务印书馆2002年版，第247页。

马基雅维利强调军队和法律对国家的重要性。他写道："一切国家，无论是新的国家、旧的国家或者混合国，其主要的基础乃是良好的纪律和良好的军队，因为如果没有良好的军队，那里就不可能有良好的法律，同时如果那里有良好的军队，那里就一定会有良好的纪律。"[1]他认为，常备军优于雇佣军。"只有君主自己和武装起来的共和国才能够取得巨大的进展，而雇佣军只能造成损失。"[2]他认为雇佣军是意大利一切灾难的原因。

马基雅维利是现实主义政治家。他注重君主的谋略。他写道："我们这个时代的经验表明：那些曾经建立丰功伟绩的君主们却不重视守信，而是懂得怎样运用诡计"，君主"应该同时效法狐狸和狮子。由于狮子不能够防止自己落入陷阱，而狐狸则不能抵御豺狼，因此，君主必须是一头狐狸以便认识陷阱，同时又必须是一头狮子，以便使豺狼惊骇"。[3]但是，《君主论》藐视人文主义的政治道德，对国家暴虐性的一面表示赞扬。该书在马基雅维利死后5年在意大利刊行，很快被译成欧洲所有的主要语言。但是人们发现这种"令人不安的真实感"是如此难以接受。美第奇家族亦对《君主论》表示拒绝。[4]

圭恰迪尼在《关于佛罗伦萨政权的谈话》中强调了人民参与城市政治生活的必要性，他提出，任何珍视自由的城邦都必须使其领袖人物得以通过为社会服务来"实现其抱负"。任何城邦必须使他们

---

①［意］尼科洛·马基雅维里：《君主论》，潘汉典译，商务印书馆1985年版，第57页。

②［意］尼科洛·马基雅维里：《君主论》，潘汉典译，商务印书馆1985年版，第59页。

③［意］尼科洛·马基雅维里：《君主论》，潘汉典译，商务印书馆1985年版，第83—84页。

④［美］保罗·斯特拉森：《美第奇家族——欧洲最强大家族缔造权力与财富的故事》，林凌、刘聪慧、程旭译，机械工业出版社2016年版，第282—283页。

"有机会和自由"以"造福整个城邦"的方式来证明和实践美德。①

对于共和国在建立后需要什么形式的政府，当时的人文主义者认为，最好的方法是把共和国所有的事务交给一个明智的保卫者，这个人有责任独自承担这一重要责任，而让其他人自由地去追求他们自己的更高目标，或去享受幸福生活。②

当时的人文主义者希望过一种闲逸的生活，而不愿意承担公共责任。他们把这一点看作是达到最高生活境界和最大幸福的必不可少的条件。这种观念可以在古代思想家那里找到根源。西塞罗在《论职守》中曾谈及，"高贵的和伟大的哲学家"，"他们已经从公共事务中退出了"。他认为，这作为一种生活方式是值得称赞的。③这种情调可以在托马斯·莫尔周围的知识分子圈子里看到，他们普遍要求君主和王朝为所有知识分子提供一种闲逸的生活条件，他们在著作中也为自己所处的这种状态辩护。

第三节　绝对主义时期的国家理论和君主政治学

中世纪欧洲，尽管王权已经存在，但当时教会是政治中心，二者之间经常发生争夺和斗争，因此，中世纪缺乏较为成熟的国家概念。

---

① ［英］昆廷·斯金纳：《近代政治思想的基础》上卷：文艺复兴，奚瑞森、亚方译，商务印书馆2002年版，第279页。

② Quentin Skinner, "Thomas More's Utopia and the Virtue of True Nobility." in Quentin Skinner, ed., *Visions of Politics*. Cambridge U. P. 2002. Vol. Ⅱ. p. 245.

③ Quentin Skinner, "Thomas More's Utopia and the Virtue of True Nobility." in Quentin Skinner, ed., *Visions of Politics*. Cambridge U. P. 2002. Vol. Ⅱ. p. 219.

12世纪欧洲出现了"等级制国家"的概念。这时各级行政组织也开始发展，逐渐取代了地方团体。[1]

12世纪末，相当多的法学家赞成："真正的权力的概念——也许是罗马公法的概念——应从宪法的角度加以解释。"这种权力应由"低级行政长官"来行使。法学家阿佐以经典的方式讨论了这个问题。阿佐对政权的解释表明他对神圣罗马帝国的法理结构持立宪主义态度。他倾向于支持这样的观点，即每一位皇帝在他被推选登基时可以说他已和帝国内部的其他"行政长官"和选民们签订了一个合同，发誓要维护整个帝国的利益，并保证他的臣民的"自由"。这一点又被认为可以引申出这样一个激进的立宪主义结论：由于选帝侯和国内其他诸侯与皇帝一样是剑之权的掌握者，倘若皇帝不遵守他最初加冕时的誓词，使用剑来对付他就是合法的。对于皇帝地位当时还有第二种见解。根据这种见解，帝国是一个有机的统一体，每个成员不仅根据成文法有责任，而且根据自然法也有责任来维护政体的完整性。倘若选帝侯们判决皇帝的行为危害了据称是皇帝在加冕誓词中保证维护的正义规范，他们便可以以帝国的名义对皇帝行使剑之权。[2]对帝国权力所做的这种反专制主义观念以后在16世纪发展到一个高峰。

伴随着国家的历史发展，指谓"国家"的术语和概念也日益明晰地出现了。自15世纪晚期起，人们意识到，一种新型的政治组织正在出现，需要寻找一个合适的词汇来指谓它。在中世纪，status是一个非政治词汇。它的含义是某一个物品或秩序的状况（在15世纪以前也

---

① Kenneth H.F.Dyson，The State Tradition in Western Europe.A Study of An Idea and Institution. Martin Robertson. 1983.

②［英］昆廷·斯金纳：《近代政治思想的基础》下卷：宗教改革，奚瑞森、亚方译，商务印书馆2002年版，180–181页。

指人的状况）。后来，status被用来指谓一个健康的、繁荣的共同体,或者一种地位或阶层体系，其中每个层级都有其特定的权利和义务。在14世纪，status或者stato也在所有权的意义上加以使用。政府被视为一种财产形式。政府的问题被认为是关于地产管理的问题。中世纪时期出现了 status regalis（王国）和lo stator del Principe（君主国）的概念。它强调君主的权威和特权。后来的德国学者从这个概念联想到13与14世纪之交指谓后封建诸侯政体（Standestaat）的概念。Staat这个词在15世纪从荷兰语进入高地德语，在17世纪它在法语和荷兰语的影响下得到发展。但在这两种语言中，Staat只是一个抽象的概念，原因是在这两个地区统一的国家形成和发展非常缓慢。

在13世纪法语词estat，后来写作état，是从拉丁语中衍生出来的。14世纪尼古拉斯·奥雷姆在使用该词时它具有了政治意义。1595年，皮埃尔·查伦给l'état下了一个现代的定义，说它是"一种统治，包括命令和服从在内的一种有序化，以及……人类事物的基础、内在联系和指导精神；它是社会不可或缺的内在纽带，是使人的联合体焕发生机的精气。"在17世纪，黎塞留红衣主教、波舒埃主教和路易十四经常提到l'État，他们在使用这个词的时候，将起首的字母大写。受雇于王家政府、法院以及法学院的法学家查尔斯·杜·穆兰关注这个词，为它进入官方思想提供了条件。在这样的背景下，才有博丹的理论贡献。这样，到17世纪初的时候，国家在法国成为一个基本的法律概念。国家观念包含：一个有单一主权者统治的领土单位、持续存在的王家政府，以及与国王的世俗生活相分离的政府办公机器；因生活在一个共同的主权者之下而享有同一情感的共同体。当时，国家一词的含义还有含糊性，它既指国家，又指国王的财产。在16和17世纪的法国，指谓国家的还有其他的词汇，博丹用的是république，查尔斯·卢瓦塞使用的是Seigneurerie。[①]1695年皮埃尔·夏隆给"国家（l'état）"一词下了一个定义，称之为"一种统治，一种包含了智慧和顺从在内的命令"和"人类事物的基础，内部联系和指导精神，它是社会内部的结合，没有它社会便无法存在；它又是给人类的自然结合带来生机的不可缺少的要素"。[②]

在英语中"国家（state）"一词在辞源学上是由"等级（estate）"一词缩略而来。尽管到了16世纪，人们承认"国家"一词具有一种非个人的政治团体的含义，但此时的统治权的概念仍然明确地具有一种个体化的特征。[③]在英国最早使用"国家"一词的托马斯·肯塔基当时受到意大利人文主义者的影响。16世纪英国官方开始使用"国家"一词。例如在1558年颁布的《至尊法》中使用了该词。该词还进入了"国务大臣"官职名。1618年历史学家雷利把"国家"称为"共和国的结构或规定的组织，或统治共和国的长官"。他提到"王国"、"政治整体"和"共和国"等政治概念。从这里可以看出，16世纪的英国也出现了与中世纪不同的国家概念表述。[④]这个时期对英国人的国家概念起重大作用的是中世纪的"基督教共和国（Commonwealth）"的概念。它具有人民是联合起来争取共同幸福的团体成员的含义。"共同幸福"也是托马斯·克伦威尔和当时一些知识分子共同追

---

① Kenneth H. F. Dyson, The State Tradition in Western Europe. A Study of An Idea and Institution. Martin Robertson. 1983. pp. 25–26.

② W. F. Church, Richlieu and Reason of State. Princeton U. P. 1969. p. 306.

③ KennethH. F. Dyson, The State Tradition in Western Europe. A Study of An Idea and Institution. Martin Robertson. 1983. p. 28.

④ J. W. Allan, A History of Political Thought in the Sixteenth Century. London, Methuen, 1928. from Kenneth H. F. Dyson, The State Tradition in Western Europe. A Study of An Idea and Institution. Martin Robertson. 1983. p. 36.

求的理想。但是，英语国家通常极其忽视国家概念和对国家概念的解释。①

到了16世纪，源于中世纪的宪政主义理论在欧洲各国有很大的发展。在法国，1515年政治学者赛塞在《法兰西君主制》一书中阐述了宪政主义的学说。赛塞在书中承认，国王乃神所亲命，在一定的职权范围之内拥有专制权力。但他强调，在法国走向专制主义的趋势受到对国王权力一系列"约束"的阻碍。这些约束就是王规、宗教和正义。王规是一种约定俗成的规定，以"王国内各阶级的人与人之间存在的良好秩序与和谐"的概念来抑制国王的权力，国王应当维护若干世纪以来成长起来的社会金字塔型结构，它为社会各阶层确定了恰当的地位以及伴生的权利和义务。国王有责任不改变这种既定社会等级制度的任何方面，并有责任保证每一个人根据他在这个制度内部固有的恰当地位得到应有的对待。国王还受到接纳忠言这一义务的约束。②赛塞以后的法学家继续接受他的提法，即国王总是需要根本法来加以限制，国王必须受他的臣民的约定俗成的权利的约束。③

在16世纪后期的法国，伴随着胡格诺运动的兴起，为了回击之后法学家对王权至上理论的重新强化，一些政论作家采用了宪政主义理论。他们还把宪政主义理论与加尔文教的革命思想相结合，引申出了一种反抗理论，以争取更多的宗教界人士和反政府的社会阶层的支持。胡格诺派在1572年最终被迫举行反对专制主义的公开反叛时，他

---

① Kenneth H. F. Dyson, The State Tradition in Western Europe. A Study of An Idea and Institution. Martin Robertson. 1983. p. 4.

② ［英］昆廷·斯金纳：《近代政治思想的基础》下卷：宗教改革，奚瑞森、亚方译，商务印书馆2002年版，第368–369页。

③ ［英］昆廷·斯金纳：《近代政治思想的基础》下卷：宗教改革，奚瑞森、亚方译，商务印书馆2002年版，第370–371页。

们依靠的便是这种宪政主义理论。[①]

这批法国宪政主义者的思路是通过否认罗马法与现行法学实践，转而去研究法国古代的惯例和政体的历史，以政治制度史研究来提出自己的理论。

采用这种思想阐述方式的首先是艾蒂安·帕基埃。他从1560年开始出版巨著《法兰西研究》，他在1565年出版的第二册中对法国的政体作了结构性的分析。帕基埃写道："巴黎法院一经建立，人们便发现这样说是正确的：我们过往的意志绝不应该成为敕令，除非得到议会的验证和批准。"

博丹（1530—1596年）毕业于图卢兹大学，曾任法学讲师，后为律师，担任过省议会议员和三级会议中第三等级的代表。他的代表作是《共和政体》。博丹在1566年出版的《易于理解历史的方法》一书中，论及了关于各国政府的类型，对罗马、斯巴达、德国、意大利，尤其是法国的政府进行比较和历史的研究。[②]博丹重复了帕基埃的观点，他断言在法国绝无任何法律"比这样的法律更神圣，除非君主的法令不仅符合真理，而且符合平等原则，否则它就剥夺君主法令的任何效力。"[③]赛塞得出的一个结论是，为了确保高等法院牵制国王敕令的独立地位，法官应当免于被罢黜。[④]博丹也持同样的见解，认为高

---

① ［英］昆廷·斯金纳：《近代政治思想的基础》下卷：宗教改革，奚瑞森、亚方译，商务印书馆2002年版，第379页。

② ［英］昆廷·斯金纳：《近代政治思想的基础》下卷：宗教改革，奚瑞森、亚方译，商务印书馆2002年版，第388页。

③ ［英］昆廷·斯金纳：《近代政治思想的基础》下卷：宗教改革，奚瑞森、亚方译，商务印书馆2002年版，第388-389页。

④ ［英］昆廷·斯金纳：《近代政治思想的基础》下卷：宗教改革，奚瑞森、亚方译，商务印书馆2002年版，第389页。

等法院的存在对保证国家健康运转作用巨大，"那些试图推翻这些法院尊严的人是寻求国家的毁灭，因为正是这些法院维系着国内文明秩序、法律、习惯以及整个国家的安危"[①]。因此，高等法院代表了法国政体的本质特征。这些思想家指出，如果国王试图强制推行违背自然正义法则的指令，高等法院就有权反对甚至否决国王的意志。

博丹和一些法国政治学者对三级会议的起源和权威非常关注。博丹宣称，未经三个等级的同意，法国国王不能破坏整个国家特有的法律或改变任何习惯法和其他古老的习惯。[②]杜·奥安把三级会议对国王的牵制作为古代政体的基本特征。他强调，等级会议在任何时候都可以作为调节国王与人民关系的一剂特效良药。他论证了三级会议在法国政治制度中的地位："在召集三个等级的做法确定下来以后，我们的历朝国王便采纳了经常召集他们开会这样一种习惯，并把他们召集在一起共商国家大事。"[③]

博丹在《共和国六书》（1576年）中，继承和发展了意大利学者马西利乌斯和罗马法专家巴托鲁斯关于世俗国家的理论，把国家是一个"物"的思想和国家是一个"拥有主权的个体"的思想紧密地结合在一起。他认为国家从事的是公共之事，是民族利益的集合体。"共和国被授命管理一系列家庭和他们共同关心的事务。"他所说的"家庭"，是一个广泛的社会概念。它除了包括人们常说的一般的家庭外，还包括学校、技工行会、大学、自治团体、官员整体、贵族整体

①［英］昆廷·斯金纳：《近代政治思想的基础》下卷：宗教改革，奚瑞森、亚方译，商务印书馆2002年版，第388页。

②［英］昆廷·斯金纳：《近代政治思想的基础》下卷：宗教改革，奚瑞森、亚方译，商务印书馆2002年版，第387页。

③［英］昆廷·斯金纳：《近代政治思想的基础》下卷：宗教改革，奚瑞森、亚方译，商务印书馆2002年版，第387页。

等等。它所说的家庭实质上泛指一切社会的个体。①

博丹认为，主权是国家最本质的特征。"主权是一个国家绝对的和客观的权力"，主权不可分割，它凌驾于其他一切权力之上，具有不可转让性和永久性。它是一种不受任何限制和法律约束的权力。主权包括六个方面的内容。"君主的首要的主权性特征就是立法权和发布命令权"。②"宣战和媾和经常关系到国家的生死存亡，因此它们是主权中最重要的权力之一。"③"主权的第三项特征性权力就是设立国家的首要官员。"④主权的第四项权力"即最终审判的权力或终止上诉的权力"。主权第五个特征性权力是"给予有罪的人以赦免"。⑤"规定度量衡也是一项主权中的特征性的权力"。⑥在博丹的国家主权理论中，国家权力是作为脱离社会并凌驾于社会之上的统治力量而出现的。这种国家权力与统治权有区别，也与臣民的权力有区别。这种国家概念具有抽象化的特点。这种权力为君主国或共和国拥有。政权可以通过不同形式来建立。政权作为一个统一的整体，它始终高于其他一切权力。博丹把法治的原则纳入国家的定义中，认为国家应按法律治理。他认为主权只是在国家政权活动的范围内才是无限

---

① Roland Mousnier，The Institutions of France Under the Absolute Monarchy，1598—1789. London and Chicago，1979. Vol. 1. Society and State. pp. 645–646. pp. 645–646.

②［法］让·博丹：《主权论》，［美］朱利安·H.富兰克林编，李卫海、钱俊文译，北京大学出版社2008年版，第109页。

③［法］让·博丹：《主权论》，［美］朱利安·H.富兰克林编，李卫海、钱俊文译，北京大学出版社2008年版，第111页。

④［法］让·博丹：《主权论》，［美］朱利安·H.富兰克林编，李卫海、钱俊文译，北京大学出版社2008年版，第117页。

⑤［法］让·博丹：《主权论》，［美］朱利安·H.富兰克林编，李卫海、钱俊文译，北京大学出版社2008年版，第121，128页。

⑥［法］让·博丹：《主权论》，［美］朱利安·H.富兰克林编，李卫海、钱俊文译，北京大学出版社2008年版，第138页。

制的，它不适合于由神祇法和自然法以及私有财产决定的先于国家存在的关系。在国家之中，"臣民享有个人自由和财产、服从君主的法律，而君主则服从神祇法和自然法"。博丹的政治思想具有反封建内容。他在强调君主"拥有一切权利"的同时，又说明君主的权力实际上是受限制的。[①]比博丹稍迟的卢瓦塞也论述了国家和主权的关系。他指出"具体化的国家和主权具有同义"[②]。

迈内克分析说，博丹"希望将国家利益从教会的支配和教派激情的主宰下解放出来，使国家回到自身，这就是博丹以严格的法学方式予以促进的趋势。他确定了国家至高权力的法律性质，而且在此过程中发现了划时代的主权概念；另一些人在他之前已经对此概念有所察觉，但从未看清楚，也从未洞察其内涵的创造性富藏"[③]。

博丹所处的时代以及他的任务与马基雅维利时代相比已经有很大的不同，博丹的理论内容与马基雅维利也完全不同。葛兰西分析说，他的"任务并不在于建立一个包括全部国土的统一的民族国家，而在于必须在这个国家内部，使彼此斗争着的社会力量达成平衡。他所关心的不是力量问题，而是协议问题"。博丹的思想已经不同于马基雅维利，博丹"是在马基雅维利在世时期意大利所存在的关系更远为发展和复杂的基础上在法国创建政治学的"。博丹"对君主制的支持受一些条件的制约，他提出自己的要求，尽力去限制专制制度"[④]。

---

① 莫基切夫主编：《政治学说史》，上册，中国社会科学出版社1979年版，第152-154页。

② Roland Mousnier, The Institutions of France Under the Absolute Monarchy, 1598—1789. London and Chicago, 1979. Vol. 1. Society and State. p. 646.

③ ［德］弗里德里希·迈内克：《马基雅维利主义》，时殷弘译，商务印书馆2008年版，第122-123页。

④ ［意］安东尼奥·葛兰西：《狱中札记》，葆煦译，人民出版社1983年版，第115页。

帕基埃和他以后的杜·奥安努力发掘和研究法国古代和中世纪的历史，他们发现，在这个时期中君主政体的实力始终受到日益增长的习俗和习惯权力网络的抑制。结果是重新强调国王在任何时候都应当受这些习惯法的约束。杜·奥安认为："法兰西的杰出政体"构成了"君主政体的王规"，因此有助于保证国王始终受到"良好的法律和法令"的管理、限制和抑制，这使得"国王除了公正、合理以及法令本身所规定的事情以外，什么也不能做"。杜·奥安回溯了法国政体的发展史，他认为，自矮子丕平以来"历朝法国国王的出类拔萃之处"主要表现在他们一直小心翼翼地"将他们的法律建立在宗教和正义的基础之上"。他总是强调所有真正的君主都有责任以正义来约束他们的权力，"务必做到使他们没有过多的权力，而且务必保证他们的权力得到公正地行使"。①

16世纪60年代以后，随着胡格诺派在法国被镇压，主张反抗的民主理论发展起来，使宪政主义理论带有革命色彩。奥特芒写了《法兰西的高卢人》一书。他在书中论述说国王受到法兰西的习俗以及既定的封建结构的管束。他也说到对国王权力做重要的抑制来自宗教和正义。他在1586年该书的新版本中增加了一章，为巴黎法院的权力辩护。他写道："无论是国王的法律还是他的敕令，除非它们得到审查并经巴黎最高法院的审判官鉴定而获得批准"，否则永远不会被接受。②

奥特芒认为"Parlementum"一词原指三级会议，这是旧体制下

---

① ［英］昆廷·斯金纳：《近代政治思想的基础》下卷：宗教改革，奚瑞森、亚方译，商务印书馆2002年版，第385-386页。

② ［英］昆廷·斯金纳：《近代政治思想的基础》下卷：宗教改革，奚瑞森、亚方译，商务印书馆2002年版，第441页。

至少每年召开一次的"庄严和公开的会议"。它被赋予非常广泛的"议论公众福利"的权力，以至于我们的先辈们"在很长一段时期内"渐渐"认为它是一种神圣不可侵犯的事物"。奥特芒在《法兰西的高卢人》一书中讨论了"召集议会的权利"。他认为这是保证民众得以在国家中为自己"保留最高权力"的一种方法。他认为："将'五人长官团'长官与国王联系起来的斯巴达人的著名法律"可以达到这个目的，这条法律保证"五人长官团"对国王加以约束而发生作用。他暗示，可以像加尔文那样，认为"五人长官团"长官是国王的"监督人"，也可以认为法国三级会议的大会是"五人长官团"式的权力机构。①

奥特芒的《法兰西的高卢人》一书发挥了博丹提出的关于加冕誓言对国王有约束力的论点。他从法国政体史中推导出了这样的论点：君主政体就其性质而言完全是选举产生的。他在字里行间暗示说，这种选举权掌握在全体百姓手中。他在该书1576年的版本中强调说，他说的"百姓的权威的决定和愿望"，实际上是指"各个阶级的，或者如我们现在习惯上所说的各个等级"决定。奥特芒找到了法国君主政体具有民选特征的历史"证据"。他说，在古代法兰克王国，"将被指定担任国王的人置于一张盾牌之上并由在场的人用肩膀将它扛起来"，这个古老的法兰克习惯象征法兰西国王最初完全是根据百姓代表的意愿来安排的，而且此后每个继任的国王是由三级会议权威的决定而不是根据"任何继承的权利""拥立的"。②

---

① [英]昆廷·斯金纳：《近代政治思想的基础》下卷：宗教改革，奚瑞森、亚方译，商务印书馆2002年版，第441，442，445，446页。

② [英]昆廷·斯金纳：《近代政治思想的基础》下卷：宗教改革，奚瑞森、亚方译，商务印书馆2002年版，第442—443页。

奥特芒提出，绝不应该认为选举权是一种民众一旦运作完毕就放弃了的单一的主权行为，相反，必须承认民众代表保持着长期的监督权。"由于三级会议及民众有权利和权力拥立和扶持国王"，那么必然地，"不仅转让，而且还有取消王国的最高权力都在民众的会议和国家国务会议的职能范围之内"。他甚至认为，由于必须始终承认三级会议不仅拥有罢黜国王，也拥有拥立国王的权力。可以由此推论说，法兰西国王的地位永远不可能高于"全体民众的行政长官"，也就是正式受命担任三级会议会议主持官的那个人。据说在昔日的体制下，国王与三级会议之间的关系是"会议的权力大于国王的权力"，国王从未以"罗马民众授予国王全权的方式"被授予"全权"，而是总是受到那些规定国王应有的忠诚和权力的条约和条件的约束。他认为国王的最高权力应永远归于三级会议行使。奥特芒历史分析方法的理论根据是民众主权学说。这种学说认为："王国的最高行政权力"始终归于"三级会议"大会。奥特芒实际提出的不仅是约束国王的理论，而且提出了民众控制政权具有绝对必要性的民粹主义理论。①

莫尔奈在《维护自由，反抗暴政》中追溯了代议制权力的历史来源，他认为代议制议会的权力事实上类似于古代希腊"五人长官团长官"的权力性质。莫尔奈描述了"斯巴达国王与五人长官团"每月彼此进行宣誓，他补充说，法兰西"王国的官员们"就是"五人长官团长官"。"民众"将王国的"行政权"交给他们，就像交给国王和三级会议一样。倘若国王"违背了他的誓言"或者"破坏了国家"，据说这些下级行政长官"有甚至更大的义务"保护王国反对国王，

①［英］昆廷·斯金纳：《近代政治思想的基础》下卷：宗教改革，奚瑞森、亚方译，商务印书馆2002年版，第443-444页。

"因为国王如同五人长官团长官一样，首先是为了这个目的设置其位的"。①贝扎在《行政长官的权利》一书中也引述了古代斯巴达人在一定的条件下选举国王，并由"五人长官团长官来制约国王"的宪政经验。他强调，在某种意义上斯巴达的"五人长官团"长官比斯巴达诸王"更有权力"。②

路德派中最早起来宣传宪政理论的是神学家安德烈亚斯·奥西安德，他在德意志一些地方组成了反对国王的防御同盟的背景下阐述说，圣保罗所说的"神所命的"掌权者应当理解为不仅包括"上级"统治者，而且也包括下级长官、地方诸侯及其他一切地方上的权威。如果上级统治者不履行他所承担的责任，那么他的下级行政长官便可以合法地对他进行反抗，这些下级长官"同样为上帝所命定"，以保证坚定不移地维护良好而神圣的政府这一最高需要。③

马丁·布塞尔认为："为了使人类事务安排得井然有序，取得最佳效果"，神在任何情况下都不曾"将所有权柄交给"某一个王国或帝国中的"某一个人"。他在《士师记评注》中以大卫国王为例指出，神"总是将权力分散给许多人"，除了一位最高掌权者以外，还将权力具体地给一群下级行政长官，所有这些人可以说都是统治权力的掌握者，因此能够独立行使挥剑之权。他强调，所有这些掌权者都是受神命为了一个特殊的目的并且履行一系列具体的职责。他的结论是，所有这种行政长官被任命来进行统治，并不仅仅是按照他们的愿

---

① [英]昆廷·斯金纳：《近代政治思想的基础》下卷：宗教改革，奚瑞森、亚方译，商务印书馆2002年版，第447-448页。

② [英]昆廷·斯金纳：《近代政治思想的基础》下卷：宗教改革，奚瑞森、亚方译，商务印书馆2002年版，第447页。

③ [英]昆廷·斯金纳：《近代政治思想的基础》下卷：宗教改革，奚瑞森、亚方译，商务印书馆2002年版，第287-288页。

望，而且"也是为了保护神的万民不受邪恶伤害，以及维护他们的安全和财产"。他进一步论证说，如果最高掌权者正好"离职"，并且堕落到进行邪恶和暴虐的统治的地步，那么，那些同样"接受保护无辜者这个神圣使命"的下级掌权者，如果"听任万民由这种不信神的暴君去恣意蹂躏"，他们也同样是"邪恶的"。在这种情景中，下级行政长官不再有责任服从他们的上级。他们有这样一种明确的责任，"倘若一位最高掌权者堕落到了强取豪夺或者造成了任何其他种类的外在伤害"，他们就"必须设法以武力除掉他们"。①

　　在16世纪后期，欧洲思想史中出现了"反暴君"理论。1579年于贝尔·郎盖出版了《反暴君》一书，作者在书中提出了一个尖锐的问题："如果君主命令去做违背神法的事情，臣民们也必须服从的吗？"苏格兰思想家乔治·布坎南从政府来自人类社会的概念出发，在《论苏格兰人王国的法律》一书中写道，可以进行这种反抗，直至杀死暴君。在天主教会领域，一些信徒根据"教会权力"永远高于"世俗权力"的原则，提出了反暴君理论。16世纪加入法国天主教联盟"神圣同盟"的天主教徒重申国王权力必须服从教廷，持反对君主专制权力的激烈立场。1591年出版了名为《论基督教国家反对异教徒国王的正当权利》的佚名著作。1599年西班牙耶稣会士胡安·德·马里亚纳在《论国王和国王的制度》中为杀死亨利三世的雅克·卡莱门作辩护，认为君主不是"不受法律约束的"，相反，他应当尊重上帝的权威和公民的意见。②

---

　　①［英］昆廷·斯金纳：《近代政治思想的基础》下卷：宗教改革，奚瑞森、亚方译，商务印书馆2002年版，第288，289-290页。

　　②［意］萨尔沃·马斯泰罗内：《欧洲政治思想史——从十五世纪到二十世纪》，黄华光译，社会科学文献出版社1992年版，第58-59页。

当时，一些学者引用塔西佗的著作来反对政府的专制主义。贾斯特斯·利普西尤斯在《政治家和文明思想六论》（阿姆斯特丹，1589年）中，把塔西佗改头换面，以适应16世纪末的政治需要。他提出一场革命运动带来的损失可能比一个暴君的治理不善引起的损失更加严重，因此应当"谨慎"行事。利普西尤斯向君主推崇塔西佗的著作，因为在塔西佗的著作中，伦理主义的态度具有头等重要性。施皮奥内·阿米拉托1594年在佛罗伦萨出版了《论塔西佗》一书，该书持一种与马基雅维利的《君主论》的观点论战的态度。人们通过塔西佗主义对当时君权强化的政治现实重新思考。①

16世纪在法国出版的《政客》一书提出了这样的假设，即：政府存在的根本理由在于它有能力维护公民的一些天赋权利。尤其是保证他们无条件地享有生命、自由和财产的权利。随后该书提出了一个尖锐的问题："在遭到极端压迫的情况下，臣民拿起武器捍卫他们的生命和自由是否合法。"《论文集》的作者主张，任何企图"使民众成为奴隶"的政府，必然最终使群众有反抗他的权利。民众拒不同意被奴役时，他们只不过是捍卫"他们拥有的自由"，而在他们捍卫他们的自由时，只不过是"实现他们的天赋权利"。②莫尔奈坚持说，任何合法政府的任何行动"都不得在任何时候以任何方式损害民众的自由权利"。他提出的主要理由是，任何政府"必须永远是民众的自由和安全的守护者"。③

---

① ［意］萨尔沃·马斯泰罗内：《欧洲政治思想史——从十五世纪到二十世纪》，黄华光译，社会科学文献出版社1992年版，第60页。

② ［英］昆廷·斯金纳：《近代政治思想的基础》，下卷：宗教改革，奚瑞森、亚方译，商务印书馆2002年版，第467页。

③ ［英］昆廷·斯金纳：《近代政治思想的基础》，下卷：宗教改革，奚瑞森、亚方译，商务印书馆2002年版，第467页。

胡格诺教派的理论家重申，创立任何"合法的统治者"，永远需要民众做出"自由和合法的承诺"。《觉醒者》写道，不仅"第一批行政长官"是"由民众共同同意"设立的，而且，"任何帝国或政府"除非是由民众同意下创立的，否则"都不能被认为是公正的或合法的"。莫尔奈在《维护自由》一书中对民众如何设立国王所做的详尽的叙述也是以这一假设作为基础的。他更看重的是实际推选国王的行政长官的作用。他强调，正是"那些代表万民尊严的人"授予国王以"王位"以及"权杖和王冠"。他坚持说："任何统治者的合法性的必备条件之一是，他必须得到至少是民众大多数的自由赞同，方能确立其执政地位。"①

在16世纪80年代，天主教徒马里亚纳在《国王及对国王的教育》中，甚至为反君主和杀死君主辩护。马里亚纳重申了布坎南提出而被阿尔瑟斯乌斯几乎逐句重申的论点，即"人类最初是孤独的流浪者"，他们"像野兽一样到处流动"，"没有固定居处"。他们唯一关心的事情是"保存他们的生命并生育和抚养他们的子女"。在这个时期，没有"任何统治者的最高权力使他们聚居在一起"，后来人们订立协约来形成一个社会。马里亚纳是从纯自然主义的角度来认识政治社会的建立，认为这是人类改善其天生命运的意图的产物。马里亚纳在书中自问道"是否可以允许反对暴君？"之后，他回答说，由于民众是自行建立他们国家的，"那就毫无疑问他们能够责问国王"。他说在正常情况下，需要有一个名正言顺地设立的议会，或者至少是一个全体民众的公众集会，才能撤换暴虐的统治者。可以说存在一种诛杀

①［英］昆廷·斯金纳：《近代政治思想的基础》，下卷：宗教改革，奚瑞森、亚方译，商务印书馆2002年版，第467—468页。

暴君的权利，"任何个人只要愿意挺身而出帮助国家，都可以行使这种权利"。①

苏格兰宗教改革派约翰·诺克斯也提出了可以诉诸反抗的宪政理论。他在1558年写给苏格兰贵族各等级的小册子《呼吁书》中，要求苏格兰贵族作为"受神命的掌权者"，"保护和捍卫万民"，"免受暴君的肆虐"。诺克斯提出了宪政主义反抗学说两个重要的前提。其一是贵族和君主一样，必须被看作"神命的掌权者"，他们"与他们的国王一道"，都是公共当局。其二，当神"用他的御玺标明"贵族"成为行政长官"时，他总是不会忘记"规定掌权者所必须履行的职责"。这意味着君主和下级行政长官从来没有被置于人民之上，"暴虐天下，毫不顾忌万民的切身利益"。他们都是"受神命来维护其他人的切身利益的"。他们的主要责任是"惩罚做坏事的人，维护行善的人，并恪尽职守，在其位而谋其政"。有鉴于此，诺克斯强调"一切合法的掌权者都是神的佣人"，并强调"任何荣誉都必然附带有责任"。他说："只要我们的统治者们继续促进我们的真正的宗教并且充分眷顾他们的臣民，从而履行神所命的职责，那么我们就必须服从他们。但是倘若他们开始无视他们的上述职责，做'不利于神的荣耀'的事，并且'无端残酷蹂躏他们的兄弟'，我们就根本不再有必要服从他们"。在发生这种情况时，贵族作为下级行政长官就有责任不惜违抗他们的上级以维护神的律法，认识到在这种环境下神"根本没有命令我们服从"我们的统治者，"而是相反，赞许并厚

---

① ［英］昆廷·斯金纳：《近代政治思想的基础》，下卷：宗教改革，奚瑞森、亚方译，商务印书馆2002年版，第490—491页。

重地犒劳那些反抗邪恶的戒律和盲目狂暴的人"。①

加尔文在16世纪50年代末开始修正他的消极反抗学说，转而接受宪政主义的反抗学说。在此以后，加尔文派便用这种学说以证明抵抗运动的合法性。在16世纪后期尼德兰起义中，北部的加尔文派贵族菲利普·德马涅克斯在1580年3月的信中写道："拿起武器来反抗我们的国王的合法性"不可能有任何疑问。他的理由是，"统治者的主要责任"是维护虔诚信仰和正义，倘若他们未能履行这项职责，便可以正义本身的名义合法地反抗他们。只要神授予任何势均力敌的"掌权者"以"合法的天命"来担任行政长官，那么他们不仅可以合法地采取行动来"反对国内的压迫者"，而且实际上也有责任以武力来反对他们。②

到16世纪初年，"国家利益"概念作为国家概念的一部分，在欧洲政治观念中出现了。马基雅维利在《罗马史论》中最先对"国家利益"概念做了论述。他指出，保卫共和国的安全与自由的目标，在政治生活中具有最高的价值和压倒一切的重要性。他明确地断言，必须放弃任何运用基督教的价值标准来评价政治事务的企图。他认为："在组成一个君主国或共和国的过程中，人们可能采取一切可能有用的手段，而不管这些手段是如何越轨。任何人因此而受到责备都是没有道理的。"优秀品质仅是指实际生活中为"拯救国家和维护其自由"所必需的那些品质。马基雅维利的国家利益的理论直接来自达到政治目的可以不择手段的观念。

博泰罗在1589年写了《国家利益》一书，他在书中研究了一个统

---

① [英] 昆廷·斯金纳：《近代政治思想的基础》，下卷：宗教改革，奚瑞森、亚方译，商务印书馆2002年版，第297–298页。

② [英] 昆廷·斯金纳：《近代政治思想的基础》，下卷：宗教改革，奚瑞森、亚方译，商务印书馆2002年版，第303页。

治者有充分理由采取的行动。他讨论了君主对臣属的方式、防止暴乱的方法、防御的重要性等问题。他基本支持马基雅维利的观念，但他力主君主要谨慎行动。①

德国社会学家诺伯特·埃利亚斯以法国宫廷政治为研究对象的《宫廷社会》②，开中世纪宫廷文化研究之先河。在《文明的进程》和《宫廷社会》中，埃利亚斯论述了法国大革命以前的欧洲已经产生了强大的来自下层的压力，它要求宫廷和贵族实现自我抑制。逐渐理性化和文明化的过程是和不同社会阶层和集团之间的斗争密切相联系的，高度理性化对加强文明化的趋势在某种程度上起了重要的作用。随着历史的前进，来自社会下层的压力对上层的束缚加强了。到了19世纪，随着资产阶级在工商业领域逐渐取得优势，他们更加强烈地施加压力，要求取得最高的统治地位。在这种情况下，社会上等阶级为了保持较高的等级身份以继续出人头地，就更需要有一种出于深谋远虑的自我抑制。该书很好地揭示了西欧封建社会内部社会力量和权力精英之间的相互制约的精巧关系，对于理解欧洲封建政治很有意义。

随着文艺复兴和启蒙运动的展开。资产阶级的伦理和文化观念产生了，并作用于政治理论和国家制度。资产阶级的政治伦理较之封建贵族的政治观念有更多的理性、人道和合理性的内容。在理性国家观念的影响下，资本主义国家暴力的使用较为节制，同时有法理的基础。君主和国家的行为不再无法无天，而多少受到一些制约。资本主

---

① ［英］昆廷·斯金纳：《现代政治思想的基础》，段胜武、张云秋、修海涛等译，求实出版社1989年版，第264页。

② Nobert Elias，The Court Society. Oxford，Basil Blackwell，1983.

义国家较之封建君主制国家有一定的历史进步性。资本主义国家的一般面貌与封建国家相比有了很大的差别。理性、道德和人性观念在维系着社会。其中主要的逻辑路径是，资本主义国家在运作时，尽力在国家生活中排除强力的运作，而靠公认的道德的、经济的观念的实践活动支持这个社会。

第四节 理性主义、古典主义和自由主义的国家理论

资产阶级关于国家的政治理论，是人类文明的重要遗产。它既是反封建斗争的武器，又是反封建斗争的产物。从管理科学上说，资产阶级思想家治国理政的思想固然是代表资产阶级利益的，但这种理论观念也是经过深思熟虑和有一定历史价值的，值得工人阶级在建设社会主义国家过程中批判地借鉴。

经过绝对主义时期，到了近代，人们对于国家的认识有了进一步的发展，认识更加理性化了。17世纪前后，国家概念有了新的内容，这就是"理性国家"的概念。它最初以社会契约论为基础，以后发展为纯粹的法治国家的概念。这个时期在欧洲文化史上是古典主义时期，理性主义观念不仅在哲学伦理学领域出现了，而且在政治领域出现了。古代哲学家柏拉图在《理想国》中已提出了理性和法治国家的理论，他还提出过改革国家制度的愿望。这一时期的理性主义在源流上与古代斯多葛主义有一定的联系。最早提到国家理性的是西班牙文学家塞万提斯，他在《狗的对话》中写道："这种国家理性当他被人

承认时，就废黜了很多别的理性"，"尽管它叫作国家理性，但它总是无理性，并且总是把野心勃勃的计划淹没在泪水里"。[①]

从马基雅维利主义到理性主义的转变，即开明君主制的实现，是西方国家理念和国家制度不可忽视的一种变化。国家形态开始摆脱野蛮和暴虐的国家特征。

这个时期主张理性国家的政治思想家大都是关于国家的自然权利理论的拥护者。"国际法之父"胡果·格劳秀斯认为主权的普遍主题是国家本身。他认为人民可以整体地转移最高权力本身。他写道："自然法是正确的思想所下的命令。它按其是否合乎理性，指出一种行为本身具有道德根据或道义上的必然性。"自然法产生出关于国家的成文法，成文法的正确性取决于一切社会义务的潜在根据，特别是取决于信守各种协议。理性对于"坚持一种秩序井然的社会"是必要的。

国家权力的分权制衡原则是西方政治理论的一个重要组成部分。它在反封建的政治斗争中提出，在资产阶级建立国家政权后通过宪法制定将三权分立付诸实施。在资本主义社会制度的框架下它的运行一般来说是成功的。但是，三权分立制度的不稳定性在于国家的立法、司法和行政权力各自的大小并非均衡，而西方宪法又始终对这种不均衡性现象讳莫如深。

18世纪美国思想家潘恩是人民主权思想的宣传者。他写道："在任何国家，从来不曾有，从来不会有，也从来不能有一个议会，或任何一类人，或任何一代人，拥有权利或权力来永远约束和控制子孙后代，或永远规定世界应如何统治，或由谁来统治；因此所有这种条

---

①［法］亨利·列菲弗尔：《论国家——从黑格尔到斯大林和毛泽东》，李青等译，重庆出版社1988年版，第14页。

款、法案或声明——它们的制定者企图用它们去做他们既无权利又无权力去做，也无力量去执行的事情——本身都是无效的。"

17世纪英国资产阶级革命发动之时，直接的世俗的政治思想在很大程度上已经取代了宗教激进思想，成为革命的主要思想武器。17世纪开始以后，反对封建斯图亚特王朝的议会反对派和革命党人几乎完全是凭借封建法、自然法、契约论、中世纪的宪政文件与封建王朝展开直接的政治斗争。其原因在于，英国经过文艺复兴，已经在广泛地扫荡了宗教神学观念。宗教改革使教士退出了教育领域，科学革命则从根本上打击了宗教神学。而在反封建的资产阶级革命中，作为一种思想武器，世俗的政治思想要比宗教观念更直接更有力量。

17世纪英国反封建的政治活动家认为，与大宪章和封建法相比，普通法具有更高的权威性。因此他们在斗争中更多地使用普通法。1610年议员托马斯·赫德利在议会辩论中强调："议会根据普通法拥有权力和权威，而不是普通法来源于议会，因此，普通法比议会拥有更大的权力和更高的权威。"1628年议员克里斯托弗·谢尔兰德说："我从未承认除了普通法以外的任何国王的特权。"[1]虽然当时也有议员认为，议会"对所有的事件都有绝对的权力"。但当时更多的律师认为，如果没有臣民的同意议会不能立法，他们认为反映臣民自由权利的《大宪章》是一项议会立法。当时人们经常谈到下院是一个代表人民利益的概念，议会是臣民对立法或征税表示态度的场所。议会由国王、上院和下院组成，但只有下院才代表整个英国人民群众。[2]

影响和鼓舞着进行与斯图亚特王朝斗争的议会反对派的不仅有清

---

[1] J. P. Sommerville, Politics and Ideology in England, 1603—1640. Longman, 1986, p. 95.

[2] J. P. Sommerville, Politics and Ideology in England, 1603—1640. Longman, 1986, p. 95.

教思想，还有从英国封建主义时代的历史和政治文献中推导出来的政治民主观念。爱德华·考克是英国17世纪初期著名的议会活动家和法学家，他大量地阐述了英国古代存在的政治自由。他认为英国1215年《大宪章》与斯蒂芬·朗吞及亨利二世时代的法律文件有联系，议会自由的原则不仅来自1215年的《大宪章》，同时也是1215年以后英国宪政文件的一贯精神。考克认为在13世纪的封建文件中已包含了论证议会权力和财产权的内容。①考克的思想在17世纪20年代与60年代的英国影响很大。在早期斯图亚特王朝的议会斗争中，议会革命党人延续了考克的思路，以《大宪章》和其他封建时代的法律文件为依据，与查理一世的专制王权抗争。

1628年6月下院议员起草了《权利请愿书》，对查理一世的专制罪行提出抗议，要求保障包括新兴资产者和地主在内的英国人民的各种自由权利。《权利请愿书》在提出各种权利要求时，强调提出这种政治要求的依据是中古时期英王爱德华一世的法律和著名的《自由大宪章》。《权利请愿书》写道："在国王爱德华一世统治时代所制订的一项法令曾宣称规定，除了依照同级贵族之依法裁判，或经国法判决，任何自由人皆不得被逮捕、监禁、剥夺自由不动产、各种自由或自由的习惯、剥夺法律保护权、流放，或用任何方法加以损伤。""今后如不经议会的同意，不得强迫任何人提供任何购物、恩税、征税或类似的税收；并且不得以任何如上所说的方法去监禁或扣留自由

---

① J. G. A.Pocock，The Ancient Constitution and Feudal Law. A Study of English Historical Thought in the Seventeenth Century. Cambridge u. p>1957. pp. 44–45.沈汉："约翰·波科克的语言历史学方法"，载《贵州社会科学》，2017年第6期，第54–59页。

人。"①1641年取消王室法庭的法令强调,"根据无数次在议会中确立的大宪章所规定,任何人不得被监禁,被强夺他的自由不动产或人身自由"。②中世纪的《大宪章》在英国革命高潮时期甚至被更激进的小资产阶级民主派别所借用。在第一次内战之后,平等派在争取政治民主的斗争中反复强调了包含在《大宪章》中的基本原则,把它作为抗御议会暴政的盾牌。平等派领袖李尔本说:"正是以法律的名义⋯⋯最重要的是根据《大宪章》和《权利请愿书》,议会拿起了武器。"③当李尔本被议会下令逮捕并送审时,他在自我辩护中以《大宪章》第29章的内容为依据强调说,是《大宪章》保证了他和其他人"生而具有的权利"。④

托马斯·霍布斯(1588—1679年)是英国17世纪重要的政治思想家。霍布斯在1641至1642年完成了《论公民》,1651年出版了《利维坦或教会国家和市民国家的实质、形式和权力》。霍布斯用机械来比喻国家及其结构。他提出:"我们不应该从作为一个自然躯体各种有机体的术语的角度,而是应该从作为一种机器的各种纯粹的机械学术语的角度来看国家。'共和国或国家'因此被说成是'一个人工造就的'人',可以比之于'各种像钟表一样以弹簧和轮子驱动的机器'。虽然如果我们喜欢的话,我们仍可谈及它的心脏、神经和关节,但是我们必须承认心脏'就是一根弹簧,而神经就是大量的弦,关节是众多的轮子'。"霍布斯用这种比喻,强调国家绝不能被视为

---

① S. R. Gardiner, ed., Constitutional Documents of Puritan Revolution, 1625—1640. Oxford U. P. 1906. pp. 65–70.

② S. R. Gardiner, ed., Constitutional Documents of Puritan Revolution, 1625—1640. Oxford U. P. 1906. pp. 170–180.

③ H. N. Brailsford, The Levellers and the English Revolution. Stanford U. P. 1961. pp. 553\579.

④ M. Ashley, Mangna Carta in the Seventeenth Century. Virginian U. P. 1965. p. 39.

神的创造物或自然发生的，它完全是人造的物体，是为了促进自己的利益这个唯一的目标而建造出来的机械装置。他的论述具有哲学机械论的特点。

关于法律的作用。霍布斯认为，法律和公民之间的关系是"用他们对惩罚的恐惧来约束他们"。臣民应当把民法视为"约束他们的掠夺和复仇的手的一种强制性的力量"。在《论公民》中，霍布斯阐述了法制的原则。他写道："遵守法律的义务比对这些法律本身的颁布出现得更早，因为这些义务被包含在国家实际的形成中。"霍布斯提出法制原则的时间，比孟德斯鸠的《法的精神》要早一个世纪。

霍布斯研究了主权包括的各种权力。由全体臣民大会掌权的民主政体，以及经过制定的或以其他方式使其与旁人有别的某一部分人组成的议会掌权的贵族政体，以及难以归入这三类政体的其他政体。他还研究了各种政体治理的特点。

霍布斯主张君权民授，但他认为君主有最高统治权。在《利维坦》中，霍布斯认为国家衰弱的原因在于君主没有足够的权力。君主政体是最好的政体。强大的中央权威才能够避免邪恶的混乱和内战。在这种制度下，统治者的利益更易于与全体人民的利益相结合。更适合于确保和平和人民的安全，因为君主独自掌握国家权力，就不会发生统治者意见不统一的现象。他从人们自我保护的普遍需要以及对统治权的需要来论证君主至上的统治权。他指出，是社会的竞争、侵略、战争造成了人们生活的不安定。人类的理性驱使他们追求和平安定的生活。人们为了"自我保护"，"创造了一个人为的人，这就是我们所谓的国家"。"公共权力可以保证他们不受外人的侵略以及彼此伤害，从而使他们安全。"霍布斯在《论公民》中写道："最绝对的君主制对国家来说是最好的条件。最能说明这点的是，不仅君主，还有听命于人民和寡头的国家，一律都将战争的充分权力单独授予某个人。"

霍布斯反对权力分立的主张，也反对主权在民。他认为主权应当全盘控制民事、军事、司法和教会的权力。主权有改变人民的信仰和理念的权威。主权不论是为一人所有还是由多人组成的会议操纵，都是一个不可分割的整体，否则分割的主权将彼此摧毁，导致国家的解体。霍布斯是革命和民主的反对者。霍布斯在《论公民》中断言说，当许多个体聚集在一起着手创立国家，他们就是立约允许一个人的意志代表或象征所有人的意志。他在《思考》（1662年）中谴责约翰·沃利斯及其他清教徒鼓吹的一套"令奥列佛·克伦威尔和人民发疯的"原理，斥责说"你们想让他们发疯"，"但是刚好达到可以让他们服务于你们自己目的的程度"。他讽刺议会中的乡绅和律师集团说，他们喜欢议会制，因为这样他们有希望加入政府；他们不喜欢君主制，因为这样他们没有希望享受权利"。

霍布斯对自由做了阐释。他认为："自由一词就其本意说来，指的是没有阻碍的状况。""自由人一词根据这种公认的本义来说，指的是在其力量和智慧所能办到的事务中，可以不受阻碍地做他愿意做的事情的人。"但是作者又说："主权代表人无论以什么口实对臣民所做的事情没有一种可以确切地被称为不义或侵害的，因为每一个臣民都是主权者每一行为的授权人。""于是，在一个国家中，臣民可以，而且往往根据主权者的命令被处死，然而双方都没有做对不起对方的事。"在这里，霍布斯过高地肯定了主权者专横地和暴虐地施行权力的行为，具有为专制制度和暴君辩护的倾向。

　　霍布斯提出，当人类在自然状态下受到死亡威胁时，必然会用一切所能来保护自己。霍布斯认为保护自己免于死亡的威胁是人类的最高需要，而权力就是出于这种需要。在霍布斯所说的自然状态下，每个人都需要世界上的每样东西，也就是要求有对每样东西的权力。由于世界上的东西都是不足的，所以这种争夺权力的"所有人与所有人的敌对"永远不会结束，而人生在这种自然状态下便是"孤独、贫困、污秽、野蛮而又短暂的"。但是战争对人并不有利，人们希望和平和自身的安全，"使人倾向于和平的热诚其实是怕死，以及对于舒适生活之必要东西的欲求和殷勤地获取这些东西的盼望"。霍布斯认为，要实现社会和平就必须有社会契约。

　　自然法在霍布斯的政治理论中具有重要的地位。霍布斯在阐述自然法原则时写道："自然赋予每个人在所有东西和食物上的权利，也就是说，就纯粹的自然状态而言，或说是人用彼此的协议约束他们自身以前，每个人都被允许对任何人去做任何事，无论他要什么，他能得到什么，他都可以去占有、使用和享受。"霍布斯研究了近代初期很流行的自然法的性质及其在政治中的地位。他写道："自然法在内心范畴是有约束力的。也就是说，它们只要出现，便对一种愿望有约束力。但在外部范畴中，也就是把它们付诸行动时，就不永远如此。""由于研究美德与恶行的科学是道德哲学，所以有关自然法的真正学说便是真正的道德哲学。""这些理性的规定人们一向称之为法，但却是不恰当的，因为它们只不过是有关哪些事物有助于人们的自我保护和自卫的结论或法则而已。正式说来，所谓法律史便是一纸空文，完全没有力量使人们得到安全保障。"霍布斯在这里已经表示了对自然法效力的怀疑。

英国思想家约翰·洛克（1632—1704年）最重要的著作是《政府论》。洛克提出了分权理论。他认为国家采取专制政体是不足取的。最佳形式是复合和混合政府形式，即君主立宪制。他写道："尽管有些人把君主专制政体当作世界上唯一的政体，其实它和公民社会是不协调的，因而它绝不可能是公民政府的形式。因为公民社会的目的是避免并补救自然状态的种种不便。"洛克是西方政治思想家中最早提出分权理论的学者。洛克认为三种权力是立法权、执行权和对外权，它们应由几个机构分别掌握。立法权应由民选的议会来行使，执行权属于国王，对外权也应由国王来行使。洛克和孟德斯鸠的分权理论在原则上是完全一致的，但划分的方法不同。

洛克重视立法权。他写道："人们加入社会的重大目的是和平地和安全地享受他们的各种财产，而达到这个目的的主要工具和手段是那个社会所制定的法律，因此所有国家最初的、最基本的明文法就是关于立法权的建立；正如甚至可以支配立法权本身的最初的和基本的自然法，其目的就是为了保护社会以及（在与公众福利相符的限度内）其中的每一成员。"[①]

对于国家另两种权力即执行权和对外权，洛克指出："执行权和对外权这两种权力本身确实是有区别的，一个是指在社会内部对其所有成员执行社会的国内法的权力，另一个是指对外处理有关公共安全和利益的事情，其中包括一切可能得到的利益或可能受到的损害。"尽管"这两种权力几乎总是连在一起的"。[②]

洛克强调人生来就有自由。他写道："人人都是生而自由、平等

---

① [英]约翰·洛克：《政府论》下册，叶启芳、瞿菊农译，商务印书馆2015年版，第83页。
② [英]约翰·洛克：《政府论》下册，叶启芳、瞿菊农译，商务印书馆2015年版，第92页。

和独立的，未经本人同意，不能把任何人置于这种状态之外，使他受制于另一个人的政治权力。"洛克提出了私有财产是人的自然权利。"未经他们本人的同意，任何人无权从他们那里夺取其财产或其中的任何一部分。"

　　洛克提出法律是自由的保障。法律的目的不是废除和限制自由，而是保护和扩大自由，"哪里没有法律，哪里就没有自由"。"每一个个人和其他最微贱的人都平等地受制于"法律。法制和暴政是势不两立的：法律一停止，暴政就开始了。他坚持法律面前一律平等的原则。洛克提出，当立法机构不能保护人民时，它将丧失权力。"人们之所以要加入社会，就是要保护自己的财产；他们之所以要选择一个立法机关并授予它权力，就是希望由此可以制定法律、确立准则以保卫社会全体成员的财产，限制社会各个部分和各个成员的权力，并节制他们的支配权。因为决不能设想，社会的意志会让立法机关有权力来破坏每个人想通过参加社会而得到的东西，破坏人民通过服从他们自己选任的立法者而要得到的东西。因此，当立法者图谋夺取和破坏人民的财产，或降低他们的地位以使他们处于专断权力下的奴役状态时，立法者就使自己同人民处于战争状态了。人民也就没有必要服从，而只能采用抵抗武力和暴行。所以，不论立法机关在什么时候侵犯了这个社会的基本准则，并在野心、恐惧、愚蠢或腐败的驱使下，力图使自己掌握或授予任何其他人一种绝对的权力，以支配人民的生命、权利和产业时，他们就因背弃了人民对他们的委托而丧失了权力，当初人民是为了与此完全不同的目的而授权给他们的。这种权力就重新回到人民手中，人民有权恢复自己原来的自由，并通过建立他们认为合适的新的立法机关以谋求自己的安全和保障，而这正是他们加入社会的目的。"

洛克强调，上述观点不止是针对立法机构，而是一个一般性的原则。他写道："我在这里所说的关于立法机关的话一般也适用于最高执行者，因为他受了人民的双重委托，即参加立法，同时又是法律的最高执行者，因此当他以自己专断的意志作为社会的法律时，他的行为就违背了这双重委任。"洛克在这里提出掌权者滥用人民授予他们的权力时，人民有权索回权力，即用民主手段剥夺统治者的权力的观点表明，他的民主思想具有难能可贵的反对君主和统治者的反抗性和革命性。

洛克提出了法律保护私有财产权的原则。他写道："未经本人同意，最高权力不能剥夺任何一个人的任何一部分财产。因为保护财产是政府的目的，也是人们加入社会的目的，这就必然假定而且要求人民应该享有财产权，否则就必须假定他们因加入社会而丧失了作为他们加入社会的目的的东西。谁也不会承认这种荒谬的观点。因此，那些在社会中享有财产权的人们，对于根据社会法律的规定属于他们的财产，就享有这样一种权利，即未经他们本人的同意，任何人没有权利从他们那里夺去他们的财产或其中的任何一部分。"

在英国，洛克表述出一种朦胧主义的国家观念。他认为，政府向它管辖的人民或社会负责；它的权力既为道德法则所限制，又受历史的政治传统和习俗所制约。政府是必不可少的，它的权力是不可取消的，但这种权力存在的基础在于为了国家的幸福。洛克论述了国家的活动必须满足人的理性的要求。洛克把自然法解释为每个人生来就有的绝对的天赋的不可取消的权力，其中最重要的是人的财产权。政府和社会的存在是为了维护人的权利，而人的权利的不可取消性构成了对政治和社会权威的限制。洛克认为道义的效力同暴力是两件完全不同的东西。暴力不可能产生道义的效力。一切政府要证明自己正当合法，只能以承认或支持个人和社会共有的道义权利为基础。换言之，道德秩序是永久存在的，政府必须符合这一原则。

霍布斯和洛克都认为，政府应当根据普遍的理性原则，仅仅为了增进自由、人身安全、对财产享有和个人的其他利益服务。洛克的上述思想影响到法国。法国也出现了批评君主独裁的观念，费内隆提出了恢复被王室摧毁的法国古代政体的要求。

1776年美国的《独立宣言》是一部首先写入人权原则的宪法。《独立宣言》写道："我们认为这些真理是不言而喻的：人人生而平等，他们都是从他们的'造物主'那边被赋予了某种不可转让的权利，其中包括生命权、自由权和追求幸福的权利。为了保障这些权利，所以才在人们中间成立政府。"[1]

美利坚合众国1787年宪法规定："人身保护令状的特权不得废止之。"[2]1787年宪法的修正案规定："国会不得制定关于下列事项的法律：确立宗教或禁止信仰自由；剥夺人民言论或出版的自由；剥夺人民和平集会及向政府请愿的权利。""人民有保护其身体、住所、文件与财产的权利，不受无理拘捕、搜索和扣押，此为不可侵犯的权利。""不得于未经正当的法律手续前使任何人丧失其生命、自由和财产。"

法国大革命开始后，1789年8月颁布的《人权与公民权宣言》阐

---

① 法学教材编辑部，《外国法制史》编写组：《外国法制史资料选编》下册，北京大学出版社1982年版，第440页。
② 法学教材编辑部，《外国法制史》编写组：《外国法制史资料选编》下册，北京大学出版社1982年版，第463页。

释了人权的原则。它的第一条写道:"人们生来并且始终是自由的,在权利上是平等的;社会的差别只可以基于共同的利益。""一切政治结合的目的都在于保存自然的、不可消灭的人权;这些权力是自由、财产权、安全和反抗压迫。""全部主权的源泉根本上存在于国民之中:任何团体或者任何个人都不得行使不是明确地来自国民的权力。"[①]《1791年宪法》重申了1789年《人权与公民权宣言》确立的上述原则。

《人权与公民权宣言》还确认了言论自由是人权的基本内容。"自由交流思想和意见是最珍贵的人权之一;因此,所有公民,除了在法律规定的情况下对滥用自由应负责任外,都可以自由地发表言论、写作和出版。"

托马斯·潘恩[②]是人权的积极倡导者。他对人权做了理论阐述:"任何一部创世史,任何一种传统的记载,无论来自有文字记载的世界还是无文字记载的世界,不管他们对于某种特定事物的见解和信仰如何不同,但在确认人类的一致性这一点上则是一致的;我的意思是说,所有的人处于同一地位,因此,所有的人生来就是平等的,并具有平等的天赋权利。"

潘恩在《人权论》中写道:"天赋权利就是人在生存方面所具有的权利。其中包括所有智能上的权利,或是思想上的权利,还包括所有那些不妨害别人的天赋权利而为个人自己谋取安乐的权利。公民权就是人作为社会一分子所具有的权利。每一种公民权利都以个人原有

---

① 法学教材编辑部,《外国法制史》编写组:《外国法制史资料选编》下册,北京大学出版社1982年版,第525-526页。

② 托马斯·潘恩,英裔美国思想家、作家、政治活动家、理论家、革命家、激进民主主义者,著有《常识》《人权论》。

的天赋权利为基础，但要享受这种权利光靠个人的能力无论如何是不够的。所有这一类权利都是与安全和保护有关的权利。"潘恩具体地分析说，从这一权利可以得出三点结论："1. 每种公民权利都来自一种天赋权利；换句话说，是由一种天赋权利换取的。2. 恰当地称为公民权利的那种权利是由人的各种天赋权利集合而成的，这种天赋权利就能力观点而言，在个人身上是不充分的，满足不了他的要求，但若汇集到一点，就可以满足每个人的要求。3. 由种种天赋权利集合而成的权力，不能侵犯由个人保留的那些天赋权利，个人既充分具有这些天赋权利，又有充分行使这种权利的权力。"

潘恩指出了人权平等的原则。"人权平等的光辉神圣原则（因为它是从造物主那里得来的）不但同活着的人有关，而且同世代相继的人有关。根据每个人生下来在权利方面就和他同时代人平等的同样原则，每一代人同他前代的人在权利上都是平等的。"

资本主义时期是人类文明发展的重要时期。它在经济基础和上层建筑的许多方面为近代社会奠定了基础。资产阶级的政治理论直白地阐述了本阶级的利益，以及如何夺取政权和如何用一种较为严密和有序的体制来捍卫那个社会秩序的政治谋略，表现出一种现实主义的特点。历史已经证明了资产阶级政治理论的现实性和有效性，它对于建立一个较稳定的政治秩序起了积极的作用。在思想领域中，资产阶级的政治理论尽管带有阶级的局限性，但是从政治科学的角度来评判，它仍是人类文明史上一块瑰宝。它所奠定的近代政治制度，较之封建政治秩序有了很大的进步，较为稳定，较为民主，较为理性。

维尔弗雷多·帕累托（1848—1923年）是意大利社会学家和经济学家。他著有《民主的演变》（1921年）、《普通社会学纲要》。帕累托持自由主义立场。他认为："没有认同和暴力，任何政府都不能维持。""统治者都应该善于并能保护臣民、制服高傲者。"他提出了精英循环论。认为，贵族由于数量锐减、素质衰退，他们的消失是不可避免的。统治阶级对于从下层阶级中涌现的威胁政权的新精英，一是使用暴力镇压，二是玩弄权术，使用阴谋诡计、贿赂、欺骗手段，对于下层阶级中产生的新精英，只要允诺为统治阶级服务，就要把他们吸收到统治阶级的队伍中来。

加塔诺·莫斯卡（1858—1941年）是意大利保守主义政治学家，但他的著作中不失对统治阶级的批评。1878到1881年莫斯卡形成了关于统治阶级的理论，他的代表作是《统治阶级》（意大利文原名为《政治科学原理》1884年版，英文1939年版）[1]。莫斯卡认识到，与大多数人统治的理论相反，社会总是被极少数人、被寡头统治着。莫斯卡指出："在我们的国家，不论它是哪一种形式，对公共事务的管理权都在少数有影响的人们手中，大多数人不论是否情愿，都要服从这种管理。"[2]"但是如果没有人数众多的阶级的支持，迫使人们尊重和执行他的命令，处于一国之首未知的人肯定无法统治。"[3]

莫斯卡认为："政府本质上是以平衡为基础组织起来的。""指导一个社会进行军事和民事组织的长期实践，在统治阶级的上层中间创造和发展了一种真正的统治艺术。"[4]"所有的统治阶级如果不是在

---

[1] 1939年此书英译本书名为《统治阶级》（贾鹤鹏译，译林出版社2021年版）。

[2]［意］加塔诺·莫斯卡：《统治阶级》（《政治科学原理》），贾鹤鹏译，译林出版社2012年版，第97页。

[3]［意］加塔诺·莫斯卡：《统治阶级》（《政治科学原理》），贾鹤鹏译，译林出版社2012年版，第98页。

[4]［意］加塔诺·莫斯卡：《统治阶级》（《政治科学原理》），贾鹤鹏译，译林出版社2012年版，第106，108页。

法律上成为世袭的，也会试图在事实上变成世袭的。所有的政治力量都拥有一种物理上的惯性力量，倾向于维护他们发现自己所处的那一点或状态。""选举权基础广泛的民主选择初看起来与追求稳定性有冲突，而根据我们的理论，统治阶级就这样显示出追求稳定性的倾向。"①

在研究历史上的国家类型的时候，莫斯卡指出："在一个官僚制国家，政府职能的专业化程度总是比封建国家高。"莫斯卡研究了政治制度再现的问题。他指出："一种政治制度要在具有广为不同的文明的各民族间反复出现，并且持续很长时间，而这些民族彼此之间经常没有物质和文化交流，那么这种制度必须在一定程度上符合人类的政治本性。人为的或反常的东西绝对无法显示出这么大的韧性。"②

莫斯卡研究了国家发展的历史过程的若干阶段的内在联系。他指出："封建国王发展为专制君主，封建等级发展成常规官僚制，以及由携带武器的贵族组成的军队发展到常备军，需要6个世纪的奋斗和缓慢但持续的酝酿。在这600年中，有一些阶段封建势力利用了国家和国王恰好经历的关键时刻，收复了一些失地。但是最终胜利属于集权的君主国。国王们逐渐成功地聚集了比贵族能够获得的更大的物质力量，他们也精明地利用了城市公国的支持以及有力而持久的道德力量，诸如广泛流传的王朝权力来自神授或者法律博士的理论。这些理论认为，国王与古罗马皇帝一样是创造法律的国家意志和执行

---

① ［意］加塔诺·莫斯卡：《统治阶级》（《政治科学原理》），贾鹤鹏译，译林出版社2012年版，第109页。

② ［意］加塔诺·莫斯卡：《统治阶级》（《政治科学原理》），贾鹤鹏译，译林出版社2012年版，第473页。

法律的国家权力。"[1] "从经济原因看来在从封建国家到官僚国家的转化中发挥了极小作用。"[2] "专制国家的源头是晚近的。在它内部或在其羽翼下，新的统治势力，新的知识、道德和经济条件迅速成长，以至于在不到一个半世纪中，它就不可避免地变成近代的代议制国家。""在这种转化中最重要的因素是一个新的社会阶级的迅速成长。"[3]

关于绝对主义国家官僚机构的遗产对以后出现的近代国家的影响问题，莫斯卡指出："专制主义政府建立起来的官僚机构没有被废除，而是被各国在19世纪采纳的诸项新职能逐渐扩展和加强。实际上，现代国家的两项基本权力，行政权和司法权，最终都被给予了官僚机构。至于防止官僚机构的任何过分行为，看来似乎把对收入和支出的控制，以及对作为整体的国家行政机构进行审计和评判的权力交给议会就够了。并且，在议会制统治的国家，议会还要把官僚机器的各种分支，置于主要由民选议院成员担任的官员的掌管下，因此，这些官员也是间接地产生于普选。"[4] 莫斯卡还指出："在18世纪，官僚专制主义已经为这些新的民主理论仅仅在一个方面的应用准备了条件；它已经消灭了居于至高权力和个体公民之间的所有主权，或把它们减为空间的形式。这使得人们有可能，也有理由设想，大众主权是

---

[1] ［意］加塔诺·莫斯卡：《统治阶级》（《政治科学原理》），贾鹤鹏译，译林出版社2012年版，第451页。

[2] ［意］加塔诺·莫斯卡：《统治阶级》（《政治科学原理》），贾鹤鹏译，译林出版社2012年版，第451页。

[3] ［意］加塔诺·莫斯卡：《统治阶级》（《政治科学原理》），贾鹤鹏译，译林出版社2012年版，第453，455页。

[4] ［意］加塔诺·莫斯卡：《统治阶级》（《政治科学原理》），贾鹤鹏译，译林出版社2012年版，第457页。

一个国家的人民中纯粹和简单的大多数人的主权。"①

莫斯卡对于当代代议制和民主制持保留和批评的态度。他写道："迄今为止，西欧和中欧具有的各种统治形式，保证了相当的个人自由，它们还提供了对统治者武断行为相当多的限制，并产生了高度的物质繁荣。但是平等的原则并没有实现，大多数人也没有被给予对各国的实际控制权。至多，大众在选举的时候被用各种各样的物质利益的许诺所哄骗，这些许诺更多停留在表面。"处于德雷福斯时代的政治学家莫斯卡提出，复兴代议制应该做出多方面的改进，"最重要的变化之一将涉及新闻立法。一定能够找到各种方式，维护科学调查和中肯地批评政府行为的自由"。

"意大利城邦的政治构成与希腊城邦的构成有很多地方是类似的。这可能是由于意大利和希腊民主种族上的相似性。通过希腊在西西里和大希腊的殖民地，意大利诸民族可能感受到了希腊文明的影响，这比罗马人征服这些殖民地在时间上要早得多。""我们在原始的意大利城市中，也发现了国王、知名人士组成的委员会以及全民大会。"

莫斯卡认为，在佛罗伦萨，和希腊城邦一样，适度行为和人道这些品格是没有用的，权力通常属于反应最快和最狡猾的人。现代政治在结构和形式上已经和文艺复兴时期的城市国家有根本不同，因而现代国家中的革命形式也将和古代城邦国家根本不同。"现代国家面积比古代的大得多，而且有其组织系统、官僚机构和正规军；必须指出，在这样的现代国家中，不可能靠在某人背后投匕首、或精心布置

---

① ［意］加塔诺·莫斯卡：《统治阶级》（《政治科学原理》），贾鹤鹏译，译林出版社2012年版，第456页。

一次伏击、或对一幢公共建筑攻击就可以完成革命。"①

圣西门检查了中世纪的道德和政治情况，并把他们与19世纪开始时的状况相比。他得出结论说，军事和神学成分在中世纪盛行，因此教士和军事领导人居于政治金字塔的顶端。从19世纪开始，社会生活根本的主要功能是科学和工业性的，因此政治领导权应该交给那些能够推进科学和指导经济生产的人。②

圣西门的学生奥古斯特·孔德引申了圣西门的思想，他写了《实证政治体系》（1853年）。孔德坚持认为，对社会的控制将来属于一个科学的贵族阶层，孔德称之为科学的教士阶层，并宣布这种政府是人类理智在19世纪已经达到的"实证"阶段的一个必然的结果。③

理性主义是近代国家区别于中世纪封建国家的重要表征。政治理性主义和开明君主制取代马基雅维利主义，是西方国家理念的重大进步。这表明国家摆脱野蛮暴虐的封建国家特征而开始文明化。

古典主义和理性主义的国家理论用温情主义态度来看待国家，而不是把国家看作是暴力机器，他们用人性论和工具主义来看待国家的职能。

格劳秀斯（1583—1648年）是荷兰律师、司法官、外交官。他是第一个比较系统地阐述理性自然法理论的学者。他著有《战争与和平法》《荷兰法律导论》《神学政治论》和《伦理学》。

---

① ［意］加塔诺·莫斯卡：《统治阶级》（《政治科学原理》），贾鹤鹏译，译林出版社2012年版，第263，265页。

② ［意］加塔诺·莫斯卡：《统治阶级》（《政治科学原理》），贾鹤鹏译，译林出版社2012年版，第400页。

③ ［意］加塔诺·莫斯卡：《统治阶级》（《政治科学原理》），贾鹤鹏译，译林出版社2012年版，第401页。

《战争与和平法》（1625年）一书用国际视野展开对国家理论的研究。在什么是主权的问题上，格劳秀斯论述道："主权是指行为人的行为不从属于其他人的法律控制，从而不会因他人一致的形式而使其归于无效的权力。""权利的主体或者是共同的，或者是特殊的"，国家"是主权的共同主体"。"有时会出现几个民族拥有同一个元首的情形，尽管每一个民族本身都形成了一个完美的结合体。""一个具有不同社会关系的人可能成为几个不同实体的元首。关于这个问题的明显的证据就是当一个王室家族灭亡之后，治理国家的权力就会回到各个单独的民族手中。""有时，还会发生这种情况：几个国家以邦联的形式结合在一起。"①"按照各个国家的法律和习惯，主权的特殊主体是一个或者多个个人。"②

格劳秀斯论述了国家的代表会议的权力。他写道："在一些国家中，由不同阶层的代表组成的代表会议……变成了为国王服务的比较大的议事机构。国王能够通过它了解内阁通常不予理会和通报的来自人民的怨言，然后，他可以自由决定采取什么最好的方式对此作出回应。在其他一些国家，这样的机构有权对统治者的行为进行审议，甚至有权通过对统治者有约束力的法律。"③

格劳秀斯否认国王有转让主权的权利。他写道："我认为，如果国王的王位是根据人民的意志授予的，那么，允许国王转让主权权力并

---

① ［荷］格劳秀斯：《战争与和平法》第一卷，马呈元译，中国政法大学出版社2018年版，第128页。

② ［荷］格劳秀斯：《战争与和平法》第一卷，马呈元译，中国政法大学出版社2018年版，第129页。

③ ［荷］格劳秀斯：《战争与和平法》第一卷，马呈元译，中国政法大学出版社2018年版，第141页。

不符合人民的意志。"①但格劳秀斯认为："虽然主权本身是统一和不可分割的，而且它包含'不需要对任何人负责'的最高等级的权力，但是，主权有时也可以依据个人的主观意愿和能力进行划分。"②

普芬道夫（1632—1694年）是德国政治学者，著有《自然法与国际法》（8卷）、《从政治生活出发论宗教的本质》、《欧洲主要国家历史导论》、《马其顿王菲利浦的早期历史》、《天主教政治史》、《当代政治史》、《人和公民的自然法义务》等。普芬道夫写了《德意志宪法》，把威斯特伐利亚时代和前威斯特伐利亚摧毁性战争时代区分开来，认为后一个时期开始了建立新的独立国家间的政治秩序。他通过对国家利益和相关实力进行比较和历史的分析，来观察欧洲国家的内部和外部关系，并分析政治关联。普芬道夫认为，建立国家是为了摆脱战争状态，提供安全。人们建立国家的真正动因是"建立保护屏障，抵制来自于人并威胁于人的邪恶"。关于国家的起源，普芬道夫宣称，并非亚里士多德式的对社会之爱促使人们建立国家，而是残忍的战争环境提供了强有力的动力，迫使这些自爱的动物建立起国家。通过把相互冲突的意志融合成一个意志，把分散的个人权力整合成一个权力，国家消除了不安定的因素。普芬道夫认为："不是公民的动机促使建立国家，而是政治社会中制定和实施的法律体制管控着公民的行为，这有利于保护和促进公众利益。因为这种公众秩序的维护是社会化必不可少的手段。政治和社会秩序的履行维持了秩序，使得每个人能够取得安全，社会利益能得到确保，所以服从也是一个理

---

① ［荷］格劳秀斯：《战争与和平法》第一卷，马呈元译，中国政法大学出版社2018年版，第150页。

② ［荷］格劳秀斯：《战争与和平法》第一卷，马呈元译，中国政法大学出版社2018年版，第155页。

性的功利问题。国家是一个意志和权力的结合体，整合了统治者和臣民而又独立于他们，他们创造了它却又成了它的组成部分。"

普芬道夫论证说："一个强大而团结的国家必须有一个统一的、中央集权式的权力和政府，这才是一个正常的国家。"统治者的义务是实现"人民的安全"。为达到这一目标，他必须把国家利益放在他自身的利益之上。普芬道夫用斯多葛派的术语"尊贵与安宁"来描绘统治者的义务。他认为统治者的义务包括以外交、联盟、备战和战争的方式保护人民免受外来攻击。对于国际关系，普芬道夫指出，国家相互之间处于自然状态之中，友邦可能变成敌人，和平可能变为战争。所以，国家就必须注重自卫，而不是向他国示好，即便在和平时期，也要备战。鉴于国际体系这种残酷性，国家统治者被迫按照预期对外作战的逻辑需要，调整公民的外在行为。

普芬道夫追随格劳秀斯的理论，他认为在暴政下，允许一种例外的反抗权："人民可以因自卫反抗君主极端并且不正义的暴力"，如果成功了，他们可以设立一位新的统治者，仆人也可以反抗此类主人。

斯宾诺莎（1632—1677年）是荷兰神学家和哲学家，他出身于阿姆斯特丹一个犹太人家庭。他的著作有《笛卡尔哲学原理》《神学政治论》《伦理学》《知性改进论》《政治论》等。他在《神学政治论》中写道："假如专制政治的秘诀主要是欺骗人民，用宗教的美丽的外衣来套在用以压倒民众的畏惧的外面，这样人民既可以英勇地为安全而战，也可英勇地为奴隶制度而战。""若是法律侵入思辨的领域，把人的意见加以法律的审判、定罪，也和罪恶一样。""只有在这种情况下，叛乱才会发生。"①

他强调了人权不可侵犯。"我断言人的天然所赋予的权利都不能绝对为人所剥夺，而人民由于默认或公约，保留几许权利。此诸权利若被剥夺，必大有害于国家。"②

"在一个民治的国家，其法律之制定是经过全民的同意，服从是不存在的。在这样的社会中，不管法律增加还是减少，人民是自由的，因为法律之增减是由于人民之自由认可，而不是由于外界的权威。若王权操之于一人，则所得恰恰相反。"③

斯宾诺莎在论及统治权与公民自由的关系时，他特别强调公民权和个人的人身自由。斯宾诺莎认为，社会要遵从理性。"我们遵循理智的规律和确实的指示而生活要好得多。因为，我们已经说过，这些理智的规律与知识的目的是为人类求真正的福利。"④

斯宾诺莎认为："在一个国家或一个王国之中，最高的原则是全民的利益，不是统治者的利益，服从最高统治者之权并不是使人变为奴隶于其无益，而是使他成为一个公民。由是之故，最自由的国家是其法律建筑在理智之上，这样国中每一分子才能自由，如果他希求自由，就是说，完全听从理智的指导。"⑤

"政府最终的目的不是用恐怖来统治或约束，也不是强制使人服从，恰恰相反，而是使人免于恐惧，这样他的生活才能极有保障；换句话说，加强他生存与工作的天赋之权，而于他个人或别人无

---

① ［荷］斯宾诺莎：《神学政治论》，温锡增译，商务印书馆1982年版，第11页。
② ［荷］斯宾诺莎：《神学政治论》，温锡增译，商务印书馆1982年版，第16页。
③ ［荷］斯宾诺莎：《神学政治论》，温锡增译，商务印书馆1982年版，第82-83页。
④ ［荷］斯宾诺莎：《神学政治论》，温锡增译，商务印书馆1982年版，第214页。
⑤ ［荷］斯宾诺莎：《神学政治论》，温锡增译，商务印书馆1982年版，第218页。

损。""政治的目的绝不是把人从有理性的动物变成牲畜或傀儡，而是使人有保障地发展他们的心身，没有拘束地运用他们的理智。"①

斯宾诺莎指出："强制言论一致是绝不可能的。因为，统治者们越是设法削减言论的自由，人越是顽强地抵制他们。""即令自由可以禁绝，把人压制得除非有统治者的命令他们都不敢低声说一句话；这仍不能达到当局怎么想，人民也怎么想的地步。"②

斯宾诺莎在未完成的著作《政治论》中写道："在国家里什么是好，什么是坏，都是由对一切人都适用的公共法律所确定的。在国家里，人只能根据共同的法令或赞同做事，此外没有权利做任何其他事情。"③"除非国家有依据理性命令指定的法律，否则一个民族就不能像国家所要求的那样，好似由一个心灵所指导。""一个国家好的法律必须建立在理性命令的基础上。"④

斯宾诺莎是理性国家的倡导者。他认为，国家的最好状态是在受理性支配时。"当一个人最大限度地受理性支配时，他就最充分地拥有他自己的权利。假若一个国家以理性为基准和受理性所支配，它就最有力量和最充分地拥有它自己的权利。既然保存自己所能采取的最好的办法是按照理性的命令生活，所以在一个人或一个国家最充分地拥有其自身的权利时，他（它）总是以最好的方式行动。"⑤

---

① [荷] 斯宾诺莎：《神学政治论》，温锡增译，商务印书馆1982年版，第272页。
② [荷] 斯宾诺莎：《神学政治论》，温锡增译，商务印书馆1982年版，第276页。
③ [荷] 斯宾诺莎：《政治论》，载，洪汉鼎编：《斯宾诺莎读本》，中央编译出版社2007年版，第274页。
④ [荷] 斯宾诺莎：《政治论》，载，洪汉鼎编：《斯宾诺莎读本》，中央编译出版社2007年版，第275页。
⑤ [荷] 斯宾诺莎：《政治论》，载，洪汉鼎编：《斯宾诺莎读本》，中央编译出版社2007年版，第277页。

斯宾诺莎写道："在一个国家中经常发生的争端不能用别的方法调停，他们只能改变国家的形式。因此，我认为维护一个国家所必需的手段，就是维护它的形式不发生任何显著变化所需要的那些东西。"

"由于个人的本性是很不相同的，因此就有必要组成国家使它的包括统治者以及被统治者在内的许多成员，都去做共同幸福所要求的事情，而不管他们希望与否。这就是说，或者自发的，或者通过强制或必然性，使人们根据理性的命令去生活。"①

斯宾诺莎认为，民主政体比贵族政体要好。"在所有的政体中，民主政治是最自然，与个人自由最相合的政体。"②"这种国家与贵族政体的主要区别在于，在贵族政体里，使个别人成为贵族仅仅取决于最高参议会的意志和自由选择。因此，表决权和从事国务的权利绝对不是世袭的所有权，而且也没有人根据法律为自己要求那种权利。但是，在我将要讨论的国家里，相反的情况则确实存在，因为在那里，所有那些出身于公民血统的，或者诞生在本国领土上的，或者对国家做出有益贡献的，或者那些根据法律所承认的其他理由取得公民权的人，都可以合法地要求在最高参议会中的表决权和从事国务的权利，除非他们是罪犯或名声不好，否则是不能把他们拒之门外的。"③

斯宾诺莎所关心的是："君主政体或贵族政体的国家如何组建才

① ［荷］斯宾诺莎：《政治论》，载，洪汉鼎编：《斯宾诺莎读本》，中央编译出版社2007年版，第280页。

② ［荷］斯宾诺莎：《神学政治论》，温锡增译，商务印书馆1982年版，第219页。

③ ［荷］斯宾诺莎：《政治论》，载，洪汉鼎编：《斯宾诺莎读本》，中央编译出版社2007年版，第287页。

不会蜕化为暴政，公民的和平与自由才不会受到侵害。"①

从卢梭、康德到孟德斯鸠，理性协议的内容被广泛地引入国家理论中。康德认为国家是处于合法的法律之下的人们的总和。卢梭在《社会契约论》中写道："如果国家是一个道德人格"，"那么，它便必须有一种普遍而强制的力量，以便按照最有利于整体的方式来推动和安排各个组成部分"。

到了资产阶级革命前夜，在法国出现了为未来的资产阶级国家勾画政治蓝图的政治理论家孟德斯鸠。孟德斯鸠（1689—1755年）的著作《论法的精神》（1748年）出版，标志着西方政治学的政体理论发展到一个顶峰。该书指出："有三类政府：共和的、君主的和专制的。要找出它们的本性，只要有一般读书最少的人对它们具有的观念就够了。我提出三个定义，也可以说是三件事实：共和政府就是全体人民或仅仅一部分人民拥有最高主权的政府，君主政府就是由单独一个人按照确定不移的法律统治的政府，而在专制政府中，则既无法律又无规范，一切都由单独一个人凭一己的意志为所欲为地处置。"②

孟德斯鸠强调国家必须合乎人的理性，而道德和法的统治便是人类理性的表现。"人作为生活在一个社会中的分子，而社会必须维持，于是有一些处理统治者和被统治者的关系的法律"以及"处理一切公民之间的关系的法律"。"一般的法，就其统治地上一切民族而言，就是人类理性；每一个国家的政治法和公民法，应当只是应用这

---

① ［荷］斯宾诺莎：《政治论》，谭兴田等译，广西师范大学出版社2016年版，题记。
② 北京大学哲学系外国哲学史教研室编译：《十八世纪法国哲学》，商务印书馆1979年版，第24—25页。

种人类理性的特例。"① "有一种原始的理性，法就是这种理性与各种不同的实体之间，以及这些不同的实体彼此间的关系。"② "有理智的特殊实体可以有他们自己制定的法"，"必须承认公道关系限于这些关系的制定法"。③符合理性的那种"国家体制，是可以做到是任何人都不至于被迫去做法律并不要求的事，而不做法律许可的事"。孟德斯鸠等18世纪的法国思想家认为，理性提供了对人的行为和社会制度进行评价的绝对标准，人的行为和社会制度可以一劳永逸地按照理性标准判定其是非。

孟德斯鸠用通俗的语言剖析了专制政体的弊病："帝国愈大，后宫嫔妃愈多，其结果君主也就愈耽于逸乐。因此，在这些国家中，君主愈有众多的人民统治，就愈想不到统治；国务愈重大，就愈不考虑国务。"④他指出，君主制是以贵族等级制为基础的。"君主政府要有一些名位爵禄、门第等级，甚至要有一种世袭贵族。荣誉的本性就是要求另眼相看和特别待遇；因此它在本质上就包含在这种政府中。"

孟德斯鸠是君主立宪政体的鼓吹者。他就此写道："野心在一个共和国中是危险的，在君主国中则有好效果；它给予这种政府以生命，并且还有这样一种好处，就是它在这种制度中没有危险性，因为

① 北京大学哲学系外国哲学史教研室编译：《十八世纪法国哲学》，商务印书馆1979年版，第22—23页。

② 北京大学哲学系外国哲学史教研室编译：《十八世纪法国哲学》，商务印书馆1979年版，第18页。

③北京大学哲学系外国哲学史教研室编译：《十八世纪法国哲学》，商务印书馆1979年版，第19页。

④北京大学哲学系外国哲学史教研室编译：《十八世纪法国哲学》，商务印书馆1979年版，第29页。

它可以不断地受到抑制。"

孟德斯鸠指出:"任何国家都有三种权力:立法权,执行有关国际法事务之权,执行有关公民法事务之权。""君主或官吏凭借第一种权力制定临时的或永久的法律,修改或废止已有的法律;凭借第二种权力媾和或宣战,派遣或接受使节,保证安全,预防侵略;凭借第三种权力惩治罪行,审理个人争端。后一种权力可以称为司法权,前一种则可以称为国家行政权。"①

关于行政权,孟德斯鸠认为:"行政权应当操在一位君主手中,因为政府的这一部分几乎永远需要随机应变,由一个人比由多数人掌握更好。""如果没有君主,行政权委托给立法团体中推出的若干人掌管,那就不复有自由而言,因为两种权力集于一体,同样的一些人有时一身二任,而且永远有可能一身二任。"②

孟德斯鸠指出不分权的危害。他写道:"立法权和行政权为同一个人或同一个官厅并揽时,就没有自由可言,因为人们有可能惧怕这个君主或这个参议院制定一些暴虐的法律来暴虐地执行。"③孟德斯鸠在强调立法权独立行使的重要性的同时,又强调了立法权也不能肆意膨胀。他举出古代罗马、拉栖代孟和迦太基的历史教训说明,"当立法权比行政权更腐化时,国家就要灭亡了。"④

---

① 北京大学哲学系外国哲学史教研室编译:《十八世纪法国哲学》,商务印书馆1979年版,第40页。

② 北京大学哲学系外国哲学史教研室编译:《十八世纪法国哲学》,商务印书馆1979年版,第44页。

③ 北京大学哲学系外国哲学史教研室编译:《十八世纪法国哲学》,商务印书馆1979年版,第40页。

④ 北京大学哲学系外国哲学史教研室编译:《十八世纪法国哲学》,商务印书馆1979年版,第49页。

孟德斯鸠写道："如果不把司法权与立法权和行政权分开，也没有自由可言。如果司法权与立法权集于一身，支配公民生命与自由的权力就是专断的；因为法官就是立法者。如果司法权和行政权集于一身，法官就可以有压迫的力量了。""如果由一个人或同一个要人团体、贵族团体或人民团体来行使这三种权力，即制定法律的权力、执行公共决议的权力和审理罪行或个人争端的权力，那就一切都完了。""司法权不应当授予一个常设的参议院；应当一年数度，依照法定方式，由全体人民中挑选出一些人来组成一个法庭，行使这种权力"。①

孟德斯鸠还提出了行政权需要牵制立法权的观点。他说："如果行政权无权牵制立法团体的企图，立法团体就会专制；因为立法团体既然可以独揽一切想象出来的权力，就会取消一切权力机关。"②

关于司法权，孟德斯鸠提出："一般说来，司法权不可与立法机关的任何一部分相结合。"③

对于行政权与立法权的关系问题，孟德斯鸠以英国议会为例说："英国政府的根本体制就是，立法机关由两部分构成，各以否决权互相钳制。这两部分都受行政权约束，行政权本身又受立法权约束。""行政权既然仅以否决权参与立法，也就不能参加对事务的辩论，它甚至也没有提出议案的必要。"

---

① 北京大学哲学系外国哲学史教研室编译：《十八世纪法国哲学》，商务印书馆1979年版，第41页。

② 北京大学哲学系外国哲学史教研室编译：《十八世纪法国哲学》，商务印书馆1979年版，第45页。

③ 北京大学哲学系外国哲学史教研室编译：《十八世纪法国哲学》，商务印书馆1979年版，第46页。

孟德斯鸠提出的系统的分权和权力制约的政治理论，成为后来西方资本主义国家制度建构和国家权力运行的基本原则。三权分立的体制能够运作，原因是在国家中不存在着任何更高的凌驾于三种权力之上的机构或个人能够实施超然的权力或对权力的影响。历史证明，三权分立的政治理论和制度实践具有很大的历史进步性。

康德（1724—1804年）是18世纪重要的政治学者。他的思想的问世，甚至湮没了斯宾诺莎等人先前的政治思想成果。

康德在《实践理性批判》（1788年）和《道德形而上学奠基》（1789年）中阐述了自己的政治哲学。他抛弃了马基雅维利的理论中道德和政治分离的做法，在时间的框架下重建了道德和政治的统一性。[①]康德认为，法权的普遍原则，即在法权领域中，理性的绝对命令限制了每个人的行动自由，并企图分配给了每个人以一份同等程度上的自由。在这份自由的范围中他能够任意行事。他将此命名为"实践理性的许可法则"。[②]康德提出："理性确立了'公法的公设'，用普遍的立法意志去代替法权的私人表述造成的相互竞争的多样性，使得对物权变得具体化的任务交给普遍的立法意志。他把财产和国家紧密地结合在一起。"[③]

在国家合法性的理论上，康德没有打算进一步运用契约论的理念。康德把现代政治哲学中的合法性理论的核心概念转换为一个新的

①［德］沃尔夫冈·凯尔斯汀：《政治、自由与秩序——康德的政治哲学》，汤沛丰译。载，吴彦编：《康德法哲学及其起源》，知识产权出版社2013年版，第156页。

②［德］沃尔夫冈·凯尔斯汀：《政治、自由与秩序——康德的政治哲学》，汤沛丰译。载，吴彦编：《康德法哲学及其起源》，知识产权出版社2013年版，第165页。

③［德］沃尔夫冈·凯尔斯汀：《政治、自由与秩序——康德的政治哲学》，汤沛丰译。载，吴彦编：《康德法哲学及其起源》，知识产权出版社2013年版，第169–170页。

基本规范。他阐述说："人民借以自己把自己构建成一个国家的那种行为，但真正说来只不过是国家的理念，只有按照这种理念才能设想国家的合法性，这就是原始契约，根据这个契约，人民中的所有人……都放弃自己的外在自由，以作为一个共同体，亦即被视为国家的人民的诸成员而立刻重新接受这种自由。"①

康德把理性原则用于国家。他提出了"理性的自我维持原则"，认为采纳这一准则就是试图形成一个人自己的判断，而不仅仅是被他人的判断所引导。在最低限度上，这就是依照一个人自己的知性独立行动。直到一个正义政体得以建立，理性的运用才在贴近沟通准则的意义上成为公共的。"更为紧迫的是：理性的公共运用应当是自由的。"他在《纯粹理性批判》中指出，一个正义政体的建立使得"人类自由最大限度地符合法则，以保证每个人的自由可以与其他所有人的自由共存"。②康德提出了较为系统的理性国家的观念。

威廉·冯·洪堡（1767—1835年）系德国贵族，他接受了启蒙哲学思想，是德国自由主义政治思想家、教育家和外交家。他对国家的活动持一种警惕的态度，主张限制国家的作用。他写道："研究国家的目的和研究对国家作用的限制是很重要的，也许比任何其他的政治研究更具重要性。"他注意到："任何统治者都可能静悄悄地和不知不觉地更多地扩展和限制国家的作用范围，不管是在民主国家里、贵族统治的国家里，还是在君主政体的国家里。"③

① [德]沃尔夫冈·凯尔斯汀：《政治、自由与秩序——康德的政治哲学》，汤沛丰译。载，吴彦编：《康德法哲学及其起源》，知识产权出版社2013年版，第12页。

② [德]沃尔夫冈·凯尔斯汀：《政治、自由与秩序——康德的政治哲学》，汤沛丰译。载，吴彦编：《康德法哲学及其起源》，知识产权出版社2013年版，第298，302，303页。

③ [德]威廉·冯·洪堡：《论国家的作用》，林荣远、冯兴元译，中国社会科学出版社1998年版，第23、24页。

在国家任务上，洪堡注意到："在国家法的法学家们当中已经不止一次地争论过的是，国家是否必须仅仅意在关心安全，还是从根本上讲必须意在关心民族整个物质的繁荣和道德的弘扬。"① "国家的目的可能是双重的：它可能促进幸福，或者仅仅防止弊端。""人们可以把国家在不违背刚刚论述的原则之下为了社会幸福所做的一切，称之为国家作用的真正范畴。"②

洪堡认为，所有国家机构的设置，只会有碍于民族力量的发挥。"所有这些机构设置都会带来各种不利的后果"，"在任何一个这样的机构设置里，都是由政府的精神统治者，尽管这种精神多么贤明，多么有益，它却造成在民族里生活形式单调"，"它不让人进入社会去磨炼他们的力量"。"国家的这些机构设置削弱民族的力量，这可能是第二个有害的结果。"③ "从根本上说，人的理智如同其任何其他的力量一样，只有通过自己的活动，自己的创造才能，或者通过自己去利用他人的发明，才能得到培养。但是，国家的各种规章法令本身总是或多或少带有强制性质"，"国家过分广泛地关心确实会对行动者的干劲和性格造成更大的危害。"④

洪堡对于宪法这样说："国家的宪法隶属于作为宪法目的的一种关系，而且总是仅仅作为一种必要手段被选择，因为国家宪法永

---

① ［德］威廉·冯·洪堡：《论国家的作用》，林荣远、冯兴元译，中国社会科学出版社1998年版，第228-229页。
② ［德］威廉·冯·洪堡：《论国家的作用》，林荣远、冯兴元译，中国社会科学出版社1998年版，第37页。
③ ［德］威廉·冯·洪堡：《论国家的作用》，林荣远、冯兴元译，中国社会科学出版社1998年版，第38、39页。
④ ［德］威廉·冯·洪堡：《论国家的作用》，林荣远、冯兴元译，中国社会科学出版社1998年版，第40页。

远与对自由的种种限制息息相关，它是作为一种必要的祸害被选择的。"①洪堡表现出对宪法的批评态度。

但是，洪堡持唯心主义的循环论历史观。他写道："如果人们通观一下历史上最重要的一些革命，那么就不难发现，它们当中的大多数是产生于周期性的人类精神的革命。""有形的大自然的力量由于其整体总是均匀的、永远形式单调的周而复始。"②

"人与其说更倾向于自由，不如说更喜欢统治。一座统治的大厦不仅使筑造和维持它的统治者感到高兴，而且想成为一个整体的各个环节的思想甚至也鼓舞着从事服务的那一部分人。"③洪堡在对待国家的问题上表现出保守性。

黑格尔（1770—1831年）是德国唯心主义哲学家和自由主义者。他在《法哲学原理》中阐述了他对当时的国家制度的见解。黑格尔区分了老的绝对主义君主制形式与现代的宪政形式，他认为宪政形式是这个时代唯一值得赞同的理性的制度形式。在这个当时普鲁士最为重要的问题上，黑格尔持一种进步的立场。黑格尔还倡导一种稳固的代议制议会，而在1848年以前普鲁士还没有出现这样一种制度。④

黑格尔说："国家，即表现为特殊意志的自由独立性的那种自由，既是普遍的又是客观的自由。"⑤他提出："在市民社会中所有权

---

① ［德］威廉·冯·洪堡：《论国家的作用》，林荣远、冯兴元译，中国社会科学出版社1998年版，第173页。

② ［德］威廉·冯·洪堡：《论国家的作用》，林荣远、冯兴元译，中国社会科学出版社1998年版，第175页。

③ ［德］威廉·冯·洪堡：《论国家的作用》，林荣远、冯兴元译，中国社会科学出版社1998年版，第178页。

④ ［美］肯尼斯·韦斯特法尔：《黑格尔〈法哲学原理〉的基本语境和结构》，吴彦译，载，吴彦编：《观念论法哲学及其批判》，知识产权出版社2015年版，第87页。

⑤ ［德］黑格尔：《法哲学原理》，范扬、张企泰译，商务印书馆1961年版，第41页。

和人格都得到法律上的承认。"①

黑格尔认为:"国家是伦理理念的现实——是作为显示出来的、自制的实体性意志的伦理精神。""国家是绝对自在自为的理性东西,因为它是实体性一致的现实。""把它的使命规定为保证和保护所有权和个人自由。"②但是,黑格尔确定国家是一种集中化的力量。"现代国家的本质在于,普遍物是同特殊性的完全自由和私人福利相结合的,所以家庭和市民社会的利益必须集中于国家。"③

黑格尔理想的政治制度是君主立宪制。他写道:"国家成长为君主立宪制乃是现代的成就。"④他遵从封建正统性,认为"世袭权和继承权构成正统性的根据,这不仅是一种实在法的根据,而且也是包含在理念中的根据"⑤。黑格尔从君主立宪制的立场出发,把孟德斯鸠提出的立法、司法和行政三权的分离,改为王权、行政权和立法权相结合的政治制度。⑥

黑格尔在现代社会的运作中发现了一种不断增加的社会的相互依赖性。这种相互依赖性表明了人类的社会本性,而非原子式的个人本性。黑格尔主张,形成共同体和实施自由是建立在承认这种共同的相互依赖性的基础之上的。在黑格尔的国家理论中,承认这种相互依赖性以及实现与此相伴随的自由,是社会和政治制度的目的和要旨。⑦

---

① [德]黑格尔:《法哲学原理》,范扬、张企泰译,商务印书馆1961年版,第228页。
② [德]黑格尔:《法哲学原理》,范扬、张企泰译,商务印书馆1961年版,第253页。
③ [德]黑格尔:《法哲学原理》,范扬、张企泰译,商务印书馆1961年版,第261页。
④ [德]黑格尔:《法哲学原理》,范扬、张企泰译,商务印书馆1961年版,第287页。
⑤ [德]黑格尔:《法哲学原理》,范扬、张企泰译,商务印书馆1961年版,第303页。
⑥ [德]黑格尔:《法哲学原理》,范扬、张企泰译,商务印书馆1961年版,第286–287页。
⑦ [美]肯尼斯·韦斯特法尔:《黑格尔〈法哲学原理〉的基本语境和结构》,吴彦译,载,吴彦编:《观念论法哲学及其批判》,知识产权出版社2015年版,第957页。

黑格尔将主权归属于"作为一个整体的国家",而绝不是把它归于君主或是作为一个整体的"君主权"。他认为,国家的每个要素都不拥有主权,并且没有哪个机关是属于私人的。尽管黑格尔认为宪法应当被视为是永恒的,但是他认识到,宪法事实上往往是变化的。在黑格尔使用的概念中,他区分了"政府"和"作为一个整体的国家"。他把政府称为"严格意义上的政治国家",而用"国家"来指称一个在公民层面和政治层面组织良好的社会整体。他把市民社会和代议制政府称为"外在的国家"。黑格尔的政府机构包括君主权(或君主)、执行权和立法权。①黑格尔还希望君主能够监督大臣,而使其恪尽职守。②

黑格尔反对通过"公开的民主选举"来进行统治。他认为民主过于依赖政治的激情,并且认为公开的选举鼓励人们依据他们的私人利益进行投票,牺牲了整个共同体的利益。公开的选举也无法确保社会的每个重要的经济部门和市民部门都有其代表。黑格尔意识到同时代的德国人相对缺乏政治经验,他所设计的市民制度和政治制度是为了提供一些制度化的渠道以便进行政治教育,由此人们的行动就不会陷入政治上的无知。③

黑格尔对专制主义制度不留情地加以批判,他在《市议院必须由公民选举》一文中(1798年)写道:"在这种制度中,一切归根到底都要围着一个人转,这个人把所有的权力都集中于自身,由于承认和尊

---

① [美]肯尼斯·韦斯特法尔:《黑格尔〈法哲学原理〉的基本语境和结构》,吴彦译,载,吴彦编:《观念论法哲学及其批判》,知识产权出版社2015年版,第114–115页。

② [美]肯尼斯·韦斯特法尔:《黑格尔〈法哲学原理〉的基本语境和结构》,吴彦译,载,吴彦编:《观念论法哲学及其批判》,知识产权出版社2015年版,第118页。

③ [美]肯尼斯·韦斯特法尔:《黑格尔〈法哲学原理〉的基本语境和结构》,吴彦译,载,吴彦编:《观念论法哲学及其批判》,知识产权出版社2015年版,第117页。

崇这个人，人权便没有任何保证。"①黑格尔在这里表现出一种批判精神，这是对封建专制主义制度的有力谴责。黑格尔提出了比卢梭、康德和休谟的理性概念更进一步的理性概念。黑格尔给国家所下的定义是集体保护其财产的团体，它唯一的根本权力是建立足以达到此目的的民政和军事机构。他在《德意志宪法》一文中写道："从这些地理上的国家成长为政治上的国家那个时候起，才开始了这些国家拥有权力、财富和该国公民根据法律享有自己条件的时期。"他把国家看作民族意志和命运的精神体现，看作是"自由的真正的王国，理性的观念正是在这个王国之内实现其自身"。民族君主制国家被描述成为自由和权威的完美结合，它不再是封建的自行其是的制度，而是神化为执行民族生活的职能。他认为观念和制度的严谨反映了伦理的必然，国家代表了不断发展的理性的理想和文明的真正精神要素，并从这种地位来运用市民社会，以达到自己的目的。照黑格尔看来，国家的权利是绝对的，而不是专横的。国家的绝对地位反映了国家高于一切的道德地位，但国家必须永远在法律的形式下行使其管理权力。国家是理性的体现，法律则是合乎理性的。

他写道："由于市民等级早已崛起和这个等级在我们今天产生的重要性，也必须给它借以超脱其特性或身份的知识和熟练能力洞开道路。"②他强调国家政权的民众代表应当有立法权。他认为，各等级代表直接参政，是国家政权的重要一环。

黑格尔指出了当时德国国家的明显弱点。他写道："德国缺乏国

---

① G. 拉松编：《黑格尔政治和法哲学著作》，莱比锡1913年版，第XII页。转引自，薛华译：《黑格尔政治著作选》，中国法制出版社2008年版，第11页。

② G. 拉松编：《黑格尔政治和法哲学著作》，莱比锡1913年版，第XII页。转引自薛华译：《黑格尔政治著作选》，中国法制出版社2008年版，第77页。

家政权的力量是必然的。" 因此"一成不变地维持法权将是不可能的"。"由于这样必然地缺乏国家政权的力量，就不难设想一群孤立的等级可能会回到旧有的行为上去。"

黑格尔贬低立法权，他认为："立法权本身是国家制度的一部分，国家制度是立法权的前提"。"国家制度本身是立法权赖以建立的、公认的、坚实的基础，所以它不应当由立法权产生。"

黑格尔轻视公共舆论。他说："在公共舆论中真理和无穷错误直接混杂在一起……可是实体性的东西是不能从公共舆论中找到的"。

18世纪理性主义的国家理论比17世纪的民主思想在深度上和体系上都要高出一筹。18世纪的西方给19世纪留下了一种思想遗产，根据这种学说，唯一合法的政府是植根于大众主权的政府。为此，少数实际掌握政权的人要避免民众的指控，他们须得将投票权给予所有的成年公民。[①]在19世纪之所以会广泛展开争取普选权的运动，除了新的资本主义经济关系造成的中产阶级力量的作用外，上述思想遗产也是一个重要的因素。

第五节 现当代西方国家理论

威廉·麦克尼尔解释了变化的战争规模在欧洲国家体系演变中的中心作用。他写的《强权之旅》展示了公元1000年以来整个世界的战

---

① ［意］加塔诺·莫斯卡：《统治阶级》，贾鹤鹏译，译林出版社2012年版，第550页。

争全貌，特别是战争的技术方面。他认为战争技术的革新对战争本身，对国家财政、对于把时间约束引入市民生活等都产生了重大的影响。但是他低估了军事的商业化和海上战争变化的影响，没有系统分析军事组织与各种类型的国家形成的关系。

巴林顿·摩尔（1913—2005年）是美国著名历史学家、社会学家和比较政治学家。他出生于华盛顿，执教于芝加哥大学和哈佛大学，并在哈佛的俄国研究中心从事研究工作。他先后出版过《苏联政治》（1950年）、《政治权力与社会理论》（1958年）、《民主和专制的社会起源》（1966年）、《人类苦难渊源的反思》（1972年）和《非正义》（1978年）等著作。摩尔认为：西方自由主义和共产主义（特别是俄国模式）已呈现出种种症候，表明它们的历史必然性正在逐步丧失。它们已由成功的理论开始蜕变为替各种压迫辩解和遮饰的意识形态。显而易见，两者之间又有着重大差别。共产主义的压迫，矛头从来便针对着本国人民；而自由社会的压迫，无论在帝国主义的早期阶段，还是在以武力镇压落后地区的革命运动的现时代，矛头大抵是外指的。以有关自由的高谈阔论来掩饰种种压迫行径，则是两种制度共有的重要特征。就此而言，正直的思想家必须摆脱先入之见，抱着铲除压迫的宏旨，力求揭示两种体制中压迫的成因。至于是否真的能够消灭压迫现象，则是不无疑问的。只要强大的既得利益阻碍着世界向着压迫逐渐递减的方向演变，革命的强制思想就是必需的。然而，这只是一种最终的需要，是最后一次诉诸政治行动。随时间不同，地点不同，为这种需要所提供的理性证明也会有所不同。古代西方的自由、理性社会之梦，会永远栖留在幻想中吗？谁也无法作出断言。但是，假若未来的人民能够冲破今天的锁链，那么他们一定能够理解是什么力量造就了他们。巴林顿·摩尔的门生主要有查尔斯·蒂利、唐宁、西达·斯考切波和塞缪尔·亨廷顿。

塞缪尔·亨廷顿（1927—2008年）是美国国际政治学者，持保守观点的现实主义政治理论家。《变化社会中的政治秩序》（1968年）是他的理论奠基之作，该书从第三世界各国存在的实际情况出发，提出了第三世界国家走向现代化的"强政府理论"。其要义是，第三世界国家在进行现代化变革的过程中，要根除国内政治的动荡和衰朽，就必须建立起强大的政府，舍此无他路可走。所谓强大政府也就是有能力制衡政府参与和政府制度化的政府。亨廷顿在这本书中作出的卓越的理论贡献使该书成为研究现代化理论的经典之作。

西达·斯考切波（1947— ）著有《国家与社会革命——对法国、俄国和中国的比较分析》（1979年）。该书提供了一种分析现代世界历史上所发生的社会革命转型的参照性框架，并且运用了比较历史方法，对1787—1800年的法国革命、1917—1921年的俄国革命和1911—1949年的中国革命的原因和后果作出了解释。作者认为国家有着自身的结构和性质，以及与这些结构和性质相对应的利益和行为方式。结构性视角、国际与世界历史的背景、国家的潜在自主性和比较历史分析方法是该书的4个特点。在此书出版之后，斯考切波与伊文斯和罗斯奇美尔还合编了文集《国家追根溯源》。

弗朗西斯·福山（1952— ）是日裔美籍国际问题和公共政策学者，美国新保守派的代表人物。他著有《历史的终结与最后的人》（1992年）、《大断裂：人类本性与社会秩序的重建》（1999年）、《国家构建：21世纪的国家治理与世界秩序》（2004年）、《政治秩序的起源：从前人类时代到法国大革命》（2011年）、《政治秩序与政治衰败：从工业革命到民主全球化》（2014年）等。福山认为："羸弱或者失败的国家已成为当今世界上许多严重问题的根源。"他在《历史的终结与最后的人》一书中提出，自由民主制度在全球范围内的广泛传播，标志着人类社会文化演进的终结，并且成为人类政府的终极形式。福山在1989年提出，由于"自由民主的主要替代方案自我耗弱，我们所知的历史已臻于终点"。10年后，他修正了自己的论点，他说："我们还没抵达历史终点，因为我们仍未臻于科学终点。"

汉斯·凯尔森（1881—1973年）是奥地利20世纪重要的法律理论家。著有《公法理论的主要问题》（1923年）、《宪法的一般原理》（1925年）、《自然法和实在法的哲学基础》（1928年）、《纯粹法律理论》（1934年）、《国际关系中的法律与和平》（1942年）、《联合国法》（1950年）、《国际法原理》（1952年）等书。在《法与国家的一般理论》（1945年）中，他对国际法和国家法的关系进行研究。凯尔森的基本主张是，国家法和国际法的性质和主题不存在区别。他的理论与黑格尔的国家理论和"多元主义"国家理论完全不同。凯尔森认为，所有的人类活动都包括在国际法的领域中。他认为，国际法是一个有效的法律领域，国际法决定着国家法律秩序的三个领域：空间性领域（地理空间）、时间性领域（存续的阶段）以及间接通过国家法律体系的媒介、人的领域（生活在其领土范围内的人们）。无论国家是否同意，调整其地域、时间和人的效力范围的"必然是国际法的规范"。国际法和国家法律秩序本身构成了一个不可分离的整体。在提出这些看法时，凯尔森不仅质疑国际法只是国家之间的法律这一法律观念，他还强烈地反对民族国家至上的观念。他认为，作为最高的和排他的主权，只能被归于最高的法律秩序，也就是国际法。

卡尔·施密特（1888—1985年）是德国法学家，从1933年起任柏林大学教授，同年加入纳粹党。他的著作有《宪法学说》、《政治的概念》《政治的神学》（1922年）、《议会民主制的危机》（1923年）、《政治浪漫主义》、《合法性与正当性》等。他是一个主张国家主义和向纳粹献媚的御用学者。施密特积极支持禁止国民政治活动和政党活动的"国家授权法"，并把总统的地位置于分离的三权之上。

施密特提出了"宪法＝权利分立"的概念。他说："自从18世纪以来，这种制度就在一种特殊的意义上被看作是自由的、真正的宪法的题中应有之意，它提供了组织上的保证以防止国家权力的滥用。""'权力分立'已成为宪法的标记。按照这种观点，在一个没有实施或者抛弃了这项原则的地方，暴政、专制、独裁自然就居于支配地位。"[①]

施密特说："宪法不是什么绝对的东西，宪法并非自己把自己制造出来，而是为一个具体的政治统一体制造出来的。宪法的效力有赖于制定宪法的人的政治意志。一切类型的法律规范，包括宪法法规在内，都预设了这种政治一致的存在。"[②]

施密特承认，"从欧陆国家的情况来看，在19世纪，最重要的是，经选举产生的人民代议机关扩大了对君主制政府的政治影响力。议会作为立法机关力图超越立法领域，将其触角延伸到政府。"[③]但是，施密特强调，"在当今的民主政体下，议会制的思想前提已经荡然无存了。"这表现在"辩论被取消了"，"公开性被取消了"，"议会

---

① 卡尔·施密特：《宪法学说》，刘小枫编，刘锋译，上海人民出版社2016年版，第69页。
② 卡尔·施密特：《宪法学说》，刘小枫编，刘锋译，上海人民出版社2016年版，第49页。
③ 卡尔·施密特：《宪法学说》，刘小枫编，刘锋译，上海人民出版社2016年版，第401页。

和议院的代表性质被取消了"。①

汉娜·阿伦特（1906—1975年）出生在德国的犹太家庭，1933年逃亡巴黎，1941年逃往美国。后加入美国籍，在多所美国大学任教。著有《极权主义的起源》（1951年）、《人类境况》（1958年）、《论革命》（1963）、《论暴力》（1969）等。阿伦特在《极权主义的起源》中认为："极权主义政治远非简单的反犹主义或种族主义或帝国主义或共产主义，它使用或妄用自己的各种意识形态和政治成分，直至实际现实的基础完全消失为止。"阿伦特曾将苏联布尔什维克主义与纳粹主义相提并论，但到1966年写作《极权主义》第三部时，她说："从术语的严格定义上说，不能再称苏联为极权主义国家。"她认为："美国最近仍在走向帝国主义强权政治方向，它的政府形式与任何其他国家的政府形式不大相符。"②她认为："中国共产党在取得胜利之后立即将目标对准'组织上国际化、意识形态全面化、政治抱负全球化'，也就是说，它的极权主义迹象从一开始起就有所表现。随着中苏冲突的发展，这些迹象表现得更明显。"③"各卫星国的布尔什维克化都从统一战线的策略和假议会制度开始，迅速发展成公开建立一党专政，他们消灭了原先被容忍的其他政党领袖与党员，然后被莫斯科有理或无理地怀疑，当地共产党领袖也遭到粗暴诬陷，在党内最腐败、最无耻的统治之

---

① 卡尔·施密特：《宪法学说》，刘小枫编，刘锋译，上海人民出版社2016年版，第418-419页。

② 汉娜·阿伦特；《极权主义的起源》，林骧华译，生活·读书·新知三联书店2008年版，第15页。

③ 汉娜·阿伦特；《极权主义的起源》，林骧华译，生活·读书·新知三联书店2008年版，第21页。

下被迫受到公审、酷刑和处决"。①她分析说："权力变成政治行为的本质和政治思想的中心，是因为离开了它应该为之服务的政治社群。"②"当官僚政治变成政府的一种形式时，这种伪装就是官僚政治的印记。"③"法令统治明显地有利于对遥远领土上异质异源人民的控制，有利于一种压迫政策。它的高度有效性仅仅因为它无视发布与执行命令之间的一切中间阶段，因为它防止了人民通过掌握信息而提出异议。"④"俄罗斯帝国提供了一幅官僚政治的完整画面。国家的混乱状态……组成一种无序和危险的氛围。"⑤她在分析德国纳粹时写道："法西斯主义政党专政唯一典型的现代含义是，这个政党坚持说它是一场运动；这其实与运动无关系，仅仅借用了'运动'的标签，目的是吸引群众。"⑥对于苏联政府，阿伦特分析说，"实际政府与表面政府之间的区分，在苏俄以非常不同的形式作为开端而走向同样的发展。表面政府原先产生于全苏维埃代表大会，在内战时期丧失影响力和权力，被布尔什维克党取代。""1923年斯大林任党的总书记的第一年，这一构成就完成了。从那时候起，苏维埃成了影子政府——由莫斯科的中央委员会指派，向中央委员会

---

① ［美］汉娜·阿伦特：《极权主义的起源》，林骧华译，生活·读书·新知三联书店2008年版，第32页。

② ［美］汉娜·阿伦特：《极权主义的起源》，林骧华译，生活·读书·新知三联书店2008年版，第138页。

③ ［美］汉娜·阿伦特：《极权主义的起源》，林骧华译，生活·读书·新知三联书店2008年版，第331页。

④ ［美］汉娜·阿伦特：《极权主义的起源》，林骧华译，生活·读书·新知三联书店2008年版，第330页。

⑤ ［美］汉娜·阿伦特：《极权主义的起源》，林骧华译，生活·读书·新知三联书店2008年版，第333页。

⑥ ［美］汉娜·阿伦特：《极权主义的起源》，林骧华译，生活·读书·新知三联书店2008年版，第334页。

负责的实际代表——在政府中产生作用。""布尔什维克并不废除苏维埃，而是利用它们作为自己的权威的外部装饰性象征。"①阿伦特在书中描述了极权国家的表征。

塞缪尔·E. 芬纳（1915—1993年）教授著有《统治史》（三卷，1997年）。这是一部从远古到当代的国家制度通史。该书认为现代国家有五大特征。第一，他们是特定地域之上的人口，承认共同的最高统治机构。第二，这个机构有执行决策的文官和必要时对其提供武力支持的军事官员为它服务，保护这个联合体不受其他类似的联合体的侵犯。第三，国家得到其他国家的承认，承认它对特定地域内的人民有采取行动的独立性。这种承认构成了国家主权。第四，一个国家组成了一种情感化的礼俗社会，这种社会建立在对共同民族性的自觉意识基础之上。第五，国家是一个共同体，其成员共同参与责任和义务的分配。②芬纳认为，政体可以定义为"人们生活在其下的统治结构，以及与这种统治结构之关系"。芬纳认为："我们现在所理解的国际法意义上的领土主权概念直到1815年维也纳会议上才最终确定下来。"③芬纳教授对近代以前主要的政体形式做了独特的分类，以政治过程和政体活动形式，或是否经过合法化过程作为政体划分标准，把政体分作四类，这就是宫廷式政体、广场式政体、教会式政体和贵族式政体。这四种政体中，只有广场式的政体不是威权主义的，而宫廷式政体、教会式政体和贵族式政体

---

① ［美］汉娜·阿伦特：《极权主义的起源》，林骧华译，生活·读书·新知三联书店2008年版，第502—503页。

② ［英］塞缪尔·E. 芬纳：《统治史》卷一，王震、马百亮译，华东师范大学出版社2014年版，第3页。

③ ［英］塞缪尔·E.芬纳：《统治史》卷一，王震、马百亮译，华东师范大学出版社2014年版，第5—6页。

都是威权主义的政体。宫廷体制是一个封闭的小世界，而广场体制是开放而广泛的。宫廷体制是威权式的，统治权力由上而下授予，而广场体制是"民众的"，即权力向上授予统治者。①

戴维·伊斯顿（1917—2014年）是美国芝加哥大学教授，曾任美国政治学会主席。他是政治系统论和后行为主义运动的倡导者。他提出，政治学要在分析和概念方面有所成就，形成系统的理论，为一个社会制定权威性的政策，研究社会价值的分配。这个派别致力于为政府提供决策参考，而拒不涉及社会矛盾甚至阶级的概念，较少社会批判精神。但他也承认，时代已经越来越不可能利用合理的见解来解决世界上的各种问题了。他著有《政治体系》（1953年）、《政治分析的框架》（1965年）、《政治生活的系统分析》（1965年）等。阿尔蒙德和伊斯顿等功能主义者并不使用国家这个词语和概念。在伊斯顿的《政治生活的系统分析》的索引中，国家这个词语甚至一次也没有出现过。

迈克尔·曼（1942—　）是美国加利福尼亚大学洛杉矶分校社会学系教授，曾执教于伦敦政治经济学院、埃塞克斯大学和剑桥大学，主要著作有《社会权力的来源》（四卷，已完成两卷）、《法西斯主义者》（2004年）和《民主的阴暗面——解释种族清洗》（2015年）等。《社会权力的来源》是迈克尔·曼历时30年写成的重要的社会学著作。迈克尔·曼在《社会权力的来源》中认为权力有4个来源，即政治权力、经济权力、军事权力和意识形态权力。他在此书中概述了从美索不达米亚到2011年世界范围内权力的发展和演变史。迈克

---

① [英] 塞缪尔·E.芬纳：《统治史》卷一，王震、马百亮译，华东师范大学出版社2014年版，第43—45页。

尔·曼的《法西斯主义者》一书研究了法西斯主义兴起的总体背景，以及法西斯主义运动在纳粹德国、奥地利、匈牙利、罗马尼亚、西班牙的情况。《民主的阴暗面——解释种族清洗》一书研究的主题是民主化和种族清洗之间的关系。作者指出："蓄意谋杀性清洗是现代现象，因为它是民主的阴暗面。"和人们的想象不同，谋杀性种族清洗只有在现代社会才发生。在多种族状态下，民治理想开始使得群众与占支配地位的种族集团交织在一起，产生了民族和国家这样的观念，成为谋杀性清洗的来源。该书研究了为何残忍的种族清洗在现代发生。该书指出，尽管20世纪的种族清洗事件在细节上千差万别，但都有一个共同点，即施暴者以"人民主权"作为界定新群体和旧群体的分界线，在这一观念下原来更具普遍性的"人民"概念不断被扭曲和异化。当同一片领土上两个对立的种族民族主义组织都声称自己拥有国家主权时，危险产生了；当弱势的一方由于外部的支援而不愿屈服，于是选择战斗；或者强势的一方认为自己能够骤然展开锐不可当的武力行动时，冲突便升级了……行动升级并不只是"邪恶的精英"或者"未开化的民族"的杰作，它同样产生于领袖、激进分子以及种族民族主义的"核心拥护者"之间的复杂互动。

第二章
马克思主义的国家理论

第一节　马克思和恩格斯的国家理论

在对国家作定义性的论述时，马克思和恩格斯在不同场合有不同的提法。在《德意志意识形态》中，他们的提法是："国家是属于统治阶级的各个个人借此实现其共同利益的形式，是该时代的整个市民社会获得集中表现的形式"①。在1890年恩格斯为再版的《法兰西内战》写的序言中，结合巴黎公社的经验教训，一方面仍然使用了一般性的表述方式说，"以往的国家的特征"是"保护自己的共同利益"的"一些特殊的机关"。另一方面他显然考虑到巴黎公社时期阶级冲突的现实，强调"国家无非是一个阶级镇压另一个阶级的机器"。②

马克思和恩格斯的国家理论首先强调了国家的阶级属性。他们指

---

① 马克思、恩格斯：《德意志意识形态》，载《马克思恩格斯选集》，第一卷，人民出版社1972年版，第69页。

② 马克思：《法兰西内战》，载《马克思恩格斯选集》，第二卷，人民出版社1972年版，第334，336页。

出国家从来就是阶级的国家。恩格斯写道："由于国家是从控制阶级对立的需要中产生的，同时又是在这些阶级的冲突中产生的，所以，它照例是最强大的，在经济上占统治地位的阶级的国家，这个阶级借助于国家而在政治上也成为占统治地位的阶级，因而获得了镇压和剥削被压迫阶级的新手段。因此，古代的国家首先是奴隶主用来压迫奴隶的国家，封建国家是贵族用来镇压农奴和依附农的机关。现代的代议制的国家是资本剥削雇佣劳动的工具。"①马克思指出："工人革命的第一步就是使无产阶级上升为统治阶级，争得民主。"②国家即组织成为统治阶级的无产阶级。

但是，恩格斯和马克思也指出某些例外。马克思指出，起源于君主专制时代的中央集权国家，"充当了新兴资产阶级社会反对封建制度的有力武器"③。恩格斯写道："现代的代议制国家是资本剥削雇佣劳动的工具。但也例外地有这样的时期，那是相互斗争的各阶级达到这样势均力敌的地步，以致国家权力作为表面上的调停人而暂时得到了对于这两个阶级的某种独立性。"④恩格斯写道："十七世纪和十八世纪的专制君主制，就是这样，它使贵族和市民等级彼此保持平衡；法兰西第一帝国特别是第二帝国的波拿巴主义，也是这样。它唆使无产阶级去反对资产阶级，又唆使资产阶级去反对无产

---

① 恩格斯：《家庭、私有制和国家起源》，载《马克思恩格斯选集》，第四卷，人民出版社1972年版，第168页。

② 马克思、恩格斯：《共产党宣言》，载《马克思恩格斯选集》，第一卷，人民出版社1972年版，第272页。

③ 马克思：《法兰西内战》，载《马克思恩格斯选集》，第二卷，人民出版社1972年版，第372页。

④ 恩格斯：《家庭、私有制的国家起源》，载《马克思恩格斯选集》，第四卷，人民出版社1972年版，第168页。

阶级。"俾斯麦的德意志帝国也是这种国家，"在这里，资本家和工人彼此保持平衡，并为了衰落的普鲁士容克的利益而遭受同等的欺骗"①。

马克思作出了法兰西第二帝国的官僚行政机构是国家肌体上的肿瘤的论断："这个行政权力有庞大的官僚机构和军事机构，有复杂而巧妙的国家机器，有五十万人的官吏队伍和五十万人的军队，——这个俨如密网一般缠住法国社会全身并阻塞其一切毛孔的可怕的寄生机体，是在君主专制时代，在封建制度崩溃时期产生的，同时这个寄生机体又加速了封建制度的崩溃。"②

马克思和恩格斯从来没有简单地把国家等同于镇压机器。在马克思和恩格斯看来，镇压职能只是国家政治职能的一个部分。恩格斯指出："政治统治到处都是以执行某种社会职能为基础，而且政治职能只有在它执行了这种职能时才能继续下去。"③

恩格斯提出了国家的本质是公共权力的概念。这一概念的提出，来源于对于国家运作的全面分析。恩格斯写道："国家的本质特征，是和人民大众分离的公共权力。""国家是公共权力的设立"。他指出，这种公共权力在每个国家都存在。构成这种权力的不仅有武装的人，而且还有物质的附属物，如监狱和各种强制机关。这些东西是以

---

① 恩格斯：《家庭、私有制和国家起源》，载《马克思恩格斯选集》，第四卷，人民出版社1972年版，第168页。

② 马克思：《路易·波拿巴的五月十八日》，载《马克思恩格斯选集》，第一卷，人民出版社1972年版，第691页。

③ 恩格斯：《反杜林论》，载《马克思恩格斯选集》，第三卷，人民出版社1972年版，第219页。

前的氏族社会所没有的。"①在这部书中恩格斯认为这种公共权力有双重作用，一方面是"对付奴隶"，另一方面是"控制公民"。他把这两者区别为直接的镇压作用和控制阶级对立的作用。恩格斯认为："这种公共权力在每一个国家里都存在"。但是，国家的这种公共权力的大小是变化的。"在阶级对立还没有发展起来的社会和遥远的地区，这种公共权力可能极其微小"，"但是，随着国内阶级对立的尖锐化，随着彼此相邻的各国的扩大和它们人口的增长，公共权力就日益加强。"②

但是，马克思和恩格斯对"公共利益"和"共同体"的概念始终持保留态度，认为这是一种炮制出来用以达到统治人的目的的虚幻的东西。他们写道："社会活动的这种固定化，我们本身的产物聚合为一种统治我们的、不受我们控制的、与我们的愿望背道而驰的并且把我们的打算化为乌有的物质力量。""正是由于私人利益与公共利益之间的这种矛盾，公共利益才以国家的姿态而采取一种和实际利益（不论是单个的还是共同的）脱离的独立形式，也就是说采取了一种虚幻的共同体的形式。"③

马克思和恩格斯国家观的一个特点是强调国家与社会生产方式的联系。他们在最初奠定唯物主义历史观的时候就阐述了对国家的这种理解。他们在《德意志意识形态》中阐述说："国家是属于统治阶级

---

① 恩格斯：《家庭、私有制和国家起源》，载《马克思恩格斯选集》，第四卷，人民出版社1972年版，第167页。

② 恩格斯：《家庭、私有制和国家起源》，载《马克思恩格斯选集》，第四卷，人民出版社1972年版，第167页。

③ 马克思、恩格斯：《德意志意识形态》，载《马克思恩格斯选集》，第一卷，人民出版社1972年版，第38页。

的各个个人借以实现其共同利益的形式，是该时代的整个市民社会获得集中表现的形式"。对唯物史观时阐述说："这种历史观就在于：从直接生活的物质生产出发来考察现实的生产过程，并把与该生产方式相联系的，它所产生的交往形式，即各个不同阶段上的市民社会，理解为整个历史的基础；然后必须在国家生活的范围内描述市民社会的活动"。①

关于国家起源的理论是马克思主义国家理论重要的组成部分。恩格斯在《家庭、私有制和国家起源》一书中写道："国家并不是从来就有的。曾经有过不需要国家，而且根本不知国家和国家权力为何物的社会。在经济发展到一定阶段而必然使社会分裂为阶级时，国家就由于这种分裂而成为必要了"。②"国家是社会在一定发展阶段上的产物；国家是表示：这个社会陷入了不可解决的自我矛盾，分裂为不可调和的对立面而又无力摆脱这种对立面。而为了使这些对立面，这些经济利益互相冲突的阶级，不致在无谓的斗争中把自己和社会消灭，就需要有一种表面上凌驾于社会之上的力量，这种力量应当缓和冲突，把冲突保持在'秩序'的范围以内；这种从社会中产生但又自居与社会之上并且日益与社会脱离的力量，就是国家。"③

恩格斯指出了形成的国家和原先的氏族组织的差别。国家不同于旧的氏族公社之处有两点：第一，"它按照地区来划分它的国民"。第二，国家标志着"公共权力的设立"，"这种公共权力已不再同自己组

① 马克思、恩格斯：《德意志意识形态》，载《马克思恩格斯选集》，第一卷，人民出版社1972年版，第69，43页。

② 恩格斯：《家庭、私有制和国家起源》，载《马克思恩格斯选集》，第四卷，人民出版社1972年版，第170页。

③ 恩格斯：《家庭、私有制和国家起源》，载《马克思恩格斯选集》，第四卷，人民出版社1972年版，第166页。

织为武装力量的居民直接符合了"。"这种公共权力在每一个国家里都存在。""在阶级对立还没有发展起来的社会和偏远的地区，这种公共权力可能极其微小"，随着国内阶级对立的尖锐化，随着彼此相邻的各国的扩大和它们人口的增长，公共权力就日益加强。[①]

恩格斯在论述国家起源的过程中，提出了权力由职能权力向政治权力转变的问题。他写道，在国家形成以前的原始公社中，"一开始就存在一定的共同利益，维护这种利益的工作，虽然是在全社会的监督之下，却不能不由个别成员来担当；如解决争端；制止个别人越权；监督用水，特别是在炎热的地方；最后，在非常原始的状态下执行宗教职能。这样的职位，在任何时候的原始公社中，例如在最古的德意志的马尔克公社中，甚至在今天的印度，还可能看到。这些职位被赋予某种全权，这是国家权力的萌芽。生产力逐渐提高，较密的人口在一些场合形成了各个公社之间的共同利益，在另一些场合上又形成了各个公社之间相抵触的利益，而这些公社集合为更大的整体又引起了新的分工，建立新的机构来保护共同利益和反对相抵触的利益。这些机构，作为整个集体的共同利益的代表，在对每个单个的公社的关系上已经处于特别的、在一定情况下甚至是对立的地位，它们很快就变为更加独立的了。这种情况的造成，部分地是由于社会职位的世袭——这种世袭在一切事情都是自发地进行的世界里差不多是自然而然地形成的，——部分地是由于同别的集团的冲突的增多，而使得建立这种机构的必要性增加了。"恩格斯在谈及社会公仆成为社会的主人、成了东方的暴君或总督、希腊的氏族首领、克尔特人的族长等以

---

① 恩格斯：《家庭、私有制和国家起源》，载《马克思恩格斯选集》，第四卷，人民出版社1972年版，第167页。

后，他概括说："政治统治到处都是以执行某种社会职能为基础，而且政治统治只有在它执行了它的这种社会职能时才能继续下去。"①

在《反杜林论》中，恩格斯比马克思前进了一步，他提出了执行重要的"社会行政职能"可能会导致一个"统治阶级"的形成。他写道："不管在波斯和印度兴起或衰落的专制政府有多少，它们中间每一个都十分清楚地知道自己首先是河谷灌溉的总的经营者，在那里，如果没有灌溉，农业是不能进行的。"②

马克思注意到现代国家与中世纪国家的差别。他写道："'现代社会'就是存在于一切文明国度中的资本主义社会，它或多或少地摆脱了中世纪的杂质，或多或少地由于每个国家的特殊的历史发展而改变了形态，或多或少地发展了。"③

恩格斯对于资产阶级民主共和制曾给予很高的评价。他认为："国家的最高形式，民主共和国，在我们现代的社会条件下正日益成为一种不可避免的必然性，它使无产阶级和资产阶级之间的最后决定性斗争只能在其中进行到底的国家形式。"④

马克思认为，资产阶级"稳固地统治其他社会阶级的权力"，"这样的权力只有在议会制共和国的形式下才可能存在，因为只有在这种国家形式下，法国资产阶级的两大集团才能互相结合起来，从而把自

---

① 恩格斯：《反杜林论》，载《马克思恩格斯选集》，第三卷，人民出版社1972年版，第218–219页。

② 恩格斯：《反杜林论》，载《马克思恩格斯选集》，第三卷，人民出版社1972年版，第219页。

③ 马克思：《哥达纲领批评》，载《马克思恩格斯选集》，第三卷，人民出版社1972年版，第20页。

④ 恩格斯：《家庭、私有制和国家起源》，载《马克思恩格斯选集》，第四卷，人民出版社1972年版，第169页。

己的阶级的统治提到日程上来，以代替这一阶级中的一个特权集团的统治"。①马克思进一步分析说："议会制共和国已不仅是法国资产阶级中的两派（正统派与奥尔良派，即大地产与工业）能够平分秋色地进行统治的中立地盘，它并且是他们共同进行统治的必要条件，是它们的共同阶级利益借以支配资产阶级各派的要求和社会其他一切阶级的唯一的国家形式。"②

马克思和恩格斯在其前后著作中对于资本主义民主制的理论分析存在着矛盾。他们在一些著作中，对于资本主义民主制和议会制，持批判和否定态度。

马克思写道："每隔几年决定一次究竟有统治阶级中的什么人在议会里代表和压迫人民，——这就是资产阶级议会制的真正本质，不仅在议会制的君主立宪国内是这样，而且在最民主的共和国内也是这样。""摆脱议会制的出路，当然不在于取消代表机关和非处选举制，而在于把代表机关由清谈馆变为'工作'机关。公社不应当是议会式的，而应当是同事监管立法和行政的工作机关。"③

恩格斯指出了普选制最终具有为资产阶级统治服务的本质。因此，对普选制的认识程度，是考验工人阶级阶级觉悟的一把标尺。恩格斯写道："有产阶级是直接通过用普选制来统治的。只要被压迫阶级——在这里就是无产阶级——还没有成熟到能够自己解放自己，这个阶级的大多数人就仍将承认现存的社会秩序是唯一可能的秩序，而

---

① 马克思：《路易·波拿巴的雾月十八日》，载《马克思恩格斯选集》，第一卷，人民出版社1972年版，第630页。

② 马克思：《路易·波拿巴的雾月十八日》，载《马克思恩格斯选集》，第一卷，人民出版社1972年版，第670页。

③ 恩格斯：《家庭、私有制和国家起源》，载《马克思恩格斯选集》，第四卷，人民出版社1972年版，第169页。

在政治上成为资产阶级的尾巴，构成它的极左翼。但是，随着无产阶级成熟到能够自己解放自己，它就作为独立的党派结合起来，选举自己的代表，而不是选举资本家的代表了。因此，普选制是衡量工人阶级成熟性的标尺。在现今的国家里，普选制不能而且永远不会提供更多的东西"。①

但是在另一些著作，尤其是到了19世纪后期，马克思和恩格斯对资产阶级民主制和议会制一改以前的反对态度，转而对这种制度给予了很大的希望，将其作为工人阶级实现其理想社会的道路和社会主义政党的重要战略。

譬如，马克思和恩格斯在19世纪的某些时候，对普选权的政治作用做出了过于乐观的估价。1872年9月8日马克思在海牙大会的演讲中说："我们也不否认有些国家，向美国、英国，——如果我对你们的制度、风俗和传统有更好的理解，也许还可以加上荷兰，——工人可能用和平手段达到自己的目的"。②

恩格斯在马克思的《1848致1850年的法兰西阶级斗争》一书的导言中写道："当二月革命爆发(1848年欧洲革命)是，我们大家关于荷兰革命运动的条件和过程的观年，都受到过去历史经验，特别是法国经验的影响。须知正是法国在1789年以来的的全部欧洲历史中起了主要的作用，正式它现在重又发出了普遍变革的信号"。③ "历史表明我们曾经错了，我们当时所持的观点只是一个幻想。历史做的还要更多。它不仅消除了我们当时的迷误，而且还完全改变了无产阶级进行斗争

---

① 恩格斯：《家庭、私有制和国家起源》。载《马克思恩格斯选集》，第四卷，人民出版社1972年版，第169页。

②《马克思恩格斯全集》，第22卷，第273页。

③《马克思恩格斯全集》，第22卷，第594页。

的条件。1848年的斗争方法，今天在一切方面都已经陈旧了，这一点值得在这里仔细地加以研究的。"[1] "他们给予了世界各国同志们的一件新的武器——最锐利的武器中的一件武器，他们想这些同志们表明了应该怎样利用普选权。"[2] "实行突然袭击的时代，有自觉地少数人带领这不自觉地群众进行革命的时代，已经过去了。"[3]

恩格斯甚至提出了"和平长入社会主义"的希望。他在1891年曾写道："可以设想，在人民代议机关把一切权利集中在自己手中，只要取得大多数人民的支持就能按照宪法随意办事的国家里，旧社会可以和平地长入新社会，比如在法国和美国那样的民主共和国，在英国那样的君主国"。[4]

马克思和恩格斯在不同著作中对资本主义民主制作出的矛盾的结论清楚地说明，马克思和恩格斯对资本主义民主和议会制这种精巧的资本主义政治制度的分析和理论认识并没有最后完成。

马克思和恩格斯指出，历史上新的阶级进行政治斗争时，他们的阶级基础总是较宽阔，他们的阶级偏狭性往往还没有来得及表现出来。同时，他们由于自身的力量不足，他们需要在斗争中有特殊的阶级力量配置。"进行革命的阶级，仅就它对抗另一个阶级这一点来说，从一开始就不是作为一个阶级，而是作为全社会的代表出现的，它俨然以社会全体群众的姿态反对唯一的统治阶级。它之所以能这样做，是因为它的利益在开始时的确同其余一切非统治阶级的共同利益还有更多的联系，在当时存在的那些关系的压力下还来不及发展为特

---

[1] 《马克思恩格斯全集》，第22卷，第595页。
[2] 《马克思恩格斯全集》，第22卷，第601页。
[3] 《马克思恩格斯全集》，第22卷，第607页。
[4] 《马克思恩格斯全集》，第22卷，第273页。

殊阶级的特殊利益。因此，这一阶级的胜利对于其他未能争得统治阶级中的许多人说来也是有利的"。"每一个新阶级赖以建立自己统治的基础，比它以前的统治阶级所依赖的基础要宽广一些。"①

恩格斯注意到国家发展对于经济发展有相对独立性。他写道："社会产生着它所不能缺少的某些共同职能，被指定去执行这种职能的人，就形成社会分工的一个新部门。这样，他们就获得了和授权给他们的人相对立的特殊利益，他们在对这些人的关系上成为独立的人，于是就出现了国家。""这种新的独立的力量总的来说固然应当尾随生产的运动，然而由于它本身具有的、即它一经获得便逐渐向前发展的相对独立性，又反过来对生产的条件和进程发生影响"，"新的政治权力""追求尽可能多的独立性并且一经产生也就有了自己的运动"。恩格斯把国家对经济发展的作用归纳为三种："它可以沿着同一方向起作用"，"它可以沿着相反的方向起作用"，"或者是它可以阻碍经济发展沿着某些方向走，而推动它沿着另一种方向走"。②

对于国家的镇压职能问题，恩格斯认为将逐渐减弱和消失。他写道："当不再有需要加以镇压的社会阶级的时候，当阶级统治和根源于至今的生产无政府状态的个体生存斗争已被消除，而由此二者产生的冲突和极端行动也随着被消除的时候，就不再有什么需要镇压了，也就不再需要国家这种特殊的镇压力量了。"③

---

① 马克思、恩格斯：《德意志意识形态》，载《马克思恩格斯选集》，第一卷，人民出版社1972年版，第53—54页。

②《恩格斯致康·施米特》，载《马克思恩格斯选集》，第四卷，人民出版社1972年版，第482—483页。

③《马克思恩格斯选集》，第二版，第三卷，人民出版社1995年版，第631页。

马克思和恩格斯在研究国家权力或职能时，指出了国家具有意识形态职能或意识形态权力。这个思想的最初表述在《德意志意识形态》中。该书写道："统治阶级的思想在每一个时代都是占统治地位的思想。这就是说，一个阶级是社会上占统治地位的物质力量，同时也是社会上占统治地位的精神力量。支配着物质生产资料的阶级，同时也是支配着精神生产的资料，因此，那些没有精神生产资料的人的思想，一般的是受统治阶级支配的。占统治地位的思想不过是占统治地位的物质关系在观念上的表现，不过是以思想的形式表现出来的占统治地位的物质关系；因而，这就是那些使某一个阶级成为统治阶级的各种关系的表现，因而这也就是这个阶级的统治的思想。""既然他们正是作为一个阶级而进行统治，""他们还作为思维着的人，作为思想的生产者而进行统治，他们调节着自己时代的思想的生产和分配；而这就意味着他们的思想是一个时代的占统治地位的思想。"[1]在《费尔巴哈和德国古典哲学的终结》一书中，恩格斯写道："国家政权"的另一种表现是"国家作为第一个支配人的意识形态力量出现在我们面前"。[2]

马克思主义认为，国家的本质是公共权力。恩格斯写道：国家"是公共权力的设立"。他指出："这种公共权力在每个国家都存在。构成这种权力的不仅有武装的人，而且还有物质的附属物，如监狱和各种强制机关。这些东西是以前的氏族社会所没有的。"[3]恩格斯

---

① 马克思、恩格斯：《德意志意识形态》，载《马克思恩格斯选集》，第一卷，人民出版社1972年版，第52页。
② 恩格斯：《家庭、私有制和国家起源》，载《马克思恩格斯选集》，第四卷，人民出版社1972年版，第249页。
③ 恩格斯：《家庭、私有制和国家起源》，载《马克思恩格斯选集》，第四卷，人民出版社1972年版，第167页。

认为这种公共权力有双重作用，一方面是"对付奴隶"，另一方面是"控制公民"。他把这两者区别为直接的镇压作用和控制阶级对立的作用。恩格斯认为，国家的这种公共权力的大小是变化的。"在阶级对立还没有发展起来的社会和遥远的地区，这种公共权力可能极其微小"，"但是，随着国内阶级对立的尖锐化，随着彼此相邻的各国的扩大和它们人口的增长，公共权力就日益加强"。①

研究国家权力执掌集团的社会来源，即研究政治权利和社会阶级的关系，是马克思主义国家理论的另一个内容。他们在论及17世纪英国资产阶级革命的后果时写道："1689年的妥协很容易就造成了。'俸禄和官职'这些政治上的战利品留给了大地主家庭，其条件是充分照顾金融的、工业的和商业的中等阶级的经济利益"。在英国，直到1830年，政治权力"仍然留在贵族手中并且被贵族用来抵制新工业资产阶级的野心"。"在英国，资产阶级从来没有掌握过全权，甚至1832年的胜利，也还是让土地贵族几乎独占了政府所有的高级职位。"富裕的中等阶级对此表示了"温顺态度"。②普兰查斯把这种政治现象称之为"错位"。恩格斯认为，这种"错位"是政治史中常见的现象。"看来这似乎是历史发展的规律，资产阶级在欧洲任何一个国家都不能——至少是不能长时期地——像中世纪的封建贵族那样独立掌握政权。""资产阶级的长期统治，只有在美国那样一个从来没有过封建制度而且社会一开始就建立在资产阶级基础之上的国家

---

① 恩格斯：《家庭、私有制和国家起源》，载《马克思恩格斯选集》，第四卷，人民出版社1972年版，第167页。

② 恩格斯：《社会主义从空想到科学发展》英文版导言，载《马克思恩格斯选集》，第三卷，人民出版社1972年版，第393-399页。

中，才是可能的。"①

马克思举出的一个例子是法兰西第二帝国。在这个时期，"法国逃脱整个阶级的专制，好像只是为了服从于一个人的专制，并且是服从于一个没有任何权威的个人的权威。斗争的结局，好像是一切阶级都同样软弱无力和同样沉默地跪倒在枪托之前了"。②

马克思论及了国家与统治阶级相对独立性问题。但是他认为这种情况是特例。马克思写道："目前国家的独立性只有在这样的国家里才存在，在那里等级还没有完全发展成为阶级，比较先进的国家中已经消灭的等级还构成一种不定性的混合体而继续在起一定的作用，因而在那里任何一部分居民也不可能对其他部分的居民进行统治。德国的情况就正是这样。"③ "使统治者和被统治者都显得同样滑稽可笑的这方面的最新成就，就是俾斯麦民族的新德意志帝国；在这里，资本家和工人彼此保持平衡，并为了衰落的普鲁士容克的利益而遭到同等的欺骗。"④

马克思和恩格斯将历史过程论用于资本主义国家形成的研究。他们写道："现代资产阶级本身是一个长期发展过程的产物，是生产和交换方式多次变革的产物。" "资产阶级这样每发展一步，都伴随有相应的政治上的成就。它在封建主义统治时期是一个被压迫的等级，

---

① 恩格斯：《社会主义从空想到科学发展》英文版导言，载《马克思恩格斯选集》，第三卷，人民出版社1972年版，第398页。

② 马克思：《路易·波拿巴的雾月十八日》，载《马克思恩格斯选集》，第一卷，人民出版社1972年版，第691页。

③ 马克思、恩格斯：《德意志意识形态》，载《马克思恩格斯选集》，第一卷，人民出版社1972年版，第69页。

④ 恩格斯：《家庭、私有制和国家起源》，载《马克思恩格斯选集》，第四卷，人民出版社1972年版，第168页。

在公社里是一个武装的和自治的团体，在一些地方组成为独立的城市共和国，在另一些地方又组成君主国内纳税的第三等级；后来，在工场手工业时期，它是等级君主国或专制的君主国里与贵族相抗衡的势力，并且是一切大君主国的主要基础；最后，从大工业和世界市场确立的时候起，它在现代的代议制国家里夺得了独占的政治统治权。"[1]

马克思和恩格斯不是把资产阶级国家简单地看作是一次资产阶级革命便完成的政治机构，而是把它看作是通过一个历史过程形成的。马克思专门叙述过法国近代国家形成史。他写道，充当了新兴资产阶级社会反对封建制度的有力武器的"中央集权的国家政权及其遍布各地的机关"，"起源于君主专制时代"。"18世纪法国大革命的铁扫帚"，把"封建领主的特权，地方的特权，城市和行会的专利以及各省的法规等这一切中世纪的垃圾"，"所有这些过去时代的垃圾都扫除干净，从而从社会基础上清除了那些妨碍建立现代国家大厦这个上层建筑的最后障碍"。[2] "第一次法国革命所抱的目的是破坏一切地方的、区域的、城市的和各省的特殊权力以造成全国公民的统一，它必须把专制君主制所已经开始的事情——中央集权加以发展，但是它同时也就扩大了政府权力的容量、属性和帮手的数目。拿破仑完成了这个国家机器。"[3] 但是拿破仑未能使法国资产阶级国家机器在职能上

---

[1] 马克思、恩格斯：《共产党宣言》，载《马克思恩格斯选集》，第一卷，人民出版社1972年版，第252–253页。
[2] 马克思：《法兰西内战》，载《马克思恩格斯选集》，第二卷，人民出版社1972年版，第372页。
[3] 马克思：《路易·波拿巴的雾月十八日》，载《马克思恩格斯选集》，第一卷，人民出版社1972年版，第691页。

完全成熟。"只是在第二个波拿巴统治时期，国家才几乎成了完全独立的东西。和市民社会比起来，国家机关已经大大地巩固了自己的地位。"①

马克思在阐述国家发展史时提醒人们，在肯定资产阶级革命推动历史的作用时，不要把一次政治革命的作用估计得过高。他认为归根到底起最重要作用的是经济。他写道："资产阶级的政治统治倒是来自这些被资产阶级经济学家宣布的必然规律和永恒规律的现代生产关系。因此，当使资产阶级生产方式必然消灭，从而使资产阶级的政治统治也必然颠覆的物质条件尚未在历史过程中、尚未在历史的'运动'中形成以前，即使无产阶级推翻了资产阶级的政治统治，它的胜利也只能是暂时的，只能是资产阶级革命本身的辅助因素（如1794年时就是这样）。""同样，如果资产阶级实行阶级统治的经济条件没有充分成熟，要推翻君主制也只能是暂时的。"②

马克思强调了经济的发展对国家制度发展的作用。他写道，国家的"政治性质也随着社会的经济变化而发生变化。现代工业的进步促使资本和劳动之间的阶级对立更为发展、扩大和深化，国家政权也就愈益具有资本压迫劳动的全国政权的性质，具有成为进行而组织起来的社会力量的性质，具有阶级统治机器的性质"。③

马克思注意到在法国近代国家形成过程中国家权力的各个组成部

---

① 马克思：《路易·波拿巴的雾月十八日》，载《马克思恩格斯选集》，第一卷，人民出版社1972年版，第692页。
② 马克思：《道德化的批判和批判化的道德》，载《马克思恩格斯选集》，第一卷，人民出版社1972年版，第171–172页。
③ 马克思：《法兰西内战》，载《马克思恩格斯选集》，第二卷，人民出版社1972年版，第372页。

分发展完备的时序过程。他指出，法国19世纪政治制度的发展是"先使议会权力臻于完备"，"当它已达到这一步时，它就来使行政权力臻于完备，使它表现出最为纯粹的形式。"①马克思认为法兰西第二帝国表现出了"行政权力对立法权力的胜利"。②资产阶级在夺取政治权利的过程中，一般说来都是首先争取议会的立法权，因为议会在历史上从来就是反封建力量集聚之地，也是资产阶级政治斗争的先锋阵地。近代国家行政机构的完善在历史时间表上要来得晚些。

"随着社会主义社会制度的建立，国家就会自行解体和消失。既然国家只是在斗争中、在革命中用来对敌人实行暴力镇压的一种暂时的机关，那么，说自由的人民国家，就纯粹是无稽之谈了：当无产阶级还需要国家的时候，它之所以需要国家，并不是为了自由，而是为了镇压自己的敌人，一到有可能谈自由的时候，国家本身就不再存在了。"③

"资本主义生产方式日益把大多数居民变为无产者，同时就造成一种在死亡的威胁下不得不去完成这个变革的力量。这种生产方式迫使人们日益把巨大的社会化的生产资料变成国家财产，同时它本身就指明完成这个变革的道路。无产阶级将取得国家政权，并且首先把生产资料变为国家财产。但是，这样一来它就消灭了作为无产阶级的自身，消灭了一切阶级差别和阶级对立，也消灭了作为国家的国

---

① 马克思：《路易·波拿巴的雾月十八日》，载《马克思恩格斯选集》，第一卷，人民出版社1972年版，第691页。

② 马克思：《路易·波拿巴的雾月十八日》，载《马克思恩格斯选集》，第一卷，人民出版社1972年版，第690页。

③ 恩格斯：《致奥·倍倍尔的信》，载《马克思恩格斯全集》，第19卷，人民出版社1972年版，第7–8页。

家。""到目前为止还在阶级对立中运动着的社会，都需要国家，即需要一个剥削阶级的组织，以便维持它的外部的生活条件，特别是用暴力把被剥削阶级控制在当时的生产方式所决定的内些压迫条件下（奴隶制、农奴制或依附农制、雇佣劳动制）。"①

马克思和恩格斯生活在自由资本主义时代，他们没有看到社会主义制度的建立，他们对社会主义制度的政治实践只有很少的设想。在《共产党宣言》中，马克思和恩格斯指出国家是阶级统治的机关，他们还提出一个重要的论断：无产阶级如果不先夺取政权，不取得政治统治，不把国家变为"组织成为统治阶级的无产阶级"，就不能推翻资产阶级；这个无产阶级国家在取得胜利后就会立刻开始消亡，因为在没有阶级矛盾的社会里，国家是不需要的，是不可能存在的。当时马克思和恩格斯还没有提出怎样以无产阶级的国家来代替资产阶级的国家的问题。1848年革命后期，在《路易·波拿巴的雾月十八日》中，马克思开始来解决这一问题。他提出了"国家即组织成为统治阶级的无产阶级"。但是在1852年马克思还没有具体提出用什么东西来代替这个必须消灭的国家机器。1852年，马克思经过历史的观察，提出了"集中一切破坏力量"来反对国家政权的人物，即"摧毁"国家机器的任务。

恩格斯在《路易·波拿巴的雾月十八日》第三版序言中写道："法国是这样一个国家，在那里历史上的阶级斗争，比起其他各国来每一次都达到更加彻底的结局，因而阶级斗争借以进行、阶级斗争的结果借以表现出来的变换不已的政治形式，在那里也表现得最为鲜

---

① 恩格斯：《反杜林论》，载《马克思恩格斯全集》第九卷，第305–306页。

明。法国在中世纪是封建制度的中心，从文艺复兴时代起是统一的等级制的典型国家，它在大革命时代粉碎了封建制度，建立了纯粹的资产阶级统治，这种统治所具有的典型性是欧洲任何其他国家所没有的。而奋起向上的无产阶级反对占统治地位的资产阶级的斗争在这里也以其他各国所没有的尖锐形式表现出来"。[①]

马克思和恩格斯的《共产党宣言》从国家存在的弊端出发，提出了国家最终要消亡的问题。

在《哥达纲领批判》中，马克思重申了他对国家的一个根本性的观念，即无产阶级革命必然包含了国家的终结。当然，那时候不是简单地摧毁国家，而是让社会的整体即变革后的社会接管先前由国家履行的职能。马克思这样说，是因为现代社会中合理性是不完整的，国家把合理性推到了荒谬，目前社会中的矛盾被抑制，由国家来监管，国家将合理性推向荒谬。社会必须重新占有这种合理性。[②]

恩格斯1875年3月在给倍倍尔的信中写道："当无产阶级还需要国家的时候，它之需要国家，并不是为了自由，而是镇压自己的敌人，一到有可能讨论自由的时候，国家本身就不再存在了"。

在探讨马克思的政治理论的发生学时，人们注意到，马克思在波恩大学修学的课程有《法学全书》《法学纲要》《罗马法史》《希腊罗马神话》《荷马研究诸问题》《现代艺术史》《德意志法学史》

---

① 马克思：《路易·波拿巴的雾月十八日》，"恩格斯写的第三版序言"，载《马克思恩格斯选集》，第一卷，人民出版社1972年版，第601—602页。

② ［法］亨利·列斐伏尔：《马克思的社会学》，谢永康、毛林林译，北京师范大学出版社2013年版，第134页。

《普罗佩尔提乌斯得哀歌》《欧洲国际法》《自然法》。①马克思在柏林大学所修的课程有《罗马法全书》《刑法》《人类学》《教会法》《德国普通民事诉讼》《普鲁士民事诉讼》《刑事诉讼》《逻辑学》《普通地理学》《普鲁士法》《以赛亚书》《欧里庇得斯》。②这十二门课程主要是法学必修课。③马克思在大学修学的课程没有政治学课程。

在马克思的著作中可以发现，他对16世纪以来的欧洲资产阶级主流政治学者和思想家的著作援引得很少。马克思和恩格斯在政治学领域注意较多的是空想社会主义流派，如圣西门、傅立叶和欧文的空想社会主义和空想共产主义理论。对于资产阶级政治学理论，马克思仅仅注意到了法国复辟时期历史学家基佐、米涅、梅特涅、梯叶里、梯也尔等人的阶级斗争理论。马克思在1852年《致约瑟夫·魏德迈》的信中论及此问题，他写道："无论是发现现代社会中有阶级存在或发现各阶级之间的斗争，都不是我的功劳。在我以前很久，资产阶级的历史学家就已叙述过阶级斗争的历史发展，资产阶级的经济学家也已对各个阶级做过经济上的分析"④。

马克思和恩格斯对于国家运作的内在规律关注不够。列宁和斯大林对马克思主义以前的政治学和国家理论的关注则更少。

马克思的政治学理论从创立的时候起就存在得某种内在的结构缺

---

① 《波恩大学肄业证书》，载《马克思恩格斯全集》，第40卷，人民出版社1982年版，第844-845页。

② 《柏林大学毕业证书》，载《马克思恩格斯全集》，第40卷，人民出版社1982年版，第896—898页。

③ 梅林：《马克思传》，樊基译，持平校，人民出版社1965年版，第18页。

④ 马克思：《致约·魏德迈》，载《马克思恩格斯选集》，第四卷，人民出版社1972年版，第332页。

陷，可能有主观方面的原因。政治学家罗纳德·H.奇尔科特解读道：
"马克思把资本主义国家内一切形式的统治都视为非法"。[1]马克思对
资产阶级国家持否定态度，对资本主义国家的活动也表现出藐视。马
克思主义建构政治学理论时对他们以前和同时代的资产阶级的政治学
理论的正确和错误之处都关注很少，可能与此不无关系。

第二节　列宁的国家理论

　　列宁在多个帝国主义国家包围的环境之下，在领导俄国社会主义
革命斗争中，对国家理论的阐述比马克思和恩格斯要直接和简单得
多。列宁从政治上把国家定义为阶级镇压的机器。他在《布尔什维克
能够保持国家政权吗？》一文中写道："国家是个阶级概念，国家是
一个阶级对另一个阶级施用暴力的机关或者机器"。[2]"国家是维护一
个阶级对另一个阶级的统治的机器。"[3]同年，他在另一次讲演中说：
"国家是一个阶级压迫另一个阶级的机器，是使一切受支配的阶级
受一个阶级控制的机器。"[4]列宁在另一篇文章中把国家称为一种组
织，"国家就是统治阶级的组织，例如在德国便是容克和资本家的组

---

　　① 罗纳德·H.奇尔科特：《比较政治学理论，新范式的探讨》，高铦、潘世强译，社会科
学文献出版社1998年版，第125页。

　　② 列宁：《论国家》，载《列宁全集》，第26卷，人民出版社1990年版，第98页。

　　③ 列宁：《论国家》，载《列宁全集》，第29卷，人民出版社1987年版，第431–444页。

　　④ 列宁：《论国家》，载《列宁全集》，第29卷，人民出版社1987年版，第431–444页。

织"①。列宁对于国家的定义具有明晰化和简单化的特征，它主要从政治角度来定义国家，而较少论及国家和社会的复杂关系。

列宁在论及社会主义国家时，强调了国家要加强政治的集权和经济的集权。列宁在《远方来信》（1917年）中写道："我们需要革命的政权，我们（在相当长的过渡时期内）需要国家。这是我们区别于无政府主义者的地方，革命的马克思主义者同无政府主义者的区别不仅表现在我们主张集中地、共产主义的大生产，他们主张分散的小生产"。

在国家形式上，列宁论述说："我们需要国家，但我们需要的不是资产阶级到处建立起来的那种国家，从君主立宪起直到最民主的共和国为止。"列宁强调："无产阶级如果想要保卫这次革命的成果和继续前进，取得和平、面包和自由，那就应当'打碎'（马克思的用语）这架'现成的'国家机器，代之以新的国家机器，使警察、军队和官吏同全民武装融为一体。"②

"一切革命的根本问题是国家政权问题。不弄清这一点，便谈不上自觉地参加革命，更不用说领导革命。"③

列宁在俄国资产阶级民主革命的策略思想上，创造性地提出了革命的阶段论和革命的转变论。他提出，20世纪初年俄国革命的任务是反对封建性质的沙皇政权，革命性质还是资产阶级民主革命。布尔什维克党应当积极参加这场资产阶级民主革命，在取得革命胜利后，立即把资产阶级民主革命转变为无产阶级的社会主义革命。列宁对革命

---

① 列宁：《大难领头，出路何在？》，载《列宁全集》，第25卷，人民出版社1990年版，第347页。

② 列宁：《远方来信》，载《列宁全集》，第23卷，人民出版社1990年版，第333–334页。

③ 列宁：《论两个政权》，载《列宁全集》，第24卷，人民出版社1990年版，第18–19页。

的任务和性质的判断是正确的，他提出的布尔什维克党斗争的策略思想也是正确的。

对于从资本主义向社会主义过渡问题，列宁曾作出过设想："资本主义大企业""如果它成了国家垄断组织，那就是说，由国家（在革命民主制的条件下，国家就是人民的首先是工人和农民的武装组织）来指导全部企业"。他指出有两种可能性。一种可能性是"为地主和资本家的利益服务"；但也有另一种可能性，"或者是为革命民主派的利益服务的，那就是实现社会主义的步骤"。①

列宁指出了资本主义民主制的历史进步性："民主共和制和普选权同农奴制比较起来是一种巨大的进步，因为它使无产阶级有可能达到现在这样的统一和团结，有可能组织成步伐整齐纪律严明的队伍去同资本进行有系统的斗争"。②列宁指出："资产阶级民主同中世纪的制度比较起来，在历史上是一个大进步，但它始终是而且在资本主义制度下，不能不是狭隘的、残缺不全的、虚伪的、骗人的民主，对富人是天堂，对穷人和被剥削者是陷阱和骗局。"③列宁就资本主义民主制的本质写道：它是"供极少数人享受的民主，供富人享受的民主，——这就是资本主义社会的民主制"。④

列宁就如何在实践中对待资本主义民主制的问题写道："彻底发展民主制，找出发展的形式，用时间来检验这些形式等等，都是为社

---

① 列宁：《大难临头，出路何在？》，载《列宁全集》，第25卷，人民出版社1987年版，第374–375页。

② 列宁：《论国家》，载《列宁全集》，第29卷，人民出版社1987年版，第431–444页。

③ 列宁：《无产阶级革命和叛徒考茨基》，载《列宁全集》，第28卷，人民出版社1987年版，第217–238页。

④ 列宁：《国家与革命》，载《列宁全集》，第25卷，人民出版社1987年版，第374–473页。

会革命进行斗争的任务之一。任何单独存在的民主制都不会产生社会主义，但在实际生活中民主制永远不会是'单独存在'，而总是'相互依存'的，它影响经济，推动经济的改造，受经济发展的影响等等。这是活生生的历史的辩证法"。①

列宁对资产阶级的议会民主的对立面做了描述。根据列宁的观点，无产阶级革命的任务不是获得对民主统治机器——官吏、警察、军队——的支配权，而是要打碎这一机器，用武装的工人阶级取而代之。工人阶级的统治工具是代表会议，目标是开创一个通过生产资料公有化最终达到国家消亡的道路。这种革命的主要标准是，用无产阶级专政解决矛盾。无产阶级直到国家消亡一直是享有特权的阶级。在这种类型的国家制度中也可以想象并且有可能存在各种不同的统治机构。在要求施行专政、许多政党在其中争夺影响的工人阶级内部，代表会议可以是一个讨论委员会或评判委员会，或者是代表会议，它只服从一党的领导。

列宁指出："资产阶级议会制是把民主制（不是供人民享受的）同官僚制（反人民的）连在一起，而无产阶级民主制则立即采取办法来根除官僚制，并且能够把这种办法实行到底，直到官僚制完全消灭，供人民享受的民主制完全实现。"②普选制是"工人阶级成熟的指标。在现代国家中，普选制不会而且永远不会提供更多的东西"。③

列宁说道："总的说来，资产阶级的民主同苏维埃的、无产阶级的民主之间的差别在于：前者是把重心放在冠冕堂皇地宣布各种自由

_____

① 列宁：《国家与革命》，载《列宁全集》，第25卷，人民出版社1990年版，第374–473页。

② 列宁：《国家与革命》，载《列宁全集》，第2卷，人民出版社1990年版，第374–473页。

③ 列宁：《无产阶级革命和叛徒考茨基》，载《列宁全集》，第28卷，人民出版社1990年版，第217–238页。

权利上，而实际上决不让大多数居民即工人和农民稍微充分地享受这些自由和权利，相反地，无产阶级的苏维埃的民主则不是把重心放在宣布全体人民的权利和自由上，而是实际保证那些曾受资本压迫和剥削的劳动群众能实际参与国家管理。"[1]

列宁写道："最民主的资产阶级共和国从来都而且不能不是资本压迫劳动者的机器，是资本权力的工具，是资产阶级专政。资产阶级民主共和国许诺并且宣告政权属于大多数人，但是只要土地及其他生产资料的私有制存在，它就不能实现这种政权。"列宁最后的结论是，"无产阶级不能'掌握''国家机关'和'开动国家机关'。但是，它能够把旧国家机关中一切具有压迫性和守旧性的东西以及其他不可救药的资产阶级的东西打碎，而用自己的新机关来代替它"[2]。

第三节　伯恩施坦的国家理论

伯恩施坦把帝国主义时代社会主义政党的任务限制在议会活动范围内。他写道："德国的政治形势是这样的：帝国国会对德国人民命运的影响预料将大大加强。这样，作为一切被剥削者和压迫者的天然辩护士的党在帝国议会中的任务也就加重了。如果由于我们根本反对现存的国家制度即社会制度而无视或低估这种任务，我们认为这是一

---

① 列宁：《俄共（布）党纲草案》，载《列宁全集》，第29卷，人民出版社1987年版，第48-87页。

② 列宁：《布尔什维克能够保持国家政权吗？》，载《列宁全集》，第29卷，人民出版社1987年版，第92-98页。

块必须避开的最致命的暗礁。"①

"我坦白说，我对于人们通常所理解的'社会主义的最终目的'非常缺乏爱好和兴趣。这个目的无论是什么，对我来说都是微不足道的，运动就是一切。所谓运动，我所指的既是社会的总的运动，即社会进步，也是为促成这一进步而进行的政治上和经济上的宣传和组织工作。"②

伯恩施坦对资本主义民主制的作用作了很高的估计。他写道："现代民族国家的政治制度愈是民主化，巨大政治灾变的必然性和机会就愈减少。"③他指出，德国社会民主党的迫切任务是，"使自己的选票继续不断地增多"。④"就我们目前所谈的问题来说，我的说法和恩格斯以下的原理是殊途同归的。在任何时候，工人阶级就其智力成熟程度和一般发展水平来说有多大能力实行自己的统治，民主就在多大程度上是工人阶级的统治。"⑤

"……我坚决相信，各民族发展中的重大时代是不能够跳过的，所以我极为重视社会民主党当前的任务即为工人阶级政治权利的斗争、工人阶级在城市和乡镇中为本阶级的利益而进行的政治活动以及

---

① 伯恩施坦：《空想主义与折中主义》载，殷叙彝编：《伯恩施坦文选》，人民出版社2008年版，第5页。

② 伯恩施坦：《崩溃论与殖民政策》载，殷叔彝编：《伯恩施坦文选》，人民出版社2008年版，第68页。

③ 伯恩施坦：《社会主义的前提和社会民主党的任务》载，殷叙彝编：《伯恩施坦文选》，人民出版社2008年版，第102页。

④ 伯恩施坦：《社会主义的前提和社会民主党的任务》载，殷叙彝编：《伯恩施坦文选》，人民出版社2008年版，第102页。

⑤ 伯恩施坦：《社会主义的前提和社会民主党的任务》载，殷叙彝编：《伯恩施坦文选》，人民出版社2008年版，第103页。

工人经济组织的活动。"①

"我们在先进的国家中到处可以看到阶级斗争采取了比较缓和的形式，如果不是这样，前途就很难说是颇有希望了。"②

伯恩施坦指出："在工人阶级还没有具备自己的十分强大的经济性质的组织并且没有通过在自治机构中的训练而达到高度的思想独立性的地方，无产阶级专政就是俱乐部演说家和文人的专政。我不希望那些把压迫和刁难工人组织以及排斥工人参加立法和管理看成登峰造极的统治艺术的人有朝一日在实践中体会这一区别。"③ "尽管自从马克思和恩格斯写作的时候以来，工人阶级在知识、政治和经济方面都有了巨大的进步，但是我认为它今天仍旧没有充分发展到能够接受政治的独占统治的程度。"④

伯恩施坦在19世纪末分析资本主义社会结构时，看到了与马克思的《共产党宣言》关于资本主义社会结构两极分化的结论不相符合的现象。他写道："工商业中的小企业没有被消灭，只是被超过了，他们的性质和经济地位改变了。当然它们曾经整批整批地被消灭，被大企业消灭或吞并。但是资本主义本身又产生出新的小企业来代替他们。""农业中的小经营则更为顽强地保持下来。在农业中，小经营和中等经营已经证明它们的抵抗能力和生产能力远远超过社会民主党过

---

① 伯恩施坦：《社会主义的前提和社会民主党的任务》载，殷叙彝编：《伯恩施坦文选》，人民出版社2008年版，第104页。

② 伯恩施坦：《社会主义的前提和社会民主党的任务》载，殷叙彝编：《伯恩施坦文选》，人民出版社2008年版，第105页。

③ 伯恩施坦：《社会主义的前提和社会民主党的任务》载，殷叙彝编：《伯恩施坦文选》，人民出版社2008年版，第331页。

④ 伯恩施坦：《社会主义的前提和社会民主党的任务》载，殷叙彝编：《伯恩施坦文选》，人民出版社2008年版，第331页。

去在马克思的经济学说的影响下所做的假定。""受雇于资本主义企业的""领薪金工作的职员的阶级增长得愈来愈快。"①

伯恩施坦在理论上的偏差是过高地强调了资产阶级自由主义措施的进步性。他写道："从行会制度、从等级制度等等的解放以及自由个性原则的确立，我们要归功于资产阶级。""资产阶级除了经济的和政治的进步外，也在司法机构、法权概念方面，甚至也在伦理方面完成了很重大的进步。当它反对和废除等级制度时，它至少在原则上要树立一切人在法律面前的平等，尽管这在今天看来已算不了什么，但在那个时候确是一个不同寻常的进步。现代资产阶级至少在原则上要承认个性自由和个性的自由活动。无产阶级利用了这一点，我们大家目前都利用这一点。"

"作为世界观的自由主义在当年是一件伟大的事物，今天也绝没有成为多余。"②"作为世界观的自由主义的观念是在法国大革命的人权宣言中奠定的，这一革命宣告了个性自由，人对于本身自由的权利，每一代人的自主权。人权宣言中说，任何一代人也不能为下一代人预先规定法律。这是一个非常革命的思想。"③

面对着19世纪末20世纪初资本主义国家的社会政策和国有化运动，伯恩施坦在使用的社会化和社会主义两个概念上发生了混淆。他说："社会化是表达社会民主党所努力争取的公有化的概括性的专门名词，公有化将结束资本主义经济的灾难和不平。""国有化或地方国

---

① 伯恩施坦：《社会民主党内的修正主义》载，殷叙彝编：《伯恩施坦文选》，人民出版社2008年版，第427，442页。

② 伯恩施坦：《什么是社会主义？》载，殷叙彝编：《伯恩施坦文选》，人民出版社2008年版，第458页。

③ 伯恩施坦：《什么是社会主义？》载，殷叙彝编：《伯恩施坦文选》，人民出版社2008年版，第459页。

有化是公有化的标准形态。当然，它们本身不是目的；它们也不过是达到以争取最大可能的普遍幸福为最高任务的那一目的的手段。达到这一目的的保证是，在经济领域中，在生产、贸易和交通中能带来最大可能的经济效率。""公有化的主要问题是我们把生产和国民经济的其他部门置于整体的管理监督之下。"①伯恩施坦把一些细微的工业民主政策均归入社会主义政策。

对于走向社会主义的道路，伯恩施坦持渐进论。他在1899年写道："社会主义的到来或将要到来，不是一场巨大的政治决战的结果，而是工人阶级在其活动的各个方面所取得的一整批经济和政治胜利的结果。不是工人所受的压迫、贫困和屈辱大大增加的结果，而是他们日益增长的社会影响和他们所争得的政治、经济、一般社会和道德的相对改进的结果。我认为社会主义社会不是从混乱中产生的，而是由于工人在自由经济领域中的有组织的创造同战斗的民主制在国家和地方自治机构中的创造和成就相结合而产生的。透过反动势力的一切抽搐和一切挣扎，我看到阶级斗争本身采取愈来愈文明的形式，我正在把阶级斗争即工人阶级的政治和经济斗争的这种文明化看成是实现社会主义的最好保证"。②他解释说："社会主义是一个巨大的文化运动"，"这一运动集中表现为一个巨大的政党在工人中间扩大社会启蒙工作，启发对国民经济的需要的理解，启发对那些为了继续推动社会沿着社会进步的轨道前进所必须采取的措施的性质的理解，它正是

---

① 伯恩施坦：《什么是社会主义？》载，殷叙彝编：《伯恩施坦文选》，人民出版社2008年版，第467页。

② 伯恩施坦：《什么是社会主义？》载，殷叙彝编：《伯恩施坦文选》，人民出版社2008年版，第472页。

通过这些而为整体谋福利的"。①换言之，伯恩施坦认为，社会主义只能通过文化启蒙的、渐进的、和平的改革来实现，而反对通过血与火的革命来实现。

第四节　卢森堡的国家理论

罗莎·卢森堡（1871—1917年）是波兰籍革命家，1893年她和同事创办《工人事业》并创建波兰王国社会民主党。1898年她取得德国国籍移居德国，参加德国社会民主党的活动。她写了《社会改良还是社会革命？》，批评伯恩施坦的"修正主义"。十月革命发生后，她支持这场革命。卢森堡在20世纪初坚决反对军国主义和帝国主义世界大战，因此入狱。出狱后，她和卡尔·李卜克内西等人组成斯巴达克派。1918年11月革命爆发后，他们先是将斯巴达克派改名为斯巴达克联盟，1918年2月参与创建德国共产党。1919年1月卢森堡在柏林被害。

卢森堡抨击资产阶级统治具有合法性的理论。她写道："资产阶级的合法性只是以暴力为基础。""资产阶级合法性即议会政治这一领域不仅是资产阶级进行统治的天地，而且也是无产阶级和资产阶级解决它们之间对立的斗争基地。""合法性是各个时期相互进行斗争的阶级之间力量对比的产物。""社会主义的合法性这一理论是荒谬的。暴力显

---

① 伯恩施坦：《什么是社会主义？》。载，殷叙彝编：《伯恩施坦文选》，人民出版社2008年版，第473页。

然绝对没有由于'合法性'而被取消，不如说它是合法性的真正的庇护人。"① "资产阶级民主和资产阶级合法性的基础就像一层薄冰一样，在'工人大军一齐踏步'时，在一个个国家破裂了。"②

罗莎·卢森堡主张无产阶级专政，但是她并不是布尔什维克主义的盲目追随者。1918年她在狱中写成的但去世后才发表的著作中，对俄国革命中发生的事件用既赞赏又批评的态度做了分析。她赞扬布尔什维克把资产阶级革命向前推进到社会主义革命的彻底精神。她写道，这个当"在革命开始时受到各方面摈斥、诽谤和反对的少数派"，它的这种一贯精神使它跻身于革命的最前列。这个党认识到，"要么就是反革命得势，要么就是无产阶级专政"，二者必居其一。卢森堡说，任何革命都不可能有"中庸之道"。所以，她坚定地反对德国社会主义民主党人中的"议会迷"。这些人以为必须在议会中取得多数，以合法地实现社会主义。卢森堡用"革命的辩证法"反对"议会的鼹鼠智慧"。她说，"不是借助多数达到革命策略，而是用革命策略达到多数。"她明确拒绝资产阶级民主。卢森堡甚至责备列宁采取的措施还不够彻底，由于分配土地，他制造了新的小农土地私有制，他宣布的"所谓民族自治权"只不过是"小资产阶级的空话"。卢森堡说，"采用公民投票的办法，我们不可能实现社会主义。"尽管她否认议会民主，但她谴责列宁驱散制宪议会，搞新的特权选举法以及取消基本自由权利。

她在《群众罢工、党和工会》一文中分析了议会斗争的本质。她

---

① 中共中央马克思、恩格斯、列宁、斯大林著作编译局国际工运史研究室编：《卢森堡文选》上卷，人民出版社1984年版，第393-394页。

② 中共中央马克思、恩格斯、列宁、斯大林著作编译局国际工运史研究室编：《卢森堡文选》上卷，人民出版社1984年版，第484页。

写道:"就其本质而言,议会斗争是一种政治上的改良工作,如同工会是经济上的改良工作一样。议会斗争又是政治性的当前工作,如同工会是经济性的当前工作一样。同工会一样,议会斗争只是整个无产阶级斗争中的一个时期和一个发展阶段,这种阶级斗争的最终目标以同样的程度既超越了议会斗争也超越了工会斗争。议会斗争同社会民主党的政策的关系是局部与整体的关系,这也和工会工作与社会民主党的政策的关系一样。"①

怎样解决这些矛盾?卢森堡寄希望于"社会主义民主"。她认为:"如果把议会置于群众'不间断的压力'下,就可以允许议会存在。"她责备列宁和托洛茨基没有看到这一点。

后来,卢森堡改变了自己对国民议会的看法。她说:"国民议会是资产阶级革命已经废弃的遗产,是一个没有内涵的空壳,是小资产阶级幻想'统一民族'、幻想资产阶级国家的'自由、平等、博爱'时期的工具。今天,谁要是拾起国民议会,谁就是有意或无意地把革命退回到资产阶级革命的历史阶段……议会迷在昨天是软弱,今天是暧昧,明天就是对社会主义的背叛。"②

集权主义倾向在苏维埃革命初期就已经显现出来,卢森堡反对这一倾向,她声明:"如果只有政府支持者才有自由,只有党员才有自由——无论他们的数目有多么庞大——这种自由也不是自由。具有异己思想的人也有自由,自由才成其为起码的自由。"她认为,社会主义民主既保留了工人在资本主义民主下争得的自由,又扩大了这些自

① 罗莎·卢森堡:《群众罢工、党和工会》,载,罗莎·卢森堡:《卢森堡文选》,李宗禹编,人民出版社2012年版,第201页。
② [德国]卡尔·迪特利希·埃尔德曼:《德意志史》,第四卷上册,高年生等译,商务印书馆1986年版,第163-165页。

由。①卢森堡研究了苏联的政权运行，她尖锐地批评说："'无产阶级专政'实际是一种小集团的专政。'列宁和托洛茨基用苏维埃代替了根据普选产生的代议机构，认为苏维埃是劳动群众唯一真正的代表。但是随着政治生活在全国受到压制，苏维埃的生活也一定会日益陷于瘫痪。没有普选，没有不受限制的出版和集会自由，没有自由的意见交锋，任何公共机构的生命就要逐渐灭绝，就成为没有灵魂的生活，只有官僚仍是其中唯一的活动因素……这固然是一种专政，但不是无产阶级专政，而是一小撮政治家的专政……"。②

第五节　葛兰西的国家理论

葛兰西（1891—1937年）是意大利共产党人，议会议员，曾任意大利共产党总书记。从1926年起，他被意大利法西斯政权逮捕囚禁，直到1933年因健康状况恶化暂时获释就医，1937年逝世。葛兰西是20世纪"西方马克思主义"的开创者。他在《狱中札记》《狱中日记》等著作中发展了马克思主义的国家政治理论。

葛兰西高屋建瓴地提出马克思主义政治学体系化建设的问题。他写道："首先必须提出和解决的一个问题，就是关于政治是一门独立科学的问题，也就是关于政治学在系统化了（完整的和一贯的）世界

---

① ［美］安娜·玛丽·史密斯：《拉克劳与墨菲——激进民主想象》，付琼译，江苏人民出版社2011年版，第33页。

② 卢森堡：《论俄国革命书信集》，殷叙彝等译，贵州人民出版社2001年版，第31—32页。

观中，在实践哲学中所占有的或应该占有的位置的问题。"①"必须把政治这门科学的具体的内容（以及逻辑表现）看成是处于发展中的有机体。"②他借助马基雅维利的论断写道："政治是一种具有自己的原则和规律的独立的活动部门，这种原则和规律不同于道德和宗教的原则和规律"。③葛兰西提出，这一论题的重要性在于两个方面，一方面他重申了关于马克思主义是一门科学的观念，另一方面的价值在于，关于政治是一门独立科学的问题，无论是在葛兰西以前的经典马克思主义创始人，还是葛兰西以后的许多社会主义运动的领导人和理论家，都没有在理论上重视这个问题。可以说，直到今天，社会主义政治学仍然很落后。不少政治学范畴在马克思主义政治学中尚未触及，而且在社会主义国家中讳莫如深。

葛兰西是为数不多的认真研究了资本主义分权制度的马克思主义学者。他认为："分权和由于它的实现而发生的全部辩论以及由它产生的法理都是市民社会与政治社会之间在一定的历史时期中斗争的结果；在这一定的历史时期中，各阶级之间有某些受到下列事实制约的不稳定的平衡。""对政治的和经济的自由主义来说，分权的基本意义在于：所有自由主义的意识形态，包括它的优缺点在内，可以表现在分权的原则上，同时这里就出现成为自由主义弱点的来源的东西——官僚派，也就是起到联系力量的作用，并且在一定时机成为一种帮会的领导干部的特殊化。由此就产生了人民对一切职位实行遴选的要求，这种要求是自由主义最极端的表现，同时也是它的解体的表现

---

① ［意］安东尼奥·葛兰西：《狱中札记》，葆煦译，人民出版社1983年版，第109页。
② ［意］安东尼奥·葛兰西：《狱中札记》，葆煦译，人民出版社1983年版，第106页。
③ ［意］安东尼奥·葛兰西：《狱中札记》，葆煦译，人民出版社1983年版，第106页。

（长期有效的立宪会议的原则等等，而在共和国里定期选举国家元首对人民这种基本要求给予了虚妄的满足）。"

葛兰西认为："在政治中——统一的中心是国家与公民社会之间的关系，也就是国家进行干预（集中化了的意志）以教育教育者。"

葛兰西认为分权制度是资本主义社会内部各阶级之间政治斗争的结果："分权和由于它的实现而发生的全部辩论以及它产生的法理都是市民社会和政治社会之间在一定的历史时期中斗争的结果；在这一定的历史时期中，各阶级之间有某种受到下列事实制约的不稳定的平衡"，[①]这是分权产生的原因。

葛兰西对分权制和普选制作了研究。他写道："议会在较大程度上同市民社会相联系，处于政府与议会的中间地位的司法权代表成文法的效力的不断性（对政府来说也是这样）。当然，这三权也都是政治领导权的机构，但它们是在不同的程度上。应该指出的是使得人民印象特别坏的是司法机关不正确的行动，这部分领导权的机构特别敏感，因为也可以表现出政策和行政的滥用。"葛兰西没有采取全部否定的态度来对待三权分立制度，他认为三权分立的制度是有某种意义的，不过，他批评在这种分权中存在着不平衡和不公正。[②]葛兰西指出，行政权在司法领域的滥用是资本主义国家司法制度的弊端。

葛兰西肯定了普选制的人民性，但指出它不过是"自由主义最极端的表现"。"分权的基本意义在于：所有自由主义的意识形态，包括它的优缺点在内，可以表现在分权的原则上。"

葛兰西强调了各劳动阶层参与到资产阶级政治生活和议会斗争中

---

① ［意］安东尼奥·葛兰西：《狱中札记》，葆煦译，人民出版社1983年版，第193页。
② ［意］安东尼奥·葛兰西：《狱中札记》，葆煦译，人民出版社1983年版，第193-194页。

去的重要性。"应该把那些在工业生产方面相应发展并且在政治发展上达到一定水平的城市社会集团的存在视为积极条件。如果广大农民群众不同时加入政治生活里面去，人民的、民族的集体意志的任何形成仍然是不可能的。"①他认为城市资产阶级和工人阶级是政治的能动力量，工人阶级不参加到议会斗争中去，他们的集体意志就无法实现。

葛兰西揭示了政党与集权制度的关系问题。葛兰西指出政党在集权制中具有相当于君主的地位。他写道："如果在现代写一部新的《君主论》，那么它的主要人物不会是英雄的个人，而是某一政党。"他客观地作出分析说，集权制度归根到底原因归结为存在这样一个政党。"凡是树立了极权主义制度的地方，最高政权机关的传统职能事实上是由一定的党来执掌的。这个党之所以是集权的，正是因为它执行了这种职能。"②葛兰西在这里涉及这样一个现实问题，就权力关系而论，在社会主义国家党政合一的政治体制下，宪法的至上地位即对宪法权威性的尊重往往难以得到保证。在实行集权化的国家中，宪法往往会失去实际作用。他写道："在极权政党占统治地位的时候，这些宪法上的规定就失掉它们的意义，根据这些规定而执行职务的机构的活动也要削弱。但是极权政党却来执行这种仲裁的职能。"③葛兰西预言了某些极权主义国家会无视宪法，抛之于尘埃之中。

葛兰西直白地承认党在国家中具有警察职能。"很难设想，某一个政党（代表统治集团的，以及代表被统治的社会集团的）不同时执

---

① ［意］安东尼奥·葛兰西：《狱中札记》，葆煦译，人民出版社1983年版，第104-105页。
② ［意］安东尼奥·葛兰西：《狱中札记》，葆煦译，人民出版社1983年版，第121页。
③ ［意］安东尼奥·葛兰西：《狱中札记》，葆煦译，人民出版社1983年版，第122页。

行警察职能，也就是保卫一定的法定政治秩序的职能。"①"在十分清楚地表明这一点以后，应当按另一种方式提出问题了，也就是关于用以实现这一职能的那些途径和方法的问题。这一职能的基础是什么——镇压还是说服，它具有反动的性质还是进步的性质？该政党执行自己的警察职能时，其目的是维护那个表面的、与历史的活力背道而驰的并且阻碍它们发展的秩序呢，还是它的这种行动在于努力把人民提高到新的文明阶段。"②

葛兰西揭示了西方发达资本主义国家统治的新形式是"强制＋领导权"。国家的概念是一种较为广泛和较为有机的意义。它包括了"需要回过来设计市民社会的要素（在人们可以说国家＝政治社会＋市民社会的意义上，换言之，领导权是有强制的盔甲所保护的意义上）"。国家变成了"本来意义上的国家＋市民社会"或"统治阶级所用来不仅辩护和维护其统治，而且设法赢得被它统治的那些人的积极同意的实践和理论活动的整个复活体"。它保证一个社会集团对整个社会的政治和文化上的领导权。在葛兰西看来，在西方资本主义国家，国家并不单纯地是一个强制机器，而且也是构成"一个社会集团对人民（或市民社会）的其他部分的领导权机器"。也就是说，国家不仅是严格的强制性的管理机器，而且也是行使领导权的一切工具的总体，国家不仅拥有全部镇压工具如军队、警察、行政机构、法庭、官僚机构，而且也拥有市民社会所提供的领导权机器，这两者结合才构成了完全的广义的国家。葛兰西认为，西方民主中制度化的程度使得上层建筑特别稠密，"市民社会"变成了一个非常的结构，它能抵

①［意］安东尼奥·葛兰西：《狱中札记》，葆煦译，人民出版社1983年版，第128–129页。

②［意］安东尼奥·葛兰西：《狱中札记》，葆煦译，人民出版社1983年版，第129页。

御直接经济要素的大灾变（如危机、萧条）的侵入。

葛兰西对资产阶级民主和三权分立理论的作用有深刻的分析。他指出，民主的形式、权力划分的原则，有利于取得被统治阶级的同意，把资本主义社会中权利关系的真正本质掩盖在形式的、抽象的、法律上的公民权利和义务的观念后面。葛兰西对于资本主义国家的分权制度做了分析性的评论。葛兰西指出："现代政治的技术从1848年以后就根本改变了，这是因为议会制度的流行和具有工会和党的联合形式的政治制度的流行。"

葛兰西从历史的或者说从现实主义角度来评价马基雅维利的政治学，专门写了《关于马基雅维利的政治学的札记》和《马基雅维利和马克思》两篇文章。他说："马基雅维利在全书中所探讨的是君主应该怎样领导人民建立新的国家。"①对于马基雅维利阐述的君主的策略原则（既是狮子，又是狐狸），葛兰西作了肯定评价，认为这种观念与中世纪的道德观念不同。他根据马基雅维利的论述，阐述了现代君主的品格。葛兰西写道："马基雅维利的风格，不是中世纪所盛行的人道主义作家所习用的系统化论文写作者的风格；正好相反，这是一种行动的人的风格，这是一个致力于唤起行动的人的风格。"②

葛兰西把马基雅维利的思想提到哲学的高度来评价："实践哲学所贡献给政治科学和历史科学的基本的新东西，归结起来是证明不存在抽象的、永恒不变的'人性'"。③"马基雅维利对于政治问题做过阐释，就是包含在他的著作里面的那种论断，即政治是一种具有自己

---

① 转引自，徐崇温：《"西方马克思主义"》，天津人民出版社1982年版，第196–198页。
② ［意］安东尼奥·葛兰西：《狱中札记》，葆煦译，人民出版社1983年版，第107页。
③ ［意］安东尼奥·葛兰西：《狱中札记》，葆煦译，人民出版社1983年版，第106页。

的原则和规律的独立的活动部门，这种原则和规律不同于道德和宗教的原则和规律。这个论断具有巨大的哲学意义。"①

葛兰西在"现代君主"的标题下讨论了统治权问题。葛兰西论述说，"现代君主是神话的君主，不可能真有其人，也不可能具体指哪个个体，他只能是被承认了的并且在行动中部分确定下来的集体意志已经开始表现自己的那个社会中的有机体，复杂的要素。历史已经提供了这个有机体，就是政党。"葛兰西一方面认为："马基雅维利的风格"，"这是一种行动的人的风格""这是党的'宣言'的风格"。"在现代世界中，只有具备必须采取迅速的、闪电似的步骤特征的直接而必不可免的历史政治行动，才能神话般地体现在具体的个体之中；只有由于巨大的和直接的危险，迅速行动才成为必需的，而这种危险恰好就导致热情和狂热的闪电式的白热化"。"马基雅维利主义不但使得占统治地位的保守党集团的传统政治技术趋于完善，而且也使得由实践哲学所产生的政治趋于完善。这一点不应当淹没它所具有的实质上的革命性。"②

葛兰西在《狱中札记》中把共产党的策略与马基雅维利的《君主论》做了一个隐晦的比较，他提出政党必须与在意大利民族生活中的人民潮流相结合，成为一个"现代君主"。在同一篇文章中，葛兰西用马基雅维利的例子来说明，强制与赞同是不可分割的。他将政治社会定义为一整套设置，它们合法地对那些在规定期限内没有表达出赞同的集团实施规诫。这表明，文化、经济和政治方面的领导权，归根到底地总是被暴力的威胁所巩固。葛兰西在这里坚决地反对知识分子

---

① ［意］安东尼奥·葛兰西：《狱中札记》，葆煦译，人民出版社1983年版，第106页。
② ［意］安东尼奥·葛兰西：《狱中札记》，葆煦译，人民出版社1983年版，第109页。

的唯理主义和道德主义的观念，他认为政治家应当具有现实主义的品格。他强调马基雅维利提出的政治家的策略和实践的问题具有重大的时代意义。葛兰西认为，现实性是政治家基本的品质要求。

葛兰西论述了西方浓厚的"市民社会"的结构对于维护资本主义社会秩序的作用。他论述说，市民社会已经发展成一种非常复杂的结构，并且成为抵制直接经济因素（危机、萧条）的灾难性"侵扰"的结构。换言之，统一的物质基础或者政治基础的破裂，并不必然以被统治阶级的革命高潮的形式表现出来。统一的瓦解不是资本主义瓦解的充分条件，因为它的影响首先遭遇了构成资本主义关系在生产的基础的强力机器。霸权"受到强力盔甲的保护"，当同意破裂时，强力仍然能够把这个体系保持在一起。葛兰西强调国际危机并不会自动导致"根本的历史危机"即革命形势。

葛兰西在领导权的设想中提出了一个领导权集团如何对那些无法接纳它的文化与政治计划的集团的问题，他写道，当一个领导权联合体领导同盟集团时，它"统治敌对集团，倾向于'清除'，或者甚至用武装力量征服"。

葛兰西提出的国家的"强制＋领导权"的功能，涉及国家的意识形态职能。他倾向于无产阶级政党用强制的方法对待被统治阶级的意识形态。

葛兰西将文艺复兴时期意大利的国家制度与绝对君主制时期法国的国家制度做了比较。他指出："意大利在马基雅维利时代没有像法国三级会议那样发展出在国家生活中多少起较大作用的代议机关。"这个事实"只反映了意大利在十六——十七世纪中期政治和社会条件的落后性和停滞性，而这种情况的造成，在很大程度上是由于国际势力压倒了麻痹和僵化了的国内力量。这样一来，在这个时期，意大利的国家结构由于外国人占优势就成为半封建的了，成为外国宗主权的对象了"。①

对于法国的波拿巴主义，葛兰西有自己的观点。在他论述"恺撒主义"的论文中，他试图把这一特殊现象置于与各种各样国际上类型相关的地位来加以说明。他写道："可以说，恺撒主义的局面，是彼此斗争的力量处于危急的势均力敌状态，也就是处于继续斗争只有斗争的双方同归于尽这个结局的这种势均力敌状态。"②葛兰西实际上是把这种特殊的灾难性的平衡同绝对主义国家所表明的那种总的平衡区别开来，把恺撒主义视为一种特殊的现象。

关于一个历史时期中出现的两个"基本的"阶级的平衡，他将这种情况称作"静态平衡"。葛兰西更普遍地是使用"恺撒主义"这个术语。但是，葛兰西受马基雅维利的影响，他并不总是将恺撒主义视为反动的。当"伟大人物"的介入使各种新兴力量获得成功时，恺撒主义也许采取了一种"进步的"形式。而当保守势力获得胜利时，他们采取了一个相反的"反动的"形式。

关于绝对主义国家，葛兰西也做出了重要的洞察。"在欧洲大的民族国家里新的城市社会集团抱着统一的愿望越来越强烈地加入到国家机构里面来。他们一面加强了这个机构本身，一面也加强了中央集权制，从而建立了社会力量的新的平衡。这样一来，这里就形成了迅速向前发展的条件。"③

---

① ［意］安东尼奥·葛兰西：《狱中札记》，葆煦译，人民出版社1983年版，第116页。
② ［意］安东尼奥·葛兰西：《狱中札记》，葆煦译，人民出版社1983年版，第235页。
③ ［意］安东尼奥·葛兰西：《狱中札记》，葆煦译，人民出版社1983年版，第235页。

葛兰西是20世纪20年代意大利共产党的领袖，他提出的关于政党和专制集权国家的理论问题有着现实的政治背景。这与当时意大利法西斯主义出现的政治现实不无联系。

第六节　考茨基、布哈林和托洛茨基的政治理论

苏联社会主义国家建立初年，它的制度上存在的问题便有所暴露。考茨基、布哈林和托洛茨基这批老共产党人身处其中，参与了革命的领导工作，他们后来对这一制度提出了严肃的批评。

考茨基（1854—1938年）是德国社会民主党人，第二国际的领袖和理论家。1874年进维也纳大学学习哲学，1875年加入奥地利社会民主党，1880年迁居苏黎世并加入德国社会民主党，1881年在伦敦会见马克思和恩格斯后转向马克思主义，1883年在斯图加特创办德国社会民主党的理论刊物《新时代》，1910年提出超帝国主义论。第一次世界大战期间持和平主义立场，1917年参与创建德国独立社会民主党。1918年德国十一月革命后曾任外交部副部长，1938年被害于阿姆斯特丹。

考茨基研究了资产阶级的议会政治。他写道："如果议会制度要兴旺发达，那么它就必须具备两个条件，其一是要有一个强大而统一的多数派，其二是要有一个由多数派坚决要求实现并督促政府加以实现的伟大社会目标。在议会制度的全盛时期，这两个先决条件曾是具备的。只要资本主义还是代表着民族的未来，则在议会中有重要地位的各阶层人民，尤其是知识分子群众，都主张发展资本主义；而多

数小资产者，甚至工人，也都追随资产阶级领导。"①考茨基指出了议会权力的有限性。"如果说对无产阶级选民群众情绪的照顾毕竟会迫使一个代议机构采取对工人友善和民主的做法，并且在这方面显得比政府高明，那么政府也能找到足够多的办法来撇开议会而独立行事。""议会制度在两方面的压力下受到夹击；统治阶级的正当和政府都愈来愈使议会制度无法取得成果。议会制度愈来愈没有能力去朝着某一方向推行一种坚定的政策。"②

关于无产阶级和自由党以及社会党的关系，考茨基指出："在向统治阶级的政府进攻时无产阶级必须依靠自己的力量，政权的夺取只能由无产阶级独立完成，就是说只有在它已经强大到足以胜利地进行同整个资产阶级世界的斗争的时候才能完成。无产阶级将不是依靠着一种联合，而是反对靠一种联合来完成它。"

考茨基对马克思在《共产党宣言》的一个论断提出了反对意见。《共产党宣言》写道："德国正处于资产阶级革命的前夜"，"德国的资产阶级革命只能是无产阶级革命的直接序幕。"考茨基认为："《宣言》完全正确地预言了德国革命的爆发，但它指出这个革命将成为无产阶级革命的直接序幕这一点则是错了。"③

对于伯恩施坦关于资本主义可以"和平长入社会主义"的理论，考茨基提出了不同的看法。他指出："长入社会主义不外就是长入将动摇国家一切基础的伟大战斗，这个战斗将不可避免地日益激化，并

---

① 考茨基:《社会革命》（1902年6月），载，［奥］卡尔·考茨基:《考茨基文选》，王学文编，人民出版社2008年版，第135-136页。

② 考茨基:《社会革命》（1902年6月），载，［奥］卡尔·考茨基:《考茨基文选》，王学文编，人民出版社2008年版，第138页。

③ 考茨基:《社会革命》（1902年6月），载，［奥］卡尔·考茨基:《考茨基文选》，王学文编，人民出版社2008年版，第199页。

且只能以推翻和剥夺资本家阶级告终。""长入社会主义，这只是阶级矛盾不断尖锐化和长入伟大阶级决战（我们完全有理由把这些决战称为社会革命）时代的另一种说法。"① "和平'长入'社会主义的理论有一个巨大的缺口，这个缺口必须用个人的巨大创造作用和个人的自由意志来加以添补。但是，这个应该补充长入社会主义理论的自由意志，实际上不外就是长入理论的寿终正寝。"②

考茨基在《论无产阶级专政》一文中憧憬政治民主制的出现，他写道："在争夺上述政治权利的斗争中，产生了现代民主，无产阶级也在这种斗争中成熟起来了。但是，同时也产生了一个新因素：即对国家中的少数派、反对派的保护。民主意味着多数派的统治。但是民主同样也意味着保护少数派。"③

考茨基把民主看作是对付官僚和腐败的有力手段。他指出："官僚机构的专制统治还导致办事专断和行贿舞弊"。"于是，就迫切需要把国家权力机关置于公众的批评之下，用公民的自由组织来制约国家机构，实行乡镇自治和分省自治，剥夺官僚机构的立法权，并且把官僚机构置于由人民自由选举产生的中央议会的，也即国会的监督之下。""议会的最重要的任务在于监督政府，在这一方面，议会是不能由任何其他机构来替代的。""要制服国家政权的绝对权力的意图，是现代国家的所有各阶

---

① 考茨基：《社会革命》（1902年6月），载，［奥］卡尔·考茨基：《考茨基文选》，王学文编，人民出版社2008年版，第216页。

② 考茨基：《社会革命》（1902年6月），载，［奥］卡尔·考茨基：《考茨基文选》，王学文编，人民出版社2008年版，第219页。

③ 考茨基：《无产阶级专政》，载，［奥］卡尔·考茨基：《考茨基文选》，王学文编，人民出版社2008年版，第339页。

级所共同怀有的，只有那些参与政权的人例外。"①

考茨基在1909年写的《取得政权的道路》一文中，较全面地研究了民主这种制度形式的历史作用，强调了社会主义制度下的民主制度的重要性。他写道："结社自由、新闻出版自由和普选制（在某些情况下还有普遍兵役制），这些制度不仅是一种可供现代国家的无产阶级在与那些当年努力进行资产阶级革命斗争的诸阶级对比之下能更有利地加以运用的武器；这些制度而且还能够使各个政党和阶级之间的力量对比关系显示出来，并且使鼓舞着这些政党和阶级的那种精神显示出来，而在专制制度时代，这些因素是无法显示出来的。"②

在同一本书中，考茨基分析了民主制在各种场合下的积极作用。他写道："人们把这种民主制度称为社会的安全活门。如果有人因而就想说，民主国家的无产阶级已不再是革命的了，这个阶级由于能公开表示自己的愤怒和痛苦而感到满足，这个阶级已经放弃了政治革命和社会革命，那么这些说法是错误的。民主不能消除资本主义社会的阶级斗争，也不能阻止这种矛盾的必然的最后结果——资本主义社会被推翻。但是民主能做到一件事：这就是它虽不能防止革命，但能防止某些时机尚未成熟的、没有希望的革命尝试并且能使某些革命起义成为不必要。"③

对于十月革命胜利后苏联的政治和经济管理体制，考茨基进行了尖锐的抨击。他写道："克里姆林的现在统治者模仿着亚洲暴君的这

---

① 考茨基：《无产阶级专政》，载，［奥］卡尔·考茨基：《考茨基文选》，王学文编，人民出版社2008年版，第336-337页。

② 考茨基：《无产阶级专政》，载，［奥］卡尔·考茨基：《考茨基文选》，王学文编，人民出版社2008年版，第343页。

③ 考茨基：《无产阶级专政》，载，［奥］卡尔·考茨基：《考茨基文选》，王学文编，人民出版社2008年版，第342-343页。

些榜样，这一事实并不意味着世界面貌的什么根本改变。""许多人只看到工厂企业和集体农庄的建设，却忽略了一种新的贵族政治正在兴起，它支配着这些新的生产资料，并为了自身的目的而在利用这些生产资料。在这个贵族政治之上，站着一批共产党员贵族，而权力更高的是政治警察这一批贵族，他们掌握着党员和官场的命运。""这一切贵族分子，各被赋予种种特权，都隶属于现时以斯大林为首的国家最高中央权力机关的统治。他掌握着予取予夺的大权。他把那些讨他欢喜的人提拔到有权有势的地位，而把那些触犯他的人投入湮没无闻的境地。"①

考茨基总结说："布尔什维克政权所结的果，就是建立了一种新的阶级统治。布尔什维克诚然打破了旧的阶级，但在他们的政权下却产生了新的阶级，新的贵族分子。他们是从布尔什维克专政的条件下必然地产生出来的。"②考茨基在吉拉斯之前30年就已经指出，苏维埃政权中出现了一个贵族"新阶级"。

考茨基在1932年到1937年撰写的《社会民主主义对抗共产主义》一文中严肃地讨论了苏俄是不是一个社会主义国家的问题。他写道："最坏的还是为了维持专政而建立起来的那些惊人庞大的国家机构所产生的影响。""专政不可避免地要造成一种情况，即凡隶属于专政之下的一切组织，都被剥夺了独立。由于公开批评没有可以发表的地方，随着国家机构变得更加庞大、更加臃肿，就不得不相应地不断扩大监督这个机构的任务。这个缓慢地、头重脚轻的、人为的官僚机构

---

① 考茨基：《社会民主主义对抗共产主义》，载，〔奥〕卡尔·考茨基：《考茨基文选》，王学文编，人民出版社2008年版，第451页。

② 考茨基：《社会民主主义对抗共产主义》，载，〔奥〕卡尔·考茨基：《考茨基文选》，王学文编，人民出版社2008年版，第452页。

损害了工人阶级的积极性和效率。这些情况的不可避免的伴随而来的结果，就是贪污腐化的蔓延。"①

"1917年专制政权垮台后，原来的期望得到了实现，即在新的民主条件下，俄国工人中的优秀分子将继续得到迅速的进步，并将带领群众一起前进。""布尔什维克来了。他们把一个更具有压迫性的政权强加到人民头上，因而破坏了一切已经非常有希望萌芽的种子。""俄国工人阶级从1917年所达到的高度，一年一年地走下坡路。它不是更接近社会主义，而是不断地背离社会主义，而在劳动过程中，也不断地丧失自觉地能力。"②

"我们在俄国所看到的，不是社会主义，而是它的反面。用马克思的话说，只有在人民剥夺了现在当权的剥夺者的时候，这才能够成为社会主义。因此，俄国社会主义群众发现，在支配生产资料的问题上，他们自己和资本主义国家的工人处于同样的境地。俄国那些正在进行剥夺的剥夺者自称为共产党人这一事实，并不产生丝毫的差别。苏俄和西欧的差别是：发达的资本主义国家的工人已经足够强大，在某种程度上限制了资本的专政，并且也把权力关系改变到了这样的程度，即使重要的经济垄断企业的社会化在最近的将来将成为工人的一项政治胜利；而在俄国，生产资料是高度集中在一只手中，它的所有权受到专制的国家机器的保护，同时工人被分化了，没有自己的组织，没有一个自由的出版

---

① 考茨基：《社会民主主义对抗共产主义》（1902年6月），载，〔奥〕卡尔·考茨基：《考茨基文选》，王学文编，人民出版社2008年版，第438页。

② 考茨基：《社会民主主义对抗共产主义》（1902年6月），载，〔奥〕卡尔·考茨基：《考茨基文选》，王学文编，人民出版社2008年版，第445页。

界或自由的选举，完全被剥夺了任何反抗的手段。"①

"它的最终的共产主义目标，也越来越成为装饰品了"。②

"各国共产党人的根本的目标，不是消灭资本主义，而是消灭民主，消灭工人的政治和经济的组织。"③

对于1936年颁布的苏维埃宪法，考茨基评论说："如果有任何一种民主配得上被称为纯粹形式上的民主，这就是斯大林最近的宪法。这部宪法没有真正民主的属性，没有群众运动的自由，也没有言论、出版、集会、结社的自由。它的国会不是自由选举出来的，仅仅是一只唯唯诺诺的鹦鹉。"④考茨基对苏联社会主义政治体制的弊病进行了尖锐的揭露。

布哈林（1888—1938年）1906年加入俄国社会民主工党，属于布尔什维克派。1910年被捕后逃脱，流亡国外，移居维也纳，在国外从事马克思主义理论工作。二月革命爆发后布哈林回到俄国，担任党的

---

① 考茨基：《社会民主主义对抗共产主义》（1902年6月），载，［奥］卡尔·考茨基：《考茨基文选》，王学文编，人民出版社2008年版，第446-447页。第二国际的奥托·鲍威尔有类似的评论："俄国是一个无限的专制主义的国家，比起在沙皇统治之下还要严厉的多。政府有无上威权。除开符合政府意旨的集会以外，不准有任何集会；除开执政党的报纸以外，不准有任何其他报纸。一切其他组织的成员，最好的情况是被监禁，最坏的是被枪决。警察对人民的控制达到了自由国家中的人们所几乎不能相像的程度。这是一个绝对专政的政权，一个具有不受任何限制的权力的政权，它把每一个人完完全全地控制在手中，而它本身却是不受任何控制的。""这样一种专政制度破坏了一切知识的自由。在俄国，只有一种形式的科学——就是由政府正式批准的科学。如果有人所持的学术见解和官方规定的不同，就会被放逐挨饿，如果没有被流放或枪决，他们必然会认为是幸运的了。"（［奥］卡尔·考茨基：《考茨基文选》，王学文编，人民出版社2008年版，第447页。）

② 考茨基：《社会民主主义对抗共产主义》（1902年6月），载，［奥］卡尔·考茨基：《考茨基文选》，王学文编，人民出版社2008年版，第452页。

③ 考茨基：《社会民主主义对抗共产主义》（1902年6月），载，［奥］卡尔·考茨基：《考茨基文选》，王学文编，人民出版社2008年版，第453页。

④ 考茨基：《社会民主主义对抗共产主义》（1902年6月），载，［奥］卡尔·考茨基：《考茨基文选》，王学文编，人民出版社2008年版，第480页。

中央委员，参与领导莫斯科武装起义。十月革命后主编《真理报》。1926年起主持共产国际的工作，任政治书记处书记。在新经济政策时期承担了阐述、发挥和发展新经济政策的任务。列宁称他为"党的最宝贵的和最大的理论家"。但1937年布哈林被处决。

布哈林在确定国家理论时区别了马克思主义与资产阶级法学派的见解。他写道："我们对法学家的众多的定义不感兴趣，他们是从形式的法学的定理的狭隘观点看待国家的，因而多半陷于循环论证，用法来为国家下定义，又用国家来为法下定义。这些'理论'不具有任何积极意义，因为它们缺乏社会学基础。"①布哈林认为，在帝国主义时代，"国家政权几乎渗入到一切生产部门；它不仅仅保护剥削过程的一般条件；国家越来越成为直接的剥削者，作为集体的、集合的资本家组织和领导生产。""在流通过程也可以看到类似的过程"。②

布哈林在《无产阶级专政的理论》一节中特别论及了民主制。布哈林提出一个绝对的论点，即不存在资本主义民主制的国家。"我们的对手，其中包括考茨基，他们把民主制说成是某种现存的东西。但这是一个明显的谎言。现在并不存在民主制国家。现在欧洲、美国和日本存在的是金融资本专政。"对于"在国内战争时代能不能按照到处已被金融资本吞噬了的旧的资产阶级民主制形式来建立无产阶级国家？"③考茨基对这个问题做了否定的回答。

---

① 布哈林：《论帝国主义国家理论》，载，［苏］尼古拉·伊·布哈林：《布哈林文选》，郑异凡编，人民出版社2014年版，第5～6页。

② 布哈林：《论帝国主义国家理论》，载，［苏］尼古拉·伊·布哈林：《布哈林文选》，郑异凡编，人民出版社2014年版，第21～22页。

③ 布哈林：《无产阶级专政的理论》，载，［苏］尼古拉·伊·布哈林：《布哈林文选》，郑异凡编，人民出版社2014年版，第47页。

布哈林写道："民主制度的基本前提是什么呢？这就是，许许多多被巧妙地用来长期愚弄群众的虚构的东西。全民意志、'民族'、'整体'观念，就是这种虚构的东西中的主要的一种。整个民主设施的体系是建筑在'全民性'的基础上的。"[①] "一切'民主自由'都带有形式上的、纯宣言的性质。例如，民主的'在法律面前人人平等'就是如此。"[②]

在布哈林被清洗的前夕，他在《给未来一代党的领导人的信》中，揭露了苏联党内整肃的残暴和无原则。他写道："这台机器用的该是中世纪的办法，因而拥有无比强大的力量，炮制有组织的造谣诽谤，大胆妄为。""他们利用契卡原来的威望，为了满足斯大林病态的多疑心理（我不敢说得太多），为追求奖章和荣誉，干尽最卑鄙的勾当，而他们不懂得，他们同时也在消灭自己。"[③]

托洛茨基（1879—1940年）1896年曾组建南俄工人同盟，后被沙皇政府流放西伯利亚，1902年逃亡去了伦敦，在那里结识了列宁，成为《火星报》编委。以后他在1902到1904年短期参加孟什维克，1904年退出孟什维克。1905年革命中短期担任彼得堡苏维埃主席。革命失败后他被流放，后逃脱。1917年二月革命发生后托洛茨基回国，成为彼得格勒苏维埃执行委员会委员，9月担任彼得格勒苏维埃主席，转向布尔什维克。在苏维埃国家中，他先是担任外交人民委员，后任最

---

① 布哈林：《无产阶级专政的理论》，载，〔苏〕尼古拉·伊·布哈林：《布哈林文选》，郑异凡编，人民出版社2014年版，第47页。

② 布哈林：《无产阶级专政的理论》，载，〔苏〕尼古拉·伊·布哈林：《布哈林文选》，郑异凡编，人民出版社2014年版，第51页。

③ 布哈林：《给未来一代党的领导人的信》，载，〔苏〕尼古拉·伊·布哈林：《布哈林文选》，郑异凡编，人民出版社2014年版，第537页。

高军事委员会主席。他为建立一支正规的红军和保卫苏联的军事斗争做出了重大的贡献。

1925年以季诺维也夫和加米涅夫为首组成"新反对派"。1926年初托洛茨基同季诺维也夫组成"托季联盟",反对"一国社会主义"理论。"托季联盟"提出的政策显得过"左"和极端。

1926年托洛茨基被撤销政治局委员职务,次年被开除出党。1929年托洛茨基被驱逐出境,长期流亡。他组织国内外的反对派,成立了第四国际。托洛茨基1940年在墨西哥被害。

托洛茨基是重要的马克思主义和社会主义理论家。他充分注意到俄国国家发展的特点,认为俄国首要的和长期存在的特点就是"该国发展的低速度以及由此而造成的经济落后、社会的原始和文化水平的底下"。俄国人的懒惰是"经济发展的低速度、阶级关系的无定型和精神历史的太贫乏的一种反映"。[①]

他指出苏联共产党内缺乏民主。他写道:"党内民主在老一代人中只剩下一点回忆。与此一道消失的还有苏维埃、工会、合作社、文化和体育组织的民主。在所有这些组织之上的是党的书记等级的无限统治。""与党的政治蜕化同步的是不受监督的机关的道德堕落。"在工人的语言中早就出现的——苏联资产者——这个词,它被用于享受特权的大官身上。[②]

"政权的取得不仅改变了无产阶级对其他阶级的关系,而且也改

---

① Lev Trotsky,History of Russian Revolution. London,1932. p. 26.

② 托洛茨基:《被背叛的革命》,载,郑异凡编:《托洛茨基读本》,中央编译出版社2008年版,第388页。

变了其自身内部的结构。统治成了一定的社会集团的专业。"①

在《新方针》中托洛茨基强调，"首先必须改变笼罩在组织内部的那种气氛。必须适当——它的一切支部和联合组织——恢复自己的集体首创精神，同志般的、毫无顾虑和犹豫的自我批评的权利，组织上自决的权利。必须革新党的机关，使它感到自己是伟大集体的执行机关"。②

托洛茨基把苏维埃制度定义为一种热月政变，它是"官僚对群众的胜利。""无产阶级先锋队一部分被管理机关吃掉，逐渐变腐化了，一部分在国内战争中被消灭了，还有一部分遭到排挤和压制。疲倦而又失望的群众对上层发生的事情漠不关心。然而不管这些条件多么重要，但还不足以解释为什么官僚能凌驾于社会之上，长期把社会的命运掌握在自己的手中，这无论如何单靠其自身的意志是不够的；新统治阶层的产生应有其深刻的社会原因。"③

托洛茨基认为苏联已经出现了明显的阶级分化。"从生产资料所有制的角度看，元帅和女佣、托拉斯经理和粗工、人民委员的儿子和无家可归的孩子之间似乎不存在差别。然而其中有一些人住在豪华的住宅，在国内不同的地点有多处别墅，有供自己使用的高级轿车，并且早已忘记如何给自己擦皮鞋；而另一些人住在往往没有隔板的木棚

---

① 托洛茨基：《被背叛的革命》，载，郑异凡编：《托洛茨基读本》，中央编译出版社2008年版，第389页。

② 托洛茨基：《新方针》，载，郑异凡编：《托洛茨基读本》，中央编译出版社2008年版，第147页。

③ 托洛茨基：《被背叛的革命》，载，郑异凡编：《托洛茨基读本》，中央编译出版社2008年版，第391–392页。

里，过着半饥半饱的生活。"①

托洛茨基认为苏联社会制度的性质是一种官僚制。"苏联官僚在其中介和调节职能上，在关心支持社会等级和为私人目的而使用国家机关上都同其他官僚类似，特别是同法西斯官僚类似。""苏联官僚是某种超过官僚的东西。它是苏联社会中完全意义上的唯一享有特权的和发号施令的阶层。"②

托洛茨基认为苏联斯大林时期政治制度出现了危机。这种危机的表现是出现了波拿巴主义。"恺撒主义，或其资产阶级形式的波拿巴主义，是在这样的历史关头登上舞台的。""斯大林政制凌驾于政治上分裂的社会之上，依靠警察和军官团，不受任何监督，显然是波拿巴主义的变种，是历史上前所未见的新型波拿巴主义。恺撒主义是在由于内部斗争而动摇了的奴隶社会条件下所产生的。波拿巴主义是资本主义制度处于危机时期的政治武器之一。斯大林主义则是这个制度的变种，不过是建立在工人国家的基础上的，而这个国家已经被武装的有组织的苏维埃贵族和没有武装的劳动者之间的对抗弄得四分五裂了。""我们得出了一个初看起来意外的，而实际上是不可避免的结论。全能的官僚摧毁了苏维埃民主，法西斯主义消灭资产阶级民主，都是出于同样的原因：无产阶级完成历史向他们提出的任务进展缓慢。斯大林主义和法西斯主义虽然社会基础极为不同，却是两个对称

---

① 托洛茨基：《被背叛的革命》，载，郑异凡编：《托洛茨基读本》，中央编译出版社2008年版，第401页。

② 托洛茨基：《被背叛的革命》，载，郑异凡编：《托洛茨基读本》，中央编译出版社2008年版，第408页。

的现象。两者有许多特点极为酷似。"①

托洛茨基对苏联的前途提出了两种可能性。一种可能是工人推翻官僚统治。第二种可能是资本主义在苏联的复辟。他就第二种前途写道："如果资产阶级政党推翻了苏维埃统治阶层，它就会在目前的官僚、行政人员、技术人员、经理、党的书记以及整个享受特权的上层中找到不少现成的奴仆。当然，在这种情况下也需要对国家机关进行清洗，不过资产阶级复辟所需要清除的人，要比革命政党清除的人少。不过，新政权的主要任务将会是恢复生产资料的私有制。首先要创造条件从力量单薄的集体农庄分出殷实的农场，把富裕的集体农庄变成资产阶级类型的生产合作社，变成农业股份公司。在工业部门，非国有化将从轻工业和食品工业开始。计划原则在过渡时期会改变为在国家政权和各'公司'之间采取的妥协措施，这些公司是从工业部门的苏联官员、其流亡国外的原业主和外国资本家中产生的潜在的所有主。尽管苏维埃官僚为资产阶级复辟做了大量的准备，但在所有制形式和经营方法上，新制度还必须进行社会变革，而不是改良。"②

托洛茨基认为："苏维埃制度的覆灭一定会导致计划经济的覆灭，从而导致废除国有制。托拉斯和托拉斯内部工厂之间的强制联系也就会破裂。最有成就的企业就会迅速走上独立的道路。它们会变成股份公司，或者寻找所有制的其他过渡形式，如工人参与利润的分配。集体农庄也会同时瓦解，并且要容易得多。目前的官僚专政垮台而又不代之以新的社会主义政权。那就会意味着退回到资本主义关系

① 托洛茨基：《被背叛的革命》，载，郑异凡编：《托洛茨基读本》，中央编译出版社2008年版，第416–417页。

② 托洛茨基：《被背叛的革命》，载，郑异凡编：《托洛茨基读本》，中央编译出版社2008年版，第411页。

中去，还有经济和文化的灾难性衰落。"①

托洛茨基认为，由于苏联出现了斯大林为首的官僚集团，工人手中的权力实际上落到了官僚集团手中，苏联就逐渐变成了"蜕化的工人国家"，"十月革命后建立了工人国家苏联，社会主义发展的必要先决条件——生产资料的国有提供了生产力迅速发展的可能性。但是工人国家的机构在同时发生了彻底的退化；它从工人阶级的武器变成了对工人阶级采取官僚主义的暴力手段的武器，并日益成为破坏国家经济的武器。"②

托洛茨基评论说，苏联官僚集团不是新的剥削阶级，而只是"工人阶级躯体上的毒瘤"，这一点是由生产资料的国有制所决定的。托洛茨基认为，苏联的官僚不能像资本家一样拥有和积累生产资料，也不能世袭继承生产资料，因此，苏联既不是资本主义国家，也不是工人国家，而只是一个"蜕化的工人国家"。③如果苏联的工人阶级通过一场"政治革命"推翻官僚集团，就能开启通向社会主义之路。

托洛茨基冷静地分析了布尔什维克的体制问题。他写道："列宁及其同事注意的重心和时时刻刻关心的事，就是使布尔什维克队伍不致出现与权力相联系的腐败行为。然而，党的机关和国家机关的极端接近，有时直接融为一体，在那最初几年已经给党的制度的自由和弹性带来了毫无疑义的损失。随着困难的增加，民主越来越少。最初党

---

① 托洛茨基：《被背叛的革命》，载，郑异凡编：《托洛茨基读本》，中央编译出版社2008年版，第409页。

② 托洛茨基：《资本主义的垂死呻吟和第四国际的任务》，转引自，《托派第四国际资料》第1辑，商务印书馆1963年版，第44页。

③ 托洛茨基：《被背叛了的革命》，柴金如译，三联书店资料室1963年编印。曾淼：《世界托派运动——组织、理论和国别研究》，人民出版社2011年版，第107页。

打算和指望在苏维埃范围内保持政治斗争的自由。国内战争对这种期望做了重大的修改。反对党一个接一个遭到禁止。这种措施是明显违背苏维埃民主的精神的。"①

托洛茨基认为:"斯大林把全部精力用于使党的机关摆脱普通党员的监督。""使官僚摆脱了无产阶级先锋队的监督,给了党以致命的打击。""民主集中制让位于官僚集中制。"②

托洛茨基清楚地看到大清洗的性质。他写道:"在苏维埃政权的初期,老革命党清洗那些追求升官发财的人。""相反,近年来的清洗是完全针对老革命党的。清洗的组织者是党内最为官僚主义、品质最卑劣的分子。清洗的牺牲者则是最忠诚于革命传统的人,首先是老一辈革命家。"他把这种事件比作法国大革命时期的热月政变。③

"专政之剑过去是用来打击企图恢复资产阶级特权的人的,而现在却用来打击那些反对官僚特权的人。打击没有落到无产阶级的阶级敌人身上,反而落到了无产阶级先锋队身上。"④"监狱、西伯利亚和中亚最遥远的角落、成倍增加的集中营,都关满了布尔什维克党的精华,最坚强最忠诚的人。"⑤

托洛茨基揭露了并预言了苏联社会主义政治体制根本性的弊端,

---

① 托洛茨基:《被背叛了的革命》,载,郑异凡编:《托洛茨基读本》,中央编译出版社2008年版,第385页。
② 托洛茨基:《被背叛了的革命》,载,郑异凡编:《托洛茨基读本》,中央编译出版社2008年版,第386–387页。
③ 托洛茨基:《被背叛了的革命》,载,郑异凡编:《托洛茨基读本》,中央编译出版社2008年版,第430页。
④ 托洛茨基:《被背叛了的革命》,载,郑异凡编:《托洛茨基读本》,中央编译出版社2008年版,第419页。
⑤ 托洛茨基:《被背叛了的革命》,载,郑异凡编:《托洛茨基读本》,中央编译出版社2008年版,第420页。

正是这些弊端的发展和经济发展的失败导致了世界上第一个社会主义国家最终的覆灭。

第七节　"西方马克思主义"的国家理论

威尔海姆·赖希（1897—1957年）是奥地利精神病学者和社会批评家，1939年迁居美国。他试图把马克思主义同弗洛伊德的精神分析学结合起来。他认为布尔什维克夺取政权后，"没有改变（俄国）群众的典型的无助的和独裁主义的性格特征"。群众的心灵结构和自我调节能力受到阻挠，使其发展远远不符合社会经济组织的急剧发展。[①]

亨利·列菲弗尔（1901—1991年）是法国存在主义的马克思主义者，社会政治理论家。亨利·列菲弗尔在政治上批评苏联模式极大地贬低了人民群众和他们的能动的首创性。他认为，苏联模式接受了一种政治迷信，认为不是社会的结构在支撑着国家，而是相反，是国家在支撑着经济和社会的结构。列菲弗尔看到了社会主义国家存在的政治问题。但是，他在寻找解决这种问题的途径时求助于工团主义。

亨利·列菲弗尔提出了工人自治社会主义的理论。这种理论认为，经济社会在本质上是和政治社会和国家相对立的，生产者和劳动场所在否定着统治者，国家只是消费者的抽象代表，而真正的社会则

---

① 徐崇温：《"西方马克思主义"》，天津人民出版社1982年版，第287页。

是劳动和生产的具体整体，这会在国家机器的下面，在政治制度的荫处，正缓慢地和默默地生产着自己的有机体——经济的或不如说是社会形态。所以，存在着第二种在本质上与此相矛盾的形态，社会形态倾向于使政治制度成为从属的并吞没它。①

亨利·列菲弗尔的结论是："在这样一种社会中，自治引入和重新引入了运动、有效的挑战的唯一的形式。"自治"它是作为阶级斗争的一种实际的和普遍的形式（虽然不排除其它的形式）而被产生出来的。""自治倾向于解决各种矛盾的总体性"。自治"作为一种斗争手段，打开着道路；以及作为重新组织社会的手段，从日常生活到国家改造它。"②

关于民主，亨利·列菲弗尔认为："民主是理解所有政治形势的真实情况的关键：这些政治形势都导向民主，但是，民主只有通过其自身保存的斗争才能幸存，并且通过超越自身而走向一个脱离国家和政治异化的社会。"③

亨利·列菲弗尔指出，马克思揭露了黑格尔的国家学说。黑格尔把官僚体制当作一种本质，一个理念的化身。但这种本质、这个理念的化身，被证明是充满矛盾的。"马克思对黑格尔的批判并不局限于国家理论；他的目标不仅仅使用自己的国家理论取而代之：它的批判还预示着他关于国家消亡以及其最终在历史中消失的理论。这是一个

---

① ［法］亨利·列菲弗尔：《日常生活批判》，徐崇温：《"西方马克思主义"》，天津人民出版社1982年版，第409页。

② ［法］亨利·列菲弗尔：《日常生活批判》，徐崇温：《"西方马克思主义"》，天津人民出版社1982年版，第412页。

③ ［法］亨利·列菲弗尔：《马克思的社会学》，谢永康、毛林林译，北京师范大学出版社2013年版，第3页。

彻底的批判。"①

亨利·列菲弗尔指出："官僚体制的精神以秘密为特征，它的实际操作都被这秘密环绕着，体系内的官员并不向下属公开他们的秘密，作为一个团体的官僚机构的封闭特性保护着它的秘密，以免受到外人的窥探。"②

路易斯·阿尔都塞（1918—1990年）是法国结构主义派马克思主义者。阿尔都塞论及国家和政治革命时，分析了革命发生的原因。他写道，包括俄国革命和中国革命在内的全部马克思主义革命的经验证明，成功的革命永远也不是生产力和生产关系之间经济矛盾的简单结果。如果说生产力和生产关系之间的矛盾"足以决定把革命'提到议事日程上来'的形势，它却不能只靠它本身的直接作用，来激发一种'革命的形势'，更不能激发起革命的爆发和革命胜利的形势"。为使这种矛盾"变成真正是'能动的'，即变成爆发的动力，就必须有各种根源不同、方向不同的'形势'和'潮流'集合在一起（在这些'形势'和'潮流'中，有许多从其根源和方向来说，必然是同革命风马牛不相及的，而且是与革命绝对对立的）而'融合'成为一种统一的破坏力"。③"经济决定着历史的进程，不过是最后的、归根到底地决定的"，"所谓'归根到底是经济'的这种决定性的因素，绝不是作为单独的时钟而敲出声音的"。④阿尔都塞这些论述，没有超过对革

---

① ［法］亨利·列菲弗尔：《马克思的社会学》，谢永康、毛林林译，北京师范大学出版社2013年版，第98页。

② ［法］亨利·列菲弗尔：《马克思的社会学》，谢永康、毛林林译，北京师范大学出版社2013年版，第105页。

③ 徐崇温：《"西方马克思主义"》，天津人民出版社1982年版，第563–564页。

④ 徐崇温：《"西方马克思主义"》，天津人民出版社1982年版，第565页。

命的一般历史研究。

阿尔都塞主要的政治学著作是《意识形态和意识形态国家机器（研究笔记）》（1970年）。关于国家的定义，阿尔都塞认为："马克思主义传统在这里是很严格的：在《共产党宣言》和《路易·波拿巴的雾月十八日》中（以及在后来所有的经典文本中，尤其是在马克思有关巴黎公社的作品和列宁的《国家和革命》中），国家都直截了当地说成是一套镇压性的机器。国家是一种镇压的'机关'，它使得统治阶级（19世纪是资产阶级和大土地所有者'阶级'）能够确保他们对工人阶级的统治，使得统治阶级能够利用这种机关去强迫工人阶级服从于对剩余价值的榨取过程（即服从资本主义的剥削）。"因此，国家机器"不仅指那些专门的（狭义上）机器，即警察、法庭和监狱——我曾经联系法律实践的需要说明了它们的存在和必要性；还指军队、当警察及其专门化辅助队伍'无法控制事态'时，它归根到底会作为最佳的镇压力量直接干预进来（无产阶级为这一经验付出过血的代价）；而且还指在一切之上的国家元首、政府和行政机关"。马克思主义"把国家定义为在资产阶级及其同盟者所展开的反对无产阶级的斗争中，'为维护统治阶级的利益'而实施的镇压和干预的力量；这样的国家机器才是真正的国家，才真正定义了它的基本'功能'"。①

阿尔都塞继承了葛兰西关于国家具有意识形态职能的观点。阿尔都塞指出，必须给"马克思主义国家理论"补充别的东西，即国家"是意识形态国家机器"，以和镇压性国家机器并列，但一定不能与

①［法］阿尔都塞：《哲学与政治（下）——阿尔都塞读本》，陈越译，吉林人民出版社2011年版，第276–277页。

后者混为一谈。

阿尔都塞对意识形态国家机器的历史演变做了研究。他认为，在前资本主义的历史时期，教会是一个占统治地位的意识形态国家机器，它聚集了许多功能。"它不仅把宗教的功能，而且还把教育的功能，以及大部分传播和'文化的'功能集于一身。"但是，"教会和家庭并不是当时仅有的意识形态国家机器。还有一种政治的意识形态国家机器（三级会议、最高法院、作为现代政党前身的不同政治派别和同盟，以及有自由的公社和随后的城市构成的整个政治制度）。"①

"经过同旧的占统治地位的意识形态国家机器进行了激烈的政治的、意识形态的阶级斗争以后，在成熟的资本主义社会形态中占据统治地位的意识形态国家机器，是教育的意识形态国家机器。"②"教会在今天已被学校取代了它作为占统治地位的意识形态国家机器的作用。"③

阿尔都塞指出："必须把国家政权与国家机器区分开来。"④他说："意识形态国家机器是这样一些现实，他们以一些各具特点的专门化机构的形式呈现在临近的观察者面前。"如果给意识形态国家机器开一个清单的话，它包括：宗教的意识形态国家机器、教育的意识形

①［法］阿尔都塞：《哲学与政治（下）——阿尔都塞读本》，陈越译，吉林人民出版社2011年版，第287页。

②［法］阿尔都塞：《哲学与政治（下）——阿尔都塞读本》，陈越译，吉林人民出版社2011年版，第288页。

③［法］阿尔都塞：《哲学与政治（下）——阿尔都塞读本》，陈越译，吉林人民出版社2011年版，第291页。

④［法］阿尔都塞：《哲学与政治（下）——阿尔都塞读本》，陈越译，吉林人民出版社2011年版，第284页。

态国家机器（有不同公立和私立学校构成的制度）、家庭的意识形态国家机器、法律的意识形态国家机器、政治的意识形态国家机器（政治制度，包括不同的党派）、工会的意识形态国家机器、传播的意识形态国家机器（出版、广播、电视等等），文化的意识形态国家机器（文化、艺术、体育等等）。①阿尔都塞指出，统一的（镇压性的）国家机器完全属于公共领域，而绝大多数意识形态的国家机器是分散的，是私人领域的组成部分，教会、党派、工会、家庭、某些学校、大多数报纸、各种文化投机事业等等都是私人性的。但如葛兰西所说，公私之分只是资产阶级法律内部的区分。私人机构完全可以作为意识形态国家机器"发挥功能"。②镇压性国家机器和意识形态构架机器以微妙的、或明或暗的形式结合在一起。国家"运用镇压或意识形态的双重方式'发挥功能'"。③

法国左翼思想家安德列·高兹在1964年发表了《劳工战略》一书。他从总体性的观点来观察资本主义社会和争取社会主义的战略问题。他在书中写道："资本的专政不仅在对财富的生产和分配上实行，而且以同等的力量在对生产的方式，消费的模型，以及消费的方式、劳动、思维、生活的方式上面实行。"社会主义战略的目标是把总体化的人的实践，从资本主义的异化的强制下解放出来。对资本主义的抽象否定是不够的，所需要的是积极否定，是体现新的需

---

① ［法］阿尔都塞：《哲学与政治（下）——阿尔都塞读本》，陈越译，吉林人民出版社2011年版，第280-281页。

② ［法］阿尔都塞：《哲学与政治（下）——阿尔都塞读本》，陈越译，吉林人民出版社2011年版，第282页。

③ ［法］阿尔都塞：《哲学与政治（下）——阿尔都塞读本》，陈越译，吉林人民出版社2011年版，第283页。

要、新的能力和新的社会主义理性的可行的替代性的纲领。这种替代性的纲领表现为工人阶级通过争夺资本的权力，以一种否定和局部的方式直接地肯定的自主性的积极反应。

高兹在这个前提下考察发达资本主义社会中的劳工战略问题。他认为革命的战略必须从劳动场所开始。在政治上行动，就是把生产者和在生产过程中的异化同生产者在社会中的异化连接起来。

在《劳工战略》一书中，高兹认为工人自由的口号不足以动员工人阶级。新的战略和目标"将把工资要求、控制要求和工人对劳动条件的自我决定的要求不可分割地统一起来。在现在，把一个分化了的工人阶级统一和组织起来的唯一道路是攻击雇主和国家的阶级权力；而攻击雇主和国家的阶级权利的唯一道路则是从每个雇主（和国家）那里抢回他的决定和控制权"。①高兹在1967年发表的《艰难的社会主义》中指出，斗争要从生产的地方开始。"正是在生产的地方，工人最直接地经受资本的专制主义，并享有他们在社会上的从属地位的直接经验"。"只有在那里，工人才作为一个集团、一个真正的集体力量而存在，这种集体力量能够采取直接的和日常的集体活动，像它迫使阶级敌人如它们实际所是地邂逅它们那样，去改变他们在其最直接地不可容忍的方面的状况。"②他否认工人阶级运动存在着危机。

高兹的战略后来在1968年"五月风暴"中由工人们通过罢工付诸实践了，但是这次实践很快就失败了。在"五月风暴"以前，高兹在其战略中很少谈到党的作用。他说，那是因为客观条件还不成熟。而在"五月风暴"以后，高兹的思想发生了变化。他说，"五月风暴"

---

① 徐崇温:《"西方马克思主义"》，天津人民出版社1982年版，第620页。

② 徐崇温:《"西方马克思主义"》，天津人民出版社1982年版，第618–619页。

的失败证明了需要有一个党，没有党，夺取政权是不可能的。他看到，"没有一个革命党，就不可能有任何持久的革命运动"。但他强调，"没有一个革命运动，就不可能有任何革命党"。高兹认为，革命党必须完成四个功能。一是进行分析和理论推敲；二是对革命的不同部分的要求，进行意识形态上的综合；三是进行政治教育和指导；四是夺取政权和改造国家。但是，高兹把党规定为只是"保证消灭资产阶级国家"的"短暂的结构"，这表现出高兹的政党理论尚带有无政府主义和工团主义的痕迹。[①]

萨特（1905—1980年）是法国存在主义的马克思主义者。他在1933年到德国柏林研究现象学家胡塞尔和存在主义哲学家海德格尔的哲学，逐渐形成了自己的存在主义哲学体系。萨特在1960年出版了《辩证理性批判》，用存在主义去"补充"和"革新"马克思主义。

对于国家制度，萨特认为："投票制度在资产阶级民主政体中是一个消极的系列过程。当然，每个选民作为他人并通过多数他人来确定自己的投票；但是，他不是共同地决定他自己的投票，也不是把投票作为同多数他人统一的实践来决定，而是让它惰性地通过舆论的系列化来确定。这样，被选出的议会所代表的集合，倘若尚未召开会议，它的成员是一种惰性的相异性的惰性产物，作为各党派数量关系的原来的多元复合性表现了集合体之间的无能关系，而作为这些力量的力量关系则是一些惰性的力量。但是，一旦议会组织起来，一旦它形成了自己的等级制度，一旦它（通过党派的联合）被确定为某个群体（其特点为稳定的多

---

① 徐崇温:《"西方马克思主义"》，天津人民出版社1982年版，第627–628页。

数，围绕游移不定的大多数而进行的复杂竞赛，所有政党合谋反对一个政党，等等），这种真实的实践（在这种实践中，投票通过法律、信任投票等等不再只是形式上具有作为孤独的无限相异性的原始选举的面貌，而是作为象征，在数量上表达多数派群体之间的一致、不一致、联合等等）既被看作集合的忠实代表——但它在任何情况下也不会这样，因为它已经过组织——又被看作它的辩证法的有效性。"①萨特对资本主义的议会民主制的积极作用持怀疑态度。

　　萨特支持民众反资本主义的实践。他写道："在某种情况下，一个热火朝天的群体是在原来只有集合的地方产生和行动的，通过这种短暂的和表面的形成，每个人依稀看到一些新的和更加深远但有待建立的地位。""通过人民的这种战斗，他们预感到的不仅是惰性言语对他们暗示的东西，它的'力量'，以通过它或反对它来实行统治的矛盾的'必然性'等；他们预感到历史在揭示新的现实。"②"实践的自由发展只能是整体的或者从整体上异化的。这样，群体的综合统一在每个人中是作为共同行动的自由、综合发展的自由；对于同警察战斗的游行示威者们来说，它是战斗。"③"在誓言和组织这一层次上，我们已经看到出现了政权。"④萨特这些支

---

　　① 让·保罗·萨特：《辩证理性批判》，林骧华、徐和瑾、陈伟丰译，安徽文艺出版社1998年版，第512–514页。

　　② 让·保罗·萨特：《辩证理性批判》，林骧华、徐和瑾、陈伟丰译，安徽文艺出版社1998年版，第547页。

　　③ 让·保罗·萨特：《辩证理性批判》，林骧华、徐和瑾、陈伟丰译，安徽文艺出版社1998年版，第559页。

　　④ 让·保罗·萨特：《辩证理性批判》，林骧华、徐和瑾、陈伟丰译，安徽文艺出版社1998年版，第786页。

持群众斗争的激进言论当然不是资产阶级性质的，但带有无政府主义或工团主义的特征。

1956年匈牙利事件发生后，萨特同苏共以及法国共产党断绝了往来。他发表了《斯大林的幽灵》一文。对苏联和东欧的社会主义制度做了历史分析。萨特反对把匈牙利事件说成是外国资本主义的代理人发动的说法，也反对自由主义者把苏联模式的社会主义说成是恶魔和巨大的错误。他认为，需要用民主化作为唯一可行的解决苏联现在的矛盾的方法。他认为，苏联在消灭剥削的过程中发展了新的异化形式，个人崇拜和官僚主义彼此加强，把社会方向和群众影响分离开来。他认为，法国共产党人必须脱离对苏联的依赖，使其官僚机构民主化。①

20世纪的"西方马克思主义"有两个路径来源，一是理论产生的路径，它通过阐释经典马克思主义著作的篇章和字句来演绎理论，这就使得新一代马克思主义政治学家的理论工作局限于马克思等人制定的理论之中，无法有真正的发展。二是他们参加了60年代西方学生运动和工人运动，但这个学生运动过于浪漫，过于文化主义，过于工团主义，无法为马克思主义国家理论提供更多的理论材料。20世纪的"西方马克思主义"者忽略了对发生急剧动荡的社会主义体制的成就以及问题的分析研究，这是他们致命的缺憾。20世纪的"西方马克思主义"有唯理主义、文化主义和过于关注对资本主义国家作理论分析的书卷气倾向。"西方马克思主义"用诠释学对待马克思的著作，咬文嚼字地对待马克思的著作语句，试图从中发现新的思想，其效果是

---

① 徐崇温：《"西方马克思主义"》，天津人民出版社1982年版，第419页。

有限的。它违背了马克思主义创始人当年从对现实的社会和历史的分析中提炼出社会理论观点的研究路径。出现了方法论的重大错误。它的重大失误恰恰是回避了或者说没有顾及对社会主义制度的失败的研究和分析，没有去说明这一运动为什么失去了人心和群众支持。

"西方马克思主义"政治学几乎完全把注意力放在西方发达资本主义国家的政治生活，以后则更多地转向文化研究领域。它很少关注社会主义国家的政治生活。而在社会主义国家中，政治家和马克思主义理论家往往恪守马克思主义经典作家的文章字句，一段时间受斯大林式的教条主义严重影响，不敢对理论问题展开讨论，不敢面对现实提出新问题和新观点。缺少对社会主义体制的理论研究，缺少构建社会主义政治学的魄力。

执教于埃塞克斯大学的恩内斯特·拉克劳和他夫人尚塔尔·墨菲提出了后马克思主义的激进民主理论。《霸权与社会主义战略》是这一理论最初的著作。他们从葛兰西的社会主义、关于人权和公民权的自由主义民主话语、后结构主义、后分析哲学、现象学和拉康派的心理分析中吸取灵感。他们构建了激进民主多元主义的政治理论。墨菲提出，"左派的目标应当是拓展和深化二百年前发起的民主革命。"拉克劳和墨菲认为，民主传统一直是现代社会最重要的道德视界之一；平等和自由的原则已深深扎根于社会体系之中。就其定义而言，民主传统是开放的传统，在这个传统中就关键术语的意义发生争论是不可避免的。"反对从属的斗争，不可能是从属形势自身发展的结果。""关于人人平等的话语和关于权利的话语在集体身份认同的重建中被发挥着基础作用。"

拉克劳和墨菲批判经济主义的观点。他们认为经济从来不会作为一个自发地和自律的领域而存在。他们提出，只有满足三个条件，经济才能决定社会生活的其他领域。第一，所有政治主体都按照其在阶级斗争中的地位加以界定，每一个阶级都只是在经济结构的层面上被建构起来。由于政治关系的影响，阶级也许会在表面上存在着差异，但是这些影响必须是次要的和偶然的。第二，在生产关系中，每个阶级必须拥有直接源于那个阶级的结构地位的"客观利益"。第三，经济必须是一个优先于政治的领域，政治也许会影响经济，但是这种影响的发生只是在经济决定政治之后。

拉克劳和墨菲认为："工人阶层""社会主义"等旧式的左翼标签已经过时，应该用民粹主义的语境取而代之，也就是呼唤人民反抗精英以创造"激进民主"。民粹主义者的目标是将多元的族群编入"人民"之中，而联合"人民"就是使人民和精英产生意识形态对立的一系列需求。与其他欧洲知识分子不同的是，拉克劳及墨菲将民粹主义定义为一种以左右两种方式均能发展的逻辑。[①]

尼科斯·普兰查斯（1936—1979年）是希腊共产党人，后移居法国，任教于法国第八大学和德国法兰克福大学。是结构主义派马克思主义政治学家。他著有《政治权力与社会阶级》（1968年）、《法西斯主义与专政》（1974年）、《当代资本主义中的阶级》（1974年）、《专政的危机》（1975年）、《国家的危机》（1976年）、《国家、权利与社会主义》（1978年）。

普兰查斯认为，马克思主义经典作家并没有从理论系统化的角度探讨政治理论问题，例如系统的权力和镇压的理论，也没有研究20世

---

① ［美］约翰·朱迪斯：《民粹主义大爆炸——经济大衰退如何改变美国和欧洲政治》，马霖译，中信出版公司2018年版，第144页。

纪后期的技术官僚国家。他继阿尔都塞之后提出，国家不可能是一种完整的权力，国家权力机构具有"相对自主性"。

他认为，在资本主义国家体制里没有建立起政治上的阶级统治，它一方面代表着人民的共同利益，另一方面它又维护统治阶级的特殊利益。资本主义国家的权力在结构上分为经济权力、意识形态权力和政治权力。资本主义国家的主要矛盾在于，这种国家作为统治阶级的国家存在，同时又从国家中心排除阶级斗争。在这种国家中，由于被统治阶级的斗争而迫使统治阶级做出实际的经济让步，所以无论如何不会使阶级统治发生问题。

他认为，资本主义国家与社会之间的对立表明国家对政治上的各个统治阶级保持着相对自主性。他通过对英国和法国的实例分析，说明在权力分配中立法权和行政权二者的区别、它们所发挥的作用和国家形式问题。

普兰查斯使用结构分析的方法来对待马克思主义的社会形态概念。他写道："社会形态本身构成一个复杂的统一体，其中各种生产方式里面有一种占据统治地位。""在一个社会形态里一种生产方式支配其余的生产方式。"①换言之，普兰查斯把一种社会形态的关系视为多元构成一元为主的构成形式，这样就发展了马克思主义的社会形态理论。

他指出，国家在一种社会形态中的调和因素中具有综括作用。②"即应当把国家的作用理解为一种社会形态统一的调和因素。"③

---

① ［希腊］尼科斯·普兰查斯：《政治权利与社会阶级》，叶林、王宏周、马清文译，中国社会科学出版社1982年版，第6页。

② ［希腊］尼科斯·普兰查斯：《政治权利与社会阶级》，叶林、王宏周、马清文译，中国社会科学出版社1982年版，第46页。

③ ［希腊］尼科斯·普兰查斯：《政治权利与社会阶级》，叶林、王宏周、马清文译，中国社会科学出版社1982年版，第48页。

权力是普兰查斯研究的中心问题之一。他指出："阶级关系就是权力关系"，"这两个概念之间的密切关系，并不表示一种概念是另一种的基础这样一种关系，但只是表示这个领域是同源的。"① "权力标志着一个社会阶级实现其特殊的客观利益的能力。"②

普兰查斯注意研究过渡性国家即绝对主义国家。他就社会过渡的一般特征描述道："过渡时期的理论并不是一种成分起源论（即创生论），而是一种新结构创始的理论。过渡时期有其自己的典型形式，各个环节的一种特殊结合是由于各种生产方式的过渡形态中的复杂共存，以及由于从一种生产方式向另一种生产方式过渡时起统治作用的指标持续不断地（往往是在暗中）转移"。③

他特别论述了过渡时期的国家形式。"从封建主义向资本主义过度的初始阶段时国家具有明显的资本主义性质，可是资产阶级还不是政治上的统治阶级，而且往往还不是经济上的统治阶级；这种初始阶段很少能适用资产阶级和贵族之间各种势力的均衡。可是当资产阶级掌握政权以后，并不一定要由它掌握政治领导权"。④

普兰查斯指出："占统治地位的资产阶级意识形态的特征之一，实际上就是它以一种特殊方式隐瞒阶级剥削，以致任何阶级统治的痕

① ［希腊］尼科斯·普兰查斯：《政治权利与社会阶级》，叶林、王宏周、马清文译，中国社会科学出版社1982年版，第103页。

② ［希腊］尼科斯·普兰查斯：《政治权利与社会阶级》，叶林、王宏周、马清文译，中国社会科学出版社1982年版，第108页。

③ ［希腊］尼科斯·普兰查斯：《政治权力和社会阶级》，叶林、王宏周、马清文译，中国社会科学出版社1982年版，第170页。

④ ［希腊］尼科斯·普兰查斯：《政治权力和社会阶级》，叶林、王宏周、马清文译，中国社会科学出版社1982年版，第179页。

迹都系统地从它的语言中消失了。"①

普兰查斯阐述了对合法性概念的见解。他写道:"一种政治体系的合法性问题,这是现代政治科学上的一个至关紧要的问题。""合法性里面特别包含有占统治地位的意识形态特有的政治影响。""合法性一般是指这个制度的代理人接受那种政治结构的方式。"②

拉尔夫·密里本德(1924—1994年)是"西方马克思主义"工具主义派政治学家。密里本德是出生于波兰的犹太人,二战前夕先是移居比利时,然后移居英国。他在工党思想家拉斯基指导下攻读博士学位,毕业后在伦敦政治经济学院政府系执教多年。在1967年伦敦经济学院的学生运动中,他给予学生造反运动以原则上的支持。1972—1978年他在里兹大学任政治学教授和政治系主任。1981年以后任美国布朗德斯大学和加拿大约克大学客座教授。他著有《议会社会主义:工党政治研究》(1961年)、《资本主义社会中的国家》(1969年)、《马克思主义与政治学》(1977年)、《英国的资本主义民主制》(1982年)、《阶级权力与国家权力》(论文集,1983年)、《分裂的社会:当代资本主义的阶级斗争》(1989年)、《怀疑时代的社会主义》(1994年)等书。他和约翰·萨维尔长期合编《社会主义纪事》年刊,直到他病逝。

密里本德认为,在讨论马克思主义政治学时要看到,马克思本人以来所有马克思主义的政治著作"绝大部分是特殊历史时期和特殊环境下的产物;而且能够称得上是正统马克思主义的有关政治学

---

① [希腊]尼科斯·普兰查斯:《政治权力和社会阶级》,叶林、王宏周、马清文译,中国社会科学出版社1982年版,第235页。
② [希腊]尼科斯·普兰查斯:《政治权力和社会阶级》,叶林、王宏周、马清文译,中国社会科学出版社1982年版,第242–243页。

理论考察，多半是没有系统、凌乱不堪，常常还是其他方面著作中附属的一部分。""由马克思、恩格斯和他们最主要的继承者所表现出来的这种系统性政治理论的缺乏，实际上意味着必须从形成马克思主义整体的大量纷杂的零散的材料中来构建或重建马克思主义的政治学。"

密里本德指出："过去五十年以来，在古典马克思主义提供的基础上通过马克思主义建立政治理论的办法，没有把我们时代某些最重要的经验以及一般马克思主义政治理论建立起来，原因是什么？我们很有理由多问一点。""至少有部分答案应该在从二十年代末期起大约三十年左右一段时期斯大林主义和斯大林主义主宰马克思主义的经验里头来找。重点倒不全是在斯大林主义式的马克思主义观点是一种可怕的、干瘪瘪毫无内容的东西（虽然它的确如此），而是在于有绝大多数这时自称为马克思主义者的人，不仅在苏联而且也在其他地方绝大部分基于无关的政治理由，接受了他对马克思主义的看法和他研究马克思主义的作风。"[1]

密里本德指出了马克思主义政治学的落后，原因在于"没有任何一个马克思主义的重要人物曾经打算过要把马克思主义的政治理论的实质及特性系统地加以说明"。[2]

密里本德认为，资本主义社会的统治阶级是占有生产资料的阶级。由于他们掌握了经济权力，所以能够使国家权力作为他们统治社会的工具。他认为，发达资本主义国家的具体情况可能千差万别，但

---

① 拉尔夫·密里本德：《马克思主义与政治学》，赵相明译，源流出版事业股份有限公司1995年版，第6—8页。
② 拉尔夫·密里本德：《马克思主义与政治学》，赵相明译，源流出版事业股份有限公司1995年版，第11页。

它们有两个共同的特点。第一，它们都是高度工业化的国家。它们都有庞大的、极其复杂的、高度统一的技术，非常先进的经济基础，工业生产占国民生产总值的绝大部分，农业只是经济活动的一个较小的领域。第二，它们大部分经济活动的资料都为私人占有，受私人控制。它们都是属于生产资料私有制的社会。尽管这些国家的经济都有一些"公有成分"，但远未构成经济的主要部分。发达资本主义社会在经济方面的共同特点，决定了他们有基本类似的阶级结构。这就是极少数人占有大量的财富，他们形成了资本主义社会的统治阶级；大多数人只得靠出卖劳动力才有活路，他们构成了资本主义社会的被统治阶级即工人阶级。虽然发达资本主义国家还有各种各样的"中间阶级"，但是这些国家生产关系的基本形式是资本家和雇佣劳动者之间的剥削和被剥削关系，它决定了资本主义社会的政治生活。占有生产资料的统治阶级与出卖劳动力的被统治阶级的对抗，"形成发达资本主义社会的政治制度"。可以说发达资本主义国家的政治发展过程实际上就是这两支力量相互对抗的过程。国家理论作为一种社会理论，就是"研究社会权力分配的理论"。

密里本德指出，马克思在《资本论》中提出的重要任务之一就是要研究资本主义国家问题。马克思对于各种国家的研究，散见在他的著作中。但是，马克思本人从未系统地研究过国家。他在1850年代拟定了一个庞大的著作撰写计划，希望把对国家的研究包括进去。但是这个计划只完成了一部分，就是《资本论》第一卷。马克思对于资本主义国家的基本观点就是在《共产党宣言》中所说："现代的国家政权不过是管理整个资产阶级共同事务的委员会"。①这个观点经常在马克思和恩格斯的著作中以这种和那种方式出现。尽管他们有时也做一些细致的修改和限定，例如提出过认为国家可以有"例外情况"，但是他们从未离开这样的观点，即在资本主义社会中国家首先是统治阶级的强制机器，它本身为所有权限定，即为"对生产资料的占有"所确定的。这种观点可以在《法兰西内战》和《家庭、私有制和国家起源》中看到。总之，密里本德的工具主义国家理论研究重点在于研究统治阶级的本质，统治阶级与国家相互联系的机制，以及国家政策和阶级利益之间的具体关系。它基本上是根据统治阶级像使用工具那样行使国家权力的观点去解释资本主义国家的作用。

密里本德在《马克思主义与政治学》（1977年）中尖锐地批评了马克思主义政治学忽视政治制度设施研究的弱点。他指出："不深入到政治制度设施和形式底下，就无法理解政治现实。"在马克思主义中存在"一种非常强烈地贬低了或忽视了'纯粹'政治形式的重要性"的倾向，"而且毫不重视跟'纯粹'政治形式有关的这些问题。"他指出，布哈林到1917年以后才意识到，并"向马克思主义者提出了精英理论和官僚化理论"，"而这个问题在好多年过去以后还是没有解决。造成这种情况的诸多原因应该在马克思主义缺乏一套严谨的政治研究传统这里来找；也应该在1917年以前马克思主义者提出的一般假设里头来找。"

密里本德在评论西方各种资产阶级政治学派时指出，近几十年关于政府、公共行政、统治精英和官僚、政党和选举行为、政治权力和

---

①《马克思恩格斯选集》，第一卷，人民出版社1972年版，第253页。

政治稳定的条件、政治流动和政治文化的著作可谓汗牛充栋，但它们对于国家的性质和作用注意得不够，尤其是很少注意到国家权力问题。他强调："一种国家理论也是一种社会理论和在这个社会中权力分配的理论。"他反对西方资产阶级学者提出的假设西方社会中的权力是通过竞争、破碎而扩散开来为出发点的理论，以及认为在西方社会中没有一个掌握统治权的阶级或利益集团，只存在竞争的利益集团，竞争使权力处于散漫和均势状态的观点。他认为："对于权力的多元民主论最重要的替代理论唯有马克思主义一家。"关于社会主义者如何看待资产阶级民主和自由，他认为，社会主义者批评"资产阶级自由"，不是说它们无关紧要，而是它们极不完善，需责备它们机能不全和有腐蚀作用，因此需要在其经济、社会和政治内涵上进行激烈的改造以扩展它。他说，历史地看，工人和社会主义运动始终是扩大资本主义社会民主特征的主要推动力。他还指出："选举权的扩大当然是工人阶级运动自然地和不可避免的要求，获得它确实为至今被剥夺选举权的从属阶级提供一种对社会统治者施加压力的极端有用的因素。"[1]

密里本德继承和发展了葛兰西的合法化理论，将这一理论概念用于对资本主义国家运作和统治策略的分析。[2]

密里本德严肃地分析了社会主义国家的体制。"在这里，'国家'实际上就是共产党的领导人。""这些政党全部都是那些已经集中权力的工具；这些政党全力宣扬的'民主集中制'经常都是为高度集

---

　　[1]　拉尔夫·密里本德：《资本主义社会的国家》，沈汉等译，商务印书馆1997年版，第196页。

　　[2]　拉尔夫·密里本德：《资本主义社会的国家》，沈汉等译，商务印书馆1997年版，第七章和第八章。

中权力和下层机关微妙地服从上层机关的一种比喻用语。""在这个基础上，控制党的那些人也控制了是他们行政和强制手腕的国家。受到社会力量限制的这一党国——不要说政治力量了——不是社会力量的外部。"①

密里本德评论说，苏东"原共产党国家，由几乎没有或者根本没有合法根据的、实行镇压的政府来领导的指令式经济效率极其低下"。"这些政权被推翻得如此之快，说明他们极端不得人心，在人民中不能获得哪怕是很少一点的支持。"②密里本德认为，苏联和东欧的社会主义国家的垮台有内在的政治、经济的必然性。

"在选择取代共产党政权的政治制度时，人们把西方形式的民主制的这种或那种变形当成了模式。""它的基础是公民权利和政治权利、政治竞争、定期选举、议会会议、官吏承担报告自己工作的义务、法官不受行政机关指令的约束、法官以及公民能够诉诸法律手段来对抗国家的专横行为等等。在具有深厚的法制传统和牢固的、独立的公民机构的社会里，这种政权毫无疑问会使人们能够发表意见、提出申述和要求，并且会产生一种舆论，而通过普选产生的政府在一定程度上对此是不得不加以考虑的。""西方色彩的政权的这些特征与作为共产党政权特征的统治形式形成了鲜明的对比，而这一对比的效果显然大大有利于前者。"③

---

① 拉尔夫·密里本德：《马克思主义与政治学》，赵相明译，源流出版事业股份有限公司1995年版，第148-149页。

② 拉尔夫·密里本德："共产党政权将由什么来代替？"，载，戈尔巴乔夫、勃兰特等著：《未来的社会主义》，中央编译出版社1994年版，第296、287页。

③ 拉尔夫·密里本德："共产党政权将由什么来代替？"，载，戈尔巴乔夫、勃兰特等著：《未来的社会主义》，中央编译出版社1994年版，第290页。

密里本德在批评资本主义国家民主制不足的同时，也尖锐地批评原苏联和东欧国家社会主义民主的不足。他写道："在描绘西方类型的政权时通常使用的民主这一概念，受到浓厚的意识形态影响，留下许多问题没有得到解决。运用这一概念的政治家和评论家回避了一个情况，即西方色彩的民主制是在资本主义社会制度范围内运作的，由此就产生出它的重大的、甚至是会影响活动能力的局限性。民主制的一个前提是生活情况大致平等，这才可以使任何社会集团都不能在做出决策时从根本上拥有持久的权力优势和影响优势。但资本主义民主制政权的主要情况恰恰不是这样的，在这种制度下，公民在收入、财富、权力、影响等方面的不平等的程度在各个国家是不同的，但在任何一国都不是可以简单地加以忽视的。与进步的资本主义世界相比，在美国、英国和法国这些不断歌颂自己的民主宪政的国家里，这种不平等特别明显。"①

第八节　各派社会主义者对社会主义体制的研究

米洛凡·吉拉斯（1911—1995年）是南斯拉夫共产主义者联盟原政治局委员、原联盟副总统。他著有《新阶级》，对社会主义国家制度和党的制度作出了严肃的批判和理论分析。

他写道："共产党人的行动无法与以往的任何统治阶级相同。他

---

① 拉尔夫·密里本德："共产党政权将由什么来接替？"，载，戈尔巴乔夫、勃兰特等：《未来的社会主义》，中央编译出版社1994年版，第290–291页。

们相信他们正在建立起一个新的理想社会，他们用他们所能采取的方式为自己进行建设。共产主义革命是以取消阶级为号召开始，但最后竟造成一个握有空前绝对权威的新阶级。其他的一切都不过是欺骗和错觉而已。"① "这个新阶级，这一群官僚，说得更准确点，这一群政治官僚，不只具有此前一切阶级所具有的特质，还具有一些它独有的新的特质。"②

"新阶级的核心和基础是在党的领导阶层以及国家的政治机构中创造出来的。一度曾经是生气勃勃、组织严密和充满首创精神的党正在消失，而逐渐转变为这个新阶级的传统式的专政统治，所以它不可避免地要吸收那些一心希望加入新阶级的人，压制那些具有任何理想的人。"③ "这个新阶级对于人民要求某一种特种自由最为敏感。"它"对于在现状之下和在'社会主义'的旧范围内要求思想自由与批评自由也特别敏感。"④ "这个新阶级的真正的所有权的地位和法律地位间的矛盾是引起批评的基本原因。"⑤

"在共产主义制度下，人民可以迅速地领悟到，他们许可做什么，不许可做什么。法律和刺激对他们没有根本的重要性，有关政府

---

① 密洛凡·德热拉斯：《新阶级——对共产主义制度的分析》，陈逸译，世界知识出版社1963年版，第32页。

② 密洛凡·德热拉斯：《新阶级——对共产主义制度的分析》，陈逸译，世界知识出版社1963年版，第45页。

③ 密洛凡·德热拉斯：《新阶级——对共产主义制度的分析》，陈逸译，世界知识出版社1963年版，第36页。

④ 密洛凡·德热拉斯：《新阶级——对共产主义制度的分析》，陈逸译，世界知识出版社1963年版，第58页。

⑤ 密洛凡·德热拉斯：《新阶级——对共产主义制度的分析》，陈逸译，世界知识出版社1963年版，第60页。

和人民间的关系的实际和不成文的规则反而更重要。"①

"共产党人用以控制社会机构的基本方法有二,第一是党组,这是原则上和理论上的主要方法。第二是政府机构中的某些职务只需要党员担任,这是实际上常用的方法。"②

"唯有共产党要求其党员必须具有'意识形态的统一'或在世界观和社会发展的观点方面具有一致的看法。"③"建立极权控制或意识形态统一的方法""这是任何共产主义制度必然要走的道路。"④"工人阶级和劳动群众并不行使政权,但却以他们的名义行使政权。"⑤"我们可以由此得出一个结论:在共产主义制度下,把寡头独裁变为个人独裁是一种长期的趋势。"⑥

"司法独立和法制必然导致一个反对派的出现。""在共产主义政权下,自由权是正式被承认的,但自由权的运用有一个先决条件:它必须是在有利于'社会主义'制度时,或在支持他们统治时才能使用。"⑦"就大部分情况而论,在共产主义制度下,立法权是不能和行政权分开的。列宁认为这是一个完善的解决办法。""在一党专政的

---

① 密洛凡·德热拉斯:《新阶级——对共产主义制度的分析》,陈逸译,世界知识出版社1963年版,第63页。

② 密洛凡·德热拉斯:《新阶级——对共产主义制度的分析》,陈逸译,世界知识出版社1963年版,第64页。

③ 密洛凡·德热拉斯:《新阶级——对共产主义制度的分析》,陈逸译,世界知识出版社1963年版,第65页。

④ 密洛凡·德热拉斯:《新阶级——对共产主义制度的分析》,陈逸译,世界知识出版社1963年版,第69页。

⑤ 密洛凡·德热拉斯:《新阶级——对共产主义制度的分析》,陈逸译,世界知识出版社1963年版,第71页。

⑥ 密洛凡·德热拉斯:《新阶级——对共产主义制度的分析》,陈逸译,世界知识出版社1963年版,第73页。

⑦ 密洛凡·德热拉斯:《新阶级——对共产主义制度的分析》,陈逸译,世界知识出版社1963年版,第79页。

制度下，这是政府专制的根源之一。"①

米洛凡·吉拉斯剖析了列宁的国家理论。他写道："列宁把国家贬低为力量，或者说得更精确一些，国家只不过是一个阶级为压迫其他阶级而使用的暴力机构。""列宁也看到国家的其他功能。不过，他也在这些功能中看到他所认为的国家必不可少的任务———一个阶级用暴力对付其他阶级。"②"事实上，列宁要求摧毁旧国家机器的学说根本不科学。""武力和暴力是所有国家权威的基本特色"。"然而，经验表明，国家机器对于社会或国家之所以必要，还有另一个原因，那就是为了发展和联合社会的各种职能。共产主义的理论和列宁的理论都忽视了这一面。"③

"斯大林根本不知道如何解释一个明显的事实，即为什么在已经建立起来的社会主义社会中，国家机器仍在继续成长。"④

吉拉斯批评共产党国家对思想统治缺乏理论阐释。他写道："虽然共产党人在取得政权时，他们对思想所施行的专制统治简直精密得如医生临床工作一样，但在共产主义的哲学里，寻找对思想专制统治的根据，也只能找到一部分。"⑤

原波兰统一工人党政治局委员安德采伊·维尔布兰对斯大林主义

---

① 密洛凡·德热拉斯：《新阶级——对共产主义制度的分析》，陈逸译，世界知识出版社1963年版，第79页。

② 密洛凡·德热拉斯：《新阶级——对共产主义制度的分析》，陈逸译，世界知识出版社1963年版，第75-76页。

③ 密洛凡·德热拉斯：《新阶级——对共产主义制度的分析》，陈逸译，世界知识出版社1963年版，第76页。

④ 密洛凡·德热拉斯：《新阶级——对共产主义制度的分析》，陈逸译，世界知识出版社1963年版，第77页。

⑤ 密洛凡·德热拉斯：《新阶级——对共产主义制度的分析》，陈逸译，世界知识出版社1963年版，第111页。

以后的政治作了研究。他认为，可以把斯大林主义称为政治领域里的极权专政，这种极权专政与全面服从国家的集中化的指令式经济结合在一起。"斯大林主义是由一个革命政党组织的、武装的暴动群众强制实行的专政发展到最后的产物。这个产物虽然有其历史的合理性，但仍然是一种变性的东西。人民的、革命性的专政朝着独裁的和专制的方向发展，这与其说是一种特殊的现象，不如说是一种具有代表性的现象。尤其是当革命究其本质来说主要是社会革命，并且把广大群众推到从前一直与他们无缘的政治生活的表层时更是如此。"[1] "从政治和意识形态上看，斯大林主义是一个革命后的极权的专制主义、一个变质的革命专政。在这点上罗伯斯庇尔主义和斯大林主义之间没有根本的区别。"[2]

"革命后的独裁政权不是由于理论上的疏忽大意或由于某一个恶魔式的人物的脾气而发展起来的。它是由一些根本的原因和巨大的力量铸成的。它有许多来源，被压迫和剥削的群众的国家干涉主义的和民众主义的幻想，人们可以说，它是我们这个世纪的真正伟大的信仰；官僚化的年青的新生政治精英——他们简单而且粗暴，几乎无法消除面临的各种严重问题，所以陷于独裁权力和专制的诱惑；而社会客观上所关注的要求也是要制止混乱和动荡，避免严重危机。上述情况距离集体迫害、压制群众和极权的专制只是一小步。""人们会说，这样一种的专制主义的出现和鉴于这样一种社会环境而使它取得成功

---

[1] 安德采伊·维尔布兰："斯大林主义以后。"，载，戈尔巴乔夫、勃兰特等：《未来的社会主义》，中央编译出版社1994年版，第238页。

[2] 安德采伊·维尔布兰："斯大林主义以后。"，载，戈尔巴乔夫、勃兰特等：《未来的社会主义》，中央编译出版社1994年版，第240页。

是极可能的，甚至简直是不可避免的。"①

安德采伊·维尔布兰认为，部分社会主义国家已经试验过用其他的非极权的或后极权主义的专政来取代斯大林主义。苏联的勃列日涅夫体制、匈牙利卡达尔的统治、1956年以后波兰的哥穆尔卡、盖莱克和雅鲁泽尔斯基的政府活动都属于这一类专政。一些政治学家称这种一党专政的形式为一元集中主义。②他对这种政治统治形式评论说："不要小看这种'非斯大林主义的'一元集中主义的后果。它一方面使一党垄断政治的统治相对来说顺利地存在下去。""类似的进程也在许多现实存在的社会主义国家中出现。"③但是，安德采伊·维尔布兰认为："对斯大林主义的最值得向往的政治替代，而且实际上也是唯一能够提供一种克服危机和建立真正有承载能力的政治结构的机会的替代，是多元化的代议制民主。"④

原南斯拉夫政治学教授普雷德腊格·弗兰尼茨基注意到社会主义民主政治的两难。他指出，社会主义遇到了双重困难。一是由于社会经济发展的不足而出现的内部困难，它使得"作为新社会的阶级基础的工人阶级不够发达，民主意识、文化意识不够发达以及科学不够发达。所有这些问题迫使社会主义发展在第一阶段要解决那些在发达的资本主义社会已大部分完成了的任务。""限制社会主义发展的另一个

---

① 安德采伊·维尔布兰："斯大林主义以后。"，载，戈尔巴乔夫、勃兰特等：《未来的社会主义》，中央编译出版社1994年版，第238、240、241页。

② 安德采伊·维尔布兰："斯大林主义以后。"，载，戈尔巴乔夫、勃兰特等：《未来的社会主义》，中央编译出版社1994年版，第249页。

③ 安德采伊·维尔布兰："斯大林主义以后。"，载，戈尔巴乔夫、勃兰特等：《未来的社会主义》，中央编译出版社1994年版，第250页。

④ 安德采伊·维尔布兰："斯大林主义以后。"，载，戈尔巴乔夫、勃兰特等：《未来的社会主义》，中央编译出版社1994年版，第251页。

因素，就是存在着侵略形式的资本主义，在这种情况下，由于必须加强军事潜力，同样也加重了克服经济和文化落后的困难。社会主义是在落后的条件下产生的，加上民主传统薄弱，工人阶级在管理社会方面经验不足，它在历史上是作为国家社会主义存在的。"随着社会主义在世界上首次取得突破，历史的钟摆就越来越多地向利于党和国家的政治力量方面摆动。并且，随着这些力量取得了日益增大的优势，社会主义就采取了一种极其明显的国家社会主义的形式。"①社会主义的这一缺陷很明显。

① 普雷德腊格·弗兰尼茨基：《自治——持久的革命》，载，戈尔巴乔夫、勃兰特等：《未来的社会主义》，中央编译出版社1994年版，第409-411页。

第二编

文艺复兴时期的城市
国家和绝对主义国家

第一章
中世纪国家类型

　　中世纪各种类型的国家在形态上具有差异性，但它们也有一些共同的特点，这些特点反映了它们的本质。首先，欧洲中世纪国家基本是君主制国家，政治权力掌握在君主手中而不是掌握在一个阶级或等级，或者掌握在一个团体或政治机构手中。第二，这个时期的生产关系中尽管已经存在独立的小生产和手工业、商业，但农业仍然是主要的生产部门，在农业生产中存在以人身依附或部分人身依附关系为基础的超经济强制，封土制和国家土地所有制是这种剥削关系的基础。第三，这个时期罗马教会的势力扩展到整个欧洲，教会和各国君主分占世俗政权，所以权力结构具有二元性。第四，这个时期法律制度不健全，各国虽然有了封建法，但法律维护贵族的特权、身份等级制度和人身依附关系，没有建立人的身份平等和经济活动自由的社会制度。第五，这个时期国家机构没有完善的建立，尚未建立分工细致的专门化的政府机构，有的国家尚未形成从中央到地方基层的网络状的地方行政组织。第六，这个时期至上的王权尚未确立并得到贵族承认，因此国家权力有限。君主在一定程度上要靠封建契约关系来维持

统治。在少数地区开始了民族国家形成过程，但在多数地区民族国家
尚未形成。

　　公元最初几个世纪欧洲大部分地区尚处于从氏族公社向封建社会
过渡阶段，稍后建立的中世纪国家与罗马国家没有直接的历史连续
性。10至11世纪，盎格鲁-撒克逊国家、日耳曼国家和法兰克国家，
尚处于中世纪国家的雏形时期，有前封建国家之称，在这些国家中还
遗留有古代氏族民主制的残余。以后的11到12世纪是欧洲封建政治发
展的一个短暂的鼎盛时期。巴勒克拉夫把12世纪称为"欧洲历史上最
伟大的富于建设性的时期"。但这个时期很短暂。随后，欧洲经历了
封建化过程。争取分封割据的封建势力与王权的斗争导致中央权力的
削弱，中世纪国家迅速衰落。在此同时，一些欧洲地区出现了新型
的城市国家。从15世纪开始的绝对主义国家过去习惯被划为中世纪
后期的国家，实质上从类型学上来说，它们属于封建国家的蜕变转
型，它们带有一些近代国家的因素，属于从封建主义向资本主义过
渡的国家。

　　在东欧和西欧，封建国家的形态有很大差别。西欧国家多经历了
封建化过程，而俄罗斯封建国家则采取了中央集权的国家形式。

　　在这个时期欧洲出现了一些国家概念。从9到13世纪指谓欧洲
占主导地位的国家概念是"世界帝国"概念。这种国家概念在查理
曼接受帝国皇帝称号时便开始出现了。查理曼建立起囊括西欧大部
分地区的庞大帝国。它的帝国不同于以往的拜占庭帝国，而是一个
"西部的帝国"。查理曼被称为基督教世界的帝王或王公。他为自
己加上"罗马人皇帝"的称号。在这个时期，"西方"一词同"帝
国""欧洲""基督教世界"是同义语。这时的"帝国"概念除了表

示众多的国家共同臣从于皇帝外，没有其他的含义。这个时期的欧洲概念只是纯粹的地理概念，其东部疆界直到博斯普鲁斯海峡和顿河。教皇认为："基督教世界"包括了整个世界，它远远逾出了查理曼帝国的疆域。这使得帝国概念把所有的国家都包括在其中。当时还没有民族的概念，也没有民族国家的概念。这种帝国概念既是宗教观念又是世俗观念，它表示德意志神圣罗马帝国对西方基督教世界具有支配权。罗马教会的教阶组织则把所有的国家纳入其中。[①]从10世纪开始的200年间，这种"世界帝国"的概念很少为人们使用，直到11世纪30到50年代，"罗马帝国"和"基督教帝国"的概念才重新广泛使用。从第一次十字军远征直到18世纪，"基督教帝国"、"基督教共和国"、"基督教人民"和"基督教土地"之类的概念重新在欧洲使用。基督教"帝国"的概念在这个时期的政治文化中出现不是偶然的，因为基督教是这个时期相互作用的各种政治结构的中心。基督教从公元500年前后开始广泛传播。到11世纪后半叶，它通过对教皇负责的教阶制度和修道院团体有影响的活动，确定了它在欧洲各国意识形态中的支配地位。它使用统一的语言拉丁语，它的势力在13世纪达到几乎独占的地位。在13世纪以后200年，西方居民由于文化和政治结构的不同逐渐分离，这样，新的国家概念最终取代旧的"帝国"概念，成为欧洲政治生活中起重要作用的词汇。

　　1300年以后，一些意大利法学家开始把帝国所要求的普遍权力和司法权与政治独立的现实联系起来。他们把单个国家视为普遍的权力

---

① Heinich Mitteis, The State I the Middle Age. A Comparative Constitutional History of Feudal Europe. Amsterdan, 1975. p. 3. Guenee, B., States and Rulers in Later Medieval Europe. Oxford U. P. 1985. p. 1.

的组成部分，而把民族君主的统治权视为帝国权威的基础。但是在当时，他们的理论观念和意大利的政治现实还是脱节的。从10至11世纪，领地国家的概念在西欧出现了，它的现实的制度表现就是在英吉利、法兰西和德意志的一些王公领地出现。[①]领地国家是未来民族国家的基础或前身。

在13至16世纪，古老的军事采邑制已经失去了效力，封臣赢得了独立性。无论在什么地方，只要建立了等级联合组织，它们就要立足于全体成员经立誓达成的协议。这些等级彼此之间订立协议，与自己的君主订立协议，还与外国君主订立协议。这些等级与君主订立的协议涉及特权的授予、对君权的限制，甚至还涉及武装反抗的权利。等级制国家在这个时期出现了。[②]

---

① Heinich Mitteis，The State in the Middle Age. A Comparative Constitutional History of Feudal Europe. Amsterdan，1975. p. 4.

② ［德］卡尔·施密特：《宪法学说》，刘锋译，上海人民出版社2016年版，第77–78页。

第二章
文艺复兴时期意大利的城市国家

第一节 意大利城市国家出现的背景

从2世纪开始，随着罗马军团经巴尔干半岛向亚洲进军，随后君士坦丁大帝于326年将帝国首都东迁，意大利逐渐失去在西罗马帝国中的核心地位。亚平宁半岛处于政治分裂状态，人口减少，东哥特人、伦巴底人等外国人持续不断入侵。[①]中世纪后期的罗马教皇制度和帝国制度在意大利起了阻碍正常的领地君主制发展的作用。在意大利，教皇制的存在阻挠了任何在亚平宁半岛实现领主统一的企图，使得意大利王权在很长的时间里极度薄弱。在意大利，缺少一种强大的世俗政治力量，因而教皇在政治上能对这个地区起控制作用。[②]9世纪以后意大利中央集权统治势力的衰落，为城市国家的创立提供了空间。如圭恰迪尼所说的，意大利城邦在中世纪的繁荣，部分由于神圣

①［英］克里斯托弗·达根：《剑桥意大利史》，邵嘉陵等译，新星出版社2017年版，第32，36，37页。

② Perry Andeson, *Lineage of the Absolutist State*, London, Verso, 1986, p.143.

罗马帝国及其他势力都没能征服它们，这使得地方政治和经济能量能够自由地释放。

从11世纪到13世纪，争取公社自治的行动在西欧许多地区发生。有几十个城邦在正常运作。1080年以后，意大利城市取得独立。11到13世纪，教皇控制着意大利北部和中部，它在与德意志神圣罗马帝国的斗争中支持这些地区的城市公社的自治。关于城市国家形成的模式各个学者作出了不同的解释。查尔斯·蒂利把1000年作为研究的参照点，他认为城市国家发源于这个阶段欧洲的商业和经济发展比较繁荣的地区。商业和经济的发展使得这些地区走上了一条资本密集型国家发展的道路。罗坎则认为城市国家的出现有赖于更早的经济发展。他强调欧洲城市早期的发展得益于在地理位置上接近从北部意大利到低地国家内河贸易路线。[1]其他一些作者也强调水运在这方面所发挥的作用。

在意大利北部和中部，由于教皇在与德意志神圣罗马帝国的斗争中支持公社，城市共和国在这个地区发展最为成功。1080年到1130年，在热那亚、米兰、曼图亚、克雷莫纳、皮亚琴察、帕多瓦、佛罗伦萨、比萨等城都建立了城市共和国制度。12世纪后期起，意大利北部和中部的城市共和国抵制日耳曼皇帝的统治，捍卫自己的自由和权力。1152年腓德烈·巴巴罗萨被选为神圣罗马帝国的皇帝，他进行了翻越阿尔卑斯山的远征，1162年攻陷了米兰。1182年他被意大利北部的"伦巴第联盟"击败，在《康斯坦茨和平协议》中腓德烈·巴巴罗

---

① Stein Rokkan, "Dimensions of State Formation and Nation Building: A Possible Paradigm for Research on Variations Within Europe." in Charles Tillt, ed., The Formation of Nation State in Western Europe. Princeton U. P. 1975.

萨正式承认了城市共和国的自治权。[①]

11世纪以后，在意大利北部城市发展起了早熟的较发达的商人资本，这种封建社会中异质的经济成分阻碍在意大利全国范围内重新组织一个拥有强大权力的封建国家。为在这些地区建立城市国家提供了基础。拥有财力的伦巴底和托斯坎尼公社的积极活动战胜了试图建立统一的封建君主国的努力。罗马以南的意大利地区情况则相反，教皇的职位成为罗马公国各大贵族争夺的对象。到12世纪，南部的大港口都衰落了。12世纪末，腓德烈二世与教皇之间的冲突导致了近30年的战争。双方都寻求北部城市的支持。最终霍亨斯陶芬家族的势力被赶出了意大利。由于意大利各地分崩离析，意大利实行的法律体系混杂，有罗马–拜占庭式的，有伦巴第式的，有法兰克式的，也有诺曼的法律。[②]

12世纪后期起，意大利北部和中部的城市共和国抵制日耳曼皇帝的统治，捍卫自己的自由和权力。而在罗马以南的意大利，1059年尼古拉二世为了巩固自己的地位，在30年的时间里与劫掠拜占庭帝国南部的诺曼人建立了联盟。诺曼人每年发动入侵，而教皇则承认诺曼人在普利亚、卡拉布里亚和加普亚的统治。1061年诺曼人控制了西西里岛。在诺曼君主的统治下，意大利南部贸易进一步衰落。

腓德烈二世在1225—1250年试图征服这些城市共和国。他在意大利创建皇家法院来协调意大利国内的罗马-拜占庭法、伦巴第法、法兰克法和诺曼法律等各种法律的冲突。他的野心导致了和城邦国家的

---

① ［英］克里斯托弗·达根：《剑桥意大利史》，邵嘉骏等译，新星出版社2017年版，第39–44页。

② ［英］克里斯托弗·达根：《剑桥意大利史》，邵嘉陵等译，新星出版社2017年版，第39–40页。

矛盾，并且发生了与教皇的冲突。1198年英诺森三世担任了教皇，把教皇权力发展到顶峰。英诺森三世要求在神圣罗马帝国的特权以及对西西里岛、阿拉贡、匈牙利王国的统治权。他还试图在意大利中部建立一个强有力的国家，以谋求教皇的永久独立。1520年腓德烈二世去世时，他在北意大利的盟友已所剩无几。之后，教皇向法兰西国王的兄弟安茹的查理寻求帮助。查理向意大利进军，1266年杀死了腓德烈二世的私生子曼弗烈德。1282年西西里被阿拉贡人夺走。安茹王朝在以后一个半世纪中统治着那不勒斯。[①]

在政治经济制度方面，伦巴第、威尼托、艾米利亚以及马尔凯在13世纪中期出现了终身制领主。一些领主夺取了城市权力，常常也和已有的城市委员会共同执政。但领主制只存在于意大利的某些地区。意大利北部出现了阿奎莱亚主教国和特伦托主教国，而西部被萨伏依和皮埃蒙特两个封建公国统治着。它们之间还有一个蒙费拉托公国。在意大利南部，安茹统治下的庞大的封建王国一直维持到1442年。许多男爵自定法律，只在符合自己利益时才会服从国王。

统治威尼斯城市共和国的是从13世纪起就很少更迭的世袭贵族。市民阶级享有商业特权并有权取得一些公职。他们垄断了最大的5家行会的要职，并控制着大约500家行会。[②]

从14世纪中叶起，富裕的意大利城市国家蚕食了周围的领地。佛罗伦萨在1350到1421年占领了普拉托、皮斯托亚、沃尔泰拉、阿雷佐、比萨和里沃诺。威尼斯则在同期夺取了特雷、维琴察、维罗纳、

---

①［英］克里斯托弗·达根：《剑桥意大利史》，邵嘉骏等译，新星出版社2017年版，第45页。

②［英］克里斯托弗·达根：《剑桥意大利史》，邵嘉骏等译，新星出版社2017年版，第50页。

帕多瓦和弗列留。在南部，1416年阿拉贡国王阿方索在继承西西里王位后，又征服了那不勒斯，并对佛罗伦萨、热那亚、米兰和威尼斯发动战争。从1378年起，敌对的两个教皇则鼓励和帮助各自的支持者。

1447年尼古拉五世担任教皇后局势开始稳定。1454年，米兰、威尼斯、佛罗伦萨、教皇国和那不勒斯组建旨在恢复和平的意大利联盟。但这个联盟没有能争取到和平。阿拉贡国王仍在与热那亚斗争，威尼斯为争夺费拉拉的控制权发动了战争。1494年法国国王查理八世的军队翻过阿尔卑斯山进入意大利。①

13到15世纪意大利城市国家的兴起有着人口地理学的背景。在地中海地区，从古典时代起，居民中很大一部分人便居住在城镇中而不是散居在农业区的村庄中。都市在那个时期已有所发展。中世纪早期中央权力的衰弱和制度发展的连续性使得主教掌握了城市权力。但随着市民阶级的兴起，城市市民共同体在组织防卫、分配维持城镇必需的开支和维修城墙的费用方面，以及在公用事业方面逐渐显现出重要性。所以一些宗教事务如选择主教时也邀请市民来讨论。有证据表明当时曾召开一些定期的会议来处理这些事务。这样，市民便逐渐参与城市市政管理的工作，并掌握了一定的权力。中世纪意大利城市人口的社会结构很复杂。学者通常把意大利城镇称为由贵族、以放债收取利息为生者、店主、技工、公证人和农民组成的混合型社会。但是，也还有大批居民并不属于上述社会阶层的任何一个，他们参加了不止一种经济活动。②

---

① ［英］克里斯托弗·达根：《剑桥意大利史》，邵嘉骏等译，新星出版社2017年版，第58–59页。

② Daniel Waley, *The Italian City-Repunlics*. London，1988. p.11.

在文艺复兴时期，城市经济的发展吸引了贫瘠的乡村农民移居城市。在12世纪早期到13世纪后期，意大利城市包括郊区的人口增长得非常快。拿波里、佩鲁贾、皮亚琴察、帕多瓦、维罗纳、帕维亚的人口都超过了2万人，帕勒摩、波洛尼亚、锡耶纳的人口均超过5万人，少数大都市正在形成，佛罗伦萨、热那亚、米兰、威尼斯的人口均达到9万到10万人。[1]

城市共和国社会结构的一个特点是家族纽带和家族关系非常强大。富人的家族联系是他们政治和经济活动的基础。大家族的成员经常居住在同一街区，有的家族像热那亚的多利亚家族、佛罗伦萨的佩鲁齐家族，整个家族环绕着一个广场而居。在紧张时期，家族会确定一个聚会地点，聚在一起讨论和决定集体性的政策，他们依靠通婚来加强联系和团结。[2]城市共和国争夺政治控制权的斗争往往在两大主要的家族集团之间展开。这样的家族集团在佛罗伦萨是乌贝蒂家族和多纳蒂家族，在布雷西亚是里沃拉家族和科利奥尼家族；在克雷莫纳是巴巴拉斯家族和卡佩勒蒂家族。[3]

在意大利北部城市，政治组织的建立先是城镇中的重要家族建立联盟，即"公社"，任命执政官，由执政官统治民众，行使从主教、边疆伯爵或伯爵那里夺取的地方权利。这个阶段称执政官时期，时间从1083年到1183年。随后经历了一个混乱时期，统治集团内部不同派系发生内讧，市民以外的富裕阶层也来争取权力。城镇有时引入一个

① Philip Jones，*The Italian City-State. Oxford*，Clarendon Press. 1997. p.153.
② ［英］克里斯托弗·达根：《剑桥意大利史》，邵嘉陵等译，新星出版社2017年版，第42页。
③ ［英］克里斯托弗·达根：《剑桥意大利史》，邵嘉陵等译，新星出版社2017年版，第43页。

"局外人"来担任行政长官。大约从1220年到1270年是城市公社最强盛的时期。[①]

这种政治形成的过程中有3个因素在起作用。一是那些为市民承担行政工作的人形成了执法集团。二是公社通过取消主教和其他权威的权力，使得城市获得了极其重要的司法权。其间有一个由主教、公爵和执法官共同掌握司法审判权的中间过程。以后，这种司法审判权得到了西罗马帝国皇帝的认可。例如，波洛尼亚在1116年获得了对违抗帝国命令者罚款的权利。1162年热那亚获得了选择统治者，以及宣战、媾和和免除帝国赋税的权利。1164年帕维亚也获得了司法权，它还通过1183年的康斯坦茨合约获得了对城市执政官和与财政诉讼案有关的司法权，并削弱了伦巴底主教的地位。城市共和国形成的第三个因素是城市获得了它的外部权力，建立了与其他公社的联系。在这一发展过程中建立了新的制度和行政、军事和外交职能，并且产生了居于一切冲突之上的爱国主义情绪。到此时，公社就不再是原来意义上的市民的"共同委员会"，而发展成为有自己权力的市民的议会，城市国家开始形成。[②]

第二节　国家机构概况和议会制度

意大利城市国家的官员主要有执政官、公民大会或委员会成员、

---

① [英] 塞缪尔·芬纳：《统治史》，王震译，华东师大出版社2014年版，卷二，第376页。
② Daniel Waley, *The Italian City-Repunlics*. London，1988. p.34.

市长和财政官员等。

在12世纪中期以前，意大利的一些大城市便设有执政官。这些城市包括皮亚琴察、曼图亚、摩德纳、维罗纳、卢卡、佛罗伦萨和帕尔马。执政官的数目在各个城市以及一个城市的不同时期都有差别。以维罗纳为例，执政官的数目在1135年为4人，1140年为7至 8人，12世纪后半叶为8至12人。对于如何挑选执政官，人们迄今知之甚少。弗莱辛的奥托说，"执政官是从当时的三个等级中分别选出的。"这个时期执政官的司法工作增加了，因此任命了司法执政官，它的职责有别于一般执政官。这种专管司法的官员在1145年的帕尔马、1153年的米兰都出现过。比萨的执政官是通过民众大会的喝彩而获得它的权威的，在当时选举制还不十分发达。

初期公社中设有委员会，又被称为所有市民的会议即议会。一项动议首先要投票表决，取得过半数的赞成票，然后还要喝彩通过。这种做法的前身是当局的每项要求和决定都需要在比萨全体人民的民众大会上以大声喊叫"同意"来认可。当时为了其他的目的也举行这种全体市民会议。例如在克雷莫纳，当1118年和1122年授予一些骑士地产时，便在民众大会上举行宣誓。而在小城市，长期以来有举行所有市民参加的会议的习惯。但是在13世纪中期以后在瓜尔多塔迪诺、巴萨诺和科马基奥，尽管继续召开公民大会，但这种机构已不再对城市起统治作用。[1]

关于执政官和市民大会的关系以及一项决议是通过怎样的程序最后做出的，迄今为止知之不详。许多城市的委员会设置不仅存在大

---

[1] Daniel Waley，*The Italian City-Repunlics*. London，1988. pp. 36–37.

委员会，同时存在小的"秘密委员会"。维罗纳在1285年大委员会有1185人参加。摩德纳在1306年有1600人参加大委员会。巴萨诺的委员会则有100人或40人组成。各种城市委员会成员的选举方式多种多样，例如佛罗伦萨在1294年召开了一次行会会议来选举官员。

据记载，选举共和国的长官由24种不同的方式。常用的主要选举方式有下列三种。一是间接选举，先选出选民团，再由选民团来选举共和国长官。二是由卸任的委员会委员和官员在任期结束时提名。三是通过抽签来决定，有时也把不同的选举方式结合用来选举。例如在卢卡，做法是在每个城区召开一次会议，在会上进行选举，每550人选出1名该区的代表，委员会的委员也用这种方式选出。委员会只有在到会委员达到法定人数时才能做出有效的决定，通常需要三分之二的委员到场。一些城市对缺席的委员处以罚款。委员会对一般事务做出决定只需要简单的多数，决定重大的问题则需要三分之二的多数通过。在处理某些重大问题时，甚至有要求出席会议的人要有四分之三、五分之四、甚至十一分之十、十七分之十六通过的例子。例如在帕尔马，便有四种不同范畴的事务需要不同的多数比例通过的规定，同时会议要有详细的发言记录。

意大利各城市国家中设有市长职。米兰在1162年由一个德意志人或伦巴底人来担任市长。一些时候由城市公社与德意志神圣罗马帝国皇帝研究决定市长的人选。如1177年和1183年威尼斯与康斯坦茨缔结的条约便有这样的内容。早期出任市长的大多是封臣，他们在城市周围拥有地产。如1169年任维罗纳和曼图亚市长的圣博尼法索便是这样。由于城市中各种经济利益已有一定的发展，林立的派别相互之间的斗争非常激烈，他们争夺城市的统治位置，仇杀不断发生。所以当时通常是选择一个众人可以接受的人来出任市长。例如热那亚编年史记载，该城在1190年做出过决定，把该城市的行政权交给一个来自该城以外其他地方的人士，便于他在城市内部的派别斗争中保持中立。当时选择了一位伦巴底人出任热那亚市长。到14世纪初期市长一职已有很大发展。当时摩德纳市长手下有一批辅佐他执政的官员和一批仆役。其中有4名法官和24名骑兵、巡官和马夫。规定这些人必须在30岁以上，他们在摩德纳不得有亲戚，并且在任职前3年未在当地担任过官职，以确保他公正地履行公职。在其任职期间未经委员会同意不得离开该城。市长就职时，要根据法律宣誓在他任职期满后必须至少留居当地5天，以保证归还他在任职期间所得的非法收入。其目的在于禁止非法侵占公社财产和防止腐败。在一些城市，甚至城市长官本人也需履行这种制度。[①]

在意大利城市共和国的政治制度中，市长是城市的执行官。他只是代行法律的统治，而不是城市的全权统治者。市长在危机时期可以作出动议，流放搞阴谋活动的派别领袖。1225年在摩德纳、1227年在维罗纳采取过这种行动。市长也可以敦促城市公社参战，1227年在热那亚便有这样的例子。到14世纪，市长通常只是一个拥有警察权力的法官。在13世纪，市长实际上成为一个由能人担任的固定职业，通常由受过法律训练的人出任市长，其中有一些人从一个城市到另一个城市担任市长工作。例如米兰人古格里摩·普斯特拉至少17次担任市长。某些家族具有推举市长的传统。例如米兰的曼德利家族、帕尔马的罗西家族、皮亚琴察的维松提家族便是这样的例子。[②]

---

① Daniel Waley，*The Italian City-Republics.London*，1988. p. 40.

② Daniel Waley，*The Italian City-Republics.London*，1988. p. 43.

市长通常拥有军事指挥权。市长时常动员人们去参战，有时市长本人也参加战斗。但无论市长是否真正参战，在当时浓烈的家族间仇杀的气氛中，市长这个职务是不安全的。例如1240年波洛尼亚的一个贵族在去救米兰市长的途中被勒佑的公社囚禁。当时在波洛尼亚有一种使用暴力的传统，往往一个人就职后，危机就接踵而至了。例如1195年皮斯托亚的古多提诺遭到被他罚过款的一批贵族的惩罚，判处拔掉他牙齿的刑罚，他逃离了该城。当市长选择不当时，城市共和国就会发生骚乱，迫使免去这个市长的职务。例如1284年摩德纳的托比亚斯·德·兰哥尼被选为勒佑市长后，因缺乏经验卷入该城的派别纠纷而被免职便是一例。①

城市公社还设有其他官员。到12世纪末，每个城市公社至少设立一名支薪的财政官员，通常称为"财政总管"，有时也称为"施政官"。有时是两个人共同担任城市公社的财政管理工作，但通常情况下是由一人担任，其主要职责是管理财政开支，任期为6个月。在摩德纳，财政总管6个月的总工资为2000锂。此外，公社还设有支薪的书记官。城市公社中其他的官员则是部分时间工作，这些官员中有估价官，他负责财产估价工作；另有执行官负责修缮道路和供水。摩德纳还设有两名公证人，作为城市案卷的保管人。他负责保管所有的账目、司法记录、立法文件，供查询和复制。②

12世纪有不少公社制定了法典、法令和法规，它们涉及城市生活的方方面面。当时城市共和国的财政开支主要有两项，一是支付官员的薪金，二是支付战争的开支。1228年维罗纳每年支出9435锂的工

① Daniel Waley，*The Italian City-Republics*. London，1988. pp. 44–45.
② Daniel Waley，*The Italian City-Republics*. London，1988. p. 46.

资。1230年至1231年锡耶纳与佛罗伦萨作战时，每年要开支50000锂至65000锂，这在当时已不是一个小数目。城市公社收入的主要来源是赋税、直接税和债款。13世纪中期许多公社都征收关税。最早建立国债制度的是热那亚，热那亚在1154年曾向市民借债15000锂。威尼斯从1207年开始征收义务公债。

城市共和国的公民有军事义务。公社要求公民们准备合适的马匹服兵役。1162年比萨的300名民兵被迫宣誓提供战马。通常情况下男子必须服兵役，如患病可以找人代替。就军队构成而论，当时骑兵人数不少。13世纪意大利大城市常拥有千余名骑兵，1298年波洛尼亚有1600名骑兵。

随着城市事务的日益增多和复杂化，法官人数也增加了。1201年维罗纳有16名司法委员，其中6名是有资格证明的律师。[①]

城市共和国中承担行政职能的委员会的构成复杂。在初期的公社中，骑士即贵族是有土地的阶级。1180年皮亚琴察的委员会有130名贵族参加。1190年曼图亚的委员会大约有100名委员，其中有80名左右是包括骑士在内的贵族后代。此外有2名屠夫和1名银钱兑换商。比萨的执政官在12世纪末有30人是贵族的后代。但是在另一些城市的委员会中，贵族的比例很小。例如在圣吉米亚诺只有两名是乡村贵族的后代，还有1名是佛罗伦萨贵族的后代。在12世纪初期的维罗纳，拥有城堡和土地的富有者直接参与了贸易，他们与阿迪杰和特兰提诺进行贸易，甚至与德意志展开贸易。12世纪后期商人组织的主要官员中有许多人本身就是贵族，如摩德纳的阿托、佛罗伦萨的吉奥万

---

① Daniel Waley, *The Italian City-Republics*. London，1988. pp. 53–54.

尼·迪·卡瓦尔坎提。城市执政集团的另一个重要成分是律师。1183年帕多瓦，17名执政官中有5名是法官。曼图亚1164年的委员会由40人组成，其中有4人是律师。1295年贝加莫的委员会由104人组成，其中有7人是律师。[①]根据这些资料，可以说意大利城市共和国的掌权集团的构成是混杂的，在一些城市共和国贵族占据了领导地位，而另一些城市共和国则由商人掌握政权。

由于城市共和国是以城市经济即手工业行会和手工工场为主要经济基础，所以手工业行会成为城市共和国中一支重要的政治力量。

从城市共和国的制度中看到朴素的民主制特征。这种民主共和制的存在，是由于当时城市中资本主义生产关系尚未成熟，行会及其传统纽带在工商业者和手工劳动者之间维系着温情脉脉的关系。它掩盖了当时已经萌芽的阶级斗争。城市共和国的体制处于民主贤能政治与家族统治之间的动荡交替，并没有形成一种较为稳定持久的政治结构。

这个时期意大利处于教皇和霍亨斯陶芬家族的争夺下，分崩离析。在这种激烈的政治角逐的环境中，意大利城市共和国的统治者对于政治治术深思熟虑，他们打破封建传统，采取了现实主义的谋略。这种政治治术具有一种新的政治精神，同时，也不加掩饰地把资产者不顾一切的贪婪和卑劣性格表现出来。马基雅维利的《君主论》便体现了这种政治精神。

意大利城市共和国是自主的，它不受任何王公、主教、贵族的控制，也不受其他城市的控制。它有自己的法律，自己发行的铸币，它

---

① Daniel Waley, *The Italian City-Republics*. London，1988. p. 14.

的自主经营的意识很强。城市共和国在经济上无法做到自给自足，它依靠控制城外的乡村土地，从这里购买货物，也向这里的居民征税。同一个城市和别的城市处于激烈的竞争和冲突中，为此它需要保持一支军队。构成这支军队的有民兵，也有职业的雇佣军。为了在财政上支持这支雇佣军，城市国家实施了赋税和国债制度。它根据每个家庭的财产征税。富人缴纳间接税，其他人缴纳某种财产税。城市国家还向富有的市民借债。城市共和国履行社会保障职能，它负责向城市平民提供廉价的面包。在城市发生内部冲突时，城市政权保持着某种形式的中立，努力减轻这种冲突造成的损失，即它在城市不稳定的状态中努力保持均势。[①]

　　文艺复兴时期意大利城市国家没有严正的司法，也没有警察维持社会治安和保障人身安全。丹纳对意大利城市国家的政治生态和政治文化做了细致的描述。"那时意大利的第一个特点是没有稳定而长久的太平，没有严正的司法，不像我们有警察保护。那种极度恐慌的情绪，混乱和强暴的社会，我们不大容易想象。"当时私斗和亲自动手杀人的习惯根深蒂固。"这是真正的封建社会，每个人都由着性子去攻击别人或是保护自己，把自己的野心、恶毒、仇恨，贯彻到底，既不怕政府干涉，也不怕法律制裁。"15世纪意大利史学家斯丹法诺·特·英番絮拉在日记中记载："九月二十日，罗马城中大为骚扰，所有的商人都关上铺子。在田地或葡萄园中做活的人急急忙忙赶回家，不论本地人外乡人，都赶紧拿起武器来，因为传说教皇英诺森八世确实是死了。"这一下，十分脆弱的社会纲纪解体了：人又回到野蛮状态；

---

① Peter Burke，"City States"．in J．A，Hall，ed．，*State in History*．Oxford U．P．1987．pp．140–142．

个个都想趁此机会摆脱仇家。便是平日，暴行虽则少一些，残酷的程度还是一样。"便是罗马城内，白天和黑夜都有不少命案，没有人被谋杀的日子是难得的。"①

在意大利城市国家中，反对贵族统治的动乱和示威不断发生，到14世纪晚期尤其如此。据一项不完全的统计，从1300年到1550年，在105个城镇中发生了210次以上的起义。②

意大利各地的政治制度具有多样性和复杂性。代议制只是在少数国家存在。12到13世纪意大利北部建立的城市独立于帝国。代议制会议一度短期出现在那不勒斯、西西里和撒丁。在蒙费拉，14世纪议会发展起来，但到15世纪，统治者实行了集权化的政策，议会的权力限于协商补助金。议会活动的最后记载是在1502年，当时它拒绝批准给法国军人营舍。在皮埃蒙特，14世纪议会已经发展得非常充分，它拥有通过征税、动议立法和影响政府政策的权力。当1536年法国蚕食皮埃蒙特后，等级会议协助政府工作。当伊曼纽尔·菲利伯特公爵在1559年重新获得权力后，1560年以后没有再召开过议会。在弗列留，14世纪有权力的议会发展起来，寡头在军事、财政和行政中广泛地使用议会委员会这种机构。但到1420年，弗列留的寡头被威尼斯征服，议会权力被削弱。③

在那不勒斯，13世纪以后政治会议的构成和活动非常不规则。只是到了1443年阿拉贡的阿方索征服那不勒斯王国后，一个真正的议会才建立起来。1443年在贝内文托召开了一次"总议会"，它的参加者

① 〔法〕丹纳：《艺术哲学》，傅雷译，安徽人民出版社1985年版，第162–163页。
② 〔英〕塞缪尔·芬纳：《统治史》，卷二，王震译，华东师大出版社2014年版，第368页。
③ A. R. Myers, *Parliaments and Estates in Europe to 1789*. London，1975. p. 93.

限于贵族。直到西班牙的斐迪南征服那不勒斯王国，这里的议会间歇召开，在16世纪召开了40次。议会坚持它必须有批准征税权。

西西里的议会是意大利的议会中运作时间最长的。它由阿拉贡的弗里德里克二世建立。在14世纪，西西里经常发生动乱，议会定期召集，但无事可做。1395年以后阿拉贡国王马丁一世征服西西里后，他重组了政府。西西里的议会采用了阿拉贡和加泰罗尼亚议会的功能和结构。在15世纪，西西里议会迫使阿方索五世同意，只有当国王批准议会要求特权的请愿，议会才会批准国王纳税的要求。西西里议会在斐迪南统治时期非常有势力。[①]

第三节　佛罗伦萨

1053年，玛蒂尔达继承了托斯卡纳侯爵领地，当时佛罗伦萨为玛蒂尔达控制。1115年玛蒂尔达逝世，对市民的控制渐弱。1138年佛罗伦萨建立了第一个公社，它有12个执行官、100个立法委员和全体市民议会。它被权贵控制，其中多数为贵族。

佛罗伦萨是意大利中部最繁荣的城市，在1349年爆发黑死病之前人口已超过了10万。纺织业和银行业遍布市区，这座城市十分富有。它把整个托斯卡纳地区置于自己的控制之下。它还是意大利最有影响

---

① A. R. Myers，*Parliaments and Estates in Europe to 1789.* London，1975. p. 95.

的文化中心。黑死病之后，佛罗伦萨的人口大约只有5万人。①

佛罗伦萨的政治制度经过一个长期发展的过程，最初是原始的公社机构，然后是城市公社，再以后是平民公社。

在佛罗伦萨城市共和国，自查理一世时期开始，全城手工业分成若干行会，最初为12个行会，稍后增至21个行会。行会首领负责解决其从业人员之间的民事纠纷。以后这些行会逐渐取得很大的权力。几年以后，城市的行政机构就都掌握到行会手中。行会分为"大行会"和"小行会"。大行会有7个，小行会有14个。佛罗伦萨执政团的职位分两部分。一部分给高级行会选派的人士，另一部分给低级行会选派的人士。城市共和国的正义旗手—职则由双方轮流担任。在佛罗伦萨城市共和国中存在着无权的平民和享有特权的行会上层人士之间激烈的阶级斗争。平民下层担心失去自己的行会以及通过行会得来的权力，常常拿起武器来与平民上层和行会作斗争。平民的斗争迫使执政团做出让步，召开平民大会。但是，从1378年起平民便不再控制政府，平民失去了政权。此后，1381年成立的政府规定，平民行会今后只能在政府中占有四分之一的高级官职。还规定可以由两名执政授权正义旗手和另外4人推荐优秀公民，把他们的名字投入选举袋，每届执政团可以从中抽选两人。②

佛罗伦萨的主要行政机构是首长会议。它由8位首长和1名正义旗手或"掌旗官"组成。首长由各行政区选举产生。每区有两个名额，这些官员的任期只有两个月，不能立即重选连任。首长会议由另外两

---

① ［英］塞缪尔·芬纳：《统治史》，卷二，王震译，华东师大出版社2014年版，第378，399页。

② 马基雅维里：《佛罗伦萨史，从最早时期起到豪华者洛伦佐逝世》，李活译，商务印书馆1982年版，第167–168页。

个团体提供帮助和建议。其中一个团体由4名正义旗手组成，每1名正义旗手都来自一个旗区，行政区分为4个旗区。这些正义旗手负责指挥当地民兵，承担对内职责。第二个顾问团体是12人贤人团，它的前身是古代百人大会。16名正义旗手的任职期限为3个月，12人贤人团中的顾问任职期限为4个月。首长会议和这两个团体掌管着许多执行委员会。这些执行机构由公证员充当职员。公证员队伍当时很庞大。在这些委员会中，有两个委员会负责谷物供给，另外两个委员会掌管雇佣军事务，还有一个负责监狱管理，此外还有一批专门负责财政等事务的委员会。首长会议可以就任何问题立法。它负责外交政策、宣战和媾和，同时保证所提出的法令能够被立法委员会通过。对于诉讼，它有权干涉法庭的决定。它参与绝大多数职务的选任，相当于最高行政管理部门。

此外，当时存在着公社委员会和人民委员会，它们的规模时时变化。当时公社委员会有200人，人民委员会有300人，每年任期6个月，1366年以后，任期为4个月。它们没有立法动议权，主要工作是进行讨论，投票表决，以三分之二多数通过首长会议提出的提案。它接收市民机构以请愿书的形式递交的法律草案，它根据自己的考虑提出立法动议。[①]这些委员会的成员在1343年以前一直是通过选举产生的，后来通过抓阄产生。

佛罗伦萨的司法、安全和秩序并未掌握在市民手中，而是由首长会议和对其负责的外国官员来实施。他们还负责维持城市治安和执行纪律，担任武装机构的负责人。佛罗伦萨政权机构的行政官多

---

① ［英］塞缪尔·芬纳：《统治史》，卷二，王震译，华东师大出版社2014年版，第381–382页。

达上百人。

佛罗伦萨政治体制的一个特点是公共权力对于选民组织的控制不断加强。

13世纪佛罗伦萨在对外关系上徘徊于效忠于教皇还是效忠于德意志帝国皇帝。这种斗争一直持续到黑党成功地流放了白党。

从1343年到1378年，佛罗伦萨参加了4场重要的战争。其中两场是与米兰进行，一场是与比萨，另一场是与教皇进行。战争中使用了雇佣军团，这加重了政府的财政开支。佛罗伦萨直到1320年才实现收支平衡。佛罗伦萨的公债约为5万佛罗林，1404年公债高达25佛罗林。为此建立了许多筹集资金的新机构，管理它的官员人数也激增。资金主要通过盐税和商品销售中的直接税征集。为筹得款项，在佛罗伦萨设立了有券公债和国债。财政部门为了寻求额外的资金来源，发明了特别强制贷款，或与典当商签约。为了执行新的职能，如规范盐税、给典当商发执照、为雇佣兵开设信贷银行、对农村进行地籍调查、评估农村的税收数额、征集大乡村领主未缴纳的税款。税收和财政事务的增加导致了佛罗伦萨官员人数的增加。在1343—1393年间，参政官员增加了5倍。佛罗伦萨和当时其它大多数意大利城市一样，设立了规模庞大的公共官僚机构。

佛罗伦萨出现过一个"圭尔夫党"。13世纪60年代它继承了从吉伯特派那里征用来的财产，获得了特殊的政治地位，赢得了进入统治机构的权利。一个世纪以后，在没有政治对手的情况下，它控制了佛罗伦萨。"圭尔夫党"出现的背景是城市中存在的大量像行会和宗教兄弟会一类的半自治性协会。"圭尔夫党"根据一个正式的章程创建，有自己的领袖和区域性组织。它还有政治意识形态和发展规划。

这种组织形态与19世纪早期和中期拉美共和国一些政党类似，它是高度个人化的政党。"圭尔夫党"受自己制定的法规制约，其中一项条款写道："政党、人民和公社应当只有一个，而且是同一个"。法令还规定，执政当局不能反对正当的利益，而要积极促进政党的事业。政党被授予称为"圭尔夫地位"的重要特权，即"圭尔夫地位"是获得公共职务的先决条件。"圭尔夫党"拥有自己的顾问团，还拥有4名"队长"，后增至6名和8名。队长们任期两个月。"圭尔夫党"还建立了自己的立法委员会。"圭尔夫党"的成员人数很多，它在1364年提名17000人作为公职候选人。在数十年中，佛罗伦萨没有人反对"圭尔夫党"。[1]1378年公社对"圭尔夫党"展开了斗争。首长会议和"圭尔夫党"发生了直接冲突。平民发动了暴动，战胜了"圭尔夫党"和寡头们。

1382年以后，马索·戴戈里·奥比奇家族和他们选择的继任者吉诺·卡波尼控制了佛罗伦萨，城市权力从议会向私人会议转移，共和政体转为隐形的首长会议。1434年以后，美第奇家族使这种制度完善。[2]

在佛罗伦萨共和国，担任官员的有相当数量的市民。从14世纪初到15世纪后期，它的官员中市民数量在持续地增长。但是，这是在佛罗伦萨的人口急剧下降的背景下发生的。

参加市民机构的约有3000人，占总人口的6%。这个数字是14岁以上男性人数的四分之一。在佛罗伦萨的3000多名市民中，不超过750名市民具有担任公职的资格。在佛罗伦萨，小工匠往往比权贵家

---

① ［英］塞缪尔·芬纳：《统治史》，卷二，王震译，华东师大出版社2014年版，第390，396页。

② ［英］塞缪尔·芬纳：《统治史》，卷二，王震译，华东师大出版社2014年版，第393–394页。

族更容易派出代表。在城市政治中，贵族常常要与屠夫、军械士和小店主们并肩而坐，进行协商，并遵从他们的否决。①

从1328年11月起，佛罗伦萨几乎在选择所有的政府官员时都是通过抽签或抓阄的方法，获票领先出任官职者的任期为两个月。②担任官职者有年龄要求，许多高级职位出任者要求年龄在30岁以上。③是否承担纳税义务也是能否承担官职的条件。有一些市民因为负债而被罢免官职。④1282到1328年，有1217名公民被选出担任2295个职位，这些当选人中平均一个人担任官职略少于两次。⑤在1328年11月以后，佛罗伦萨用抽签的方式选择几乎所有政府官员。在1381年以后，几乎固定的每5年一次选举它的官员。⑥佛罗伦萨民众政府的执政只是出现在13世纪中叶到14世纪末4个短暂的时期。⑦

在佛罗伦萨，到1382年，教会人员已无法坐享好处。教会法庭不

---

① ［英］塞缪尔·芬纳：《统治史》，卷二，王震译，华东师大出版社2014年版，第378，399页。

② David Herlihy, "The Rulers of Florence, 1282–1530." Anthony Molhho, JKurt Raaflaub, Julia Emlen, eds., *City States in Classical Antiquity and Medieval Italy*. Ann Arbor. The University of Michigan Press, 1991.p.198.

③ David Herlihy, "The Rulers of Florence, 1282–1530." Anthony Molhho, JKurt Raaflaub, Julia Emlen, eds., *City States in Classical Antiquity and Medieval Italy*. Ann Arbor. The University of Michigan Press, 1991. p.210.

④ David Herlihy, "The Rulers of Florence, 1282–1530." Anthony Molhho, JKurt Raaflaub, Julia Emlen, eds., *City States in Classical Antiquity and Medieval Italy*. Ann Arbor. The University of Michigan Press, 1991. p.205.

⑤ David Herlihy, "The Rulers of Florence, 1282–1530." Anthony Molhho, JKurt Raaflaub, Julia Emlen, eds., *City States in Classical Antiquity and Medieval Italy*. Ann Arbor. The University of Michigan Press, 1991. p.213.

⑥ David Herlihy, "The Rule of Florence, 1282–1530", in Anthony Molho, Kurt Raaflaub, Julia Emlen, eds., *City States in Classical Antiquity and Medieval Italy*. University of Michigan Press, 1991.p.198.

⑦ John M.Najemy, "Te Dialogueof Power in Florentine Politics". in Anthony Molho, Kurt Raaflaub, Julia Emlen, eds., *City States in Classical Antiquity and Medieval Italy*. University of Michigan Press, 1991.p.274.

得经营高利贷，教会需定期向国库缴纳款项。

　　佛罗伦萨拥有脱离了教会的大规模的公共教育体系。1338年有8000至10000名男孩和女孩在小学里受教育，有1000至1200名男孩在商业学校学习，约有550至600名男孩到语法学校学习传统的语法和逻辑。[①]

　　1382年以后，马索·戴戈里·奥比奇家族和他们选择的继任者吉诺·卡波尼控制了佛罗伦萨，城市权力从议会向私人会议转移。共和政体转为隐形的首长会议。1434年以后，美第奇家族使这种制度完善起来。佛罗伦萨的政治体制不是民主制，但也不是寡头政体。佛罗伦萨的公会有大家族领导，这些大家族得到了依附农的支持。在佛罗伦萨的政治架构中，市民的政治平等性非常强大。佛罗伦萨政府的临时性和党派性很强。

　　佛罗伦萨的共和制一方面面临来自权贵的威胁，另一方面又面临被剥夺公民权的饥饿的民众和被放逐的党派和雇佣军团的威胁。佛罗伦萨还受到帝国和教皇入侵的威胁，它不断地和邻邦处于长期的交战之中。[②]这些政治因素使得佛罗伦萨政治体制处于不稳定状态中。这种体制存在着内在的缺陷。

　　佛罗伦萨共和国之所以能够持续存在，是因为它的经济发达。到14世纪早期，佛罗伦萨已经成为欧洲最富裕的城市。14世纪佛罗伦萨有近300家纺织公司，生产和贸易的利润被投入银行业。在15世纪，佛罗伦萨和意大利其他北部和中部的城市一样，保持了高度的繁荣。但是此时它的经济增长速度比12到13世纪减缓了许多。1348年黑死

[①] ［英］塞缪尔·芬纳：《统治史》，卷二，王震译，华东师大出版社2014年版，第388页。
[②] ［英］塞缪尔·芬纳：《统治史》，卷二，王震译，华东师大出版社2014年版，第399页。

病的爆发使人口急剧减少，14世纪早期佛罗伦萨大约有10万人；到了1427年，它只有3.7万居民，这对经济造成无法估量的消极影响。[1]

佛罗伦萨城市共和国持续到1530年。此后，教皇和查理五世占领了它周边的农村，迫使佛罗伦萨城投降。[2]

第四节　威尼斯

10世纪以前威尼斯处于拜占庭帝国的统治下。它的城市共同体作为拜占庭帝国的一部分存在。它的代表大会选出终身任职的总督，以及两名为他提供咨询和辅助工作的顾问。总督拥有绝对的行政权，但他做出的重要决定要由代表大会批准。[3]

在11世纪，威尼斯的船队进入地中海，击退了控制亚得里亚海的竞争对手达尔马提人、匈牙利人、萨拉森人、诺曼人。威尼斯在990年吞并了达尔马提亚，以后又输给了匈牙利人。12世纪威尼斯商人逐渐掌控了整个东地中海，把贸易、海盗行为和十字军东侵混合在一起。1167年伦巴第联盟成立的时候，威尼斯加入了联盟。但在1171年君士坦丁堡贸易争端后，拜占庭皇帝逮捕了全部威尼斯商人，并没收了他们的财产。1203和1204年威尼斯利用十字军对拜占庭帝国的殖民

---

①［英］克里斯托弗·达根：《剑桥意大利史》，邢嘉骏等译，新星出版社2017年版，第51—52页。

②［美］查尔斯·蒂利：《强制、资本和欧洲国家（公元990—1992年）》，魏洪钟译，上海人民出版社2012年版，第78页。

③［英］塞缪尔·芬纳：《统治史》，卷二，王震译，华东师大出版社2014年版，第403页。

打击，控制了过去帝国的大部分地区。威尼斯的商业取得很大的发展，它通过运输十字军士兵和把朝圣者运到圣地发了大财。由商人和银行家组成的管理委员会管理着威尼斯。[①]1184年威尼斯建立了对基奥贾泻湖盐的生产和销售的垄断，这给它带来了可观的收入而无须付出大量的人力。威尼斯国家可以从本城商人处借钱并对商品流通征税，使它有很好的财政基础，城市集聚了大量的财富。威尼斯国家并不庞大，它有一个精致的政府。

商业贸易使威尼斯城市的人口迅速增长，它成为欧洲人口最多的城市，1200年人口有8万人或更多，1300年有12万人左右。尽管从卡法传播来的黑死病在1347、1348和1349年毁灭了该城一半以上的人口，但以后威尼斯居民人口又增至12万左右。13世纪以后制造业和商业取代航海业成为威尼斯主要的经济活动。威尼斯在海上政治中是一个强国。它的帝国延伸到塞浦路斯（直到1573年）和克里特岛（直到1669年）。威尼斯成为一个海陆帝国的核心。1423年总督托马索·摩契尼哥说："我们大约有3000艘商船从事贸易"，"它们由43艘大战舰和300艘小战舰保护，进行作业的水手共有19000人。"1423年威尼斯一年的城市收入为75万至80万达科特，英格兰的全部收入也只比威尼斯多一点。这是威尼斯城市的收入，如果把来自陆地的46.4万达科特和沿海地区的37.6万达科特收入计算在内，威尼斯的总收入达到161.5万达科特。它可能是当时欧洲财政收入最多的国家。而且威尼斯及其帝国的总人口只有法国人口的十分之一，而它的收入要比法国高出

---

① ［美］查尔斯·蒂利：《强制、资本和欧洲国家（公元990—1992年）》，魏洪钟译，上海人民出版社2012年版，第173–174页。

50%。①

威尼斯的总督王朝常因不时发生的民众骚乱而震荡。从804年到1032年，不下于6位总督被驱逐或被暗杀。1032年新总督弗拉比尼亚克召集了公社会议，批评了过去300年总督制的历史，废除了家族世袭。除了两名顾问辅助总督以外，总督在重大的和紧急的事务中邀请一些市民来参加其政务会。这就是总督议会和"皮格迪"的起源，后者逐渐发展成为"元老院"。总督人选仍由公社会议进行提名和批准。②

11世纪70年代威尼斯的宪政体系发生变化。公社会议失去了直接选举总督的权力，而由选举团推选总督。公社会议只保留赞同总督任命，以及批准战争与和平的权力。到1179年，"四十人委员会"已经出现。其成员主要来自总督顾问、法官。它作为大参议会中的专门委员会专门处理上述事务。四十人委员会的任期只有一年，但原成员很快可以重新参选。其主要的职责是参加法庭进行司法审判，后来发展成为专门的司法部门。"四十人委员会"选举自己的主席，它的3位头领汇同总督、总督的6名顾问组成十人首长会议。首长会议负责主持"四十人委员会"召开的会议。1229年成立了一个由60人组成的机构，它主要的任务是准备立法动议，交大参议会讨论。它还负责商业和航海、以及外交事务。③

1229年总督雅克波·提埃坡罗被迫签署了"统领誓词"，誓词的

---

① ［英］塞缪尔·芬纳：《统治史》，卷二，王震译，华东师大出版社2014年版，第407–408页。

② ［英］塞缪尔·芬纳：《统治史》，卷二，王震译，华东师大出版社2014年版，第403页。

③ ［英］塞缪尔·芬纳：《统治史》，卷二，王震译，华东师大出版社2014年版，第405–406页。

内容非常详尽。他承诺放弃除薪金外的公共财政收入，推动所有的公共贷款，遵守国家机密，承诺自己不单独与外国联系。此后，誓词的限制性越来越强，最后总督几乎成为"名义领袖"。提埃坡罗总督还建立一个由5位纠察员组成的委员会，来起草新的"统领誓词"。他还建立检察官3人小组，专门考核前任总督的历史。他通过这些机构来强制执行誓词中的内容。

威尼斯的政治结构以类似于古典古代社会的等级制为基础。威尼斯的公民是一种身份制度，或者说是一种世袭等级。公民的数量不多，在总人口中所占的比例不大。黑死病发生以前，威尼斯10万居民中，贵族约有1200至2500人，约占有选举资格的男性居民的5%—6%。

构成威尼斯社会上层的是二、三十个声名显赫的大家族，他们的名望、政治权利和财富在几个世纪中一直很显赫。在他们之下，另有100个家族也属于贵族之列，他们有资格参加大参议会。这个贵族阶层总共大约有1200名成年男性。

资本主义经济的发展使得威尼斯的社会等级身份与财富占有不再一一对应。威尼斯社会不再是典型的中世纪封建社会。不是所有的贵族都很富裕，也不是所有的非贵族家庭都很贫穷。1379年的数据表明，当年共有117位公民的财产价值在1万至1.5万达科特之间，其中91人是贵族，26人是平民。财产在300达科特以上的群体共有128人，占全部家庭的八分之一，其中1211人为贵族，917人为平民。

1297年威尼斯在有权参加大参议会的阶层和其他民众之间划了一道界限，只有那些正在担任大参议会议员的人，或是在过去4年中曾担任过议员的人和他们的后裔，今后才有资格继续获得议员身份。大参议会的选举已经不再存在，大参议会的成员是终身制，其男性继承者也是终身制。一个特别委员会被允许偶而给大参议会增补一些成员。对这些新增加的人来说，他们的候选资格要经过大家族的商讨和投票选举才能确定。1380年在抗击热那亚人封锁的战斗中表现突出的30名市民获此殊荣。

以后大参议会就被关闭了，这使得古代的公社会议变得多余。几年后这一机构消亡。这一事件打破了威尼斯宪政结构的平衡。以后，大议会的规模成倍扩大，参加者达到了1100到1200人。它的规模达到难以管理的地步。它仍然是有至高无上权力的机构，但它把起草议案和控制管理程序的具体权力转给了四十人委员会和元老院。越来越多的现职官员加入元老院后，元老院成为国家中枢机构。但元老院过于庞大，不适合用于处理紧急事务，于是成立了由十人组成的紧急委员会。十人委员会每年由元老院选举产生，它变成中央情报机构，并和公安委员会合二而一。这样，威尼斯共和国的基本统治机构全部形成，它们一直存在到1797年。[①]

大参议会一度与公社会议共存，公社会议是普通市民的机构。大参议会的扩大和公社会议的权力逐渐丧失后，于1423年正式失效。[②]大参议会由于臃肿和行事笨拙，随着时间推移，它把大部分立法权移交给元老院。但大参议会保留了对高级行政官员直接递交的任何建议的最终决定权。大参议会通常每周日开会，会议议程将会被印发传阅。有600名成员到会即符合法定人数。大参议会会议由总督主持。

---

① [英] 塞缪尔·芬纳：《统治史》，卷二，王震译，华东师大出版社2014年版，第406-407页。

② [英] 塞缪尔·芬纳：《统治史》，卷二，王震译，华东师大出版社2014年版，第413页。

总督选举是大参议会最重要的活动，但选举总督的情况并不常见。

大参议会除了为执政官保留的座位外，会场上没有特别的座位次序。其他的选举每年一次，大参议会每年需要更换9名成员。

公社会议选举总督的权利被剥夺后，交由大参议会掌管。总督的选举程序很烦琐。大参议会任命11个选民来选举总督，后来减少到4名选民，在以后又扩充到40人。40个人通过复杂的程序选举提名总督，然后交由代表大会批准。当大参议会选举级别较低的官员时，它使用了抽签和选举混合的方法。

元老院的人数在15世纪初约为260人，后来增加到300人，其中大部分是现职参议员。元老院的核心是120位选出的成员。其中，由60人组成的核心团队经大参议会选举产生。此外，由即将离职的60位选举人选出另外60位参议员，不过选举必须得到大参议会认可。这部分参议员是"临时性的"或"额外的"参议员。元老院是一个常设性的机构，它只有大参议会规模的十分之一。总督和它的6名顾问是当然的成员，因为他们是会议的主持者。其他的成员有四十人委员会和十人委员会的成员、六名大部长、以及其他公职人员。一些最重要的选举。如对三个顾问委员会的选举在元老院而不是在大参议会举行。

元老院由执行委员会召集，它每周定期召开，参加会议的仅有的平民是元老院的24位秘书。元老院的主要功能是辩论和立法。到1285年，所有重要的秘密事务都要在元老院进行讨论。元老院会议在严格保密的情况下召开的。元老院被委托处理国际争端、国际进出口事务、它还有缔约、决定雇佣兵薪酬和舰队装备问题的全权。它在货币事务、公共健康与卫生、教会和国家关系问题上有决策权。元老院的辩论活动主要由执行委员会管理。[①]

威尼斯采取一种特别复杂的选举程序，从共和国成员中推选总督。总督位于整个统治机构的顶点。总督决定军事、海军和宗教政策。总督以城市的名义缔约，通过并实施法律。总督还主持每一次政府会议。总督是终身任职，6位公爵顾问任职一年，卸任后不能立即再次任职。四十人委员会的头领任期两个月，顾问委员会的"顾问"任期为6个月。

总督领导一个26人内阁。内阁又被称为执行委员会。执行委员会是元老院不可缺少的部分，它是威尼斯国家的最高行政机构。执行委员会在元老院拥有辩论、立法和商业命令的动议权。执政委员会引导着整个国家。执行委员会的多数功能是通过预先商议实施的，它有权使大多数议案在进入元老院之前得到处理。但它同时具备执行的权力。大约从1420年起，执行委员会的权力开始逐渐增加。它获得了使公共法令和条例生效的权力。它有权暂停实施某项法律，但是它必须在下次元老院会议上证明这个决定是合理的。[②]执行委员会是最后的执行机构，它向大参议会负责。在执行委员会和大参议会之间有两个选举产生的机构，它们是"十人委员会"和大约260人组成的元老院。

十人委员会是一个常设的特殊法庭。当执行委员会要开展快速的秘密的紧急行动时，它有权把任务交给十人委员会。十人委员会和元老院处于同一的地位，但地位在执行委员会之下。1335年十人委员会

---

① ［英］塞缪尔·芬纳：《统治史》，卷二，王震译，华东师大出版社2014年版，第418–420页。

② ［英］塞缪尔·芬纳：《统治史》，卷二，王震译，华东师大出版社2014年版，第422页。

成为常设机构，在财政上开始具有独立性，并于1382年设立了自己的金库和审计部门。十人委员会的成员是在不同的会议上选出的，他们的服务是义务的，成员没有薪金也没有实物补贴。他们的任职是年度性的，不能连选连任。十人委员会提名3名成员担任主席，每人任期1个月，如此往复循环，交替任职。

十人委员会是审判政治犯的最高法庭。间谍罪、伪造罪、骚乱、暴动、反国家阴谋罪等都是它审理的重要事务。从1692年起，它开始对付那些造谣者和虚假新闻的制造者。它的很大一部分工作与反腐败有关。它有时会秘密地实施死刑。十人委员会摧毁了一些阴谋，它给人以恐怖的印象。但是在15世纪，十人委员会并未单独审理案件，在它审理案件时，总督和他的6位顾问一直参与其中，诉讼代理人也同时在场。①威尼斯以其司法质量而著称。其他城市也从威尼斯调用执法官和审判官。

在基层，重要的民事案件的上诉法庭有两个，分别由40位法官组成。这就是"旧四十人民事委员会"和"新四十人民事委员会"。

威尼斯政治制度的运作有一些基本特征。威尼斯所有的职位都是经过深思熟虑精心计算好的选举来任命，而不是通过抓阄来分配。第二个特征是，全体市民都有平等的参选权利。第三个特点是威尼斯共和国与其他城市共有的，即绝大多数官职的任期很短，任期从未超过一年，通常任期只有4个月或6个月。这就提供了更多的职位和机会，使得竞争不那么激烈。第四，威尼斯和其他城市共和国一样，它的统

---

① ［英］塞缪尔·芬纳：《统治史》，卷二，王震译，华东师大出版社2014年版，第424页。参见，David Chhmbers and Brian Pullan，eds.，Venice.A Documentary History，1450—1630. Blackwell，1993，pp. 53–58.

治机构由大量的委员会组成。威尼斯的分权和权力制衡做得非常好。它最重要的机构如大参议会、元老院、十人委员会、执行委员会等都在一定程度上行使了部分行政、立法和司法权力。这些委员会相互衔接，互相制衡，互相监督。但是在执行委员会中，有一个最高机构协调和掌控这些委员会。这一制度把检查与制衡原则和紧急行动原则集合在一起。[①]威尼斯共和国奉行一种与当时其他意大利城市国家不同的中央集权政策，它尊重市政会议的决议和地方利益。[②]

威尼斯共和国政府的战争军费开支浩大。1343—1344年威尼斯大约花费了25万杜卡特的军费。1404—1406年对卡拉拉的战争可能花费了200万杜卡特，1428—1438年发动的征服战争又花费了700万杜卡特，15世纪70年代抗击土耳其的长期战争每年花费了120万杜卡特。军费开支从1555年占总支出的38%大幅上涨到了1574年占总支出的58%和1609年占总支出的63%。这个时期军费开支从170万杜卡特增加到了240万杜卡特。[③]

威尼斯的财政决策机构不断变化。在13世纪大议会对财政居于支配地位，后来被元老院所取代。到了15世纪末，十人委员会接过了财政决策权，并且在1538年以前一直有一个元老院议员团体辅佐。1583年，十人委员会把与元老院议员团体共同执掌的财政决策权又交还了元老院。这些议会委员会审议并表决通过威尼斯政府的支出和收入，

---

① ［英］塞缪尔·芬纳：《统治史》，卷二，王震译，华东师大出版社2014年版，第410—412页。
② ［英］让-克洛德·奥凯："威尼斯"，载，理查德·邦尼（主编）：《欧洲财政国家的兴起：1200—1815年》，沈国华译，上海财经大学出版社2016年版，第370页。
③ ［法］让-克洛德·奥凯："威尼斯"，载，理查德·邦尼（主编）：《欧洲财政国家的兴起，1200—1815年》，沈国华译，上海财经大学出版社2016年版，第372–373页。

干预经济事务。

大议会、十人委员会或者元老院议员团体做出的决策由贤人团和地方官员负责执行。贤人团的成员和地方官员都是贵族，他们还负责许多税收的征收，有的人负责公债管理，一些人负责直接税的征收。威尼斯的财政官员人士持续增长，但很少有人被免职。在设置新税征收部门时，失去作用的老机构允许继续存在。但一旦发生财政危机，就减薪裁员。[①]

第五节　文艺复兴时期意大利的城市国家的特点

意大利城市国家的鼎盛期是13世纪，以后便开始衰落，残存的城市国家威尼斯和热那亚维持到18世纪末才最终消失。意大利城市国家是一种共和国体制。布鲁内托·拉蒂尼（1220—1294年）把共和制、君主制、专制统治作了区分，在共和制下众人选举自己的长官或君主。他称赞共和制是最好的统治制度。巴托鲁斯指出，罗马人在驱逐了他们的国王后，在那种基础上建立了共和制。在他看来，在他长期居住的佩鲁贾有最好的统治形式。官员定期选举而非世袭继承，通过议会、内阁和司法机构相互制约；实行法律约束，使个人影响最小化，这些都是意大利城市国家共和制的特征。意大利的城市共和制和

---

① ［法］让-克洛德·奥凯："威尼斯"，载，理查德·邦尼（主编）：《欧洲财政国家的兴起，1200—1815年》，沈国华译，上海财经大学出版社2016年版，第393页。

古典共和制的某些特征极为相似。[①]

意大利城市共和国是一种不成熟的国家形态。城市共和国存在着派系斗争而无法控制。原因是在城市国家中家族尤其是商人家族势力强大，家族关系成为城市政治经济活动的基础。大家族成员在城市中集居在同一个街区，像热那亚的多利亚家族、佛罗伦萨的佩鲁齐家族、整个家族都环绕着一个广场居住。在紧急时期，家族会指定一个聚会地点，聚在一起讨论和决定政策。家族间的团结靠通婚来加强。

在城市国家中，家族和家族联盟对权力展开了争夺，这就加剧了城市共和国的政治脆弱性。几乎所有的执政官都来自土地贵族和富裕商人阶层。在不受外界势力干涉的情况下，城市共和国的统治权成为土地贵族和富商阶层的精英争夺的对象。斗争往往在两大集团之间展开。

城市共和国政治不稳定的另一个原因是13世纪初新兴的平民公社作为一种政治力量出现了。平民公社出现在代表各种经济利益的行会中。在佛罗伦萨有21个平民公社，其中7个较大，14个较小。平民公社有自己的武装力量，选出称为"长者"或"贤者"的领导人。组建了自己的政治机构，向原富人的家族联盟发起了挑战，要求共享政治权力。[②]马基雅维利指出："在任何城市中都可以发现两种相反的欲求……一方面民众仇恨贵族们的指挥和压迫；另一方面贵族们想要指挥与压迫人民。"[③]在城市共和国中，平民和富人贵族的阶级斗

---

① ［英］塞缪尔·芬纳：《统治史》，卷二，王震译，华东师大出版社2014年版，第437–438页。

② ［英］克里斯托弗·达根：《剑桥意大利史》，绍嘉陵等译，新星出版社2017年版，第39–44页。

③ ［英］尚塔尔·墨菲：《论政治的本性》，周凡译，江苏人民出版社2016年版，第5页。

争展开了。

意大利城市国家有下列特点。第一，中世纪意大利城市公国的政治领导人同时是手工业或贸易行会的首领。他们经营银行、主管在国外设立的贸易驿站，指挥时而商用时而用于军事的船只，并且管理他们的城市。在进行这种活动时，那些指挥船只的人把他们的商业职能与政治和军事领导权结合起来。而在另一些城市，很大一部分的城市财富来自工业和商业，统治阶级后来丧失了他们的好战习性和对军队的指挥。①第二，它的权力机构的组织和运行具有民主性，它们没有庞大的官僚机构，城市国家具有全体公民国家的特征。第三，城市国家不是一个完整的成熟的自给自足的经济单位，它依靠附属于它的乡村提供必需的物品。第四，各城市共和国之间只是结成联盟，还没有形成民族国家。它与古代希腊城邦国家有类似之处，是一种不成熟的共和政体②，属于过渡型的近代国家。这种城市国家缺少直接的政治后裔，没有发展成为近代民族国家。③意大利统治者经历了从主教到长官，从最高行政长官到大议会的转变序列。由此产生了混合型立宪体制。城市共和国演化为僭主政治，最终走向贵族独裁。④第五，如葛兰西指出的，"意大利在马基雅维利时代没有像法国三级会议那样相当发展的和在国家政治生活中多少起较大作用的代议机关。""这个事实反映了意大利在16—17世纪中期政治和社会条件的落后性和停滞

---

① ［意］加塔诺·莫斯卡：《统治阶级》，贾鹤鹏译，译林出版社2021年版，第133页。

② ［意］尼科洛·马基雅维里：《佛罗伦萨史，从最早时期到豪华者洛伦佐逝世》，李活译，商务印书馆1982年版，第128页。

③ Daniel Waley, *The Italian City-Republics*. London，1988. ⅩⅥ.

④ ［英］佩里·安德森：《绝对主义国家的系谱》，刘北成、龚晓庄译，上海人民出版社2001年版，第157页。

性，而这种情况的造成，在很大程度上是由于国际势力压倒了麻痹了的和僵化了的国内力量，这样一来，在这个时期，意大利的国家结构由于外国人占优势就成为半封建的了，成为外国宗主权的对象了。"①

---

① ［意］安东尼奥·葛兰西：《狱中札记》，葆煦译，人民出版社1983年版，第116页。

第三章
西欧绝对主义国家

到了绝对主义时期，欧洲国家发展面临的历史性任务有两项。一是结束分权化的封建等级君主制统治的权力结构，二是建立一个与经济发展相适应的职能分明和机构健全的国家行政机构。

第一节　绝对主义概念和实践

绝对主义（absolutist）国家是一个概念含糊的国家概念，对这类国家难以找到一种准确的定义方法。绝对主义国家是一些个案彼此相差很大的国家构成的系谱。不仅西欧的绝对主义国家与东欧的绝对主义国家之间存在着一定的差别，就是西欧的绝对主义国家彼此特点也相差很大。它们的基本特点是国家和君主的权力比之前的各类中世纪国家在集权化程度上有很大提高，在国家机构市民化的建设方面有了一些新建树。

　　佩里·安德森认为，在西方术语学中，"绝对主义"这一术语是一种误用。如果把"绝对主义"视为君主拥有统治臣民的绝对权力，并不符合历史事实，那个时期所有君主的权力都是有限的。[①]博丹指出："君主首要的主权性特征就是立法权和发布命令权"。[②]但是，博丹写道："我在首次危机之秋，毫不犹豫地反对了扩张国库权力和王权的观点。而这些观点竟主张要赋予国王无限的权力，甚至可以不受神法和自然法的限制。我敢于写下，未经公民最大程度的同意国王不得征税"。[③]德国国家法学者格奥尔格·耶利内克概括说，绝对主义一度反映了一个先进的、将持续割据的小邦整合成统一的现代国家的理念，这种理念受到启蒙思想的推崇，并由伟大的、代表着先进制度的君主们予以实现。[④]总的来说，绝对主义的概念不同于东方专制主义的概念。没有一个绝对主义国家能像亚洲暴君那样，可以随意剥夺贵族或资产阶级的自由和地产。[⑤]

　　绝对主义有两个基本要素：第一，君主是人间唯一的法律来源，尽管他必须听命于上帝的法律，如果他破坏"自然法"，人民仍可行使反叛的权利。在绝对主义政体中没有代议制度。在中世纪结束的时候，所有的欧洲君主都是在小型的、不正规的、但享有法

　　①［英］佩里·安德森：《绝对主义国家的系谱》，刘北成、龚晓庄译，上海人民出版社2001年版，第40–41页。

　　②［法］让·博丹：《主权论——国际法上的主权问题及其发展趋势研究》，李卫海、钱俊文译，北京大学出版社2008年版，第109页。

　　③［法］让·博丹：《主权论——国际法上的主权问题及其发展趋势研究》，李卫海、钱俊文译，北京大学出版社2008年版，导论，第23，24页。

　　④［德］格奥尔格·耶利内克：《国家法学—政治学之维：宪法修改与宪法变迁论》，柳建龙译，法律出版社2012年版，第73页。

　　⑤［英］佩里·安德森：《绝对主义国家的系谱》，刘北成、龚晓庄译，上海人民出版社2001年版，第41页。

律特权的代表会议的同意下进行统治。在许多国家里，这些代表会议后来都受到压制。这些会议最后一次或倒数第二次召开的时间分别是，阿拉贡1592年、法国1614年、西属尼德兰1632年、那不勒斯1642年。取代它们的政体被称为绝对主义政体。第二，君主凭借常设的、专业的、附属的官僚机构和军队进行统治。无论民政官员还是军事官员，除了职务所赋予的权力和地位外，没有其他任何重要的独立权力或社会地位。①

学者常把绝对主义国家系谱作为一个整体，然而它和它以前的中世纪领域国家和等级君主制国家，以及它以后的近代国家之间的界限不明晰。绝对主义国家构成了某些近代国家的一个早期阶段。从15到18世纪，欧洲社会经历了一个漫长的从封建主义向资本主义过渡的时期。在这个时期，生产关系领域发生了封建关系衰落、资本主义关系形成、生产关系多元化的现象。社会经济的变动，使得政治结构也发生了相应的变动。在这个时期，尽管资产阶级革命还没有发生，但旧的封建贵族等级已经衰落，国家制度开始由以王室为中心的宫廷政府向拥有分工细致的机构的近代政府制度发展。近代国家的某些机构和职能在这个时期逐渐呈现。近代国家拥有的原始积累、社会经济干涉和控制职能在这个时期逐渐呈现。绝对主义国家不极力阻碍资本主义关系的发展。但绝对主义国家仍然是封建贵族执掌政权的国家，封建法律没有废除，封建关系仍然根深蒂固。

绝对主义国家形态表现出一种性质混杂不清的特征，它实质上是一种过渡性的国家形态。许多学者从不同角度对绝对主义国家的特征做过

---

① ［美］迈克尔·曼：《社会权力的来源》第一卷，上海人民出版社2007年版，第584—585页。

描述。有的学者把15世纪到18世纪欧洲绝对主义国家划分为两种不同的政体，一种政体是以英国和荷兰为代表的立宪君主制共和国，另一种政体是绝对君主制，例如奥地利、法国、普鲁士、俄国、西班牙和瑞典。

马克思和恩格斯提出了欧洲绝对主义国家是一种特殊国家类型，在这个制度下新型的资产阶级和传统的旧贵族之间保持着一种静态的平衡。马克思认为绝对主义国家是特定历史条件的产物。"君主专制发生在一个过渡时期，那时旧封建等级趋于衰亡，中世纪市民等级正在形成现代资产阶级，斗争的任何一方尚未压倒另一方。"①"君主专制产生于封建等级垮台以后，它积极参加过破坏封建等级的活动，而现在却力图保留哪怕是封建割据的外表。"②马克思指出了绝对主义国家的历史作用，认为它"充当了新兴资产阶级社会反对封建制度的有力武器。"③恩格斯用势均力敌的态势来描述绝对主义国家中的阶级关系。他写道："现代的代议制国家是资本剥削雇佣劳动的工具。但也例外地有这样的时期，那是相互斗争的各阶级达到这样势均力敌的地步，以致国家权力作为表面上的调停人而暂时得到了对于这两个阶级的某种独立性。17世纪到18世纪的专制君主制，就是这样，它使贵族和市民等级彼此保持平衡。""法兰西第一帝国特别是第二帝国的波拿巴主义，也是这样，它唆使无产阶级去反对资产阶级，又唆

---

① 马克思：《道德化的批判和批判化的道德》，载《马克思恩格斯选集》，第一卷，人民出版社1972年版，第179页。

② 马克思：《道德化的批判和批判化的道德》，载《马克思恩格斯选集》，第一卷，人民出版社1972年版，第181页。

③ 马克思：《法兰西内战》，载《马克思恩格斯选集》，第二卷，人民出版社1972年版，第372页。

使资产阶级去反对无产阶级。"①

美国历史学家，社会学家，国际政治经济学家伊曼纽尔·沃勒斯坦认为："一方面，国王寻求城市商业资产阶级一部分的支持，他们为国王提供金钱，是对旧贵族离心趋势的政治抗衡力量；另一方面，国王又居于传统社会地位体系的顶端，他保护着贵族，使之免受发展中的资本主义体系的侵蚀。""因而对这两个社会阶级，即对贵族和城市重商资产阶级来说，绝对君主制对每一方来说弊害都不大，其力量的成长是建立在它们缺少其他选择的基础之上。因为它通过创造一种可能性，使这个国家作为一个整体，从整个欧洲的世界经济体的剩余产品中得到一个不成比例的份额而很好地为它们双方服务。"②斗争的每一方都从绝对主义国家中获得利益。

旧制度时期政治秩序十分平静，但这种政治秩序为新兴的努力创造财富的资产阶级所诅咒，他们看到司法制度捍卫着僵化的等级制度。托尼描述这种制度说："旧制度的不平等一直是难以忍受的，因为他们始终是专断的。它们不是个人能力的差别，而是社会和政治偏袒的结果。"

艾伦·沃尔夫指出，到了18世纪末19世纪初的旧制度时期，"新阶级并没有反对相互依存、世界体系或等级制的原则，而是对其加以实施。因此，妥协是可能的，甚至是不可避免的。此外，在两个重要的领域，旧等级和新等级发现他们有类似的看法。这些领域恰恰是商人和贵族已经达成协议的领域：即需要一种镇压机构和在经济中起积

---

① 恩格斯：《家庭、私有制和国家的起源》，载《马克思恩格斯选集》，第四卷，人民出版社1972年版，第168页。

② ［美］伊曼纽尔·沃勒斯坦：《现代世界体系》，纽约1974年版，第406页。

极作用的国家。旧秩序的行政机构是如此庞大，如德·托克维尔很久前所说的，甚至法国革命也几乎无法动摇它，而这个结构主要的意图是维持国内秩序。""传统的等级和新阶级都致力于创建一个在社会经济生活中可以成为好搭档的国家。尽管某些重商主义的做法到1800年已显古旧，但是，其他一些做法，如保护关税和国家向道路和运河提供补助金，仍然能够并可能为新秩序采纳。"[①]19世纪资产阶级的"解决办法就是维持绝对主义时期以来国家的活动，但要改变它的形式。"即"改造存在于贵族和商人之间的政治妥协，以顺应新兴的工业资产阶级，它可以通过使新的结构介入资本积累的任务来完成。从这个意义上说，绝对主义的遗产持续到19世纪。"[②]

国家的生产关系内涵从来是判断国家属性的最本质的尺度之一。欧洲绝对主义国家在生产关系的再生产中扮演着主动而积极的角色，这对于传统上把绝对主义国家划为封建国家提出了一个重大的悖论。绝对主义国家已经在主动地充当资本主义生产关系的产婆，它们已不再阻碍资本主义生产力的发展，难道我们还能够继续把它们视为严格意义上的封建国家吗？

欧洲绝对主义国家在结构上已经具有近代国家结构的萌芽，绝对主义国家已经部分具备资本主义国家或早期国家的属性，这是其积极方面。但是，绝对主义国家在政治上仍然是封建君主专政的国家，封建贵族在这种国家中是占据统治地位的社会集团。在绝对主义国家中，已经开始将王权和国家权力部分地分离，将王室机构与

---

①［美］艾伦·沃尔夫：《合法性的限度，当代资本主义的政治矛盾》，沈汉等译，商务印书馆2005年版，第39-40页。
②［美］艾伦·沃尔夫：《合法性的限度，当代资本主义的政治矛盾》，沈汉等译，商务印书馆2005年版，第41页。

政府机构部分地分离。绝对主义国家没有改变封建的法律体系和司法制度，在这样的国家中，仍然按照封建社会的法律来执法，法律仍然在维护贵族的特权利益。绝对主义国家的改革丝毫没有政治民主的内容。所以，绝对主义国家在政治领域其性质基本上是封建主义的。

从绝对主义国家的历史来看，西欧绝对主义国家如英国和法国，一般都经历了三个发展阶段。第一个阶段如英国的亨利八世时期和法国的黎塞留和马扎然执政时期，是政治上的改革时期；第二个阶段如英国的伊丽莎白一世时期和法国的路易十四时期，政治上处于守成时期。至于到了英国的早期斯图亚特时期和法国的路易十六和路易十七时期，政治腐败和专制加强。绝对主义国家就其属性被人们称为过渡性的国家，然而它们却不可能成功地过渡到近代资本主义国家。绝对主义国家的封建性质、内在矛盾和它失败的内外政策最终导致了绝对主义国家发生深刻的政治、社会或外交危机，最终被一场资产阶级革命所推翻。

绝对主义国家机构和职能的发展受到外部世界的影响。奥托·欣策在《权力政治与政府组织》一文中提出："在欧洲大陆出现军事绝对主义与官僚制的行政管理体制"，"这是地理位置产生各种影响力的结果。"奥托·欣策的分析逻辑是，中世纪或近代早期的一个既定国家所囊括的地理交界线越长，领土受到战争威胁的可能性也就越大；领土受到的战争的威胁越大，这个国家就越可能创造一个有稳定军队和职业化的官僚机构支持的绝对主义国家，以满足克服那种领土威胁的需要。[1]即一个国家外部的军事压力和国际竞争的需要，是这个国家军事组织发展的重要原因。

绝对主义国家的活动超过了领域国家的国界。绝对主义国家常常是一种帝国的形式。例如不列颠建立了跨洋的英帝国，哈布斯堡王朝建立了横跨欧洲大陆的帝国，等等。绝对主义国家殖民母国从它的殖民地掠夺的财富滋润和补充了绝对主义国家的财富。绝对主义国家是一种世界体系。国际金融资本的支持是绝对主义国家维持其经济和军事活动的重要条件。[2]

第二节　法国

一、中央和地方行政机构

法国绝对主义王权时期开始于路易十一（1461—1483年）即位以后。绝对主义时期以前，封建法国的中央行政机构很不完善。12世纪以后国王依靠一小批谋臣进行统治。他们是支薪的职业顾问官，就司法、财政和行政等方面的事务向国王提供意见。他们组成了小会议。小会议的成员一朝与一朝变化很大，但其成员的来源不超出上层贵族

---

① Otto Hintze，"Power Politics and Government Organization"，in Felix Gilbert，ed.，The Historial Essays of Otto Hintze. New York，Ocford U. P. 1975. p. 183. 并见，［美］托马斯·埃特曼：《利维坦的诞生——中世纪及现代早期欧洲的国家与政权建设》，郭泰辉译，上海世纪出版集团2016年版，第9页。

② 沈汉："重新认识金融资本形成和资本输出的时间"，载《史学理论研究》，2012年第1期，第29–40页。沈汉：《资本主义史》第2卷，人民出版2015年版，第17章，第477–510页。

圈子。因而小会议具有贵族组织的特征。在佛朗索瓦一世和亨利二世在位时期，有些下层贵族和新兴资产阶级成员作为新人进入小会议，以取代出身豪门贵族之士。[①]法国国王的小会议的职能和名称在很长时期中具有不固定的特点。它在早期起协调法院和大会议活动的作用，到了佛朗索瓦一世时期主要负责处理国际事务和重大的国内事务，以后则主要处理财政、司法等国内行政事务。它有"国王的会议""秘密会议"或"国务委员会"等不同的名称。[②]

　　1624至1661年在黎塞留和马扎然的努力下，法国建立了以委员会制为特征的中央政府机构。它由国王的高级委员会——国务委员会[③]及下属的秘密委员会和财政委员会构成。参加国务委员会的通常有国王或摄政王、主要大臣、行政法院院长、掌玺大臣、国务达成和财政总监等。上述机构统称"国王的委员会"。秘密委员会是国王处理司法事务的委员会，它负责处理国王的法庭未能审结的案件。参加这个委员会的有行政法院的院长、掌玺大臣、国王的枢密顾问官和若干行政法院的查案官。财政委员会到16世纪末才成立，负责平衡王室的预算。到路易十三在位时期，国家的财政事务分属两个委员会管理，即"国务和财务委员会"和"财政监督委员会"。1630年国王的委员会设立一个新的分支机构"紧急事务委员会"，负责管理国内行政、监督土地和教会事务，它同时又是一个司法机构，有权撤销有争议的司

---

① Shennan, French Government and Society, 1461—1661. London, Allen & Unwin, pp. 20-21.

② Shennan, French Government and Society, 1461—1661. London, Allen & Unwin, pp. 38-39.

③ 该委员会在1643年以后统称"高级委员会"。（Roland Mousnier, Institutions of France Under the Absolutist Monarchy, 1598—1789. The University of Chicago Press. 1984. Vol. 2. The Organs of State and Society. p. 131.）

法裁决和宫廷制定的但有争议的法令。①

国务委员会下属的两个委员会在17世纪法国的国家生活中发挥了积极作用。在其鼎盛时期，财政委员会一天之内曾发布200道甚至295道法令。秘密委员会在1656年9月30日一天就发布了347道法令。福隆德运动时期，它每天颁发的法令数量下降到300道以下。但1654年6月颁发的法令又增至440道。国王的委员会频繁地颁布法令的原因在于，当时权力过于集中于中央，事无巨细均需国王的委员会过问。再一个原因是王室大肆出售官爵，需要颁布法令设立新的官职以供出售。此外，黎塞留和马扎然时期频繁地征税也导致法令骤增。②

在17世纪，国王的委员会有规模扩大的趋势。1624年6月两个委员会成员为31人，1628年1月为35人，1630年为44人，1642年12月为63人，1644年12月底有122人。法国国王扩大委员会的规模主要是出于收买人心以争取政治上支持的目的。在这一过程中，国王在皇亲国戚和贵族人士之外，特地挑选了一批法律事务或其他方面事务的专家作为顾问官加入委员会，辅佐自己，以克服中世纪王室、贵族衰弱腐朽、无法有效管理国家的弊病。然而，国王的委员会人数的无限扩大结果却适得其反，使得机构臃肿而且缺乏效率。所以，到1657年5月，委员会的人数减至32人，并取消了一些从属机构。③

---

① Roland Mousnier, Institutions of France Under the Absolutist Monarchy, 1598—1789. The University of Chicago Press. 1984. Vol. 2. The Organs of State and Society. p.131. Richard Bonney, Richard Bonney, Political Change in France Under Richelieu and Mazarin, 1624—1661. Oxford U. P. 1976. p. 7. Table 1.

② Richard Bonney, Richard Bonney, Political Change in France Under Richelieu and Mazarin, 1624—1661. Oxford U. P. 1976. pp. 19–20.

③ Shennan, French Government and Society, 1461—1661. London, Allen & Unwin, 1969. pp. 39–40. Richard Bonney, Richard Bonney, Political Change in France Under Richelieu and Mazarin, 1624—1661. Oxford U. P. 1976. p. 23.

国王的委员会发展的另一个趋势是日益专门化，不断吸收一些有经验的行政官员作为其成员。但国王的委员会作用发挥丝毫没有削弱国王的权威和作用。17世纪法国政府的活动仍然以国王为中心进行。尽管如此，在国王的委员会的各个分支中，委员们处理问题还是有很大的自由，各部门的职责也相互交错。1643年，除国务委员会和财政委员会外，经过长期酝酿，又建立了两个国王委员会的下属委员会。它们是宗教委员会和陆军委员会。此外，根据1627年6月的巴黎条例，又设立了其他10个委员会，专门处理某一方面的具体事务，为上述所有的国王的委员会服务。其成员一般为5至7名。他们是固定的常设委员会。此外，还设立一些临时的小委员会处理应急事务。①

绝对主义时期法国建立的中央机构的第二部分是地位处于国王的委员会以下的一批法庭类机构。它们包括王室查案官官署、大委员会、法院、最高间接税法庭、审计法院。②

在一个时期中，巴黎法院是全国的主要法院。他对全国拥有司法裁判权，并对最早列为王国领土的若干地区拥有司法控制权。巴黎法院的职能不限于司法。它还具有登记和发布王室条令、法院法令，制定行政法规、维持社会秩序、规定食品价格、选举都市官员，还有治安和警察等多种立法和行政管理职权。③

---

① Roland Mousnier, Institutions of France Under the Absolutist Monarchy, 1598—1789. The University of Chicago Press.1984. Vol. 2. p. 133.

② Roland Mousnier, Institutions of France Under the Absolutist Monarchy, 1598—1789. The University of Chicago Press.1984. Vol. 2. p. 133.

③ Shennan, French Government and Society, 1461—1661. London, Allen & Unwin, 1969. pp. 45–46. Roland Mousnier, Institutions of France Under the Absolutist Monarchy, 1598—1789. The University of Chicago Press.1984. Vol. 2. p. 7.

随着经济和社会生活的发展，司法裁判的事务大量增长，又建立了图卢兹、格勒诺布尔、波尔多、第戎、鲁昂、埃克斯和梅恩的法院。这样，在16世纪法国共有8座法院。[①]

在绝对主义时期，随着中央机构的建设和发展，法国中央官僚队伍及其职权也相应地发生了变化。

在法国，掌握行政权的是若干大臣和其他一些重要官员。从理论上说，所有应召参加最高委员会的官员都属于大臣。其中有一位大臣被授予首席大臣的头衔。

大法官是法国行政法院的行政和司法长官。行政法院是当时最重要的法院，负责保管王室4种最重要的印玺，根据国王的直接指示加盖印玺发布法规、法令、急报公文和书信。从16世纪初直到1788年，行政法院的主要官员有大法官或掌玺官、2名查案官、2名搜集文件的报告官、1名总检察长，加上低级官员和办事人员，共有300多人组成。大法官是最高级的王室官员，又是法国司法系统的首领。大法官由国王提名，终生任职，一经任命并向国王宣誓就职，不得被罢免。即使大法官失宠，国王仍得保留其官衔和相应的特权、尊严和薪俸，但剥夺其职权，收回国玺，提名一位掌玺官作为特派官员承担原属大法官的职权。大法官接受包括伯爵、公爵、子爵和男爵等国王辖下的贵族行臣从宣誓礼。国王可以提名大法官指挥军事远征，代行任何王室特权。大法官可以主持三级会议和名士会议、除最高委员会以外的所有的国王的委员会，领导全国所有的法庭、控制其职位增补，主

---

① J. H. Shennan, French Government and Society, 1461—1661. London, Allen & Unwin, 1969. pp. 46–49. E. N. Williams, ed., The Penguin Dictionary of English and European History, 1485—1789. Penguin Books. 1980. p. 334.

持巴黎法院和大委员会，监督各大学、学院、科学院和出版商。[①]但是，黎塞留和马扎然时期以主要大臣构成中央政府核心的制度的发展预示了行政法院大法官在国家中的地位必然下降。[②]

在14世纪，法国宫廷设有书记官。他们取得国王的许可而拥有签署文件的权利。以后，这一职务由事务性官职发展成为宫廷的重要官职，称为国务大臣。亨利二世授予他的4名书记官以国务大臣的官衔，1561年他们成为国王的委员会的成员。他们在亨利三世时期在很大程度上负责政府的工作。到亨利三世和路易十三世时期其作用上升。国务大臣此时有了明确的分工。一个国务大臣负责王室事务，一个国务大臣负责军事，有的国务大臣参加行政机构的工作。他们都有资格参加国王委员会的全体会议，并可以在会上自由地发表意见，修改或否决国王的委员会的法令。[③]1624至1661年国务大臣的职权又有所发展，可独立行使权力。马札然担任国务大臣时可代表未成年的国王发布命令。然而，从1661年路易十四亲政起，国王便禁止国务大臣在没有他的特别命令时发布中止法令的命令，[④]国务大臣的职权和地位有所下降。以后，一位国务大臣转去负责外交事务。在路易十四亲政以前已经设立了4个国务大臣。他们每人在1年的3个月中负责处理国王交付的信件、礼物、赏金、年金、官职和主教职位等事务。每个

① Roland Mousnier, Institutions of France Under the Absolutist Monarchy, 1598—1789. The University of Chicago Press. 1984. Vol. 2. pp. 134–136.

② Richard Bonney, Richard Bonney, Political Change in France Under Richelieu and Mazarin, 1624—1661. Oxford U. P. 1976. p. 12.

③ Richard Bonney, Richard Bonney, Political Change in France Under Richelieu and Mazarin, 1624—1661. Oxford U. P. 1976. pp. 40–41.

④ Richard Bonney, Richard Bonney, Political Change in France Under Richelieu and Mazarin, 1624—1661. Oxford U. P. 1976. p. 13.

大臣分工负责法国的省份。这些国务大臣构成了王室政权的核心部分。虽然他们尚未取得阁员的称号，但他们已经在起阁员的作用。这样，在当时中央政府仍以王室政府形式出现时，行政机构已开始发育并初具形态。①

在绝对主义王权时期，法国政府各部门的机构建设尤其以财政机构的发展最为突出。这从财政官员队伍的发展变化中可以看出。绝对主义开始之前查理七世在位时期（1422—1461年），国家仅设4名财务官。到15世纪末，财务官人数有所增加，他们组成了一个委员会，负责王国管辖范围内的财政事务。当时法国国家的财政收入分成两部分。一部分是国王根据世袭的权力征收的经常性岁入。另一部分是在全国开征的特别赋税。地方上由辖区官和管事负责征收第一类税收，由基层行政单位选区征收第二类税收。国王选取的主要代表是选区官，选区官隶属于中央的财政总监。1532年，弗朗索瓦一世建立了一个新的中央财政部门国库，以保管国家的各种收入。这时司库官和财政总监的地位开始衰落。1543年法国建立16个收税处，以取代最初设立的4个财政区。这种收税处到路易十五时期增加到23个。每个财政区都任命一个收税官负责征收有关的税收。1551年法国增设1名总司库，1571和1576年又分别各增设1名总司库。从1577年开始设立财政署，监督每个财政区的财务工作。②在国王的委员会中，高级财政官员还有财政总监和财政总检察官。财政总监的主要职责是准备年度预算、固定人头税收入和决定开征何种新税。在路易十三和黎塞留时期的委员会中，财政总监的作用远远超过了国务大臣，成为国王主要的

---

① Shennan，French Government and Society，1461—1661. Allen & Unwin，1969. pp. 40–41.

② Shennan，French Government and Society，1461—1661. Allen & Unwin，1969. p. 54.

谋臣。财政总监以下设有若干监督官。随着16世纪以后财政和税收事务的繁重和专门化，监督官成为重要的财政官员。他们有自己分工负责的省区，携带下属到各省区去监督征税工作。他们可以自主地做出重大的决定并参与国王的财政决策。财政监督官的活动不受节制，他们的插手常使中央负责财政的大臣无法有效地管理财政工作。官职重叠和相互干扰严重地影响了财政工作的效率。[①]

绝对主义时期法国设立了国务顾问。国务顾问是一种荣誉官职。国王把这种官职授予他的支持者，或用以笼络反对派，以取得官僚集团各部分的支持。因此，担任国务顾问的既有贵族，也有出生平民但有军功者。国务顾问按其任期长短分为3类。第一类是常务顾问官，他们受命常年参加最重要的国内外事务的研究处理。第二类国务顾问任期为每年6个月，即每年有一半时间担任顾问工作。第三类国务顾问每年任期3至4个月。一般说来，从事顾问工作的国务顾问有32至34人。他们大部分都担任过律师工作。国王意在利用这批穿袍贵族的工作经验。[②]

绝对主义时期法国国家机构另一方面的发展是地方行政机构的发展和中央对地方行政控制的加强。它反映了绝对主义时期法国国家机构发展中加强中央集权的政治制度的基本取向。

从13世纪起，法国国王习惯于任命一个居于常设的辖区官之上的官吏，以便国王驾驭地方行政，显示它的权威。于是设立了省长一职。省长在百年战争至16世纪末这一段时间主要承担军事职责。其权

① Shennan, French Government and Society, 1461—1661. Allen & Unwin, 1969. p. 41.

② Roland Mousnier, Institutions of France Under the Absolutist Monarchy, 1598—1789. Chicage U. P. 1984. Vol. 2. pp. 146–147.

力仅限于指挥国王的军队，负责王国若干辖区的防卫。但是，16世纪以后，由于省长的职位大都被贵族家族人士占有，这个职位被看作是贵族人士独占的官职。省长不仅拥有地方军事权力，而且拥有执行司法事务的权力。宗教战争爆发以后，省长的权力再次上升，在管辖的省区拥有发布命令、提名重要官员、管理当地王室的岁入和征召军队的权力。一些省长甚至敢于蔑视国王的权威。王室对地方的控制逐渐松弛，有些省长辖区形同独立的国家。省长权力的膨胀和割据倾向成为王室加强集权的重要障碍。为了消除省长权力过大的弊端，亨利四世在位时期（1553—1610年）通过任命钦差以抑制省长的权势，但仍无法剥夺省长指挥军队的传统权力。黎塞留执政时期继续了亨利四世的政策，致力于进一步抑制省长的权力，任命自己的代理人去各省监督省长。①法国国王长期以来致力于王室对地方的控制，派出代表到各地进行政务调查、监督各项工作。这种做法历史悠久，可以追溯查理曼大帝时期。16世纪中叶法国国王派到地方的代表称监督官。到17世纪这一制度固定下来。监督官的地位居于已设立的各地方官吏的地位之上。从黎塞留执政时期开始，监督官的人数增加，他们的权力也扩大了。

1642年以后，监督官不再是一种王室派出解决弊政的临时性官员，而承担着财政等重要职责。国王的监督官在各地权力很大，无人能节制，它们往往把司库官、地方法院的法官都拉过来，组成反对中央主权的集团。因此1648年10月法国王室发布宣言，取消监督官（边境省有例外）。福隆德运动失败以后，王室逐步恢复了监督

---

① J. H. Shennan, Government and Society in France , 1461—1661. London, Allen & Unwin, 1969.

官制。1659至1672年路易十四试图恢复监督官最初的视察员职能，并给监督官划定很大的活动区域，每个监督官至少管辖两个财政区。王室还频繁地更换他们的辖区，使其了解全国的情况。但在此同时，国王进一步限制监督官的权力。监督官有调查搜集情报、向宫廷提出报告的权力，但没有常设官吏的职权。在荷兰战争期间和路易十四执政期间，监督官的职权又得到扩大。这时监督官通常由法官充任。他们是作为最高司法首领国王的代表派出的，有权审理行政、财政和军事事务。到了18世纪，监督官在其工作中代表所在地区和国王建立了密切的联系。这样地方政府和中央建立了经常性的制度化的联系。[①]这是中央政府从主要由司法机构组成向主要由行政机构组成转变的重要阶段。但严格来说，17世纪法国的行政机构尚未摆脱司法审判机构的特征，监督官还具有法官的职能。这不仅表现在他们经常身兼行政和司法长官的职能，还见诸于他们时常被王室选为法国行政法院的查案官，代表国王审理案件。他们的命令也具有司法判决的性质。[②]

绝对主义时期法国国家制度的建设是在资本主义关系的发展和欧洲各国国际范围内争霸，以及法国克服国内封建割据和王权衰落的背景下展开的。这个制度建设的过程在黎塞留和马扎然时期达到了高峰。到路易十四执政时期，法国已不再创建新的机构，而只是巩固此前已创立的制度。[③]在国家机构和制度建设的过程中，法国加强了王

---

① Shennan, French Government and Society, 1461—1661. pp. 56–58. Roland Mousnier, Institutions of France Under the Absolutist Monarchy, 1598—1789. Chicage U. P. 1984. Vol. 2. pp. 44–46.

② Richard Hatton, ed., Louis XIV and Absolutism. Ohio State University Press. 1976. p. 46.

③ ［法］瑟诺博斯：《法国史》，沈炼之译，商务印书馆1972年版，第331页。

权，扩大了统治的社会阶级基础，建立了中央集权的国家机器，克服了封建政治的某些弊端，建立了近代赋税制度和较发达的财政税收制度，有利于国家经济的发展。法国的行政权力开始摆脱在执行中与立法权混淆的状态，中央政府朝着职能化和高效率的方向发展。这些都反映了法国国家制度朝着近代国家制度发展的基本方向，具有历史的进步性。

但是，在绝对主义时期法国国家制度的发展过程中，国家结构也开始暴露出消极的特征。国王在建立新机构、新官职的同时，由于未能从根本上抛弃旧贵族这一统治基础，所以不可能也没有及时地撤销过时的旧制度和旧机构和官职，结果酿成了新旧机构并存重叠，官吏队伍日益庞大臃肿，反过来严重地阻碍和束缚了国家职能的有效履行。庞大的官僚队伍还使得国家财政开支猛增。加之国家对外穷兵黩武的扩张政策，最终消耗了国家在经济发展中积蓄的资金，成为造成旧制度危机的一个因素。绝对主义时期法国国家机构和吏制官僚化的特征为以后近代法国的国家制度所继承，成为19世纪法国政治制度的一个痼疾。

二、三级会议

法国国王从卡佩王朝时起就不时在广阔的国土上召开大会议。逐渐导致了召开全国的等级会议。休·卡佩是通过选举成为国王的。他和他的后继者依靠教会和大封建主的支持。他在决定重大的政治问题时，要与主要的陪臣商讨。法国国王试图避免召开大的会议以至于产生反对党，而只是让他们批准国王的要求。但是，从12世纪后期起，君主政体迅速地取得了权力和威信。像圣路易这样的国王感到自己已经足够强大，所以召集教士和贵族的大会议支持国王颁布的法令，同时也向他们咨询。在13世纪，城镇的财富和组织都迅速增长。圣路易在认为市民有用时，例如在贸易问题上和编制货币的兑换率问题上，召集城镇的代表进行咨询。这些做法被他的后继者采用。1285年在布尔日的会议上和1284年在巴黎的会议上，高级教士和男爵由于1282年西西里晚祈起义及其余波，对教皇关于组织反对阿拉贡的十字军的提议展开了讨论。大胆的菲利浦在1285年成为国王后，按照这一先例进行广泛的咨询，取得对他的政策的认可。

1302年菲利普二世为了反击教皇波利法斯八世在训令中对他的严厉谴责，在巴黎召开了一个有高级教士、男爵和市民参加的大会议，要他们提供咨询，并争取国王的大臣皮埃尔·菲洛特在国王与教皇的争端中对他的支持。这次会议被严格操控，没有真正的主动性。无法把它称为等级会议。但是难以否认，这是等级会议制度发展中一个重要的阶段。因为它看起来已经成为法国国家制度中较之过去曾实行过的更为正式的协商会议。[①]

大胆的菲利浦及其继承者以后继续召开这种会议。今天人们对于法国14世纪初期召开的这种会议的情况知之甚少。但可以知道，14世纪中叶在法国北部、法国南部等地都召开过地方的等级会议。由于王国太大，大批人士难以跋山涉水到法国中部的巴黎来开会，此外，法国国王对于较远的地区的控制当时还不那么有效。法国南部的人们还没有与法国北部的人们团结起来召开这样一个共同的会议。直到查理七世时期为止，国王通常希望在多菲内、朗格德奥和朗格多克分别

---

① A. R. Myers, *Parliaments and Estates in Europe to 1789.London*，1975. p. 66.

召开三级会议，主要的目的是试图从三级会议上获得补助金和税收，以支持国王较大的军事扩张行动。[1]在这个时期，三级会议不参与立法，只是提出请愿书。如果绝大多数的省能够通过省的三级会议获准征收赋税，绝大多数省都不愿意派代表路途遥远地跋涉去巴黎或其他中心城市。

1440年以后，查理七世放弃了通过三级会议的同意来征税的意图。如果国王真需要取得对征税的同意，它宁可直接到每个省和各个城市区争取帮助。从1440年到1468年没有召开过三级会议。1468年，路易十一希望利用公众舆论以剥夺他的兄弟诺曼底公爵的地位，他召开了三级会议以支持他的意见。下一次三级会议是在查理七世死去、查理八世年幼之际召开的。当三级会议已经授予国王150万锂补助金时，在各省补助金分配事宜上发生了激烈的冲突。以后直到1500年，三级会议再没有召开过。[2]

法国通过一个集中化过程逐步扩大王国权力。法国从中世纪到18世纪逐渐添加了一些省份和城市。他们在将一些领土并入王国的时候，认可了它们的一些传统的自由，甚至出让了一些新的特权，以赢得对一些省或一个城市的统治权。譬如说，当战略性港口波尔多在百年战争之后回归法国时，查理七世给予该地居民免税权，以及相当的政治自由，此外，王室还给予城市行会以本地垄断权，以方便征税。

强大的等级会议拥有制约国王权力的职能。在十几个省份中，等级会议对征税问题进行投票，所有地方的最高法院都可以违抗国王的意志，拒绝为王室敕令注册。法院的拒绝足以剥夺敕令的合法性。王

---

[1] A. R. Myers，*Parliaments and Estates in Europe to 1789.London*，1975. pp. 67-68.

[2] A. R. Myers，*Parliaments and Estates in Europe to 1789. London*，1975. p. 70.

室代理人在地方的自主性限制了国王的自由。到17世纪初，地方的法官和财政官员拥有了自己的办公室，他们可以买卖私人物品，许多任命不受王室的控制，省督行使着相当大的地方任命权。他们可以提名军队和王室官员，他们常常寻求独立的自身利益。为了更有效地控制地方事务，特别是军事和财政事务，君主开始向各省派出更可靠的人，担任省行政长官。行政长官拥有特别的司法和行政权力。这项措施在17世纪得到体制化。不过，他们还得寻求本地官员和强势精英的合作。①

当时法王认为，与规模较小的代表制会议打交道较好，这包括有贵族、教师、律师和官员组成的全国的代表制会议，以及各省的三级会议。各省的三级会议是在14世纪发展起来的。它们是根据国王的征税要求而建立的。它们有各种不同的起源，如教士和男爵的封建法庭、地区的不同等级代表的会议。国王或他的官员可以直接与熟悉当地情况、民众情绪和习惯的，并有支付能力的地方显贵或国王在当地的代表直接对话。地方代表会议可以捍卫地区和地区群体的利益，提交反映地方的需求和抱怨的陈情书。这样，地方和各省的三级会议在全法国发展起来。尽管它们很快就在法国中部衰落了。在许多远离法国中心的省份，三级会议到14世纪末叶成为稳固的制度。到15世纪末，三级会议的地位已经牢固地确立，特别是在王国富于传统主义的和半独立的省，如诺曼底、朗基多克、多菲内、普罗旺斯和布列塔尼，它们甚至准备为要求他们的权利而反对全国的三级会议。1484年底在图尔召开了全国三级会议。政府不得不去参加多菲内、勃艮第、

---

① ［美］菲利浦·T.霍夫曼、凯瑟琳·诺伯格编：《财政危机、自由和代议制政府（1450—1789）》，上海人民出版社2008年版，第246页。

诺曼底和朗基多克省的三级会议，取得它们对在图尔由议员们投票通过对他们应承担的赋税份额的认可。

巩固建立的省三级会议和全国的三级会议不同，它们定期召开。根据各省的习惯，每年、每两年或每三年召开一次。一般说来，会议开始时由拥有重要官职的教士和持有重要的领主权的贵族和城镇代表召集。但到16世纪，地方的等级会议的参加者发生了变化。在诺曼底和布列塔尼，省三级会议已经没有教士参加；在普罗旺斯省，朗基多克的教士经常不参加省的三级会议，只有贵族参加省三级会议；在阿维农的省三级会议，既没有教士参加，也没有贵族参加。在布列塔尼所有的贵族最终获得参加省三级会议的权利。一般来说，参加省三级会议的城市代表的人数在增加。[①]

到15世纪末，等级会议在其他的省和地区存在，如在都兰、利穆赞、奥尔良、安茹、曼恩、马尔什、吉耶纳。甚至一些小省的三级会议从属于大省的三级会议。例如，维赖、沃莱、热沃当的三级会议从属于朗基多克省的三级会议；沙罗拉伊斯、马孔纳伊斯、欧克索纳的三级会议从属于布列塔尼省三级会议。省三级会议同旧制度同样存在下去。三级会议成为纳税机构的基本部分，并已建立有效的组织。在三级会议两次会期之间，它的工作由受雇佣的官员来执行。由一个委员会负责执行他们的决定，监视等级会议的权能执行，并为下一次会期做准备。在法国，并不是把全国的三级会议作为政府日常机构的一部分，并作为有权力的社会集团利益的代表；而是省三级会议起这种作用。直到1789年，这是国家唯一有效的组

---

① A. R. Myers, *Parliaments and Estates in Europe to 1789. London*，1975. p. 71.

织机构。它在运行中遵从地方权利和习惯。在18世纪之前，在政治上没有可能建立集中化的议会。[1]

1484年在图尔召开的三级会议的不驯服行为使国王很沮丧。以后70年，法国国王不再召开三级会议。1560年法国政府由凯瑟琳·德·美第奇掌控。她代表她的未成年的儿子执政。她担心胡格诺派的发展会造成骚动。她希望三级会议支持她对付反对派。但是在1560年奥尔良召开的三级会议上，代表们认为他们在自己的选区毫无权力，因此对国王的补助金要求不予支持。下一年，一个由39人组成的小的等级会议委员会在蓬图瓦兹召集，它对君主没有提供任何支持。1570年宗教战争形势严重，法国几近无政府状态。在这种形势下，新国王亨利三世突然对三级会议表示热情。1573年霍特曼写了《法兰西——高卢》一书，把三级会议的起源上溯到查理曼大帝时期，并宣称它的权力是持久和神圣不可侵犯的。当三级会议在布卢瓦召开时，他们要求国王把所有的权力交给三级会议的一个小委员会。但他们拒绝了政府提出的提供补助金的要求。亨利尽管很失望，但仍然在1588年再次召开三级会议。此时他已处于天主教同盟的控制之下，想找出摆脱的办法。但他不久就采取穷途末路的谋略，谋杀了天主教联盟的领袖。三级会议在混乱中解散。1593年天主教联盟的领袖马延公爵召开了支持天主教同盟的法国北部和中部等级会议的代表参加的会议，规定了在纳瓦里的亨利之后继位的人选。1614年贵族发动反叛，女王的母亲玛丽娅·德·美第奇遭遇危险。她通过召开三级会议来延缓时间，她毫不顾及政府的财政困难。三级会议坚持对她死去

---

[1] A. R. Myers，*Parliaments and Estates in Europe to 1789. London*，1975. pp. 72–73.

的丈夫亨利四世的批评。1615年初，三级会议被解散，直到1789年再也没有召开。在革命前夜，无论是政府的支持者还是批评者，绝大多数人都反对重新召开三级会议。①

政府在1617和1626年召集了显贵会议。红衣主教黎塞留对1626年的显贵会议做了特别的准备，因为他非常需要钱来偿还在内战中欠下的债务，同时使他能够介入反对哈布斯堡王朝的三十年战争。被邀请参加这次会议的有12名教士、10名贵族和28名巴黎法院的主席和总检察官，黎塞留希望他们作为三级会议的成员支持政府的决策，但遭到了拒绝。②

17世纪以后，法国还保留了一些地方三级会议。如奥佛涅、鲁埃格、佩里戈尔、吉耶纳、多菲内和诺曼底省的三级会议。③

三级会议制度是以中世纪的封建等级制为基础建立的一种政治制度。它无法融入资产阶级的政治制度体系。代表制的理论在法国最早是在1717年由德·阿尔让松提出的。1756年以后代表制思想在重农主义学者中很得人心。代表制的口号被米拉波、杜尔哥、杜邦·德·内穆尔接过去。代表制是一种启蒙主义概念。它认为，人天生是善良的，他们的个人利益与整体利益是一致的，而最初他们是自由平等的。因此，一个由等级社团组成的社会应当由阶级社会所代替，后者是开放的社会，它的成员在法律方面是自由和平等的，彼此之间的差别只应由机遇、才华和生活方式来决定。为了治愈法国存在的弊病，应当在各个省、城镇和社区召开由财产所有者选出的没有等级差别的

---

① A. R. Myers，*Parliaments and Estates in Europe to 1789. London*，1975. p. 104.

② A. R. Myers，*Parliaments and Estates in Europe to 1789. London*，1975. pp. 103–104.

③ A. R. Myers，*Parliaments and Estates in Europe to 1789. London*，1975. p. 104.

代表大会。应当委托这个代表大会去征收和分配赋税，展开公共工程并起草改革方案。[①]

1780年国家财政穷途末路，路易十六的大臣努力挽救国家财政。1787年6月，国王的重臣洛梅尼·德·布里耶纳发布敕令，召集由贵族、教士和第三等级的代表开会。但是不按等级分开开会，按人头投票而不是按等级投票。

当布里耶提议征收新税时，巴黎法院否定了这一提议，要求召开三级会议。1787年8月，布里耶把巴黎法院放逐到了特鲁瓦。此后，1878年5月巴黎法院以民族的名义痛斥政府。布列塔尼法院强调说："人生来是自由的，最初人是平等的，这是真理而无须证明，社会需要的是，个人的意愿应当总是让位于普遍的意愿。"[②]

1788年5月，政府强迫巴黎法院注册它的命令，并把这种权力委托给一个新的"全权法院"。这时，巴黎法院选择了抵制态度。教士会议反对巴黎法院延期支付，并宣布教士免税。法国的贵族和公爵公开支持巴黎法院。在贵族支持下，法官在波尔多、第戎、波城和图卢兹省的首都组织了骚动。

面对特权等级普遍的反抗，政府做出让步。1788年8月1日三级会议号召在1789年5月1日开会。在1788年余下的几个月中，新的首席大臣内克解除了在各省召开代表会议的敕令，发布了新的敕令，准备在全法国召开新的省三级会议。1788年9月1日，巴黎法院成功地为召开三级会议的敕令注册。但它强调，三级会议应当按照1614年的形式召开。这个敕令是保守的。随后，非特权阶级发出了反对的呼声，特别是

---

① A. R. Myers，*Parliaments and Estates in Europe to 1789. London*，1975. pp. 138–139.

② A. R. Myers，*Parliaments and Estates in Europe to 1789. London*，1975. p. 190.

那些18世纪在经济上已经兴隆起来，但由于出身贫贱，没有贵族头衔而不得担任高等官职的人士。他们中有成千上万的下级文官、律师、医生、工程师、商人、银行家。他们组织了社会生活，维持着社会运转，但被排斥在权力以外。大量小册子攻击政府，资产阶级领袖和下层教士转而攻击特权阶层。

三、旧制度的腐败：卖官鬻爵

卖官鬻爵是王室政府筹措资金的一种方式。法国国王自13世纪就开始通过捐官制来募集款项。起初他们只是在有限的期间让出一些司法权连同它们的收益。但君主们很快就发现，人们愿意为永久享受诸如王家官员拥有的权利付出更多的金钱。早在14世纪末以前，这种制度的一些基本要素就已经牢固地确立。[①]

在17世纪30到40年代，当法国投身于三十年战争、全力以赴反对哈布斯堡王朝的时候，捐官制作为岁入来源的潜力发挥到了极致。这个制度在路易十四时期最后几十年发展到顶点。那时运用的所有手段和权宜方法都已在黎塞留和马札然时代得到了充分的试验和检测。在那时，所有的司法部门的重要职位都可以买卖。整个王国的财政界为捐官充斥。每个财政区或征税区都为不同的税种设置了一个或多个特别收税人，他们要向一些总收税人缴纳他们的进款。这类官员中最重要的是总司库，其职责是把该省的贡赋缴到国库，然而这个职务也曾一度被分派给3个持有者。而且捐官制在每个层级上都繁衍出大量的小财政官职。[②]1664年柯尔柏派人做了一次全国性调研后发现，

①［英］威廉·多伊尔：《捐官制度——十八世纪法国的卖官鬻爵》，高毅、高煜译，中国方正出版社2017年版，第4页。
②［英］威廉·多伊尔：《捐官制度——十八世纪法国的卖官鬻爵》，高毅、高煜译，中国方正出版社2017年版，第17页。

仅司法和财税官职的总数就达到了45780个。这些官职的官方总价值约1.87亿锂，而通行的市场价格要翻一番还要多，约4.2亿锂。[①]

国王从卖官鬻爵中得到的收入远不只官职的设置。在出售官职之后，还有让官职持有人继续付款的办法。从1578年起，所有官职获得者都必须支付"金马克税"，这是一个最初为支付圣灵骑士团的花费而设立的税种。这种税收直到18世纪都没有变化，但它的数额在1633年和1656年被一再提高。这一项目在1624年被包税后，每年可带来2.4万锂的收入。[②]

柯尔伯认为捐官制一无是处，认为这样转移了本应投向生产部门的资本，让王国背上长期的债务，并促使特权丛生，欺压现象滋长。他还认为捐官制产生了一个臃肿不堪的拥有欺诈特权的司法官员群体。在1659年，柯尔伯曾向马札然建议，主张用缓慢而坚持不懈的侵蚀性的方法，来削减法国司库、初审财政法庭法官和其他小财政官的数量。通过将他们排斥出年税制、降低薪俸和定期赎买，用几年时间裁撤了90%的多余官员，为纳税人队伍增添几万名富人。但马札然没有理睬他的建议。[③]

马札然一死，柯尔伯就敦促年轻的国王路易十四削减财政司法部门的官员。[④]在1660年，捐官制的发展受到前所未有的遏制，官职价

①［英］威廉·多伊尔：《捐官制度——十八世纪法国的卖官鬻爵》，高毅、高煜译，中国方正出版社2017年版，第18页。

②［英］威廉·多伊尔：《捐官制度——十八世纪法国的卖官鬻爵》，高毅、高煜译，中国方正出版社2017年版，第23—24页。

③［英］威廉·多伊尔：《捐官制度——十八世纪法国的卖官鬻爵》，高毅、高煜译，中国方正出版社2017年版，第103页。

④［英］威廉·多伊尔：《捐官制度——十八世纪法国的卖官鬻爵》，高毅、高煜译，中国方正出版社2017年版，第36—37页。

格的上涨也被制止了。但柯尔柏限制官职的尝试最终还是失败了。

　　1743年12月3日法国颁布法令，授予王室法庭的所有公证人、司法代理人和接待员官职的世袭权。在1722年时，这些官职曾被确定为临时性的。但是，这些官职的持有人需向国家缴纳他们官职世袭权的赎买费。这样，国家从这批官员身上榨取了一大笔款项。其中，国家从高级官员如国王秘书、中级财政官员和国家司库那里榨取了1858万锂的资金。但是所有这些官员都已得到了补偿，允许财政官员拿更高的回扣，同时给予掌玺部和各秘书处的官员免纳1741年开征的十分之一税的权利。①

　　买官是富有人士跻身贵族行列的重要道路。在18世纪，法国的捐官制度汹涌地发展着。达让松在1765年出版的书中写道："在捐官制下，一切都能买到……这种政府中权力的异化并不比封建时代少"。梅西耶在18世纪80年代出版的《巴黎景观》中写道："官职的毒药无所不在……所有的职位都在被拿来出售……捐官制这个溃疡永远都在流脓，根本无法治愈……人与事，何时才能各安其位？国家，何时才能安基固本？"②

　　据估计，从1725年到1786年由官员跻身贵族的人数，各秘书处为3008人，财政法庭为2112人，财政最高法庭为704人，高等法院等处为704人，市政机构为448人，非最高法庭为192人，行政法院审查官为32人，总数为8224人。③1772至1786年间年均由官员跻身贵族

---

　　①［英］威廉·多伊尔：《捐官制度——十八世纪法国的卖官鬻爵》，高毅、高煜译，中国方正出版社2017年版，第168–170页。
　　②［英］威廉·多伊尔：《捐官制度——十八世纪法国的卖官鬻爵》，高毅、高煜译，中国方正出版社2017年版，第102，103页。
　　③［英］威廉·多伊尔：《捐官制度——十八世纪法国的卖官鬻爵》，高毅、高煜译，中国方正出版社2017年版，第291页，表6.3。

的人数，各秘书处为47人，财政法庭为33人，财政最高法庭为在11人，高等法院等处为27人，市政机构为7人，非最高法庭为3人，行政法院审查官为0.5人。通过官职成为贵族耗时甚久，在两代人时间里都未必能完成。唯有国王的秘书们在买官后，只用20年时间便可以成为贵族。[1]

革命前夜，法国买卖官职在继续发展。1794年9月提交给国民公会的最后清理的报告说，买卖官职数约为6.5万个，清算金额约为8亿锂。还有价值约162万锂的官职仍未清理，涉及的额外官职数或许在4000到5000个之间，因此，最终买卖的官职总数应在7万个左右。[2]

捐官制渗透到法国公共生活的各个角落。整个法国的司法团体乃至许多私人的司法团体都是花钱招募的。但是，一些关键的职位不能购买，如掌玺大臣、42名国务参事，最高法庭的首席庭长和总检察长的官职都不能购买。在每个法院中，不仅法官，连办事员和登记员，常常还有这些法院的特别法庭的所有官员，都是捐官。大多数法庭秘书处的闲差也都是捐官。[3]

捐官制还渗透到行政部门。在政府的核心部门，负责外交、陆军、海军和王室事务的4个国务大臣，为清偿"保有证书"为他们的前任偿付了巨额金钱。在路易十四在位时期，市政官职持有者也被纳入了捐官制网络。1771年法令又创设了一批市政官员。包税人通过买

---

[1]［英］威廉·多伊尔：《捐官制度——十八世纪法国的卖官鬻爵》，高毅、高煜译，中国方正出版社2017年版，第291页，表6.3；第286—287页。

[2]［英］威廉·多伊尔：《捐官制度——十八世纪法国的卖官鬻爵》，高毅、高煜译，中国方正出版社2017年版，第106页。

[3]［英］威廉·多伊尔：《捐官制度——十八世纪法国的卖官鬻爵》，高毅、高煜译，中国方正出版社2017年版，第106—107页。

得市政官职来牟取利益。[①]

三级会议猛烈攻击规模愈来愈大的卖官鬻爵制度。他们说："谁出卖官职，谁就出卖正义，此乃可耻之举。"当捐官制确立之后，三级会议继续斥责滥设官职。他们起而反对重重无用的职位，危险的特权，但总是无济于事。[②]内克在实行财政改革期间，为限制宫廷开支而奔走呼喊。他认为宫廷开支居高不下，捐官制是一个重要原因。18世纪80年代财政官职的买卖受到内克的抨击。这种官职的买卖跟捐官制一样古老。在内克的努力下，成百的岗位被废除，仅仅在膳食部门就废掉了406个岗位，其价值为800万到1000万锂。但内克一下台，他的许多节约措施就被抛弃了。[③]

买官者获得了一定的收益。1775年买官者从若干主要司库职位获得的年收益有下列数据：普通战争司库官职投资为77.5万锂，净收入约为9.80万锂，净收入率为12.63%；特殊战争司库官职投资为164万锂，净收入约为37万锂，净收入率为22.52%；炮兵两个官职司库官投资为67万锂，净收入约为13.2万锂，净收入率为19.68%；骑警队司库官职投资为26.5万锂，净收入约为5.07万锂，净收入率为19.12%；海军和殖民地居民司库官职投资为120万锂，净收入为22.01万锂，净收入率为18.34%；桥梁和公路官职投资为84万锂，净收入约为8.02万锂，净收入率为9.54%；王室内府司库官职投资为40万锂，净收入约

---

① ［英］威廉·多伊尔：《捐官制度——十八世纪法国的卖官鬻爵》，高毅、高煜译，中国方正出版社2017年版，第111–112页。

② ［法］托克维尔：《旧制度与大革命》，冯棠译，桂裕芳、张芝联校，商务印书馆1992年版，第143页。

③ ［英］威廉·多伊尔：《捐官制度——十八世纪法国的卖官鬻爵》，高毅、高煜译，中国方正出版社2017年版，第115–116页。

为3.48万锂，净收入率为8.70%；额外收入局司库官职投资为100万锂，净收入为10.73万锂，净收入率为10.73%；金马克税两个司库官职投资为40万锂，净收入为4.32万锂，净收入率为10.80%。[①]

1789年亚眠的第三等级猛烈地抨击了官职买卖制度，他们说：

"人们至今也没有注意到对于司法官职买卖制度的那种无休无止的抗议之声。这种制度纯粹是因财政需要而采用的，它产生了一些实实在在的弊端。"

"它抽干了法官席上的知识和功绩，让法官席只向金钱开放。"

"由于那些向别人行使司法权这种最神圣最庄严的权利的人，都不再通过他们公民同胞的信任和尊敬来获得这个职位，有些人就觉得自己天生与这种职位无缘了。"

"另一些为赚钱而购置了审判权的人，则算计着他们为买官而花的钱应该有怎样的收益；对于个人收益的考虑又会影响他们的判决。"

"捐官制产生的最后一个弊端，是赋予了年轻和没有经验的人一些重大职能，而这种职能就连明智的、有思想的和能干的人在行使时权利都会感到如履薄冰。这个弊端本身就非同小可。"

"如果现在正在酝酿的改革没有能够革除这一弊端，公共秩序的重建就只能是不完善的；因此，我们的代表应该要求全面废除司法机构的官职买卖制度。"[②]

1789年法国大革命开始后，8月4日夜国民议会废除了许多习俗

---

① ［英］威廉·多伊尔：《捐官制度——十八世纪法国的卖官鬻爵》，高毅、高煜译，中国方正出版社2017年版，第365页，表7.1若干主要司库职位的收益—1775年。

② ［英］威廉·多伊尔：《捐官制度——十八世纪法国的卖官鬻爵》，高毅、高煜译，中国方正出版社2017年版，第477—478页。

和惯例制度。会议以宣读一个所获成就的总报告而告结束。该报告有16项内容，而免费司法和废除捐官在其中出现了8次之多。一周以后，这些决定在一份正式的决议中得到表述。决议的第七条宣布："由即刻起废除司法和市政官职的售卖行为，实行免费司法。不过现有的这些官职的持有者，将继续行使他们的职责并享受相应报酬，直到议会提出相关的合理赔偿办法。"这项决议最后在11月3日通过成为法律。①

在绝对主义国家对外扩张战争频繁，政府收支出现危机的时期，卖官鬻爵成为所有的君主政体重要的系统化的应急财政措施。这一措施也使得资产阶级有可能跻身于专业化的国家官吏的队伍。卖官鬻爵是具有资产阶级性质的举措。如佩里·安德逊分析的，"由于取得功名利禄成为市场交换行为，而且官位的授受是有继承权的，卖官就杜绝了国家内部再次形成达官贵人的庇护体制。后一体制不是依赖非人格化的等价物——货币，而是依赖于大领主及其家族的个人关系和特权。"替代庇护关系体制而起的当然是贪污受贿。不过，对君主政体而言，市场调节毕竟比显贵调节更安全。"对于法国绝对主义来讲，17世纪向国家放债、包税、买官的巴黎金融财团比起16世纪各霸一方的外省诸侯来，危险性要小得多，因为后者不仅有朝廷赐予的土地，还可以自行屯兵。日益增强的官僚化反过来也产生了一批新型统治阶层的行政官员。"②

法国史学家恩斯特·科斯曼描述了当时人们对法国绝对主义君主

---

① ［英］威廉·多伊尔：《捐官制度——十八世纪法国的卖官鬻爵》，高毅、高煜译，中国方正出版社2017年版，第3页。

② ［英］佩里·安德森：《绝对主义国家的系谱》，刘北成、龚晓庄译，上海人民出版社2001年版，第42—43页。

政体的感觉："同时代人感到，绝对主义并未消除国家固有的紧张状态，也未改变他们关于政府的观念。对他们来说，国家犹如一座巴洛克风格的教堂，各不相同的概念混杂期间，相互碰撞，终于被融合成单一的辉煌的体系。"[1]

四、军事组织

军队是国家机器的重要组成部分。绝对主义时期法国的军队经历了重要的向常规军发展的过程。在军队的构成形式、士兵来源、军队编制和规模等方面都与封建主义时期的军队有了本质的变化。新型军队的建立对近代国家雏形的形成影响极大。国家可以借助军队为资本主义发展打开一个大的市场，并且强制性地把秩序和纪律灌输到社会生活中。

在13世纪时，法国没有形成一支常备军。国王在需要军队时只能通过与封建陪臣谈判，临时征集军队。到了菲利浦·奥古斯都时期（1180—1223年），法国的版图急剧扩大，需要一直固定可靠的军队。于是国王便开始逐步用雇佣军取代封建军队。1436年以后，查理七世为支持这支军队而永久征税。从人头税中支付军费的计划得到三级会议的同意，这样法国军队获得了可靠的财政来源的支持。1445年至1446年，查理七世改组了军队组织，由20个优选骑兵连组成第一支常备王军。每个连有200个枪骑兵小队，每队6人，由国王挑选的连长率领。查理七世还整编了查理五世时期建立的自发军事组织自由弓手，由王室监督下的地区指挥官指挥，并且成立了炮兵队。这样，法国开始建立了一致严整的常备军，人数有8000多人。此时，根据需要

---

[1]［英］佩里·安德森：《绝对主义国家系谱》，刘北成、龚晓庄译，上海人民出版社2001年版，第90页。

临时征召封建私兵的做法继续存在。但这支军队效用不大，以后逐渐衰落。[①]到15世纪末，法国王室军队的核心是由贵族志愿兵组成的传令兵连。每个连由一个大贵族指挥，或是由王族指挥。保卫国王的卫队则是由法籍和瑞士籍的枪骑兵和滑膛枪手组成。当时法国非贵族人士只能当步兵。

16世纪以后法国的步兵人数超过了骑兵。1552年法国共有约3万步兵和5千骑兵。步兵常常按照籍贯和征集地区组成军团，但军团和军官必须由诺曼底人担任。这种军团战斗力不强，最终在宗教战争中崩溃了。有鉴于此，国王被迫采用"团"这种新的军事组织单位。路易十三时有11个团。这支军队的军官最初限于贵族。到1584年，第三等级人士可以加入传令兵连。1629年颁布法典宣布实行改革，规定任何军人凭贡献可以升至陆军上尉或更高的军阶。这样不仅开放了官职，而且由于有相当一批非贵族人士担任了中上级军职，从而使得这支军队具有一定的中等阶级的成分。

法国军队的规模得发展很快。路易十三时有3万到4万人的军队。路易十四时增至约35万人，并先后在杜埃、梅斯和斯特拉斯堡等地开办炮兵学校，在军队中建立炮兵团。海军的创建与发展是绝对主义时期法国军队发展变化的一个重要的内容。黎塞留经过10年的苦心经营创建了一支海军，在地中海和大西洋口部署了35艘大军舰。以后，柯尔伯把战舰数量扩大到100多艘。[②]路易十四在位初年随着法国采取重商主义和殖民扩张政策，面临海上强国竞争的局面，尤其是面临英

[①] J. H. Shennan，Government and Society in France，1461—1661. London，Allen & Unwin，1969. pp. 35–36.

[②] C. W. Cole，Colbert and A Century of French Mercantilism. London，1939. Vol. 1，p.194.

国海军的对抗，因此，路易十四在布列斯特、罗什福尔、土伦、敦刻尔克和阿弗尔·德·格拉斯建立5所海军兵工厂，大力建造军舰。到1672年法国有战列舰60艘、三桅战船40艘。1681年法国有战舰198艘，此外在土伦港还停泊着30艘双桅战船，共有海军约1.1万人。路易十四在海军中打破等级界限，引入竞争机制。在军队中平民、王侯和贵族可以平起平坐，前者甚至可以成为后者的上级。这样的军队有了较强的战斗力。[①]

为了维持这样一支庞大的军队，国家就必须增加财政收入。这就促使法国的赋税制度和财政机构有了大的发展。

五、财政职能

在欧洲主要的君主国，财政变革的推动力是战争支出。[②]

在中世纪，法国国王主要的领地收入是王田的地租、捐税和减免、器具出租收益、广义林权收益、贸易通行税、司法行政罚款以及造币收益。其中每一种收入都不是王室独有，但其中某些收入（如造币收益）只有大领主才有。路易九世在13世纪中叶发动十字军东侵，导致王室财政管理发生实质性变化。为了筹措资金，路易九世强制开征了"开业许可税"和"分类税"。腓力四世在13世纪90年代，根据为了保卫王国可以要求征收补助金的原则，在13世纪90年代多次征收补助金。[③]1421年查理七世经三级会议批准征收了80万图尔锂的平民税。1435年当朗格多伊勒地区三级会议准许宫廷征收贡金4年时，地方三级会议再次把贡金

---

① ［法］伏尔泰：《路易十四时代》，商务印书馆1982年版，第430—447页。

② ［英］理查德·邦尼："法国：1494—1815年"，载，理查德·邦尼（主编）：《欧洲财政国家的兴起，1200—1815年》，沈国华译，上海财经大学出版社2016年版，第159页。

③ ［英］约翰·贝尔·小海勒曼："中世纪的法国"，载，理查德·邦尼（主编）：《欧洲财政国家的兴起，1200—1815年》，沈国华译，上海财经大学出版社2016年版，第103页。

改为课征1年平民税。1460年重建后的财政体系给政府带来了80万图尔锂的财政收入，其中大部分是平民税收入。[①]腓里四世在缺乏常规税收的情况下，采用了操纵货币和大肆举债的手段。当时法国国王通常是通过没收其主要债权人，如犹太人、圣殿骑士、意大利人和像雅克·科尔这样的金融家的资产来解决自己的债务，而没有建立永久的信贷制度。

在法国中央集权化的时期，政府对财政支出主要是支付对外战争的开支。查理八世1494—1495年第一次入侵意大利的军费支出不止300万图尔锂，可能达到400万锂。弗朗西斯一世在1515—1516年发动的马里尼亚诺战役估计花费了750万锂，1536—1538年的战争可能耗费了1500万锂。弗朗西斯一世（1515—1547年）在位时期由于军事需要开征了许多新税。

在国家的财政工作中，高级财政官员大肆搜刮钱财。克洛德·比利翁搜刮了780万锂。富凯搜刮的资产到他1661年被捕时估计已超过1540万锂。科勒贝也搜刮了将近600万锂的钱财。劳在这个体制中发了大财。他在一封信中谈到，自己的财产达到1亿锂。但在这个体制崩溃时他的财产失去了大部分。[②]

到了旧制度结束时期，法国的财政问题已经十分严重。根据内克的研究，18世纪70年代从各省征到的总收入达到了5.68亿锂，而当时法国的人口大概是2470万，人均财政负担应该是23锂左右。但是在里昂总监税区，纳税人每天缴纳37锂；而在巴黎总监税区，纳税人平均要缴纳64锂。凡是边境地区或者新并入省份，财政贡献都小于巴黎盆

---

① ［英］约翰·贝尔·小海勒曼："中世纪的法国"，载，理查德·邦尼（主编）：《欧洲财政国家的兴起，1200—1815年》，沈国华译，上海财经大学出版社2016年版，第114—116页。

② ［英］理查德·邦尼："法国：1485—1815年"，载，理查德·邦尼（主编）：《欧洲财政国家的兴起，1200—1815年》，沈国华译，上海财经大学出版社2016年版，第125–126页。

地。埃克斯（普罗旺斯）、欧什和波城、贝藏松、第戎（勃艮第）、格勒诺布尔、里尔、梅茨、南锡（洛林）、佩皮尼昂（鲁荣西）、雷恩（布列塔尼）、斯特拉斯堡（阿尔萨斯）和瓦朗谢纳（弗兰德斯）的情况都是如此，只不过程度不同而已。科西嘉纳税人人均仅缴纳4锂又7苏。在这些地区，大量财政收入都是在当地作为支出花掉的，从来就没有上缴国库。一些在1789年提交给全国三级会议的陈情书表达了对财政状况的不满。[1]

在14世纪中叶，法国开始课征不与突发性战争挂钩的常规性年度税收。贵族当时也不例外，他们像其他人那样纳税。然而到14世纪末，他们逃避了纳税。亨利六世统治时期，王室对贵族做出让步，其中在1388年对贵族免征新的直接税。1393年贵族自己土地上的产品免征货物税。以后，亨利七世重新确认了这些免税措施。某些权贵直接将大量的王室税收装入私囊。利用公共资源而养肥自己的精英队伍不断扩大。

法国纳税人缴纳的直接税主要是针对土地和来自土地的收入。最初的直接税只是一个按人头计算的税种。后来直接税包括土地税、军需税、入市税、人头税等。纳税人还需要缴纳间接税，其中包括种类繁多的货物税如葡萄酒税，针对商品从王国的一个地区流往另一个地区而征收的通行税以及盐税等。

法国把征收间接税的权利卖给了包税商，其他税收由省等级会议或王室行政官员来征收。在朗格多克等省，三级会议不仅对税收进行投票界定征收，还决定征税形式。在其他省份，等级会议对征税进行

---

① ［英］理查德·邦尼：《法国：1494—1815年》，载，理查德·邦尼主编：《欧洲财政国家的兴起，1200—1815年》，沈国华译，上海财经大学出版社2016年版，第158—159页。

投票表决，但由王室来征收。而在长久以来就是王国组成部分的地区，直接决定税收而无须等级会议投票，由王室来征税。

在征税过程中，王室要对新的省份和强悍的精英做出妥协。这样，税收体系中便包含了广泛的免税措施。在这个过程中，地方精英获取了大量的收入。1677年朗格多克征收的税款中有33%直接落入了地方显贵的口袋，另外的19%则在他们的控制下消费了。[①]

当时把货币运输到巴黎耗资甚多，只有靠近巴黎的省份才这样做。即便这些省份也只是将一小部分资金运到巴黎。例如，1609年所征收的直接税只有20%运到巴黎，而其中大部分来自诺曼底的税收在地方上花掉了。国王一般是把某种税收用来支付地方工资。在朗格多克，国王用盐税来支付图卢兹法院法官的工资。其他收入则承诺用于地方军事开支，或支付法官的退休金。

绝对主义王权时期在法国建立了公共信用制度。国王最严重的困境是必须借债。因为战争使得国家的开支猛增，战争造成的破坏使得经济衰退并导致税收的下降，解决困境的办法就是借债。战争的迫切需要把贷款人推到绝境，国王又一再撕毁与贷款人的协议。如柯尔伯所说："国王没有信用，人们除非做好破产的打算才会与他打交道。"

弗朗索瓦一世时期，王室从里昂交易所的贷款数量很大。例如，1516年法国国王在里昂从佛罗伦萨人那里借得30万塔尼，1529年又借得60万杜卡特。这个时期许多佛罗伦萨和南德的大商人在里昂定居，从事商务和金融交易。1571年在里昂有佛罗伦萨人42人，其中有9人有很大的权势，他们控制了佛罗伦萨城市国家全部资产的四分之

---

① ［美］菲利浦·T.霍夫曼、凯瑟琳·诺伯格编：《财政危机、自由和代议制政府（1450—1789）》，上海人民出版社2008年版，第248页。

一。[①]1542年以后，弗朗索瓦一世与查理五世的战争开始，他几次从里昂资本市场筹措资金。

16世纪君主开始建立公共信用制度。1522年法国王室通过让巴黎市政府发放永续年金的方式获得了长期信用的保证。这种年金是由王室交给巴黎市控制的王家税收来支持的。在17世纪40和50年代，王室对于借款支付10%、15%甚至25%的利息，而当时私人借款的利率是6%上下。在巴黎到了五十年代后期，永续年金退化为强制贷款。在那个时候，王室拖欠借款是常见的现象，借钱给王室仍然是冒险行为。拖欠、延期支付带来的损失会使众多的金融家破产。包税和卖官鬻爵在法国实行的时间比在英国要长久。很大一部分君主国的信用是由高官和包税人在支持着。包税人将钱贷给王室，然后从他们所征收的税收中安排一部分还贷。[②]

法国16世纪中叶到大革命前夜国库税收只有大致的数字。国库1560至1569年名义年均收入为1022万锂，1570至1579年名义年均收入为2097万锂，1580至1589年名义年均收入为3039万锂，1590至1599年名义年均收入为2126万锂，1600至1609年名义年均收入2430万锂，1610至1619年名义年均收入为3068万锂，1620至1629年名义年均收入为4311万锂，1630至1639年名义年均收入为9235万锂，1640至1649年名义年均收入为11498万锂，1650至1659年名义年均收入为12686万锂，1660至1669年名义年均收入为9172万锂，1670至1679年名义年均收入

① Frederic Mauro，"Merchant communities，1350—1750." in J. D. Tracy，ed.，Rise of Merchant Empire. Long-Distance Trade in the Early Modern World，1350—1750. Cambridge U. P. p. 265.

② ［美］菲利浦·T.霍夫曼、凯瑟琳·诺伯格编：《财政危机、自由和代议制政府（1450—1789）》，上海人民出版社2008年版，第251页。

为10895万锂，1680至1689年名义年均收入为11928万锂，1690至1699年名义年均收入为14583万锂，1700至1709年名义年均收入为11799万锂，1710至1719年名义年均收入为13082万锂，1720至1729年名义年均收入为19718万锂，1730至1739年名义年均收入为21300万锂，1740至1749年名义年均收入为28939万锂，1750至1759年名义年均收入为27338万锂，1760至1769年名义年均收入为34380万锂，1770至1779年名义年均收入为36200万锂，1780至1789年名义年均收入为42150万锂。[①]

六、工商业职能

绝对主义时期制定工商业经济政策时受到重商主义经济理论很大的影响。15世纪重商主义思想家在法国已经出现。德马勒斯特芦亚、博丹和蒙克莱田是法国的重商主义思想家。德马勒斯特芦亚著有《异论集》（1598年），博丹著有《对德马勒斯特芦亚的〈异论集〉的答复》（1568年）、《物价上涨和货币减少问题言论集》（1528年），蒙克莱田著有《政治经济学概论》（1616年）。他们主张多卖少买，从流通领域为国家谋取财富。

法国从亨利四世统治时期开始，中央集权国家对经济采取了干预政策。当时胡格诺战争使经济遭到很大破坏，农田荒芜。亨利四世接受了苏黎的意见把人头税由600万锂增加为1400万锂，并豁免了以前积欠的税款2000万锂，废除了各省省长规定的某些赋税，采取了保护农民的措施。亨利四世采取了保护对外贸易的政策，在1606年同英国缔结了通商条约，1607年同汉萨同盟以及西班牙缔结了通商条约。亨

---

①［美］菲利浦·T.霍夫曼、凯瑟琳·诺伯格编：《财政危机、自由和代议制政府（1450—1789）》，上海人民出版社2008年版，第254–255页，表6.1 国库收入（16世纪60年代—18世纪80年代）。

利四世创办了大型的官办手工工场，用分赐补助金和特权的方法促进私营丝织、花毡业、搪瓷、玻璃、制镜、细麻布、壁纸和其他奢侈品的生产。规定外国匠师和生产者在巴黎有开业的自由。法国政府在1601年建立的商业委员会是日后商业部的前身。1601年法国政府颁布开采荒芜矿山的特别敕令，责成矿山所在的土地所有者负责此项工作，他们应当把所得利润的十分之一上交国家。

重商主义政策在路易十四统治时期（1661—1715年）有典型的表现。柯尔伯（1610—1683年）是这一政策的坚决推行者。柯尔伯是兰斯地区的呢绒商之子，1665年起担任财政总监。他在广泛调查法国资源的基础上，拟定了发展生产的总计划，在法国建立了400多种制造业。法国王室授予一些手工工匠组成的联合手工工场以生产和销售的特权。如色当和埃夫伯格的羊毛业、特鲁瓦的针织业、圣艾蒂安的武器制造业。政府鼓励奢侈品和出口商品（如挂毯、瓷器、玻璃制品高级衣料）、基础工业品（冶铁、造纸和军火）和一般消费品的生产。柯尔伯通过剥削纳税人来大量补贴手工工场主。1664年至1690年间法国政府赠给大手工工场主200万锂。工业家还可以从政府处取得贷款。其中有许多贷款后来一直没有偿还。政府还分发给工业家森林、土地等生产资料。柯尔伯扶助花边、丝绸和毛毡生产的资金有5.5亿锂，补助织呢生产的资金有200万锂。他用国家资金创办了许多家手工工场。柯尔伯当权20年间，法国较大规模的手工工场由68个增至113个。巴黎、佛兰德尔、皮卡迪、诺曼底、都勃尼、里翁纳、多菲内、普罗旺斯、朗基多克成为工业最发达的地区。法国出现了一些规模很大的手工工场，如1665年在亚眠附近阿贝维勒建立的凡洛贝织呢手工工场有6000多名工人，政府拨给的补助金和赠款达10万锂之多。手工工场主有很高的地位，可免纳租税、免服兵役、有廉价食盐供应。

法国中央集权的国家制定保护关税政策来保护民族工业，使之免遭英国、荷兰等国的竞争。1664年法国初次制定了外国商品国境税税率。1667年柯尔伯制定了更为严厉的保护关税率，把英国和荷兰的每批呢绒的进口税由40锂提高到80锂，并把花边、饰带等商品的税金提高一倍。直到与荷兰等国的两次大战后才根据尼姆维根合约放弃了1667年的关税率，恢复1664年的关税率。柯尔伯在此同时鼓励法国的手工工匠移居国外。1669年柯尔伯任海务大臣后，亲自主持造船事业。在他的努力下，法国建立起一支强大的舰队和一只大型的商船队。他改善了马赛、洛希福尔、哈佛尔、敦刻尔克等港口的设备，扩建了瑟堡港。1681年完成了连接大西洋和地中海的朗基多克运河，促进了航海和贸易。

七、镇压和社会控制职能

在绝对主义国家时期，尽管国家内部职能的发展总的来说落后于国家外部职能的发展，但是随着从封建主义向资本主义生产关系的过渡带来的巨大的社会动荡、剥削的加剧、17世纪欧洲的经济危机以及在这种动荡中劳动群众的反抗斗争的加剧，国家对内的镇压职能和社会控制职能也较快地发展起来。福科所论述的现象已经出现，即国家对劳动群众的反抗采取的镇压措施和更加广泛的惩罚制度、强制劳动制度、监视控制制度往往交替使用，他们与贫民救济政策、社会劳动政策相融汇，成为统治阶级国家无法截然分开的浑然一体的手段。这表现了国家在其活动中深思熟虑的两面手法。

1660年法国在巴黎设置了警察指挥官。1667年路易十四任命一位警察中将替代被撤销的巴黎宪兵司令作为最高警官，他对国王负责而不对巴黎法院负责。到1699年，在几乎所有法国城市都设立了警察中将，同时设立了协助警察中将的警察分局局长。在乡村，警察指挥权归省的监督官。1700年以后法国的警察归省的监督官和城市的警察中将指挥。法国中央政府控制的警察力量有多种。在乡村建立了骑警队，它在法国资产阶级革命后被取消。1791年建立了国民宪兵队。法国建立了较为复杂的城市警察组织。在巴黎每四分之一城区都设有一支警察队伍，其职责是维护社会秩序。此外步兵中还有一支专门的部队以步哨形式散布在城区，必要时支援警察。另有一支100人左右的低级警察，在夜间或下午在城内巡逻。此外由步兵和骑兵组成的巡逻队晚间和白天在城内巡逻。1645年马扎然还建立了专门的民事侦探。第二任警察中将阿尔让松侯爵在任期间（1679—1718年），建立了固定的警察所，它们成为现代警察局的前身。17世纪以后法国的警察组织变化繁多。警察作为一种镇压和社会控制的组织，其职能得到实施。①

法国在绝对主义时期的济贫事务采取了政府集中管理和干涉的形式。1536年弗朗索瓦一世向各教区颁发了两道敕令，令其承担一定的救济责任，增设工作岗位和救济潜在的贫穷居民，把受教会救济者也列入受照顾之列。1554年在巴黎成立了拥有征捐权的济贫总局。②1562年法国颁布法令，授权在全国建立济贫院。到1789年法国共有济贫院2186所。③1566年法国国王发布莫林斯训令，把济贫税的征收扩大到全国。但是由于当时法国处于内战时期，该法令无法实

---

① David H.Bayley, "The Police and Political Development in Europe", in Charles Tilly, ed., The Formation of National States in Western Europe. Princeton U. P. 1975, pp. 343-345.

② ［民主德国］汉斯·豪斯赫尔：《近代经济史——从十四世纪末至十九世纪下半叶》，王庆余等译，商务印书馆1987年版，第110页。

③ Wliam Doyle, The Old European Order, 1660—1800. Oxford U. P. 1984. pp. 132-133.

施。在以后几个世纪中，法国仍然实行私人救济，由教会组织贫民捐助工作。丹麦的贫民救济问题在前工业化时期解决得较好。1683年丹麦制定了一项法律，安排所有的贫民在国家用间接税收入建立的公共工场中就业，以此解决贫民救济问题。1530年德意志帝国的敕令赋予城镇和乡村一项职责，为居住在当地的贫民提供食物，领地王公也颁布了类似的命令。[1]勃兰登堡国在1696年颁布了一项命令，授权郊区为应当救济的贫民提供就业机会，同时有权惩罚那些不该救济者，但所有的济贫费用都通过自愿捐助的方式募集。在柏林，政府在那里建立了贫民救济委员会，由这个机构掌握政府的救济金，任何贫民都可以申请。到1740年，在普鲁士主要城镇都建立了贫民院，以后授权地方当局征收强制性的贫民捐。[2]

八、宗教政策

欧洲绝对主义国家采取了宗教宽容政策。这种政策具有明显的资产阶级自由主义倾向。它把基督教各教派的对立和斗争在国家政治生活中的地位淡化了，把各教派由政治势力转化为文化思潮，有利于消除或减轻各国内部危及政治统一的教派矛盾。宗教宽容继承了文艺复兴时代的人文主义精神，并为后来彻底反对宗教唯心主义的启蒙运动的兴起做了准备。16世纪的宗教改革运动在历史上加强了欧洲各国的世俗政权的力量，排斥了和削弱了跨越国界的宗教神权的统治。但是宗教改革没有把教会完全从国家政治生活中排除出去，改革后的宗教成为君主有用的工具，[3]教会变成了国教会，与国家权力结合在一起，使民族国家的文化

---

① E. Segerra, A Social History of Germany 1648—1914. London, 1977. p. 165.

② William Doyle, The Old European Order, 1660—1800. Oxford U. P. 1984. pp. 132–133.

③［德］桑巴特：《现代资本主义》第一卷，李季译，商务印书馆1958年版，第290–291页。

观念继续受宗教观念的强制性支配。此外，宗教改革运动激烈的斗争加剧了基督教各教派的偏狭观点，天主教、新教和异教之间的冲突没有淡化。宗教斗争在某些地区和某些条件下仍以残酷的形式表现出来。即使是具有积极意义的新教文化在某些时候仍然表现出强制性的特点。路德曾要求当局用强制性的手段去铲除一切扰乱基督教公共秩序的异端。加尔文派也带有明显的偏狭观念。加尔文本人把塞尔维塔处以火刑。诺克斯同样认为异端应受死刑惩罚。英国宗教改革后掀起一场大规模的迫害清教徒的运动，法国开展了迫害和驱逐胡格诺教徒的浪潮。在德国也发生了严厉地对待异教徒的情况。从15世纪末叶开始，西班牙、葡萄牙、意大利和德意志各地都开展了驱逐犹太人的运动。这种宗教迫害政策是宗教改革后反宗教改革潮流的一个组成部分，但它没有长期存在下去。欧洲各国统治者处于国家安定和发展工商业的考虑，很快放弃了这种宗教迫害政策，转而采取了宗教宽容政策。在这一过程中，人道主义思潮的传播和影响也冲击着宗教迫害政策。

在法国，1598年4月在新旧教贵族妥协的基础上，亨利四世颁发了《南特敕令》。这一文件宣布以天主教作为法国国教，在全国恢复天主教的弥撒，把没收的土地财产规划天主教会，胡格诺教徒获得信仰和宗教活动的自由，有权召集自己的宗教会议。他们在担任政府官职以及受教育方面与天主教徒具有同等的权利。新教神职人员与天主教神职人员一样有免服兵役等特权。胡格诺教派还在它所占领的法国南部保留武装控制200个城镇的权力，作为国家履行敕令的担保。南特敕令是欧洲历史上第一个宗教宽容的敕令。[1]

---

① William Doyle，The Old European Order，1660—1800. Oxford U. P. 1984. p. 202.

第三节　英格兰

一、玫瑰战争和贵族衰落

在1455到1485年发生了玫瑰战争，英格兰两大贵族家族兰开斯特家族和约克家族展开了长期的血战，相互杀戮，使得有头衔的贵族几乎消耗殆尽。1509年亨利八世即位时，仅剩下42家贵族，其中男爵为30家，男爵以上的贵族仅12家，其中还包括亨利八世初年恢复的4家男爵。以后贵族数量继续减少，贵族中公爵只剩下伯金汉公爵爱德华·斯塔福德，侯爵只剩下多塞特侯爵托马斯·格雷。[1]亨利八世在位期间，两个伯爵死后无人继承爵位，一家伯爵的继承人因夺公权被取消伯爵爵位，另有6家男爵绝后无嗣。[2]因此，亨利八世统治的封建贵族政治基础非常薄弱。亨利八世为了维护统治集团的社会基础，他采取了特殊的措施，尤其在他在位后期大量授封和提升贵族。斯图亚特王朝继续了这种政策。从1615年12月31日到1628年12月31日，英格兰贵族的人数从27名增至126名，其中伯爵增加尤多，从26名增加到65名。[3]由于担任政府高官，培根、康韦、考文垂、达德利、卡利顿为获得贵族头衔只付了很少的钱或者未付钱。第二类如莫汉、韦斯顿和戈林，是因为有上院显贵伯金汉做后台而被封为贵族的。新封的贵

---

① Helen Miller，Henry Ⅶ and the English Nobility. Oxford，1986. p. 7.

② Helen Miller，Henry Ⅷ and the English Nobility. Oxford，1986. p. 39.

③ Lawrence Stone，The Crisis of the Aristocracy，1558—1641. A bridge edition.Oxford U.P. 1965. p. 51.

族中最后一类则完全是出钱买得贵族头衔的。如1616年因派遣海勋爵出使巴黎和马耳他需要资金，出售了两个男爵爵位，由约翰·霍利斯爵士和约翰·罗珀尔爵士各出1万镑买得。当1624年伯金汉公爵出使巴黎时，政府因需要资金再次出售勋爵爵位，价格上升到3万镑。[①]

英格兰贵族的经济地位也很不妙。1550—1650年大约有120家贵族欠下债务，其中绝大部分在1580年以后欠有巨债。例如索尔斯伯里伯爵在1611年欠有5.3万镑债务，索福克伯爵1618年所欠债务为4万镑，多塞特伯爵1624年的债务为6万镑，伯金汉公爵1628年时债务为5.87万镑。前两家贵族在沉重的债务重压下无法恢复元气。到17世纪30年代，英国贵族的债务又有很大的增长。索福克伯爵的债务上升为9.9万镑，斯特拉福伯爵的债务为10.7万镑，阿伦戴尔伯爵的债务为12.1万镑。[②]

鉴于旧贵族集团已经非常衰弱，国家不可能实行旧的政策，依靠旧贵族来维持和巩固封建统治。都铎王朝和斯图亚特王朝不得不拓宽统治集团的社会来源，同时实行政治改革。

二、议会制度

英格兰议会自13世纪建立以后，一直未曾停止其活动，在1485—1603年都铎王朝绝对主义时期亦未取消，议会得以保存下来直到早期斯图亚特王朝和资产阶级革命时期。英国议会在历史上传统存在的现象背后，有一些不可忽视的历史的及其自身的原因。

英国议会在都铎王朝绝对主义统治时期得以存在，首先应该从都

---

① Lawrence Stone，The Crisis of the Aristocracy，1558—1641. A bridge edition.Oxford U.P. 1965. p. 53.

② Lawrence Stone，The Crisis of the Aristocracy，1558—1641. A bridge edition. Oxford U.P. 1965. p. 111.

铎王朝建立的社会政治基础去理解。都铎王朝是在英国两大封建贵族集团激烈冲突、长期相互杀戮、内战导致封建贵族势力消耗殆尽的背景下建立的。都铎王朝建立的前30年即从1455年到1485年爆发了在英国历史上称为玫瑰战争的封建内战。战争的一方是约克家族,家族徽记是白玫瑰,战争的另一方是兰凯斯特家族,徽记是红玫瑰,每次战役之后,被俘的封建主集团贵族的成员均被斩首。据统计,死于玫瑰战争的男爵及男爵以上的贵族有65人(一说58人),中小封建主数以千计。战争以后,世袭的封建大贵族已所剩无几。到亨利七世初年召开议会时,出席者只有29人属于封建世袭贵族,到1509年全国只有一个公爵,一个侯爵和九个伯爵属于旧贵族。这样,封建的社会基础和旧贵族的势力已极度削弱,新建立的都铎王朝只能依靠在议会中结聚起来的资产者和新兴地主。

此外,在建立都铎王朝的兰开斯特家族的家族史上有着依靠议会、与议会结盟的特殊的历史经验。那是在14世纪,理查德二世在位时期(1377—1389年),由于他任意挥霍王室地产,征收繁重无度的赋税和残酷地镇压反对他的人士,引起各界对他强烈的不满。1399年,被理查德二世放逐的他的堂兄弟亨利·博林布鲁克在英国登陆,用武力夺取了政权,把理查德囚禁在伦敦塔中。议会承认了这一事件,确立亨利·博林布鲁克为英王,开始了兰开斯特王朝。亨利按继承顺序本不该继承王位,是议会根据公众舆论的支持使亨利继位的。历史上将这一事件称为"兰开斯特革命"。为此,亨利以后对议会的要求采取了容忍的态度,而1485年的都铎王朝便是由这个家族的后裔建立的。王权与议会妥协和合作的历史记忆不能不对议会政策产生一定的影响。

　　议会制得以在都铎王朝存在并延续到斯图亚王朝的另一个原因是都铎王权尚未达到高度集权专制。许多史学家把都铎政体归入绝对主义政体，其实都铎王权与绝对主义时期欧洲大陆国家的王权有所差别。此时期的欧洲大陆诸国君主权力急剧膨胀，国王的意志便是国家的法律，国王凌驾于法律之上。法王路易十四声称"朕即国家"便是王权至上的真实反映。但是在英国情况却不是这样，在英国从未宣布过立法权完全属于国王。1534年颁布的《豁免法》宣布英国的立法权属于"在议会中代表整个国家的国王陛下和两院议员"[①]。英国学者认为此时英国国王与议会的关系可以用"国王在议会中"这样一句话来概括。英国朝野都承认在英国是国王同各等级的臣民代表共同参与订立法律。约翰·埃尔默在1559年很准确地描述了英国王权当时的状况："英国的政体不是一种纯粹的君主制，""不是纯粹的寡头制，""而是所有这些混合的统治"。"议会拥有特权，如果国王缺了他们，不可能颁布任何命令。"[②]英国国家集权化力量薄弱的一个表现是，国家主权概念在当时的英国政治理论中不像欧洲大陆国家那么发达。在英国，从斯塔基开始使用"state"一词，但是，从比较语义学来看，英国较为忽视国家概念。绝对主义时期英国政治家和思想家对国家主权理论缺乏充分论述[③]。一些英国学者干脆否认当时英国国王拥有主权。法学家霍尔兹沃斯说："在都铎时代，没有一个律师或

---

　　① C. H. Williams, ed., English Historical Documents, Vol. 5. 1485—1558. London, Routledge, 1995. p. 744.

　　② G. R. Elton, ed., The Tudor Constitution Documents and Commentary. Cambridge U. P. 1966. p. 16.

　　③ K. H. F. Dyson, The State Tradition in West Europe, A Study of An Idea and Institute, Oxford U. P. 1980. pp. 25—26、36、44.

政治家能够回答在英国究竟谁拥有最高主权这一问题。"①正是因为在都铎王朝时期王权未有急剧膨胀，使得议会得以存在。而英国议会在16世纪一般说来是支持王权的，与国王共同治理国家，因而也巩固了自身地位，并且有所发展。以议会的立法职能为例，都铎前期议会下院在立法问题上是国王的忠实奴仆，而到后期下院则"骄傲地抬起了头"。议会还巩固了自己对财政议案的通过权，成为国家制度中一个不可缺少的组成部分，这样便能够长期存在下去。

　　英国议会作为一种制度能够在近代被继承地再一个重要的原因，在于它不同于欧洲大陆国家等级代表机构的结构形式。在14世纪中叶以前英国议会不分议院，宗教贵族、世俗贵族和平民议员挤在一起开会。在议会中，议员根据他们代表的不同利益分成贵族、教士、骑士、城镇代表几个集团，其中骑士和贵族较为接近，而对平民较为疏远。这时议会的性质究竟是代议制机构还是国王的御前会议并不十分明确。从1341年起下级教士退出议会，他们单独召开教士大会，以讨论宗教界批准征税等问题。1343年骑士和自由市民的代表第一次单独召开会议。尽管这个时期骑士和自由民的差别并未完全区分，但1376年以后他们就很少分开来开会②。英国两院制最后形成。由于英国的下院议员是由各郡和自由市推派而不是由各等级推派的，所以英国下院议员从一开始便不再是代表若干等级或阶级，而是地方团体，即由英国国王领导下的地域行政单位的代表构成③。这样一种议会的组成

---

① W. S. Holdsworth, A History of English Law, London, 1943. Vol. 4. p. 208.

② A. Pollard, Evolution of Parliament. London, 1976. p. 125.

③ F. Pollock and F. E. Maitland, The History of English Law. Vol. 1. p. 888. See Edward Miller, "Introduction", in E.B.Fryde and Edward Miller, eds., Historical Studies of the English Parliament. Cambridge U. P. 1970. Vol. 1, p. 9.

方式实际上排斥了等级制的构成基础，具有易为近代政治体制容忍和吸收的特征。

三、宗教改革

在西方中世纪，神权是世俗政权的驾驭者。在国家中教会用有显赫的权力，王权是教权的奴仆。16世纪在欧洲开展的宗教改革运动是对教会势力的一次攻击，它导致了权力中心从教会方面向世俗王权的转移。在一些国家宗教改革是国家参与或发动的运动，它在经济方面有现实的目的和成果。宗教改革没收了天主教财产而获得大宗动产和地产，充实了国库和新型贵族地主和中产阶级的钱袋，是对封建财产的一次再分配。

如希尔所说，在英国，宗教改革本身就是一次新型国家的合法行动。[①]它是在都铎王朝由亨利八世在16世纪30年代发动的。英国宗教改革发动的原因是英国王权对罗马教廷的政治和经济特权无法容忍。宗教改革前，罗马教皇在英国建立了一整套教会组织，设有坎特伯雷和约克两个大主教区，以下有17个主教区和数以千计的教区和教堂。教皇可以召开教士大会制定教会法。全国还设有800多所修道院，他们直接听命于罗马教皇，不受教区节制管辖。每个教区和教堂占有数量不等的土地，教职人员采用封建方式剥削农民。此外，教会还征收十一税、遗嘱检验费、诉讼费等。上层教士聚收了大量财富。他们还在国家机构中担任要职。例如温彻斯特主教福克斯在亨利八世在位初年担任了掌玺大臣，坎特伯雷大主教威廉·沃雷姆担任了大法官，约克大主教沃尔西在1519年—1529年实际上掌握了国家内政外交大权，

---

① Christopher Hill，ed.，Puritaniam and Revolution. London，1958，p. 32.

为罗马教皇搜刮钱财，同时把相当一部分钱财占为己有。英国高级神职人员由罗马教皇直接任命。罗马教廷的决定支配着英国相关的国策。外来的教权控制着英国的王权。

英国的宗教改革运动在政治上剥夺了天主教会的立法、司法、征税权和授权。1532年英国宗教会议接受了下院的提议，决定今后未经国王许可宗教会议不得制定任何新的教规律令。教规律令必须由一个国王指定的委员会审定，并经国王批准方可实施。教规律令凡与国家法律相抵触者一概无效。从此剥夺了英国教会独立的立法权，教会服从国家法律。宗教改革前世俗人士的遗嘱、婚姻等案件均交教士法庭审理，下级教士法庭无法审理的案件可以层层上诉，直到提交罗马教廷。1633年初英国议会通过的《禁止上诉令》①规定英国教士和俗人不得把案件上诉罗马教廷，罗马教廷也无权受理英国的任何案件，一切案件都应当在英国审理，英国臣民应无例外地服从至尊的国王。它申明英国教会有能力在没有任何外来干涉的情况下管理和处理英国的宗教事务。宗教改革前，按照天主教的规定，新任主教的首年薪俸、教区征收的什一税以及以其他名义征收的税收都需要按一定的比例上交罗马教廷。1532年和1534年英国议会通过了《教士首年薪俸法》和《禁止上交罗马教区税收法》②，谴责罗马教廷在英国的掠夺行径，宣布上述税收改交英国国王，这样英国政府的财政收入增加了。宗教改革前英国教会高级神职人员如大主教、主教的任命，由国王推荐、教皇核准。教皇以此作为钳制国王的手段。1532年的法令规定，如果

---

① G. R. Elton, ed., Tudor Constitution. Documents and Commentray 1485—1603. Cambridge U. P. 1960. pp. 344–349.

② G. R. Elton, ed., Tudor Constitution. Documents and Commentray 1485—1603. Cambridge U. P. 1960. pp. 341–344，349–351.

教皇对国王推荐的人员迟迟不予批准，那么由两名主教组成的委员会有权任命大主教，大主教也有权任命主教，国王对上述任命有权认可。1539年又颁布了《国王任命主教法》，进一步规定国王有权任命主教等高级神职人员。1534年议会制定《至尊法》[①]，宣布英国国王为英国教会的首脑，有处理教会事务的一切权力。这一法令确立了国王在英国教会中的最高地位，宣布了英国民族教会的成立。英国教会从此成为英国国家机构的一部分。英国宗教改革是世俗王权对教权的有力打击。它是英国国家向新型国家转变的一个迹象。

英国宗教改革造成了土地所有权的大变动。1536年都铎王朝从揭露修道院的罪行劣迹入手，解散了年收入在200英镑以上的大修道院376所。[②]1539年议会再次通过法令，封闭200所小修道院，把没收的土地财产收归国王所有。[③]此后，没收的修道院土地除小部分赏赐外，大部分土地抛售到市场上，落入新兴城乡富有者手中。例如，呢绒商理查格拉善一次就以1173镑购得伯克郡3座修道院的土地。亨利八世出售给律师年收入1500镑的42份土地，出售给医生、会计和自耕农年收入2500镑的72份土地，出售给工商业者年收入6000镑的140份土地，出售给乡绅的有年收入23500镑的683份土地。[④]解散修道院和没收修道院地产，使王室取得占全国四分之一的地产，其年收入达13.6万镑，超出先前王室地产收入的3倍。同时国家取得教士首年薪

① G. R. Elton, ed., Tudor Constitution. Documents and Commentray 1485—1603. Cambridge U. P. 1960. pp. 355–356.

② G.R.Elton, ed., Tudor Constitution. Documents and Commentray 1485—1603. Cambridge U. P. 1960. pp. 374–378.

③ G. R. Elton, ed., Tudor Constitution. Documents and Commentray 1485—1603. Cambridge U. P. 1960. pp. 380–382.

④ Fisher, Political History of Englnd, 1486—1547. p. 499.

俸和十一税约4万镑，以及价值超过100万镑的教会镀金器皿和金银块，大大地增加了国家的财政收入。[1]

在欧洲其他大君主国，从15世纪末宗教改革前夜起，普遍地出现了教会财产落入世俗政权之手的现象。在卡斯蒂尔，伊莎贝拉女王强行把她丈夫斐迪南选为骑士团的首领，这样，西班牙王国政府就可以持续地支配各骑士团的收入，并向各骑士团征收公债。在法国，一次就把100个修道院的土地划归国王支配。在西班牙和法国，王国政府从教皇处取得推荐大主教的权力。在法国，直接根据对教士的课税权与君主特权，在西班牙则间接地根据罗马教皇的许可，把教会收入的一半收归国家使用。[2]在德国宗教改革运动中，教会的地产发生了转手。在萨克森选帝侯公国内，所有教会的地产凡是尚未转为别人财产的一律予以没收。除去用于地方牧师、学校和济贫需要外，一部分用于偿还国王向议会各界代表所借的债款，一部分归作王室财产。黑森的教会财产有38%归宫廷和国家行政管理所用，另有59%的教会财产用于技术、科学和福利目的。符腾堡对教会财产实行全面没收，所有没收的财产由王室支配。[3]欧洲宗教改革对教会产业的处理在一定程度上加速了资本主义的原始积累。

四、政府机构改革

英国国家机构的第一次重大变革是在16世纪都铎王朝亨利八世时期进行的。这个时期由托马斯·克伦威尔主持的中央政府改革和建设

---

[1] Christopher Hill, Puritanism and Revolution.Secker and Warburg, 1958. pp. 32–33.

[2]［民主德国］汉斯·豪斯赫尔：《近代经济史——从十四世纪末到十九世纪下半叶》，王庆余等译，商务印书馆1987年版，第100–101页。

[3]［民主德国］汉斯·豪斯赫尔：《近代经济史——从十四世纪末到十九世纪下半叶》，王庆余等译，商务印书馆1987年版，第103页。

表现在三个方面，即财政机构、国务秘书机构和枢密院的建设。

亨利八世在位初期，政府的财政部门主要由王室土地总监和财务处两个部分组成，它们都直接隶属于国王。因此政府无法很好地发挥作用。托马斯·克伦威尔在改革中努力降低财务处的地位，把王室土地总监转化为一个受限制的政府机构。1530年开始的英国宗教改革增加了国家财政来源，促使建立新的机构以应付需要。从1535年起，在英国先后建立了6个税收法庭，分别管理各种财政收入。第一个为财政法庭，它负责征收自古沿袭而来的税收，特别是关税和议会赋税。第二个法庭为兰开斯特公爵领地法庭，负责管理分布在英格兰各地属于它的地产，并受理王国的财政案件，在该法庭进行司法裁决。第三个法庭为一般检查法庭，负责管理王室地产，第四个法庭为增加法庭，负责处理修道院土地。第五个法庭为教产和什一税法庭，负责征收教会每年交纳的赋税。第六个法庭为监护法庭，保证国王对所有领有其土地的封建主的权力。它有继承封建主财产的继承权，并有权在封建主死后其继承人未成年之前监护代管未成年贵族的地产或他们的其他财产。每个法庭都有较完善的组织机构，配置了专门的官员，有自己的印章和办公处所，彼此职责分明。诸财政法庭的建立使英国的财政机构得到健全和发展。这样，财政部门在英国政府部门中首先得到发展。①

都铎王朝英国的国务秘书部门也有了相当的发展。托马斯·克伦威尔降低了以前地位极其重要的御玺处的地位，把国王首席大臣官署

---

① G. R. Elton, England under the Tudor, London, Methuen & Co. Ltd., 1965, pp. 182—183. G. R. Elton, The Tudor Revolution in Government, Cambridge U. P. 1979. 埃尔顿教授在此书中创建性地提出了"都铎政府革命"的概念。

提高为主要行政机构。1534年以后，国务大臣对包括岁入、财政、国内事务和国外事务、国防和宗教等百余种事务起控制作用，结束了过去大法官作为行政首脑的传统。1540年以后设两个国务大臣。在以后近代初期的一段时间里，国务大臣是国家整个行政机构的中枢。与此同时，托马斯·克伦威尔降低了原来国王的三个印玺处在国家行政中的重要地位，签发国务文件的职能由身为国务大臣和掌玺大臣的他本人来承担，用自己的印章取代了几种御玺的作用。[①]

英国都铎王朝中期建立了枢密院作为中央政府的核心组织。在亨利七世在位时期，国王的委员会是最重要的组织，当时委员会有一个核心组织。在沃尔西时期，这一核心组织实际上已不存在。沃尔西垮台后这一组织又重新积极地开展活动。托马斯·克伦威尔扩大和重建了这一组织。1526年他发布命令，把国王的20名主要的枢密顾问官单独组织成一个委员会，并配置以书记官。[②]该委员会除了管理政府的一应事务外，还负责管理原王室法庭的司法事务。克伦威尔把这些枢密顾问官置于自己控制之下，确定枢密顾问官对首席国务大臣的隶属关系，随后于1540年8月正式建立了枢密院。枢密院建立日志，通过枢密院令来发布其决定。以后，枢密院的规模不断扩大。玛丽在位时期枢密院增至44人。[③]伊丽莎白一世时期枢密院规模有所缩小，但枢密院举行会议的时间和地点相对固定。并非所有的枢密院成员都每次到会，例行公事通常由4至6名固定的枢密顾问官开会解决。国务大臣、大法官等是经常到会的官员。这个时期枢密院处理的事务量大而

---

① G. R. Elton, England under the Tudor, London, 1965, pp. 182–183.

② G. R. Elton, ed., The Tudor Constitution: Documents and Commentary, Cambridge U. P. 1968, pp. 92–95.

③ G. R. Elton, England under the Tudor, London, 1965, p. 405.

烦琐，其中既有内政、财政、宗教和教会问题、国内治安、地方政府事务，也有私人要求得到恩宠的请求等。[1]

英国在都铎王朝绝对主义时期国家机构与大陆诸国的发展有类似的趋向，但英国国家机构的发展有两个明显的特征。一是主要国家行政机构有较大的发展，而地方政府机构尚未进行改革。二是即使在绝对主义时期英国政府机构改革之后，它的规模和官员数量都较小，远不能与法国等欧洲绝对主义国家相比，即英国绝对主义时期国家形态呈现出隐性而非显性。

五、经济和财政职能

绝对主义时期英国政府采取了保护本国商业利益的航海政策。都铎王朝在1485年、1488年、1532年和1540年先后采取了禁止雇佣外国船只运输货物的措施。[2]1565年规定英国雇主在沿海贸易和运输法国葡萄酒和靛青时有义务使用自己的船只。1588年枢密院令规定，某些时候在输出英国商品时也必须用英国的船只，要求诸海外公司遵照执行。[3]斯图亚特王朝开始后詹姆士一世于1615和1622年颁布的《航海法》重申了这一政策。1624年英国政府规定不得使用外国船只运输烟草。[4]

英国财政收入高涨的第一个周期出现在亨利八世及其子爱德华六世在位时期。王室采取的教会财产"私有化"和本币贬值措施导致财政收入和支出高于在正常情况下依靠税收以及王田和其他王室财产收

---

[1] G. R. Elton，England under the Tudor，London，1965，pp. 405–406.

[2] E Lipson，Economic History of England.vol. I，London，1931，Vol. 3，p. 508.

[3] E Lipson，Economic History of England. vol. I，London，1931，Vol. 2，pp. 116–117.

[4] E Lipson，Economic History of England. vol. I，London，1931，Vol. 2，pp. 170.

益实现的收支可持续水平。[①]

英国的财政资源直到内战爆发都没有出现明显地增长，到了1688年光荣革命以后才真正出现财政资源持续地增加。此后，斯图亚特王朝的君主和谋士们使英国国家的财政收入和军费支出大大增加。17世纪70年代，查理二世掌握的财政收入达到查理一世在半个世纪前征收的收入的2.7倍。50年后，新建立的汉诺威王朝将收入增加了7倍，到18世纪70年代政府财政收入则增加了10倍。拿破仑战争结束后，英国财政支配的收入比两个世纪以前斯图亚特王朝实际收入多了36倍。

英国国家借债额从17世纪后期起大大提高，这样明显提高了政府的支出能力，特别是在战争时期。1694到1713年英国进行"财政革命"以后，永久性公债的数额大大增加。永久公债名义本金在詹姆士二世统治时期是200万英镑，到乔治三世统治时期已经增加到8.34亿英镑。英国的军事财政实力使这个国家能够参加8场战争，并允许政府通过发售长期或永久债券为战争筹集大量的经费。[②]

17世纪90年代前的大约200年里，英国国家财政收入在国民收入2%—3%的区间波动。在17世纪90年代、18世纪第一个10年到20年代这30年里，英国国家财政收入占国民收入的比例先是上涨了1倍，然

---

① ［美］帕特里克·K.奥布来恩、菲利普·A.亨特："英格兰：1485—1815年"，载，理查德·邦尼（主编）：《欧洲财政国家的兴起：1200—1815年》，沈国华译，上海财经大学出版社2016年版，第57页。

② ［美］帕特里克·K.奥布来恩、菲利普·A.亨特："英格兰：1485—1815年"，载，理查德·邦尼（主编）：《欧洲财政国家的兴起：1200—1815年》，沈国华译，上海财经大学出版社2016年版，第56页。

后上涨了两倍。[1]

从都铎王朝、斯图亚特王朝到汉诺威王朝，国家靠税收支撑的程度越来越大。而在税收种类上，商品税和其他种类的间接税为1689—1815年筹措军费支出做出了最大的贡献。在16世纪很长的时间里，都铎王朝对所得税和财产税的依赖呈现加剧的态势，所得税和财产税占税收总收入的比例到了詹姆士一世统治时期已经接近60%。此外，除了在共和国时期完全求助于直接税外，英国日益依赖关税、消费税和印花税征收。到了乔治三世时期，上缴财政署的税收收入大约有80%来自间接税。永久公债在1688年时几乎为零，但到了1815年永久公债的名义本金已经增加到全国总收入的两倍以上。

在和平时期，英国政府通过发行1年或18个月期的付息国库券来平衡预算。

18世纪末，在战争需要的压力下，小威廉·皮特设计并推出了一种富于成效的非累进所得税，这种税收课征的对象是年收入在50英镑以上的个人。小威廉·皮特凭借这一创新措施扭转了政府财政依赖间接税的倾向。[2]

在1688—1815年间，英国的财政支出仍然以军费支出为主，并且大部分用在了对外侵略、为英国工商业保护殖民地和海外市场的国内

---

① ［美］帕特里克·K.奥布来恩、菲利普·A.亨特："英格兰：1485—1815年"，载，理查德·邦尼（主编）：《欧洲财政国家的兴起：1200—1815年》，沈国华译，上海财经大学出版社2016年版，第59页。

② ［美］帕特里克·K.奥布来恩、菲利普·A.亨特："英格兰：1485—1815年"，载，理查德·邦尼（主编）：《欧洲财政国家的兴起：1200—1815年》，沈国华译，上海财经大学出版社2016年版，第63页。

经济防卫上。[①]

在汉诺威王朝时期，国家得益于私人企业在这个时期的经济增长，1688年至1815年间接税收入大幅度增长。这是政治和行政管理的成就。英国的大臣和税务署制定的成功的财政政策，保证了公共收入的大幅度增长。[②]

在16到18世纪这个过渡的时期，英国政府的间接税包税制度的实施经过了立和废的过程。为了降低税收的征管成本，在伊丽莎白登基后不久，伯利就决定对关税的征管进行改革，并且把某些贸易商品关税的计征责任转移给商人个人。在1568—1671年，有时曾把相当大比例的关税收入承包给个人或财团。关税包税制一直平稳地持续到查理二世统治时期。关税保税制在一些人看来为君主提供了一种效率更高的替代难以监管的王室官僚的办法。之前王室官僚常常成为腐败的猎物或者无法胜任工作。一般来说，间接税承包政策通过避免与国王任免制下的中央集权国家官僚政治联系在一起的腐败和不称职现象，可望提高上缴财政署的比例。由于私人包税制提供了摆脱廷臣、宠臣和官僚圈子处置国王收入的可能性，私人包税变得普遍起来。王室在把税收征收责任下放给商人和商团的同时，巩固了便于中央政府举债和信贷的体制。此外，在包税实施过程中，王室还逐步采纳了一种要求提前支付一大笔预付款或准入费的规定。这样，包税制提供了一种处

---

① ［美］帕特里克·K.奥布来恩、菲利普·A.亨特："英格兰：1485—1815年"，载，理查德·邦尼（主编）：《欧洲财政国家的兴起：1200—1815年》，沈国华译，上海财经大学出版社2016年版，第64页。

② ［美］帕特里克·K.奥布来恩、菲利普·A.亨特："英格兰：1485—1815年"，载，理查德·邦尼（主编）：《欧洲财政国家的兴起：1200—1815年》，沈国华译，上海财经大学出版社2016年版，第65页。

于萌芽状态但却是正规化的王室借款制度，从而降低了英国依赖安特卫普和阿姆斯特丹资本市场的程度。这种把贷款直接与税收联系在一起的机制预示了1694—1713年发生的财政革命的主要特点。这种做法也预示了把间接税收入作为偿还以往贷款的方法问世。①

贸易税承包制的做法在伊丽莎白登基前很罕见。在对西班牙战争（1585—1604年）期间，包税制对商人缺乏吸引力。英国政府在这个战乱的年代实际上收回了关税的征收责任。包税制在很大程度上是与詹姆士一世和查理一世统治下恢复王室借款紧密地联系在一起的。1604—1611年，包税制因腐败、徇私和相关法律复杂而变得声名狼藉起来，于是长期议会在1643年废除了包税制。

查理一世在其统治的最后几年里，对织物、淀粉浆、肥皂、眼镜、金银丝、扑克牌，甚至水厂和旅馆都征税。到了1660年查理二世返回英国时，英国政府又对啤酒和其他酒精饮料、食盐、番红花、啤酒花、铅、锡、玻璃、食油、肥皂、金、银和铜丝征税。在这个时期，间接税占到消费税总收入的40%。②

复辟时期，英国的大臣和议会意识到，包税制并没有像承诺者所说的那样创造稳定而且高效的税收收入。特别在战争时期，国家不可能把自己的收入置于私人包税人的控制之下。于是，英国中央政府于1671年废除了关税的包税制，1683年废除了消费税的包税

①［美］帕特里克·K.奥布来恩、菲利普·A.亨特："英格兰：1485—1815年"，载，理查德·邦尼（主编）：《欧洲财政国家的兴起：1200—1815年》，沈国华译，上海财经大学出版社2016年版，第68—69页。

②［美］帕特里克·K.奥布来恩、菲利普·A.亨特："英格兰：1485—1815年"，载，理查德·邦尼（主编）：《欧洲财政国家的兴起：1200—1815年》，沈国华译，上海财经大学出版社2016年版，第70页。

制。^①1671—1813年，英国的关税收入大幅度增加。这主要是要通过英国港口海关的贸易商品额的长期增长获得的。

英国政府应对1688到1815年的军费支出增长而筹措的资金，只有一小部分来源于课征所得税和财产直接税。为了取得更多的直接税，财政大臣在战时提高不动产的税率，在和平时期则降低不动产税率。政府通过立法，根据新的个人财富和收入表现形式来计征税收。包括对个人拥有的住宅、窗户、马匹、马车、仆人和狗征税。1799到1816年，小威廉·皮特还在英国率先设计和成功地推行了所得税。英国政府在1688到1815年采取了以直接税的形式来筹措几乎全部的追加开支。^②

来自教会的收入是英国国家收入的另一个重要组成部分。在亨利七世统治时期，国王以补助金和贡金、年度收益和什一税以及无主财产等名义获得的收入中，有14%来自教会。在亨利八世统治时期，大部分教会土地、房屋和其他资产被征用和私有化，来自教会的收入在国王总收入中所占的比例，最多时曾经达到25%。宗教改革以后，英国国王从教会获得的收入下降，但教会仍然承受着很大的压力。在查理一世统治时期，教士税的收入仍然占到君主直接收入的15%左右。在王位中断时期，王国政府再次抢占了教会的财产。^③

都铎和斯图亚特王朝君主制时期，一些税收是以封建税收权利为

---

　　①［美］帕特里克·K.奥布来恩、菲利普·A.亨特："英格兰：1485—1815年"，载，理查德·邦尼（主编）：《欧洲财政国家的兴起：1200—1815年》，沈国华译，上海财经大学出版社2016年版，第71页。

　　②［美］帕特里克·K.奥布来恩、菲利普·A.亨特："英格兰：1485—1815年"，载，理查德·邦尼（主编）：《欧洲财政国家的兴起：1200—1815年》，沈国华译，上海财经大学出版社2016年版，第65页。

　　③［美］帕特里克·K.奥布来恩、菲利普·A.亨特："英格兰：1485—1815年"，载，理查德·邦尼（主编）：《欧洲财政国家的兴起：1200—1815年》，沈国华译，上海财经大学出版社2016年版，第73—74页。

基础征收的，其中包括开征的补助金、什一税、船税，此外还有监护税和征用制的收入，王室一直把这两种税收保留到复辟时期。在这个时期，进口关税、罚金、暂押、贷款拖欠不还、强制捐款、扣押，都被斯图亚特王朝的君主用来增加直接税收。在绝对主义时期，英国国家机构反复规定纳税义务，目的就是要对家庭、地方以及不同类别的所得和财产之间的税务做出有效、公平、普适的评估。但是，君主不愿意放弃其封建权利，此外，国王也没有自己的行政管理机构来有效地实施征税。这样就无法为建立常规、普适、可接受的个人所得和财产直接税收制度奠定牢固的基础。[1]

六、社会控制职能

英国都铎王朝面对宗教改革和圈地运动造成的大量流民，颁布了一系列惩治流浪者的法令。亨利七世在位时期，在1495年颁布法令，给流浪者和乞丐套上枷锁，不给面包和饮水，惩处三天三夜。没有劳动能力的乞丐规定须居住在它最近居住的地区，不许离开领地去行乞。亨利八世时期在1530年颁布法令，规定年老和丧失劳动能力的乞丐可以持行乞证行乞，对有劳动能力的乞丐则要鞭打和监禁。1536年的法令规定，凡是第二次被抓获的流浪者要重新受到惩罚并割掉半只耳朵，如果流浪者第三次被擒就要处以死刑。此外，1536年的法令规定，神父必须募集款项救济乞丐，市长、管事、警官和其他城市官员应当为乞丐寻找工作。爱德华统治初期，流浪者人数达到惊人的程度，英国国王成立了一个24人组成的专门委员会来研究乞丐问题，决

---

[1] ［美］帕特里克·K.奥布来恩、菲利普·A.亨特："英格兰：1485—1815年"，载，理查德·邦尼（主编）：《欧洲财政国家的兴起：1200—1815年》，沈国华译，上海财经大学出版社2016年版，第78，79页。

定分别成立贱民救济院、儿童学校，以及强迫劳动的改造所收容乞丐。鉴于30年代惩罚流浪者的法律过于无力，爱德华六世在1547年颁布新法令，取消1536年的条款，规定今后懒惰的流浪者应判为奴隶。对再不去做工者，应当绞死。如果被囚禁的乞丐做工挣了钱或是继承了一笔财产，就可以得到自由。1547年的法令还规定，要把5至13岁的少年乞丐集中起来学习去种田或学手艺，使他们将来能够就业。这些内容反映了通过立法促进资本主义发展和鼓励发财致富的倾向，符合资本主义发展的需要。其次，也为资本主义雇佣劳动制度的发展提供必要的劳动力，同时稳定社会秩序。在1549年诺福克爆发的凯特起义之后几年间，政府对乞丐加强了惩罚，1550年以后才有所减轻。①

都铎王朝时期英国政府对于圈地运动的政策的基本出发点也主要是维护社会安定。1498年亨利八世颁布第19号法令，禁止拆毁附有20英亩以上土地的农民房屋。亨利八世1525年颁布的法令重申了这条法律，其中说道："很多租地和大畜群，特别是大羊群，集中在少数人手中，因此地租上涨，耕地荒芜，教堂和房屋被毁，无人养家糊口者多得惊人"，规定要重建那些荒芜的农场，制定耕地与农场的比例。1533年的一项法令抱怨不少所有者拥有24000只羊，于是规定养羊的上限不得超过2000只。亨利七世以来150年间英国相继颁布了禁止剥夺小租地农和农民的法律。②1549年夏末在萨默塞特和怀特郡等许多郡由于圈占公地和已耕种的农场引起农民大规模的起义骚动。参加骚动的主要是茅舍农，他们不仅由于地主的压迫，更主要是因为大农场主和地主达成协议，交换和圈占土地，使他们无法生存，而爆发骚

---

① ［英］施托克马尔：《十六世纪英国简史》，上海人民出版社 1958年版，第9-11页。
② 马克思：《资本论》，第1卷下册，人民出版社1975年版，第787-789页。

动。于是王室在1549年4月发布宣言反对圈地。1550年议会进而通过法令，反对农民从土地上外流，鼓励建立更多的小型家庭农场。[1]16世纪90年代初，物价上涨，劳动群众更加贫困。而从1593年起，圈地运动的规模空前扩大，各地出现了前所未有的荒凉景象。这一年禁止圈地法的废止使得圈地运动高涨。从1594年到1598年连续5年歉收，到1596年夏季食品价格猛涨，小麦和裸麦的价格比1593年上涨了两倍。在这种背景下怀特郡和肯特郡爆发了起义或饥饿骚动，牛津郡也酝酿着暴动。这些反抗斗争危及地主阶级的利益，迫使统治集团修改对圈地运动的政策。在1597年议会会议上，培根指出正是圈地运动驱赶农民酿成动乱，提出了"禁止圈地法"，和"防止农村荒芜人迹、拆除农舍以及农业衰退法"两项法案。议会成立了培根参加的专门委员会，并最终在议会通过了上述两项法案。[2]

对劳动力市场的管理是绝对主义国家的一项工作。在英国封建主义危机出现之初，国家就积极采取措施。1348到1349年英格兰发生了一场大规模的黑死病，在爱尔兰和苏格兰也发生了流行性的黑死病。黑死病使英格兰人口惊人地减少了。据估算，居民有20%到25%死于这种疾病，教区牧师有40%死于黑死病，而中世纪在一般情况下人口死亡率仅为5%稍多。这场灾难使封建主和雇主感到农业劳动力不足。雇主在凭借自己的力量不足以压低农民和工人工资的情况下求助于国家。1349年6月，爱德华三世颁布劳工法规，规定所有60岁以下健康的男女，如果没有自己的土地或其他生产资料，都必须强制地受雇于那些需要劳动力的人，并且只能按照黑死病以前的工资率支付工资。拥

---

① J. Youings，Sixteenth Century England.Penguin Books，1984. pp. 215，154.

② ［英］施托克马尔：《十六世纪英国简史》，上海人民出版社1958年版，第17页。

有剩余劳动力的封建主则应当把劳动力转让给其他雇主。如果上述劳动者拒绝工作，如果他们没有别的原因或未经主人许可在期满以前就离开工作岗位，将被罚款或被逮捕送进监狱。雇主不得支付超过规定的工资，工人也不得提出超过规定工资的要求，否则将被囚禁。[①]英国议会在1351年的法规中规定了劳动力的价格，试图把劳动力束缚在工作岗位上，宣布对拒绝工作任意离开的劳动者进行严厉的惩罚。从1349到1377年共审理了近900件这类案件，做出了有利于雇主的判决。理查德二世在位时期于1388年颁布了一项重要的劳工法规，规定了全国最高工资率，并授权治安法官估定当地的工资率。[②]在英国，国家在进行社会控制时不考虑劳动的道德状况。英国当时的伦理观认为，个人道德是私人的事情。[③]

绝对主义时期欧洲各国乡村和地方的警察组织和城市的警察组织相比显得较薄弱。乡村和地方的治安制度带有某种地方自治的性质，这以英国最为典型。英国在1361年建立了教区的治安法官制度，授予选出的地方贵族或乡绅以治安法官职，管理治安。治安法官负责指导临时警察并实施普通法。郡长、郡军队指挥官和治安法官共同承担这一责任。中央政府部队治安法官发放薪金。这种通过地方自治团体来维持治安的制度长期以来没有变动。[④]在英国，贫民救济的工作交给

① A. E. Bland, P. A. Brown, and R. H. Tawney, eds., English Economic history, London, 1914. pp. 164–167.

② A. E. Bland, P. A. Brown, and R. H. Tawney, eds., English Economic history, London, 1914. pp. 171–176.

③ J. U. Nef, Industry and Government in France and England, 1540—1640. Philadelphia, 1940. p. 75.

④ David H. Bayley, "The Police and Political Development in Europe", in Charles Tilly, ed., The Formation of National States in Western Europe. Princeton U. P. 1975, pp. 342–343.

地方自治性质的行政机构和教区来承办。1547年伦敦第一次为贫民募捐。1552年要求征税官温和地商请人们捐款，但成果不大，募集的少量款项无法满足日益增长的贫民救济的要求。伊丽莎白一世即位后，国家从1563年起强行征收济贫税。拒不缴纳济贫税的贫民交法庭审讯。通过强制捐款为济贫工作的开展打下基础。伊丽莎白时期还颁布法令，规定要为年老的和残废的乞丐安排一个安生之处。在城市和教区用征得的济贫税购买土地，建立强迫劳动的工场。1576年的法律规定，治安法官在每个郡都要开办两三个工场，称感化院，用公款购买原料安排贫民就业。早期斯图亚特王朝不得不承担起社会救济的责任。1622年枢密院决定，对一些郡因纺织工业萧条而失业的劳动者每人每天发给3便士救济金。[①]

英国在1361年建立了教区的治安法官制度，授予选出的地方贵族或乡绅以治安法官职，管理治安。治安法官负责指导临时警察并实施普通法。郡长、郡军队指挥官和治安法官共同承担这一责任。中央政府部队治安法官发放薪金。这种通过地方自治团体来维持治安的制度长期没有变动。[②]

英格兰在近代国家形成过程中与欧洲大陆类型的国家存在着结构上的差异。一个结构特点在于英国的议会制度及其阶级结构。从资产阶级的形成来看，英国缺乏一个作为独立的革命因素的第三等级。资产阶级被整合进封建贵族所创造的政治格局中。这种贵族政治格局在英格兰政治体的结构和历史中全面渗透，造成了英国的绝对主义国家

---

① J. U. Nef, Industry and Government in France and England, 1540—1640. Philadelphia, 1940. p. 122.

② David H. Bayley, "The Police and Political Development in Europe", in Charles Tilly, `ed., The Formation of National States in Western Europe. Princeton U. P. 1975, pp. 342-343.

相对稳固，足以将新的政治阶级吸收纳其中。此外，英国议会有各郡选出的议员和市民代表参加，他们不是严格意义上由等级推派的代表，而是地方团体或者说地方行政单位的代表，这种代表制在体制上与近代西方议会的代表制结构并无两样，因此在17世纪革命后能被新时代继续采用，形成了英国议会制度结构连续性的轨迹。

英格兰在近代国家形成过程中与欧洲大陆类型的国家存在的结构差异还反映在政治历史背景方面。英格兰在封建社会中权力结构和法国不同。英格兰没有形成强大的与中央王权抗争的封建诸侯势力，对此，马克·布洛克评论说，英格兰从1066年起就是一个中央集权的国家。这样就造成了英格兰中世纪的王权没有遭到封建贵族的反叛和挑战，也就没有形成封建割据的政治格局。正因为如此，加强中央集权就没有像在法国那样，成为英格兰切实必要的现实政治目标而被君主提出来。这也造成了在英格兰没有形成庞大的官僚政治结构。无论是在都铎王朝还是在早期斯图亚特王朝，英国的国家和欧洲大陆国家法国和普鲁士等国相比，始终呈现出隐形而非显性。

第四节　西班牙

一、议会制度

阿拉贡议会在1023到1076年"征服者"海梅一世在位期间发展到顶峰，它有很大的特权。当时阿拉贡王国由三个地区联合而成。1137年最初的阿拉贡王国与卡塔卢尼亚统一。1238年阿拉贡—卡塔卢尼亚的海梅一世征服了居民由基督教徒、莫罗人和犹太人构成的瓦伦西亚省。老阿拉贡议会在13世纪形成。当时城市的代表是由贵族委员会召集的。到13世纪下半叶，议会中的教士代表不再出席，直到1301年才被迫参加。但是到此时，出席议会的教士等级和贵族等级的代表人数大大增加了，王室在议会中甚至找不到足够的房间供他们开会。在议会中，大贵族、小贵族和乡绅分别组成了等级。与卡莱尔的议会不同，阿拉贡的议会定期召开，1307年以后每两年召开一次。但这一时间规定不是严格执行的。在这个时期已经有了一个阿拉贡法官团。无论是在议会开会期间还是休会期间，它履行保证议员权力的职责。

到14世纪，阿拉贡的议会已经非常引人注目。它通过的决定成为立法。国王离开议会就不能颁布法令。阿拉贡所有法律的制定都需要得到议会中四个等级中每一个等级的一致同意。在实际工作中，由每个等级派出4名或更多的议员组成一个委员会，该委员会有执行的全权。阿拉贡还有这样的规则，国王的特别收入只有得到议会的同意才能征收。没有议会的批准，不得征收新税；未得到议会的同意，不能改变旧税的征收方式。[①]

议会休会期间，由议会选出一个临时委员会监督法律和公共基金的管理。议会还有其他功能。它讨论战争与和平问题，批准条约；它有权任命大使；它控制外国人的归化；它接受新的国王，并接受他维护原有法律的宣誓。

卡塔卢尼亚议会的组织和阿拉贡议会有些不同。但是在14 和15世纪它的权力同样引人注目。1218年卡塔卢尼亚议会在弗兰卡镇

---

① A. R. Myers，Parliaments and Estates in Europe to 1789. London，1975. pp. 63–64.

召开了第一次会议，以后到1283年卡塔卢尼亚的议会才完全建立。当时佩德罗三世发布了一部宪法，允许每年召开一次由贵族、教士和市民参加的议会来讨论王国事务，除非为战事所阻碍。卡塔卢尼亚议会由教士、贵族和城镇市民三个等级构成。但是在阿拉贡是一个城市统治其他的城市，这种居统治地位的城市在加泰罗尼亚是巴塞罗那，在阿拉贡是萨拉戈萨。在阿拉贡，议会委员会同样能够对王室官员和执行法律的方式行使权力。议会对议员资格的控制权较小。在每次议会会期将要结束，国王在被授权征税之前，他必须宣誓遵守议会的所有法令。只有贵族等级有在议事时要取得全等级一致的规则，这使得议会程序的进行在卡塔卢尼亚比在阿拉贡更为顺利。[①]

瓦伦西亚议会的规则与加泰罗尼亚较为接近。瓦伦西亚议会同样有贵族等级在议事时必须取得全体一致的规则，瓦伦西亚对城镇议员的控制甚至比巴塞罗那或萨拉戈萨的等级会议更强。瓦伦西亚议会还有一个特别的习惯，在议会解散后，每个等级都可以继续开会和向国王提交请愿书。像阿拉贡议会和加泰罗尼亚议会一样，瓦伦西亚议会有权任命一个副代表，在议会会期之间监督等级会议的特权和王国的法律。[②]

西班牙议会在14到15世纪一直非常强大。议会的衰落的迹象首先在卡斯蒂尔议会出现。在天主教国王在位时期，议会已经丧失了在王室委员会的立法动议权。在俊美的菲利普在位时期（1504—1506年），已经出现了城市等级会议被改造成为封闭的法人团体的倾向。城市代表宣称他们从属于骑士集团，并且坚持说只有那些传统上享有

---

① A. R. Myers，Parliaments and Estates in Europe to 1789. London，1975. p.64.

② A. R. Myers，Parliaments and Estates in Europe to 1789. London，1975. p. 65.

权利的城镇才有资格派出议员代表。

1517年使用佛莱米语的查理五世和他的佛莱米顾问到来，导致了在议会中与城市市民代表的冲突。宫廷希望城市给予它的代表充分的权力，以支持查理五世取得作为帝国君主所需要的经费。但是，18名城市的代表中只有少数人投票支持拨款。[1]随后国王去了德意志，革命爆发了。不久，激进派控制了城市，老的贵族与市民之间的敌对发展成为冲突。1521年4月卡斯蒂尔贵族在比亚拉战役中打败了市民集团，这样城市丧失了抵抗君主的力量。1535年在托莱多召开的议会会议上，查理提出对食品征收消费税，任何人不得免税。贵族和教士坚决地反对这一要求。查理为了避免他们之间发生冲突，做出了退让，此后贵族被免税，并且以后再也没有召开贵族参加的议会。到查理统治结束时，议会地位转变，称为"国王的委员会和城镇代表的大会"。

1538年的决定对卡斯蒂尔议会的命运影响深远。贵族以免税为代价和王室一起成为西班牙帝国统治的合伙人。他们不再关注议会命运。议会中代表城市利益的贵族议员和贵族一样免交赋税，所以他们愿意投票支持向非特权阶级征税。菲利普二世召开议会不像他的父亲那样频繁。到1660年，城市代表显得不那么重要，他们通过抽签选出。到1665年查理二世即位后，议会已经变得不重要，以至于不再召集议会来聆听国王的宣誓。同年，查理二世的母亲摄政王玛丽亚·安娜颁发一道敕令，要城市同意提供捐赠。在以后一个世纪，卡斯蒂尔议会不再召集。

---

[1] A. R. Myers，Parliaments and Estates in Europe to 1789. London，1975. p. 97.

阿拉贡议会享有更大的特权，它发展成为一部有效力的机器，无法用卡斯蒂尔的方法来分裂或者制服它。查理二世没有利用比亚拉战役的胜利来摧毁阿拉贡议会的特权，因为阿拉贡和卡斯蒂尔都非常穷，而且骚乱不安。多山的阿拉贡一直是一块贫瘠的土地，随着土耳其人在地中海的权力的衰落，加泰罗尼亚盗贼盛行，商业衰落。所以，查理打算压迫会赚钱的卡斯蒂尔农民作为在西班牙权力的财政基础。西班牙人的八分之七居住在卡斯蒂尔，国王居住在那里，并通过总督和委员会统治阿拉贡。他对阿拉贡议会的要求是中庸的，他尊重他们的传统。不那么经常地召集议会，而议会也不给他添麻烦。[①]在查理二世在位的最初26年，议会只召开过两次会议。

阿拉贡在君主制处于困难之际，议会努力捍卫自身的特权。1626年西班牙君主介入了三十年战争。此时与殖民地的贸易已经显现出崩溃的迹象。1626年以后，他把日益增大的压力转移到阿拉贡、加泰罗尼亚和瓦伦西亚议会，要他们提供支持西班牙军队的资金。议会则提出了自己的特权要求。

在西班牙王位继承战争期间，英国、荷兰和奥地利的联盟在西班牙为其候选人奥地利大公爵奥地利的查理寻找一处立足点。1705年一支英国海军舰队攻击了巴塞罗那，彼得巴勒勋爵以大公爵的名义占领了巴塞罗那。加泰罗尼亚的军队发动起义表示支持，起义波及阿拉贡和瓦伦西亚。到了1711年，大公爵在他兄弟死后成为皇帝查理六世。联盟撤销了对他们的支持。如同以前那样，阿拉贡、加泰罗尼亚和瓦伦西亚诸省无法坚持到底，联合起来反对卡斯蒂尔。1714年巴塞罗那

---

① A. R. Myers，Parliaments and Estates in Europe to 1789. London，1975. p. 99.

陷落。加泰罗尼亚被卡斯蒂尔军队蚕食。阿拉贡和瓦伦西亚被征服，在1707年建立一个新政府。阿拉贡王室的省份因此被迫支付赋税份额。东部王国的议会被并入卡斯蒂尔。

此后，西班牙君主国通过敕令来立法。议会蜕变为向国王谄媚的工具，这种特点在议会1760年的声明中表现出来。声明中写道："哦，先生，王国目前要准备的不仅是忠诚宣誓和正当的效忠宣誓礼，而且要去做国王陛下可能提出的任何事情。"阿拉贡议会就这样沉沦了。阿拉贡议会的沉沦为国王的奴仆有几个原因：到了西班牙统一的时代，君主制不再依靠议会的合作；国王和议会不再相互支持；危机时期人民感到议会只是代表特权集团的利益；君主可以从阿拉贡以外引入军队镇压国内的抵抗。[1]

二、本土和帝国的统治体制

西班牙的绝对主义开始于卡斯蒂利亚和阿拉贡合并之时，这是1469年伊莎贝拉一世与斐迪南二世联姻的结果。这个时期西班牙君主政体在伊比利亚半岛的主要地理行政构成包括卡斯蒂利亚、阿拉贡、巴伦西亚和葡萄牙。加泰罗尼亚、巴伦西亚和阿拉贡三个地区都有各自的议会。此外，西班牙还拥有广阔的海外殖民地。从司法上讲，美洲属地属于卡斯蒂利亚王国，意大利南部属于阿拉贡。[2]西班牙绝对主义有其经济基础，这就是卡斯蒂利亚转而从事利润丰厚的羊毛业，并且成为佛兰德尔地区的主要贸易伙伴。在海外，对美洲的掠夺使它获得了巨额财富。卡斯蒂利亚的岁入从1474年的90万里亚尔左右提高

---

[1] A. R. Myers, Parliaments and Estates in Europe to 1789. London, 1975. pp. 100–101.
[2] ［英］佩里·安德森：《绝对主义国家系谱》，刘北成、龚晓庄译，上海人民出版社2001年版，第62–63页。

到1504年的2600万里亚尔。①在欧洲大陆，西班牙哈布斯堡王朝在意大利、德意志、尼德兰等地进行扩张，形成了一个强大的哈布斯堡王朝统治的帝国。

卡斯蒂利亚王国是贵族拥有大地产和有着强大的军事骑士集团的国家。它有数量不少的城镇。但是，中世纪后期贵族取得权力并没有可靠的法制基础。等级会议只是偶然召开，贵族出席等级会议没有直接的经济利益。等级会议变成为相对软弱和孤立的机构。在这里，等级会议地位不明确，从未对等级会议制度确立固定的、完整的制度。等级会议的召集和组成完全听命于独裁的君主，会期也是时断时续。②

斐迪南向加泰罗尼亚、巴伦西亚和阿拉贡三个省派出了大总督代行君权，并建立了一个以卡斯蒂利亚为基地的阿拉贡政务院。卡斯蒂利亚对王室政务院进行了改组，清除了大贵族。新政务院由出身小乡绅的律师官僚组成，由君主直接领导的专业化的秘书班子提高了工作效率。卡斯蒂利亚的国家机器实现了理性化和现代化。但是，新的君主政体没有排除整个贵族阶级。最高的军事外交职务留给了显贵。大贵族保留了大总督、省督的职位，市长的职位则留给小贵族。王室没有收回早年被贵族占有的王室领地。

阿拉贡王国的经济基础与卡斯蒂利亚不同，这里保持着半岛最富有压迫性的领主体制。贵族在地方乡村保持着充分的封建权力，在乡村保留着农奴制。在阿拉贡王国，存在着最完整的议会结构。

---

① ［英］佩里·安德森：《绝对主义国家系谱》，刘北成、龚晓庄译，上海人民出版社2001年版，第59页。

② ［英］佩里·安德森：《绝对主义国家系谱》，刘北成、龚晓庄译，上海人民出版社2001年版，第55-57页。

查理五世统治时期，在哈布斯堡王国推行更严密有效的行政管理制度。他建立了财政委员会、战争委员会和国务委员会，其中国务委员会是帝国的最高机构。各委员会都是跨地区的机构设置。辅助这些委员会的是由文官组成的、受君主支配的常设秘书处。在此同时，建立了一批新的地方委员会，其中有阿拉贡、卡斯蒂利亚、西印度群岛、意大利、葡萄牙和佛兰德6个地方委员会。每个委员会都有一批能够担任重任的官员为它工作。地方的实际行政权授予了大总督。大总督的权力很有限，他们要受到审判员会议的制约。这个会议剥夺了大总督的司法权。①

如果把至上的权力视为绝对主义的含义，那么可以说绝对主义的西班牙王国在16世纪是名副其实的世界霸主。查理五世以在德意志的领地为中心，四处发动战争。他通过战争建立了尼德兰领地，亲自率军队在维也纳打败了土耳其人，他带领他的海军在地中海打败了热那亚人，而且于1535年从北非王公那里夺得了突尼斯。

1500至1600年间，大约有超过15万公斤的黄金和740万公斤的白银从美洲运往西班牙。②

尽管职业官僚随着新的交易制度建立的城镇和培养精英的大学的发展而成长起来，西班牙那时仍旧没有能成为一个官僚的、中央集权化的现代国家。

16世纪在西班牙出现了"领主的反动"。查理五世和菲利普二世为了行政管理的方便，也为了发展经济和收到现成的货币，把税收、

---

① ［英］佩里·安德森：《绝对主义国家系谱》，刘北成、龚晓庄译，上海人民出版社2001年版，第62—63页。

② ［英］雷蒙德·卡尔：《西班牙史》，潘诚译，东方出版中心2009年版，第147页。

租金和司法权让渡给地方当权者。

西班牙对海外帝国的管理是扭曲的和低效的。①但是在国内，西班牙君主制统治下的臣民较为顺从，君主得到了贵族的合作。当时富有者联合起来排除干涉、镇压反抗。君主们发现，他们与贵族阶级没有利益冲突，这个阶级是他们政治上的天然盟友。②当时城镇议会由于有关壁炉税的谣言造成的极度空幻情绪蔓延，加之长期以来积累的仇恨和极度失望情绪引发了叛乱。皇室与贵族联合起来粉碎了某些卡斯蒂尔城镇争取它们失去的自由制度的努力。③

在查理五世统治时期，王室立足于卡斯蒂利亚，建立了实际上起到政府部门作用的议事会，以加强中央与地方的联系。议事会有两种类型，一类是从事卡斯蒂尔行政工作的议事会，例如重要的金融议事会；另一类是磋商性质的，它吸收了各个地区贵族阶层人士参加，例如1494年的阿拉贡议事会，1555年的意大利议事会。④

菲利普五世加强了对伊比利亚半岛的统治。三十年战争和西班牙王位继承战争暴露了王国东部地区的特权带来了极大危险。1707年，菲力普取消了阿拉贡和巴伦西亚的特权，把这些王国地位置于卡斯蒂尔法律管辖之下，按照卡斯蒂尔政府的用途来管理这些地区。这两个地区的特别法庭也与卡斯蒂尔没有什么不同。1494年阿拉贡议会被解散，它的事务转而由卡斯蒂尔议会处理。从此以后，巴伦西亚和阿拉贡的最高级官员不再是总督，而是驻军司令。通过1716年的法令，菲利普五世对加泰罗尼亚实行了类似的改革。菲利普即位之初曾召开过

① ［英］雷蒙德·卡尔：《西班牙史》，潘诚译，东方出版中心2009年版，第119页。
② ［英］雷蒙德·卡尔：《西班牙史》，潘诚译，东方出版中心2009年版，第119页。
③ ［英］雷蒙德·卡尔：《西班牙史》，潘诚译，东方出版中心2009年版，第130–131页。
④ ［英］雷蒙德·卡尔：《西班牙史》，潘诚译，东方出版中心2009年版，第149页。

领地的议会，现在取消了领地的议会，规定必须在各级司法机构使用卡斯蒂尔语言。1709年他把巴伦西亚和阿拉贡议会的议员并入卡斯蒂尔议会，1724年又把加泰罗尼亚的议会并入。尽管卡斯蒂尔的议会以后只是在1760年和1789年两位新国王即位之时召开过两次，以承认阿斯图里亚斯亲王为未来的国王。它们还是成为事实上的西班牙议会，尽管没有这样称呼它。[①]但是，巴斯克和纳瓦尔在菲利普五世在任时起仍然保持着它们的特权，在18世纪它们甚至挑战国王的命令。

菲利普五世时期存在着由两种机构构成的国家机构。最重要的是处理战争和外交事务的国务会议，还有作为高等法院和咨询机构的卡斯蒂尔议会。后者的权力较大。它的顾问律师接受请愿、方案和建议，送交议会评论。如果议会通过就呈交国王，一旦获得国王的支持就可以作为王室文件、敕令或实际裁决，留作国家重要事务之用。西印度群岛的一个平级议事会负责处理帝国问题，而其他议事会处理金融、战争、军事团体和宗教裁判所等事务。菲利普五世从路易十四那里借鉴了国务大臣制度，国务大臣在政府各部门，如国务（外国事务）、财政、司法和教会事务、战争、海军和西印度群岛事务中起决断作用。概括起来说，这是一个部分议会制的、部分部长制的二元制政府结构。在运作中，国务大臣逐渐承担越来越多的尤其是行政方面的责任，使得各种议事会处理的事务减少了。国务会议处在王朝管理下，它没有权威和任命权，只有纯粹的荣誉性质。[②]

1748年以后费迪南德六世即位后，采取措施努力对卡斯蒂尔的财政体系进行改造。1749年借鉴法国的制度在各省都设立一名监督

---

① ［英］雷蒙德·卡尔：《西班牙史》，潘诚译，东方出版中心2009年版，第169–170页。
② ［英］雷蒙德·卡尔：《西班牙史》，潘诚译，东方出版中心2009年版，第171页。

官，监督官在政策和财政事务上代表国王。这种制度在菲利普五世在位时期也曾短期尝试过。1749年至1756年拉恩塞纳达侯爵对卡斯蒂尔各省进行了有关不动产和收入的详细调查。拉恩塞纳达侯爵制作的土地清册显示，即使拥有土地的贵族和教士支付全额的税收，税收还是很低。然而贵族特权阶层仍对征税感到恐惧，他们拖延了税收改革直到查理三世废除它。所以卡斯蒂尔的王室税收制度始终复杂而无效。①

在绝对主义时期天主教会是西班牙王室的盟友，天主教会在国家的政治和经济方面起了重要的作用。在战争期间天主教会发动民众支持国家与新教国家的战争。所以，国王作为回报把大片土地提供给主教和修道院。教会则向王室提供可靠的收入，包括三分之二的什一税和农民上交的什一税。从费迪南德和伊莎贝拉时代起，西班牙君主就有权提名西班牙大主教候选人。在教皇克莱门特是一时的支持下，菲利普五世开始扩大对西班牙教会的控制。费迪南六世在位时确认了王室有权提名主教和其他高级教会职务的人选并可以对教会财产征税。查理三世时期确认了许可证制度，教皇诏书和敕令在西班牙出版必须经过王室的同意。②

对于耶稣会，查理三世采取了打击政策，取消他们传播教义的权利。王室对大学享有权威，1767年担任塞维利亚监督官的巴勃罗·德·奥拉维德在塞维利亚大学没收耶稣会财产的过程中，实行教育改革，修正了大学的大纲，把现代物理、天文学、认识论、自然法和国家法纳入教学大纲的内容。西班牙的启蒙运动开展。

---

① ［英］雷蒙德·卡尔：《西班牙史》，潘诚译，东方出版中心2009年版，第172页。
② ［英］雷蒙德·卡尔：《西班牙史》，潘诚译，东方出版中心2009年版，第173—174页。

三、财政制度

查理五世统治末期，战争债务消耗了卡斯蒂尔金库平时收入的68%。查理五世从欧洲（主要是意大利和德意志）借了将近2900万杜卡特，他为此支付了大约32%的利息。到1565年武装干涉尼德兰前夕，他消耗了卡斯蒂尔84%的财政收入。到菲利普统治时期，国家债务的总额达到岁入的8倍。一代人以后，在奥利瓦雷斯担任大臣时期，大约93%的国家支出都花在对外政策方面。[1]

西班牙债务的一部分是用来自美洲的金银支付的，尤其是菲利普二世统治时期，当时正是萨卡特卡斯和波托西的银矿开始大量产出白银的时候，王室除了从殖民地获取五一税，还收入了来自新大陆的名目繁多的税收。菲利普二世统治时期国家从官方途径获得了超过6450万杜卡特的收入，而从私人贸易者手中进入西班牙半岛经济的金银达到难以估量的更多的数额。[2]然而，帝国财政需求的负担越来越多地落到卡斯蒂尔纳税人的身上。

荷兰起义不断地消耗着西班牙政府的金钱，使财政部负债沉重，把王室推向了破产。在1566年之前，西班牙在卡斯蒂尔、地中海和佛兰德斯的年度军事开支总额一直高达200万杜卡特。到1570年已经超过了400万杜卡特。到1598年估计达到1000万杜卡特。16世纪70年代每年在尼德兰要花费150万杜卡特。[3]

1556年菲利普二世继承了卡斯蒂尔王位。菲利普二世统治时期债务规模扩大。短期贷款转换成为长期债务后，它的增长快于常规收入

---

[1]［英］雷蒙德·卡尔：《西班牙史》，潘诚译，东方出版中心2009年版，第151页。
[2]［英］雷蒙德·卡尔：《西班牙史》，潘诚译，东方出版中心2009年版，第151页。
[3]［英］雷蒙德·卡尔：《西班牙史》，潘诚译，东方出版中心2009年版，第155–156页。

的增长。合并债务的利息开支从1554年的3293亿马拉维迪增至1560年的5.507亿马拉维迪。王室常规收入在1559年时为5.3亿马拉维迪，它要应对5.427亿马拉维迪的合并债务。经济的不景气使得王室在1560年11月第二次暂缓偿债。①

　　国王采取一些财政措施来增加常规收入。1558年就羊毛出口增收一种新的关税，同时给予与佛兰德尔进行贸易的臣民以优惠待遇。这种优惠待遇以后于1563年取消。税率于1556年上调。经亨利四世授权，北方港口的关税（海洋什一税）从1469年起上交卡斯蒂尔海关总督长官，1559年卡斯蒂尔海关总督去世后，菲利普下令收回海洋什一税的征收权。1562年税率上升到了150%。1564年食盐成为王室专卖。1566年课征于西班牙与美洲贸易的新税收入翻了一番。所有这些王室常规收入的增加微不足道。1856—1860年在巴利亚多利德的会议上同意将于1556年到期的税额延期到1557—1561年。议会于1559—1560年在托雷多召开会议同意增加37%的税额，为期15年，从1562年开始执行。王室同意了这一增税措施。②从1566年起，与尼德兰的冲突加剧了卡斯蒂尔王室的财政困境。继续短期贷款等应急手段使得卡斯蒂利亚财政负担不断加重。在这个时期，王室可以直接支配地从西属美洲输入的财富达到将近400万杜卡特。而佛兰德斯主计大臣大约征收到900万杜卡特的税收。卡斯蒂尔纳税人的负担达到500万杜卡特。③

---

　　①［英］理查德·邦尼：《欧洲财政国家的兴起：1200—1815年》，沈国华译，上海财经大学出版社2016年版，第205页。
　　②［英］理查德·邦尼：《欧洲财政国家的兴起：1200—1815年》，沈国华译，上海财经大学出版社2016年版，第206页。
　　③［英］理查德·邦尼：《欧洲财政国家的兴起：1200—1815年》，沈国华译，上海财经大学出版社2016年，第205-207页。

第四章
中、东欧的绝对主义国家

第一节　德意志帝国：勃兰登堡和普鲁士

一、旧帝国的体制

1500年奥格斯堡帝国等级会议使马克西米利安一世接受了帝国执政府制度。执政府由20名成员构成，其中包括各选侯、教会和世俗诸侯各一名，奥地利和勃艮第的代表、此外还有高级教士和伯爵以及帝国城市的代表，新建的6个行政区各一名代表，由他们行使全部政府的权力。执政府在国王或由他指定的代表主持下在纽伦堡开会。它在国王缺席的情况下可以单独处理帝国事务，并且可以对外代表帝国。但是，如果两年无成效，帝国执政府将宣告解散。帝国是以等级联合为政治基础创立的，但是这个制度十分软弱。①

在德意志帝国之下设立帝国行政区。最初，行政区是地理上的

---

① 格哈尔德·厄斯特赖奇："从中世纪末到旧帝国结束的体制史"，载，［德］马克斯·布劳巴赫等：《德意志史》第二卷上册，陆世澄、王昭民译，高年生校，商务印书馆1998年版，第446–447页。

选举区，从这些行政区中任命一部分政府顾问。当时成立了6个行政区：法兰克尼亚、巴伐利亚、士瓦本、上莱茵、下莱茵—威斯特伐利亚和萨克森。选侯领地和哈布斯堡世袭领地不包括在内，因为它们在帝国执政府中已有代表。1507年行政区等级会议有权选举最高法院的陪审官。1512年增加了10个行政区，各选侯邦和奥地利世袭领地也都被包括在内。马克西米利安一世在1498年重建了宫廷枢密院和宫廷总理府。[①]1521年沃尔姆斯帝国等级会议建立了第二届帝国执政府。

1555年奥格斯堡帝国等级会议决议规定的帝国执行条例建立了帝国体制。新政区首脑被新政区最高长官所代替。1555年奥格斯堡帝国等级会议制定了第二个基本法《宗教和约》。1555年奥格斯堡帝国等级会议还为巩固帝国军事体制做了工作。

帝国等级会议在16世纪初制定了一些重要的法律。1512年制定了针对投机交易的反垄断法。1523年制定了帝国关税法。1530年和1548年制定了帝国公安条例。1535年制定了羊毛输出禁令。1559年制定了帝国铸币条例。1532年制定了卡罗利纳刑法典。1525年制定了海尔布隆帝国体制草案，全面改革法院制度，把教会财产充作俗用、废除徭役和封建负担，以加强中央权力。[②]

德意志帝国国会继续存在，但它的权力在衰减。例如在15世纪末马克西米利安一世统治时期和16世纪20年代查理五世时期，尽管德意志帝国皇帝意在加强自己的权力，但是由于外国人的纠缠，这些努力都没有效果。此外，查理五世时期的宗教改革使他的统治力量分散

---

① 格哈尔德·厄斯特赖奇："从中世纪末到旧帝国结束的体制史"，载，〔德〕马克斯·布劳巴赫等：《德意志史》第二卷，上册，第447–448页。

② 格哈尔德·厄斯特赖奇："从中世纪末到旧帝国结束的体制史"，载，〔德〕马克斯·布劳巴赫等：《德意志史》第二卷，上册，第453–454页。

了。一般说来，新教王公抵制皇帝的权力，而像巴伐利亚公爵这样的天主教王公，也利用这个时机削弱皇帝对其领地的权力。

从15世纪末起，德意志帝国议会由三个院组成：选帝侯院、帝国王公院和帝国城市院。后两个院的内部组织得到发展。较小的王公和城市共同拥有1票的投票权，较重要的王公和城市代表每个人拥有1票投票权。在帝国议会休会期间，阁员自行通过委员会展开活动，对各院的成员逐渐加以限制。所有这些制度的发展削弱了皇帝的影响。

三十年战争最初阶段德意志帝国军队的胜利，使得斐迪南二世产生了逐渐恢复恢复帝国权威的想法。他开始根据自己的喜好增添帝国议会的议员，如忠诚地信奉天主教的奥地利贵族，并且制定新的法律。他在与天主教选侯商议后，颁发了1629年的《复原敕令》。1630年代军事上的失败结束了他的这一梦想。在《威斯特伐利亚和约》签订之前，他已经在帝国议会根据多数决策的原则会见反对派，和约由于允许世俗化的主教作为新教成员加入帝国议会，给皇帝在帝国议会的权力很大打击。

1648年签订的《威斯特伐利亚和约》对于巩固德意志帝国的体制没有起积极的作用。它对帝国的破坏超过对帝国的建设。它承认各等级在外交、内政和宗教政策上的自由。到了17世纪，等级会议的权力进一步衰落。特别是在三十年战争期间，马克西米利安一世通过法令征税，大规模使用军队进行统治。在1612年以后，有57议会没有召集。1669年的议会是巴伐利亚议会历史上的最后一次。在这以后直到18世纪末，只有邦议会的常设委员会每年召开两次，执行邦议会征税和财政管理的职能。在巴伐利亚如同在德意志的其他部分，三十年战争的蹂躏，削弱了贵族和城市市民的力量，他们难以抵挡拥有军队的王公的侵害。①

　　1654年帝国等级会议做出决议。其中第80条规定臣民和邦国等级重新承担向行政区提供资助的义务，以及向帝国的军事组织提供资助的义务。强迫他们负责维持帝国的要塞和驻屯军。诸侯征收军税的权力部分合法化。帝国皇帝的统治权由于帝国等级会议的参与受到约束。②利奥波德一世在1663年召开帝国议会时，允许帝国等级会议有永久的任期。1663年起经常开会的帝国等级会议随后作出若干帝国决定。诸侯不再亲自出席帝国等级会议，帝国等级会议变成一个常设的公使会议。由于与会公使仅拥有不充分的全权和教派分裂，它很难展开工作，帝国等级会议的威望在18世纪政治冲突中迅速下降。许多诸侯由于费用高昂而派一位公使代表出席。但是，帝国会议仍然是一个各邦国代表共同工作的场所和德意志民族公认的等级制代表机构，③一直到1806年帝国解散。

二、邦议会

　　到14世纪后期，邦议会通常由教士、贵族和城镇代表这三个等级的代表组成。在某些地区，早在13世纪就召集三个等级的代表来开会，而在斯蒂利亚和卡林西亚，直到14世纪结束时还没有城市代表参加邦议会。一般来说，王公召集城镇代表参加等级会议有共同的目的，因为它们需要城镇在财政上支持政府的运作，特别是组织军队和发动战争。但是在邦议会中，召集来的城镇代表的影响差别较大。在

---

① A. R. Myers，Parliaments and Estates in Europe to 1789. London，1975. pp. 106–107.

② 格哈尔德·厄斯特赖奇："从中世纪末到旧帝国结束的体制史"，载，［德］马克斯·布劳巴赫等：《德意志史》第二卷，上册，第461–462页。

③ 格哈尔德·厄斯特赖奇："从中世纪末到旧帝国结束的体制史"，载，［德］马克斯·布劳巴赫等：《德意志史》第二卷，上册，第477页。

德意志北部的州，如勃兰登堡，到15世纪领主的影响已经非常大，许多城镇不得不从属于领主，而不直接从属于皇帝或帝国王公，因此不参加州议会。在德国西南部，城市数量众多并且十分重要。例如在符登堡，1498年的州议会有13名修道院长、30名骑士和来自40个城镇的120名城市市民代表参加。由于城镇市场对周围的乡村有行政影响，他们宣称自己代表周围地区说话。另一方面，像在勃兰登堡这样的公国，贵族日渐可以代表乡村和农民发表意见。

农民很少在州等级会议中有自己直接的代表。似乎只是在那些农民享有异常的经济和社会活动独立性的地区才出现农民有直接代表进入等级会议的情况。在东弗里斯兰有非常繁荣的自由持有农，他们在沼泽地养牛，难以制止农民尾随骑士和市民构成等级会议中的第三等级。蒂罗尔和瑞士一样，群山溪谷中有吃苦耐劳的农民，他们无法占有行政管理和司法自治机构中的官职。在那里，从14世纪起农民固定地构成了等级会议的第四等级。[①]

并不是帝国所有的土地上都建立了有力量的等级会议。黑森和帕拉丁的等级会议只能间歇地行使其权力。但是，许多其他公国领地，如勃兰登堡、萨尔森、马尔克、克利夫斯，在15世纪末建立了等级会议，它们有常设委员会和常设的官员。此时的王公清楚地了解它们作为邦国统治者的作用。他们不仅是家族的首领，他们能够把等级会议作为行政管理尤其是征税的工具。

勃兰登堡的等级会议在15世纪非常强大，但城市由于战争造成的破坏，失去经济发展的力量。地主贵族取得了司法、社会和经济权

---

① A. R. Myers，Parliaments and Estates in Europe to 1789. London，1975. p. 76.

力，而大选侯承认了这种现实，愿意确认和加强这种力量，以取得容克对政府和它的军队的支持。他与他的等级会议在斗争中取得了各等级通过投票批准给予的53万塔勒尔的资助，用于组织一支和平时期的军队，以后也未加遣散。直到17世纪末，他把这支军队用于外交事务中，在国内利用这支军队去征收赋税，而不征询等级会议的同意。由于勃兰登堡-普鲁士的统治者在欧洲和国内取得了很大的权力，它的等级会议在德国也具有潜在的影响。[①]

17世纪莱茵-帕拉丁德的等级会议消失了，巴登-杜拉赫德最后一次等级会议在1668年召开。霍尔斯坦因公爵领地在1675年召开了最后一次等级会议。德意志帝国一些侯国的等级会议的衰落引人注目。但是在普鲁士的克利夫斯和马尔克，等级会议继续保持着活力。[②]

在麦克伦堡，等级会议仍然很强大。它不止一次地向帝国皇帝和神圣罗马帝国枢密院提出诉求，反对大公爵未得到他们同意便征税，并且不寻常地要求大公爵本人应当纳税。在1755年向神圣罗马帝国枢密院提出新诉求后，签订了一份协议，确认等级会议所有的特权，包括他们的官员和小委员会的权力；他们有权自由地开会；他们对赋税有控制权。在其他地区德意志王公领地的宪法都已经消失后，这个条约直到1918年仍然有效。[③]

在符登堡也是这样，等级会议与公爵不断发生冲突。它要求大规模地扩充常备军，通过批准纳税来支持这支军队。当查理·亚历山大公爵（1733—1737年）皈依罗马天主教，并从其他天主教王公那里获

---

① A. R. Myers，Parliaments and Estates in Europe to 1789. London，1975. p. 107.

② A. R. Myers，Parliaments and Estates in Europe to 1789. London，1975. p. 108.

③ A. R. Myers，Parliaments and Estates in Europe to 1789. London，1975. p. 109.

得行政和军事上的支持时，似乎等级会议崩溃了。但1717年查理突然死去，等级会议击败了他的少数支持者。法国在七年战争战败后，符登堡邦的等级会议有机会求助于法国皇帝，并且求助于英国、丹麦和普鲁士，以捍卫它的宪政。

在德意志，等级会议不仅在各公国持续存在，甚至18世纪在许多宗教公国，在选侯国特里尔和科隆，在列日、明斯特、奥斯纳布吕克、萨尔斯堡、帕德博恩、希尔德斯海姆主教管区，继续履行其职能。这些公国没有遗留下来的王朝。它们期盼着扩大自己的权力。在18世纪，没有教会王国发动过战争。天主教修士团在西部教会土地上如萨尔斯堡构成了第一等级，他们强大而且保守。他们在议会召开前审查王公的提议，他们参与控制武装力量。大教堂的成员通常占据最重要的政府官职。当主教不在时，他们占据政府的空缺职位。他们和骑士、市民一同支持等级会议的存在。法国大革命以后，德国许多等级会议复活了。在勃兰登堡–普鲁士，伴随着国家权力引人瞩目的兴起，等级会议失败并消失了。[①]

三、中央行政机构建设

1694年2月13日，勃兰登堡选侯发布命令，正式建立枢密院。在17世纪，枢密院作为选侯领地国家主要的政府机构断断续续地存在。勃兰登堡的枢密院和英国、法国早期的枢密院相比，在职能上有所不同。英国、法国的枢密院是为国王出谋划策的咨询机构，而勃兰登堡的枢密院在职权上比早期英国和法国的枢密院更为成熟。勃兰登堡的枢密院起源于选侯的附属机构"内室"。1604年以前选侯内室的成员并不固定。随

---

① A. R. Myers，Parliaments and Estates in Europe to 1789. London，1975. p. 110.

着邦国对外征服和扩张，外交事务越发烦琐和重要，于是设立枢密院来处理相关的事务。最初的枢密院仍属咨询机构，由4名平民和5名贵族组成，按合议制的方式运作，其成员共同对所有的行政事务负责。在枢密院全体会议上做出决策。①

以后，在1651—1660年以及1713—1722年，勃兰登堡枢密院经历了两次重大改革。改革的原因是政治上的需要。为了在与欧洲列强的谈判中取得令人尊敬的地位，勃兰登堡必须建立一个中央集权的统一国家，使地方各省支持中央政府。1651年12月4日，大选侯下令重建枢密院。这次改革根据冯·沃尔德克的计划进行，内容是在枢密院设立一些专门负责某个方面行政事务的部门。其中，在1651年建立了由4名枢密顾问官组成的国家议事委员会管理财政事务，1658年建立司法委员会以处理提交枢密院的司法审判事务。此外在1651年以后成立了由4名枢密顾问官组成的内阁委员会，这4个人均为枢密院下属部门的首长。该委员会负责研究重要的政策，特别是外交事务。军事事务实际上转到一个以战争大臣冯·沃尔德克为首的委员会去处理。②但是，到了17世纪末叶，枢密院的地位下降了，大选侯于1698年7月20日发布条例，把枢密院完全排斥在国家事务之外。设立国务委员会来审阅所有的报告，并对重大国务做出决定。国务会议由内阁成员和各部部长组成，相当于一个中央政府。1723年以后，只有司法委员会成员留在枢密院内，国家司法委员会取代了枢密院。③

---

① R. A. Dorwart, The Administrative Reform of Frederick William I of Prussia. Harvard U. P. 1953. pp. 10–11.

② R. A. Dorwart, The Administrative Reform of Frederick William I of Prussia. Harvard U. P. 1953. pp. 27–28.

③ R. A. Dorwart, The Administrative Reform of Frederick William I of Prussia. Harvard U. P. 1953. p. 94.

　　弗里德里克·威廉一世即位后，将旧设国务委员会改造成为"最高财政、军事和领土委员会"（简称"总委员会"）。总委员会下设4个部，每个部设1名大臣，以下有4至5名顾问官协助工作。第一个部负责东普鲁士、波美拉尼亚、诺伊马克省；第二个部管理库尔马克和马格德堡，还负责军队进军的命令、军队粮秣和王室磨坊税；第三个部负责摩尔施、盖尔德斯、克利夫斯等省及盐税和邮政事务；第四个部管辖明登-拉文斯堡、特克伦堡、林根和哈尔伯施塔特，以及造币和照顾伤兵；第五个部负责司法。每周各部首长和他们的顾问官在柏林集中开4次会。最高财政、军事和领土委员会由枢密长官负责。设立两个财政大臣管理国家财政事务。国库由国王亲自控制。国家中央日常事务由战争和国内事务枢密院负责。[①]它没有下属的职能部门，也缺少行政权。重大决策仍然在选侯内室中作出。[②]1604年成立的枢密院只存在了4年。它表明了需要一个集权的最高中央机构来处理国家内外政策。1613年4月选侯约翰·西格斯孟德发布命令恢复枢密院。1613至1621年枢密院的职能扩大了，它拥有财政、贸易、军事补充和要塞建筑方面的职权。在三十年战争期间，勃兰登堡枢密院被一个战争委员会代替。该委员会由4个人组成，负责监督整个国家的军事行政工作，包括方针政策的制定、赋税征收和司法工作。1640年大选侯在勃兰登堡国即位后恢复了枢密院旧有的形式和职能，枢密院仍作为中央咨询机构而存在。当大选侯出席时，它也讨论国家大政方针。在勃兰登堡-普鲁士政府机构中，财政机构得到优先发展。从16世纪起，它的财政

---

① W. Hubatsch, Federick the Great Absolutiam and Administration. London，1975. pp. 28–29.

② R. A. Dorwart，The Administrative Reform of Frederick William I of Prussia. Harvard U. P. 1953. pp. 10–11.

机构便开始由选侯王室财政向公共财政机构的演变。[1]在乔基姆时期（1499—1535年），勃兰登堡国掌管财政的机构除选侯的内室外，还有金库、公共财物署和芬尼署。[2]1689年建立了财务总管官署。这个机构负责制定预算、平衡收支。[3]1698到1711年财务总管官署由总管理委员会取代，1713年设立财政总委员会取代了这个机构。1723年确立了这一设施。[4]这样，弗里德里克·威廉一世建立了统一的中央财政机构。

1740至1786年弗里德里克·威廉二世在位时期，普鲁士国家机构有了进一步的发展。促进国家机构发展的动因主要来自军事需要。弗里德里克·威廉二世即位后要求查理六世的女儿玛丽娅·特蕾萨交出富饶的工业区西里西亚，以换取普鲁士对她的奥地利王位的承认。这一要求遭到了玛丽娅·特蕾萨的拒绝。随后，弗里德里克·威廉二世组织了有法国、巴伐利亚、萨克森、那不勒斯、撒丁和西班牙参加的反奥同盟，并占领了西里西亚。尽管奥地利得到英国和俄国的支持，但在战争中被打败。1743年签订了亚琛条约，西里西亚交由普鲁士统治。然而，这场战争并非普鲁士对奥地利的最后胜利。几年后发生了七年战争，战争的核心仍然是普奥争夺中欧霸权的斗争。由于英国对中欧普奥的争夺采取了旁观态度，所以弗里德里克二世遭到强大的对手的攻击，陷入极其危险的境地。只是由于奥地利统帅军事行动迟缓

---

[1] R. A. Dorwart, The Administrative Reform of Frederick William I of Prussia. Harvard U. P. 1953. p. 109.

[2] R. A. Dorwart, The Administrative Reform of Frederick William I of Prussia. Harvard U. P. 1953. p. 110.

[3] R. A. Dorwart, The Administrative Reform of Frederick William I of Prussia. Harvard U. P. 1953. pp. 118, 120.

[4] R. A. Dorwart, The Administrative Reform of Frederick William I of Prussia. Harvard U. P. 1953. p. 126.

和俄国女沙皇彼得罗芙娜之死导致对外政策发生了有利于普鲁士的转变，才使得普鲁士转危为安，取得对奥地利的胜利。但是这场战争暴露出普鲁士的危机。普鲁士商品短缺、产品质量低下、可供出口的货物寥寥无几。普鲁士各省的政府机构在战争中遭到很大破坏，不向王室政府提供情况报告。[①]此外，普鲁士中央政府的机构设置非常混乱。王国既没有战争大臣也没有总参谋部，国王的命令通过作为文官的秘书传达。这些弊端亟待改进。

1746年2月，弗里德里克二世吸取了西里西亚战争的教训，建立了"最高财政、军事和领土委员会"第六部，把原属第二部的关于军队进军指挥权和装备事务等军事权力以交给第六部，该部遂成为专门的战争部。1784年5月，弗里德里克二世颁发了总委员会《条例》，对1722年弗里德里克一世制定的《条例》做了84处修改。1748年的《条例》主要条款有37条，它规定了各部门的职责权限，要求减少各部门之间无原则的争端。1761年弗里德里克二世任命陆军中将冯·魏德尔为战争大臣，而负责战争财政和考察军事将领的第二部和第三部仍然存在。这样，军事指挥权与军事行政权开始分离。[②]1763年以后，弗里德里克二世调整了一些部的职权，使三个部门即原有的负责财政的总委员会、司法部和国外事务部处于同等重要的地位。1766年从第一部中分出了独立的普鲁士-立陶宛部。1768年建立了矿产开掘和冶金部。1770年建立了第八部即林业部。[③]弗里德里克二世在调整

———————————

① W. Hubatsch, Frederick the Great. Absolutiam and Administration. London，1975. pp. 112–113.

② W. Hubatsch, Frederick the Great. Absolutiam and Administration.London，1975. pp. 128，156.

③ W. Hubatsch, Frederick the Great. Absolutiam and Administration. London，1975.pp. 242–243.

"最高财政、军事和领土委员会"下属各部的同时，在它以外继续保留管理部分中央政府部门的"机密国务委员会"，以及分管部分地区行政的机构"战争和管区院"。机密国务委员会以下设立国家司法委员会、司法部、宗教事务部（1764年以前该部隶属于司法部，1764年以后独立）、西里西亚司法大臣、被称为"内阁"的国外事务部、战时宗教法庭。①此外，普鲁士于1766年设立了重要的税务机构"税务署"，负责征收消费税和关税。②弗里德里克二世之所以设立"税务署"，部分原因在于"最高财政、军事和领土委员会"拒绝和他合作，并拒绝实施他提出的在经济萧条中通过增加税收重建国家的计划。然而，随着税务署权力的扩大，它遭到其他行政部门官员的不满和攻击，最终于1780年被解散。③

1786年弗里德里克二世去世，以后二十年间政府各部和大臣的活动表现出更大的独立性，他们以牺牲王权的至上地位为代价来扩大自己对社会公共生活的控制。弗里德里克二世末年，军事廷臣冯·皮斯霍尔德等控制了王室权力。到了弗里德里克·威廉三世在位时期，内阁枢密官门肯、贝梅和伦巴德的权力加强，王权被削弱，中央权力日益集中到占据高位的行政官僚手中。④

在18世纪普鲁士绝对主义制度得到充分的发展。这种发展的一个特点

---

① W. Hubatsch, Frederick the Great. Absolutiam and Administration. London，1975.pp. 242–243.

② H. Rosenberg, Bureaucracy，Aristocracy and Autocracy. The Prussian Experience，1660—1815. Boston，1966. p. 127.

③ H. Rosenberg, Bureaucracy，Aristocracy and Autocracy. The Prussian Experience，1660—1815. Boston，1966. p. 197.

④ H. Rosenberg, Bureaucracy，Aristocracy and Autocracy. The Prussian Experience，1660—1815. Boston，1966. p. 198.

是建立了一个与行政系统的建设与运行有关的新的法律系统"公法"。

普鲁士式的国家本质上是通过权力的非个人化，超越作为元首的有形的个人而形成的。公法通过这样一些人使国家具有组织化实体形象。这些人在原则上可以互换、他们在官场活动中能够施展他们的能力，忠于国家利益。P. 希尔拉对于在弗里德里克二世统治下达到顶点的行政机构作了如下的概括：

"王公设法以一个他自己的直接依附于他的忠实于他的起源于委员会的任职官员为基础的机构来取代等级会议的行政机构。尽管他们与作为个人的王公有密切联系，但与此同时，官员们构成了一个被授权从内部推动它的统一体，而不是完全依赖于王公个人。王公经常协调各种行政机构分支的活动；但是，后者由它自己的组织机构在自己的推动力下运转。在行政机构和王公之间有一条纽带，而且确切地说是一条被拉得很长的纽带"；"和王公的正式关系仍然是个人的关系，但是王公这个人本身在很大程度上成为这样一种东西，即他自己被看作是国家的第一个奴仆。"[1]

四、军事组织

德意志诸邦国的军事组织是在和法国不同的历史环境中发展起来的。[2]德意志诸邦国由于区域性领土防卫的需要而发展起了地方性的固定的军事制度。在德意志帝国的边疆地区，萨克森王公把领土分成若干防卫区，授命区军事长官在紧要时征集军队保卫当地居民。奥地利的领土一直受到土耳其人的威胁，由等级会议发起从1470年开始建

---

① [美]贾恩弗兰科·波奇：《近代国家的发展——社会学导论》，沈汉译，商务印书馆1998年版，第76—77页。

② Samuel Finer, "State-and National-Building in Europe: The Role of the Military", in Charles Tilly, ed., The Formation of National States in Western Europe. Priceton U. P. 1975. p. 99.

立军事组织。奥地利下属诸省的领地议会把领土分成若干军事区，征收防务税，并在16世纪最初20年形成了统一的军事组织。16世纪最后十年在拿骚建立了由本地人组成的经过训练的军队。稍迟一些在巴拉丁也建立了这种军队。在曼海姆、齐根、迪伦堡、海德堡等小邦国也纷纷建立了领地防卫力量和要塞。[①]

从16世纪后期开始，德意志的军事组织迅速发展起来。1585年设在法兰克福的帝国最高军事机构"军事代表团"在宗教冲突中瘫痪以后，在德意志帝国领土上实行了募兵制度。1654年颁布的帝国条令第180条和1658年选侯议定书为建立地方防卫组织奠定了法律基础。它规定自由持有农、臣民和自治市市民有义务保卫帝国的要塞、基地和驻防地。1713年以后，地方军队在平时从事地区防卫，在战时补充常备军。[②]这种防卫制度的建立把防卫由公众职能转为统治者权能的组成部分。

在勃兰登堡国，从15世纪初起，伴随着占据统治权的条顿骑士团贵族的衰落，容克兴起了。以后容克一直拥有军事力量，他们构成了对王权的威胁，[③]因而勃兰登堡国的统治者格外注重发展和拥有武装力量。1660至1672年勃兰登堡国有军队7000到12000人，1688年为30000人。[④]到弗里德里克二世即位时，勃兰登堡国拥有总数为80000人的军队。它由32个步兵团、12个骑兵团、6个轻骑兵团、2个炮兵营、6个要塞营和4个城市守备团组成。弗里德里克二世进一步扩大军

---

① G. Oestreich，Neostoiccism and the Early Modern state. Cambridge U. P. 1982. p. 230.

② G. Oestreich，Neostoiccism and the Early Modern state. Cambridge U. P. 1982. pp. 221–223.

③ Hans Rosenberg，"The Rise of the Junkers in brundenburg–Prussia 1410—1653"，*American Historical Review*，no. 49（1944）. pp. 6–8.

④ H. Holborn，A History of Modern Germany，1648—1840. New York，1964. 2 Vols. p. 65.

队编制，增加了16个步兵营和23个骑兵营。1746年设立后方勤务部负责军队给养，1756年把军队扩充到158000人。1765年弗里德里克二世在柏林创办了负责训练军事指挥官的贵族学院，1766年又建立了制图和地形学校，培养专门军事人才。1763年以后他根据七年战争的教训，任命青年军官担任军队高级职务。

普鲁士王国在17世纪行政机构建设的同时，军队建设的步伐很快。当弗里德里克·威廉一世1713年成为普鲁士国王时，普鲁士军队共有39949人，其中有步兵21746人，守备队和自由卫队4871人，骑兵7737人，炮兵527人，工兵5076人。1715年普鲁士军队共有45553人，其中有步兵35134人，骑兵9914人，炮兵505人，工兵5076人。1731年普鲁士军队共有76546人，其中有步兵48967人，守备队和自由卫队3650人，骑兵15876人，炮兵1208人，工兵41人，新型警备队4832人。[①]

1763年以后的40年间，普鲁士进行军事改革，重新建立一支新型军队。地理因素是普鲁士军事发展的一个主要原因。按照17世纪的标准，普鲁士的领土缺乏完整性。普鲁士王国的三个部分：克利夫-马尔克、明登-拉文斯堡和最初的普鲁士-威斯特伐利亚，都是缺乏战略支撑且易受攻击的地区。在1713到1814年，这些地区都缺少一个可靠的杠杆支持。横穿的莱茵河和鲁尔河不像是战略边界。中部地区特别易受攻击。腓德烈二世继承下来的4万余人的军队数量很小，不足以保卫国家。[②]七年战争之后，腓德烈二世的军队增加到15万人。1733

---

① Rodney Gothelf, "Frederick William I and the Beginning of Prussia Absolutism, 1713—1740." in Philip G. Dwyer, ed., The Rise of Prussia 1700—1830. Pearson Education, 2000. p. 59. Table 2. 1.

② DEnnis Shawalter, "Prussia's Army: Continuity and Change, 1713—1830." in Philip G.Dwyer, ed., The Rise of Prussia 1700—1830. Pearson Education, 2000. pp. 221—222.

年普鲁士把国家分成若干征兵区，年龄在18到40岁的健康男子都要定期服役。1815到1819年任战争大臣的赫德曼·冯·博延认识到德国的战略位置使它需要一支强大的常备军去攻城略地。1814年颁布了《防卫法》，要求军人服役三年，建立一支相对来说人数不多但非常精悍的军事力量。[1]

在普鲁士，警察制度的建立开始于18世纪。到18世纪中期弗里德里克二世实行改革建立警察制度时，他把法国警察制度作为学习的蓝本，派出官员去法国巴黎向警察总监萨蒂学习警术。1742年弗里德里克二世任命了王室警察长官。1809年确认了这一官员为全国的警察长官。当时中央以下的警察指挥官有两类，一类是控制管理广大乡村的县长，一类是城镇征税官。他们后来成为警察监督机构，实际控制着宪兵队和治安法官。他们常以警令的形式发布禁令。[2]

《提尔希特和约》签订后，在全国实行的改革使城市和资产阶级恢复了活力，但城市仍然表示拒绝管理警察的权力。于是王室任命了各大城市的警察长官。[3]总之，在18和19世纪的普鲁士，专职的王室官员在管理各大城市的警察事务中起了很大的作用。全国的警察组织出现了，但还不完善。拿破仑战争以后，普鲁士仿照法国的模式在乡村建立了宪兵队。[4]

查尔斯·蒂利在分析绝对主义国家时写道："征税的难度、采取特

---

[1] DEnnis Shawalter, "Prussia's Army: Continuity and change, 1713—1830." in Philip G. Dwyer, ed., The Rise of Prussia 1700—1830. Pearson Education, 2000. pp. 223, 227, 233–234.

[2] H. Holborn, A History of Modern Germany, 1840—1945. New York, 1969. p. 441.

[3] H. Holborn, A History of Modern Germany, 1840—1945. New York, 1969. p. 107.

[4] David H. Bayley, "The Police and Political Development in Europe", in Charles Tilly, ed., The Formation of National States in Western Europe. Princeton U. P. 1975, pp. 345–347.

种武装力量的代价、发动战争的数量，这三方面的变化都不得不拖累
竞争者，诸如此类的变化带动了欧洲国家在形式方面的主要变化。"
他在论及勃兰登堡-普鲁士的个案时说："勃兰登堡-普鲁士是高度消耗
可利用资源的经典案例。普鲁士努力建立一支军队，与其更大规模的
大陆邻国形成势均力敌，这创造出一个巨无霸的结构"。①

五、重商主义经济政策

国家实行重商主义政策以推动资本主义工商业，这在德意志诸邦
国特别是普鲁士最为典型。这一过程开始于弗里德里克·威廉一世执
政时期，到弗里德里克二世时期发展到一个峰巅。

17世纪末到18世纪初，在德意志出现了一批为政府经济政策提供
理论依据的"官房主义"经济学家，他们中有泽肯多夫、贝希尔、赫
尼希克、施罗德、尤蒂斯和宗南费尔斯。这批学者在其著作中援引英
国、荷兰和法国的经验，强调扩大贸易、建立手工工场和更好地利用
矿山资源，认为这些是增加国库收入和筹措大宗军费的有效手段。他
们主张繁荣经济，扩大臣民的福利，使君主从中获得更大的利益。有
的学者提出，君主只有将自己的幸福建立在臣仆幸福的基础上，主张
开明专制主义。他们这些主张为普鲁士和奥地利的君主所青睐。当时
政府在哈雷大学和法兰克福大学举办讲座，把这些学者的理论作为
培养行政管理官员的内容。尤蒂斯被奥地利内务大臣豪格维茨伯爵
所聘用。奥地利政府努力争取贸易顺差，限制进口和增加出口。②采
用推动资本主义工商业的经济政策在德意志诸邦国成为有意识的政

---

① Charles Tilly, "War Making." p. 162. ［美］托马斯·埃特曼：《利维坦的诞生——中世纪及现代早期欧洲的国家与政权建设》，郭台辉译，上海人民出版社2016年版，第10—11页。

② ［民主德国］汉斯·豪斯赫尔：《近代经济史——从十四世纪末至十九世纪下半叶》，商务印书馆1987年版，第221—222，260—261页。

府行动。

普鲁士王国在弗里德里克·威廉一世（1688—1713年在位）即位后，立即下令创办以本国羊毛为原料的毛纺织业。他允许外国的毛纺织工人迁入，并在柏林筹建了一个货栈作为国营羊毛包买站。为毛纺织手工业者提供原料并收购他们的成品。普鲁士国家是毛纺织业最大的雇主，毛纺织业要为普鲁士军队提供各种制服呢料。此外，它还在数年间向俄国军队提供毛织制服。[①]夺取西里西亚以后，普鲁士因为拥有那里较为发达的棉纺织业而具有达到欧洲水平的工业。1737年弗里德里克·威廉一世派官员德克视察了鲁尔区的煤矿生产后，德克提出了一份提高煤矿生产能力的计划。根据德克的建议，弗里德里克·威廉一世于1737年7月颁布了煤矿法令，并于次年建立矿山署监督矿业生产和规定售价。以后，在50年代和60年代又公布了修改后的法令。国家的干涉促进了煤的生产。马克郡的煤产量由1727年的约46.8万蒲式耳增加到1790年代的约170万蒲式耳。[②]

1740年即位的弗里德里克二世认为，改革和建立一个有效能的行政机构可以推动国家经济的发展，他希望较大幅度地持续地增加国家的岁入。他首先把希望寄托在工业发展上。他说："工业能创造真正的利润"，发展普鲁士工业需要大量廉价的食品和纺织品，而这些必须通过发展农业生产来获得。"没有农业便没有商人、国王、诗人和警察"。[③]

---

① ［民主德国］汉斯·豪斯赫尔：《近代经济史——从十四世纪末至十九世纪下半叶》，商务印书馆1987年版，第253–257页。

② W. O. Henderson, The State and he Industrial Revolution in Prussia 1740—1870. Liverpool U. P. 1958. pp. 29–31.

③ W. Hubatsch, Federick the Great Absolutiam and Administration. London, 1975. pp. 173–180.

当时普鲁士广泛地存在着农奴制。对农奴的人身束缚严重阻碍了农业生产力的发展。弗里德里克二世看到必须废除农奴制，才能改进农业技术和提高农业产量。但普鲁士在废除农奴制方面只采取了有限的措施。1748年普鲁士《条例》的第七款中提道："希望所有富于理性的土地所有者能采取措施。"[1]当时政府有限的目标是首先解放担任公职的和有产业的农民，限制农奴每周服劳役的天数。七年战争以后这项改革开始实施。1763年5月22日，弗里德里克二世在给波美拉尼亚战争和产业委员会的指令中宣布："在乡村由王室、贵族和城镇领有农奴的制度从现在起应当完全取消。"同年12月波美拉尼亚等级会议对此取得一致的意见。根据1769年9月的命令，于1770年在西里西亚废除了农奴制。根据1773年9月和10月的命令，在东、西普鲁士取消了农奴制，1784年9月将威斯特伐利亚的农奴无限期的服役改为有限期的服役，部分减轻了农奴的负担。[2]

1753年弗里德里克二世派高级林政官雷赫但茨去西里西亚调查增产铁矿石的可能性。经他的建议在那里建造了3座鼓风熔铁炉。1756年普鲁士国王颁布法令提取西里西亚矿产的十分之一。以后又于1769年颁布新的西里西亚矿业法，宣布国王有权把某些地区确定为王室有采矿特权的地区，私人在该地区采矿必须得到国王的特许，并对私人占有矿山股份的比例做出了具体的规定。70年代以后国王在马拉潘地区建立的各种铁工厂为国家取得可观的收入。这些收入后来用于对

---

① W. Hubatsch，Federick the Great Absolutiam and Administration. London，1975. pp. 178.

② W. Hubatsch，Federick the Great Absolutiam and Administration. London，1975. pp. 179–180.

上西里西亚规模更大的国有铁工厂的投资。[①]1790年弗里德里克二世授权海因利茨发展西里西亚煤业。海因利茨建立了王家矿山。它的产量1793年为1847吨，1801年为30699吨，1840年增至51276吨。1807年西里西亚矿产总值为180万塔勒尔，其中铁矿石总值为129.6万塔勒尔，煤的总产值为29.3万塔勒尔。上西里西亚鲁尔区工业的发展完全是普鲁士国家推动的结果。[②]弗里德里克二世还实行了烟草和咖啡专卖，创办海上保险公司、出口盐和蜡的公司。后来这家公司变成了一家银行。[③]总之，1763年以后普鲁士的经济政策逐渐具有国家垄断的倾向。

第二节　哈布斯堡君主国

哈布斯堡家族最初是一个位于今日瑞士阿尔高州的拥有土地和城堡的不那么显赫的贵族家族。这个家族第一个取得政治名望的成员鲁道夫一世伯爵（1218—1291年）在1273年成为德意志帝国的皇帝，并成为神圣罗马帝国的皇帝。当时的德意志神圣罗马帝国是一个由大大小小的主权国家构成的松散的联邦。神圣罗马帝国皇帝的职能主要是礼仪性的。当时帝国皇帝对于帝国范围内300余个政治单位的统治力

---

① W. O. Henderson，The State and the Industrial Revolution in Prussia 1740—1870. Liverpool U. P. 1958. pp. 5–6，8–9.

② W. O. Henderson，The State and the Industrial Revolution in Prussia 1740—1870. Liverpool U. P. 1958. Ⅶ.

③［民主德国］汉斯·豪斯赫尔：《近代经济史——从十四世纪末至十九世纪下半叶》，商务印书馆1987年版，第259页。

十分薄弱。

到了神圣罗马帝国皇帝鲁道夫一世执政时期，哈布斯堡家族已成为中欧重要的政治势力，家族领地面积显著增加，还获得了包括维也纳在内的上、下奥地利公国、施蒂里亚和卡尼奥拉侯爵领地。在下一个世纪，又将卡林西亚和蒂罗尔公国并入。哈布斯堡家族的世袭领地的面积等于今日的奥地利和斯洛文尼亚两国之和。当时用上、下奥地利公国来为这两个国家命名。

到了18世纪早期，这个国家颁布了一系列特定的法律，它们被统称为《国本诏书》。从表面上看，这些法律处理的是王朝统治者关于家族缺乏男性继承人的私事。当时欧洲许多大陆国家和英国情况不同。在英国女性可以继承王位，但是在欧洲大陆采用萨利克法的国家，只限于男性继承王位。但是不反对女性统治哈布斯堡家族并直接持有土地。

《国本诏书》是第一份将哈布斯堡王朝统治下的广大区域（包括波希米亚和匈牙利王国）确定为一个"不可分割整体"，即一个单独的政治单位的法律文件。尽管在此时哈布斯堡王朝在尼德兰和意大利半岛上仍然拥有一些飞地，但它的领土已经比过去一个世纪更加稳固统一了。人们开始逐渐把哈布斯堡家族的领地视为一个独立的国家奥地利，认为它的重心是在维也纳，而不是神圣罗马帝国的加冕地法兰克福。1700年以后，在绘制的地图上已经频繁地使用"奥地利"这一名称，同时将哈布斯堡家族称为奥地利皇室。①当时哈布斯堡家族通过一位身居维也纳的奥地利大臣直接控制世袭领地上、下奥地利、施蒂里亚、卡林西亚、卡尼奥拉和蒂罗尔的财政、行政和司法机构。

① ［英］彼得·贾德森：《帝国的背影：哈布斯堡王朝》，杨乐言译，中信出版公司2017年版，第8-9页。

到了1700年，这个王朝又将控制权扩展到波希米亚、摩拉维亚和西里西亚。但当时它还没有系统地控制位于意大利半岛的领地。《国本诏书》成为统一的哈布斯堡王朝国家的法律基础。[1]但是，在查理六世统治时期，哈布斯堡王朝没有取得在欧洲重要的地位。1740年查理六世去世，玛丽亚·特蕾萨即位后，普鲁士的腓德烈大帝（1712—1786年）出兵侵占了西里西亚。而巴伐利亚选帝侯查理·阿尔伯特自封为波希米亚国王，并且在帝位角逐中战胜了玛丽亚·特蕾萨的丈夫弗兰茨·斯蒂芬，当选为德意志帝国的皇帝，称查理七世。玛丽亚·特蕾萨在困境中向匈牙利做出让步，1741年她成为匈牙利国王。匈牙利出席议会的贵族们做出了"将生命与鲜血交付给玛丽亚·特蕾萨"的回应。玛丽亚·特蕾萨在匈牙利支持下于1741年底攻克巴伐利亚，收复慕尼黑，夺回了波希米亚、摩拉维亚和西里西亚一部。1745年查理七世去世后，弗兰茨·斯蒂芬成为神圣罗马帝国皇帝。但是，在1745年奥地利王位继承战争中，西里西亚大部分领土还是落到普鲁士手中。这场战争使玛丽亚·特蕾萨认识到，如果奥地利想要在欧洲保持大国地位，她必须进行改革，重整国家，同时她还需要取得一些欧洲盟友的支持。

18世纪50年代，玛丽亚·特蕾萨和外交大臣安东·考尼茨伯爵采取重大外交决策，将玛丽亚·特蕾萨的小女儿玛利亚·安托尼亚与未来的法王路易十六联姻，和法国缔结了盟友关系，以此遏制普鲁士。在1756到1763年的七年战争中，奥地利收复西里西亚的努力再次失败。但是，1772年奥地利和普鲁士、俄国第一次瓜分了波兰-立陶宛联邦。

---

① ［英］彼得·贾德森：《帝国的背影：哈布斯堡王朝》，杨乐言译，中信出版公司2017年版，第9—10页。

1748年奥地利继承战争结束，玛丽亚·特蕾萨立即实施了一系列行政改革来强化奥地利的军事实力，建立一个更加有效的中央集权的国家。为了建立一支百万人的军队，国务总理弗里德里希·威廉·冯·霍格维茨伯爵强迫哈布斯堡家族世袭领地的议会提高了上缴用于军事预算的税收。此外，霍格维茨伯爵还强迫议会在拨款时不是一年一交，而是要一次缴足十年的资金。这样一来，当政府需要军备资金时，地方议会就无法与政府讨价还价了。

一、玛利亚·特蕾萨改革国家制度的措施

1770年神圣罗马帝国皇后玛丽亚·特蕾萨的政府试图精确地统计神圣罗马帝国西部国土上的人口，并且试图将新的门牌号码制度推广到"所有的城镇、集市、乡村、甚至最偏僻的居民点"。准确地了解人口状况，对征召士兵入伍非常重要。但更重要的是，它对建立更有效的统治机制来缔造一个国家具有举足轻重的意义。在此之前，在18世纪60年代尝试进行了几次人口普查。它们通常由教区神父和地方官员主持，却因数据极其分散无法使用而不得不放弃。以至于皇后的一位私人秘书曾沮丧地大声抱怨，"靠这些表格数据，如何能缔造一个国家"。[1]玛丽亚·特蕾萨朝着创建一个新型国家继续努力。

哈布斯堡王朝政府决定使用军队来进行人口统计和建立门牌号码制度的工作，以此来弥补政府信息掌握的不足。但是这样做有一定的阻力。当军队进入乡间，他们常常会遇到当地居民公开的敌对。当地人不顾一切地保护他们的年轻男子，使其免服可能长达20年的兵役。一些乡村家庭会将男子藏匿起来，或是送进森林。年轻男子甚至会采用自

---

① ［英］彼得·贾德森：《帝国的背影：哈布斯堡王朝》，杨乐言译，中信出版公司2017年版，第1页。

残的方式，通常是弄断一条腿或一只胳膊，来逃避被强制征召入伍的命运。此外，当地人还以讹传讹，误认为已婚男子可以免除兵役，于是掀起了一场突如其来的结婚潮。地方上的神父受政府之命尽其所能向人们解释人口普查与兵役无关，但人民仍然心存疑虑。

政府除了给军队统计人口和给房屋编号的任务外，还委派给军队第三项任务，让他们调查地方上居民的健康状况、文化水平，以及当地的经济状况。而当居民了解到军队会把他们的状况和抱怨汇报给玛丽亚·特蕾萨，他们便热情地欢迎士兵的到来，并把将军当成统治者的代表，向他们表达对特定方面的不满，希望以此可以减轻他们的强制劳役和实物捐税。①

乡村农民与奥地利国家官员之间的积极接触使得政府较准确地了解了农村。通过使用门牌，测绘地形地貌，政府第一次深入地了解到各地人口和各地区人民的生活现状，并使地方的人们与中央国家建立了联系。通过建立居民对中央的效忠，取代传统的地方权力关系。这有利于中央政府日后打破地方政治掮客和地方贵族在当地传统的政治中的支配地位。在1770年的调查中，中央政府有意识地避免将人口普查的任务指派给当地的贵族和神职人员，而是选择派遣忠诚于国家的军队来查明情况。

玛丽亚·特蕾萨的统计计划反映了统治者与被统治者之间的新关系，即对贵族与平民一视同仁，而不像传统等级社会那种享有权利的特权阶层和非特权阶层之间的关系，②18世纪中叶玛丽亚·特蕾萨给

---

① ［英］彼得·贾德森：《帝国的背影：哈布斯堡王朝》，杨乐言译，中信出版公司2017年版，第2页。

② ［英］彼得·贾德森：《帝国的背影：哈布斯堡王朝》，杨乐言译，中信出版公司2017年版，第3页。

予亚得里亚海边的里雅斯特和阜姆课税方面的优待。这两个小镇很快发展成为城市，到了60年代，他们已经可以和威尼斯在地中海贸易中竞争。1775年奥地利政府将哈布斯堡世袭领地与波希米亚的土地整合在同一个关税制度下，这一地区完全实现了自由贸易。[①]

奥地利把过去的自治王国变成中央集权国家的州。地方和州的行政官员越来越多地直接向维也纳负责。1749年，霍格维茨伯爵取消了波希米亚大臣职位，最终在1761年将它和管理世袭领地的大臣合并为一个职位。1751年，玛丽亚·特蕾萨在维也纳设立了一个最高法庭，用来管理波希米亚和奥地利领地上的事务。在随后的几十年间，政府不断尝试各种集中国家行政权力的制度。

玛丽亚·特蕾萨和她的两个儿子约瑟夫二世、利奥波德二世确定了基本的长期目标。他们通过向贵族征税来稳定国家财政；通过放松或结束封建农奴制关系来解放农民的生产力；促进国内工业、商贸、旅游和交通网络的发展；清除地区加工制造业行会的诸多限制；在国民中推动教育；由国家控制宗教活动，对天主教进行改革。[②]他们的统治以中央集权为手段，拒绝与贵族分享权力。另一方面，奥地利的君主推动启蒙运动，提高识字率，1774年玛丽亚·特蕾萨提出不分性别发展儿童通识教育的要求。政府还推动科学和人文主义研究，鼓励将知识系统地应用于社会制度和政治制度架构中。探讨用更加世俗化的方法统治国家的可能性。[③]

---

① ［英］彼得·贾德森：《帝国的背影：哈布斯堡王朝》，杨乐言译，中信出版公司2017年版，第18–19页。

② ［英］彼得·贾德森：《帝国的背影：哈布斯堡王朝》，杨乐言译，中信出版公司2017年版，第14页。

③ ［英］彼得·贾德森：《帝国的背影：哈布斯堡王朝》，杨乐言译，中信出版公司2017年版，第15页。

18世纪后期，在维也纳、布拉格、布尔诺、科希策、普莱斯堡等城镇建立了咖啡馆、博物馆和半公开的沙龙。城市的中产阶级在这里聚集，与贵族在一起讨论哲学、宗教和艺术问题。科希策市政府建立了剧院，城市中的科学学会和乡村的农业俱乐部纷纷建立。为了鼓励的里雅斯特这个自由港市的商业贸易，她在那里鼓励商业移民聚居和建立团体，特别是犹太人、希腊东正教徒、亚美尼亚人和希腊天主教徒。玛丽亚·特蕾萨去世后，她的儿子约瑟夫将这一政策使用的范围扩大到新教徒。自1746年犹太人建立团体开始，允许宗教少数派人士在的里雅斯特组建法人团体，组织宗教活动以及设立面向该群体成员的学校，他们还可以享受与本地天主教商人同样的民事和经济权利。[①]

在顾问们的说服下，玛丽亚·特蕾萨采用了国家监督所有教会事务的方式。政府打击了耶稣会在大学的影响。在书报审查问题上，从1752年起政府从教会手中接过了书报审查的职责，此后，政府的禁书目录很快和教会的禁书目录完全不同了。政府削减了宗教节日的数量，约瑟夫解散了一些冥想性质的宗教团体，因为它们的成员没有参与为社区服务。总之，政府削减了许多天主教会的特权，把天主教会视为处于国家管制下的合法私人组织。[②]

18世纪在中央官僚体系发展的同时，地方议会也有所发展。他们把一些贵族安排到政治机构中来。在玛丽亚·特蕾萨执政期间，在匈牙利贵族阶层仍然占据着官僚机构阶梯的最上层，但是受过教

---

① ［英］彼得·贾德森：《帝国的背影：哈布斯堡王朝》，杨乐言译，中信出版公司2017年版，第27页。
② ［英］彼得·贾德森：《帝国的背影：哈布斯堡王朝》，杨乐言译，中信出版公司2017年版，第26-27页。

育的中产阶级子弟越来越多地占据政府的中级职位。玛丽亚·特蕾萨还吸收那些为政府做出特别贡献的平民加入贵族队伍。在她执政期间，有40%的获得贵族身份的人士来自不断扩大的官吏队伍。[①]

在18世纪后期半个世纪中，在匈牙利内部同样在进行重要的国家建构过程。玛丽亚·特蕾萨在匈牙利扩展国家的服务，将行政机构中央化和专业化。在匈牙利，行政官员的职位仍然只向贵族开放。中央官僚体系的扩大，并授权给平民官僚骨干的手段并没有削弱地方贵族的权力。在维也纳，匈牙利贵族仍然占据了政府中管理匈牙利事务的行政官员职位。匈牙利的行政改革倾向于促使它与哈布斯堡帝国其他部分的分离。在玛丽亚·特蕾萨担任国王的40年间，她只召开了3次议会，以此回避与匈牙利精英贵族可能发生的冲突。经过七年战争，到1764年，奥地利政府已经濒临破产，因此玛利亚·特蕾萨需要匈牙利议会提供财政支持。但匈牙利政府拒绝提供财政支持，并向女王提出128项投诉报告。这冒犯了女王。为此，玛利亚·特蕾萨于1767年颁布封地登记法，以调节农民与地主的关系。她把匈牙利境内王室领地上的所有农民的劳役和粮食实物税全部转换为以现金支付的地租。这一政策曾经在波希米亚和哈布斯堡世袭领地上实行过。早在1715年，一部法律就授权哈布斯堡政府在匈牙利境内征兵。到了18世纪，匈牙利士兵被吸收加入哈布斯堡王朝的军队，军队成为匈牙利平民突破阶级壁垒、进行社会流动的少数几个领域之一。[②]

在18世纪之前的几个世纪中，哈布斯堡王朝拥有的领地强化了这

---

① ［英］彼得·贾德森：《帝国的背影：哈布斯堡王朝》，杨乐言译，中信出版公司2017年版，第17页。

② ［英］彼得·贾德森：《帝国的背影：哈布斯堡王朝》，杨乐言译，中信出版公司2017年版，第30-31页。

个家族对神圣罗马帝国皇帝头衔的拥有权，但这时的哈布斯堡王朝的君主对自己的领土没有明确的地域概念，也没有建立统一的行政管理模式的意愿。哈布斯堡家族只是满足于作为德意志神圣罗马帝国皇帝的普遍象征性意义的地位。[①]然而，到了玛丽亚·特蕾萨在位时期，神圣罗马帝国对哈布斯堡王朝的重要性相对降低了。一些公共知识分子开始用"国家"或"祖国"等术语来描述哈布斯堡王朝，并对它倾注了爱国热情。这时国民身份的新概念也出现了，它指的是一个国家共同体中的成员资格。1771年约瑟夫·冯·索南菲尔茨在他的《对祖国的爱》一书中呼吁所有的社会阶层都要承担起公民责任，增强对"祖国"的爱国热情。这样一种理念为哈布斯堡家族推出的新的国民身份概念提供了文化内容。[②]他还认为，一个经过改良的国家应当建立在理性的原则之上。

玛丽亚·特蕾萨加强中央集权。她自登基起便积极参与各邦的治理和行政管理工作。她看到，存在于君主、中央权力各邦之间的二元制阻碍了行政管理和进步，政治组织繁杂臃肿缺乏活力，军队领导不力，装备很差，行政管理不善，开支过大，税收分配不合理，贵族和僧侣享有特权，百姓贫穷不堪。高级教士、地主和某些城市拥有执行权，司法受制于城市和贵族，道路年久失修，民兵无所事事。玛丽亚·特蕾萨写道："君主国所属的每个邦都想独立掌握税款，好像其他各邦都是外国，都不认同一个君主。分离和敌视如此严重，致使每个邦都只想自己，而不考虑整个国家。君主被看作根本不算数的外

---

① ［英］彼得·贾德森：《帝国的背影：哈布斯堡王朝》，杨乐言译，中信出版公司2017年版，第33页。

② ［英］彼得·贾德森：《帝国的背影：哈布斯堡王朝》，杨乐言译，中信出版公司2017年版，第34页。

人。如此下去，整个国家就要衰落下去。"①每当君主国需要人力、钱财或装备以保卫共同的祖国时，它不得不为此恳求达数月之久才能获得。所以女王决心限制各邦五花八门的法律和特权，按照普鲁士的模式建立一个强大的中央集权国家机构。如她本人所说，以期使"我的命令可以在各地贯彻，一切滥用权力的现象可以得到制止"。玛丽亚·特蕾萨在执政的40年间在许多不同的领域都有重要的改革和革新。评论者瓦热说："顽强的玛利亚·特蕾萨扩大了君主的权威，并且为市民阶级取得了长期被剥夺的地位。"

玛丽亚·特蕾萨在1742年成立了枢密院、内廷总理署和政务院，分别主管外交和内政。1748年德雷斯顿合约签署后，女王在弗里德里希·冯·豪格维茨伯爵支持下实施最重要的改革。她在西里西亚实行财政改革，在克拉根福和莱巴赫等地建立受理上诉的法院以及财政、贸易和行政管理的新机构。

1749年5月宣布奥地利和波希米亚的宪法改革。最重要的规定有：在最高一级和中级行政部门把审判权和行政管理权分开，把波希米亚和奥地利的宫廷总统府合并，但是仍然把法院和财政部从中分出去。从此，奥地利和波希米亚有了两个中央机构，一是由首相、副首相和15名议员组成的最高司法机关；二是作为最高行政机关的内阁。外交事务和纯军事问题由政务院和宫廷委员会掌管。它们还负责内政和部分财政工作。财政部负责处理国家债务和掌管维也纳银行，商业部负责贸易问题。地方行政机构的设置使中央机关免于和民众直接接触。女王逐渐削弱各邦的权力。

---

① [瑞士] 亨利·瓦洛通：《玛利亚·特蕾西亚女王传》，刘光耀、李兰琴译，王昭仁校，商务印书馆1995年版，第213页。

1760年玛丽亚·特蕾萨成立了国务院，它不是各个部部长组成的部长会议，而只是一个顾问机构。国务院直接向女王提出它的建议。除皇帝以外，它的九名成员全是专家和经验丰富的人，女王通常在高级贵族中选择国务院成员，其成员中没有平民。玛利亚·特蕾萨曾说："在国务院和设计这个机构的人士的帮助下，我才能制止这个国家的毁灭。"①

1762年奥地利帝国所属各公国的官员人数如下：波希米亚王室官员为557人，等级会议官员为197人，领主和城镇官员为3334人，官员总数为4088人。摩拉维亚王室官员为233人，等级会议官员为156人，领主和城镇官员为1666人，官员总数为2055人。西里西亚王室官员为88人，等级会议官员为32人，领主和城镇官员为238人，官员总数为378人。下奥地利王室官员为1123人，等级会议官员为585人，领主和城镇官员为4701人，官员总数为10409人。上奥地利王室官员为113人，等级会议官员为43人，领主和城镇官员为333人，官员总数为491人。施蒂里亚王室官员为913人，等级会议官员为260人，领主和城镇官员为902人，官员总数为2075人。卡林西亚王室官员为227人，等级会议官员为114人，领主和城镇官员为213人，官员总数为554人。克拉林王室官员为188人，等级会议官员为83人，领主和城镇官员为227人，官员总数为398人。格尔茨王室官员为62人，等级会议官员为13人，领主和城镇官员为29人，官员总数为104人。格勒迪卡王室官员为1123人，等级会议官员为585人，领主和城镇官员为4701人，官员总数为10409人。各公国共有王室官员为7421人，等级会议官

---

① ［瑞士］亨利·瓦洛通：《玛利亚·特蕾西亚女王传》，刘光耀、李兰琴译，王昭仁校，商务印书馆1995年版，第214–215页。

为1494人，领主和城镇官员为11669人，官员总数为20584人。①玛利亚·特蕾萨建立了一支官僚队伍。

军队建设是奥地利改革的另一项措施。玛丽亚·特蕾萨开始执政时，奥地利的军队名义上有17万人，实际上不到5万人。军队装备很差，炮兵没有大炮，骑兵缺少马匹。军队按照16和17世纪的教程来训练。按照克芬许勒将军的说法，许多军事问题经常是由不懂军事的文职官员来决定。在西里西亚战争的第一年，玛利亚·特蕾萨就意识到必须改造军队。1748年2月成立了由最高军官组成的军事委员会，准备改革。实行了新的兵役法，简化了行政管理，严格监督官员提升。成立了军官学校、王室的玛丽亚·特蕾萨学院、炮兵和工兵部队工程学院，改组了炮兵。1762年除尼德兰、匈牙利、蒂罗尔和米兰外，奥地利各邦都实行了兵役法。七年战争初期，奥地利指挥部拥有11万军队，此外还有24000名后备队以及来自尼德兰和意大利的44000名士兵。1773年各邦划分为招募区。到1769年奥地利拥有20万装备精良的军队，并给军队建造了设备完善的营房。②

玛利亚·特蕾萨实行了财政改革。改革以前，奥地利的贵族和神职人员占有全国大部分土地，但他们不纳税。玛丽亚·特蕾萨对此说道："我认为，对那些已经很受照顾而且根本不让民众分享他们的财产的神职人员做出新的让步，是没有好处的。"她还说，我们"对待贵族的态度和做法太过分了。他们已变得如此强大，致使大家对他们

---

① P. G. M. Dickson, Finance and Government under Maria Theresia, 1740—1780. Oxford, Clarendon Press. 1987. Volume 1. Society and Government. p. 307. Table 11. 2 Officials in census of 1762.

② [瑞士] 亨利·瓦洛通：《玛利亚·特蕾西亚女王传》，刘光耀、李兰琴译，王昭仁校，商务印书馆1995年版，第219—220页。

比对君主还要害怕，比对君主还要尊敬。他们不停地以牺牲君主和民众的利益使自己发财致富"。玛丽亚·特蕾萨要维持一支强大的军队和多达4万人的宫廷各种官员和人员。面对财政窘困，从1743年起，玛丽亚·特蕾萨征收财产税，平民百姓、神职人员和军人都得把平均收入的10%上交国家。1747年，玛丽亚·特蕾萨采纳了豪格维茨的方案，在随后的10年内每年把全国征收的军费从900万古尔盾提高到1400万古尔盾。等级会议通过了豪格维茨的提议，拥有土地的人无例外地缴纳土地税。奥地利建立起了公路网。以后，国家对利息和收入也开始征税。1754年国家的收入达到3000万盾，以后，税收收入翻了一番。但七年战争和两次西里西亚战争使得奥地利各邦的赤字达到5400万盾。①

玛丽亚·特蕾萨实行了发展工商业的政策。奥地利贸易总署在波希米亚和摩拉维亚积极发展工业，把匈牙利作为它的原料基地。1762年成立了女王领导的王室贸易委员会。以后约瑟夫批准了禁止进口外国货的命令。奥地利成立了研究各种经济问题的国家经济机构，提高了关税，禁止进口奢侈品和金银制品。制定的统一的关税政策在1775年生效。中央政府逐渐干预粮食贸易，对余粮实行贸易自由原则。根据约瑟夫的提议，取消先前成立的王室贸易委员会，它的职能移交给首相府。以后，弗兰茨在波希米亚获得大片土地，在那里建立手帕厂、洗衣房和仓库。从1763年开始，到处可以自由建厂。同时实行了自由竞争制度，使得工业和贸易迅速发展起来。②

---

① ［瑞士］亨利·瓦洛通：《玛利亚·特蕾西亚女王传》，刘光耀、李兰琴译，王昭仁校，商务印书馆1995年版，第214-215页。
② ［瑞士］亨利·瓦洛通：《玛利亚·特蕾西亚女王传》，刘光耀、李兰琴译，王昭仁校，商务印书馆1995年版，第218页。

玛丽亚·特蕾萨扩展了多瑙河的水路航运，成立了船运管理局。1777年9月，一批资本家成立了一个经多瑙河至土耳其并越过黑海到亚洲的船运和贸易公司。1778年成立了"的里雅斯特和阜姆亚西亚公司"。为了发展海外贸易，在大西洋和地中海沿岸建立了25个领事馆，其中意大利7个，土耳其13个，在拉古萨（现杜布罗夫斯克）、亚历山德里亚、里斯本和特里波利斯各1个。1754年在维也纳成立了东方学院为这些驻外机构输送合格的人员。但东印度贸易公司在女王去世几年后即告破产。[1]

在司法领域，玛利亚·特蕾萨试图建立统一的法律和统一的审判制度。在改革过程中，王国法院取代了地方法院。最高法院设在维也纳。从1753年期法学家委员会就着手编纂民法典和民事诉讼法。但这些工作到玛丽亚·特蕾萨去世后才完成。1770年1月，在奥地利和波希米亚颁发了被称为《特蕾萨刑法》的刑法法典。1776年女王取消了刑讯。同年颁发了《特蕾萨法典》，宣布在法律面前人人平等。

奥地利在绝对主义时期积极发展教育。约瑟夫在1765年的一份备忘录中提出，上文科中学和大学不能成为贵族的特权。1780年奥地利的学校数量发展到500所。三十年战争以后，在因斯布鲁克、布吕恩和克雷姆斯成立了骑士学院。耶稣会士建立了特蕾萨学院。1754年成立了培养外交官的东方学院。1767年成立了商业专科学院。1365年成立了维也纳大学。1752年玛利亚·特蕾萨指示为教授们建立新的讲堂和住宅，并对贫苦学生发放奖学金。[2]

①［瑞士］亨利·瓦洛通：《玛利亚·特蕾西亚女王传》，刘光耀、李兰琴译，王昭仁校，商务印书馆1995年版，第218-219页。

②［瑞士］亨利·瓦洛通：《玛利亚·特蕾西亚女王传》，刘光耀、李兰琴译，王昭仁校，商务印书馆1995年版，第222-223页。

　　玛丽亚·特蕾萨在她在位的最后几年在解放农民的道路上走得更远。土地开垦委员会确定了在各邦国领地上臣民对领主的义务，根据委员会的调查，制定了限定最高义务的徭役证书。至少在国家庄园里解除了徭役。而司法改革没有取得很多成效。编纂的法典草案证明是不可用的，1768年的刑法法典除了包括进步的法令外，也包括落后的法令。[①]1781—1782年的诏书废除了奥地利和波希米亚的农奴制。农民成为自己所耕种土地的世袭佃户；他们可以把徭役和实物租改用现金支付，官吏和由国家委托的律师在这方面向他们提供咨询。[②]

　　到1780年玛利亚·特蕾萨去世时，奥地利国家的行政管理已比在这个世纪上半叶更加协调，社会群体的聚集和活动都加强了。

二、约瑟夫二世对国家制度的改革

　　约瑟夫二世在1782年颁布一项法律，规定了下奥地利和维也纳的犹太人的法律地位。法律写道："我们所有的臣民，无论民族和宗教信仰，""他们必须为我们渴望促进的公共繁荣做出贡献，他们可以享受法律保障的自由。"在约瑟夫执政的方针中，为了国家的利益解放个人能力的思想起着指导作用。他锐意进取，实行改革。他说："如果有一个国家，在那里的一小批人以国家的统治者自居，将剩下的大多数劳动者和生产者看作满足其经济需要和寻欢作乐的工具；如果这个地方的这一小批人制定所有的法律，或者处于保全他们自己不受损害和独立的目的来解读法律，那么这个国家就没有什么继续存续或者弥补其问题的希

---

①［德］马克斯·布劳巴赫等：《德意志史》第二卷上册，陆世澄、王昭仁译，高年生校，商务印书馆1998年版，第416页。

②［德］马克斯·布劳巴赫等：《德意志史》第二卷上册，陆世澄、王昭仁译，高年生校，商务印书馆1998年版，第419页。

望了。"①

约瑟夫二世认为，法律代替了传统等级制社会中专制主义的各种习俗和规约，但是，社会经济地位的差异仍然持续不断地造就着社会，而法律迅速地作用于其他的方面。君主就是法律的制定者、保护者和执行者。约瑟夫二世崇尚理性统治的准则，他以极高的标准要求下属的官僚，他斥责达不到他的标准的下属官员。他在自己行动时，很少接受讨论和妥协。约瑟夫二世不惜一切代价推行社会改革。他一方面给地方政府下达无数指令，另一方面削减了各个部门的开支。他监管着帝国和地方上官僚体制的扩张，但官员人数仍在增长，远远超过了官僚系统预算和资源的增长。他的立法尝试在匈牙利和奥属尼德兰引起了叛乱。

1780年以后，哈布斯堡王朝紧迫地展开了行政管理中央集权化的改革。约瑟夫二世勤恳地进行自己的工作，不停地巡视国土的各处，他搜集社会信息，不断改革传统体制，详尽地命令手下的官员。

约瑟夫二世在1780年掌权执政。他继承了与玛丽亚·特蕾萨一脉相承的治国逻辑，以此进行系统化的改革。他用充满理性和逻辑的实用主义的国家意识形态取代帝国的文化。他不接受帝国传统的文化、宗教。在他执政期间，他的工作比其他人更加勤奋。奥地利不断膨胀的官僚系统是约瑟夫二世改革的工具。他要求这个体系必须忠诚于国家，而不是忠诚于一个王朝或贵族朝廷。1745年成立的特蕾萨学校和培养未来人才的领事学院都是贵族学校。它们为国家的高级职务培养人才。当时除了在匈牙利进入国家公务员队伍仍然必须有贵族身份外，在帝国其他地方，拥有公务员职位所需的教育背景的平民，已有

---

① ［英］彼得·贾德森：《帝国的背影：哈布斯堡王朝》，杨乐言译，中信出版公司2017年版，第36—37页。

可能进入官僚体系。

约瑟夫二世通过建立国家官僚机构的多种规章制度，试图建立一个推行于全国的统一平等的标准。在他短暂的十年单独执政时期，约瑟夫颁布了一系列管理行政官员的详细规定，这些规定列有官员应受的教育、雇用、升职、薪酬标准、惩罚、休假、收受礼物的条款。他率先建立了人事档案制度。皇帝可以通过这一机制，要求政府各部门上报他们不满的雇员。约瑟夫二世坚持整个官僚体制上下必须秉持社会平等的原则。他还设计了一套严格论资排辈的雇佣和选拔规则。约瑟夫写道："无论候选人来自资产阶级、骑士阶层、乡绅贵族，甚至是高贵的王公贵族，这些人都必须服从这套规则。"[1]

在约瑟夫二世执政时期，帝国法令的数量出现了迅猛增长。1780年玛利亚·特蕾莎签发了82份适用于国内和匈牙利地区的法令。而在下一年内，约瑟夫二世就对这个地区颁布了402份法令。

在这些法令中，有一份的内容是终止审查制度，并为生产提供了新的指导原则。玛丽亚·特蕾莎此先已经废除了天主教会的审查职权，并且组建了一个政府委员会，来裁定公开发表的作品是否符合标准。约瑟夫二世虽然没有停止这个委员会的工作，但他大幅度地改变了它的职能。从此以后，所有的严肃学术作品可以不经审查自由出版。此外，审查委员会不再需要审查批准每一部作品是否可以发行，而是裁定少数看起来不符合新标准的作品是否合宜。但是，约瑟夫二世仍旧采取严格的规定来约束那些批评国家统治者的印刷品，反基督教作品也仍然属于违法。审查规定将禁书数量从5000种减少到300

---

① ［英］彼得·贾德森：《帝国的背影：哈布斯堡王朝》，杨乐言译，中信出版公司2017年版，第47页。

种。仅仅在约瑟夫执政开始后最初18个月，就有1000种小册子出版。当时在哈布斯堡王朝所属的匈牙利使用的是拉丁语。约瑟夫二世认为，当时使用的拉丁语过于陈旧，无法满足18世纪科技和制度的需要，于是在1784年下令在匈牙利用德语取代拉丁语。

约瑟夫二世表示以后不会再削减大学的预算用以补贴初等义务教育体系。1785年约瑟夫二世颁布了一项法令，要求地方上的每个教区都要建立一所学校。学校教师被视为公务员，教师的薪俸由教会支付。

约瑟夫在废除传统的书报审查制度的同时，签署了对非天主教基督徒的《宽容法令》。以往约瑟夫二世统治下的新教徒、东正教徒或希腊天主教徒受到许多法律限制。他们就业受到歧视，拥有土地和子女受教育的权利都受到损害。约瑟夫二世在1781年发布的一份命令中宣布："除非考虑到公共宗教崇拜的问题，天主教徒和新教徒没有任何区别。"[①]1781—1785年发布诏令，撤销犹太人生活中各种限制，包括从事商贸行业、手工艺行业、担任政府公职人员的限制。1781—1874年，约瑟夫二世签发了若干限制贵族对领地上的农奴进行人身控制的法令。从此以后，农民可以不经领主同意自由结婚、自由迁徙，不必经领主允许任意选择职业。法令还限制领主体罚农民或向农民罚款的权力。但直到1848年革命之前，仍有农奴制残余在哈布斯堡家族统治的国家存在，劳役也继续存在。约瑟夫还希望被解放的农民获得土地，在波希米亚通过立法废除农奴制，同时，波希米亚的农民可以在奥地利的模式下得到自己的土地，但他遇到了很大的阻力。[②]

①［英］彼得·贾德森：《帝国的背影：哈布斯堡王朝》，杨乐言译，中信出版公司2017年版，第52–53页。

②［英］彼得·贾德森：《帝国的背影：哈布斯堡王朝》，杨乐言译，中信出版公司2017年版，第57页。

1784年哈布斯堡政府的一份法令宣布："在本地居留满10年的外国人将获得本国人的待遇"。两年后约瑟夫二世颁布的《修订民法通则》规定："所有和睦生活在世袭领地，受到王权管辖的人，都将被视为本地居民和国家的公民"。《民法通则》宣布："从理性的角度，每一个人都拥有与生俱来的权利，他们也因此被看作一个真正的人。在这些地方，奴隶制和农奴制，以及使用权力来达成这两种制度的行为都是不被允许的。"《民法通则》还列举了臣民的各项权利和义务，试图在臣民中实现平等。同时，这部法典结束了贵族和教会机构享受的团体特权。[①]从帝国法律的角度来说，到法国大革命爆发前，哈布斯堡王朝的臣民已经逐渐变成了公民。

弗兰茨一世在位时期于1811年颁布的《民法通则》将约瑟夫二世关于国民身份的激进思想变为现实，将他的大多数臣民转变为法律面前一律平等的国民。

奥地利在18世纪是仅次于法国和俄国人口最多的国家。哈布斯堡王朝统治时期在经济上采取了重商主义经济政策。在17世纪末、18世纪初利奥波德一世统治时期，重商主义者赫尼希克、贝希尔和施罗德得到奥地利政府的重视。赫尼希克提出了9项贯彻重商主义精神的原则性建议，即尽一切努力利用国内资源、现有原料应当在国内加工制造、鼓励居民学习技术和手艺、应当使金银经常流通、用货物换取进口商品不要支付黄金、国内能制造的商品不应进口、在全世界寻找新的销售市场。赫尼希克被国王约瑟夫一世奉为自己的老师，他的经济纲领逐渐得到实施。贝希尔创办了国营的帝国丝绸公司，作为奥地利

---

①［英］彼得·贾德森：《帝国的背影：哈布斯堡王朝》，杨乐言译，中信出版公司2017年版，第62–64页。

最初的纺织企业，它组织了丝线、袜子、毛织品、麻布和丝绒的生产。帝国丝绸公司通过发行股票来吸引资金，成为奥地利现代股份公司的先驱。贝希尔还创立了国家的"商务委员会"，把新办的手工工场控制在自己手中。1667年在贝希尔的努力下创立了东方公司，重新组织了对土耳其的贸易。

18世纪初年，奥地利王朝决定实行类似于路易十四实行的政策。它在亚得里亚海建设港口。1719年宣布把首先建立的阜姆和的里亚斯特两个港口作为自由港，允许外国人在这两个自由港经营各种商业。政府还号召外国的卖主、商人、熟练工人和手工工场主在奥地利领地上定居。1709年在维也纳创办了一家大型国营丝织工厂。1701—1708年建立了生产瓷器和玻璃的新的手工工场和工业部门。[1]

18世纪中叶奥地利政府采取了发展工场手工业的政策，同时大力兴办技术院校。50至70年代先后开设了矿业学院、技术学校、农业学校、商学院，甚至在孤儿院和监狱中也进行技术教育。国家设立奖学金，并悬赏征求优秀技术发明。国家废除了行会制，禁止熟练工人出国，用公费派技师到国外学习深造。政府再次颁布法令，保证迁居奥地利的外国人免税和宗教信仰自由，以吸引工人和企业主。外来移民后来办起了加工农业原料的作坊、制造啤酒和酒精的工厂等等。以前奥地利通用的货币有10至20种，现在采用统一的货币盾和德利尔，并在1762年发行纸币。1786年奥地利设立了工业专门银行，经办商业、信贷和兑换业务。[2]

---

[1] ［奥］埃·普里斯特尔：《奥地利简史》上册，陶梁、张傅译，贝璋衡校，生活·读书·新知三联书店1972年版，第317–342页。

[2] ［奥］埃·普里斯特尔：《奥地利简史》下册，陶梁、张傅译，贝璋衡校，生活·读书·新知三联书店1972年版，第479–494页。

在玛丽娅·特蕾萨统治时期（1740—1780年），奥地利政府全力培训经济管理官员，争取贸易顺差，努力发展国家需要的工场手工业，如波希米亚和摩拉维亚的纺纱业和麻织业，鼓励棉织品生产，并对纺织工业实行关税保护。①

第三节　绝对主义国家的职能

一、财政职能

绝对主义时期欧洲国家的财政职能有很大发展，赋税制度、国债制度和货币制度在绝对主义时期初具形态。国家通过这些活动促进资本主义原始积累和国家经济发展。这个时期国家财政管理职能的大发展一方面是几个世纪以来各个王国军队等机构建设对资金的需要所致，也是财政管理职能历史性发展的结果，另一方面是这个时期国家的外部联系加强和工商业发展的需要造成的。

各国的金融组织经历了从私人金融、官办当铺、私人信贷银行到公司金融的发展，但久而久之，这些类型的金融组织仍然无法满足经济生活迅速发展的需要，这就导致了国家对金融业的干涉和由国家来创办具有货币发行权的银行。

在威尼斯的犹太区和伦敦的针线街很早就出现了银行。但是在信贷活动中出现了投机分子，于是政府出面干涉贷款工作。1462年在意

---

①［民主德国］汉斯·豪斯赫尔：《近代经济史——从十四世纪末到十九世纪下半叶》，王庆余，吴衡康，王成稼译，刘漠云校，商务印书馆1987年版，第260–265页。

大利的佩鲁贾建立了第一个官办当铺。到1509年为止在意大利各地共有89个官办当铺。它们以较高的利息吸收公共存款，并向穷人提供低息贷款，甚至向君主和富人提供贷款。1620年维罗纳的官办当铺兼有储蓄银行的功能，[①]它曾一次贷给曼图亚公爵20万达克。1600年以后在西班牙南部省份出现了类似的银行。1614年在阿姆斯特丹开设的借贷银行是荷兰最著名的一家贷款银行，它采取定期发行付息债券的方法筹集资本。17世纪60年代瑞典王国银行的一个分行成为这种类型的贷款银行，它向试图创办企业的人士提供财产抵押尤其是地产抵押贷款。在巴塞尔和日内瓦建立公正交易所，向手艺人和小农发放贷款。意大利的官办当铺和荷兰的信贷银行都属于公立银行，他们受政府部门的严格监督、检查和约束。[②]换言之，在17世纪初具有唯一货币发行权的国家银行建立以前很久，欧洲各国家便以各种方式介入和干预金融业，把它作为促进国家经济发展的措施。1575年以后许多私人银行由于经营不善陷入困境或销声匿迹。这表明即便私人银行也无法适应商业和工业发展的需要。许多国家随后采取创建公共银行的办法。这种新型的公共银行有1584年开业的威尼斯里亚尔托集银行，1593年创立的米兰圣安布罗焦银行，1605年在罗马创立的圣灵银行。其中尤其以1609年开业的阿姆斯特丹汇兑银行规模最大，它接受有息贷款，在各个账户间转账、接受客户的应付汇票。1683年以后它还向每个客户发行一种储蓄券，它为社会流动资本提供一个存放处和信用票据的交换所。17世纪上半叶在米德尔堡、纽伦堡、鹿特丹和斯德哥尔摩

---

① ［意］卡洛·M. 奇波拉主编：《欧洲经济史——十六和十七世纪》第2卷，商务印书馆1988年版，第457页。

② ［意］卡洛·M. 奇波拉主编：《欧洲经济史——十六和十七世纪》第2卷，商务印书馆1988年版，第458–459页。

建立了类似的汇兑银行。1697年在欧洲，不同类型的公共银行达25家。[①]国家利用银行来为自己服务，是这个时期金融业的主要特点。

从1540年到18世纪，由于战争的频繁发生和交战期限变长，军费开支迅速增长。此外，宫廷的铺张浪费也耗去了相当的公共基金。战争期间国家不仅需要大宗款项，而且需要在很短时间里将资金筹集起来，这绝非赋税形式的筹款可以解决的，这导致国债制度迅速发展起来。

在中世纪中期以后，欧洲经济生活中不仅仅存在着商品输出，而且已经存在资本市场和早期资本输出。当时经济交往方式的发达程度超过了人们的估计。在热那亚和阿姆斯特丹市场兴起之时，早期金融资本已经出现。文艺复兴时期资本市场的发展与商业的兴起与各君主国之间的征战密不可分。[②]这个时期跨国的长途贸易和海上贸易蓬勃展开，国际间贸易的扩大产生了对大量贷款的需求，尤其是对期限在一年以上的贷款的需求增加了。商人金融家努力从各种途径征募资金，以满足借贷的需要。当时资本市场的发展并非全无阻力，教皇克莱芒特五世曾在1312年禁止有息贷款。但是这一禁令没有收到效果。高利贷是否合理是争论不休的问题。但人们在私下继续从事借贷。1543年查理五世批准了有息贷款。从此一个有效的资本市场在欧洲不受阻碍地发展起来。[③]当欧洲商业中心从意大利威尼斯的里亚尔托集

---

① ［意］卡洛·M. 奇波拉主编：《欧洲经济史——十六和十七世纪》第2卷，商务印书馆1988年版，第471–473页。

② Richard Ehrenberg, *Capital and Finance in the Age of the Renaissance. A Study of the Fuggers and their Connections.* London, Jonathan Cape. 1928. pp. 25–29.

③ 道格拉斯·诺斯，罗伯特·托马斯：《西方世界的兴起——新经济史》，华夏出版社1989年版，第153–154页。

向中欧转移时，开始了一个大量提供商业信贷的时代。[1]

16世纪20至30年代，南德商人汉斯·肯伯格和拉察鲁斯·图赫开始利用各国当权者对资金的需要来提高自己的放贷者地位。[2]

在近代税制没有建立以前，国家没有巩固可靠的资金来源。绝对主义时期国家财政职能的运作和国际金融市场的活动直接联系着。这里需要简略地提及国际金融市场的形成过程。

里昂交易所的建立开始了国际性的大宗资本的交易运作。在14世纪上半叶，老的香槟集市衰落后，法王查理七世授予里昂大量特权，特别是在里昂进行货币和贵金属贸易不受限制的特权，以后，路易十一在1462年10月下令禁止所有商人前往日内瓦集市。1467年，里昂的集市正式诞生了。国际贸易中心便转移到里昂。[3]

里昂作为一个大的贸易和金融业中心，其鼎盛时期是1510—1580年间。里昂交易所在每个交易日确定它的行市表和利率。当局每年四次对交易所进行检查。[4]里昂交易所从一开始就进行大商号之间的账单流通，它比安特卫普更早地成为真正的资本市场。[5]随着里昂交易所的发展，它逐渐由商品交易转到货币交易。在1539年时，一个法国商人抱怨说，现在人们都不做商品交易了，而是去做汇票和寄存业

---

[1] Ian Blanchard, "*International capital markets and their users，1450—1750.*" in Maarten Prak，ed.，Early Modern Capitalism. pp. 113-114.

[2] Richard Ehrenberg, *Capital and Finance in the Age of the Renaissance*. A Study of the Fuggers and their Connections. London，Jonathan Cape. 1928. pp. 312-313.

[3] Richard Ehrenberg. *Capital and Finance in the Age of the Renaissance*.A Study of the Fuggers and their Connections. London，Jonathan Cape. 1928. p. 281.

[4] Richard Ehrenberg, *Capital and Finance in the Age of the Renaissance*. A Study of the Fuggers and the Connections.London，1928. p. 325.

[5] Richard Ehrenberg，*Capital and Finance in the Age of the Renaissance*. London，1928. p. 307.

务。法国国王把里昂交易所视为自己的财政府库。通过授予里昂交易所极大的特权以推动它的发展。法王弗朗索瓦一世时期，王室从里昂交易所贷款的数额很大。例如，1529年法国国王从佛罗伦萨人那里借得600000杜卡特。这个时期许多佛罗伦萨和南德的大商人在里昂定居，从事商务和金融交易。1571年有佛罗伦萨商人和银行家42人在里昂活动，其中9人有很大的财力，他们控制了佛罗伦萨城市国家全部资产的四分之一。①1542年以后，弗朗索瓦一世与查理五世的战争开始，他几次从里昂资本市场筹措资金。1552年里昂交易所开始支付固定利息的长期贷款。

二、镇压和社会控制职能

在绝对主义国家时期，尽管国家内部职能的发展总的来说落后于国家外部职能的发展，但是随着从封建主义向资本主义生产关系的过渡带来的巨大的社会动荡、剥削的加剧、17世纪欧洲的经济危机、以及在这种动荡中劳动群众的反抗斗争的加剧，国家对内的镇压职能和社会控制职能开始出现。

绝对主义时期欧洲各国乡村和地方的警察组织和城市的警察组织比较薄弱。乡村和地方的治安制度带有某种地方自治的性质，这以英国最为典型。英国在1361年建立了教区的治安法官制度，授予选出的地方贵族或乡绅以治安法官职，管理治安。治安法官负责指导临时警察并实施普通法。郡长、郡军队指挥官和治安法官共同承担这一责任。中央政府部队治安法官发放薪金。这种通过地方自治团体来维持

---

① Frederic Mauro, *Merchant communities*, *1350—1750. in J. D. Tracy*, ed., *Rise of Merchant Empire*. Long-Distance Trade in the Early Modern World, 1350—1750. Cambridge U. P. 1990. p. 265.

治安的制度长期以来未有变动。①法国几百年间由乡村贵族和教士参加组成的地方法院承担了维持地方秩序，防止刑事犯罪，对刑事犯罪分子实施制裁的职能。这种地方自治倾向在17世纪市民防卫制度中也表现出来。在普鲁士，中世纪封建割据的影响比英国和法国更长久。从14世纪后期到16世纪中期，各个城镇自己负责治安。在农村普遍由土地贵族担任治安警察。到17世纪，这种地方治安制度为大选侯所确认。

16世纪是欧洲资本主义关系迅速发展，资本原始积累加速进行的时期。来自美洲的贵金属大量流入欧洲市场，造成货币贬值、物价上涨，社会问题接踵出现。这样，面对着社会问题的涌现，国家的社会干涉、控制和管理的职能有所发展。政府在农民的土地持有权、劳工问题和贫民救济问题上开始进行干涉和管理。

法国在绝对主义时期对济贫事务采取了政府集中管理和干涉的形式。1536年弗朗索瓦一世向各教区颁发了两道敕令，令其承担一定的救济责任，增设工作岗位和救济潜在的贫穷居民，把受教会救济者也列入受照顾之列。1554年在巴黎成立了拥有征捐权的济贫总局。②1562年法国颁布法令，授权在全国建立济贫院。到1789年法国共有济贫院2186所。③1566年法国国王发布莫林斯训令，把济贫税的征收扩大到全国。但是由于当时法国处于内战时期，该法令无法实施。在以后几个世纪中，法国仍然实行私人救济，由教会组织贫民捐助工作。丹麦的贫民救

① David H. Bayley, *"The Police and Political Development in Europe"*, *in Charles Tilly*, ed., The Formation of National States in Western Europe. Princeton U. P. 1975, pp. 342–343.

②［民主德国］汉斯·豪斯赫尔：《近代经济史——从十四世纪末至十九世纪下半叶》，王庆余等译，商务印书1987年版，第110页。

③ Wlliam Doyle, The Old European Order, 1660—1800. Oxford U. P. 1984. pp. 132–133.

济问题在前工业化时期解决得较好。1683年丹麦制定了一项法律，安排所有的贫民在国家用间接税收入建立的公共工场中就业，以此解决贫民救济问题。1530年德意志帝国的敕令赋予城镇和乡村一项职责，为居住在当地的贫民提供食物，领地王公也颁发了类似的命令。[1]勃兰登堡邦国在1696年颁布了一项命令，授权教区为应当救济的贫民提供就业机会，同时有权惩罚那些不该救济者，但所有的济贫费用都通过自愿捐助的方式募集。政府在柏林建立了贫民救济委员会，由这个机构掌握政府的救济金，任何贫民都可以申请。到1740年，在普鲁士所有的主要城镇都建立了贫民院，以后授权地方当局征收强制性的贫民捐。[2]

　　一般地说，欧洲天主教国家中的济贫事务由教会承担，修道院和女修道院承担了施舍救济贫民的工作。欧洲新教国家由于处理了旧教的产业，新教教会缺乏足够的资金，崇尚廉简，无法承担全面的贫民救济工作，所以只能由政府通过立法采取行政措施，用世俗的方法来解决济贫事务。

---

① E. Segerra, *A Social History of Germany 1648—1914*. London，1977. p. 165.

② William Doyle, *The Old European Order*，*1660—1800*. Oxford U. P. 1984. pp. 132–133.

第五章
欧洲的等级会议和议会

第一节　作为议会和等级会议基础的社会等级制度

在中世纪的几个世纪中，封建因素已经发展起了以土地为中心的庞大复杂的司法统治的主体。这些统治者规定土地的占有条件，定居在土地上的社会集团以及这些集团剥削的方式。他们规定村庄、教区、现存住户对森林、牧场和共有地的使用；他们分配劳役、征收年贡、分配领主权和乡村的权利。但是，这个统治集团至多也只能围绕着附属于庄园经济的集市和地方市场展开活动。[①]

在中世纪西方，城市的发展聚集了稠密的居民，他们转型从事城市生产和商业经营。久而久之，在这种集中的居民聚居地区组成了政治上的自治统一体。反对勒索他们的统治势力，对付来自领地统治者及其代表或封建势力的斗争。自治城市市民在与领地统治者的斗争中，要求实际拥有共同的权力，因为处于附属地位的单个个人只有借

———————

[①] ［美］贾恩弗兰科·波奇：《近代国家的发展——社会学导论》，沈汉译，商务印书馆1997年版，第43页。

371

助其成员的力量的聚合才能作为一个统一体来行动。他们拥有的权利是集体所有的公民权，它常常是通过统治者发布的正式的宪章宣布的，它是一种连续性的权利。

城市市民并不是一开始就具有政治目标，或者意识到要依靠他们自己来维持他们的全部社会经济地位。城市市民的斗争主要是建立一种法律环境和治理条件，并且使城市能够取得政治自主权和军事的自主权，这样使得他们的商业活动和制造业活动能够获利。市民要求的不是其统治别人，而是保证他们自身的权利，保障他们获得和生产需要的产品和生活方式的安全。他们的这种要求对封建制度来说是一种无法抵抗的挑战。①早期的城市宪章，或是其他由统治者赐予的或是自动产生的宪法文件，主要关心的也是创造一个使它免于遭受具有封建制度统治的独立的司法环境。

这个时期城市的经济集团处于一种矛盾的地位。一方面，城市在司法上和政治上是自主的，从他们自己的利益来说，并不打算向具有政治主权的政治统一体提出挑战并摧毁它。另一方面，当时具有一定规模的国家已经形成，它除了取得城市政治自主权外，还需要有效的和固定的参加更大的更广泛的统治结构的管理工作，如立法会议、议会的活动。

对于"等级"这个概念，德语写作Stand，英语写作estate。等级具有一种特别类型的社会分类单位的含义。T. H. 马歇尔对"等级"这个词下定义说："一个等级可以被定义为一群具有同样身份的民众，律师在下述意义上使用该词：身份是一种地位，附属于它的有一系列的权利

---

① ［美］贾恩弗兰科·波奇：《近代国家的发展——社会学导论》，沈汉译，商务印书馆1997年版，第43页。

和职责、特权和义务、资格和无资格，这些均为社会承认，他们能够由公共权力、在许多情况下由法庭规定并强制推行。"[1]

等级会议是为了和统治者对抗和合作的特殊目的而组成的团体。拥有不多的政治特权但已构成的等级在那里联合起来并转而去争取有意义的目标和更广泛的特权。在等级制国家中，有势力的个人和团体通过他们的代表聚合成具有合法形式的代表制机构，与统治者或他的代表打交道，发表声明，重申他们的权利，系统地阐述他们的建议，确定他们与统治者合作的条件，并承担他们分享的统治责任。典型的等级制国家在不同层次如省或地区设立代表会议，它们频繁地开会，提出专门的特权要求。[2]

历史上把到13世纪广泛存在的统治制度称之为等级制国家或者等级制政体。等级制国家的兴起在不少地方都与城市的发展相联系。城市的出现在相当大的程度上推动了从封建国家向等级制国家的转型。等级制国家是一种独特的、历史上绝无仅有的统治制度。欧洲绝大多数国家是在12世纪后期到14世纪初期向等级制国家制度转变，而从等级制国家向绝对主义统治制度的转变是在16到17世纪。

---

[1] T.H.Marshall，"The Nature and Determinants of Social Status"，in T. H. Marshall，Citizenship and Social Development，Garden City，N. J. 1965. p. 193.

[2] ［美］贾恩弗兰科·波奇：《近代国家的发展——社会学导论》，沈汉译，商务印书馆1997年版，第47页。

第二节　等级君主制的权力关系

等级君主制国家的权力关系具有二元性。等级会议活动和冲突围绕着封建因素和城市因素这两个中心问题展开。但是，等级会议和统治者的权力不是处于同一水平。总的说来，统治者日益扮演着像国王那样的公共统治者的角色，因此他的位置居于等级会议之上。"王公是先于契约，处于契约之外的统治者。"等级会议在与他对话时要承认他体现了更高级、具有强制性的威严和权力的主权。对统治者来说，则要正视等级会议表示的支持和抵抗。[1]

等级会议通常是由统治者提议而召开的。当统治者从占有的土地上获得的收入不够支付它的开支时，它就要转向三级会议求助，在封建等级和城市同意的条件下取得否则他无法取得的经济资源。而在此时，等级会议也会以交换的方式要求统治者同意他们自己直接参加财政活动，同意这种要求对统治者来说不算过分的代价，因为等级会议发挥了行政调解作用，而又不会给统治者带来损害。

奥托·冯·吉尔克认为，领地统治者和等级会议共同决定政策，但是它们是两个分离的互通信息的政治中心。双方通过它们的共同协商来制定政策。但是，即便这两个方面取得一致意见时，他们仍然是完全不同的两方，每一方行使其自身的权力。等级会议扮演一个合伙人、一种

---

[1] ［美］贾恩弗兰科·波奇:《近代国家的发展——社会学导论》，沈汉译，商务印书馆1997年版，第55页。

权力和权能的拥护者，而不是作为一个恭顺的扈从来参与讨论统治问题。这种政治位置在1357年法国三级会议记录下来的三级会议发言人拉昂主教罗伯特·勒科克要求改革的讲话中可以清晰地看到。他说，近来国王和王国管理得很糟糕，整个王国和它的居民不知怎么都出现了许多麻烦，特别是铸币的贬值和发动战争，同时对国王从人民那里得到的金钱，管理和支配得也很糟；这些资金中有相当数额往往给了不该得到它的人。主教说，所有这些事情都是经过财政大臣和其他人，以及另一些曾在过去遏制国王的人的劝告而做的。主教进一步说，人民不能再容忍这些事情；为此，他们共同商议，下面提到的官员（从略）应当被逐出所有的王国官署。主教又要求，那些法兰西国王的官员要停职，同时由三个等级提名，任命一批改革者；这些改革者在选择和要求上述官员做任何事情时，都要有监督权。[①]

等级制国家的权力具有二元性，它由君权和等级会议的权力共同构成。波奇说，等级会议和统治者共同构成了一个统治制度的两个方面，它们形成了有统一的政治过程贯穿的单一的"统治场"。[②]当然，这种二元主义的等级制国家的主流本质仍旧是旧式的封建国家。

等级会议属于统治领域，等级会议监督着统治者。等级会议既承认又补充着领域统治者的能力，就他承担的职责提醒他。根据卡斯滕的研究，这种功能对于德意志等级会议的权力有特别重要的意义。在中世纪后期，德意志土地上众多的统治者采取了王朝世袭政策，导致他们的领地被出售、分割、抵押或蹂躏。这对于他们的臣民起了毁灭

---

① [美]贾恩弗兰科·波奇：《近代国家的发展——社会学导论》，沈汉译，商务印书馆1997年版，第51页。

② [美]贾恩弗兰科·波奇：《近代国家的发展——社会学导论》，沈汉译，商务印书馆1997年版，第51页。

性的作用。在几个德意志的领地中最早召集了等级会议，并开始实行抵制和调和这种政策的功能。他们把自己看作是"领地上的公民"，而且他们以这种身份大大加强了反对王朝统治者的要求，也用这种权力去维护每个领地的团结并分享它的统治。等级会议提出由他们自己来代表"人民"或"领域"，或代表二者全部，反映了等级会议既与统治者对抗又与统治者合作的双重权能的事实。在这种等级制国家中，那些绝大多数仍然是以某种隶属身份定居在土地上的依附于特权等级的乡村居民，为了自己的利益，可能采取起义、暴动、逃离村庄等方式展开斗争，他们有时也通过等级会议中特定的团体来维护他们自己的利益。①等级制国家有时也为了它自身的利益以人民的名义去干涉封建主的掠夺活动。在等级制国家中，绝大多数居民是被统治者。但是，到封建时期结束时，组成等级会议的那些等级与统治者都有自己的利益，另一方面，各个等级都有与其他等级相区别的权利。在等级制国家中，贵族以外的等级得到了政治斗争的实际锻炼，各地乡村居民也都取得了一定的团结起来进行斗争的经验。尤其是作为资产阶级前身的市民等级便在这一体制的活动中在政治上成长起来。

　　但是，统治者的需要和等级会议的利益并不是没有矛盾的。例如，在普鲁士，统治者推动国家向绝对主义发展的关键活动是创立在城市中对消费品征收的消费税，征税的收入用来建立和维持一支统治者的常备军。对这一税收的管理权不是置于等级会议之手，而是由统治者手下的一个机构来控制。这样就在抢占财政资源和把它用于军事用途两个方面绕过了等级会议。统治者无视等级会议的意

---

① ［美］贾恩弗兰科·波奇：《近代国家的发展——社会学导论》，沈汉译，商务印书馆1997年版，第52页。

见做了这件事。[①]

统治者为了抵制等级会议最终对其行动自由的限制，利用自己召集等级会议的权力，试图使它不那么频繁地召开，并且会期不那么长。当等级会议看起来要侵犯统治者的利益时，法院则会起来反对等级会议的要求。[②]

第三节　欧洲各地的议会和等级会议

在欧洲封建化时期，不止一个欧洲国家建立了等级会议或议会。在西班牙，12世纪在莱昂和卡斯蒂尔召开了议会。1208年在贝纳文特召开了议会，两个贵族等级和市民均派出代表参加。1231年在巴利阿多里德召开了议会。12世纪在卡塔卢尼亚、阿拉贡和瓦伦西亚召开了更为成熟的议会。例如1063年在哈卡、1614年在巴塞罗那召开了议会，它们在欧洲产生了很大的影响。在意大利的萨伏伊，据记载1286、1297和1299年召开过议会。1225、1258年在西西里，1265年在福贡、1231年在梅尔菲、1290年在埃博利，1208年在卡西诺都召开过议会。在法国，1302年菲利浦在巴黎召开了有男爵、高级教士、各大城市代表参加的等级会议，讨论当时国际重大事务。这开启了等级

---

① ［美］贾恩弗兰科·波奇：《近代国家的发展——社会学导论》，沈汉译，商务印书馆1997年版，第55–56页。

② ［美］贾恩弗兰科·波奇：《近代国家的发展——社会学导论》，沈汉译，商务印书馆1997年版，第48–49页。

会议的历史。最初法国等级会议的召集只是对过往的决定表示赞成，并无否定和修改国王决定的意向。从14世纪30年代起它开始采用"三级会议"的名称。以后它逐渐参与决定征税和国家的军事事务。开会时各等级分开讨论，每个等级只有一票表决权。仿照全国的三级会议，法国各省也建立了三级会议。1560、1561、1576—1577、1588—1589年的三级会议对巩固法国的王权，批准补助金和征收赋税起了积极作用。

自中世纪，君主与封臣、君主与各等级之间的协议是以书面形式固定下来的，这种协议被称为"宪章"，1215年的《大宪章》就是最著名的例子。但是，这类宪章实际上是双方相互间的协议，将一些特权授予封臣或各等级，而且要从封臣或各等级那里得到回报。""由此可见，这里出现的是某种与近代宪法有着本质区别的东西，因为近代宪法是一种总体政治决断。"①

中世纪晚期（13—16世纪）的国家形态具有"等级制国家"的特征。无论从实际情况看，还是从思想意识看，政治统一体本身都呈现出问题。古老的军事采邑法已经失去了效力，封臣赢得了广泛的独立性。无论在什么地方，只要建立了等级联合组织（高级贵族、低级贵族、僧侣、城市市民），它们就要立足于全体成员经立誓达成的协议，在这些等级彼此之间订立协议，与自己的君主订立协议，还与外国君主订立协议。这些等级与君主订立的协议涉及特权的授予、对君权的限制，甚至经常还涉及武装反抗的权利。②

中世纪阿拉贡的贵族在对新国王的誓言中直率地表达了这一点：

① ［德］卡尔·施密特：《宪法学说》，刘锋译，上海人民出版社2016年版，第71页。
② ［德］卡尔·施密特：《宪法学说》，刘锋译，上海人民出版社2016年版，第78页。

"和你们一样优秀的我们向不比我们优秀的你发誓，我们接受你为我们的国王。至高的上帝规定你要遵守我们所有的法规和法律；如果你不遵守的话，我们就不接受你为国王。"①

在莱昂和卡斯蒂尔王国。当时国王地位不巩固。持续地反对摩尔人的斗争使得军事贵族具有反抗性并且地位重要。他们强调国王的职责是对不信教的摩尔人展开不停息的战争。取得战争的成功对国王非常必要，这样做不仅可以保持他的尊严，而且他要提供给渴望得到土地的贵族以领地。然而大规模的战争消耗着资源，持续的边界战争使所有城市都成了要塞。公民被训练去打仗，授予他们抵抗摩尔人的特权。在此同时，城镇居民也有一种独立的、强悍的精神和威严。国王出于政治、军事和财政的需要，很早就期盼城镇在这些事情上支持和帮助他，反对不接受统治的贵族。

1088年第一届莱昂的国王的委员会召开，城镇代表被找来参加会议。莱昂国王阿方索九世授予结成联盟的所有教士、贵族和城镇以特权，他许诺，他将就战争与和平问题向主教、贵族和"贤士"咨询。这三个等级将会被召来参加未来的议会。但是，在嗣后的会议上国王多次依靠城市反对惹来麻烦的贵族。莱昂发生的事件影响了姊妹国家卡斯蒂尔，二者很快统一了。1188年在卡斯蒂尔的卡里翁召开议会。参加会议的除了高级贵族和世俗贵族外，还有48个城市的市长。但是，和同一年召开的议会不同，到1250年两个国家统一之前，没有证据表明有选举产生的城镇代表参加议会。

到此时，议会有教士、贵族和城镇代表参加，成为莱昂和卡斯蒂

---

① ［美］迈克尔·罗斯金：《国家的常识：政权、地理、文化》，夏维勇、杨勇译，世界图书出版公司2013年版，第23页。

尔王国确定的制度。到14世纪末，议会的权力持续发展，在许多方面引人注目。城市代表给予他们严格控制的议会详细的指示信，这加强了后者处理与国王关系时的力量。当王室要求拖延议会召开时，或是王室提出相反的动议时，城市代表坚持必须向他们的选民咨询。这种谈判的程序耗时长久。[①]由于城市支付他们的代表参加议会时的工资和补助，城市对其议员的控制加强了。到了1422年由国王来支付这笔开支。到了14世纪，国王向议会让出了相当大的权力。第一，国王反复重申，没有得到所有议员严格的授权，不能征收特别的赋税。到了15世纪末，议会数次坚决要求它对开支的授权，并且要求确保有权批准部分专用拨款。第二，议会有权提出以法律为基础的内容广泛的请愿。最后，议会需要参与和王国福利相关的一切事务的协商；当一个新国王继位时，要在议会宣誓遵从法律；在国王的继承人年幼时，议会对摄政王行使一定的监护权。[②]尽管议会取得的这些权利看起来引人注目，但是议会的权利有严重的缺陷，为以后留下了祸根。第一，教士和贵族免税，这样议会不可能在与国王发生财政争执时指望市长官的支持。第二，国王从未放弃某些征税要求，特别是销售税的征收。国王的征税要求使第三等级腹背受敌。第三，议会从未设法将它的请愿权转变为共同立法权。[③]

13到18世纪，阿拉贡的议会、尼德兰的等级会议、瑞典的国会和法国的三级会议起了很大的政治作用。1789年以前的欧洲，代表制并非偶尔出现。它们在基督教世界的每个国家此时或彼时十分兴盛。13

---

① A. R. Mayers, Parliaments and Estates in Europe to 1789. London, 1975. p. 60.

② A. R. Mayers, Parliaments and Estates in Europe to 1789. London, 1975. pp. 60–61.

③ A. R. Mayers, Parliaments and Estates in Europe to 1789. London, 1975. p. 61.

到18世纪，议会在几乎所有基督教欧洲的国家都出现了。它们几乎存在到17世纪到18世纪初。有的国家的议会在法国大革命展开时期仍然在频繁地开会。它们中有一些将这种政治制度带进了19世纪。匈牙利议会直到1848年继续存在而且没有改革。瑞典议会直到1866年还保留着它的4个等级的构成。在麦克伦堡大公爵领地，直到1918年等级会议继续频繁地开会，履行其功能，并且拥有重要的权力。①

14世纪到15世纪是等级会议和议会很有气势的时期。欧洲国家的议会一般来说被理解为在某种意义上代表了国家的全部居民，并且它们通常包括了所有参与政治的社会成分。除了在瑞典、丹麦、西弗里斯兰和蒂罗尔外，农民精英未能在议会中有自己的代表。而城镇则获得了代表权。还有，在14和15世纪强化的贵族社会中，法律理论通常认为贵族代表了领地的领主。除了教士和被授予宪章的城市外，占人口大多数的农民被排斥在特权等级之外。在议会组织中，贵族几乎总是享有权力的精英部分。议会通常被认为是代表了整个王国。例如，1301年阿拉贡的海梅二世在莱里达召开议会，认为议会得到王国的同意，因此它的决定对所有的居民都有约束力。在弗里留召开的议会被认为代表了弗里留所有的居民。在法国，1484年国务大臣把在图尔召开的三级会议称为代表了全体法国人民。这样的例子不胜枚举。②

16世纪的弗朗什-孔泰是成熟的等级制国家。当时，弗朗什-孔泰是神圣罗马帝国的一个行省，处于哈布斯堡皇帝查理五世的统治之下。但查理五世是一个在外王公，他通过个人的代表进行统治。在对孔泰进行统治的过程中，皇帝的代表和围绕他的优秀人士组成的小团

---

① A. R. Mayers，Parliaments and Estates in Europe to 1789. London，1975. pp. 23–24.

② A. R. Mayers，Parliaments and Estates in Europe to 1789. London，1975. p. 26.

体要与法院和三级会议这些独立的等级制的权利中心打交道。孔泰的法院大约有25名成员，在多尔定期召开会期冗长的会议。到16世纪，法院的职能发展到对其他机构实行定期的监督，而较少有司法机构的特点。例如，法院确立了要求统治者的代理人提交报告的权力，派出它的成员去查清公众关心的关于领地的事宜，并且对这些事务发布指令。提交法院律师的事务包括一般防卫事务、犯罪行为和异教邪说方面的问题；农村生活的各个方面；对牧场、狩猎、捕鱼、森林、草地和葡萄园的管理；对工匠的控制；维护道路、桥梁、河道上的航行；修改过桥费；保持通货的统一；维持集市和市场秩序；出口铁、盐、葡萄酒和小麦；小旅店餐食的价格问题等。法院对于所有这些事务像统治者那样独自做出一切决定。

孔泰的等级会议设有三院，它们分别由教士、贵族和市镇市民组成。前两个等级的成员被授权以个人的身份参加该院的活动；第三院主要由城市的市长和高级官员包括法官组成。第三院单独进行讨论，进行表决，按多数形成他们内部的决定。它通过代表与其他院打交道，他们的权力是等同的。

在16世纪开始时，议会制在欧洲没有表现出一致性。在西班牙和意大利议会衰落的同时，欧洲大陆北部的议会，特别是波兰和尼德兰的议会权力增强了。在16世纪，不仅统治者，启蒙思想家也普遍看到强有力的有效率的政府以一种专制制度来保证王国的繁荣和国内的和平。这样就产生了一种明确的认识：议会处于休眠状态对王公来说更为合适，如果议会过于强大，就会危及专制政府的效力。[①]

---

① A. R. Mayers，Parliaments and Estates in Europe to 1789. London，1975. p. 97.

在讨论中世纪后期和近代早期的代议机构时，需要解释为什么一个既定的国家代议制机关足够强大，以至于可以抵制君主对立法权和其它权力的垄断。能有勇气解释这个问题的学者很少。德国学者欣茨认为，根据各国采取的代议体制，可以把中世纪及现代早期西方的议会或等级会议划分成两种基本的类型。英国、波兰、匈牙利和斯堪的那维亚半岛诸国家属于前一种类型，而法国、阿拉贡、加泰罗尼亚、巴伦西亚、那不勒斯和西西里岛属于第二种类型。这两种类型的差别不在于它们拥有的议院的数量，而在于它们的内部结构。"两院制"议会如英国议会，其特点是有一个高级贵族和教士身居其中的上议院，还有以农村为基础的地方政府组织和自治城镇选出的代议成员。在整个日耳曼诸公国和拉丁欧洲出现了三院制，每个议院都包括一个在法律上享有特权地位的社会等级如贵族、牧师和自治市民城镇的代表。欣茨认为，与那些以身份团体为基础的议会和等级会议相比较，以领土为基础的三级会议或议会在结构上更为强大，因此能抵御野心勃勃的统治者的招安和诱惑。①

等级会议在封建等级君主制国家中的历史作用是政治制度史上的一个重要问题。1955年在罗马召开的国际历史科学大会上曾就等级会议对近代国家形成有无积极作用的问题展开了讨论。其中有一种意见认为，等级会议对近代国家的形成没有起过任何积极作用。这种观点不符合历史事实。例如，在德意志帝国这个集权化力量尚未充分形成的国家中，在14到15世纪还没有其他强有力的帝国行政机构，而等级会议作为一种帝国机构，它通过各个等级聚合的途径，形成了一个

---

① [美] 托马斯·埃特曼：《利维坦的诞生——中世纪及现代早期欧洲的国家和政权建设》，郭台辉译，上海人民出版社2016年版，第17–18页。

全帝国各等级参加的代表制机制。它把以宫廷形式的中央政府的活动向各等级通报，同时等级会议也反映了各个等级和各种经济实力和社会集团的愿望；等级会议批评现存的德国政治秩序，推进了国家的形成；等级会议还介入和干涉帝国的宫廷政治，缓和统治集团的内部争端，有助于维持国家权力。到了16世纪，公共财政制度发展起来，等级会议通过和帝国君主的长期谈判，取得对拨款的表决权。这样，公共财政职能成为等级会议最主要的职能。等级会议在封建化和等级君主制时期已经介入国家最重要的机制运行，成为国家机构一个最重要的组成部分。伯纳德·盖内肯定了欧洲等级会议和议会的政治整合作用。他认为这是14世纪中叶前后冲击欧洲旧秩序的革命浪潮。诚然，政治整合作用只是等级会议一方面的作用。欧洲中世纪出现的等级会议和议会毕竟反映了封建化的诸侯贵族势力的利益。这个集团把议会和等级会议作为与王权斗争，保护本阶级利益的政治设置，它本身是封建化的产物。在英国，正如同《大宪章》是封建贵族与王权作斗争的法律成果那样，英国议会的诞生正是封建诸侯与王权作斗争的初步法律成果。正如同诺伯特·埃利亚斯分析的那样，封建主义政治是一柄双刃剑，它既具有分散化的力量，又具有集权化的力量。这种两重性同样体现在中世纪议会和等级会议的机制中。

第三编

资本主义国家制度

第一章
近代国家版图的形成和资本主义国家的制度特征

第一节　近代国家版图的形成

西方国家经过资产阶级革命，或者经过民族统一的王朝战争，或者通过重大的改革建立了近代国家。近代国家赖以建立的社会基础和中世纪封建国家有根本的不同，它不是以等级特权制度，而是以自由的个人为基础的。马克思写道："政治国家的建立和市民社会分解为独立的个体——这些个体的关系通过法制表现出来，正像等级制度中和行帮制度中的人的关系通过特权表现出来一样。""政治解放一方面把人归结为市民社会的成员，归结为利己的、独立的个体，另一方面把人归结为公民，归结为法人。"[1]

近代国家形成是一种地理和政治聚合过程。这导致欧洲政治单位的数量急速下降。1200年仅意大利半岛就有200到300个不同的城

---

[1] 马克思：《布鲁诺·鲍威尔：〈现代犹太人和基督徒获得自由的能力〉》，载《马克思恩格斯全集》第二版，第3卷，人民出版社2002年，第188，189页。

邦国家。[1]1490年欧洲大约6200万人口被分成平均31万人的众多的国家。[2]在1500年时欧洲大约有500个独立的政治单位，以后，战争和联盟急剧地减少了欧洲国家的数目。到1900年，欧洲只有大约25个政治单位，[3]近代国家形成在时间上是和民族的形成相吻合的。近代国家在形态上一般都是民族国家，近代国家兴起结束了帝国国家形态。"民族国家无论在何处以征服者姿态出现时，就会在被征服民族中唤起民族意识与主权愿望，由此击败一切真正想建立帝国的企图。"[4]

　　一些学者从国家的政治形式和国家内部的生产关系即从经济方面来定义国家。芬纳教授提出近代国家具有四个特征。第一，近代国家是不同于其他组织的在同一领域内实施管理的组织；第二，它是自主的；第三，它是中央集权的；第四，它的分支机构彼此间相互协调。[5]芬纳教授主要是从政治形式上来定义近代国家，他很好地解释了近代国家结构上的若干特征。但是，他的定义没有说明近代国家同其他拥有官僚机构的中央集权国家的区别。为了克服从政治上来定义国家的不足和困难，奥菲转而从国家代表的生产关系来定义国家。他指出近代西方国家有四个基本特征。第一，根据它自己的政治准则，政治权力被禁止用于组织生产。在国家中财产是私人所有的。因此，

---

① Daniel Waley，Italian City-Republics，New York，McGraw-Hill，1969.Ⅱ.

② 查尔斯·蒂利：《强制、资本和欧洲国家（公元990—1992年）》，魏洪钟译，上海人民出版社2012年版，第55页。

③ Charles Tilly，*"Reflections on the History of European State-Making"*，in Charles Tilly，ed.，The Formation of National States in Western Europe. Princeton U. P. 1975. p. 15.

④ 汉娜·阿伦特：《极权主义的起源》，林骧华译，生活·读书·新知三联书店2008年版，第188页。

⑤ Charles Tilly.，*"Reflections on the History of European State-Making"*，in Charles Tilly，ed.，The Formation of National States in Western Europe. Princeton U. P. 1975. p. 70.

不能根据政治权力，而是应当根据个人自由的原则来使用生产资料。第二，政治权力以赋税和资本主义市场的个人积累为基础，拥有权力的资本主义国家实际上是无权的。第三，政治权力必须有利于推进资本积累。第四，在民主政治制度下，任何政治家和政党都只能通过在大选中取得足够的选民的支持这种民主途径来取得对制度化的国家权力的掌控。[①]国家中资本主义生产关系占据主导地位，国家又努力推动资本的积累，这是近代国家的基本特征。在近代国家中，政治机构和国内的政治网络的建设都加强了。

詹姆士·安德森认为，有一系列历史过程和政治形式呈现了近代国家的兴起。第一，自由、民主因素的出现。与16、17世纪的绝对主义国家不同，这个时期的绝大多数国家感到有必要实行民主制。第二，工业化的传播。第三，16、17世纪的绝大多数国家还不是民族国家，到了19世纪末民族国家的形成过程最后完成。第四，社会主义的成长。[②]

从时间上来说，西方近代国家经过了三个阶段：第一阶段，16到17世纪，是资产阶级革命时期；第二阶段：18世纪，是贵族政治时期；第三阶段：资产阶级民主化和资本主义国家机构健全的时期。在近代时期，尤其在中东欧，不少国家的近代国家制度都是经过一系列的变革才逐渐建立的。

近代国家统治集团的阶级构成有其时代配置，近代国家的统治集团并非完全由近代资产阶级（工业革命后中形成的中等阶级）构成。

---

① Antoney Giddens and David held, eds., Classes, Power and Conflict. Classical and Contemporary Debates. California U. P. 1982. pp. 249–250.

② James Anderson, ed., The Rise of the Modern State. Wheatsheaf Books. Distributed by Harvester Press. 1986. p. 4.

近代国家在开始后一段时期并不是由资产阶级直接统治的国家。"18世纪末期，各个国家里没有一个等级或阶级愿意或能够成为新的统治阶级，表明自己认同政府，就像贵族阶级在过去几个世纪里那样。君主专制未能在社会上找到一个替身，导致民族国家的充分发展，它宣称高于一切阶级，完全独立于社会及其利益之外，是民族整体的唯一真正代表。""国家想和社会上的一个主要阶级结盟的一切尝试全都失败。"①

近代国家的疆域和版图在很大程度上是由《威斯特法利亚和约》确定的。《威斯特伐利亚和约》是结束三十年战争的一系列和约。签约的双方分别是统治西班牙、神圣罗马帝国和奥地利帝国的哈布斯堡王室和法国、瑞典以及神圣罗马帝国内的勃兰登堡、萨克森、巴伐利亚等诸侯邦国。1648年10月24日签订的西荷和约，正式确认了威斯特伐利亚这一系列和约，象征三十年战争的结束。一般将1635年的《布拉格和约》和1659年的《比利牛斯和约》视为《威斯特伐利亚和约》的一部分。

《威斯特伐利亚和约》的主要内容有：

1. 重申1555年的《奥格斯堡宗教和约》和1635年的《布拉格和约》继续有效；

2. 哈布斯堡皇室承认新教在神圣罗马帝国境内的合法地位，同时新教诸侯和天主教诸侯在帝国内地位平等；

3. 神圣罗马帝国内各诸侯邦国可自行定立官方宗教，臣民不愿改宗者迁出；其中加尔文宗获帝国承认为合法宗教；教产的归属以1624年为标准年，凡在1624年1月1日之前占有的教产可以保留（在普法尔

---

① 汉娜·阿伦特：《极权主义的起源》，林骧华译，生活·读书·新知三联书店2011年版，第53页.

茨及其联盟地区，以1619年为标准年）；

4. 神圣罗马帝国内各诸侯邦国有外交自主权，唯不得对帝国皇帝及皇室宣战，而帝国皇帝依然无权决定任何重大问题，如宣战、媾和、课税和征兵等；

5. 正式承认联省共和国（荷兰）和瑞士为独立国家；

6. 哈布斯堡皇室的部分奥地利领地被迫割让给法国、瑞典和部分帝国内的新教诸侯：其中法国得到洛林内梅林、图尔、凡尔登等三个主教区和除斯特拉斯堡以外的整个阿尔萨斯，瑞典获取波美拉尼亚地区和维斯马城、不来梅和维尔登两个主教区，从而得到了波罗的海和北海南岸的重要港口；勃兰登堡获得东波美拉尼亚地区和马格德堡、哈尔勃斯塔特、卡明、明登等主教区；萨克森获得路萨蒂亚地区；普法尔茨公国一分为二，信仰天主教的上普法尔茨与巴伐利亚合并（巴伐利亚因此成为神圣罗马帝国第八选帝侯）；信奉新教的下普法尔茨（莱茵兰、普法尔茨）维持独立；

7. 神圣罗马帝国皇帝的选举不得在现任皇帝在世时进行，以免皇帝的干预影响结果；

8. 法国和瑞典在神圣罗马帝国议会有代表权，巴伐利亚公爵被封为选帝侯；

9. 瑞典获得神圣罗马帝国500万塔勒尔的赔款。

《威斯特伐利亚和约》完全是为采取君主制的民族国家设计的。它成为以国家为基础的国际体系的基础。实际上，这个合约将国家之间的联系为一方，以统治者和臣民的关系为另一方的联系法典化。它实际上宣布了民族国家成立和民族国家时代的到来。民族性和国际性的原则构造了高度现代的世界中社会差异的框架。民族性和国际性成为高度现代的秩序的宪政原则。

《威斯特伐利亚和约》包含的观念实质上是一种前近代的观念。它认为统治权属于统治者而不是属于人民。这就是为什么美国革命，特别是法国革命要在全欧洲范围对旧制度进行挑战的原因，它们要建立一种国家之间和国家内部的新型关系。《威斯特伐利亚和约》本质上是一部封建统治阶级的宪章。以后18世纪的法国革命第一次宣布了在国家关系上的民族和国际的时代。然而，不可思议的是，《威斯特伐利亚和约》的性质被西方一些人歪曲地解释了，被视作为近代国家制度和近代思想奠定真正基础的文件。[①]

第二节 资本主义国家的政治特征

欧洲民族国家形成后，这种国家形式迅速在世界上胜出。对于为什么民族国家能够成为较为普遍的国家形式，查尔斯·蒂利分析说："民族国家在整个世界上胜出是因为它们首先在欧洲胜出，然后欧洲的国家产生了自我复制的效果。它们在欧洲胜出是因为它们在欧洲最强大的国家——位于所有其他国家之上的法国和西班牙——采取了暂时压倒其邻国的战争形式，而且它们的支持产生了作为副产品的国家机构的中央集权、差异化和自治。那些国家在15世纪晚期采取这一步骤是因为它们最近完成了把竞争国家从它们的领土上排除出去，因

---

① Martin Shaw，Theory of Global State. Cambridge U. P. 2000. pp. 27，28，30.

为它们有途径接触那些能够帮助它们在财政上支持使用昂贵的防御工事、大炮以及最重要的使用雇佣兵等手段来进行战争的资本家。"①

近代西方资本主义国家的奠基人在批判封建制度中构思和设计未来的政治蓝图。他们在揭露封建国家制度极大的弊病时，敏锐地发现了那种制度没有公正的法律和司法，君主的意志便是国家的立法。在这样的国家中，王室贵族和特权阶层无所顾忌，肆意妄为，专权腐化等腐败现象丛生，无法抑制。他们还发现，这种封建社会是以人的身份不平等为前提的，人生来便有高低贵贱之分。贵族阶层奢侈享乐，不劳而获，对社会无所贡献，却在国家政治生活中拥有特权。有才干、有智慧的勤恳地创造财富的资产者和劳动者，却因身份低下无权参加国家的政治生活，不能进入宫廷、政府和上流社会。这种身份不平等的规定侮辱和压迫着大多数民众，阻碍了社会经济和政治的发展。

因此，早期资产阶级法学家和启蒙思想家认为，未来的国家应当是废除人身份的不平等和特权的国家，是法治的国家。孟德斯鸠在《论法的精神》中写道："在专制政府中，既无法律，又无规范，一切都由单独一个人凭一己的意志任所欲为地处置。"②"什么地方立法权、行政权和司法权集中于一个人或一个机关手中，那里便不会有自由存在，因为人民将会担心，能够颁布暴虐法律的那个君主或那个议会，同样能够暴虐地执行这些法律。""一般的法，就其统治地上一切民族而言，就是人类理性，每一国家的政治法和公民法，应当只是应用这种人类理性的特例。""人作为生活在一个社会中的分子，而社

---

① 查尔斯·蒂利：《强制、资本和欧洲国家（公元990—1992年）》，魏洪种译，上海人民出版社2012年版，第223页。

② 北京大学哲学系外国哲学史教研室编译：《十八世纪法国哲学》，商务印书馆1979年版，第25页。

会必须维持，于是有一些处理统治者和被统治者的关系的法律，这就是政治法。此外，他们还有处理一切公民之间的关系的法律，这就是公民法。"[1] "一个适中的政府""它是靠它的法律和它的力量本身来维持的"。[2]因此，近代国家的一个重要的特征便是法律制度的健全，在各近代资本主义国家都制定了宪法、民法、商法、刑法和社会立法，并建立了各种法院组织和诉讼程序。但是，由于各近代国家建立过程中反封建的彻底性不同，各国法律传统不同，一些国家近代法律体系中保留了若干封建法律的残余，各国资产阶级法制的完成在时间表上有很大的差异。

从纵向比较的视野来看，典型的欧洲中世纪国家与近代国家在表征上有着很大的区别。中世纪国家是君主统治，国家权力为君主和王室所有，而不是为一个阶级所有；在中世纪国家组织中尚未形成分工有序的专门化的中央政府机构，小小的王室政府是封建时代欧洲中央政府的基本形式；从中央到地方未形成网络状的行政机构。历史地追溯中世纪封建国家特征的被克服和向近代国家的转化，它却是以绝对主义王权为开端。

近代时期是一个较为漫长的历史时期。它可以分为从封建主义向资本主义过渡的第二阶段和自由资本主义阶段。工业革命后期到19世纪末，是近代资本主义国家制度发展的最重要的阶段。在这个时期劳资冲突加剧的背景下，资本主义国家的强力组织和镇压功能增强。这个时期也是无产阶级阶级意识形成的时期。不只是资本主义民主制度

---

[1] 北京大学哲学系外国哲学史教研室编译：《十八世纪法国哲学》，商务印书馆1979年版，第22-23页。

[2] 北京大学哲学系外国哲学史教研室编译：《十八世纪法国哲学》，商务印书馆1979年版，第34页。

建立起来，中央政府机构和地方政府机构在这个时期完全形成。这个时期是资本主义国家建立的时期。

第三节　资本主义国家的强力机构及其职能

各资本主义国家国家的阶级镇压职能和强力机器在近代时期有突出的发展。近代时期军队和警察组织有很大的发展。

从1470年到1710年，欧洲各国军队的规模有很大的发展。根据帕克整理的资料，西班牙的军队在1470年代为20000人，1550年代为150000人，1590年代为200000人，1630年代为300000人，1650年代为100000人，1670年代为70000人，1700年代为50000人。

荷兰的军队在1590年代为20000人，1630年代为50000人，1670年代为110000人，1700年代为100000人。

法国的军队在1470年代为40000人，1550年代为50000人，1590年代为80000人，1630年代为150000人，1650年代为100000人，1670年代为120000人，1700年代为400000人。

英国的军队在1470年代为25000人，1550年代为20000人，1590年代为30000人，1650年代为70000人，1700年代为87000人。英格兰和威尔士服役军人的人数1850年为430000人。

瑞典的军队在1590年代为15000人，1630年代为45000人，1650年代为70000人，1670年代为63000人，1700年代为100000人。

俄罗斯的军队1630年代为35000人，1670年代为130000人，1700

年代为170000人。1850年为850000人。[①]

除了正规军外，法国在19世纪断断续续存在过国民自卫军。国民自卫军是1789—1871年的法国非正规军城市民兵组织。1789年7月13日巴黎选举人会议决定建立48000人的有产者自卫军，按地区以团、营、连编制。14日这支军队参加了攻打巴士底狱的战斗。起义胜利后，任命拉法耶特为总司令，定名国民自卫军，戴红白蓝三色帽徽，以别于戴白帽徽的王军。各大城市群起仿效，建立国民自卫军。法国大革命中，国民自卫军逐步制度化。在拉法耶特率领下，国民自卫军曾参与枪杀1791年7月17日在马尔斯校场集会的群众。桑泰尔任总司令时，积极参加1792年8月10日推翻王朝的起义。1793年5月31日至6月2日昂里奥率国民自卫军起义推翻吉伦特派政权。1795年10月，国民自卫军因参与葡月暴动，被拿破仑·波拿巴击溃后解散。第一帝国于1805年重组国民自卫军，作为各郡有产者民兵，高级军官由皇帝任命。复辟王朝时期，查理十世于1827年解散国民自卫军。七月革命胜利后重新组建。1848年2月国民自卫军参加了推翻七月王朝的革命，后被临时政府利用，镇压巴黎工人六月起义。1852年国民自卫军进行改组，不再按常备形式建制。1870年拿破仑三世在普法战争中溃败，政府被迫于9月5日征集国民自卫军保卫巴黎，决定新建60个营，每营1500人。巴黎人民在3周内组成194个营，建立工人武装，许多革命者当选为营长。国民自卫军积极参加保卫巴黎和争取建立公社的斗争。1871年3月15日由代表大会选举产生的国民自卫军中央委员会正式成

---

① Geffrey Parker，The Military Revolution：Military Innovation and the Rise of the West，1500—1800. Cambridge U. P. 1988. p. 209. 查尔斯·蒂利：《强制、资本和国家（公元990—1992年）》，魏洪钟译，上海人民出版社2012年版，第96页。

立，3月18日巴黎人民举行武装起义，夺取政权。3月28日巴黎公社成立之前，国民自卫军中央委员会是巴黎的唯一政权机关。巴黎公社建立后第二天（3月29日）便颁布法令，以人民武装代替常备军。国民自卫军改建为巴黎公社的人民武装，为捍卫巴黎公社做出了贡献。公社失败后，1871年8月国民自卫军被梯也尔政府强行解散。

随着资本主义打破了封建关系的束缚，贵族对于劳动群众的人身奴役在法律上最终被废除，下层劳动群众的社会活力得到解放，他们表现出前所未有的历史主动性和积极性。加之，资本主义剥削形式是一种猛烈的剥削形式，它的活动渗透到生产中，因此，近代时期工人阶级和劳动农民对于压迫和剥削的反抗斗争较为激烈。这样，国家的镇压职能也以突出的形式表现出来。国家的强力机构在近代时期较之中世纪有了很大的发展。资本主义国家的政治统治对无产阶级和农民的起义甚至小资产阶级的民主性抗议实行直接镇压，辅之以在漫长的和平时期对于对统治阶级的不满加以控制，通过一些社会性政策加以调节，以安抚和抑制劳动群众，最终把资本主义社会秩序维持在一种秩序较为稳定的状态。

资本主义国家的镇压职能在资产阶级革命时期已经表现出来。在17世纪英国资产阶级革命中，小资产阶级民主派、平等派在反封建斗争中扮演了激进的左翼角色。1647年11月在赫德福德郡举行的军队集会中，平等派军官和士兵提出了推进革命的民主性要求，进行了武装请愿。以克伦威尔为首的军官集团逮捕了平等派运动的积极参加者，枪杀了士兵理查·阿尔诺德，1649年又处死了罗伯特·沙克叶等5名平等派士兵。[①]1649年4月，掘土派在塞利郡圣乔治山掘土垦荒，实施共产主义计划，这一和平的运动也被国务会议派出的军队加以驱散。1685年蒙默斯领导了反对查理二世的起义，萨默塞特郡和德文郡的农民、织工和矿工参加了这次起义。这次起义部分具有下层群众反对土地贵族的性质。例如参加起义的老平等派理查·鲁波尔在断头台上表述了反对压迫和剥削的思想，他说："我确信，任何一个人都不是天生就应当高踞于另外一些人之上的，因为谁也不是背驮着一个马鞍出世的。同样，谁也不是生来就穿着马靴骑在别人身上的。"蒙默斯起义者遭到了血腥镇压和严酷的刑罚打击。新兴的以辉格党为首的土地贵族的国家还在1715和1745年镇压了两次詹姆士党人的叛乱。19世纪初，民主运动和工人运动在英国蓬勃展开。1811年和1817年，政府镇压了捣毁机器的卢德运动，1812年在霍尔福德开枪镇压卢德派，1813年在约克进行大规模的审判，一批卢德派被绞死和流放。1819年8月19日在曼彻斯特圣彼得广场召开了由6万名工人参加的争取议会改革的群众大会，结果遭到政府派出的军队的镇压，有11人死亡，500余人受伤。随后，英国政府颁布《六项法令》，打击民主运动。1836年爆发了宪章运动。面对英国中产阶级在民主改革运动中软弱无力的情况，新兴的工人阶级挺身而出，承担起民主运动的责任。他们在《人民宪章》中提出了以普选权为中心的六项要求，还提出工人阶级的社会要求。激进的左翼宪章派提出了"暴力"斗争的口号。面对工人阶级民主运动的兴起，资产阶级开动国家机器，用威胁和暴力的手段对付工人运动。在1839年5月克萨尔荒原大会召开

---

① ［苏］塔塔里诺娃：《英国史纲———一六四〇———一八一五年》，何清新译，生活·读书·新知三联书店1962年版，第89，105页。

和1842年英格兰北部50万工人大罢工期间，政府使用刚建好的铁路把军队调到宪章运动的高潮地区，准备实施镇压。政府还派军队控制电报公司、占用电报线，以加强联络。内务部命令邮局拆阅宪章派活动家来往的信件①。当时任英格兰北部军区司令的纳皮尔将军在曼彻斯特、里兹、纽卡斯尔附近精心安置军队，同时邀请宪章派的代表去参观政府军队的操炮演习，以显示军队的威力，恫吓和规劝宪章派放弃暴动计划。②政府的军队和警察还先后镇压了新港起义和其他一些地方的宪章派暴动，逮捕并审判了一批宪章派领袖和积极分子，几乎没有哪个宪章派领袖没有被捕过。

19世纪末和20世纪初，英国政府和资本家联合起来迫害工会组织。1900年南威尔士塔甫河谷铁路公司的工人举行罢工，使该公司的资本家遭到经济损失。政府的法庭和公司的资本家勾结起来对付铁路工会。1901年法院在该案审理中判决铁路工会赔偿资本家罢工期间的损失2万英镑，形成一次对工会的倒算。

法国资产阶级政府在大革命期间便镇压了芽月和牧月起义。1795年4月1日来自巴黎郊区的示威群众举行了大规模的示威，冲进国民公会，提出了要求"面包、1793年宪法和释放爱国者"的口号，被军队驱散。5月20日至23日，由于面包配给急剧减少，同时"指券"停止流通，群众发动起义，占领国民公会，宣布成立新政府。但最终被政府的正规军镇压下去。1795年督政府破坏了巴贝夫的起义计划，处死了巴贝夫和达尔德。七月王朝时期，工人由于工资十分低，政治上毫

---

① F. C. Mather, Public Order during the Age of Chartism. Manchester U. P. 1959. pp. 100, 213–214, 220. A. Schoyne, Chartist CHallenge. Hanieman, 1958. p. 69. F. C. Mather, *"Government and the Chartists"*, in Asa Briggs, ed., Chartist Studies. Macmillan, 1959.

② William Butt, Sir Charles Napier. London–New York, 1894. pp. 64, 85–90.

无权利，没有选举权，里昂工人先后于1831年11月和1834年4月发动了两次武装起义，遭到政府军队的镇压。第二次里昂起义中，工人共牺牲342人，受伤600人。1848年法国资产阶级民主革命中，由于临时政府解散了国家工厂，迫使一部分工人迁到外省去工作。生计毫无着落，巴黎无产阶级发动了六月起义。卡芬雅克将军调动25万军队对起义无产者进行镇压，有1000名工人被枪杀、被捕和判刑，还有3万人左右被流放。

1871年爆发了巴黎公社革命，在历史上第一次建立了无产阶级政权。巴黎公社坚持了72天，最后被凡尔赛政府军队镇压下去。被杀、被关、被流放的公社社员总数达10万人以上。被告发和审判的达到38万人之多，无产阶级付出了血的代价。

不仅直接由资产阶级掌权的国家对于工人阶级毫不留情，由所谓的"社会主义者"执政的政府对工人运动也持同样的态度。在法兰西第三共和国"独立社会主义者"米勒兰内阁时期，根据劳工部长米勒兰的命令，政府军队开枪屠杀了马提尼克岛和夏龙城的罢工工人。

在德国，1844年爆发了西里西亚织工起义。这场起义属于饥饿暴动。织工冲进企业主的住宅，捣毁了机器和设备，分掉了货物。政府派出了大批军队才把起义镇压下去。1869年德国社会民主党成立后，工人运动有很大的发展。俾斯麦政府从1876年到1878年先后拟定出版法草案，破坏契约法草案，修改刑法典草案，以对付工人运动，并在1878年制订了《反对社会民主党人企图危害治安的法令》（即《非常法》），先后在1878到1890年间监禁了1500余人。

在美国，从建国初期开始，资产阶级和奴隶主的国家便对工人、农民和黑人的反抗运动实行镇压。1786年秋，在马萨诸塞洲爆发了参加过独立战争的退伍军人谢斯领导的农民起义。起义爆发后，州长宣布废除人身保护法，并派出正规军来围攻起义军，把起义军镇压下去。19世纪初，南方的黑奴奋起反对种植园奴隶制，联邦政府和南方各州政府对黑人的反抗采取了严酷的镇压措施，1822年7月镇压了查尔斯顿的登马克·维西领导的黑奴起义，1831年镇压了在弗吉尼亚发生的由泰勒领导的黑奴起义。1859年，约翰·布朗在弗吉尼亚西北部的哈卜斯渡口发动起义，占领了联邦军火库。起义被镇压下去，随后布朗等人被处以死刑。美国政府甚至成为具有资产阶级民主运动性质的废奴运动的镇压者。1886年春夏，美国工人发动了争取八小时工作制的全国性斗争。5月3日政府派军队镇压了在芝加哥麦考米克联合收割机厂召开的工人集会。5月4日晚又在甘草市广场攻击群众集会，打死打伤工人多名。随后在毫无证据的情况下，审判了7名无辜的工人领袖，最后处死了4名工人领袖。

俄国沙皇政权在统治中使用暴力镇压了十二月党人在彼得堡发动的起义。审判了579人，判处彼斯特尔、莫拉维约夫、雷列耶夫等5人"特等罪"，处以绞刑。把一批人流放到西伯利亚服苦役。在沙皇尼古拉一世统治时期，政府极力维护农奴制，实行恐怖统治，成立了第三厅专门迫害反对专制制度的人士，对革命民主主义者车尔尼雪夫斯基等人横加迫害。1870年民粹派运动兴起后，沙皇政府炮制了"帝国境内革命宣传案"，对193名民粹派进行了审判。[①]1881年亚历山大二世被暗杀后，沙皇政府镇压并粉碎了"民意党"。20世纪

---

① ［苏］瓦·涅奇金娜：《苏联史》，第二卷第1分册，生活·读书·新知三联书店1957年版，第149页；第2分册，第265页。

初年俄国布尔什维克党建立以后，沙皇政府严厉迫害布尔什维克，把一批革命者流放到西伯利亚。1905年沙皇政府镇压了1月9日的和平请愿和12月莫斯科的武装起义。大量材料说明，当工人阶级危及资产阶级国家时，后者总是毫不犹豫地诉诸武力，把被压迫阶级打入血泊中。

第四节　资本主义国家的权力关系

在某些较早发生资产阶级革命，资产阶级革命在政治上废除封建主义较为彻底的国家，革命后国家掌权集团中仍然保留了不少贵族分子。法国便是这样的国家。在第二帝国的参议院中有大量的波拿巴分子，此外还有相当数量的前帝国的官员。1852年的参议院中有20名前议员和12名七月王朝授封的贵族。到1856年，七月王朝授封的贵族在参议院中增加到46人。[①]第二帝国国务会议的成员中有五分之四是法学家，他们通常来自上流社会。但也有不少属于中等资产阶级，包括律师、检察官、公证人和医生，即接近上流政治社会又受过教育的知识分子。他们通常和官僚（外交官、法官、省长）有家族联系纽带。[②]一个有产阶级分子在1858年的日记中写道，第二帝国靠两支力量来支持它自己，一支是试图恢复七月王朝的奥尔良派，一支是资产阶级文官。1852年的立法团主要由5部分人士组成，19%的成员是地产

---

① Alain Plessis，The Risr and Fall of the Second Empire 1852—1871. Cambridhe U. P. 1987.p. 74.

② Alain Plessis，The Risr and Fall of the Second Empire 1852—1871. Cambridhe U. P. 1987.p. 35.

所有者，26%是文官，24%是工商业者和金融资产者，8%是军人，7%是法律业人士。在立法团的议员中，包括至少30名前正统主义者。[①] 法国的将领委员会中贵族占的比例在1840年为17%，1848年革命后为21.5%，到1870年时增加到27.6%。这些资料表明，贵族作为一个阶级或一个阶层，在大革命和复辟以后并没有停止活动，而且一度在政治上还占有重要地位。1869年时贵族占将军的45%，占国务会议官员中的34%，占立法团的34.5%，占上校和少校的32%。[②] 在1902年的议会中，富有的银行家、公司经理和土地所有者占有160席，高级文官占52席，中等阶级和自由职业者占252席。[③]

在任何结构体系中，诸子结构之间的均势和平衡总是相对的，在诸结构运动变化中，平衡总是不断被打破。资本主义国家的政治运行与宪法规定有很大的差异。资本主义国家的立法权、司法权和行政权在运作中并不均衡。在近代国家的发展过程中，权力中心发生漂移，重心转向行政权一极。在法国，19世纪共和派使得总统的权力缩小了，总统在那时无法行使重要的职权，实际权力转归内阁掌握。法国共和派不信那些有较高声望的政治家，因为他们有可能恢复令人厌恶的君主制。这样就产生了一种普遍的做法，即选择平庸的能量不大的人士来担任总统。议会两院议员都接受克列蒙梭的说法："让我们选个最笨拙的人出来。"这个说法以后就成为一项不成文的惯例。后来所有的总统，除普安卡雷（1913—1920年任总统）外，都是内阁的傀

---

① Alain Plessis，The Risr and Fall of the Second Empire 1852—1871. Cambridhe U. P. 1987. pp. 36–37.

② Theodore Zeldin，France 1848—1945. Oxford U. P. 1973. Vol. 1. p. 542.

③ Theodore Zeldin，France 1848—1945. Oxford U. P. 1973. Vol. 1. p. 577.

偏，实际权力集中于内阁。[①]

英国早在19世纪末叶，内阁对下院的控制作用就已经较为明显地表现出来。在立法中，尽管在19世纪议会提出的私法案比公法案数量要多，但几乎所有重要的法案都是内阁或政府提出的。[②]在重大的国家事务决策中，内阁政府起了决定性的作用。帕麦斯顿在议会公开宣称，政府在决定重大战争政策时无须征询议会的意见。他说，如果要进行一场与欧洲大国的后果严重的战争，就应当避免在时间上的耽搁，这需要得到下院的密切配合。[③]

美国学者伍德罗·威尔逊指出，美国众议院的重心发生了转移，它过于依赖各委员会，这就进一步损害议会议员的影响力。议会所有重要的事务都由委员会决定，只不过形式上仍由议会全体会议批准而已。在这些委员会中，最为突出的是两个财务委员会，即预算委员会和拨款委员会。这两个委员会的主席和行政机关一道，实际上行使着部长的职能。一个美国政治家甚至说，合众国政体是一个专制而且无须负责的独裁政体。它虽然披着宪政外衣，但实际上却是由合众国总统、国务卿、财政部部长、众议院议长，以及前述两个委员会主席组成的寡头政体。[④]

进入20世纪，西方资本主义国家的政府机构越来越复杂，行政机构的重要性日益增长，政府职能日益强化，内阁逐渐成为国家权力

---

① ［苏］费多罗夫：《外国国家和法律制度史》，中国人民大学出版社1985年版，第283页。

② S. N. Chester，The English Adminisitve System，1780—1870. Oxford，Clarendon Press，1981. p. 117.

③ H. J. Hanham，ed.，The Nineteenth Century Constitution. Documents and Commentary. Cambridge U. P. 1969.

④ ［德］格奥尔格·耶利内克：《国家法学—政治学之维、宪法修改与宪法变迁论》，柳建龙译，法律出版社2012年版，第59-60页。

的主宰。这种倾向在英国表现得非常典型。在20世纪，英国议会下院
的活动日程完全由政府决定。下院议员可以提出私法案，但一切财政
法案都必须由政府提出。议会下院的职能是就这类法案进行讨论和作
出修正，以及履行最后批准手续。政府基本控制了下院的一切议事日
程。每月下院例会的日程规定，从周一到周四议会讨论的事项由下院
领袖、政府督导员和反对党督导员商量决定，但最终由政府决定时间
表。这样，在20世纪由政府控制议会日程的天数增加了。1887年为每
周两天，1892年为每周3天，1902年以后为每周4天。下院议事日程的
85%被政府和反对党的议事日程所占据。[①]19世纪英国时常设立议会委
员会来调查内政和社会问题。到了20世纪则通常改由政府各部门的委
员会、司法调查员及王室委员会来代替议会委员会履行这一职能。这
些都反映了英国国家政治生活中议会地位的下降和政府作用的加强。[②]

　　普兰查斯指出："尽管宣告了各种权力的划分（立法权从行政权
划分出来），资本主义国家还是作为一种集中统一体在发挥作用。这
种统一体的组织是这种权力中一种权力统治其他权力的结果。但是立
法权和行政权之间的这种差别并不只是法律上的差别；它既要符合各
种政治势力之间的确切关系，又要符合各种国家制度在执行中的真正
差异。"[③]

　　国家行政机构是西方资本主义国家中务实的中产阶级聚集之地，
它的成员比代议制机构成员的资产阶级成分要纯粹得多。随着地主和
贵族逐渐丧失在政府中的位置，工人阶级的代表虽然可以有一部分进

---

① R. M. Punnett，British Government & Politics. London，Heinemann，1971. pp. 215–220.
② David Butler and Jemnie Freeman，British Political Facts，1900—1968. 1969. pp. 141–144.
③〔希腊〕尼科斯·普兰查斯：《政治权力和社会阶级》，叶林等译，中国社会科学出版
社1982年版，第345页。

入议会下院，他们却无法真正掌握国家的行政权。近代国家权力结构的重心漂移有着深刻的阶级内涵。

各资本主义国家的宪法在论及政治结构时，没有论及政党的条文，自然也没有任何论及政党在代议制中的地位。这样就隐藏了资产阶级政党作为一种权力结构的重要作用。这里借用一位西方学者的研究结论来加以这说明。德国法学家格奥尔格·耶利内克在书中写道："反对议会制斗争的另外一个原因存在于政党制度的形成之中。在议会制的母国中，这些斗争源于政党，与之存在密切联系：因为在这些国家中，和议会形式一样，其政体可以直接称为政党政府，其他大西洋两岸的盎格鲁–撒克逊国家政体也是以相似的方式建立在政党生活的基础之上。其政党之典型组织形式为两党制，即有两个党派，轮流执政，其本身只能通过一种复杂的社会组织予以维持，即政党领袖必须得到绝对服从。"存在着政党组织的滥用，即"那些试图将政党领袖变成国家的实际统治者，欺骗、镇压和窒息民众舆论的行为。在这些国家中，事实上以政党寡头制取代了民主制"。[1]

---

[1]［德］格奥尔格·耶利内克：《国家法学—政治学之邦、宪法修改与宪法变迁论》，柳建龙译，法律出版社2012年版，第76–77页。

第二章
英　国

英国近代国家制度建立时的特征，和英格兰的法律体系直接相关。沃林格评论说："如果我们把一个在成文宪法框架内运作、受一套权利法案限制的政府定义为宪法主义的，那么英国就没有宪政"。"内战期间用法律文书来限制政府的尝试没有固定下来，后来也没有再度进行。"①

第一节　17世纪英国革命建立的国家制度

17世纪英国资产阶级革命在政治上结束了封建制度，确立了宪政的原则即议会的至上地位。但这个时期在其他国家机构建设方面成就不大。它甚至保留了大部分旧的法律。英国革命不过是英国近代国家制度形成中的一个过程环节。

---

① 沃林格：《政治观念史稿》卷三，中世纪晚期，华东师大出版社2009年版，第152页。

　　绝对主义时期，欧洲各国的等级会议或议会中，唯有英国的议会制度沿席下来，并在近代继承下来。英国议会作为一种制度能够在近现代被继承的一个重要原因，在于它不同于欧洲大陆国家等级代表机构的结构形式。英国的下院议员是由各郡和自治市摊派而不是由各等级摊派，所以英国下院议员从一开始便不是代表若干等级，而是地方团体即由英国国王领导下的地域行政单位的代表构成。①这样一种议会组成的方式实际上排斥了等级制的构成基础，具有易为现代政治体制容忍和吸收的特征。

　　英国的议会制度在近代时期得以保存下来，更重要的是它在封建制度危机时期身兼二任的特殊历史地位。随着政治生活中贵族社会地位的衰落，从都铎王朝末期到早期斯图亚特王朝，在议会下院中集聚起了反封建的革命力量，他们以议会为阵地展开了反对封建王权的政治斗争。长期议会则成为革命的领导机构和资产阶级革命初期国家机构的主体。英国议会在革命胜利前夜具有的反封建斗争中的中心地位，使得议会能够经改造后作为国家机构的一个部分在革命后继续存在下去。无论是1628年的《权利请愿书》、1641年的《大抗议书》，或是1647年的《军队建议提纲》，这些革命不同时期的纲领性文件在构想未来的政治蓝图时，都保留了包括君主和议会在内的宪政制度。这种改造的结果表现在1688年政变前后制定的一系列宪法性文件中。

　　1688年政变前后，英国制定了一系列具有宪法性质的法律，在英国确立了君主立宪制。1689年10月批准的《权利法案》，确定了议会

---

　　① F. Pollock and F. W. Maitland, The History of England Law, Vol. 1, p. 688. Edward Miller: Introduction, in E. B. Fryde and Edward Miller, ed. Historical Studies of the English Parliament, Cambridge U. P. Vol. 1, p. 9.

权力高于王权的原则。其中规定，国王未经议会批准无权废除任何法律和实施新的法律，未经议会同意不得以特权为借口征收赋税供王室使用，不得建立宗教事务机构，未经议会同意不得在国内征集军队；臣民有向国王情愿的权利；议会议员的选举是自由的，议员有在议会中演说、辩论和议事的自由。他们不得在议会外任何法院或其他地方受到弹劾；议会应当经常开会。①

1679年5月英国议会通过了《人身保护法》。它规定，任何因刑事案件而被捕者，有权要求把被捕者、逮捕他的命令一同提交法院，由法院决定逮捕他是否合法。如果警察或狱吏拒绝这一要求将受到处罚。所有被控有罪者如不在最近一次开庭时审理，就可以缴纳足够的保证金保释，②以防止侵害人身权利的情况发生。对于王位继承问题，1701年通过的《王位继承法》规定，今后国王和高官都必须由英国人担任。威廉死后王位由詹姆士二世的幼女安娜继承。安娜死后由信奉新教的詹姆士一世女儿的后裔汉诺威选侯继承。排除了信奉天主教的国王复位的可能性。继承王位必须得到议会的同意。所有国家的重大决策都必须得到枢密院批准方可生效。为了限制国王对司法的干涉，规定法官非经议会两院奏请黜免得终身任职，国家一切法律与条例未经议会通过和国王批准均为无效。此外，还规定国王的赦免对弹劾案无效。③《王位继承法》具有限制国王权力的作用。1688年

---

① E. N. Williams，ed.，The Eighteenth Century Constitution.Documents and Commentary. Cambridge U. P. 1960. p. 28.

② J. P. Kenyon，ed.，The Stuart Constitution.Documents and Commentary. Cambridge U. P. 1966. pp. 430–432.

③ J. P. Kenyon，ed.，The Stuart Constitution. Documents and Commentary. Cambridge U. P. 1966. pp. 56–60.

前后颁布的这一系列法令，调整了议会与王权的关系，确立了君主立宪制度。

1689年的《权利法案》按其形式来看，是英国议会请来即位的奥伦治亲王与议会之间的一种类似于协议的规定。但是在这里，议会是作为英国政治统一体的代表而出现的。《权利法案》包含了13个制止国王滥用权力的条款，确定了议会权力高于王权的原则。这些条款类似于近代意义上的宪法法规。

《王位继承法》提出了司法独立的原则，为资本主义法治奠定了基础。1688年政变前后颁布的这一系列法令，调整了议会和国王的关系，确定了议会在立法、军事和财政方面地位高于王权的原则。此外，在17世纪英国资产阶级革命过程中，除了废除若干封建制度外，中世纪的法律和惯例都未加废除而直接继承下来。这样，议员产生和议会活动的一整套制度便沿袭下来。在限制国王对议会的权力和在政治实践中事实上改造了议员成分的基础上，英国把中世纪的议会代表制改造为现代的代议制度。它借鉴中世纪的民主制形式建立了近现代的议会民主制。

在英国近代，对于从中世纪继承下来的议会制度不断加以改造，其中另一个重要方面是对代表贵族势力的上院的权利不断加以限制。1832年以后上院实际上丧失了立法的主导作用，它的主要功能是修正法案或制止法案通过。但它能够否决或修正的只是下院还没有决心坚持到底的法案。19世纪许多事例表明，如果下院一再地提出曾被上院否决的法案，上院就不会再否决它。到1911年制订《议会法》时，对上下院的关系做了规定：经下院议长确定的财政法案，上院不得加以修正和否决。上院对于财政案以外的法案的最长延搁期为两年，如果该法案在下院连续三次通过，则经国王批准无须上院通过即可成为法律。这样确定了上院在立法事务中从属于下院的地位，抑制了议会上院中的贵族保守势力，调整了两院关系，使之适应资本主义需要。

然而，在国家行政机构建设方面，英国在资产阶级革命时期成就不大。英国资产阶级革命在废除封建的斯图亚特王朝国家机构的同时，从1641年起长期议会便接管了国家事务，集立法权和行政权于一身。长期议会在管理国家事务的过程中，沿用了一些旧机构，同时建立了一批委员会作为新的政府机构。长期议会在1643年以后建立了安全委员会，接管了过去由国王和枢密院负责的战争和军事指挥职能。这些事务在1644至1647年由两国王委员会负责，1648年转归德比宫委员会负责。长期议会成立征收委员会，负责向中立派、王党和那些没有自愿资助议会与王党作战的人士征收特别捐税。长期议会成立了扣押委员会专门处理重要的王党分子尚未拍卖的地产。成立了收益大臣委员会负责赔偿受王党侵害的清教徒的损失。1644年成立王国账务委员会，1647年重组，长期负责国家财政收支事务。1649年成立了契约委员会和保管委员会，负责出售没收的地产并且保管出售地产的收入。[1]40年代还成立了议会军事委员会负责军队事务。

1644年长期议会任命两王国委员会和旧设苏格兰委员会以及苏格兰事务长官共同管理英格兰和苏格兰事务，实际上是最高国家权力机构。1648年由德比宫委员会接管了该委员会上述全部权力。在1649年处死查理一世以后，残阙议会设立国务委员会取代了德比宫委员会。国务委员会由41人组成，具有领导军队、制订对外政策、与王党作斗

---

[1] G. E. Aylmer, The King's Servants, The Civil Service of the English Republic, 1649—1660, London & Boston, 1973, pp. 30–31.

争、处理爱尔兰问题、负责军队给养问题，征税，对外贸易和殖民事务等极广泛的权限，其权力远远超过德比宫委员会，相当于旧王朝时期枢密院的地位。而且，国务委员会不像枢密院那样只是一个咨询机构，它拥有执行的全权。①国务委员会下设6个委员会，第二届国务委员会亦下设了5至6个委员会，此外还成立了临时性的特别委员会负责处理较小的专门事务。但总的来说，英国在资产阶级革命的高潮时期，国家机构建设方面成果不突出，机构设置具有不完善和临时性的特点。

1660年斯图亚特王朝在英国复辟之后，枢密院复苏。这样，16世纪都铎王朝中央政府机构建设的成就得以延续继承。1668年1月查理二世建立了4个枢密院下属的常设委员会，即外交委员会、海军委员会、贸易委员会和负责接受请愿和投诉的委员会。其中外交委员会由重要官员组成，它负责维持王国的秩序，职权远远超出外交事务，是枢密院的核心。②复辟时期也是英国中央财政机构发展的重要时期。1667年5月，查理二世建立了财政委员会，由财政大臣为首的5人组成。同时取消了关税、消费税和灶税的包税制度，由财政委员会严格控制监督这三种税的征收，并建立可随时支付的信贷制度，以解决资金不足的困难。③复辟时期，枢密院表现出缓慢衰落的趋势。但国务大臣的权力则日益增大。70年代末枢密院院长一职取消后，由国务大

---

① G. E. Aylmer, The King's Servants, The Civil Service of the English Republic, 1649—1660, p. 17. S. R. Gardiner, ed. Constitutional Documents of the Puritan Revolution, 1625—1660, Oxford, 1906, pp. 381–383.

② E. R. Turner, The Privy Council of England in the Seventeenth and Eighteenth Centuries, 1603—1784, Baltimore, 1927—1928, Vol. 2, pp. 266–267.

③ J. R. Jones, ed. The Restored Monarchy, 1660—1688. Rowman and Littlefield. 1979. p. 96.

臣召集枢密院会议，充当枢密院执行主席筹划整个国家的事务。[①]在整个18世纪。英国中央各部的设置尚不健全。在政府的财政部门方面，财政委员会取代了原先国库的职能，从1714年起任命第一财政大臣为首的5名财政委员，财政委员会以下设立分管关税、消费税、盐税和土地税等项税收的7个委员会。设立海军委员会，首席委员为第一海军大臣。陆军则由国王任总司令。国内外政策由国务大臣负责，18世纪大多数时候设两名国务大臣，18世纪后期曾增设第3个国务大臣。另外设有贸易和殖民地委员会。在18世纪英国没有专门设立负责处理国内社会性事务的部门。[②]

1640年秋长期议会的召开标志着英国资产阶级革命的开始。革命爆发后不久，查理一世逃离伦敦。长期议会便接管了英国的政权，事实上中止了斯图亚特王朝国王查理一世的统治。到这时，长期议会已不再单纯是革命前议会的那种代议制机构，而是一个集立法权和行政权于一身的政治权力机构。长期议会下院设立若干委员会，行使行政机构各种职能。[③]因此，要了解英国资产阶级革命开始阶段政权的社会基础，就必须研究长期议会议员的社会来源。50年代以来，研究英国革命史的学者极其注意对长期议会议员的研究。平宁顿和布隆顿以及基勒在50年代中期分别出版了两部关于长期议会议员的研究专著，提供了详细的长期议会议员的传记资料。长期议会的下院共有574名

---

① D. Ogg，England in the Reign of Charles Ⅱ，Oxford U. P.，1984，p. 186.

② S. N. Chester，The English Administrative System 170—1870，Oxford，Clarendon Press，1981，pp. 42–45. M. A. Thomson，A Constitutional History of England，1642—1801，London，Muthuen，1938，pp. 437–439.

③ G. E. Aylmer，The State's Servants. The Civil Service of the English Republic，1649—1660. London–Boston，1973. pp. 9–41.

议员，就这些议员的职业来看，军人为9人，教会官员为3人，宫廷官员为22人，绅士为333人，律师为74人，海军军官为1人，医生为1人，王室官员为27人，城镇律师为5人，商人为55人。在律师中，出身于贵族和从男爵家庭的为3人，出身于骑士和绅士家庭的为57人，出身于教师、律师和廷臣家庭的为12人，出身于约曼家庭的为1人。在商人议员中，出身于骑士和绅士家庭的为9人，出身于教士和律师家庭的为2人，出身于商人家庭的为27人。长期议会下院议员中，商人只有绅士人数的六分之一。[①]

埃尔默教授根据随机取样的方法从英吉利共和国时期1175至1180名官员中选择了200名进行了传记研究，结果是来自贵族家庭的为1人，来自男爵和骑士家庭的为15人，来自绅士家庭的为83人，来自市民和商人家庭的为14人，来自约曼家庭的为4人，来自其他平民家庭的为20人，来自教士家庭的为6人，出身不详者为57人。在革命时期，这批人士的社会等级地位有所提高。到1660年代，这批官员中升为贵族者为4人，从男爵和骑士有18人，其他各类绅士有134人，市民、商人和市参议员有18人，约曼1人，教士和医生为6人，身份不详者为19人。[②]尽管其中不少人晋升了等级头衔，但资产阶级分子为数极少。英国革命时期政府官员的社会构成与下院议员的社会构成极其相似。构成长期议会下院议员多数和革命政府各种官员多数的社会成分是绅士，即乡绅，系包括"从男爵""骑士""缙绅"等在内的土地所有者。他们大多数居住在伦敦以外，其收入如果说不是完全来源于

[①] M. F. Keeler, The Long Parliament, 1640—1641. A Biographical Study of Its Members. p. 23. Table 5. D. Brunton omd D. H. Pennington, Members of the Long Parliament .London, 1954.

[②] G. E. Aylmer, The State's Servants. The Civil Service of the English Republic, 1649—1660. London–Boston, 1973. pp. 174、181.

土地，也主要来源于土地经营。这个集团在当时的社会中全然不等同于资本主义租地农场主，二者在社会地位、经济收入等方面均有明显的差别。这在格里高里·金的社会结构表格中可以看得很清楚。在上述表格中，乡绅有12万家。"农场主"有15万家，不仅社会地位低于乡绅，甚至低于"约曼"。按照马西以后在1750年代末的估算，"绅士"共有18000家，其中有12档之分，各档家庭年收入在700英镑至2000英镑不等；而"农场主"为15500家，有5档之分，各档家庭收入在40镑至150镑之间。"农场主"的经济收入远低于绅士，和自由持有农（家庭年收入在25镑到100镑不等）相当，社会地位则低于自由持有农。在确定绅士和农场主在英国社会结构中的地位这一点上，马西和格里高里·金的观点是一致的。[①]换句话说，在苏联历史学家和我国一些历史学家笔下称为资本主义农场主或农业资产阶级的，不是整个乡绅，而是乡绅以下15万农场主。就乡绅经济活动的方式来说，到18世纪，相当数量的乡绅已把商业和职业收入作为主要的经济来源，另一些乡绅则靠年金、抵押和股息为生，此外有一些独立的乡绅既未能居官领取薪俸，也未能经商谋利，仅把农业作为主要收入来源，乡绅的经济活动方式仍具有多样性。[②]英国资产阶级革命时期占据长期议会下院议员多数的乡绅，不排除有些已卷入商业和土地租佃经营的潮流，但难以把他们等同于农业资产阶级。劳伦斯·斯通在20世纪80年代讨论英国革命性质时曾明确指出："现在事实上还没有证据可以证明富于活力的乡绅和大地主就是农村资产阶级"，"英国资产阶级革

---

① Roy Porter, English Society in the Eighteenth Century. London, 1984. pp. 386–387. Table 5. Joan Thirsk and J. P. Cooper, eds. 17th Century Economic Documents. Oxford, Clarendon, 1972. p. 780. Table.

② G. E. Mingay, The Gentry. The Rise and Fall of a ruling Class. Longman, 1976. p. 14.

命并不是一场封建阶级和资产阶级间明确的冲突。"[1]

　　17世纪在英国进行的革命成功地推翻了斯图亚特王朝，处死了查理一世，其所作所为表明其性质确实是一次反封建的资产阶级革命；但这场革命并不是由资产阶级领导的，当时英国近代资产阶级尚未成熟，这是一次非贵族新兴土地所有者领导的革命。夸张一点说，这是一场没有资产阶级的资产阶级革命。从此便开始了英国近代政治权力和阶级间的错位。

　　充当革命领导集团的主要成分的乡绅反映的社会经济关系以及这个集团的社会心态在很大程度上直接决定了这次革命的政治成果。这个集团的议员中大多数人在革命时期仍然长期生活在远离伦敦的乡间，他们本人和城市文明尚未充分地融合，他们中许多人担任了郡治安法官等职务，在政治上表现出明显的地方主义倾向。乡村文化对乡绅议员的政治视野产生了极大的束缚作用，他们在政治上趋向传统的观点，从未就革命应当建立什么样的新政治体制提出过富于创见性的意见，没有考虑过要彻底扫除君主制这一封建制度残余。如同他们在宗教观念中崇拜上帝一样，他们仍然是王权的崇拜者。这表现为在40至50年代长期议会下院议员中，只有极少数是共和主义者。即使在处死查理一世和宣布建立英吉利共和国以后，到护国政府后期，抛弃共和国的旗帜改立君主制的幽思在英国上层一直未曾灭绝。在护国主时代留下的档案中，有一些是为克伦威尔称国王实行君主制而准备的文件。[2]

---

　　[1] Lawrence Stone, "The Bourgeois Revolution of Seventeenth Century England Revisited." in Past and Present. Nov. 1985，no. 109. pp. 45，53–54.

　　[2] Austin Woolrych，Commonwealth to Protectorate.Oxford U.P.，1983. pp. 354–355.

此外，资产阶级革命前议会和国王斗争的历史传统也深刻地影响到革命者对未来制度框架的设计。英国议会政治文化中包含有"国王在议会中"这样一个重要的政治结构的概念，它认为上院、下院和国王共同构成了议会，承认议会权力本身便是承认国王的合法存在。从《大抗议书》《权利请愿书》到《权利法案》，英国革命前后的文献资料表明，议会下院议员的注意力始终集中在调整和确定上院、下院和国王在政权中的关系上，他们考虑的是如何限制国王的权力，而不是取消国王和君主制，正是这种革命者的主体意识和政治文化背景致使一场轰轰烈烈的革命却只达到了极其温和的政治结果。革命后期通过1688年政变确立的政治制度和革命前早期斯图亚特王朝以及都铎王朝的政治制度相比，改变的只是政权关系，在政治结构上无本质区别。其间固然废除了若干封建统治最赤裸裸的工具，但1688年以后在行政、军事、司法等方面，近代国家机器建树不多。近代国家的成熟的体制、甚至连近代国家主权这样的一种政治概念都没有建立起来。

第二节　18世纪贵族政治

1820年前后，英国维护地方秩序的制度的突出特征在于中央政府干预不多。英国人认为，维持秩序是地方的职责。此外，地方还有维持小范围的乡村秩序的义务。这就使得对地方政权的控制落到了乡绅手中。这与正在建立的资本主义社会是不协调、不相称和不同步的。负责警察事务的责任落到了郡军队指挥官身上。直到1850年，他们仍然是一个极端贵族化的集团。他们以业余的方式处理他们的事务，拒绝学习新的控制民众的方式，拒绝使用新武器，或是雇佣地方警察经过训练后从事相关的工作。警察制度把力量集中在不需要他们的乡村教区，而在新兴的工业城市，警察力量消失了。到19世纪30年代前夕，像伯明翰和曼彻斯特这样的大城市已经没有警察，如果暴动在这些地方发生，不可能从富裕市民中聚集一支警察力量。[①]

此时，新兴资产阶级要求工业城市的治安法官从他们中选择。这样，一系列来自雇主和工厂主集团的人士进入各工业郡的治安委员会中。F. C. 马瑟说，在英格兰，"1832年的骚乱者已经成了1839年社会秩序的维护者"。[②]边沁是当时警察制度改革的理论家。当时警察的功能有两项，一是维持社会秩序，另一是为工厂提供劳动力。

掌权集团的阶级构成是考察国家性质的另一个重要的维度。然而，政治权力集团的社会构成比政治结构更多地受到经济变动的影响。资产阶级革命可以由于政治经济危机在工业化以前发生并推翻封建政治制度，但是一次革命却无法保证由资产阶级掌权。从一般情况来说，前工业化时期国家权力的执掌者多为土地贵族。

到了19世纪中叶前后，伴随着自由资本主义的发展和国际竞争，以及工业革命带来的严重社会问题，英国国家的经济和社会干涉职能有所发展。伴随着工人阶级政治斗争和宪章运动的发展，国家的镇压和社会控制职能有所发展。国家的意识形态控制职能在19世纪亦有所发展。这样，英国近代资本主义国家完全发展成熟了。

---

① 阿兰·沃尔夫：《合法性的限度——当代资本主义的政治矛盾》，沈汉等译，商务印书馆2005年版，第48—49页。

② F. C. Mather，Public Order in the Age of Chartists.Manchester，1959，pp. 67—68.

英国近代资本主义国家形成史表明，资产阶级革命未必就建立了成熟的资本主义国家；资产阶级国家有着自身的历史规定性，它的要素的形成或具备，常常是经过一个历史过程完成的。资产阶级国家的形成有其特定的政治规律，在其每个阶段都有致使其发展的特定背景。但就其长时段的发展而论，归根到底它有待于作为其基础的资本主义经济关系的成熟。

英国在资产阶级革命后的一个半世纪没有形成成熟的近代资产阶级政治，但这个时期封建贵族已经瓦解和消失。此间在17世纪萌芽的政治形式都发展得十分缓慢，议会制度和选举制度变化不大，政党制度和内阁制度不像人们认为的那样已有充分的发展。在18世纪初期和中期，内阁的组织形式并未固定下来。1670年代开始出现的辉格党和托利党在阶级构成上的差别和政治立场的差别界限显得模糊。英国的社会结构在18世纪继续了16世纪以来的特征，表现为多层化，社会两极分化的速度不快，趋势也不十分明显。爱德华·汤普逊认为，1688年的政治解决开始了"200年之久的社会静态平衡"。[1]普卢姆认为："经过光荣革命后30多年的动荡，沃尔波尔政府建立之际终于确定了英国政治的稳定。"[2]那么，历史学家公认的18世纪英国政治稳定的社会基础究竟是什么呢？这需要加以进一步探讨。

18世纪英国的土地所有者可分为三大类：贵族、乡绅和自由持有农，这三个部分在人数上相差很大。小庇特任首相以前，英格兰的贵族大约有160至170家，其中包括在爱尔兰拥有贵族封地的英格兰人。到18世纪末小庇特自由地授封贵族头衔以后，贵族人数增至近

---

[1] Edward Thompson, The Poverty of Theory and other Essays.London, 1978. p. 258.

[2] J. H. Plumb, The Growth of Political Stability in England, 1675—1725. London, 1967, p.26.

300家。如果把爱尔兰贵族包括在内，总数约为500家左右。即使到此时，贵族的人数仍很有限，贵族的收入主要依靠大地产。土地所有者中第二个集团是乡绅。当代史学家对乡绅人数的估计出入很大，少者估计有8000家，多者认为在2万家以上。土地所有者的第三个集团是自由持有农，他们又可分为两类。其中一部分占有并耕作自己的土地，土地不足者还再租入部分土地耕种。另一部分为在外土地所有者，将自己的土地加以出租。还有一些土地所有者通过婚姻，继承等途径转而从事非农业职业。[①]

从17世纪英国革命后期起，到18世纪初年，英国政治权力的社会背景发生了潜在的变化，乡绅的政治地位下降，而居乡绅之上的各个有头衔的贵族等级成员进入政权的核心，并处在控制乡绅的地位。诚然，这些有头衔的贵族已不完全是原来意义的封建贵族。他们有的是在都铎王朝以后被授封的贵族家族后代，有些则是17世纪后期授封为贵族的。他们的家族原本属于乡绅之列，以后升上去。从复辟时期到乔治三世时期，乡绅这个集团明确被排斥在权力集团圈子之外。作为对他们积极参加17世纪资产阶级革命的酬报，他们的地产没有被剥夺，他们的财产权得到保护和承认。在1690年前后，在英格兰，乡绅拥有全部土地的40%–50%，大地主贵族拥有土地的15%–20%。到1790年代，乡绅占有的土地仍为50%，而大地主贵族拥有的土地上升为50%，大地主地产的扩大主要通过对自耕农的剥削而实现的。[②]

乡绅在英国政治舞台上地位的下降和贵族大地主地位的上升有着

---

① M. G. Mingay，English Landed Society in the Eighteenth Century. London，1968. pp. 6–9.

② G. E. Mingay，The Gentry. The Rise and Fall of a ruling Class. Longman，1976. p. 59.

具体的政治原因。乡绅的社会地位不高，他们在政治生活中长期远离宫廷和政府，他们较为关心自己和本地区的利益，不愿意轻易附和专制统治。早在50年代，他们的议员便不断对克伦威尔独占权力进行斗争和抗议，克伦威尔始终未能有效地控制住乡绅为主体的议会议员。这种斗争在克伦威尔死后造成的局势动荡使复辟变得不可避免。[①]在1660年复辟之后，对王朝威胁最大的仍是议会和具有自治色彩的地方政府。尽管这两股势力并不十分强大，却使复辟王朝感到极大的不安。它们被视为危及政治稳定的主要因素。乡绅在地方各郡议员选举中成为当地贵族大地主的主要竞争者。1688年政变之后，在英国执政的大地主贵族把乡绅视为心腹之患。1689年至1715年间，地方贵族在议会选举中对乡绅竭尽抑制之能事，努力控制各郡的议席。由于乡绅过于分散，没有自己的政治组织，无法协调自己集团的利益以推出共同的代表，所以在选举中失败。[②]议会是政治生活中各派势力的角斗场。乡绅在这个战场上的失败便决定了它们在相当长的时期中的政治命运。经过1688年以后30余年政治争夺，到沃尔波尔即位之时，英国的政权落到了以辉格党人为代表的社会地位居于乡绅以上的大地主贵族之手。

1726年，占贵族总人数四分之一的贵族政治家控制了宫廷和政府的职位。在1733年至1835年间的内阁政府成员中贵族及其后代明显占据了大多数。没有贵族身份者很难进入政府核心。例如格拉夫顿不是公爵，因此始终未能担任财政大臣职。1800年，有11%的海军官员来自贵族家族，27%的海军官员来自地主家庭。陆军的官职也由统治集

---

① J. H. Plumb，The Growth of Political Stability in England，1675—1725.London，1967，p. 22.

② J. H. Plumb，The Growth of Political Stability in England，1675—1725.London，1967，p. 46.

团一小批人的后代和好友占据。作为国家统治工具的教会也日渐附属于国家，显赫的大土地所有者家族的成员争夺着教会的上层职位。萨缪尔·琼森评论道："没有任何人能凭借自己的学识和虔诚而成为主教，"教职的提升全凭和贵族社会的联系。①统治集团还通过立法方式来保证贵族大地主对政治权力的占有。1710年通过的《资格丧失法》把拥有地产作为进入政治上层的必要条件。这个法令贯彻于整个贵族政治时期。②从1700年到1799年新授封的贵族不下于229人，但是他们中只有23人和已有的贵族没有血缘或婚姻关系。授封贵族只不过是原有的精英集团的外延和扩大，而没有吸收新的社会集团的成员，"找不到什么证据可以说明社会精英集团……为大量的新人加入留下了位置。"③1716年英国通过的《七年法令》把议员的选举延长为每7年举行一次。这样更有利于贵族寡头稳定控制政权。普卢姆把18世纪初英国政治结构称作"威尼斯式的寡头政治。"贵族寡头政治抑制了社会政治活力。在18世纪，全国各选区递交议会下院的请愿书数量大大减少。在1660年至1672年间，有11个选区没有递交请愿书；从1705年到1774年，有33个选区没有递交请愿书；从1780年至1832年，至少有70个选区没有提出请愿书。④各地的议席日渐长期为少数地主家族控制。这个时期拥有议席者在亨廷顿郡由21人减少为9人；在伯金汉郡由19人减为7人；在剑桥郡由17人减为9人；在沃里克郡由16人减为8人；在怀特郡由17人减为9人；在贝德福郡由18人减为10人；在牛津

---

① Roy Porter, English Society in the Eighteenth Century. London，1984. p. 129.

② W. L. Guttsman, The British Political Elite. London，1963. p. 53.

③ J. Cannon, Aristocratic Century. The Peerage of Eighteenth–century England. Cambridge U. P. 1984.

④ J. Cannon, Parliamentary Reform，1640—1832. Cambridge U. P. 1972. p. 37.

郡由17人减为10人。①各郡议员的平均任期大大增长。1695年时议员平均任期为16.99年，1734年增长为24.18年，1812年增长为28年。②

18世纪前后150年左右的贵族政治不是在基础方面与中世纪的贵族社会相似，它不过是"真正的主角已经死去的那种世界制度的丑角。历史不断前进，经过许多阶段才把陈旧的生活形式送进坟墓。"③18世纪英国的政治稳定，是对英国革命时期政治变动的一种逆向运动。它以牺牲政治民主为代价，由少数贵族和土地所有者独占政治权力为其本质。诚然，并不能完全把这种政治的贵族化即保守化归结于少数掌政者主观愿望的结果。这种政治稳定和政治贵族化的现象赖以存在的根本原因在于，在18世纪大半个世纪中，英国的经济变动较为缓慢，阶级结构的变动也较为缓慢。18世纪70年代开始进行的产业革命要影响社会阶级结构并影响到政治制度，在时间表上必然有数十年的滞后期。反映近代工业关系的中等阶级政治上的成熟，以及对国家政权的染指，要到工业革命结束后一段时间才能强有力地显现出来。

18世纪的"静态平衡"在政治领域内并没有形成一种均势。相反，这种平衡时时被保守反动势力打破。18世纪最初60年，1688年政变的发动者辉格党人尚占有优势，沃尔波尔、佩勒姆和老庇特在较长时期内执政，王党残余势力发动的两次詹姆士二世党人叛乱被镇压。然而到了1760年乔治三世即位，皮特左右政局之时，一大批反对辉格党的人士在国王周围聚集起来，形成了查尔斯·詹金森为首的"国王

---

① J. Cannon, Parliamentary Reform, 1640—1832. Cambridge U. P. 1972. p. 37.

② G. P. Judd, Members of Parliament, 1734—1832. Yale University Press, 1955. pp. 21–22. J. Cannon, Parliamentary Reform, 1640—1832. Cambridge U. P. 1972. p. 38.

③《马克思恩格斯选集》第1卷，人民出版社1972年版，第5页。

之友"集团，英国政治急剧向右转。1794年法国资产阶级革命高潮过去后，托利党政府更是在英国国内加紧推行反民主的反动政策，禁止工会和结社，蹂躏资产阶级自由的原则。反动保守的贵族政治违背了1688年政变的精神。英国显然缺乏一个充分发展的近代政权主体以适应工业革命带来的资本主义发展的需要。这种局势最终唤起了相当于一次革命的19世纪的政治改革和政权建设，英国统治集团的资产阶级成分开始增加。

第三节 资产阶级执掌政权

19世纪的托利党人和自由贸易派对于一个问题的看法是一致的，即1832年议会改革以后很长时间内，英国工业资产阶级并没有成为统治阶级。1833年的《威斯敏斯特评论》曾炫耀："土地利益必然长期占有对公事务的统治权；因为唯独这个阶级有余暇参与公共事务"。1843年约翰·布赖特在议会下院发言中说："这一院和议会的那一院完全是贵族特征，因而行政机构也必然具有同样情况，在财政部是贵族独占统治"。马休·阿诺德到1879年仍认为："英国的政府是由一帮贵族人士组成，此外有一两个和他们结成一伙的自由职业阶级人士加入其中"。[1]上述评论是符合历史的真实情况的。那么，英国资产阶级在何时才进入政权并成为主要的掌权者呢？

---

[1] Harold Perkin，The Origin of Modern English Society，1780—1880. London. 1969. p. 314.

1838年英国取消了1710年制定的《资格丧失法》，这样在法律上为新兴阶级取得政治权力扫除了一大障碍。在英国，资产阶级参与政治和执掌政权走过的道路和欧洲其他国家的资产阶级相仿，这就是首先取得选举权和被选举权，派出本阶级的代表进入下院，扩大自己在下院的议席。当他们的政治势力强大到一定程度，便可以自己或通过自己的政党谋求进入内阁政府，执掌权柄，决定国家政策。在英国，19世纪议会的作用是极其有限的，尽管不能排除下院在通过立法手段决定国家政策中的重要作用，但议员只是居于国家机制的从属地位。

19世纪英国工商业资产阶级在下院议席的争夺中取得的成就进展非常缓慢。根据J. A.托马斯和詹宁斯研究的结果。[①]1832年的议会下院中，有土地利益的议员为464人，而工业企业家的议员只44人；1835年的议会下院中，土地所有者为480人，工矿业主为50人；1837年议会下院中双方议员各为479人和60人；1847年下院中双方议员各为448人和119人；1852年下院中双方议员各为442人和122人；1857年下院中双方议员各为440人和151人；1865年下院中双方议员各为436人和226人；1868年下院中双方议员各为416人和278人；1874年下院中双方议员各为329人和290人；1885年下院中双方议员各为198人和308人；1886年下院中双方议员各为239人和307人；1892年下院中双方议员各为217人和323人。[②]也就是说，直到1885年，工业资产阶级

---

① J. A. Thomas, The House of Commons, 1832—1901. Cadiff, 1939. 詹宁斯在写作《英国议会》一书相关的部分时，主要利用了托马斯的研究成果。詹宁斯在提出下列的数字时，指出是按照议会中议员代表某种利益的次数来计算的，实为"人次"，此文引用时为表述方便简述为"人"。

② ［英］埃弗尔·詹宁斯：《英国议会》，蓬勃译，商务印书馆1959年版，第64页。

才在议会下院中超过土地所有者的议员人数，成为下院中占主导地位的社会集团。如果在计算上把法律人士和金融人士也算作资产阶级阵营的力量，那么它和土地所有者议员的力量对比的改变要早一些。在1832年议会下院中，资产阶级的议员为216人，1835年为231人，1837年为250人，1841年为248人，1847年为315人，1852年为344人，1857年为375人，1859年为364人，1865年为567人。到1865年资产阶级的议员在议会第一次超过土地贵族议员的人数，后者此时为436人。[1]不同的学者在计算议会下院中资产阶级和土地贵族力量对比转变时得出的结论稍有差别。但是描述的大趋势是相似的。根据贾德的研究，在1831年议会下院中，贵族（包括从男爵、爱尔兰贵族、贵族和从男爵之子）占议员的33%，曾就学于贵族学校如伊顿公学者为20%，就学于哈罗学院的为11%，就学于威斯敏斯特、温彻斯特、斯鲁斯伯里和拉格比学校的有13%，而工厂主、商人和银行家仅占24%。[2]在1841年至1847年议会下院中，贵族议员占38%，工厂主、商人和银行家议员占15%至22%。1865年下院议员中贵族占31%，乡绅占64%，工厂主、商人和银行家占23%。[3]1874年下院议员中土地所有者和靠地租收入为生者为209人，占议员的23%，工商业者157人，占24%。1880年下院议员中土地所有者和靠地租收入为生者为125人，占议员的19%，工商业者259人，占议员的40%。1885年下院议员中土地所有者和靠地租收入为生者为78人，占16%，工商业者186人，占38%。[4]即古兹曼认为到1880年时，工商业资产阶级在下院中第一次超过了土

---

[1] G. P. Judd，Members of Parliament，1734—1832. Yale Universiy Press.1955.

[2] W. H. Aydelotte，The House of Commons of the 1840's. in History. 1954. pp. 248–262.

[3] W. L. Guttsman，The British Political Elite. London，1963，p. 41.

[4] W. L. Guttsman，The British Political Elite. London，1963，p. 82.

地所有者议员的人数。

19世纪30至60年代，能够进入政治上层的中等阶级分子简直是凤毛麟角。他们中有查尔斯·汤姆逊和赫黎斯。查尔斯·汤姆逊生于1799年，是从事对俄贸易的商人之子，他本人16岁起赴彼得堡经商，1824年返英，1826年在哲学激进派的支持下当选为下院议员，1830年当上内阁贸易委员会副主席。赫黎斯也是商人之子，和伦敦许多富有者有联系，当帕西瓦尔出任国库大臣时，赫黎斯做了他的秘书。1828年赫黎斯任财政大臣。坎宁下台后，他担任了国库大臣，1834年任皮尔内阁战争大臣。[①]进入政治上层而出身寒微的还有坎贝尔。阿丁顿是第一位出身寒微但上升到高位的内阁成员。[②]但真正工业资产阶级进入内阁要迟得多。1846年格雷勋爵曾竭力使工厂主科布登进入内阁但未能成功。12年后，帕麦斯顿邀请科布登入阁，这次为科布登所拒绝了，科布登当时鉴于辉格党贵族和帕麦斯顿无意于改变政府的政策，他不愿意只身加入内阁而成为一种摆设。[③]布赖特也始终未能入阁。

在议会下院议员中资产阶级代表逐渐增加的同时，英国权力结构的核心即内阁成员中也开始出现资产阶级分子，并且这种成分在逐渐增加，而有头衔的贵族在内阁中的成分在逐渐下降。

在1830年代到1866年，英国内阁成员中，上院议员即贵族占有相当比重。1830年格雷内阁组成时阁员总人数为13人，其中上院议员有9人，下院议员为4人。1834年墨尔本内阁中上院议员7人，下院议员

---

① W. L. Guttsman，The British Political Elite. London，1963，pp. 56–57.

② W. L. Guttsman，The British Political Elite. London，1963，p. 38.

③ W. L. Guttsman，The British Political Elite. London，1963，p. 52.

9人。1834年的皮尔内阁共12人，其中上院议员7人，下院议员5人。

1835年墨尔本内阁共12人，其中上院议员5人，下院议员7人。1841年

皮尔内阁共14人，其中上院议员8人，下院议员6人。1846年拉塞尔内

阁共16人，其中上院议员9人，下院议员7人。1852年的德比内阁共13

人，其中上院议员6人，下院议员7人。1852年的阿伯丁内阁共13人，

上院议员6人，下院议员7人。1855年的帕麦斯顿内阁共14人，其中上

院议员7人，下院议员7人。1858年的德比内阁共13人，其中上院议员

6人，下院议员9人。1859年的帕麦斯顿内阁共15人，其中上院议员6

人，下院议员9人。1865年拉塞尔内阁共15人，其中上院议员8人，下

院议员7人。1866年的德比内阁共15人，其中上院议员5人，下院议员

10人。在1865年以前，上院贵族议员始终在内阁成员占有多数。[1]

对1830年至1868年内阁成员社会来源的统计表明，在总数103

人中，拥有大地产的贵族及贵族第一代后代共有56人，占内阁成员

55%，此外还有属于小地主的各郡乡绅共12名。上述两类合计为68

人，占内阁成员总数的66%。内阁成员中商人和主要靠利息为来源的

上层行政官员共21人，占内阁成员总数的20%左右。有14人从事法律

业等非贵族职业。如果把后两类视为资产阶级的一部分，那么它只占

内阁人数的三分之一。[2]

新兴工业资产阶级和其他非贵族人士进入政治上层和政权核心机

构，只有在一国的政治民主化取得相当进展时才有可能。在英国，这

样的契机到19世纪最后30年和20世纪最初二三十年间才真正到来。从

19世纪中期以后中等阶级（工商业资产阶级）在内阁阁员中所占比例

---

① W. L. Guttsman, The British Political Elite. London, 1963, p. 36.

② W. L. Guttsman, The British Political Elite. London, 1963, p. 38.

来看，1868年格拉斯顿内阁中贵族为7人，中等阶级为8人；1874年狄斯雷利内阁中贵族为7人，中等阶级为5人；1880年格拉斯顿内阁中贵族为8人，中等阶级为6人；1885年索尔斯伯里内阁中，贵族为11人，中等阶级为5人；1886年格拉斯顿内阁中，贵族为9人，中等阶级为6人。直到80年代中期，内阁成员中中等阶级阁员的人数方才超过贵族阁员的人数。1886年索尔斯伯里内阁中，贵族为10人，中等阶级为5人；1892年格拉斯顿内阁中贵族为9人，中等阶级为8人。1895年索尔斯伯里内阁中，贵族为8人，中等阶级为11人。1902年贝尔福内阁中贵族为9人，中等阶级为10人。1906年坎贝尔-班纳曼内阁中，贵族为7人，中等阶级为11人。1914年阿斯奎斯内阁以后各届内阁成员中贵族便始终少于中等阶级人士。①如果可以粗略地把中等阶级（资产阶级）分子在内阁中占据数量上的优势作为这个阶级已经执掌政权的一个主要标准的话，那么直到19世纪80年代，英国的政权在严格意义上还不是由资产阶级为主来执掌，土地贵族在国家政权机构中仍占据主导地位。

19世纪英国政治权力和社会阶级关系之间的错位，还表现在工业资产阶级在自己的经济和政治利益得到满足的时间和在内阁及议会中占据多数的时间有很大的错位，他们不是先得到政治权力而后才取得自身经济利益的政策保证。如前所述，英国工业资产阶级在政治上掌握权力要迟到60年代以后，但这个阶级的经济利益得到政策保护和代表却要早得多。从1839年起，曼彻斯特的工厂主便组成了"反谷物法

---

① W. L. Guttsman，The British Political Elite .London，1963，p. 79.

同盟"，争取实行谷物自由贸易。[①]1814年，保守党内的自由派皮尔修改了旧谷物法，实行谷物税调节制，并继之于1846年1月在议会最后通过废除谷物法的提案，对谷物实行了自由贸易。[②]1849年政府又废除了《航海条例》。以后，取消了几乎所有原材料的进口税，实行食糖、木材等商品的自由贸易。[③]自由贸易政策在英国全面推行，不仅标志着工业资产阶级的利益得到保护，同时表明了工业资产阶级的要求已成为国家经济生活的指导方针。自由贸易政策的实施意味着英国工业资产阶级取得经济领域支配地位。在政治领域中，英国工业资产阶级在几十年后才最终取得领导地位。

英国近代政治中资产阶级和国家权力的错位现象在历史上极其引人注目，尤其是它发生在一个封建主义关系较早瓦解，资产阶级革命较早发生和工业革命最早取得胜利的国度中，更引起历史学家的沉思。在解释这种现象发生的原因时，简单地使用经济基础决定上层建筑的分析方法已无法作出合乎逻辑的论断，需要从新的角度作探讨。造成这种错位的一个原因仍在英国的社会史中。正如《共产党宣言》论述的，近代资产阶级的形成是一个漫长的历史过程。英国资产阶级革命到工业革命的两百余年间，近代资产阶级远未充分形成，资产阶级和政权相结合只是在它经济和生产关系中完全成熟后才有可能。所以这种结合不可能在工业革命结束前发生，或者说早熟的资产阶级革命不可能结出丰硕的政治果实。第二个原因在于资产阶级革命的两重性。一般说来，资产阶级革命对旧制度和旧统治阶级有摧毁作用，这

① A. E. Brand，P. A. Brown and R. H. Tawney ，eds. English Economic History Select Documents. London. 1914. p. 701.

②［英］克拉潘：《现代英国经济史》，上卷，姚曾廙译，商务印书馆1964年版，第611–615页。

③ E. Lipson，Planned Economy or Free Enterprise. Black，1946. p. 165.

一点人们已普遍注意到了；此外，任何一次资产阶级革命在其最后阶段总表现出对现存秩序和社会关系的巩固和维系作用。英国革命发生在一个农业和重商主义时代，它不可能保证商业和农业资本主义发展外再作出什么超越时代的创举，更不可能为未来的新阶段提供一种政治关系。第三个原因在于革命前绝对主义王权对资本主义发展采取了容忍和妥协政策。在资产阶级革命后，英国的统治集团采取一种自由放任的温情主义经济政策。土地贵族的上述政策给了英国早期资产阶级（商人和手工工场主）一定的经济自由，这也腐蚀了他们的斗志，致使其在政治上奋起较迟。这就是通常所说的资产阶级"甘愿"让土地贵族作为自己代表执掌政权的根本性原因。第四个原因在于英国革命后的政治文化中保留了旧时代的法律和惯例，并通过立法作出了维系贵族政治权利的精巧规定，堵塞了新兴阶级参与政治的道路。富于强烈保守性的贵族政治文化成为任何深刻地政治改革发动的巨大障碍。上述诸种原因使得英国资产阶级在资产阶级革命完成后迟迟未能掌握政权。

英格兰在近代国家形成过程中与欧洲大陆类型的国家存在着结构上的差异。一个结构特点在于英国的议会制度及其阶级结构。从资产阶级的形成来看，英国缺乏一个作为独立的革命因素的第三等级。资产阶级被整合进封建贵族所创造的政治格局中。这种贵族政治格局在英格兰政治体的结构和历史中全面渗透。造成了英国的绝对主义国家相对稳固，足以将新的政治阶级吸收纳其中。此外，英国议会有各郡选出的议员和市民代表参加，他们不是严格意义上由等级推派的代表，而是地方团体或者说地方行政单位的代表，这种代表制，在体制上与近代西方议会的代表制结构并无两样，因此在17世纪革命后能被新时代继续采用，造成了英国议会制的连续性。

英格兰在近代国家形成过程中与欧洲大陆类型的国家存在的结构差异还反映在政治历史背景方面。英格兰在封建社会中的权力结构和法国不同。英格兰没有形成强大的与中央王权抗争的封建诸侯势力，因此在中世纪英格兰封建化的过程也不明显。马克·布洛赫评论说，英格兰从1066年起就是一个中央集权的国家。这样就造成了英格兰中世纪的王权没有遭到封建贵族的反叛和挑战，也就没有形成封建割据的政治格局。正因为如此，加强中央集权就没有像在法国那样，作为英格兰切实必要的现实政治目标被君主提出来。这也造成了在英格兰没有形成庞大的官僚政治结构。

第四节　自由主义和镇压政策

1832年到1842年是英国近代历史上唯一一次由于阶级和社会矛盾激化而濒临革命边缘的时期。它出现在前后相继的1832年议会改革运动和宪章运动期间。

英国工业革命从1770年代开始。工业革命后期，工人阶级的状况一度非常恶劣，引起了工人的强烈不满。在工厂制度建立、工业使用机器以后，工人每个工作日的劳动量成倍地增长了。在奥德姆使用骡机的纱厂中，工人1841年每分钟的动作是1814年的3倍，工人每天在车间里走过的路程则有原来的12哩增加到将近30哩。[①]1844年艾释黎勋爵在下院证实："在制造过程中雇佣工人的劳动量是开始实行这些操作时的3倍。""1815年工人在12小时内看管两台纺40支纱的走锭纺纱机等于步行8哩。1832年，在12小时内看管两台纺同样支纱的走锭纺纱机所走的距离等于20哩"，"1819年蒸汽机每分钟打梭60次，1842年是140次"。[②]

工人的劳动时间很长。1832年以前工人每天通常工作12小时以上。1824年麦克斯菲尔德的雇主企图把工作时间延长到13小时。工人们无法忍受如此长时间的劳动，展开了斗争，最后迫使雇主做出让步。1825年曼彻斯特工人每天劳动时间达到12.5小时到14小时不等。长时间的艰苦工作摧残着工人的健康。[③]工人的劳动条件恶劣。当时的人曾描述了缝纫工人的劳动条件：在一间16到18码长、7至8码宽的车间里，有80名工人在做工。工人们膝盖靠膝盖地坐在一起。夏季人的体温和熨斗的温度使得室内温度比室外温度高出20至30度，使人感到窒息。[④]据1823年《政治记事报》的报道，泰特斯莱德纺织工人常在华氏80至84度的高温下工作。工矿中常常实行盘剥工人的实物工资制，用滞销的商品抵付工人的工资，工人深受其苦。巴恩斯利的一位矿工曾说，他宁可要17先令现金，也不要20先令的实物工资。[⑤]

受机器生产的排挤和打击，梳毛工、印布工、手机织工、编织

---

① John Foster，Class Struggle and Industrial Revolution. London. 1979. p. 91.

② 艾释黎勋爵：《十小时工厂法案——1844年3月15日星期五在下院的演说》，马克思：《资本论》第1卷，人民出版社1975年版，第452—453页。

③ J. L. and B. Hammond，The Town Labour. London and New York，〔1917〕1978. p. 15.

④ E. Hopkins，A Social History of English Working Class，1815—1945. Lonndon，1979.

⑤〔英〕克拉潘：《现代英国经济史》上卷，商务印书馆1964年版，第691页。

工、制纽扣和项链工人、制鞋和制靴工匠还有农业工人，在19世纪上半叶工资都大幅度下降了。[1]由于纺织业最早实现机械化，所以手工织机工人受到的打击尤其大。手机织工的周工资从1797年的26先令5便士下降到1832年时的5先令6便士。[2]据宪章派国民大会的调查，布雷福德手机织工的周工资，1820到1838年间从20先令下降到5至6先令。在内兹尔巴勒从11先令下降到7先令。[3]根据向济贫委员会的报告，伦敦1837年该地区的14000架手工织机有三分之一歇工。其余的织机中有很大一部分开工不足。根据议会专门委员会的调查，1834到1835年间纺织业的棉织、麻织、丝织和毛织行业手机织工共有84万人，[4]他们是英国工人中处境最艰难的部分。长期失业给他们带来贫困，严重摧残着他们的身体健康。

19世纪上半叶经济波动、农业歉收和爱尔兰失业者流入等因素，造成了从拿破仑战争到1830年代初失业流浪者人数明显增加。机器的大量使用摧毁了手工业，使大批从事手工业的劳动者失去工作。圈地运动使成千上万失去土地的农民涌入城市，成为城市失业人口的一部分。从1825年开始发生的周期性经济危机则加剧了失业现象。在考文垂，1831年12月有三分之二的织布机停工。[5]1837年春，曼彻斯特及附近地区，许多工厂每周只开工4天，数以千计的手工织工失去工作。1837到1838年的那个冬季，各工业中心都有大量织机被弃置。在1841到1842年的萧条时期，利物浦的一个区，锻工和发动机工人的失

---

① Poor Man's Guardian，Vol. 3. August 29，1833. p. 651.

② Poor Man's Guardian，Vol. 3. August 29，1833. p. 651.

③ 大英博物馆手稿部，Place Manuscripts. Add.Mss.34265B.

④ Mark Howell，A History of Chartist Movement. Manchester U. P. 1925. p. 14.

⑤ Mark Howell，A History of Chartist Movement. Manchester U. P. 1925. p. 13.

业率达到25%，德比的机械工人和造船工人的失业率为50%，利物浦制鞋工人的失业率略低于50%，而该城的裁缝则有三分之二失业。博尔顿在1842年几乎所有行业的失业率都在50%以上，有的行业失业率达到了87%。[①]梅休估计，通常情况下450万工人中只有150万人能持续就业，150万人处于半失业状态，另外150万人为失业人口。日后成为宪章运动活跃地区的佩斯利、贝德福德、森德兰等地失业率都很高，而且工人失业持续的时间很长。[②]

英国政府在拿破仑战争结束后实行了出版和言论自由。经过20年代工人阶级反对六项法令的坚决斗争，政府终于允许自由出版报纸、小册子和传单，允许自由集会。当时英国已经濒临革命的边缘。倘若政府不采取这种自由主义政策，而是一味高压的话，一场革命爆发是很有可能的。

宪章运动开展起来后，运动参加者中存在一种与当局进行激烈对抗的情绪。从1839年4月起，查尔斯·纳皮尔就任英格兰北部军区司令。纳皮尔的政治立场和拉塞尔政府并无二致。他本人对于政治上无权、经济上处境恶劣的劳动群众怀有一点同情心。他在许多场合公开承认，不满于政府的人民有争取普选权的自由。纳皮尔的父亲在1798年也曾不同意政府镇压民主运动的政策而采取了政治上超然的态度。查尔斯·纳皮尔出任英格兰北部军区司令之时，正值宪章运动第一次全国大请愿之后。统治阶级中一些人士认为革命已经到了一触即发

---

① A. J. P. Taylor，ed. The Standard of Living in Britain in the Industrial Revolution. London，1980. p. 70.

② David Jones，Chartism and Chartists. Penguin Books，1975. pp. 116–117.

的关头，他们极为恐慌。[1]纳皮尔考虑，如果拒绝群众的任何民主要
求，对当局是极其危险的。于是，纳皮尔一方面要求政府调集正规军
来补充英格兰北部的军事力量，同时把当地富裕的自耕农武装起来。
另一方面，他对宪章派采取了狡猾的自由主义欺骗政策。他在回忆录
中写道："我每个星期都会见治安法官，并竭尽我的全力影响和说服
他们，必须不袭击人民，让他们集合，同时对他们说：你们有充分的
权利这样做，以此缓和广大群众的不满情绪。如果有哪个讲演者鼓动
他们无视叛逆法令去纵火、动武，就应当在集会的群众散去后逮捕
他。如果有人准备开枪，我们可以在他持有武器时抓住他。"[2]纳皮
尔的政策为当地的治安法官所采纳。纳皮尔还邀请一些宪章派的代表
参观其军队的操练和军队的大炮装备，用武力对宪章派施加威吓。纳
皮尔的这种做法完全与拉塞尔政府的政策一致。

　　1839年初，拉塞尔任内务部长时，他比其他官员更多地负责对宪
章运动的政策。拉塞尔属于辉格党人，出于自己的信念，拉塞尔主张
自由讨论政治问题，并主张议会改革，以避免革命危机。这年5月，
当议员中有人提出为应付宪章派的活动需要制定特别立法时，拉塞尔
提出了相反的意见，他认为依靠现有的立法进行统治比采取新措施更
好，否则会刺激人民的情绪并促使他们武装起来，很容易造成危害。
在这种情况下只要议会采取特别措施就会引起公民对宪章运动的同
情。他认为不到万不得已最好不要这样做。他在议会中拒绝了反对党
托利党议员要他镇压群众集会的要求。他认为应当坚持言论自由的信

---

① Sir W. K. C. B. Napier, The Life and Opinions of General Sir Charles James Napier.
London, 1857. Vol. 2. p. 26.

② Sir W. K. C. B. Napier, The Life and Opinions of General Sir Charles James Napier.
London, 1857. Vol. 2. p. 140.

条。①在10月8日利物浦的宴会上，拉塞尔强调，自由集会和自由讨论是合法正当的，可以收到社会功效。如果存在普遍的牢骚的话，人民有权集会并使公众了解他们的意见，这样政府可以纠正弊政。但如果不存在普遍的牢骚的话，稍有常识的人都会相信，召开的会议会更快结束的。②拉塞尔还提醒英格兰地方长官和军队总司令，除非到了必须镇压暴动时，不要让军队的活动被人民发现。拉塞尔还发出指示，对军队中同情宪章运动的士兵不予处分。③自由主义政策是拉塞尔控制英国局势的重要手段。

但是，政府的自由主义政策是以镇压准备为基础的。当时，内务部下令邮局局长检查拆阅最重要的宪章派领袖的来往信件，防范宪章派的秘密暴动。1839年2月8日，内务部下令截查沃德、理查逊、文森特和哈特维尔的信件。以后把信件检查对象扩大到赫瑟林顿、奥康诺、洛厄里、弗莱彻、卡本脱和奥布莱恩。1839年下半年又下令检查弗罗斯特、哈尼、卡都、佩迪、汉森和泰勒等人的信件。④

政府还派出大批间谍渗透到宪章派的组织，潜入宪章派的秘密集会。1839年夏季，当国民大会极左派代表酝酿全国起义时，一批退伍的下级军官趁机参加了英格兰北部和中部训练工人的活动，他们提供给了当局关于暴动和起义的情报。在宪章运动历史上，运动高潮时期发生的暴动和起义，几乎没有哪一次不是为政府事先所知，有些密谋

---

① Mark Howell，A History of Chartist Movement. Manchester U. P. 1925. p. 140.

② S. Macooby，English Radicalism，1832—1852. 1938. pp. 181–182. Asa Briggs，ed.，Chartist Studies. London，1959. pp. 371–407.

③《约翰·拉塞尔勋爵早期通信》第1卷，第73页，载，比尔：《英国社会主义史》，下卷，商务印书馆1959年版，第62页。

④ F. C. Mather，Public Order in the Age of the Chartists. Manchester U. P. 1959. pp. 220–221.

行动甚至是由间谍蓄意煽动而匆匆起事的。^①发生在1839年11月初的威尔士著名的新港起义也是如此，起义队伍进入新港城时遭到了预先埋伏的政府军队的镇压。

1839年5月下旬宪章派召开克萨尔荒原大会时，当局使用刚刚建成的铁路网来调动军队。政府还在宪章运动高潮时期派军人控制了电报公司，征用电话线，以加强通讯联络和搜集讯息。^②

第五节　19世纪政府机构建设

直到工业革命完成后，英国中央政府的建设才趋于完成。1849年管理消费税、印花税和赋税的3个委员会并入国内税务委员会，该委员会还负责征收所得税。19世纪财政委员会不再干预财政，由财政大臣执掌财政部大权，它在内阁中地位仅次于首相。当首相为上院领袖时，财政大臣通常担任下院执政党领袖。这个时期贸易部由枢密院的一个委员会演变而来，该委员会最初为外交部和管理殖民地的官员提供商业条约和殖民事务方面的咨询，1832年财政部授权它搜集相关统计资料。1840年该部获得行政权，取得视察铁路和监管英国商人在海外活动的权力。^③1832年以前英国的地方事务没有专门部门管辖。

① F. C. Mather, Public Order in the Age of the Chartists. Manchester U. P. 1959. pp. 199-220.

② 沈汉：《宪章运动》，甘肃人民出版社1997年版，第131页。

③ S. N. Chester, The English Administrative System 170—1870, p. 271. 罗威尔：《英国政府，中央政府之部》，上海人民出版社1959年版，第78，100-101页。

1834年成立的中央济贫法委员会监管地方机关工作，1847年改名为地方政府部，管理一应地方事务。[①]内务部在1782年成立后负责接受给国王的各种呈文、诉状、请愿书、管辖警察、拥有批准各市单行法规的权力，负责管理监狱。内务部在19世纪中叶派出视察员检查工厂法、童工法和矿山法的执行情况，负责全国治安，并对人口的出生和死亡、婚姻进行调查，但内务部无权干涉地方政府权力范围的事务。对于教育事务的管理，1839年成立了枢密院教育委员会，1856年2月建立枢密院下属的教育部，由枢密院院长和一名枢密顾问官负责教育部。1889年通过技术教育法，授权郡和市议会举办技术教育。1899年最终成立教育部，将枢密院教育委员会、济贫法委员会下属教育事务和科学技术部均并入教育部。[②]19世纪中期以后英国还建立了农业部、工程部、邮政部、殖民事务部、国防委员会、森林和土地收益部、卫生部，建立了相当于部一级的行政单位文官事务委员会、所有权登记、圈地和什一税委员会、移民委员会、宗教事务委员会等。这样，经过250年左右漫长的历史过程，英国中央政府的建设终于完成。

英国的近代地方政府很迟才发展起来。1835年以前，英国的地方行政组织仍带有中世纪的痕迹。地方行政组织由15500个教区和200个王室特许的选区构成。地方官员以郡治安法官为主，中央难以控制。1832年议会改革以后，英国于1835年颁布《市镇法》，取消旧的市政团体，设立179个有权选举议员的市镇。在这些市镇中，所有的纳税人都有选举权，由他们选举出市议会管理市镇工作。市议员选出后任

---

① S. N. Chester, *The English Administrative System 1780–1870*, Oxford, Clarendon Press, 1981.p. 102.

② ［英］马里欧特：《现代英国：1885—1945年》，姚曾廙译，商务印书馆1963年版，第200–201页。

期为3年，每年改选其中三分之一。①这次改革把地方行政管理权从教会手中接管过来交给城市资产者。工商业资产者在市镇事务中有了较大的发言权。但是这次改革尚未根本改变地方行政机构混乱的状况。到了19世纪末，英国进行了新的地方政府改革。1888年英国颁布《地方政府法》，改设62个郡。各郡设郡议会，郡议会每3年改选一次。把地方行政权交给郡议会。在居民5万人以上的郡级市也建立议会。②1894年颁布的《地方政府法》则规定了郡以下的行政机构的设置。③1889年在苏格兰进行了地方政府改革。至此，在英国最终建立了近代地方政府体制。

19世纪英国在西方国家中首先建立了文官制度。在18世纪英国曾规定政府的财政、税务、邮政部门的官员不得参加党派政治。这实质上开始了政务官和非政务官的最早区分，文官制度初露端倪。但是在18世纪，各部门的文官系通过恩赐官职的方式加以补充。当时在财政部和其他各部中，官职任命权掌握在财政部长官手中。当时在文官任用中，党派考虑占有重要的地位，没有对候选人的资格进行任何考核，因此文官制度很不完善。英国文官制度改革是从东印度公司开始的。1853年议会通过《特许法》，剥夺了东印度公司董事会的用人权。1854年任命了麦考利为组长的三人委员会，该委员会提出了改革公司用人制度的报告，建议通过公开竞争录用在印度任职的文官。这

---

① H. J. Hanham, ed., The Nineteenth Century Constitution：Documents and Commentary. Cambridge U. P. 1969. pp. 386–390.

② H. J. Hanham, ed., The Nineteenth Century Constitution：Documents and Commentary. Cambridge U. P. 1969. pp. 390–396.

③ H. J. Hanham, ed., The Nineteenth Century Constitution：Documents and Commentary. Cambridge U. P. 1969. pp. 397–400.

个报告立即被采纳。[1]1853年财政大臣格拉斯顿指示调查英国文官制度的现状。同年11月，特里威廉和诺斯科特提交了《关于建立英国常任文官制度的报告》。该报告提出取消长期沿袭的个人任命官职的特权，建立公开考试竞争文官的制度，建立一个中央管理文官事务的委员会，负责文官考试工作。将政府文官分成高级和低级两部分，高级行政官应以牛津、剑桥等一流大学的毕业生的水平为录取标准。低级文官负责处理日常事务工作，他们的工作具有例行公事性质，以中等教育水平为录取标准。报告要求建立统一的文官制度，确定各部门录取文官的统一标准和考试制度。诺斯科特和特里威廉的报告确定了文官制度的基本原则。1855年5月，枢密院颁布了《关于录取王国政府文官的枢密院令》，决定建立3人文官事务委员会。[2]经过试行，1870年颁布了关于文官制度改革的第二号枢密院令，规定今后任命一切文官都必须根据文官事务委员会的规定，通过公开竞争考试。英国文官制度最终确立。[3]

第六节　资产阶级民主制的实现

17世纪资产阶级革命是英国的政治制度由封建贵族政治制度向现

---

① ［美］罗威尔：《英国政府——中央政府之部》，秋水译，上海人民出版社1959年版，第146–147页。

② E.G. Cohn, The Growth of British Cocil Service, 1780—1839. London. 1965. pp. 110–111.

③ H. Hanham, ed., The Nineteenth Century Constitution.Documents and Commentary. Cambridge U. P. 1969. pp. 334–335.

代资产阶级宪政制度演变的一个开端，为资本主义关系的发展确定了一些必须的条件。但是，在革命时期和革命后一百多年间，资产阶级民主制并没有在英国实现。它是通过漫长的过程和资产阶级激进派长期艰苦的斗争，在工业资本主义成长起来的条件下才最终实现的。

资产阶级革命时期，英国没有在立法领域废除旧的法律体系，直到1832年英国仍保留了中世纪的混乱而腐败的议会选举制度。英格兰的选区主要分布在东南部、西部和西南部，这里是工业革命前英国主要的工商业和农业区。随着工业革命的开展，英国的经济地理和人口分布都发生了巨大的变化，经济重心逐渐由东南部向煤铁矿和动力资源丰富的英格兰西北部转移，在那里形成了新兴工业区。一批新的工商业城市迅速兴起和扩大，人口急剧增长，而东南部经济日趋衰落，小城镇人口迅速减少。这样，各个地区的居民人口与拥有的议席数量极不相称，新兴的经济中心和那里的工业资产阶级在议会下院没有足够的代表。以1831年为例，当时英格兰南部10个郡共有人口326万人，拥有235个下院议席；而英格兰北部6个郡人口已经增长到395.4万人，在下院却仅拥有68个议席。当时人口在10万人以上的利兹和设菲尔德连一个议席都没有。一些拥有议席的选区随着经济地理的变迁早已极度衰落，居民也非常稀少。例如萨里郡的加顿选区只有135个居民，整个选区只有6所房屋。邓维奇选区由于数世纪海水对海岸的侵蚀，大部分土地已经被海水淹没，只剩下30名居民，其中大部分居住在外地，这个选区为两个赞助人所控制。博森尼选区仅有3户人家，却可以推选2名下院议员[①]。当时选民在50人以下的选区有56个，

---

① M. Brock，The Great Reform Act. London，1973. pp. 22–24.

选民在100人以下的选区有113个。这种经济衰落、人口急剧减少的选区在英国历史上称为"衰败选区"，议席被贵族地主控制[①]。衰败选区的存在突出地暴露了旧选举制的腐败和不合理。到19世纪初，按照1430年法令规定，年收入40先令以上的自由持有农均享有选举权，但各郡的自由持有农选民却无法自由行使权利，在选举时受到地主的支配，当地的地主实际上控制着选区的选举结果。在苏格兰，选民的财产资格根据每年土地收益来决定，通常在70至130英镑之间，由于财产资格很高，所以苏格兰各郡选民人数较少。1832年改革前夕苏格兰所有30个郡和66个选区仅有选民5000人[②]。威尔士的选举制和苏格兰相近。英国改革前的议会选举制限制大众参与，以保证下院议席为土地贵族把持。19世纪英国进行的三次议会改革最终实现了男子普选权，降低了选民的财产资格限制，并使选区议席的分布合理化，实现了议会民主制。

1832年6月通过了第一个议会改革法。它进行了两个方面的改革。第一，它重新分配了下院的议席。该法令取消了居民人口不到2000人的56个衰败选区的议席，其中有55个选区各有两个议席，1个选区为单议席选区。此外，韦莫斯和迈尔科姆比里豪斯选区由4议席减为2议席，30个人口不到4000人的双议席选区各削减1个议席。这样下院共空出143个议席重新进行分配。其中65个议席分配给英格兰和威尔士的郡选区，22个英格兰选区各获得2个议席，21个选区各获得1个议席，苏格兰获得8议席，爱尔兰获得5议席。而下院议员的总数没有改变，仍为658人。这次改革的第二方面内容是重新规定了选民的

① M. Brock，The Great Reform Act. London，1973. p. 29.
② O. Gorman，The Emergence of the British Two-party System 1760—1832. London，1982.p. 118.

财产资格限制。在城镇选区，年收入房租10镑以上的房主和每年缴纳10镑以上房租的房客都享有选举权；在各郡，年收入40先令以上的地产所有者和年收入50镑以上的自由租地农享有选举权。在苏格兰，选举人的财产资格为年收入10镑以上，在爱尔兰为年收入20镑以上[①]。这样，在英格兰和威尔士有选举权的公民总数达到65万人，增加近22万选民，其中郡选区居民为37万人，城市选区选民为28万人。加上苏格兰和爱尔兰的选民，全国选民人数从40万人增加到90万人，成年男子的1/7获得了选举权。但是，在1832年议会改革后，1710年下院议员财产资格法所规定的标准仍然有效，即在郡选区每年要有600镑不动产收入，在城市选区每年要有300镑不动产收入者才有资格选为议员[②]。这项法令在1836年作了一些修改，于1854年最后废除。总之，1832年议会改革尚未实现较彻底的选举民主制。

1867年在英国进行了第二次议会改革。这次议会改革继续在削减衰败选区议席和降低选民的财产资格限制两个方面采取民主性措施。改革取消了46个衰败选区的议席，共空出52个议席重新分配。英格兰获得45议席，苏格兰获得7席。其中曼彻斯特、伯明翰、利物浦、利兹、索尔福德、默瑟蒂德维尔各获得1席，伦敦大学获得1席，兰开郡获得3席，约克郡西区获得2席，切尔西和哈克尼各获得2个议席，9个中等城市各获得1席。在10个郡建立了10个新选区，每个选区获得2个议席。1867年改革法对选民的财产资格作了新的规定。在城市，每个

---

① J. A. Marriott, England Since Waterloo. London, 1925. pp. 98–99. J. H. Wiener, ed., Great Britain. The lion at home. A Documentary History of Domestic Policy 1689—1973. N. Y. 1973. Vol.1, pp. 1048–1063.

② E. N. Williams, ed., The Eighteenth Century Constitution. Documents and Commentary. pp. 192–193.

房主和租户都获得选举权，同时把选举权给予每年支付房租不少于10镑、居住时间不少于1年的房客。在各郡的乡村，年收入不少于5镑的土地所有者和年缴纳地租额不少于12镑的佃农都获得了选举权①。

1867年议会改革完成了废除衰败选区的任务。这次改革使城镇选区的选民人数从60万人增加到140万人。这样，选民的总人数便由改革前的1358000人增加到2477000人，但仍以男子为限。这时英国的成年居民约为160万人，只有成年居民的1/7左右取得了选举权。此外，选民的增长很不平衡，新增加的选民主要集中在城镇选区，尤其是工业城镇②。例如，布莱克本的选民由改革前的1800人增加到1868年的9700人③，但是，1867年改革后，普通工人群众如无住房的租户、农业和手工业工人、矿工和居住在没有代表权的城市的贫民和小农仍被剥夺了选举权，全国成年男子的半数和全部妇女仍未获得选举权。1867年改革后，仍有70个选区居民少于1万人。博塔林顿选区居民不足3000人，选民只有140人，它却和拥有50万居民和6万选民的利物浦拥有同样多的议席。全国郡选区共有居民13689000人，只拥有170个议席，而拥有居民12289000人的城镇选区却有281个议席，从地理上来看，英格兰东南部派出的议员比其他地区要多。这些事实证明下院议席的分配仍然很不合理。

1884年底至1885年初英国进行了第三次议会改革。这次改革通过了两项法令。一项是1884年12月6日通过的《人民代表制法》，它在

---

① J. B. Conarcher, The Emergence of British Parliamentary Democracy in the Nineteenth Century. 1971. p. 179，Table 3.

② J. B. Conarcher, The Emergence of British Parliamentary Democracy in the Nineteenth Century. 1971. p. 73.

③ M. Pugh，Making of Modern British Politics，1867—1939. Oxford，U. P. 1982. p. 8.

郡选区和城镇选区统一了选民的财产资格。在城镇实行户主选举权和寄宿人选举权。在乡村，任何拥有一定土地或者经营一定的租地，每年净收入不少于10镑的成年男子都可以登记为选民[1]。另一项法令是1885年1月25日通过的《重新分配议席的法令》，它规定取消居民不到1.5万人的城镇选区推派议员的资格。被取消的选区中有13个是双议席选区，68个是单议席选区，被取消议席的选区并入郡选区。居民在5万人以下的选区各削减1个议席，空出的议席重新分配[2]。改革以后，有22个城镇各拥有两个议席，有些大学也保留两个议席。此外，全国所有的郡都划为单议席选区。下院增加12个议席，这样下院议员总数达到670人。1884至1885年的议会改革使选民人数增加了1762000人，比原有选民增加67%，其中乡村各郡的选民增加162%。1885年英国选民总数达到了5708000人[3]。这次议会改革使乡村的农业工人都获得了选举权。以后通过1918年和1928年的《人民代表制法》，给予成年妇女以选举权，最终完成了英国的选举民主制。

从英国革命到19世纪中叶，除了民主选举制逐步实现外，政治传播和政治媒介的发展，以及民众对于政治生活以不同形式的参与大大加强了，这也是资产阶级政治民主化的一种表现。可以把这些民主政治因素用"政治场"的发展一语来加以概括。"政治场"这个概念是在研究英国政治史的实证资料的基础上受到了自然科学若干度量概念方法的启发而引入的。"场"的概念在自然科学中运用得很普遍。物

① H. J. Hanham，ed.，The Nineteenth Century Constitution. Documents and Commertary. Cambridge U. P. 1969. 280–281.

② 沈汉，刘新成：《英国议会政治史》，南京大学出版社1991年版，第165页。

③ M. Pugh. Making of Modern British Politics，1867—1939. Oxford U. P. 1982. p.6. J. B. Conarcher. The Emeryence of British Ponliamentary Democracy in the Nineteenth Century. 1971.p.166.

理学上有"电场""磁场"以及测量磁场强度的"磁通量"的概念。考察政治传播和政治影响强度时引入"政治场"的概念，可以把动态的研究和氛围的研究引入对一个时期政治情势的研究。具体说来，"政治场"的概念包括以下几个要素：一是政治震源的强度，如发生在一个地区或一个中心城市的事件的强度及其对全国的影响程度；二是作为政治中心的首都和大城市与整个国家尤其是与远离中心城市的乡村的联系密切程度；三是下层民众以及有产阶级群众对于政治中心发生事件的理解程度和认识程度。这些都是考察一个时期政治场的参数。应当说，政治场的成熟程度是政治现代化的重要标志。

英国在资产阶级革命时期还是农业社会，在这样一个不大的国家里，地方的闭塞性和地区之间的隔绝状态尚未完全克服，各地各阶层也还没有完全认识到革命具有反对封建斯图亚特王朝的性质。1640年秋选出的长期议会下院议员的活动在某种程度上要用这个原因去解释。历史学家发现，在革命过程中，长期议会下院有不少议员没有参加或是不积极参加对重大问题的议会辩论。长期议会下院共有547名议员，在1641年3月时有379人参加表决，但在讨论褫夺斯特拉福伯爵公权问题时只有263人参加投票。1641年讨论《大抗议书》时有307名议员到会，而1642年1月以后通常到会的只有200名议员左右[1]。议员中有相当大一部分缺乏政治热情。为了敦促长期议会议员到会，长期议会于10月9日决定对159名缺席议员每人罚款20镑[2]。长期议会下院有半数议员经常不到会，这突出反映了革命这样一个全国

① M. F. Keeler，The long parliament，1640—1641. Filandelphia，1954. p. 6. J. R. Mac Mormack，Revolutionary polities in the long parliament. Harvard U. P.，1973. p. 194.

② J. R. Mac Mormack，Revolutionary polities in the long parliament. Harvard U. P. 1973.，p. 231.

性的大事件尚未成为吸引各地方政治精英的中心问题。在早期斯图亚特王朝和革命过程中，议员们一年的时间绝大部分是在伦敦以外的议会之外自己的居住地度过的。议员在自己的选区担任各种职务，如郡长、郡军队指挥官、治安法官等。本地区发生的事件是议员们的主要政治兴趣所在，他们在议会中的活动主要是反映本地区的利益[1]。劳伦斯·斯通告诉我们，17世纪的人也使用"国家"这个词，但是他们使用的这个词的真正含义是"我所在的郡"[2]。在17世纪的英国政治文化中存在着一组对立的但广泛运用的概念，这就是"宫廷"和"乡村"[3]。当时英国地方上与宫廷和议会的斗争是隔绝的。新兴的地主乡绅居住于乡村一隅，他们往往不了解发生在伦敦的上层政治斗争，习惯于追随宫廷政策。1642年爆发的内战规模不大，战争的破坏性也不大。安德当教授评述说，战争一直"在中立派和冷淡者的汪洋大海中进行"[4]。1645年在英格兰的一些郡建立了"棒民协会"。大多数棒民在内战时王党和议会军的对垒中持中立态度，使自身免受外来的威胁，他们以乡村团体为基础，维护传统的价值观，在地方范围休战，他们一般不偏袒议会和王党任何一方，持中立色彩[5]。这些资料说明，在17世纪中期英国革命这一重大的政治冲突展开时，全国上下并没有完全卷入这场革命，民众尚未在最大程度上围绕政治斗争分成

① G. E. Alymer, The King's Servants, The Civil Service of Charles I 1625—1642. London, 1961. p. 57. C. Russall, Parliament and English Politics 1621—1629. Oxford, 1979. p. 4.

② T. Stone, The Causes of English Revolution.London, 1979. p. 106.

③ John Morrill, The Revolt of the Provinces. Conservatives and Radicals in the English Civil War 1630—1650. Longman, 1986. pp.14–16.

④ John Morrill, The Revolt of the Provinces. Conservatives and Radicals in the English Civil War 1630—1650. Longman, 1986. p. 97.

⑤ John Morrill, The Revolt of the Provinces. Conservatives and Radicals in the English Civil War 1630—1650. Longman, 1986. pp. 98–99.

两大阵营。尤其在乡村中存在着大量中立者，他们游离于这场革命之外，对这场革命很不理解。这场在英国史上具有重大意义的革命并没有广泛地深入社会各个角落。英国资产阶级革命在解决反封建这一政治任务时表现出的不彻底性，很大程度上与这个时期政治场不发达、民众参与不十分广泛直接相关。

到了18世纪中期以后，英国各种政治社会联系和政治组织程度逐渐加强了。1740年代初伦敦建立了一个中产阶级的独立选民俱乐部，这些人在奇伯塞德的半月旅行社集会。在威斯敏斯特建立了一个类似的选民俱乐部。另一个平民色彩较浓的俱乐部在王家与铁锚旅行社集会。1749年在威斯敏斯特的选举中，一个候选人在一个有1万人的选区内散发了不少于227500份关于选举的信件、广告和印刷品。1768年在埃塞克斯，一个竞选者在6000选民中散发了133700份小册子和各种印刷品[1]。18世纪60年代西密德兰、斯塔福德郡等地制造业兴起后，制造业主开始形成压力集团向议会施加影响，为发展工业而游说开凿特伦特和墨西运河。1768年威吉武德组织工业家有力地支持这一要求，发起对这个问题的讨论，鼓励人们撰写小册子为开凿运河辩护。他的活动得到了当地报纸的指导和支持。1780年代在曼彻斯特这个尚没有代表权的城镇中，棉纺织业的师傅劝说政府放弃征收棉花税的企图，并修改对爱尔兰的贸易政策。他们在曼彻斯特组织公众集会，向伦敦派出一个委员会，向议会议员分发传单，在报纸上发表文章，并组织了60次向下院的请愿，其中包括提交一份有80000人签名

---

① John Brower, Party Ideology and Popular Politics at the Accession of George Ⅲ. Cambridge, U. P., 1976, p. 147.

的请愿书①。

随着18世纪许多城市人口的迅速增长，城市政治文化发展起来，中等阶级在这个时期开始广泛建立他们的独立的组织，如俱乐部和社会团体，注意了解国家大事。自18世纪60年代起在绝大多数市镇兴起了"读书会"和"辩论社团"。其中最早的一个组织是从1741年起定期集会的"罗宾汉辩论社"，其主要成员是商人、手工业者、中小学的教职人员。起初这些社团的主要目的是社会娱乐，后来教育性和政治色彩愈来愈浓。伦敦和伯明翰的罗宾汉辩论社和威斯敏斯特论坛吸引了大批听众参加对时事和政治的争论。纽卡斯尔的哲学社辩论了美国人关于没有代表权不纳税的主张是否符合宪法等问题。在所有市镇里都有咖啡馆和小酒馆，向群众提供报纸和杂志。当时英国创办的许多报纸都办得非常成功，他们在政治上具有反政府的色彩，他们使群众了解政府内阁政策的失误，并展开了大量的关于根本的政治原则和宪法问题的讨论②。

反映英国政治场发展的一个主要指数是报刊的发行种类和发行数量，这个数字在18世纪末大幅度增长。英国在1723年大约有24种地方报纸，1753年为32种，1760年为35种，1780年约为50种，到19世纪初报刊数目超过了100种。地方报纸网逐渐遍布整个英国。虽然这些报纸重印了很多来自伦敦的材料，但也印有一定数量来自本地的新闻。报纸期刊在1761年销售总量为600万件，1801年增至800万件。尤其在伦敦，报纸发行量增长得很快。

---

① 狄金逊："18世纪英国的人民政治"，载，王觉非主编，《英国政治经济与社会现代化》，南京大学出版社1989年版，第262–263页。

② 狄金逊："18世纪英国的人民政治"，载，王觉非主编：《英国政治经济与社会现代化》，南京大学出版社1989年版，第268页。

1760年前后伦敦有4种日报和5至6种每周出版3次的晚报。从19世纪初拿破仑战争开始以后，英国各种激进主义报刊的发行种类和发行量都大幅度增长，资产阶级激进主义运动与工人运动进一步结合。科贝特的《记事报》售价为2便士，在1816年10月至1817年2月它的全盛时期，每周发行额为4万至6万份，超过其他报刊。在议会改革的请愿中，激进主义报刊的发行额再次上升到一个高峰。在印花税法实施时期，激进小册子的发行额大大增长。[①]

到1832年改革运动时期，英国的政治场已经得到充分发展，政治意识深入到工人群众中，他们积极参与到争取政治改革和民众的请愿浪潮中来。这种下层劳动群众对政治的参与不是资产阶级真心情愿的。工人阶级和其他下层劳动群众参加到资产阶级民主运动中来以后，便给这个运动带来了两个突出的新特点。第一，他们提出了比任何土地贵族和资产阶级改革派的纲领更加彻底的民主性要求，这在《人民宪章》发表时达到一个顶峰。第二，工人民主派在改革运动中提出民主要求的同时，加进了要求改变其社会地位，要求就业，要求温饱，要求土地的内容，甚至直接对剥削人的制度提出挑战。这是资产阶级政治民主化浪潮中不可忽视的一个重要现象。然而，资产阶级政治民主化运动的发动者的真实目的是诉诸群众对贵族政治进行挑战，借助普选的手段使得新兴资产阶级的代表进入议会。

---

① Edward Thompson，The Making of English Working Class. Penguin，1968. pp. 789–790.

第七节　两党制和工党成为执政党之一

19世纪最后20年，英国工人阶级和社会主义者开始建立自己的政党。1874年大选，矿工领袖麦克唐纳和托马斯·伯特兰当选为议员。1880年大选中，工人代表麦克唐纳、布德赫斯特和托马斯·伯特作为自由党人当选为议员。1881年各地政治组织、工会团体和俱乐部代表召开大会，成立了"社会民主同盟"，海德曼担任了社会民主同盟的主席。1884年12月，包括莫里斯、艾琳娜·马克思、巴克斯在内的该委员会的多数委员辞职，另组"社会主义联盟"。社会主义联盟积极宣传马克思主义，但它存在教条主义倾向，组织上有关门主义的特征，因此参加者不多，在工人中影响不大。为工党奠定理论基础的是费边社，它是1884年一批中产阶级知识分子在伦敦建立的。它最初的发起人为戴维斯、皮斯、波德摩尔、布兰德等人。随后萧伯纳、悉尼·韦伯、奥利弗和华莱士加入了费边社。费边社到1888年冬季社员不到100人，到1892年只有1100人。费边社的理论即费边主义的基本特点是社会改良主义。它包括三方面的内容。第一，它认为社会主义是资本主义生产关系发展的必然结果，小规模生产已经过时，托拉斯和联合企业正在发展，资本主义的集中化加速进行，其必然结果是生产资料、分配资料和交换资料的社会化。也就是说，资本主义在不知不觉中为社会主义的生产资料公有制铺平道路。在资本主义社会内部，社会主义因素在逐渐成长，它表现为工厂立法、利息和地租的社会化和市政事业的发展。第二，推崇民主主义。第三，倡导渐进主义。他们认为社会重大的根本性的变革只能通过民主的、渐进的、合乎宪法的和平变革来实现。[①]构成工党的第二个部分是以非熟练工人为基础的新工联运动。1893年在布拉德福德召开了工会代表大会，参加大会的有苏格兰工党、地方工会联合会、社会主义联盟、费边社的代表，这次会议成立了独立工党。代表大会通过的关于独立工党目标的决议指出："独立工党的目标是取得全部生产、分配和交换手段的集体所有制。"[②]独立工党领导人哈第承认劳资间的利益冲突，但否认阶级和阶级斗争的存在。他说："利益的冲突不一定就是阶级冲突。"[③]

1900年在伦敦召开了工人代表委员会的成立大会，出席大会的129人代表了全国50万以上的工会会员。费边社、独立工党、社会主义联盟和工会组织都加入了工党。新工联的工会会员构成了工党的主要组织基础。1906年工人代表委员会改名为工党。英国工党成立后便把议会斗争作为它的主要活动。它组织工人力量，通过各地的竞选使工人代表进入议会。在相当一个时期中，工人代表委员会在竞选活动中努力争取自由党的理解，具有自由主义倾向。1906年工党有53人当选为下院议员，但是其中有24人公然表示接受自由党领导。[④]

---

① ［英］玛格丽特·柯尔：《费边社史》，杜安夏、杜小敏译，何宗礼校，商务印书馆1984年版，第6—12页。［英］G. D. H·柯尔：《社会主义思想史：第二国际1889—1914》第三卷第1册，何瑞丰译，商务印书馆1981年版，第137页。［英］G. D. H·柯尔：《社会主义思想史》第三卷第1册，何瑞丰译，商务印书馆1981年版，第137页。

② Henry Pelling, ed., Challenge of Socialism.London, 1954. pp. 187–189.

③ Eric Hobsbawm, ed., Labour's Turning Point, 1880—1900. London, 1948. pp. 65–66.

④ Ralph Miliband, Parliamentary Socialism.A Study in the Politics of Labour, Allen and Unwin, 1972. p. 21.

　　资本主义在从自由资本主义阶段向垄断资本主义阶段转变之时，英国政党格局发生了重大的变化，自由党在政党政治中日趋衰落，丧失了和保守党争夺执政权的有利地位。工党逐渐取代自由党，成为轮流执政的两个主要政党之一。在1921年大选时，工党在竞选纲领中提出对富有者征收更多的赋税，对财产超过5000镑的人征收累进税以建立战时债务偿还基金，扩大社会服务措施来建立全国住房计划，对矿山和铁路实行国有化，并重申反对阶级战争和暴力行动，认为在英国无须流血便可以建立一个民主政府。[①]工党在这次大选中获得了420万张选票，比1918年增加了200万张选票，超过了自由党获得的选票数。

　　1923年底当保守党新首相鲍德温因关税改革突然解散议会举行大选时，工党获得191席。由于这次大选斗争的中心是关税问题，自由党支持工党的自由贸易政策主张，1924年1月英王授权工党领袖麦克唐纳组阁。[②]在这届工党政府中，麦克唐纳任首相兼外交大臣，斯诺登任财政大臣，吸收了一些自由党人和保守党人入阁。[③]第一届工党政府采取了一些改善工人状况的政策，如惠特利住宅法、推动地方政府营建大量住宅、增加养老金和残废退休金、提高每周的失业补助金。[④]1929年7月，组成了第二届工党政府。自此，工党成为英国轮流执政的政党之一。

---

　　① Ralph Miliband, Parliamentary Socialism. A Study in the Politics of Labour, Allen andUnwin, 1972. p. 94.

　　② [英] 亨利·佩林：《英国工党简史》，上海人民出版社1977年版，第59页。

　　③ A. Talor, England, 1914—1945. Oxford U. P., 1979. p. 625.

　　④ [英] 亨利·佩林：《英国工党简史》，上海人民出版社1977年版，第60页。

第三章
法　国

第一节　大革命时期的国家制度

1789年7月法国大革命开始后，法国的国家权力由制宪议会掌握。

革命发生后，旧设的国王的委员会被取消，它拥有的立法权交给全国选出的一院制议会。作为立法机构的议会任期为两年。在每年5月的第一个星期一，立法议会可无须上谕自行召开，议员人身不可侵犯，有不受普通司法机构干涉的权利。议员被指控，应先经议会审查批准，再交指定的法庭审讯。议会有监督政府各部部长的权力。议会有处理财政、外交等事务的国家最高权力。①

革命时期在法国建立了一套崭新的行政制度，取消了旧设的国王的委员会，改设部长会议，有时则由议会本身代行行政职权。②

革命以前法国的行政区划极其复杂，有军区、省、司法区等。现

---

① ［法］亚尔培·马迪厄：《法国革命史》，杨人楩译，商务印书馆1973年版，上册，第105页。

② ［法］亚尔培·马迪厄：《法国革命史》，杨人楩译，商务印书馆1973年版，上册，第113页。

在代之以统一的行政区划，即建立郡，郡以下设县、乡、镇。全国共设83个郡，各郡的边界由其代表决定，各郡实行自治，中央不排除直接代表其权利的官吏。各郡面积大致相等，但自治市大小不一。有的是由整个城市构成，有的只是乡村的一个教区。[①]

每个郡设立有36人组成的参议会，它根据财产资格的原则由间接选举产生。参议员没有薪俸，所以只有富有者才有可能担任此职务。参议会每年开会一次，每次为期一月。参议员任期两年，每年改选一半的参议员。参议会选出8人组成政务厅作为常设机构，对其成员支薪。它是郡参议会的执行机构，它分配各县的直接税数额，监督其收支，管理济贫、牢狱、学校、工业、桥梁道路及法律执行等一应事务。郡政务厅设总检察官一人，由郡选举人选出，任期四年，其职责是监督法律的执行。他可与各部部长通信，但在郡政务会议上无表决权。郡以下县级市设有相应的参议会、政务厅、检察官等职，均由选举产生。乡是初级选举单位，是保安官所在地。这样，法国由绝对主义的中央集权制转为地方分权制。

城市新设立的市政府由积极公民选举产生。市长及市政官员任期两年，市政府人员每年改选一次，有财产资格限制。市政府有权调动国民自卫军和军队。市政府享有极大的自治权。市议会不得解散。[②]

国家行政人员原则上是由直接选举或两级选举产生。这种制度不仅应用于郡、县和自治城镇的行政机关的新增人员，而且适用于法官、各区的收税官、主教和教区神父。只有纳税人才有选举权。这样

---

① ［法］瑟诺博斯：《法国史》，沈炼之译，张芝联校，商务印书馆1972年版，下册，第389页。

② ［法］亚尔培·马迪厄：《法国革命史》，杨人楩译，商务印书馆1973年版，上册，第108—111页。

就剥夺了仆役和几乎所有工人的投票权。[①]这种通过民选产生行政机构的制度，是资产阶级民主制的典型范例。

雅各宾专政时期法国最高权力机构是国民大会。它拥有立法、司法、行政和监督权。国民公会的委员在郡和军队中拥有广泛的权力，有权清洗地方机构，建立革命秩序，罢免军队指挥官和任命新的司令官。雅各宾专政时期政府的核心是救国委员会，它成立于1793年4月6日，先是由14人，后改由6人组成。它每月改选一次。救国委员会的职权相当于内阁委员会。在它以下设立各部部长。[②]1794年初取消原设各部，改设12个执行委员会代替之。每个委员会由2至3人组成。[③]

督政府时期，法国的政治制度变化不大，建立了元老院和五百人院组成的两院制立法团，其成员通过民选产生。此外设立了由5人组成的督政府，其成员先是由国民公会推选，改选时由立法团两院选举。规定立法团中三分之二的成员由国民公会议员组成。[④]

法国近代国家机器的建设是在拿破仑政变后执政府时期完成的。执政府时期通过1799年宪法加强了中央集权。立法权分属参事院、保民院、立法院和元老院。法案提出后顺序经过这几个机构通过，才能成为立法。最高行政权属于三执政，执政任期10年，可以连选连任。但权力集中在第一执政之手。第一执政有权公布法律、任免参议院成

---

① ［法］瑟诺博斯：《法国史》，沈炼之译，张芝联校，商务印书馆1972年版，下册，第390–391页。

② ［法］瑟诺博斯：《法国史》，沈炼之译，张芝联校，商务印书馆1972年版，下册，第404页。［法］米涅：《法国革命史》，商务印书馆1983年版，第214–215页。张芝联（主编）：《法国通史》，北京大学出版社1988年版，第182–183页。

③ ［法］亚尔培·马迪厄：《法国革命史》，杨人缏译，商务印书馆1973年版，上册，第564页。

④ ［法］瑟诺博斯：《法国史》，沈炼之译，张芝联校，商务印书馆1972年版，下册，第410页。

员、各部部长、大使和其他高级外交官员、陆海军官员、地方行政长官和驻法院的政府专员，任命全部民事和刑事法官。第二和第三执政只对政府的其他政令有参议权。第一执政有政令的决定权，并有对外宣战和媾和权。[①]

执政府时期，法国地方行政继续保留了省、大区、市镇诸级行政单位，但官员由人民选举的制度被取消，地方参议会和行政长官由政府任命。各级行政权集中在中央政府任命的官员如省长、市长之手。在省内，行政权和警察权归省长掌握，在区内归区长掌握，在大城市则全力由市长掌握。废除了革命时期的地方自治制度。各级参议会只是对地方财政事务有咨议权。

执政府时期司法制度也有所改变，各级法官不再由人民选举产生，而由第一执政委任。各区设治安法官，大区设初级和轻罪法庭，各省设刑事法庭。全国设29个上诉法庭，巴黎设最高法院，法官为终身制，政府在每个法院派一名专员监督法官。[②]随着法国国家机构中行政权的扩大，立法机构形同虚设。1807年保民院被废除，立法院的权力越来越小，同年对法官也进行了清洗。1810年对司法行政进行了改组，陪审官从省长推荐的60人中遴选。[③]拿破仑称帝以后，大量创设授封贵族，建立官厅管制，安排了等级森严的朝廷席次，并大量委派出身旧贵族的显贵任省长等重要官职。

---

① 法学教材编辑部《外国法制史》编写组（主编）：《外国法制史资料选编》，下册，北京大学出版社1982年版，第595—597页。

② 张芝联（主编）：《法国通史》，北京大学出版社1988年版，第213—215页。［法］瑟诺博斯：《法国史》，下册，商务印书馆1972年版，第415—418页。

③ 张芝联（主编）：《法国通史》，北京大学出版社1988年版，第226页。

1789年革命前夜，西耶斯写的题为《第三等级是什么？》的小册子，开章明义地提出三个问题：

"（1）第三等级是什么？是一切。

（2）迄今为止，第三等级在政治秩序中的地位是什么？什么也不是。

（3）第三等级要求什么？要求取得某种地位。"①

这份小册子实际上是法国资产阶级发动革命，夺取政权的政治宣言。

一、废除封建制度和颁布《人和公民的权利宣言》

1789年7月9日法国国民议会改为制宪议会。7月14日，巴黎民众攻打巴士底狱，法国资产阶级革命爆发。法国的国家权力由制宪议会掌握。

1789年8月4日制宪议会颁布《废除封建制的法令》，该法令宣布："国民议会现将封建制度全部加以废除。国民议会决定：有关封建的和采邑的权力和义务，凡是源于实物的或人身的永远管业，源于人身徭役以及其他表现为此类性质的权力义务，均无偿废除之"。"一切领主法庭均应无偿废除"，"各种性质的什一税和代替什一税的贡赋"一概废除之。该法令废除了身份等级制，它规定，"一切公民，不问其出生如何，均有资格担任教会的、文的和武的官职和职司，任何有用的职业决不引起贵族资格的丧失。"②

1789年8月26日，制宪议会通过并公布了《人和公民的权利宣

---

① ［法］西耶斯：《论特权第三等级是什么？》，冯棠译，商务印书馆1990年版，第19页。

② 《废除封建制的法令》，载，法学教材编辑部《外国法制史》编写组：《外国法制史资料选编》，下册，北京大学出版社1982年版，第528-530页。

言》。该宣言宣布"人们生来并且始终是自由的，在权利上是平等的，社会的差别只可以基于共同的利益。""一切政治结合的目的都在于保存自然的、不可消灭的人权；这些权利是自由、财产权、安全和反抗压迫。""全部主权的源泉根本上存在于国民之中：任何团体或者任何个人都不得行使不是明确地来自国民的权力。""自由包括从事一切不损害他人的行为的权力。因此，行使个人的自然权利只有以保证社会的其他成员享有同样的权利为其界限。""法律是公共意志的表现，所有公民都有权亲自或者通过其代表参与制定法律；法律对一切人，无论是进行保护或者惩罚，都应该是一样的。"即法律面前人人平等。"财产权是不可侵犯的、神圣的权利，""任何人的财产权都不受剥夺。"[①]

《人和公民的权利宣言》确立了资产阶级社会基本的法律和政治原则，这包括人身自由、结社自由、私有财产权不得侵犯和法律面前人人平等的原则。这些原则是近代资本主义国家制度的法律和伦理基础。所以，以后法国在制定1791年宪法时，把《人和公民的权力宣言》置于宪法文本之首，作为宪法的一个组成部分。

在当时法国的制宪议会的议员中，大资产阶级君主立宪派占据多数。

二、1791年宪法

制宪议会在1791年制定了一部宪法。这部宪法在前言中宣布废除作为封建国家基础的封建等级制度和特权制度：

"今后不得再有贵族、爵位、世袭荣衔、等级差别、封建制度、

[①]《人和公民的权利宣言》，载，法学教材编辑部《外国法制史》编写组：《外国法制史资料选编》，下册，北京大学出版社1982年版，第525—527页。

世袭裁判权，也不得有从上述诸制度中所产生的任何头衔、称号和特权，不得有骑士团，不得有任何根据贵族凭证或出身门第的团体或勋章，除在执行职务时有官吏的上级之外，别无任何其他上级。"

"任何一部分国民或任何人都不得再有任何特权，对全体法国人所当遵守的共同法律不得有例外。"①

1791年宪法规定："构成立法议会的国民议会是常设的，仅由一院组成"。立法议会议员由间接选举产生。凡是法国人，年满25岁，已缴纳相当于3个工作日价值的直接税、并且不是奴仆的人，被称为能动公民，有资格参加地方初级会议的选举，选出选举人，由这些选举人进行国民立法议会议员的选举。②

1791年宪法保留了世袭的君主政体，国王是国家的元首，但国王是经过宪法本身再度产生出来的。他隶属于宪法，要对宪法宣誓。在此之前，国王自称是"奉上帝之命"而成为法兰西国王的，但在此之后，他则是"承上帝及国家宪法之命"而成为法兰西人的国王。这样，上帝的代表成了国民的代表，神权政府被世俗化了。国王成为一个被任命的官吏，国王所使用的只是在国王即位时由议会规定的固定的王室经费，不能自由地动用国库款项。王室经费由特设的官吏管理。如果国王有叛国行为或未经议会允许离开王国时，议会可将其推翻。国王保留有任命部长的权力，但不得从议员中选用部长，任期届满的议员也不得接受任何新增职务。中央政府设立6个部及其部长，同时取消旧制度时期的各种委员会。原财政总监所管辖的事务分成两

---

①《1791年宪法》，载，法学教材编辑部《外国法制史》编写组：《外国法制史资料选编》下册，北京大学出版社1982年版，第543页。
②《1791年宪法》，载，法学教材编辑部《外国法制史》编写组：《外国法制史资料选编》下册，北京大学出版社1982年版，第545-546页。

部分，一部分属税务部，一部分属内务部。只有内政部长有和地方政府直接接触的权力。它管辖建设、航运、医务、救济、农业、商业、工业及教育事务。全国地方行政第一次和中央政府联系起来。由国王任命高级官吏、大使、陆海军大将、三分之二的海军将官、半数的陆军将官。官吏升迁须经部长副署。[①]

1791年宪法规定的选举制在民主实施上有一定的局限性。

三、《1793年宪法》

1793年6月24日通过了《1793年宪法》。这是法国大革命中最富于民主精神的宪法。

《1793年宪法》宣布："宪法保障全体法国人民的平等、自由、安全、财产、公债、信教自由、普通教育、公共救助、无限的出版自由，请愿权，结成人民团体的权利并享有一切的人权。"[②]

宪法规定成年男公民享有选举权。"凡是出生于法国并在法国有住处的男子而年满二十一岁者"有公民权。人民拥有主权，直接选任代表。"在共和国幅员以内凡能行使公民权的法国人均得当选。""代表在任何时候不得因其在立法议会内所发表的意见而被诉追、控告或审判。""未经立法议会的许可不得对代表发出收押票或拘票。"

在立法议会之外，"应设立由二十四名成员组成的执行会议。""每郡的选举会议选出候选人一人。立法会议应从候选人总名单中选出执行会议的成员。""在每届立法议会会期的最后一个月内，应改选执行会议成员的半数。""执行会议负责指导并监督全部行政事务。它只有

---

① ［法］马迪厄：《法国革命史》，杨人楩译，商务印书馆1973年版，上册，第102–104页。

②《1793年宪法》，载，法学教材编辑部《外国法制史》编写组：《外国法制史资料选编》，下册，北京大学出版社1982年版，第573页。

在执行法律和立法议会的法令时才能有所行动。"①

雅各宾专政时期法国最高权力机构是国民大会。它拥有立法、司法、行政和监督权。国民公会的委员在郡和军队中拥有广泛的权力，有权清洗地方机构，建立革命秩序，罢免军队指挥官和任命新的司令官。雅各宾专政时期政府的核心是救国委员会，它成立于1793年4月6日，先是14人组成，后改为6人。它每月改选一次。救国委员会相当于内阁委员会。在它以下设立各部部长。②1794年初取消原设各部，改设12个执行委员会代替之。每个委员会由2至3人组成。③

第二节　督政府、执政府和第一帝国

督政府时期法国建立了元老院和五百人院组成的两院制立法团。④其成员通过民选产生。此外设立了由5人组成的督政府，其成员先是由国民公会推选，改选时由立法团两院选举。规定立法团中三分之二的成员由国民公会议员组成。⑤

---

①《1793年宪法》，载，法学教材编辑部《外国法制史》编写组：《外国法制史资料选编》，下册，北京大学出版社1982年版，第570–571页。

②［法］瑟诺博斯：《法国史》，沈炼之译，张芝联校，商务印书馆1972年版，下册，第404页。［法］米涅：《法国革命史》，商务印书馆1983年版，第214–215页。张芝联（主编）：《法国通史》，北京大学出版社1988年版，第182–183页。

③［法］亚尔培·马迪厄：《法国革命史》，杨人楩译，商务印书馆1973年版，上册，第564页。

④《1795年宪法》第44条，载，法学教材编辑部《外国法制史》编写组：《外国法制史资料选编》，下册，北京大学出版社1982年版，第592页。

⑤［法］瑟诺博斯：《法国史》，沈炼之译，张芝联校，商务印书馆1972年版，下册，第410页。

法国近代国家机器的建设是在拿破仑执政府时期完成的。执政府时期实行的1799年宪法加强了中央集权。立法权分属参事院、保民院、立法院和元老院。

元老院由年满40岁的80名成员组成，他们不可撤换并且终身任职。"元老院就全国名单中选任立法院议员、保民院议员、总裁、大理院法官和会计专员"。"保民院由25岁以上的100名成员组成；每年改选五分之一，凡在全国名单中保存有备选资格者，连选得连任。""立法院由30岁以内的300名成员组成；立法院成员每年改选五分之一。""共和国各郡在立法院经常至少应有代表1人。"

"政府付托于执政三人，任期十年，连选得连任。"本宪法任命波拿巴为第一执政，前司法部长坎巴塞累斯为第二执政，前元老院的委员会成员勒布伦为第三执政。"宪法对三个执政的权能作了具体规定。"第一执政公布法律；并可随意任免参政院成员、各部部长、大使和其他高级外交官员、陆海空军官、地方行政人员和驻在法院的政府专员。除治安法官和大理院法官外，第一执政得任命全部刑事和民事法官，但无权撤换他们。"而"第二和第三执政对政府的其他政令有参议之权"。[1]1795年宪法把政府权力集中在第一执政手中。

执政府时期，法国地方行政继续保留了省、大区、市镇诸级行政单位，但官员由人民选举的制度被取消，地方参议会和行政长官由政府任命。各级行政权集中在中央政府任命的官员如省长、市长之手。在省内，行政权和警察权归省长掌握；在区内归区长掌握，在大城市则由市长掌握。废除了原来存在的地方自治制度。各级参议会只是对

---

[1]《法兰西共和国8年宪法》，载，法学教材编辑部《外国法制史》编写组（主编）：《外国法制史资料选编》，下册，北京大学出版社1982年版，第595–596页。

地方财政事务有咨议权。

执政府时期司法制度也有所改变，各级法官不再由人民选举产生，而由第一执政从显贵中委任。各区设治安法官，大区设初级和轻罪法庭，各省设刑事法庭。全国设29个上诉法庭，巴黎设最高法院，法官为终身制，政府在每个法院派一名专员监督法官。[①]随着法国国家机构中行政权扩大，立法机构形同虚设。1807年保民院废除，立法院的权力越来越小。1807年对法官进行了清洗。1810年对司法行政进行了改组，陪审官从各省长推荐的60人中遴选。[②]拿破仑称帝以后，大量创设授封贵族，建立官厅管制，安排了等级森严的朝廷席次，并大量委派出身旧贵族的显贵担任省长等重要官职。

在拿破仑帝国时期，制定了《法国民法典》（1803—1804年）和《法国刑法典》（1810年）。它们是为资本主义制度奠定基础的法律文件。《民法典》的条文称："所有权是对于物有绝对无限制的使用、收益及处分的权利。""任何人不得被强制出让其所有权。"[③]《民法典》确定了绝对的私有财产权的原则。它成为日后资本主义各国民法的蓝本。

---

① 张芝联主编：《法国通史》，北京大学出版社1988年版，第213–215页。［法］瑟诺博斯：《法国史》下册，沈炼之译，张芝联校，商务印书馆1972年版，第415–418页。
② 张芝联（主编）：《法国通史》，北京大学出版社1988年版，第226页。
③《法国民法典》，第544条、545条，载，法学教材编辑部《外国法制史》编写组（主编）：《外国法制史资料选编》下册，北京大学出版社1982年版，第600页。

第三节 19世纪的国家制度

一、复辟时期的政治

拿破仑帝国被颠覆后到1848年二月革命，法国在政治上是一个倒退时期。从复辟时期到拿破仑退位，政治体制是二元君主制，国王的权力扩大。1830年七月革命建立的奥尔良王朝则扩大了议会两院的权力，限制了国王和天主教的权力。这个时期在机构设置上没有根本性变化，但权力重心发生偏移和复归。七月王朝是一个资产阶级王朝，在君主制外衣下实行内阁制。

路易十八在回到巴黎之前，于1814年5月2日在圣杜安发表声明，宣布要给法国一部宪法。6月4日他颁布了允诺的宪法，即所谓宪章。他把1814年宪章作为不得已的让步。

根据1814年宪章，法国建立了君主立宪制。立法权由国王与两院（上议院和下议院）组成的议会共同行使。赋税和法律由两院表决。各部大臣对议会负责。宪法的这个部分不过是欺骗法国资产阶级而已。议会实际上并不限制国王的权力，因为虽然下议院议员在各郡选出，但上议院议员是由国王任命的，数量没有限制。批准和颁布之权属于国王。通过何种法律自然有国王决定。关于行政权，宪法第四条写道："行政权只属于国王。国王是国家的最高元首，他统帅陆海军，宣布战争，缔结和约、盟约和通商条约，任命一切国家行政机关职位，颁布执行法律和维护国家安

465

全的条例和敕令。"①

　　宪章规定，次年将拟订选举下院议员的选举法，目前实行临时选举法。它为议员候选人规定了很高的财产资格：候选人每年缴纳的直接税应不少于1000法郎，年龄资格为40岁以上。选民每年要交300法郎直接税，年龄应在30岁以上。议员的任期为5年，每年要更换20%的议员。由于规定了很高的财产资格限制，所以在3000万法国人中获得选举权的约为90000人，获得被选举权的不到16000人。不但无产阶级和农民，连很大一部分资产阶级都被剥夺了选举权。小资产阶级和知识分子对宪章极为不满。

　　1815年10月7日新选出的议会召开，在402个议席中极端派王党获得了350席。议会要求国王毫不留情地惩办波旁王朝的敌人，它希望"宗教比法律更有力量"，这意味着让反动僧侣自由行动。议会还表示只信任"手脚干净"的人即纯粹的君主派管理国家。议会的要求得到路易十八的欣然同意。他把这届议会称为"无双议会"。

　　1815年12月，议会颁布了关于政治犯特别法庭的法令。这种法庭按照军事法庭的形式组成：它们剥夺被告的上诉权，使被告不可能获得赦免，并在24小时之内做出判决。王党在各地屠杀拿破仑的信徒和倒向拿破仑的军官，如内伊元帅和将军弗什兄弟。与特别法庭的法令一同还颁布了《煽动造反者惩治法》，对政府政策稍有不满者将被指控唆使暴动并被判处监禁。复辟反动在城乡造成了恐怖，工人扔下机器，农民逃往森林。里昂由于工人逃亡，当地使用机器的数量在3个月内从28000台减少到7000台。

---

　　① ［苏］罗琴斯卡娅：《法国史纲：十七世纪——十九世纪》，刘立勋译，生活·读书·新知三联书店1962年版，第178–179页。

极端王党的倒行逆施引起了国内外的担心和不满，在国内和国际的压力下，路易十八在1816年9月5日不得不解散了"无双议会"。

1818年12月30日，组成了以德索尔将军为首的新内阁，不久德索尔为德卡兹所接替。这届内阁工作到1820年2月。德卡兹属于立宪派王党。他认为应当作出若干让步使得舆论平息下来。德卡兹撤销了"与自由不相容"的警务部，以后关于出版问题的违法行为均由陪审法庭审理，而不像在"无双议会"时期那样由警察法庭审理，书刊检查以及出版报纸必须事先得到允许的做法被废除。德卡兹政府规定，财政部应该按时向议会报告收入、国债和地方金库的情况。在这几年中，每年改选五分之一的议员，议会中左派议员增加了。1817年左派议员只有25人，1818年增至45人，1819年增至90人。[①]

1820年2月贝里公爵被刺后，反动势力加强，德卡兹内阁垮台，政治倒退到"无双议会"时期。新选举法实行两级选举，选举权完全交给土地贵族和金融贵族支配。3000万法国人口中只有12000人左右有选举权。极端派亡党在新议员选举中获得220个议席中的198席。1821年组成了以威列里为首的极端派亡党政府。它用立法废除了最后的出版自由，由专横的警察感化法庭来审理出版中的违规和违法行为。[②]

1824年查理十世即位后，宫廷公开采取反动的政治方针。1824年颁布的法令规定教会在国民教育和文化方面有无限制的统治权，取缔和烧掉"有害的"书籍。1825年颁布的"赔偿亡命者10亿法郎的法令"，规定所有以前的土地所有者都能得到金钱赔偿，其数额比1790

①［苏］罗琴斯卡娅：《法国史纲：十七世纪——十九世纪》，刘立勋译，生活·读书·新知三联书店1962年版，第192页。

②［苏］罗琴斯卡娅：《法国史纲：十七世纪——十九世纪》，刘立勋译，生活·读书·新知三联书店1962年版，第194页。

年他们被没收的土地收益大19倍。为了取得向地主赔偿的10亿法郎，政府宣布将百分之五的公债利息改为百分之三，严重地危害了资产阶级的利益。1826年颁布的出版物法令，把所有的报刊置于严厉的检查和司法追究之下。以后，在1830年3月2日召开的议会例会上，查理十世决定杜绝任何反对派的活动。他在议会开幕词中说："如果罪恶的阴谋为我的政府的前途设下障碍的话，我将从我维持社会安宁的决心中获得克服它们的力量"。国王的致辞引起议员的反抗，221名议员中有181名签署了表示反对的答词。5月16日国王查理十世宣布解散议会。在新选出的议会中，428名议员只有145名站在内阁一边。[①]

1830年7月26日，查理十世发布了七月敕令，宣布刚刚举行的议会选举无效。规定出版定期报刊须事先获得准许，同时实行新的选举法。根据新选举法，只给土地所有者选举权，这使得选民减少了75%，全部工商业资产阶级都丧失了选举权。下院议员人数从430名减少到258名。下议院失去了立法权。[②]

被解散的下议院议员聚集起来，他们和《国民报》的反对派记者建立了联系。这时政府封闭了印刷所。7月27日工人发动了起义。29日起义者攻占了罗浮宫。1830年发生的革命是一次资产阶级革命，这次革命是工人发动的，但是起义成果被资产阶级窃取了。金融大资产阶级拥戴的奥尔良公爵路易·菲利普出任国王，建立了七月王朝。

七月王朝在1830年8月14日发布宪章。新宪章不再包含1814年宪

---

① ［苏］罗琴斯卡娅：《法国史纲：十七世纪——十九世纪》，刘立勋译，生活·读书·新知三联书店1962年版，第209页。
② ［苏］罗琴斯卡娅：《法国史纲：十七世纪——十九世纪》，刘立勋译，生活·读书·新知三联书店1962年版，第211页。

章关于"钦定"宪法的内容，资产阶级把新宪章看作是自己和国王订立的契约。法国仍然保存世袭的君主制，但今后国王是行政机构的首脑，而不是立法机构的首脑。宪章规定国王不能废除法律，也不能使法律暂时停止生效。立法创议权归议会所有，上院议员职位不再是世代世袭，而是像下院议员那样由选举产生。两院会议可以旁听，下议院的任期由7年改为5年。选民的年龄资格为25岁，被选举人的资格是年满30岁。选民的财产资格为每年纳税200法郎，年纳税500法郎以上的人享有被选举权。选民人数增加了30%。①

　　法国到了1817年以后，民众大选的参与率较之大革命时期已有提高。1831年大选的参与率为75.7%，1834年6月大选的参与率为75.4%，1837年11月大选的参与率76.3%，1839年3月大选的参与率为81.6%，1842年7月大选的参与率为79.1%，1846年8月大选的参与率为82.9%。选民总数逐渐增多，1831年时登记的选民为165583人，1846年时登记的选民为240983人。在1817年和1818年的选举中，大约有三分之一的选民没有投票。有的省份弃权选民的人数接近选民总数的50%。

　　由于七月王朝的阶级基础非常薄弱，占资产阶级很小一部分的金融家阶层掌握了政权。代表工商业资产阶级的资产阶级共和派发起了和平的宴会运动。由于政府在2月21日禁止宴会，资产阶级和工人阶级结成联盟，发动了1848年的二月革命。革命发生后转变成为武装起义和街垒战，迫使路易·菲利普退位，逃往英国。

二、第二共和国

　　1848年2月25日，法国诞生了第二共和国。革命中诞生的市政府

---

　　①［苏］罗琴斯卡娅：《法国史纲：十七世纪——十九世纪》，刘立勋译，生活·读书·新知三联书店1962年版，第226页。

由7名《国民报》派共和党人、2名《改良报》派小资产阶级民主主义者和2名小资产阶级社会主义者组成。国家领导机构在制宪议会召开前为临时政府。它的组成包括主席、外交部长、司法部长、公共工程部长、海军部长、财政部长、不管部长、内政部长、外贸部长、公共教育部长和陆军部长。1848年5月4日制宪议会开幕，选出了5人组成的执行委员会。执行委员会中没有社会主义者，也没有工人代表，4名成员都是资产阶级共和派右翼，另有1名小资产阶级共和主义者赖得律·洛兰。1848年5月10日制宪会议解散了临时政府，建立了相当于内阁的执行委员会作为国家首脑机构。临时政府以下仍设各部。[①]由于工人抗议镇压波兰革命的示威被镇压和政府解散卢森堡委员会、关闭国家工场，巴黎无产阶级发动了6月23日到26日的六月起义。但起义被卡芬雅克指挥的军队镇压。

1848年1月12日颁布了第二共和国宪法。宪法规定，立法权授予根据人民投票3年一次选出的立法议会，新政权授予4年一次选出的总统。宪法赋予总统全部权力。他可以不通过立法议会任免各部部长，可以分配一切高级职位。宪法宣布了言论、集会、结社等民主自由。但规定实行这些自由时不得破坏治安。1848年12月10日进行了大选，资产阶级共和派的候选人卡芬雅克败北，君主派候选人拿破仑·波拿巴的侄儿路易·波拿巴获得了700万选民中560万选民的选票，当选为总统。

三、第二帝国

1851年12月10日路易·波拿巴发动政变。从1852年12月10日开始

---

① 沈炼之（主编）：《法国通史简编》，人民出版社1990年版，第294—300页。［苏］罗琴斯卡娅：《法国史纲：十七世纪——十九世纪》，刘立勋译，生活·读书·新知三联书店1962年版，第263—266页。

了法兰西第二帝国。第二帝国的国家机构是法国大革命以来半个多世纪法国中央集权官僚机构的积淀。路易·波拿巴在1852年月14日宣言中写道："法国在过去50年中由于得益于执政府和帝国的行政、军事、司法、宗教和财政组织，而能一直有效地行使其职能，为什么我们不采取那个时代的政治设置呢？"[1]

1852年宪法公布以后，波拿巴分子在巴黎举行大游行，要求路易·波拿巴称帝。政府机关报《通报》提出："有责任就此事征询元老院的意见"。元老院对此不加反对。随后进行了全民投票，以7439000票对6470000票的多数同意建立帝国。1852年12月2日波拿巴被宣布为法国皇帝，称拿破仑三世，开始了第二帝国。

第二帝国时期法国议会设三院，即参议院、国务会议和立法院，它们均参与立法事务，但其职权不同。参议院议员由皇帝任命，终生任职，被任命为参议院议员的通常有元帅、海军将领、皇室成员等。参议员人数在60至150人之间。它的主席和副主席均由皇帝任命。参议院有责任维护基本的公共自由，它有职责反对颁布与宪法、宗教、道德、个人自由、市民的法律平等地位、不可动摇的财产权原则相抵触的法律和危及国防的法律和行政决定。但参议院不参加法律的制定。[2]

国务会议由40至50名世俗人士组成。所有的大臣都是国务会议的成员。皇帝可以随时撤换其成员。皇帝可以出席国务会议并担任其主席，在自己不到场时可以指定一位主席。这个机构是从拿破仑一世时

---

① Alain Plessis，The Rise and Fall of the Second Empire 1852—1871. Cambridge U. P.，1987. p. 2.

② Alain Plessis，The Rise and Fall of the Second Empire 1852—1871. Cambridge U. P.，1987. pp. 18–19.

代沿袭下来的。它负责起草法律，并在立法院讨论法律时为法律辩护。所有政府的决定都必须通过国务会议。根据法国的立法程序，法案首先由国务会议的一个部门起草，在国务会议全体会议上通过而成为政府的提案，提交立法团。由立法团任命7人委员会对法案起草一个报告，交国务会议审查，审查后再交回立法团讨论。由参议院对其是否合乎宪法进行裁决后，经国家元首即皇帝认可，签署颁布。[①]

第二帝国的国务会议的成员中有五分之四是法学家。他们通常出身于上流社会，但也有不少属于中等资产阶级，包括律师、检察官、公证人和医生，即接近政治社会又受过教育的知识分子。他们通常和官僚们如外交官、法官、省长等有家族纽带联系。[②]

立法团由普选产生，共有270人左右，由皇帝在其成员中任命主席和副主席。法案和征税案需由它通过。但1852年12月参议院决定，关税和公共工程事务不受它控制。立法团的权力有限。

第二帝国总统的权力很大。1852年1月14日制定的宪法规定，总统为国家元首，他具有法律的动议权和批准权，以共和国大总统的名义行使司法权。宪法还宣布把"法兰西共和国政府托付给共和国现任大总统路易-拿破仑·波拿巴亲王"。[③]这实际上宣布总统拥有行政权。1852年12月路易·波拿巴称帝后，12月25日元老院授权皇帝缔结关于关税的条约，并把建筑铁路、国家岁入和支出等事务完全交给皇

---

① Alain Plessis, The Rise and Fall of the Second Empire 1852—1871. Cambridge U. P., 1987. pp. 19–20.

② Alain Plessis, The Rise and Fall of the Second Empire 1852—1871. Cambridge U. P., 1987. p. 35.

③ 法学教材编辑部《外国法制史》编写组主编：《外国法制史资料选编》下册，北京大学出版社1982年版，第620–621页。

帝办理，无须制定法律。①

第二帝国不存在责任内阁制。政府由皇帝及大臣组成，所有大臣均由皇帝任命并从属于皇帝。他们并没有构成一个内阁，而只是一批由皇帝随心所欲指定的官吏。他们和议会没有任何联系，大臣不得兼任立法团成员，不得出席立法团会议，甚至不准在那里为自己提出的法案辩护。在这一制度中，立法权和行政权被严格地分开。②这种制度规定的目的是严防大臣妨碍皇帝意志的实施。

第二帝国的地方机构纯粹是中央各机构的摹写。每一级地方行政组织都设立一个负责执行政策的官员，再加上一个起咨询作用的委员会辅佐。在省一级有完整的"总委员会"，以下有行政区委员会、市和县的市政委员会。第二帝国把市长这个官职由选举产生改为文官，甚至可以在该城的市政委员会之外择人任命。③省长、副省长、市长由内政大臣根据皇帝的旨意任免。他们对皇帝负责。④

第二帝国是法国近代官僚机构发展的顶点。这一套机构极为庞大。中央政府和地方政府的官员1851年有477000人，1866年为628000人，到第二帝国末年上升到700000人。这个数字还不包括教会人士和所有国家支付薪金的人员。⑤

虽然共和国是资产阶级典型的政治统治形式，但资产阶级害怕爆发新的革命，所以他们尽力建立一种不完整的、不发达的、但却是危

---

① Alain Plessis, The Rise and Fall of the Second Empire 1852—1871. Cambridge U. P.，1987. p. 17.

② 沈炼之主编：《法国通史简编》，人民出版社1990年版，第322页。Alain Plessis, The Rise and Fall of the Second Empire 1852—1871. Cambridge U. P.，1987. p. 18.

③ Alain Plessis, The Rise and Fall of the Second Empire 1852—1871. Cambridge U. P.，1987. p. 44.

④ 沈炼之主编：《法国通史简编》，人民出版社1990年版，第322页。Alain Plessis, The Rise and Fall of the Second Empire 1852—1871. Cambridge U. P.，1987. p. 18.

⑤ Alain Plessis, The Rise and Fall of the Second Empire 1852—1871. Cambridge U. P.，1987. p. 42.

险性较小的资产阶级政治统治形式，这种统治形式就是帝国。第二帝国的社会基础是农民和大资产阶级。警察和天主教会则是资产阶级统治的重要的工具。第二帝国是法国大资产阶级保守的统治形式。

但是，在第二帝国的国家结构中保留了不少贵族分子。第二帝国的参议院中有大量的波拿巴分子，此外还有相当数量的前帝国官员。1852年在参议院中有20名前议员和12名七月王朝授封的贵族。到1856年，在参议院中，七月王朝授封的贵族增加到46人。[①]

法国的将领委员会中贵族占的比例在1840年为17%，1848年革命后为21.5%，1870年增加到27.8%。1869年贵族占将军人数的45%，占国务会议官员中的34%，占立法团成员的34.5%，占少校和上校的32%。[②]在1902年议会中，富有的银行家、公司经理和土地所有者议员有160名，高级文官议员有52名，中等阶级和自由职业者议员有252名。[③]

阿巴蒂斯在1858年的日记中写道，第二帝国依靠两支力量来保护它自己，一是试图恢复七月王朝的奥尔良派，一是那些资产阶级文官。从1852年立法团的社会构成来看，它主要由5个部分组成。19%是地产所有者，26%是文官，24% 是工商业和金融资产者，8%是军人，7%是法律业人士。在立法团的议员中，包括至少30名前正统主义主义者。[④]

四、巴黎公社

1871年3月18日到5月29日，在普法战争中法国战败，国内出现政

---

① Alain Plessis，The Rise and Fall of the Second Empire 1852—1871. Cambridge U. P.，1987. p. 74.

② Theodore Zeldin，France 1848—1945. Oxford U. P.，1973. Vol. 1. p. 542.

③ Theodore Zeldin，France 1848—1945. Oxford U. P.，1973. Vol. 1. p. 577.

④ Alain Plessis，The Rise and Fall of the Second Empire 1852—1871. Cambridge U. P.，1987. pp. 36–37.

治危机的背景下，巴黎的国民自卫军和工人阶级发动起义，夺取国家政权，建立了存在时间短暂的巴黎公社这一政权机构。纵然至今在法国关于巴黎公社的史学中，存在着关于巴黎公社的性质究竟是全国的无产阶级政权还是巴黎城市革命政权的争论，但这样一个政权机构的特点仍然是值得注意的，因为巴黎公社是十月革命之前各国工人阶级唯一的一次夺取政权的成功尝试。

用工人自己的民众武装代替资产阶级国家的常备军是马克思肯定的一项经验。事实证明，这样一种武装组织无法抵御外国敌人的入侵和对付国内敌对阶级的武装叛乱或反抗。这种民众的军事组织不过是一种临时性的军事组织。以后的社会主义国家都没有采纳这种军事组织形式，更没有相关的成功经验。

用民选的随时可以撤换的委员会代替政府的有固定官员和常设文官支持的政府部门，被马克思推崇为工人阶级革命政府的理想模式。事实证明，这种政府组织形式不过是幼稚的不成熟的政府形式。巴黎公社仅仅维持了72天，最终在法国资产阶级政府军队的武装镇压下失败。

五、第三共和国和1875年宪法

1875年建立的法兰西第三共和国，开始了共和制在法国长期占据主导地位的时期，最终在法国结束了君主制度。法兰西第三共和国的机构主要由议会、总统、内阁三部分组成。

第三共和国的议会由参议院和众议院两部分组成。参议院设议席300个，其中75名由制宪议会选出，终身任职；其余225名由各省和殖民地通过间接选举产生，任期9年。担任参议院议员的大都是担任过内阁总理、部长、省市长和议员的官僚政客。参议院除了与众议院共同拥有立法权外，还掌握最高司法权，有权组织审理关于总统和内阁成员弹劾案件的最高法庭，以及审理"危害国家安全罪"案件。众议院议员由成年男公民直接选举产生，议员任期4年，妇女、军人、殖民地本地居民以及在当地居住不满半年的人均不享有选举权。参众两院均有立法权和行政监督权，但关于财政的案件必须首先交众议院进行表决。众议院议员还拥有弹劾总统的权力。

总统是国家元首，它由议会两院联席会议以秘密投票的方式选出，任期7年，可以连选连任。[1]总统与参众两院议员共同拥有法律创议权。但关于财政法案应首先在众议院提出并通过。参议院有权组成最高法院，以审判共和国总统或部长以及审理危害国家安全罪。[2]

两院每年至少应开会5个月。总统有权延迟两院会议，但延迟时间不得超过一个月。

总统统帅武装部队。总统任命权文武官员，有权任命高级官吏、批准条约、宣布大赦，有权提前解散众议院或延期8个月召开议会，对议会提出的议案有一个月的延搁权。但是总统的权力必须通过内阁才能行使。总统的法令需要有关部长副署。总统不得参加议会两院会议并发言。总统犯叛国罪时，高等法院可以追究总统的责任。

法兰西第三共和国实行责任内阁制。各部部长就政府的一般政策对议会两院负连带责任。内阁由议会多数党组成，组阁的方式是由新总理提出内阁名单，以总统的名义任命。法国实行多党制。[3]

---

[1] 法学教材编辑部《外国法制史》编写组（主编）：《外国法制史资料选编》，下册，北京大学出版社1982年版，第634页。

[2] 法学教材编辑部《外国法制史》编写组主编：《外国法制史资料选编》下册，北京大学出版社1982年版，第635页。

[3] 法学教材编辑部《外国法制史》编写组主编：《外国法制史资料选编》下册，北京大学出版社1982年版，第634–636页。

　　法国国民议会在起草1875年宪法时曾试图保留重建君主制的可能性。因此，这部宪法没有对"君主制还是共和制"这个问题作出明确的决断。它成了一部"带有君主制期待的宪法"。这个决断是后来才做出的，它部分地体现在作为对1875年2月25日宪法第3章第8条补充的1884年8月14日的法律中。该法律规定，共和政体不得成为修宪法案的议题。[①]

　　19世纪后半叶法国的各政党，在1848至1849年资产阶级革命中已初具雏形，沿袭而来。法国19世纪后半叶政治舞台上主要有3个政党。保王党即君主派分作三支，正统派是波旁王朝的拥护者，奥尔良派是七月王朝的拥护者，波拿巴派是路易·波拿巴的支持者。保王党的代表人物有尚博尔伯爵、麦克马洪元帅、维努亚、梯也尔、德－布洛伊尔。保王派中还有一支教权主义者，他们主张将世俗政权交给教皇。资产阶级共和派分为两支，右翼共和派以茹尔－费利、茹尔－西蒙、茹尔－法夫尔为首。左翼共和派以甘必大为首，共和派的极"左"派以民族主义者和复仇主义者克列蒙梭为首。社会主义政党代表了工人阶级。在19世纪70年代到80年代末，共和派代表在众议院和参议院中拥有相对多数。如1876年共和派在众议院取得550席中的362席，1879年共和派在参议院中取得174席中的126席。但到了80年代末，共和派发生分裂，分成温和共和派和激进派，而右派则联合起来。1885年右派在众议院取得202席，而温和共和派只有200席，激进派只有180席。这样右派的力量就超过了分裂的共和派中任何一派，形成了共和制不稳的政治基础。

---

　　① ［德］卡尔·施密特：《宪法学说》，刘小枫编，刘锋译，上海人民出版社2016年版，第57页。

　　法国共和国制度不稳，突出地表现在第三共和国时期内阁更迭频繁。从1876年到1977年11月共41年中，共更迭了31届内阁，每届内阁平均任期只有1年稍多，仅1910年11月到1914年就更换了8届内阁。较为进步的共和派无视政治腐败，丑闻百出。君主派、反民主势力和投机分子活动猖狂，他们利用人民对共和派腐朽政治的不满，企图颠覆共和制。19世纪后半叶在法国发生了几次政治事件。

　　一是布朗热事件。布朗热将军是冒险家，他利用人民对共和制的向往，装扮成共和派，到处笼络人心。1885年费里总统下台，格列维出任总统。布朗热出任陆军部长后，在军队中清洗奥尔良派和保皇派军官，装扮成共和国的拥护者。他利用法国人民惧怕德国的心理和反德情绪，经常发表反德演说。1887年希内贝莱事件发生后，布朗热检阅了掩护部队，因此名扬全国。他背地里则和保皇派、金融巨头、军队高级将领勾结，准备政变。在财政上布朗热及其同伙受到金融贵族的支持。1887年总统格列卫维的女婿、众议院威尔逊出售共和国荣誉军团勋章的丑闻传出，随后发现其他议员和部长也有参与此项行为者。于是公众舆论迫使格列维辞职。布朗热乘此机会发表煽动性的演说，因而被解除陆军部长职务，被强迫退休。此后，布朗热扔掉共和党的假面具，在1889年众议员竞选中，提出了"解散议会、制定宪法、修改宪法、打倒贪污的共和国"的口号，进行复仇主义的宣传。支持布朗热的反动分子则想借布朗热之手，用暴力推翻共和国。共和派内政部长贡斯当最终迫使布朗热流亡国外。二是巴拿马丑闻。1879年在巴黎成立的巴拿马运河公司募股后，1888年巴拿马运河股份公司宣布破产。1893到1893年政府在舆论压力下进行了调查，证明有100余名议员受贿。但这一案件不了了之。三是德雷福斯案件。1894年在反犹情绪下，侦查机关指控原总参谋部的犹太人德雷福斯上尉是出卖情报的人，将他判处终身监禁。以后查明此案为冤案。此事被披露后，全国掀起要求重新审理该案件的浪潮。军队高级将领、教会人士和金融巨头阻止为德雷福斯昭雪。斗争持续到1906年，德雷福斯才获特赦。

这一系列事件反映出19世纪末法国政治生活中共和制不稳，其根本原因是法国大工业基础落后，没有确立代表工业资产阶级的共和派在政治上的优势。

法国政坛没有实行美国式的两党制，而是实行多党制。法兰西第三共和国的议会多党制软弱无力，造成了法国政治的混乱，内阁危机频频发生。

20世纪法国在民法领域对拿破仑主持制定的民法典进行了修改。将第17条至21条不作修改地全部加以废除，其中包括在外国担任公职和在外国军队中供职、在外国建立事业的法国人丧失法国人资格的规定，以及与外国人结婚的女子依从其夫的法律地位的规定。由于这些规定已经不能适应现代国与国之间建立的密切不可分割的政治经济联系，因此加以废除。此外，颁布了限制所有权自由的法令。1919年12月和1938年6月的法律放弃了《民法典》中关于契约自由和契约有绝对约束力的原则，国家对契约自由的限制和干涉加强了，规定契约双方中强大的一方可以通过法院废除契约或变更契约条件。1928年允许劳动契约的一方，通常是强大的一方废除契约，而契约当事人比较弱小的一方不得不接受向他提出的契约的全部条件。在婚姻继承领域，1927年7月17日的法律规定，儿子婚姻不受父母的支配。1924年4月25日的法令承认非婚生子女享有与婚生子女相同的权利。1938年2月的法令规定子女享有完全的行为能力。1942年9月的法律废除了《民法典》中关于夫应当保护妻、妻应当顺从夫的夫权内容，代之以夫妻相互忠实、相互履行义务、夫妻财产资助的原则。

在刑法领域，20世纪的法国仍以1810年的《刑法典》为施行的刑法典。1970年曾提出过新的刑法典草案，但提出后没有得到重视。这个时期法国主要是通过单行刑事立法来加强刑法制度和刑事镇压。由于社会阶级矛盾的尖锐化，犯罪案件数量激增。面对高犯罪率，通常采取判处缓期执行的强制措施，并建立感化院，为犯人建立农业基地。规定"半自由"制度，犯人可以白天出来劳动学习，晚上必须返回监狱，并对累犯在刑满后实行10年刑事监管的制度。

20世纪法国的法院和警察组织没有什么特别的变化。法院继续分成普通法院和行政法院两个系统，各自独立，自成体系。普通法院包括：由治安法院、警察法院、轻罪法院组成的基层法院，审理轻微民事案件；由上诉法院和巡回法院组成的中层法院；最高法院是最高审判机关。行政法院的组成人员不是法官而是行政官员，它的裁决主要不是依据民法典和刑法典，而是根据长期活动中形成的判例和一般法理原则进行裁决。

第四节　20世纪的国家制度

一、维希政府

1939年9月3日，法国和英国对德宣战。1940年德国开始闪电战。

法军溃败，贝当政府停战，在6月25日签订了停战协定。法国被划分为占领区和非占领区两部分。把维希作为法国的临时首都。在维希召开的议会两院会议把国家全部权力授予共和国政府，并通过了一部法兰西新宪法。

统治维希政府的是由法国一批反对议会制共和国的反动势力为主组成。政府组成人员复杂，以后则完全被德国控制。[①]

初期支持维希政府的力量，一是温和派、激进党和社会党人中的机会主义者。二是传统主义的右派势力。这部分人包括莫拉斯和"法兰西运动"的右派、天主教圣职人员、军人骨干和右派知识分子。三是行政机构和私营机构的资产阶级。此外还有各种反议会派。支持维希政府的还有农民。[②]在维希政府以外，法国国内的抵抗运动积极地展开了活动。

二、第四共和国

战后法国国家内部的权力关系变动非常频繁，有时是议会地位至上，有时是行政权至上，有时国家充当了垄断资本的直接工具。法国政治总是采取较为极端的形式，因而导致政治动荡幅率较大。其原因与法国党派众多、党争激烈的历史传统以及第二次世界大战后法国重建的历史直接相联系。

从1945到1978年，法国的国家权力结构经过了几个主要变化阶段。第一阶段是法兰西第四共和国。这一阶段法国可以说是一个典型的议会制国家。议会掌控着国家权力，决定一般政策，制定法律和授

①［法］雅克·夏普萨尔，阿兰·朗斯洛：《1940年以来法国的政治生活》，全康康译，上海译文出版社1981年版，第45页。

②［法］雅克·夏普萨尔，阿兰·朗斯洛：《1940年以来法国的政治生活》，全康康译，上海译文出版社1981年版，第37–39页。

权政府，议会行使对行政机构的严格控制。[①]

1944年法国从法西斯统治下解放出来时，资产阶级传统精英对法国的政治影响已经荡然无存，他们也失去了国家的保护，因为他们依靠的政府不再存在。当时一个武装起来的左派似乎就要挺身而出掌握政权了。但是在这个时候，戴高乐凭借在战争期间的表现成为法兰西民族的领袖。戴高乐的意图并不只是解放法国，他还要防止战后法国具有革命性质，特别是要防止左派特别是共产党人在政治上占据领导地位。戴高乐的谋略取得了成功。当时法国共产党人政治意识薄弱，没有国家权力观念。他们热心于战后法国的经济和社会改革，他们却没有去发动一场轻易便可以取得政权的革命。戴高乐1944年9月9日在重建的临时政府中给予共产党人两个较低的职位，一个是航空大臣，一个是公共卫生大臣。临时政府中还包括了4个社会党的成员。政府由戴高乐将军本人控制。戴高乐在经济和社会领域中选择了传统的而不是激进的政策。[②]法国共产党人在资产阶级的政治地位缺乏优势而且还很不巩固的情势下，放弃了夺取政权的机遇，把政权拱手让给了资产阶级。

1944年8月24日，戴高乐率领法军进入解放了的巴黎。9月，他改组了法兰西共和国临时政府，吸收共产党、社会党、激进社会党参加内阁。1945年9月，法国全民公决，摈弃第三共和国。1945年10月制宪议会通过新宪法，宣告第四共和国正式建立。该宪法确立两院议会制，对共和国总统的权力作了严格的限制。11月，戴高乐被议会选举

---

① Richard Scase, ed., The State in Western Europe.London，1980.p.97.

② ［英］拉尔夫·密里本德：《资本主义社会的国家》，沈汉等译，商务印书馆1997年版，第118—119页。

为临时政府总理，组成新的临时政府。

1945年10月法国公民投票，反对恢复第三共和国。接着举行立宪会议选举，法国共产党获得500多万张选票，占有152个议席，成为第一大党。社会党获得142席，皮杜尔的人民共和党获得138席。11月，法共在临时政府改组中要求获得外交、国防和内政三个重要部中任何一个部长的职位，遭到戴高乐的拒绝。在新政府中，多列士任国务部长，另外四名法共党员担任了国民经济、工业生产、劳工和军备部长职务。临时政府审判和惩办了法奸。维希政府首脑贝当和14000名维希官员受到惩办。

新议会推选戴高乐为法兰西共和国临时政府主席。但在制宪中，他反对多党制政治，主张法国建立超党派的总统制共和国。

1946年法国制定了一部新宪法，规定了第四共和国的国家制度。第四共和国宪法仍然采用两院制的议会制度。总统由两院（国民议会和参议院）联合选出，任期七年，不掌握实权。法国实行多党制，政府必须严格对议会多数派负责。这部宪法是在共产党组织的抵抗运动把法国从法西斯占领者手中解放出来，共产党的力量在国内政治生活中的作用大大增加的背景下制定的。这部宪法贯彻了资产阶级民主精神。它重申了1789年《人权宣言》中关于公民的自由和权利的各项规定，确认了组织工会和童工的权利、世俗教育的原则、劳动权、男女平等、禁止以出身和宗教信仰为理由对人进行歧视，实行社会保障、实行民主选举制度。[1]

---

[1] ［苏］康·格·费多罗夫：《外国国家和法律制度史》，叶长良、曾宪义译，中国人民大学出版社198年版，第400–401页。［法］雅克·夏普萨尔，阿兰·朗斯洛：《1940年以来法国的政治生活》，全康康译，上海译文出版社1981年版，第127–128页。

1946年宪法具有民主的特点。它确定以普选产生的议会为国家权力的中心。共和国总统不再拥有1875年宪法曾赋予总统的权力。但是，总统介入政府首脑（部长会议主席）以及最高司法委员会、最高国防委员会的任命。他拥有规章制定权，并决定最高级别的文职和军事官员的任命。

在第四共和国中，总理（即部长会议主席）是政权的真正负责人。宪法规定部长会议主席充当政府的首脑、最高行政权的执掌者、以及可优先与议会对话者。宪法取消了国家元首自由挑选内阁总理的权力，共和国总统只能指定一位内阁总理候选人，而这位候选人是否能够获得授权，则得由国民议会决定。①

1947 年1 月，激进社会党人保罗·拉马迪埃组成联合政府，联合政府共有26名部长，其中共产党人占5名。②1947年5月，总理以政府内部无法统一意见为由，解除了共产党人部长的职务，把二战后长期参政的共产党置于反对派的地位。③

三、第五共和国

战后法国国家权力结构发展的第二个阶段是第五共和国。

1958年5月13日，法国殖民地阿尔及利亚首都阿尔及尔发生暴乱，导致第四共和国政府垮台。④第四共和国解体是议会权力过分膨

---

① ［法］乔治·杜比：《法国史》下卷，吕一民、沈坚、黄艳红译，商务印书馆2010年版，第1495–1496页。

② ［法］雅克·夏普萨尔，阿兰·朗斯洛：《1940年以来法国的政治生活》，全康康译，上海译文出版社1981年版，第151 页。

③ ［法］乔治·杜比：《法国史》下卷，吕一民、沈坚、黄艳红译，商务印书馆2010年版，第1498页。

④ ［法］雅克·夏普萨尔，阿兰·朗斯洛：《1940年以来法国的政治生活》，全康康译，上海译文出版社1981年版，第308–309 页。

胀而严重阻碍国家行政权力所致。6月1日，戴高乐出任政府总理，提
出加强总统权力和行政权力的新宪法。9月28日举行公民投票，新宪
法以78.5%的票数通过。10月4日新宪法生效。自此，法兰西第五共
和国取代第四共和国，法国由议会制过渡到事实上的总统制。1958年
12月，戴高乐经普选当选为第五共和国总统，1965年他再次当选为总
统，共任总统11年。第五共和国通过把国家制度化发展到顶点，加强
了国家的自主权。第五共和国的政治统治完全依赖行政机构。它通过
取得文官的支持和依靠文官进行统治。职业政治家只是在权力很小的
议会中有一席地位。1958年宪法确定了国家行政机构的地位居于各政
党之上，政府由共和国选出的总统建立，而总统无须向议会负责。在
戴高乐统治时期，行政机构具有压倒的权力和权威，它从高级官员中
补充其成员。这些人甚至都没有选入过议会，而不像第三共和国和第
四共和国那样大臣都是议员。许多文官都是国家行政学院的毕业生，
这个学院是戴高乐和德勃雷在战后创立的。文官依靠与政治权力的某
种联系纽带取代了西方某些国家政党所起的功能作用。[1]而随着戴高
乐主义的结束，乔治·蓬皮杜任总统后，特别是在德斯坦时期，法国
权力结构的变化进入了战后的第三个阶段。由于国内党派的激烈斗
争，左、右两翼激烈分化，行政权逐渐放弃了独立的权力要求，工商
业资产阶级开始直接影响政府，大企业家和银行家成为国家高级官职
的直接控制者。[2]

---

[1] Richard Scase，ed.，The State in Western Europe. London，1980. pp. 98–101.

[2] Richard Scase，ed.，The State in Western Europe. London，1980. pp. 98–101.

第四章
德　国

在欧洲大多数国家，政治统一体都是在君主专制时期建立的。但是，在德意志帝国，中世纪分崩离析的状况一直延续到这个帝国的末年。

1807年签订的提尔西特合约对普鲁士来说是一个耻辱的和约，它迫使普鲁士君主国不得不进行改革。普鲁士国王腓德烈·威廉的《改革敕令》写道："已考虑到，由于面临普遍的匮乏，朕所任意处置的资财当不足以援助每一个人，而且即令是够的，亦难达到朕之目的；加之按照不容异议的正义的要求以及明智的经济政策的原则，朕理应扫除迄今阻止个人获得其所能达到之繁荣景况的每一项障碍。""朕各邦的任何居民都有占有或抵押任何种类的土地财产之法定资格，而不受邦方面的任何限制。""此后任何贵族均得从事于市民职业而无损其身分地位，而任何市民或农民亦得由市民转为农民或由农民转为市民。""从本令之日起不得以家庭出身或婚姻，或以承担农奴地位，抑或以契约创设新的农奴制关系。""因本令之公布，那些由继承，或由其自身权利，或由永佃、或由公簿持有而占有其农地的农奴及其妻儿的各种现有农奴制关系和一切相互的权利义务，均应完全停止。""从1810年圣马丁节起在，朕全部领土范围之内，一切农奴制均应停止。"①在德国政治和经济危机的背景下，普鲁士废除了农奴制。

与此同时，在德意志神圣罗马帝国的版图上诞生了一批新的政治单位，如普鲁士、巴伐利亚、符登堡、萨克森等邦国。在18世纪，帝国作为一个整体还只是混杂的复合体。②黑格尔在1802年写了《德意志宪法》一文，他描述说："德意志国家体系不外是一些个别部分从整体抽象出来的权利的总和"。其宪法和法律的关键在于，它们"小心谨慎地不给国家留下任何权力"。普芬道夫解释说，这种结构类似于一种病态，就像一个怪胎一样。选帝侯是帝国最尊贵的、政治上最强大的等级，每次新选立皇帝，它们都通过新的选举条款重申和扩大这些权利。

普鲁士的绝对主义国家在威廉二世统治时期（1786—1797年）已经停止了发展，在韦尔德和维尔纳任首相时期，国家由于害怕革命而转向了反动。这时，在国家机构中形成了一支年轻的改革力量。他们在威廉三世（1797—1840年）的领导下早在1806年以前就计划和领导改革，而1806年的失败触发了这场具有深远意义的改革。施泰因的改革是在委任卡尔·施泰因管理国内所有事务之后由施泰因推行的。这场改革以后为哈登堡首相所继续。施泰因—哈登堡改革的基本思想是，在重新组织国家之时，还要使国王的臣民成为国家的公民，让他

---

①《普鲁士敕令》，载，法学教材编辑部《外国法制史》编写组主编：《外国法制史资料选编》下册，北京大学出版社1982年版，第652–653页。

②［德］卡尔·施密特：《宪法学说》，刘锋译，上海人民出版社2016年版，第81页。

们参与政治生活，以此唤醒他们的能量，同时赋予他们自由的机会。使他们能够自我负责。改革试图通过由独裁管制向自由思想转变的方式来控制国家的危机，建立起人民对国家的认同，开发潜在的思想和经济资源。

第一节　19世纪上半叶德国的宪政思想①

斯托莱斯教授对19世纪上半叶德国的宪法和宪政思想评论道，到了19世纪初年，"德国的法律切入点与美国和法国不一样：德国宪法不是在革命的零时刻由公意构建的创造物，而是最高权力的赋予物，其中君主权力自愿被施加限制。像那种在君主与等级会议之间达成一致的宪法（如符登堡宪法）只是一种例外。后期绝对主义推行'自上而下改革'的现代化运动。在这种思想语境下，宪法同时也是革新、君主制自我维护、整合新获取的领土、以及在德意志同盟内部捍卫自己主权的一种政治考量手段。在所谓早期宪政主义（1814年—1824年）期间出现的第一波宪法尤其如此。在1830到1848年国内骚乱之后被迫制定的宪法或修改的宪法也是如此。在关键时刻总有君主权力的参与，这是前提。19世纪德国的宪法思想与君主有关。西方思想的自由、进步、人类激情在这里都不见踪影，但在与民族国家思想特别的

---

① 肯尼斯·戴森指出："在1800年前后，德国对国家观念的关注程度不同寻常的发展，为德国政治语汇带来了独特的特征，并建立起了在一个世纪甚至更长的时间内政治讨论的诸参数。"（［英］肯尼斯·戴森：《西欧的国家传统、观念和制度研究》，康子兴译，译林出版社2015年版，第74页。）

联系中又可以部分地发现这种激情。"①

当时德国人在绝对主义的君主主权和民主的人民主权之间寻找出路，人们把希望寄托在"国家主权"上。17世纪以后，人们熟悉了国家的词义，对国家功能逐渐进行分离，禁止独断统治者的干预，对国家财政与私人财政进行了区分。在进入19世纪以后，社会在社团、经济、科学以及宗教层面越是要求和实践"自治"，其对立面即官僚机构国家的轮廓也就暴露得越明显。②

1830年以后，在德意志同盟的宪法国家中，人民代表会议的存在已完全没有争议，而争论转到这样的问题上来，即"等级会议"和"议会"应该拥有何种权能。人们对这两个词的词义进行了激烈的讨论。因为在等级会议的模式中，君主制原则得到完整地保护，君主是立法者，接受他人的建议，他同时也是政府首脑和掌握军权的人。在新教国家中，他甚至还是国家教会的领袖。1818年的巴伐利亚宪法在序言中宣布，赋予等级阶层"共同建议权、同意权、批准权、请愿权、在宪法权利受到侵害时的申诉权……旨在增强公共大会中咨议机构的英明，不削弱政府的力量。"因此，当时谈论"议会"时，人们理解的是另一种完全不同于人民代表会议的模式。③在三月革命前，选举下院的选举权受等级制和君主制影响和控制，通过许多限制（如选举人程序、财产审查、年龄、居住、宗教信仰、户口等），以筛选

---

① ［德］米歇尔·斯托莱斯：《德国公法史：国家法和行政学（1800—1914）》，雷勇译，法律出版社2007年版，第95页。

② ［德］米歇尔·斯托莱斯：《德国公法史：国家法和行政学（1800—1914）》，雷勇译，法律出版社2007年版，第104–105页。

③ ［德］米歇尔·斯托莱斯：《德国公法史：国家法和行政学（1800—1914）》，雷勇译，法律出版社2007年版，第110–111页。

出下院议员。其目的是建立一个由社会名流组成的议院。[①]

卡尔·施泰因在担任威斯特法利亚州州长时就已经在进行重要的改革。他废除了边疆劳役，把教会财产世俗化。他从1804年起担任了普鲁士的经济部长，废除了国内的关税壁垒，设立统计办公室，在施泰因与国王失和以后，普鲁士从1807年10月到1808年11月推行卡尔·施泰因在《拿骚备忘录》（1807年7月）中拟定的改革方案，用合作式的行政部门代替了过时的内阁体制，人们评论说："这不仅是行政史上的一座里程碑，而且也是一件划时代的宪法文件。"这时，用州长的设置取代了省长。1808年11月19日颁布了有重大意义的《普鲁士国家城市条例》。施泰因最重要的改革是农业改革和社会改革，他开始把领地农民提升为完全拥有财产的所有者，接着在1807年10月9日颁布了《关于农民解放的敕令》，而在1811年补充了《关于调整土地生产的敕令》。[②]

继任的哈登堡（1750—1822年）在任首相期间采取有力措施解放了犹太人，进行工商业和财政改革。他在"国家所有居民生来就是国家的捍卫者"的信条下改革军队。他还进行了洪堡教育改革，改善全民义务教育和教师培养，在1809年8月16日建立柏林大学。普鲁士国王想"用思想力量弥补国家在物质上所失去的东西"。

在1806年以后的改革过程和普鲁士的政治争论中，上层检讨了造成国家崩溃的军事、政治和行政原因。卡尔·施泰因着手消除等级限制和经济障碍，并促进自治。当时的政治家格耐森劳在给阿恩特的

---

① ［德］米歇尔·斯托莱斯：《德国公法史：国家法和行政学（1800—1914）》，雷勇译，法律出版社2007年版，第113页。

② ［德］米歇尔·斯托莱斯：《德国公法史：国家法学说和行政学（1800—1914）》，雷勇译，法律出版社2007年版，第34—35页。

信中这样写道："武器、宪政、科学这三样重要的东西足以使我们在四周的列强中立于不败之地。"[①]但是，在这一阶段，人们所需要的"宪法"还是没有制定。这是因为旧等级反对势力、领地上的地主贵族、敌视改革的官僚和梅特涅施加的外部压力都在阻扰宪法的产生。

但是，从1806年到1814年，普鲁士政治已经出现了惊人的变化，从绝对主义向公民时代转变。这样确立了普鲁士在社会和公众观念中的积极形象。正是在强烈的复辟倾向中，自由主义者把改革推向宪政运动的顶峰。[②]

18世纪90年代到19世纪最初几年。普鲁士签订了《巴舍尔特别合约》（1795年4月5日）、《波坎福尔米奥和约》（1797年10月17日），召开了拉施泰特会议、签订了《鲁勒维勒和约》（1801年2月9日），并在1803年2月月25日签订了《全帝国代表团会议主决议》。这些事件表明，帝国的解散已经不可避免了。帝国上层等级的大多数人士甚至皇帝本人都在促成帝国的瓦解。长期以来资本主义经济较为发达的中等邦国巴伐利亚、符登堡、巴登、黑森–达姆施塔德在《普雷斯堡和约》（1805年12月25日）签订后对巩固帝国毫无兴趣，现在它们发誓效忠"领地宪法精神"。1795年到1803年间，德国年轻一代中一部分人迷恋拿破仑，一部分人希望废除帝国，消除与帝国相联系的封建和神权状态，推进现代化。但是，由于当时德国经济落后，资本主义发展迟缓，在社会结构中缺少中等阶级，所以，推动建立国家主权政

[①]［德］米歇尔·斯托莱斯：《德国公法史：国家法学说和行政学（1800—1914）》，雷勇译，法律出版社2007年版，第36-37页。

[②]［德］米歇尔·斯托莱斯：《德国公法史：国家法学说和行政学（1800—1914）》，雷勇译，法律出版社2007年版，第33-34页。

治的主要是高级官吏。[①]

第二节　德国的邦国和莱茵联邦

　　1806年7月12日，签署了莱茵联邦条约。16个邦国包括列支敦士登、巴伐利亚、符腾堡和巴登在内的莱茵河两岸的德意志南部、中西部邦国，脱离了神圣罗马帝国，建立了一个处于法国保护下的新的政治联合体莱茵联邦。当时大多数人认为，这是期待已久的、不可挽回的发展结局。莱茵联邦在法兰克福设两院制议会，法国皇帝拿破仑兼任莱茵联邦的最高元首，支配联邦的外交和军事；协议同时规定，在发生战争时，联邦有义务向拿破仑提供一定数量的军队。1806年8月6日，已自称奥地利皇帝的弗朗茨一世（即神圣罗马帝国的弗朗茨二世）被迫宣布放弃神圣罗马帝国皇帝的称号，神圣罗马帝国灭亡。在随后数年，有23个邦国加入莱茵联邦；弗朗茨一世的哈布斯堡王朝只能够统治帝国剩下的领土奥地利。德意志地区内只有奥地利、普鲁士、丹麦控制的荷尔斯泰因和瑞典的波美拉尼亚地区没有加入联邦。根据条约，莱茵联邦平常由一个有宪法权力的组织管理，但联邦各邦国都拥有独立的主权。联邦又是一个军事同盟，各邦国有义务向其保护人拿破仑提供一定数量的军队助战。作为回报，这些邦国的统治者被赋予较高地位：巴登、黑森、克莱韦和伯尔升为大公国，而符腾堡

---

　　① ［德］米歇尔·斯托莱斯：《德国公法史：国家法学说和行政学（1800—1914）》，雷勇译，法律出版社2007年版，第30—32页。

和巴伐利亚升为王国。其他邦国亦可以与其他前神圣罗马帝国的邦国合并而得到扩展。

1806年普鲁士战败于法国后，很多中小德意志邦国都加入莱茵联邦。1808年联邦达到最大的版图，包括3个王国、13个公国、17个侯国，以及汉堡、吕贝克和不来梅3个汉萨同盟城市。

1810年德意志西北部大片地区被迅速合并到法兰西第一帝国，以便监控对英国的禁运，使大陆封锁能够顺利推行。

莱茵联邦的成员包括：巴伐利亚王国；符腾堡王国；美因茨选侯国（10年后为法兰克福大公国）；巴登大公国（前身为巴登选侯国）；贝格大公国；阿伦贝格公国（1811年并入法兰西帝国）；拿骚–乌辛根侯国（1806年8月30日与拿骚–魏尔堡合并为拿骚公国）；拿骚–魏尔堡侯国（1806年8月30日与拿骚–乌辛根合并为拿骚公国）；霍亨索伦–黑钦根侯国；霍亨索伦–西格马林根侯国；萨尔姆–萨尔姆侯国，1810年并入法兰西帝国萨尔姆–基尔堡侯国（1810年并入法兰西帝国）；伊森堡–比尔施泰因侯国；列支敦士登侯国；黑森–达姆施塔特领地伯国（1806年8月14日升格为黑森–达姆施塔特大公国）；莱延伯国（1806年7月12日升格为莱延侯国后来加入的成员）；维尔茨堡大公国（1806年9月25日加入）；萨克森王国（1806年12月11日加入）；萨克森–魏玛–艾森纳赫公国（1806年12月15日加入）萨克森–哥达–阿尔滕堡公国（1806年12月15日加入）；萨克森–迈宁根公国（1806年12月15日加入）；萨克森–希尔德堡豪森公国（1806年12月15日加入）；萨克森–科堡–萨费尔德公国（1806年12月15日加入）；安哈尔特–德绍公国（1806年12月15日加入）；安哈尔特–贝恩堡公国（1806年12月15日加入）；安哈尔特–科滕公国

（1806年12月15日加入）；利珀-代特莫尔德侯国（1807年4月18日加入）；绍姆堡-利珀侯国（1807年4月18日加入）；罗伊斯-格莱茨侯国（1807年4月18日加入）；罗伊斯-施莱茨侯国（1807年4月18日加入）；罗伊斯-罗本施泰因侯国（1807年4月18日加入）；罗伊斯-埃贝尔斯多夫侯国（1807年4月18日加入）；施瓦茨堡-鲁多尔施塔特侯国（1807年4月18日加入）；施瓦茨堡-宗德斯豪森侯国（1807年4月18日加入）；瓦尔德克侯国（1807年4月18日加入）；威斯特法仑王国（1807年12月7日加入）；梅克伦堡-施特雷利茨公国（1808年2月10日加入）；梅克伦堡-什未林公国（1808年3月22日加入）；奥尔登堡公国（1808年10月14日加入，1810年12月13日并入法兰西帝国）。

1813年10月中旬，拿破仑在莱比锡战败，撤退到莱茵河西岸。失去保护的联邦内各邦国为了自身的利益，很快就倒向了反法同盟一方。10月31日，莱茵联邦正式解体。在莱茵联邦解散之后直至1813年10月21日德意志邦联成立之前，唯一一次尝试是建立了连结德意志地区各邦国的政治组织"中央行政议会"。它的主席是海因里希·弗里德里希·卡尔·冯·施泰因帝国男爵（1757年—1831年）。1815年6月20日，这个行政议会被解散。

1814年5月30日，巴黎和约确认了各德意志邦国的独立性。1815年的维也纳会议重绘了欧洲大陆的政治地图。但是其实德意志地区内的众邦国的边界只有些微的改动，而后来成立的德意志邦联包括了大部分前莱茵联邦的参加者。

19世纪初年德意志各邦的立宪机构处于从等级制机构向代议制机构过渡的阶段。梅特涅的谋臣弗里德里昂·冯·根兹用"等级君主制"的概念取代"代议制"的概念。但是1818至1819年间在德国资本主义关系较为发达的地区如巴伐利亚、符登堡和巴登，均制定了成文宪法，主张建立有上、下院组成的议会。[①]但1819年8月哈登堡和梅特涅签订的特普利兹临时协议阻止了在德国设立代议制机构的意图。[②]

从19世纪初年起，普鲁士的行政机构发展起来。哈登堡首相建立了省和省一级的官厅，以后设立省长职。1815年4月设立10个省，后改为8个省。省长在行政管理中虽然不能凌驾于政府之上，但省长有权处理所有事务，所以仍有较大的政治活动权。1817年普鲁士成立了最高官厅枢密院，作为国王和政府的咨询机构。参加枢密院的有王室亲王、官厅首脑、军队将领，以及34名国王任命的人士。以后，到1848年，枢密院的权力大大缩小，不参与立法和法令的准备工作。到1848年7月，枢密院事实上已经不存在了。但1857年7月枢密院又恢复了活动。[③]

1820年普鲁士的政治结构中存在一个强有力的君主制；承认社会对议会的政治参与，而议会是被筛选过的，只享有很少的权利；国家权力不受真正的分权约束；着重强调"理性的"官僚机构的中立化功能，这种官僚机构不仅忠实地捍卫君主制，而且也保障市民的自由，在政治上模棱两可。[④]

① E. N. and P. R. Andernson，Political Institutions and Social Change in Continental Europe in the Nineteenth Century，California University Press，1967. pp. 47–48.

②［联邦德国］卡尔·艾利希·博恩等：《德意志史》，张载扬等译，商务印书馆1991年版，第3卷上册，商务印书馆1991年版，第121页。

③［联邦德国］卡尔·艾利希·博恩等：《德意志史》，张载扬等译，第3卷上册，商务印书馆1991年版，第121页。

④［德］米歇尔·斯托莱斯：《德国公法史：国家法学说和行政学（1800—1914）》，雷勇译，法律出版社2007年版，第148–149页。

19世纪30年代初，普鲁士的国家法和行政法文献具有自相矛盾的特征。一方面，它延续早期理财学和公共管理学的传统，对所有与行政有关的立法内容进行了详细的收录整理。另一方面，对于国家法，尤其是关系到"宪政"和"国民代表会议"的问题闭口不谈。当时把宪法问题置之一旁。普鲁士的官吏们常常把自己装扮得很好，以便证明"普鲁士国家的卓越组织举世闻名。"①

三月革命以前，普鲁士国家还没有宪法。一个学者写道："普鲁士邦国没有宪法，最高权力也没有在国王和人民代表会议之间进行划分。"在1806年最初准备进行的预备立宪，但在1819年以后无法实现。1823到1824年设立了省议会。

19世纪初的政府和行政改革建立了内阁制，对省和官府做了重新划分，推行地方自治，还新设置了州长机构。这些改革取得了效果。当时"所有阶级的兴趣更多地放在行政改革上，而不是放在宪法上"，宪法问题被搁置一旁。普鲁士的行政机构坚持了工商自由，坚持自由贸易的关税政策，形成关税同盟，取得了重大的成就。在普鲁士，行政法超过了宪法。

第三节　19世纪上半叶德国的宪政观念

1840年威廉三世去世，普鲁士王位传递给他的长子弗里德里

---

① ［德］米歇尔·斯托莱斯：《德国公法史：国家法学说和行政学（1800—1914）》，雷勇译，法律出版社2007年版，第277页。

希·威廉四世。但是，威廉四世的思想不同于立宪自由主义及其宪法学说。他所代表的是历史–宗法制思想、基督教–日耳曼思想和等级制思想。这种思想和普鲁士复辟企图相近。他不能认识新型的社会关系，和新兴的社会力量关系疏远。人们对弗里德里希·威廉四世抱有很大的希望。威廉四世在柯尼斯堡发表的宣誓激起了自由主义者的希望。这种希望表现在普鲁士省等级会议的一份呈文中，它请求国王不只是承认省的特权，而且要保证成立他许诺过的"邦代表大会"。然而，威廉四世与自由派之间存在着政治主张上的差距和矛盾。威廉四世明确拒绝"普遍的人民代表会议"。但是自由主义的希望已经在人民中传播，公共生活取得了巨大的进步。但是，普鲁士继续保持着绝对君主制，主权是属于王朝的"家族财产"。[1]

1842年10月，国王在柏林召开了有八省议会组成的全邦等级代表大会作为"联合委员会"，这在普鲁士是第一次。但是这个会议与民族代议制相差很远。1844年以后国王推行的"联合省议会"的计划也是如此。国王威廉四世希望把各省的各种君主政体联合起来达到国家的统一。1847年2月，威廉四世又发布了等级会议的敕令。他召开等级会议的实践暴露了他的等级-宗法思想。而此时帝国议会等级代表的权力被削减了。此外，1832年8月5日颁布的联邦法令禁止政治社团。于是，各邦的资产阶级力量加强了活动和联系。德国工人阶级的运动也展开了。马克思在1842年10月到1843年春担任了资产阶级民主派的报纸《新莱茵报》的主编。1847年到1848年的冬天，马克思和恩格斯受共产主义者同盟的委托起草了《共产党宣言》，在1848年2月

---

[1]［德］米歇尔·斯托莱斯：《德国公法史：国家法学说和行政学（1800—1914）》，雷勇译，法律出版社2007年版，第279–280页。

发表。1848年2月，法国爆发了二月资产阶级革命。1848年2月27日巴登奥芬堡的群众集会第一次提出了包括新闻自由、刑事陪审法庭、制定各邦宪法和召开德意志议会的要求在内的纲领。[①]3月3日科隆发生请愿，3月18日群众在柏林王宫前广场集会，当普鲁士军队撤离王公广场时发出了几声枪响，随后爆发了巷战和街垒战。

国王到了1847年违背了自己的信念，终于决定建立国家联合议会，但革命即将来临。威廉四世试图挽救形势，在3月18日夜起草了文告《致我亲爱的柏林居民》，表示如果起义者撤走，他答应撤军。但是革命已无法阻止。3月29日组成自由派内阁，莱茵人鲁道夫·康普豪森担任总理大臣，大卫·汉泽曼任财政大臣。5月22日威廉四世不得不在普选基础上召开"制定宪法的大会"，以代替联合省议会。[②]

1848年10月国民议会开始讨论政府在5月份提出到7月份才由议会委员会拟定的宪法草案。11月初任命了由勃兰登堡伯爵主持的保守内阁。国民议会延期召开并从柏林迁往勃兰登堡。1848年2月5日，国民议会解散，国王强行颁布了一个宪法。它对自由主义立宪原则作出迁就，其中规定禁止信托遗赠、废除领主裁判权和庄园警察权，废除纯封建的第一院，侵犯了贵族的利益。

这时，政府代表控制的邦联议会迁到法兰克福，由规模较小的参议会按一人一票制组成了十七人委员会，在弗里德里希·克里斯托夫·达尔曼领导下，制定宪法草案。但这个机构没有威信，未能获得成功。

---

① ［联邦德国］卡尔·艾利希·博恩等：《德意志史》第三卷上册，张载扬等译，商务印书馆1991年版，第172页。

② ［联邦德国］卡尔·艾利希·博恩等：《德意志史》第三卷上册，张载扬等译，商务印书馆1991年版，第172—174页。

在自由派人士亨利希·冯·加格恩领导的五十人委员会推动下，1848年5月18日，全德国民议会在法兰克福圣保罗教堂开幕。选举产生参加国民议会的议员和候补议员共830人。议员实际人数为585人。受过大学教育的为550人，其中大学教授和讲师为49人，法官和检察官为157人，律师为66人。经济学界代表110人，农民代表1名，没有产业工人代表，只有少数几名手工业者代表。[1]国民大会的议员中有达尔曼、格林、米特迈尔、贝泽勒、魏茨、菲舍尔、海因里希·察哈里埃、阿尔布雷特、菲力普斯、格维努斯、阿恩特等大学教师；有议会活动经验的人士韦尔克、巴塞曼、马蒂、伯克拉特、芬克、利希瑙斯基、罗腾汉、约尔丹、勒默尔、弗罗伊登泰尔、朗恩、鲍姆巴赫、布斯；有法学家维登曼、康佩斯、许勒尔、黑克舍、巴尔特、雷等。[2]总的来说，有教养的资产阶级代表人物即资产阶级知识分子在议员中占据了多数，坚定的革命者和民主派在议员中处于绝对少数。

国民议会召开后，十七人委员会提交了宪法议案。5月24日成立了30人组成的宪法委员会。在三十人委员会中，贝泽勒、达尔曼、德罗伊森、瓦尔茨、韦尔克、米特迈尔和莫尔起了重要作用。1849年1月26日第一次审议帝国宪法。上述教授一直都参与其中，而且所有主要的问题，如基本权利、联邦国家、一院制或二院制、帝国元首的否决权、选举权、大德意志或小德意志解决方案、王位继承或选举、共和制的问题，都是由他们提出的。但是，在讨论过程中，政治困难逐渐加大，优势转到职业政客和外交界人士方面，法学家失去了优势地

---

① ［联邦德国］卡尔·艾利希·博恩等：《德意志史》第三卷上册，张载扬等译，商务印书馆1991年版，第174—176页。

② ［德］米歇尔·斯托莱斯：《德国公法史：国家法学说和行政学（1800—1914）》，雷勇译，法律出版社2007年版，第349—350页。

位。①

法兰克福议会最终通过了全德宪法《法兰克福宪法》。该宪法是
资产阶级和君主派妥协的产物。该宪法宣布德意志帝国由各邦联合而
成。"德意志各邦保持其自主权，不受皇帝行政权力的制约。"宪法宣
布，"对外唯有皇帝有权代表德意志和德意志各邦"，"所有德国的武
装力量均由皇帝统帅。""唯德国皇帝有立法权与对于币制的最高监督
权。在德意志只应采用同一种币制。"议会由联邦院和众议院组成。
帝国元首由一位邦君出任。

1848年全德宪法在德国废除了等级制度。"在法律面前不再有等
级的差别，废除贵族等级，一切等级特权均予以废除。"

1848年全德宪法的民主性主要表现在它规定了人民的基本权利。
它包括"在法律面前一切德国人一律平等，""公共机关向一切力能胜
任的人开放，""所有公民均有服兵役的同等义务"，"所有德国人均有
不携带武器和平集会的权利"，财产权不可侵犯。"永远废除一切农奴
制的从属关系。"②但是1848年全德宪法没有得到各邦的批准。

当普鲁士国王拒绝帝位后，资产阶级展开了"为帝国宪法而战"
的战斗。而巴登、普法尔茨、普鲁士、奥地利则采取强硬的反革命手
段展开活动，随后建立了等级法庭和战争法庭审判革命者。1849年6
月18日，符登堡军队最后驱逐了迁到斯图加特的法兰克福议会的最后

---

① ［德］米歇尔·斯托莱斯：《德国公法史：国家法学说和行政学（1800—1914）》，雷
勇译，法律出版社2007年版，第352-353页。

② 《法兰克福宪法》，载，法学教材编辑部《外国法制史》编写组（主编）：《外国法制
史资料选编》下册，北京大学出版社1982年版，第654-655页。

一批议员，①法兰克福议会被解散。

法兰克福议会被解散后，作为革命的余波，德国发生了内战。在萨克森、普法尔茨和巴登发生了共和主义者组织的护宪运动起义。普鲁士军队向3个中心发动进攻，镇压了起义。护宪运动最终失败。

1848到1849年德国革命失败了，但并非成果荡然无存。在1848年12月5日通过的宪法将普鲁士变成一个"宪法国家"。因此普鲁士退回到反动时期没有那么迅速。虽然普鲁士推行了三阶段选举法，并修改了宪法，但在修改后宪法的条文中仍然保存了与议会协商妥协的内容。普鲁士拥有和当时标准相符合的宪法，宪法中有基本权利部分，但在总体上保持了保守的君主立宪制。资产阶级在政治上灰心丧气，表示妥协，接受对学校、自治的政治控制，以及进一步强化军队和贵族的作用。直到"宪法冲突"时期，宪政问题才重新引起人们的注意。②

在萨克森王国，尽管保守势力反扑，但在1850—1866年间，成功地实行了法院组织法、刑法、以及刑事诉讼法改革，并制定了民法典。1861年制定了工商业法规。1868年通过了更为民主的选举法。从1866年起进行了行政改革。从1871年起邦法开始与帝国法律接轨。③

1858到1860年是德国政治的反动时期。1848-1849年革命之后，德国和各邦都没有建立新的法制。反动时期恢复了革命前的法律。

---

① [德] 米歇尔·斯托莱斯：《德国公法史：国家法学说和行政学（1800—1914）》，雷勇译，法律出版社2007年版，第354页。

② [德] 米歇尔斯·托莱斯：《德国公法史：国家法学说和行政学（1800—1914）》，雷勇译，法律出版社2007年版，第387-389页。

③ [德] 米歇尔·斯托莱斯：《德国公法史：国家法学说和行政学（1800—1914）》，雷勇译，法律出版社2007年版，第407页。

1854年10月12日，国王下令，把议会的第一院改为由贵族控制的贵族院。1860年2月，普鲁士政府向众议院提出了《义务兵役法》。它增加了和平时期正规军的规模，每年征兵人数从4万人增加到6.3万人。3年的服役期限固定下来。①

1850年普鲁士宪法规定，"国王的人身神圣不可侵犯。""国王有宣战、媾和和与外国订立其他条约之权。商约以及那些要国家和个别市民承担义务和贡赋的条约，需经两院通过立法同意。""立法权由国王与两院共同行使之。每项法律需经国王和两院同意。""财政法案和国家预算应首先提交下院；上院可以全部通过或全部否决国家预算"；"国王和两院一样有提出法律的权利"；议员由选区选出"；"凡年满二十五岁的普鲁士人有选举权"；"具有当选为下议院议员资格者应为年满三十岁、享有完整公民权利并取得普鲁士国籍满三年的普鲁士人。"②

19世纪60年代以后，巴伐利亚开始大量制定行政法，包括社区法（1869年的乡镇法规）、工商法（1869年的工商业法规）、社会服务法（包括1868年的户籍法、婚姻法、居留法和穷人救济法）、法院组织法（1869年的民事诉讼法规）以及新警察组织法（1868年）。新政法规内容从1866年起增多，管理的范围也相应增加。从1878年起推行行政审判制度。③

---

① [联邦德国] 卡尔·艾利希·博恩等：《德意志史》第三卷上册，张载扬等译，商务印书馆1991年版，第211页。

② 《1850年普鲁士宪法》，载，法学教材编辑部《外国法制史》编写组（主编）：《外国法制史资料选编》下册，北京大学出版社1982年版，第656-657页。

③ [德] 米歇尔·斯托莱斯：《德国公法史：国家法学说和行政学（1800—1914）》，雷勇译，法律出版社2007年版，第372页。

在1850年之后几年，符登堡是"在宪法政治上静止不前，在经济上发展进步"。1852年旧宪法卷土重来，枢密院再度成为国家的政治中心，6位部长直接依附于国王。1864年国王换人，出版法、结社法以及集会法自由化。1868到1869年司法改革开始。1867年创立了"行政司法"，其中4个地方政府属于初级审判机构，而行政法院属于二级审判机构。在公法方面，19世纪符登堡兼具官僚传统和法治传统。[①]

在所有的德意志国家中，有着自由主义传统的巴登为1848—1849年革命所震撼。1949年5月的军事革命推翻了政府，驱逐了利奥波德大公爵，召来了普鲁士军队，导致革命政府垮台。革命人士被处决，引发政治移民。但在自由主义者居领导地位后，巴登决定结束复辟政治，向改革过渡。[②]

19世纪下半叶，德国政治的重大变化发生在1866到1871年间。解决民族问题的"小德意志"方案取得成功，用暴力手段统一的德国第二帝国取代了德意志同盟，而普鲁士在这个统一的帝国中扩大了自己的版图，成为在帝国起主导作用的邦国。

---

①［德］米歇尔·斯托莱斯：《德国公法史：国家法学说和行政学（1800—1914）》，雷勇译，法律出版社2007年版，第376–377页。

②［德］米歇尔·斯托莱斯：《德国公法史：国家法学说和行政学（1800—1914）》，雷勇译，法律出版社2007年版，第381–382页。

第四节　俾斯麦上台和统一德国的王朝战争

19世纪50年代末的普鲁士军队是根据1814年9月3日和1815年11月21日的法律建立起来的。法律把普遍兵役制原则引入普鲁士。1815年普鲁士有1100万居民，每年从这些居民中征召4万余名士兵，到正规军团中服役3年，在后备军中服役两年，服国民自卫队第一征召役7年，第二征召役7年。到19世纪中叶，普鲁士人口已增加到1800万，按比例每年应当征召65000人。但是，由于经济原因，每年征召的兵员没有超过早先的人数，普遍兵役制有名无实。这种情况在1859年对普鲁士动员军事力量影响很大。威廉国王决心实行彻底的军事改革。他任命保守的容克贵族阿尔布雷希特·冯·罗恩担任国防大臣，协助他进行军事改革。

1861年2月10日，军事改革法案提交普鲁士下议院。法案规定把常备军增至39个步兵团、10个骑兵团。扩充军队需要950万塔勒尔的拨款。内阁要求在总预算中增加900万塔勒尔。政府已经使用这笔款项实行军事改革。1861年12月的选举中自由派和进步派获得多数，新议会部分通过政府关于军事改革和增加预算的建议，同时要求政府提交过去和将来的预算细目。这项动议导致议会解散，重新改选。1862年5月6日的选举中进步党获得大胜，其议席由109席增至135席，同时中左派的力量也有所增长。进步党人想以此为手段迫使政府进行某些宪政改革，特别是削弱上议院的权力。国王威廉拒绝服从议会的压力。在这种形势下，俾斯麦于1862年9月24日被威廉任命为首相，以对抗资产阶级进步党人的抵制，解决宪法纠纷。①

奥托·冯·俾斯麦（1815—1898）从政前为阿尔特马尔科舍恩豪森庄园主。他曾就学于哥廷根和柏林大学法律系。1847年为联合省议会代表萨克森骑士等级的议员，是右翼容克封建权利的捍卫者、君主派和保守党人。1848年革命中，他试图组织庄园农民把国王从柏林的革命者手中解救出来。1851年被任命为普鲁士驻法兰克福联邦议会的公使，直到1851年初。他在议会中主张实行由普鲁士统一德国的路线。在宪法冲突中，俾斯麦努力为国王效劳，提高普鲁士君主国的地位。1862年9月30日，他在预算委员会的会议上说："时代的重大问题不是通过演讲和多数决议进行的——这是1848年和1849年的重大错误——而是通过铁和血。"②这一政策被称为"铁血政策"，即用武力统一德国。

德国统一是通过三次王朝战争完成的。第一次王朝战争是普鲁士和奥地利与丹麦为争夺石勒苏益格-荷尔斯坦因发生的战争。这个地区是欧洲外交的一个焦点。矛盾涉及石勒苏益格、荷尔斯坦因和劳恩堡三个地区。后两个地区的居民种族是德意志，但石勒苏益格地区却杂居着德意志人和丹麦人。这三个地区都归丹麦王国管辖，但荷尔斯坦因和劳恩堡同时又是德意志邦联的成员。德国人出于民族情感意欲使这几个地区都成为德国的一部分。英国、俄国和瑞典也严重关切这个地区的归属。在欧洲列强的干预下，1852年签订了伦敦议定书。议

---

① ［美］科佩尔·S.平森：《德国近现代史——它的历史和文化》上册，范德一译，商务印书馆1987年版，第179页。

② ［联邦德国］卡尔·艾利希·博恩等：《德意志史》第三卷上册，张载扬等译，商务印书馆991年版，第219-220页。

定书保证诸王国不可分离，并规定在丹麦国王的统一领导下各自与丹麦联合。但是，丹麦的民族主义者鼓吹扩张主义，意在把这三个地区并入丹麦。1863年3月丹麦国王发表吞并石勒苏益格的声明，还提出丹麦对荷尔斯坦因享有新的特权。1863年11月继承丹麦王位的克里斯蒂安九世签署批准了丹麦-石勒苏益格新宪法，使这一地区脱离荷尔斯坦因。德国人感到丹麦意在吞并石勒苏益格，俾斯麦与奥地利联合行动，1864年2月到7月发动了对丹麦的战争。丹麦被迫停战议和。战后石勒苏益格由普鲁士管理，荷尔斯坦因由奥地利管理。石勒苏益格和荷尔斯坦因都加入德意志关税同盟。[①]

奥地利是德意志诸邦国中有能力与普鲁士抗衡，争夺德国统一领导权的力量。1866年6月1日，奥地利把有关石勒苏益格-荷尔斯坦因的争端提到邦联议会要求解决。随后，奥地利又决定召开荷尔斯坦因议会，讨论该公国以后的地位。这就为普鲁士发动战争提供了借口。俾斯麦宣布协定已遭到破坏，命令普鲁士军队开进荷尔斯坦因，展开了对奥地利的战争。在7月3日决定性的萨多瓦战役中，奥地利被击败。8月23日，奥地利和普鲁士在布拉格签订合约。旧的德意志邦联解散，奥地利政府被排除在德意志事务以外。奥地利的领土得到尊重，奥地利承认普鲁士领导下的北德意志诸邦的联盟。这样，普鲁士通过对奥地利战争的胜利，取得了领导德意志统一的地位。普鲁士建立了北德意志联邦，它由德意志中部和北部的22个邦国组成。

俾斯麦利用对奥地利的胜利激起的国内狂热，解决了1862年遗留

---

① ［美］科佩尔·S.平森：《德国近现代史》上册，范德一译，商务印书馆1987年版，第188-190页。

下来的宪法纠纷。议会以230票对75票批准了1862至1864年预算的法案，议会还通过了对政府在外交事务方面行动的信任案。[①]

1867年在打败奥地利以后，普鲁士向德国北部诸邦提出建立以普鲁士为首的北德意志联邦。随后，除了德国西南部4个邦外，其余的德意志各邦都加入了北德意志联邦。1867年4月，普鲁士国王威廉一世颁布了《北德意志联邦宪法》，其主要内容如下："应选出联邦议会以讨论宪法并成立北德意志联邦"；"参加联邦的德意志各邦的每个年满25岁的未犯罪的公民均得为选民"；"每十万人得选出一名代表"。[②]

第五节 《德意志帝国宪法》确立的国家制度

1870年秋天，全德意志联邦和南德诸邦签订条约，双方建成一个新的联邦，这就是德意志帝国。这个条约必须由北德意志联邦的国会和南德议会批准。[③]

普法战争德国获胜后，在1871年召开帝国制宪会议，宣布德意志帝国建立。德意志帝国是以普鲁士王国为核心建立的。《德意志帝国

---

① ［美］科佩尔·S.平森：《德国近现代史》上册，范德一译，商务印书馆1987年版，第198–199页。

② 《北德意志联邦宪法》，载，法学教材编辑部《外国法制史》编写组主编：《外国法制史资料选编》下册，北京大学出版社1982年版，第659页。

③ ［联邦德国］卡尔·艾利希·博恩等：《德意志史》第三卷上册，商务印书馆1991年版，第224页。

宪法》以《北德意志联邦宪法》为蓝本制定。

《德意志帝国宪法》确定了帝国权力和行政机构的组成以及权限。

这部宪法规定，帝国的权力包括：制定关于迁徙自由、归化与居住自由、公民权、护照、外侨警务、各种行业、包括保险在内的法规。制定海关及贸易的立法，对帝国所需赋税立法的权力；规定度量衡与货币制度，以及制定关于发行保证金的或无保证金的纸币之基本规章的权力；组织统一保护德国海外贸易、德国航运，设立领事馆的权力。国家的立法权还包括关于铁路事业、邮政和电报事业、全部民事、形式与诉讼法的统一立法；建立陆军和海军的立法权。帝国的立法权由联邦议会和帝国议会行使。帝国法律应取得两个议会多数的同意。[①]

新成立的德意志帝国是一个联邦国家，由25个邦组成：4个王国即普鲁士、巴伐利亚、萨克森和符登堡，6个大公国即巴登、黑森、麦克伦堡–什维林、麦克伦堡–施特雷利茨、奥尔登堡和萨克森–魏玛–爱森纳赫，5个公国即安哈尔特、不伦瑞克、萨克森–迈宁根、萨克森–阿尔滕堡、萨克森–科堡–哥达，7个候国即罗伊斯老（家）系、罗伊斯新（家）系、施瓦茨堡–鲁道尔施塔特、施瓦茨堡–宗德斯豪森、利珀、绍伦堡–利珀和瓦尔德克，3个自由市即汉堡、不来梅和卢卑克，此外还有帝国直属领阿尔萨斯–洛林。联合起来的22个君主和3个自由市的市议会是国家主权的共同享有者。仅仅在国际交往中皇帝才是唯一的主权者。但各邦成员在对外关系上仍然可以保留派遣和接受外交使节的权利，巴伐利亚直到1918年还在一些国家

---

① 《北德意志联邦宪法》，载，法学教材编辑部《外国法制史》编写组主编：《外国法制史资料选编》下册，北京大学出版社1982年版，第660页。

派驻自己的代表机构。[1]

联邦议会由联邦成员的代表组成，各邦的票数不等。普鲁士连同汉诺威、库尔黑森、霍尔斯坦、拿骚和法兰克福共有17票。巴伐利亚有6票，萨克森和符登堡各有4票，巴登、黑森各有3票，麦克伦堡-许威林和布伦瑞克各有2票。宪法规定，只要有6票的反对，议会就不能通过任何修改宪法的议案。由于普鲁士控制了17票，这就保证了普鲁士制定的宪法不会被修改。[2]

《德意志帝国宪法》规定，普鲁士国王享有德意志帝国皇帝的尊称。德意志帝国皇帝是帝国的代表，他可以以帝国名义宣战、媾和、结盟、缔约，委派和接受使节。皇帝以帝国名义宣战必须取得联邦议会的同意。皇帝有议会的召集、开会、延期、闭会的权力。皇帝有建议和公布帝国法律的权力。在全帝国境内，实行普鲁士的军事立法。帝国组成统一的军队，军队在平时和战时都受皇帝指挥。联邦议会的主席和领导由皇帝任命的帝国首相担任，帝国首相由普鲁士首相担任。帝国议会议员通过秘密的普遍的和直接的选举产生。帝国议员不领取薪酬。全体臣民具有从事职业、担任公职、取得不动产等方面的同等权利。[3]

1871年德国统一后，建立了一套集权的行政机构。它的具体设置很特殊，没有设立军事指挥机构统率全国武装力量，陆军内阁和海军

---

① ［联邦德国］卡尔·艾利希·博恩等：《德意志史》第三卷上册，商务印书馆1991年版，第276页。

② 《北德意志联邦宪法》，载，法学教材编辑部《外国法制史》编写组主编：《外国法制史资料选编》下册，北京大学出版社1982年版，第661页。

③ 《北德意志联邦宪法》，载，法学教材编辑部《外国法制史》编写组主编：《外国法制史资料选编》下册，北京大学出版社1982年版，第661-662页。

内阁与政府处于平行的地位，直接听命于皇帝。[①]1878年建立帝国官厅，作为主管内政的业务部门，负责制定帝国政策。1897年起，所有帝国法律的草案均由这些官厅负责制订。1878年制定《副职法》，设立帝国副首相职。以后把首相的办公厅分解成几个帝国官厅。其中有帝国内政厅、帝国财政厅、帝国邮政厅和帝国铁道厅，任命国务秘书领导这些官厅。普鲁士政府不仅讨论帝国立法，而且也讨论帝国的内政。在俾斯麦接管普鲁士商业部之后，帝国的社会政策由商业部领导制定。直到19世纪90年代末至20世纪初，帝国才接过对制定社会政策的领导权。[②]德意志帝国的中央行政机构高度地集权化。德国缺少西欧式的内阁制，而是把权力集中到皇帝之手。

德国的对外政策不受议会控制而属于君主统治权的范围。只有那些国际法方面的条约、有关贸易、交通、关税方面的帝国条约，才需要取得帝国议会的同意。所有其他国际条约（包括同盟条约和和约）只需皇帝批准。只要帝国本土没有遭到直接攻击，皇帝只需参议院同意即可宣战，无须帝国议会批准。[③]

德国建立统一国家的任务是在俾斯麦代表的容克地主集团和资产阶级自由主义民族运动之间缔结的政治联盟的基础上完成的。在德意志帝国议会最初两届国会期间，自由党在国会中占有优势。俾斯麦和自由党进行了合作，完成了一系列国家统一的任务。

---

① ［联邦德国］卡尔·艾利希·博恩等：《德意志史》第三卷上册，张载扬等译，商务印书馆1991年版，第280页。

② ［联邦德国］卡尔·艾利希·博恩等：《德意志史》第三卷上册，张载扬等译，商务印书馆1991年版，第278页。

③ ［联邦德国］卡尔·艾利希·博恩等：《德意志史》第三卷上册，张载扬等译，商务印书馆1991年版，第281页。

1871年决定把马克作为帝国的货币单位，1878年停止使用各邦的硬币。1873年帝国的货币由银本位改为金本位。1875年通过银行法，普鲁士银行成为帝国银行。1910年，27家发行银行放弃了发行纸币的权利，货币改由帝国银行发行。

在自由党拥有议会多数的背景下，实现了法制统一。在帝国成立时，德国还只有统一的刑罚和商法，商法典是德意志联邦的联邦参议院制定的，1861—1865年在德意志联邦各邦国中付诸实施。北德意志刑法以1851年的普鲁士刑法为基础，经修改后由国会通过，成为帝国的刑法。1873年修改了帝国宪法。联邦参议院起草了民法典，经修改后于1896年由联邦参议院和国会讨论通过，从1900年1月1日起开始生效。1876到1879年，通过了法院组织法、刑事诉讼法和民事诉讼法，统一调整了法官和检察官的地位、法院人员的任命及管辖权限、审判程序和诉讼程序等等。从1879年10月1日起，设在莱比锡的帝国法院成为全帝国最高法院。[1]

帝国的行政机构管理机构大大扩充。除了前普鲁士外交部这个负责外交事务的官厅外，帝国首相办公厅作为帝国最高的官厅，负责全国的内政事务管理。首相办公厅主任把商业部、财政部、铁道部和邮政部的事务联合在一起。1872年普鲁士海军部被帝国接收，作为帝国海军部，负责一切海军事务。[2]

以后，首相办公厅分解成几个帝国官厅，其中有：帝国内政厅、帝国司法厅、帝国财政厅、帝国邮政厅、帝国铁道厅。任命国务秘书

---

[1] ［联邦德国］卡尔·艾利希·博恩等：《德意志史》第三卷上册，张载扬等译，商务印书馆1991年版，第326–328页。

[2] ［联邦德国］卡尔·艾利希·博恩等：《德意志史》第三卷上册，张载扬等译，商务印书馆1991年版，第330–331页。

领导这些官厅。这些国务秘书都是帝国首相的下属官员，受首相指令的约束。每个国务秘书在普鲁士政府中都拥有席位和表决权。1880年俾斯麦接管了普鲁士商业部的领导权。以后帝国的社会政策由商业部领导。[1]

帝国首相原则上要向帝国议会负责，但这种负责没有立法。因此，帝国议会无法用不信任票的办法推翻帝国首相。

1878年3月通过了《副职法》，把帝国和普鲁士官员一人身兼两职的办法扩展到帝国和普鲁士主要大臣副职。设立了帝国副首相。这个副首相有权代表首相处理各项工作。[2]

第六节　政党和德意志帝国的掌权集团

1871年以前，德国除了社会民主党之外，尽管在各地都组成了自由主义、保守主义和天主教政治派别，还没有其他的全国性政党存在。1871年德意志帝国建立后，各邦政党先后合并为全国性政党。

在德意志帝国初期，在德国的各种政治派别种，自由主义势力最大。在第一届帝国议会的383名议员中，自由党人有202名。

民族自由党构成了自由主义派别的右翼。它的成分主要是信奉新教的受过教育的资产阶级和工业大资产阶级的政治代表。民族自由党

①［联邦德国］卡尔·艾利希·博恩等：《德意志史》第三卷上册，张载扬等译，商务印书馆1991年版，第330页。
②［联邦德国］卡尔·艾利希·博恩等：《德意志史》第三卷上册，张载扬等译，商务印书馆1991年版，第330页。

认为，实现民族的强权国家和实行自由主义的、民族的法治国家同样重要。他们赞成建立一支强大的军队。以后，他们支持殖民政策，积极推动对波兰和丹麦少数民族实行日耳曼化的政策。民族自由党人拥护现存的立宪君主制。①

左翼自由派有几个政党。在第一届国会中有3个左翼自由主义小组：进步党、自由党和德意志人民党。1881年自由党消失后，出现了自由党联盟，1884年进步党和自由党联盟合并为德意志自由思想党。1893年该党又分裂为自由思想人民党和自由思想联盟。1910年这两个党合并为进步人民党。德意志人民党继续贯彻1848年民主派的传统。支持左翼自由党的选民主要是自由职业者和手工业者。②

德意志保守党的活动局限于普鲁士。普鲁士的贵族决定该党的方针。他们认为俾斯麦实行普遍、平等的选举制，是对自由主义做出的灾难性的让步。他们顽固地维护普鲁士的等级选举制。这个政党是君主制正统主义和贵族农业利益的代表。

自由保守党是在1867—1868年间成立的，德意志帝国成立后它采用"帝国党"的名称。自由保守党在德意志保守党和民族自由党之间保持居中的政治立场。

德国有两个天主教政党。在普鲁士是中央党，在巴伐利亚是爱国者党。中央党没有明显的社会阶级特征。它主张通过文化斗争把天主教徒联合成一个集体。中央党由一小批有学术造诣的资产阶级和贵族社会名流领导。从19世纪90年代起，中央党从一个社会名流的联合组

①［联邦德国］卡尔·艾利希·博恩等：《德意志史》第三卷上册，张载扬等译，商务印书馆1991年版，第287页。
②［联邦德国］卡尔·艾利希·博恩等：《德意志史》第三卷上册，张载扬等译，商务印书馆1991年版，第288页。

织转变为有固定组织的群众性政党。

巴伐利亚爱国者党在文化政策上与中央党一致。在帝国成立时期他们主张极端的分离主义并且反对普鲁士，后来趋于联邦主义。①

在1871年建立的德意志帝国中，容克地主掌握了政治领导权。资产阶级在政治上只居于从属地位。芒西对1888年至1917年德国统治集团社会构成的研究表明：在普鲁士政府各部部长中，贵族和资产阶级化的地主-容克的代表始终占据了多数。1888年政府的9名部长中，容克为3人，其他贵族为5人，土地贵族共8人。1910年政府的11名部长中，容克为2人，其他贵族为6人，土地贵族共8人。1914年政府的11名部长中，容克3人，其他贵族为4人，土地贵族共7人。上述5届政府中担任大臣的75人次中，贵族共53人次，占71%，容克占23%。此期间担任部长的18名容克中，5人担任战争大臣，4人担任国内事务大臣，1人担任负责国内事务的国务大臣。此外，容克有3人担任农业大臣。②普鲁士的外交事务完全由贵族和容克控制。在普鲁士派出的全权公使中，贵族占据了绝大多数。1888年全权公使为88人，其中贵族（含容克）共67人；1890年派出的80名公使中，贵族为70名；1895年派出的85名公使中，贵族为73名；1900年派出的93名公使中，贵族为84名；1905年派出的110名公使中，贵族为99名；1910年派出的116名公使中，贵族为101名；1914年派出的120名公使中，贵族为106名，

---

① ［联邦德国］卡尔·艾利希·博恩等：《德意志史》第三卷上册，张载扬等译，商务印书馆1991年版，第293页。

② L. W. Muncy, The Junker in the Prussian Administration Under William II, 1888—1914. New York，1970. p. 203.

占派出公使人数的87%。^①在柏林的宫廷官员中，容克占有很大的比重。1888年53名宫廷官员中，容克为4人。1900年51名宫廷官员中，容克为29人。1905年50名宫廷官员中，容克为27人。1910年45名宫廷官员中，容克为22人。1914年46名宫廷官员中，容克为24人。仅容克便占了宫廷官员的49%。在德皇的军事随员中，容克占48%。此外，其他贵族也占据官僚队伍相当一部分。^②

在这个时期的德国，贵族在法律上和习惯上仍拥有一些特权。尽管随着绝对主义国家管理机构的扩建，高级官职已经对资产阶级开放，但国家机构的最高层职位仍然是贵族的领地。德意志各邦中大抵是这样，只有巴登例外。从1871年到1914年，巴登的大多数大臣都是资产阶级分子。在德意志各邦的军官团中，贵族比在国家文官中占的比例更大。普鲁士的军官团在相当长的时期中有三分之二的成员是贵族。19世纪后期由于军队大大扩充，大批资产阶级成员加入军官队伍中来。1913年帝国军队的25000名军官中，有五分之四出生于资产阶级。但是在指挥25个军的将军中，有2名出身于亲王和贵族，其余的将军绝大多数也是出身于贵族。^③总的来说，军官级别越高，贵族在其中所占的比例就越大。它是前工业化社会在一个高度工业化国家上层建筑中的残余物。

省主席是普鲁士下设各省的政治领导官员，代表中央政府在省

---

① L. W. Muncy, The Junker in the Prussian Administration Under William II，1888—1914. New York，1970. p. 205.

② L. W. Muncy, The Junker in the Prussian Administration Under William II，1888—1914. New York，1970. p. 209.

③ ［联邦德国］卡尔·艾利希·博恩等：《德意志史》第三卷上册，张载扬等译，商务印书馆1991年版，第301页。

一级工作，并监督所在省的官员。在普鲁士12个省的省主席中，1888年贵族为10人，1890年贵族为11人，1895年贵族为9人，1900年贵族为11人，1905年贵族为9人，1910年贵族为11人，1914年贵族为10人。在第一次世界大战前，贵族占省主席人数的85%。容克出任这一官职的比例在1888年为50%，以后有所下降，但仍占30%到40%。1914年时下降到25%。[①]普鲁士各省的官厅长官由各省议会每6至12年选举一次。1888年至1914年，容克占东普鲁士7个省官厅长官的67%。[②]

在普鲁士军队中，1806年在7000至8000名军官中只有695人是资产阶级。这些非贵族军官中只有大约30人获得校级军衔。1866年在8169名军官中，有3997人即将近一半军官来源于资产阶级。1860年有14%的将军和上校出生于资产阶级。到1913年底，军队的规模相当于1860年时的两倍，全部军官中有70%、将军和上校中有48%出身于资产阶级家庭。[③]

到了近代后期，身份制度渐渐不再成为一种起决定性作用的社会因素。它在社会关系中的位置开始发生变化，逐渐成为对一个人的地位和成就的确认方式。在西方各国越来越多地出现了把贵族这种荣誉徽记授予那些在事业上或财富上获得巨大成就的人士，而不去顾及他们的社会出身。从1871年到1918年，普鲁士的霍亨索伦王室在普鲁士共授封了1129家贵族，此外还提升了186名贵族的等级。这批人全部

---

① L. W. Muncy, The Junker in the Prussian Administration Under William Ⅱ, 1888—1914. New York, 1970. p. 163.

② L. W. Muncy, The Junker in the Prussian Administration Under William Ⅱ, 1888—1914. New York, 1970. p. 199.

③ Jerome Blum, The End of Old Order in Rural Europe. Princeton U. P., 1978. p. 421.

来自资产阶级家庭。在除9个省以外的41个省中，德国和波兰的贵族从1858年到1897年从232346人增加到477836人，即在40年间增长了1倍。[①]由于受封的贵族中有不少是资产阶级分子，所以这种授封对于贵族集团实际上起了一种加速贵族资产阶级化的作用。另一方面，资产阶级被授予贵族头衔进入统治集团以后，他们与贵族家族建立了广泛的联系，在政治心态上与贵族日益接近，对社会和政治问题日渐持保守见地，为贵族部分同化成为一种趋势。他们进入统治集团不会立即导致国家政权在性质上发生革命性的变化。

精英资产阶级化的趋势不仅表现在一大批资产阶级和资产阶级出身的人士进入政府领导部门，而且见诸于一批身处显赫地位的贵族投身于资产阶级职业。在德国和奥地利，一批最高等级的贵族包括一批被吞并了领地但保留其君主名义的王公投身工商业事业。例如，最大的工业巨头霍亨洛厄拥有的资产达到1.5亿马克。他把其中的五分之四投资于工业，五分之一投入地产。1905年他在创立煤和锌生产联合企业时，投入了5000万马克。[②]

普鲁士资产阶级直到19世纪末仍然被排斥在政治统治集团之外，有着复杂的原因。这不仅和德国统一过程的特殊道路以及容克在统一过程中的军事与政治的领导权有关，也与普鲁士资产阶级的特质有关。马克思曾写道："普鲁士的资产阶级并不是一个代表整个现代社会反对旧社会的君主制和贵族的阶级。它降到了一种等级的水平，既脱离国王又远离人民，对国王和人民双方都采取敌对态度，但是对于每一方它都犹豫不决；因为它总是在自己前面或后面看见这两个敌

---

① Jerome Blum，The End of Old Order in Rural Europe. Princeton U. P.，1978. p. 422.

② Jerome Blum，The End of Old Order in Rural Europe. Princeton U. P.，1978. p. 423.

人；它一开始就蓄意背叛人民，而与旧社会的戴皇冠的代表人物妥协，因为它本身就是属于旧社会的了；它不是代表新社会的利益去反对旧社会，而是代表已经腐朽的社会内部更新了的利益；它操纵革命的舵轮，并不是因为它有人民为其后盾，而是因为人民在后面推着它走；它居于领导地位并不是因为它代表新社会时代的首创精神，而只是因为它反映旧社会时代的不满情绪；它是旧国家的一个底层，这个底层并没有为自己打通道路，而是被地震的力量抛到新国家的表层上……"①马克斯·维贝尔在谈到德国国家中"广大的资产阶级仍然被封建制排除在外，他们不能参与政治权力"的现象时指出，被排斥在政党权力之外的德国资产阶级显然又在默许这种制度，其主要原因是德国资产阶级怯懦的特性。他们"习惯于无权"，只求和平与安静，"一旦获得民族的统一，其成就感就满足了"。一部分资产阶级渴望出现一位新恺撒，另一部分资产阶级很早就坠入政治冷淡的、典型的前资产阶级的意识之中。维贝尔认为，资产阶级可以容忍自己被排斥在政权之外的另一个原因是，工业家特别是大辛迪加头目已具有一种能力，即通过雇主协会的活动对政府的政策施加影响，他们还靠与科层制、官僚机构直接联盟的方式来追求他们的经济利益。②

---

①《马克思恩格斯选集》，第1卷，人民出版社1972年版，第322–323页。

②［英］戴维·比瑟姆：《马克斯·韦伯与现代政治理论》，徐宏宾等译，浙江人民出版社1989年版，第172–175页。

第七节 1918年德国革命

德国为首的同盟国在第一次世界大战中是战败方。1918年11月11日签订了停战协定，德国在历时四年的大战期间死于饥饿封锁的有75万人，还有200万士兵阵亡和失踪。战争的失败引发了革命危机。1918年10月29日威廉港水兵哗变，11月4日基尔被起义的水兵控制，不久起义席卷各港口。11月17日慕尼黑成立巴伐利亚州共和国。11月9日德皇决定退位。社会民主党组成了艾伯特为首相的政府。谢德曼抢在左翼社会民主党人之前于这天中午两点在国会大厦阳台上宣布成立共和国。此后，卡尔·李卜克内西于下午四时宣布成立"自由社会主义共和国"。但是，社会民主党人已在国家政治上领先了一步。

君主政体的崩溃后政权落到社会民主党之手。但是多数派德国社会民主党人没有为革命作出贡献，他们的领袖艾伯特是暴力革命的坚决反对者。艾伯特在组阁问题上一方面希望和独立社会民主党人谈判，另一方面也希望和资产阶级政党谈判。社会民主党把对社会进行社会主义改造的目标置于议会民主的要求之下。独立社会民主党的领导人则在和社会民主党的谈判过程中，要求建立社会主义共和国，把"整个行政、立法和司法权力全都交给由选举产生的、为全体劳动人民和士兵所信赖的人"。联合谈判达成了妥协，这两个政党组成了称作"人民委员会"的政府。政府成员有社会民主党人艾伯特、谢德曼和兰兹伯格，独立社会民主党人哈泽、迪特曼和巴尔特。艾伯特最初考虑让卡尔·李卜克内西参加政府，但卡尔·李卜克内西拒绝合作。

1918年12月，罗莎·卢森堡为斯巴达克同盟起草的纲领中写道："随着世界大战的结束，资产阶级的阶级统治就失去了它存在的权利。""实现社会主义社会制度是世界历史上任何一个阶级和任何一次革命所遇到过的最巨大的任务。这一任务要求彻底改造国家并且对社会的经济和社会基础实行最彻底的变革。""解除全部警察、全部军官以及非无产阶级士兵的武装，解除统治阶级全体成员的武装；""武装全体成年男性无产阶级居民作为工人民兵，建立由无产阶级组成的赤卫队作为民兵的常备部分，负责经常保卫革命，抵御反革命的袭击和阴谋；""起来，无产阶级！投入战斗！"①

1918年12月，全德苏维埃第一次代表大会在柏林召开，由于无产阶级缺乏独立的革命政党的领导以及右派社会民主党人的背叛，政权重新落入资产阶级和容克地主——德国社会民主党右翼领导集团手里，这个集团的领导人艾伯特和谢德曼组成政府——人民全权苏维埃。它没有触动旧的国家机构和军队，留任大批原来帝国的官员和将军，竭力设法把群众运动平息下去，致使11月革命失败。

1919年1月1日，在斯巴达克同盟的全国代表大会上成立了"德国共产党（斯巴达克同盟）"。1月5日至12日，斯巴达克同盟在柏林发动起义。持有武器的工人支持推翻艾伯特政府的口号。德国共产党领导内部的态度不一致。按照罗莎·卢森堡草拟的斯巴达克同盟的纲领，建立无产阶级专政只能在动员群众的较长过程的后期实现。苏联驻德国全权代表拉狄克也警告不要过早地举行暴动。卡尔·李卜克内

---

① "斯巴达克联盟想要什么？"，载，［德］罗莎·卢森堡：《卢森堡文选》，李宗禹编，人民出版社2012年版，第409，413，416页。

西、皮克则加入一个宣布推翻艾伯特政府的革命委员会。工人们自发行动，占领了设有报社的大楼。但他们没有考虑如何推翻艾伯特政府。

政府在社会民主党中央委员会的支持下，拒绝同起义者谈判，要求起义者在具体谈判前放下武器。政府命令诺斯克用武力镇压起义。由于起义的领导人没有周密的部署，最后起义失败。被捕的卡尔·李卜克内西和罗莎·卢森堡被杀害。[①]国家权力落到了右翼社会民主党人手中。

1919年1月19日，举行了国民议会选举。2月6日，国民议会在魏玛召开，通过魏玛宪法，建立魏玛共和国。艾伯特任总统、谢德曼任总理。4月13日，慕尼黑工人在共产党的领导下发动起义，建立了巴伐利亚苏维埃共和国。政府集结军队于5月1日攻入慕尼黑。苏维埃共和国遭社会民主党政府血腥镇压。至此，十一月革命结束。

1919年革命的失败是社会民主主义运动破产的结果。它标志着社会主义运动一个时代的结束。它不仅是右翼社会民主党人背叛革命造成的，而有更为深刻的内涵。第二国际的社会民主主义理念本质上是资产阶级左翼的思想，这种理念寄希望于资产阶级向左转，接受社会主义的前途。它忽略了资本主义国家和社会主义国家的区别不是政策选择上的区别，而是阶级、权力和政治制度的本质区别。因此它包含了对资产阶级左翼寄予希望的不现实性。德国革命的历史表明了从资产阶级民主主义国家和平长入社会主义国家的不可能。

在整个德国十一月革命革命的过程中，资产阶级占了上风，所以德国十一月革命的性质是一次资产阶级民主革命。"它既是第一次世

---

① [联邦德国]卡尔·迪特里希·埃尔德曼：《德意志史》第四卷上册，高年生译，商务印书馆1986年版，第168–170页。

界大战和德意志帝国的结束，同时又是德国第一个充分民主化的国家魏玛共和国的诞生。"①

1919年1月19日，通过普遍、平等的选举，产生了国民议会。社会民主党获得165席，在国民议会中是最大的党。代表小资产阶级分子和工会派的中央党获得91席，是议会中第二大党。进步人民党和民族自由党现在改名为民主党和德意志人民党。在新国会中左翼自由民主党（德意志民主党）获得75席。代表大工业利益的德意志人民党在议会中只获得19席。民族人民党获得44席。激进的独立社会民主党获得了22席，一部分工人追随他们。②

在魏玛共和国议会中，尽管社会主义者是分裂的，但社会民主党在国民议会中是最强大的政党，他们处于领导地位。工会在国民议会中相当强大，165名社会民主党议员中，有60人是自由工会干部。在全部423名议员中，各派工会会员有94人。③1919到1920年独立民主党所得的选票数有所增加。1920年6月的选举结果是，社会民主党占102席，而独立社会民主党则超过84席，共产党为4席。大部分独立社会民主党的候选人后来都转向了共产党。

国民议会建立了由社会民主党多数派、民主党人和中央党组成的内阁。谢德曼任总理，勃洛克道夫－兰曹伯爵任外交部部长，胡

---

① Mark Jones，Founding Weimar. Violence and the German Revolution of 1918—1919. Cambridge U. P. p. 1.

②［联邦德国］卡尔·迪特里希·埃尔德曼：《德意志史》第四卷上册，高年生译，商务印书馆1986年版，第201–202页。

③［联邦德国］卡尔·迪特里希·埃尔德曼：《德意志史》第四卷上册，高年生译，商务印书馆1986年版，第203页。

戈·普罗伊斯任内政部长，诺斯克任国防部长。[①]

第八节　魏玛宪法和魏玛共和国

由于柏林局势动荡，议员们便避到魏玛小城召开大会。经过长时间的讨论后，1919年7月议会以262票赞成、75票反对通过了主要由胡果·普洛斯起草的《德意志帝国宪法》即魏玛宪法。

魏玛宪法分作两编："联邦之组织及其职责"和"德国人民之基本权利及基本义务"。第一编"联邦之组织及其职责"分作"联邦及各邦""联邦国会""联邦大总统及联邦政府""联邦参议会和联邦立法"等七章。第二编"德国人民之基本权利及基本义务"分作"个人""共同生活""宗教与宗教社会""教育及学校""经济生活"等五章。[②]

在俾斯麦宪法中，普鲁士占据了德国的霸主地位，它在德国参议院58个席位中占据17席。而在魏玛宪法中，德国参议院设66个席位，普鲁士在参议院的席位由政府授权的13席和由省掌握的13席构成。在1871年宪法规定的帝国政治结构中，普鲁士总理大臣和帝国首相由一人担任，这种现象在魏玛宪法中不再存在。

在立法问题上，1871年宪法规定，通过一项法律必须有两个机构

---

① ［联邦德国］卡尔·迪特里希·埃尔德曼：《德意志史》第四卷上册，高年生译，商务印书馆1986年版，第203页。
② 黄卉（主编）：《德国魏玛时期国家法政文献选编》，清华大学出版社2016年版，第17，399-427页。

的赞成才能生效。而按照魏玛宪法，如果德国参议院反对，国会只要有三分之二的多数就可以通过一项法律。

魏玛宪法的主要内容是关于作为民族和德国统一的国会。国会的职权除了立法和决定预算外，还包括批准国家条约。总理和政府要得到国会的信任。尽管总统任命的总理和政府不一定要经国会批准，但是国会可以用一项简单的不信任投票就能使政府或个别部长下台。

除了代议制原则外，魏玛宪法的制定者还把直接民主的一些因素写进了宪法。例如总统选举条款写明，"总统由全体德国人民选举产生"，总统就职时，向议会做如下宣誓：他"将尽全力为德国人民谋福祉，增进其利益，防其蒙受危害，遵守德国宪法和法律，恪守良心以履行义务，并待人以公道。""若国民议会提出申请并经人民公决通过，可以在总统任期届满前辞退之。"[①]魏玛宪法有相当多的资本主义民主的内容。但是，魏玛宪法授予总统极大的特权。当一个法案在国会和参议院表决结果不同时，总统可以下令举行全民公决。总统可以任免总理和部长。他有权解散国会。他有一次解散国会的权力。总统有宣布非常法的权力。总统统帅国防军。"当德国国内公共安全与秩序遭到严重破坏或危害时，总统可采取紧急措施以恢复公共安全与秩序，必要时可诉诸武力。"[②]宪法关于总统拥有特权的条款，为在魏玛共和国后期总统独裁提供了可能性。这种总统独裁的实施是以国防军为支柱的。[③]

---

① 德意志帝国宪法（魏玛宪法）第一编第三章，载，黄卉主编：《德国魏玛时期国家法政文献选编》，清华大学出版社2016年版，第406–407页。

② 德意志帝国宪法（魏玛宪法）第一编第三章，载，黄卉主编：《德国魏玛时期国家法政文献选编》，清华大学出版社2016年版，第407页。

③〔联邦德国〕卡尔·迪特利希·埃尔德曼：《德意志史》第四卷上册，高年生等译，商务印书馆1986年版，第224页。

魏玛宪法授予总统很大的权力是一个征兆,反映了这部宪法徘徊在资产阶级民主和专制集权之间,具有很大的不确定性,并没有保证德国走向资产阶级民主制。未来德国国家的性质和政治生活走向民主或专制集权,将取决于阶级和政治力量间的角逐和格局的变动。但无论如何德国已没有可能走向社会主义制度。德国日后走上法西斯主义道路和魏玛宪法包含的某种右翼集权倾向不无联系。

魏玛宪法设立了经济生活一章。这章称:"经济生活秩序必须符合正义之基本原则,并以保障人人得以尊严生存为目的。在此范围内确保个人经济自由。""唯以实现受害者权利或满足公共福祉之重要需求为目的,方可实行法律强制。""工商业自由依照联邦法律予以保障。"它宣布,"经济交易依照法律规定之标准实行合同自由原则。"[1]

魏玛宪法将结社自由的原则纳入经济生活一章来陈述。第一百五十九条写道:"以维持和改善劳动、职业条件为目的之经济结社自由,无论何人何种职业,均予以保障。"[2]

魏玛宪法建立了一个自由和公正的选举体制。各大城市的报业市场由自由媒体主导。大量志愿型的政治俱乐部和公民社会组织形成了。但是希特勒的国家社会主义党的选票在逐年增长。从各大党在大选中的得票率来看,1919年大选,共产党的得票率为7.7%,国家社会主义党的得票率为37.8%,德国民主党的得票率为18.6%,中心党和巴伐利亚党的得票率为20%,德国人民党的得票率为4.4%,小型保

---

[1] 德意志帝国宪法(魏玛宪法)第一编第三章,载,黄卉主编:《德国魏玛时期国家法政文献选编》,清华大学出版社2016年版,第423页。

[2] 德意志帝国宪法(魏玛宪法)第一编第三章,载,黄卉主编:《德国魏玛时期国家法政文献选编》,清华大学出版社2016年版,第424页。

守党和地区党的得票率为1.6%，德国民族人民党的得票率为10.3%；1920年共产党的得票率为20%，国家社会主义党的得票率为21.7%，德国民主党的得票率为8.3%，中心党和巴伐利亚党的得票率为18%，德国人民党的得票率为14%，小型保守党和地区党的得票率为3.1%，德国民族人民党的得票率为14.9%；1924年大选，共产党的得票率为13%，国家社会主义党的得票率为20.4%，德国民主党的得票率为5.8%，中心党和巴伐利亚党的得票率为16.7%，德国人民党的得票率为19.2%，小型保守党和地区党的得票率为8.2%，德国民族人民党的得票率为19.4%，纳粹的得票率为6.6%；1928年大选，共产党的得票率为10.7%，国家社会主义的得票率为29.8%，德国民主党的得票率为5%，中心党和巴伐利亚党的得票率为15.2%，德国人民党的得票率为8.6%，小型保守党和地区党的得票率为13%，德国民族人民党的得票率为14.3%，纳粹的得票率为2.5%；1930年大选，共产党的得票率为13.1%，国家社会主义党的得票率为24.6%，德国民主党的得票率为3.7%，中心党和巴伐利亚党的得票率为14.8%，德国人民党的得票率为4.6%，小型保守党和地区党的得票率为13.8%，德国民族人民党的得票率为7.1%，纳粹的得票率为198.3%；1932年第一次大选，共产党的得票率为14.3%，社会党的得票率为21.6%，德国民主党的得票率为1.1%，中心党和巴伐利亚党的得票率为15.7%，德国人民党的得票率为1.1%，小型保守党和地区党的得票率为3%，德国民族人民党的得票率为6%，纳粹的得票率为37.2%；1933年大选，共产党的得票率为12.2%，社会党的得票率为18.4%，德国民主党的得票率为0.8%，中心党和巴伐利亚党的得票率为14%，德国人民党的得票率为1%，小型保守党和地区党的得票率为1.5%，德国民族人民党的得票率为7.9%，纳粹的得票率为44.2%。[1]纳粹党正是借助民主制获得了大量选票，最终上台执政。

可以说，魏玛宪法是1919年革命失败后阶级妥协的产物，执掌政权的右翼社会民主党人在把左翼社会民主党领导人送上断头台后，还不愿意立刻完全抛弃他们自己的社会主义面具，他们要在国家制度和宪法中继续保留某些社会主义和民主的内容。

德国工人在德意志帝国崩溃和1918年11月革命发生时已经疲惫到了极点。从20世纪20年代后期到30年代初，德国工人的失业人数迅速增长。1928年有组织的工人中只有8.2%失业；1933年3月则有46.1%失业。半失业工人的比例1928年只占5.7%，1933年3月上升到23.4%。

这个时期德国工人阶级严重地分裂了，德国社会民主党的力量几乎和德国共产党的力量一样大。1932年德国共产党差不多得到600万张选票，而社会民主党得到的选票超过了700万张。

从共产党在议会中的议席来看，他们没有取得优势。1928年共产党在议会中有54个议席，德意志国民党有73个议席，国家社会主义党有12个议席。从那以后，共产党的议席增长很慢。德意志国民党的议席则下降得很快，1924年他们在议会中有111个议席，1928年他们的议席下降到73个，1933年他们的席位下降到41个，已经无法与国家社会主义党竞争了。国家社会主义党的议席则从12个增至107个。德意志国民党的支持者转而支持国家社会主义党。[2]

---

① David Abraham，The Collapse of the Weimar Republic：Political Economy and Crisis. New York，Holmes & Meier，1986. p. 23.

② "社会民主主义对抗共产主义"，载，［奥］卡尔·考茨基：《考茨基文选》，王学东编，人民出版社2008年版，第455—459页。

第九节　希特勒法西斯主义

20世纪30年代出现的法西斯国家是资本主义国家一种蜕变的畸形形态。它既具有资本主义国家的一些特征，又具有与一般资本主义国家形式上的不同之处。这种类型的国家在德国、意大利和西班牙、日本都出现过。但它们彼此之间又有差别。

德国在第一次世界大战中的失败是法西斯主义兴起的一个极其重要的历史背景。这一结果使德国的政治发展逸出了通常的轨道。第一次世界大战战事发生导致的对群众大规模的招募和战败造成的灾难性的后果，使得《凡尔赛合约》签订后建立的德国有战争罪恶感。而第一次世界大战德国战败后的赔偿和在整个20年代灾难性的通货膨胀给德国经济造成的大浩劫，则给德国带来巨大的创痛。在这些因素刺激下，在那些曾经是军人的人群中建立了法西斯组织。

凯恩斯早在第一次世界大战结束时就已经察觉到，战争失败会导致民族主义反动的出现，他写下了《和平的经济结果》。战后在德国形成的道德有罪的情绪对民众影响巨大。如果没有这种社会心理的背景，在1936年或1938年，德国各阶层人民会对希特勒进行更强有力的抵抗。此外，某种国内的政治因素对于法西斯主义的兴起也起了巨大的作用。甚至早在第一次世界大战结束前，德国军人中的一部分人便对把权力交给社会民主党感到十分悲痛。以后，德国社会民主党在战后承担起在动荡中挽救资产阶级德国的责任。但是德国社会民主党镇压了德国共产党和工人阶级，1918年到1919年在德国各地发生革命。这些事件说明德国的阶级关系和政治在战后日益激化，阶级冲突急剧发展，已经没有一种政治力量能够暂时调和敌对阶级之间的冲突，也没有一种有力的政治力量能够在魏玛时期的德国支持资产阶级群众的自由主义政治要求。1894年以后一些容克和资产阶级反动势力聚集的地区后来成为支持纳粹的地区。[1]如果把法西斯主义的产生置于人类社会向现代社会的转变过程中来加以分析，我们可以看到，当时人民正处于历史转型的中途，他们中一些阶层还对于前工业化社会带有浓郁的记忆和怀念，他们突然发现社会民主党对他们许下的诺言无法兑现，他们陷入了一种毫无目标的失望境地。在这种情况下，资产阶级的某些集团通过创造出一种"一体化"的意识形态取得了对人民的欺骗效应，并取得了人民的支持。这个集团取得了政治权力。这样，法西斯主义开始泛滥。在大萧条酿成的一场普遍的深刻的危机后，德国农民的情绪倒向国家社会主义，农村对纳粹的支持最后达到37.4%。[2]所以，法西斯主义不是简单的资本主义直接发展的结果，而是帝国主义阶段资本主义危机造成的一种变态。通常在那些资本主义已经有较充分的发展，已经通过向资本主义阶段转变的国家，不那么容易发生大规模的法西斯运动。

法西斯国家这种国家类型在国家的权力结构、社会基础和统治集团的社会构成，以及国家在意识形态领域中的活动等方面都有其特征。

---

[1] 巴林顿·摩尔：《民主和专制的社会起源》，拓夫译，华夏出版社1987年版，第8章。John Hall，Power and Liberty，Cause and the end of the rise of the west. Oxford U. P.，1985. p. 168.

[2] 巴林顿·摩尔：《民主和专制的社会起源》，拓夫译，华夏出版社1987年版，第384页。

　　法西斯德国的权力结构和其他资本主义国家的权力结构不同。德国的法西斯国家在结构上由党、国家和军队三个部分组成。传统的国家机构在法西斯德国体制中并不拥有全权，而民族社会党和军队凌驾于传统的国家机构之上。在其他西方资本主义国家中，资产阶级政党固然也在国家的政治生活中起重要的作用，但这些国家的资产阶级政党通常不是作为直接的国家权力机构在政治生活中出现，资产阶级政党在控制国家时采取了较为隐蔽的形式，它通过该党的议员在议会中取得的多数成为执政党，组成一党的或以一党为主的内阁来控制国家政权。换言之，资产阶级政党借助宪法规定的政治权限和政治关系起作用。资产阶级政党必须服从国家权力机构和权力关系，它不能轻易地抛弃合法化的外衣。但是，在法西斯德国国家中，法西斯的民族社会主义党则成为公开的权力机构，它处于旧有的国家机构设置之外，并凌驾于这些国家机构之上。

　　意大利和德国的法西斯主义政党诞生于俄国革命之后。法西斯主义分子和纳粹分子的最初打击目标是国内的社会主义者和共产主义者。他们的目的并不是在大选中击败这些政党，而是利用武装力量彻底粉碎对方。法西斯主义分子和纳粹分子谴责民主，认为民主是推动社会主义和共产主义崛起的原因。法西斯分子隐藏了他们的真实目的，他们最终用独裁代替民主。[①]

　　1931年12月1日，希特勒颁布了《关于政党和国家之保障的法律》。这项法律规定，民族社会主义党在它上台执政后就成为德国国家思想的代表者和指导者，确认党和国家的结合。其党魁同时也是政府机

---

　　① [美] 约翰·朱迪斯：《民粹主义大爆炸——经济大衰退如何改变美国和欧洲政治》，马霖译，中信出版社2018年版，第187–188页。

构的成员，确立了党政合一的制度。只有那些忠于领袖制的原则，加入党而成为党的组成部分，在党的监督下成立和存在的那些组织才能够在德国存在。任何范围的领导职务只能由民族社会主义党党员担任。法西斯的纲领被宣布为国家的主要政治基础，纳粹党党员拥有很大的特权，可以优先得到工作和职位，并能得到较快的提升。1934年7月3日对《关于政党及国家之保障的法律》的修正法令将党政合一的制度推广到地方自治机关，市长、镇长、村长的任命需经党魁同意。

在德国，领袖制原则是党和国家职位等级制度的基础。党和国家的官员不仅享有广泛的权利，而且被宣布为各自部门拥有无限权力的领袖。根据1933年3月24日颁布的法律，希特勒赋予自己无须联邦国会和总统同意便可颁布法律的权力。

两党制或多党制是西方资产阶级国家标榜自由民主的一个招牌。但法西斯德国把这一招牌也扔掉了。1934年7月14日颁布的《禁止组织新政党的法律》，规定民族社会主义党是德国唯一的政党。凡保持以外的政党或组织新的政党均以谋反论罪。这个法令颁布后不久，甚至连那些曾经与纳粹党联合的非纳粹党议员也遭到迫害或排挤，而由纳粹党人出任所有议员。这样，德国以政党制为基础的议会政治实际上已经名存实亡。宪法规定的国家机构形同虚设。

法西斯德国的国家机构设置和政权关系也有其突出的特征。德国实行极端的中央集权制。这表现在德国彻底取消了以前的自治机关的独立地位并极大地削弱了地方各邦议会的权力。加强中央集权削弱地方政府权力的第一项重要措施是在1933年4月制定的《联邦摄政法》。它规定，总统根据总理的要求任命各邦摄政；普鲁士总理由联邦总理兼任；摄政负责监督各邦遵守联邦总理规定的大政方针，并总揽各邦政府任命和撤销邦政府官吏和法官、解散邦议会、起草和公布法律的权力。1934年1月30日希特勒颁布的《德国改造法》取消各邦的人民代表制，解散了各邦的议会，邦和邦政府的权力隶属于联邦政府，各邦执政隶属于联邦内务部长。同年2月2日发布这项法令的施行令，规定各邦制定法律必须得到中央政府所属部长的同意，各邦解散原有的官吏团，由中央委派的官吏取代。2月5日又下令各邦废除对国籍的认可权，国籍统由中央内务部长认可和授予。2月14日又颁布法律，取消联邦参政会，原有的联邦参政会的立法权由中央政府控制。德国的城市有着地方自治的古老传统，有选举议员和对乡镇负责的乡镇长的权力，这种自治的原则给人民一定的自由。但是1935年1月颁布了《乡镇法》，规定由党或国家任命乡镇长、副乡镇长、乡镇（市）议员，并且不允许乡镇议员和市参议员参与表达地方的意志。这项法令意味着地方自治在德国结束。[1]

法西斯德国表面上保留了一院制的联邦国会，但是在德国没有实行选举议员的资本主义民主制。联邦国会选举的选票全部编上号码，上面只有一个政府指定的候选人的姓名。联邦国会的全体议员都被迫进行忠于元首的宣誓。戈林被任命为联邦国会的议长。一院制联邦国会总是一致赞成纳粹党的指示。联邦国会在政治和立法活动中的作用微乎其微。1933年3月24日颁布的《消除人民和国家痛苦法》，实际上剥夺了联邦国会的立法权。这项法令规定，政府有制定法律的权力；政府总理起草法律、公布法律，并使法律立即生效；政府不必得到立法机关的同意便可以自行签订对外条约，并发布命令予以施行；政府

---

① ［联邦德国］卡尔·迪特里希·埃尔德曼：《德意志史》第四卷上册，高年生等译，商务印书馆1986年版，第416页。

颁布的法律可以与宪法抵触。这项法令改变了传统的国家政权关系，实际剥夺了国会的立法权，破坏了国家法中的分权和监督的原则。

法西斯德国的政府兼有立法机构的职能。总理集行政、立法和外交大权于一身。1931年9月兴登堡死后，希特勒立即颁布了《关于帝国最高领袖的法令》，取消了总统一职的设置，将总统与总理二职合二为一，设立"元首"执掌者的职权。希特勒自任元首，终身任职，并指定身后的接班人，成为集权的独裁者。

法西斯德国国家结构中，有以法西斯组织为领导的庞大的警察组织，它加强了镇压和恐怖活动。德国法西斯组织在上台执政之前，便拥有党的军事力量冲锋队，其数量由10万人扩充到30万人，并在很大程度上武装起来，用恐怖活动对付敌对政党。最初领导冲锋队的是希特勒的战友罗姆。希特勒上台后，在法西斯内部的党争中，希姆莱为首的党卫军在1934年6月消灭了罗姆的冲锋队的上层分子。这样，德国全部警察力量就转到了希姆莱领导下。

法西斯德国建立了复杂的警察组织分支。国家保安警察部队负责谍报工作，在国外组织暗杀和破坏活动。盖世太保（国家秘密警察）属于国家保安警察部队的一部分，它是戈林担任普鲁士总理后建立的。表面上盖世太保是党卫军的12个主要部门之一，但它的地位极其重要。它执行消灭被俘的红军政委、共产党员、左派政治家和游击队员的任务。盖世太保拥有同纳粹主义的一切敌人进行斗争的最高警察权力。盖世太保建立了集中营和监狱等恐怖设施。1933年1月盖世太保获得了不受政法和刑法法规约束而采取行动的权力。它可以出于预防的目的而采取惩罚措施，它不顾及任何公民权和人身权利，不经司法机关批准而搜查、逮捕、没收财产、偷听电话和检查邮件。盖世太保采取秘密的组织形式，它的地位居于法律之上。盖世太保在国内建立了控制制度。1936年以后，所有的居民都按40至60户划分为组，各组都由具有纳粹党党员身份的特派员任组长，他有责任向盖世太保提供任何情报。盖世太保具有独占权力，由盖世太保包办德国国内和国外的政治逮捕。此外，希姆莱在巴伐利亚建立了类似于盖世太保的国家保安警察部队。由于盖世太保和国家保安警察部队争权夺利，又建立了德国中央保安局。从1939年起德国中央保安局把所有的警察部门加以合并，其全部人员都取得党卫军的军衔。警察部门的数量和分支的增加，使德国的镇压机构比任何一个国家都庞大。在法西斯战争时期，盖世太保与军队共同对和平居民和战俘进行屠杀。

德国新自由主义派学者从权力关系上对纳粹主义进行了剖析。他们认为，从根本上说纳粹主义首先表现为国家权力无限制地膨胀。第二，在纳粹主义统治时期，在某种程度上，国家从内部被剥夺了行政权力，所有国家及其内部运作原则不过是一种行政管理类型的等级结构以及权威和责任之间的游戏，这种游戏自19世纪以来就是欧洲行政管理的特征。第三点，政党的存在以及调节行政管理机关和政党关系的所有立法机关，以损害国家为代价来赋予政党至上的权威。①

从德国法西斯主义的社会基础来看，德国法西斯通过意识形态欺骗建立了一个特殊的霸主联盟来实施它在德国的统治。在建立的这个霸主联盟中，参加者不仅有资产阶级分子，还有小资产阶级和失业工人等。

德国民族社会主义工人党是希特勒起家的组织基础，也是希特勒

---

① [法]米歇尔·福柯：《生命政治的诞生》，莫伟民、赵伟译，上海人民出版社2018年版，第144—145页。

统治德国的组织基础。它的前身是1919年1月5日成立的德国工人党。1918年9月希特勒成为这个党的政治委员会的第七名委员。1920年3月该党正式命名为德国民族社会主义工人党。这个政党采用合法的策略口号展开争取政权的活动。从阶级构成来看，这个党是一个包括所有职业成分的政党。1933年1月底，德国民族社会主义党的党员人数为85万人，其中工人为27.5万人，占总数的三分之一。包括官员和志愿者在内的新中产阶级人数不到党员的三分之一；独立职业者包括帮工的家属占党员的三分之一强。党员中的工人有一半是失业者。这些工人在经济危机时期加入民族社会主义工人党的特别多。根据对党员成分的职业分析，小资产阶级在民族社会主义工人党中所占比例相当高。如果把民族社会主义工人党与当时其他资产阶级政党做一比较，在这些政党中，民族社会主义工人党党员中工人的比例最高。

在民族社会主义工人党的区一级领导中，除少数例外，大部分都受过高等教育。这个党的许多人由于战争爆发中断了大学或职业学校的教育。革命以后，这些人已经不可能在资产阶级社会中取得较高地位。在该党较高级领导集团中，只有少数人受过完整的大学教育，这类人中有戈培尔和赖伊，他们均为博士。从社会出身来看，民族社会主义党的领导人除少数是贵族外，都属于中小资产阶级。他们被生活从士兵或正规的平民职业中抛出来而落入冒险生涯，他们没有取得可靠的资产阶级生活方式。

当时德国政治急剧动荡，无产阶级与资产阶级的斗争激烈展开。在1929年空前的经济危机的冲击下，德国的农民、手工业者和新中产阶级分子希望过一种安定的生活。这批有不同经济利益的人士当时便在资产阶级政党和无产阶级政党之外的政治力量那里寻找出路。他们大批地倒向民族社会主义工人党。民族社会主义工人党的组织在手工业者、职员，尤其是在农民中得到发展。

然而，德国纳粹党的一切活动比不是在其已有的狭隘的社会基础上能够得以展开和完成的。这个党在夺取政权和保持政权的活动中，建立了一个霸主联盟。纳粹党在工业界、知识分子和教会中都找到了同盟者来帮助它达到自己的政治目的。战后在审判纳粹党人的国际军事法庭上，法官杰普逊曾总结说，法西斯党徒的致命弱点是缺乏技术能力，他们无法在自己的队伍中组织一个有能力实现其全部计划的政府。但是纳粹党在后来的活动中解决了这个问题。他们在大工商业资产阶级中找到了支持者。纳粹战犯、前经济部长瓦尔特·冯克说，他是"受到工业界的鼓励而在党内（民族社会主义党）积极活动的"。"他积极地充当了纳粹和大实业家的居间人。"希特勒1930到1931年开始在莱茵区工业家集会上发表演说，他被介绍给莱茵-威斯特伐利亚工业界的领袖们。1932年月27日，希特勒在杜塞尔多夫的工业俱乐部发表演说，从而获得了工业界首领的支持。德国民族社会主义党的正式文件把这一天称为"民族社会主义党历史中值得纪念的一天"。民族人民党领袖、大工业家阿尔弗雷德·胡根贝格，退伍军人组织（钢盔团）首领弗朗茨·塞尔特，民主党最初的创始人之一、以后任德国国家银行行长的哈尔马·沙赫特博士是希特勒上台前后的主要支持者。胡根贝格在希特勒上台一事上起了不小的作用。沙赫特的支持使得纳粹德国得以重整军备，准备战争。工业家还对希特勒从财政上捐赠。工业家弗里茨·蒂森、埃米尔·基尔多夫、弗里德里希·弗利克和法本工业公司、通用电气公司、鲁尔区煤炭采矿联合公司和鲁尔俱乐部都赞助过民族社会主义运动。①在支持希特勒法西斯民族主义党的工业家中，有一些人认为，他们能够按照自己的意愿控制纳粹党的领导人，制约希特勒的狂妄。但是他们不是希特勒的对手，一个个败下阵来。有的接受了希特勒的摆布，有的则逃亡或被囚死在集中营里。

知识分子和宗教界领袖也加入了帮助纳粹夺取政权和保持政权的队伍。光环集团最初是一批反对现代理性主义和开明思想的知识分子的特殊集团。它以海因里希·冯·格莱兴为首，后来发展成为绅士俱乐部。从这个俱乐部中分出了冯·巴本集团。它为希特勒上台铺平了道路。威廉·施普佩尔和阿尔布雷希特·埃里希·亨特编辑的《德意志民族性》杂志、慕尼黑的勒曼出版社、汉堡的汉萨出版社和耶那的迪特里希出版社都对希特勒倡导的真正的"权力"和德国民族性表示欢迎。经济学家桑巴特也抛弃了科学研究的准则和自由主义思想，加入了这一场大合唱。桑巴特在1935年6月社会政策协会的会议上宣称，自由讨论的时代结束了，"今天政治意志的形成完全是通过另外一种形式"，"是依靠领袖的原则这样一种直接方式"。社会学家和哲学家汉斯·弗赖尔和爱德华·施普兰格尔也都成为"具有感知力的超凡魅力的领袖"出现的捧场者。还有一大批文学家，包括右翼民族主义者和自由派作家如汉斯·约克特、保罗·恩斯特、鲁道夫·宾丁、格哈特·霍普特曼都起来为希特勒的政策辩护。

追随希特勒纳粹党的新教徒把纳粹国家视为"德国新教徒"国家

---

① ［联邦德国］卡尔·迪特里希·埃尔德曼：《德意志史》第四卷上册，高年生等译，商务印书馆1986年版，第390页。

观念的体现，是抗拒耶稣会教士和教皇极权主义的堡垒。他们认为纳粹国家体现了福音新教会的"社会主义"，纳粹国家所代表的运动将用"德国秩序"、道德、权力和祖国观念来代替民主共和国的"道德堕落"。①

德国民族社会主义党在德国取得统治权的过程中，意识形态的控制起了很大的作用。和意大利法西斯主义相比，德国民族社会主义党的意识形态活动起的作用比前者要重要得多。德国法西斯通过意识形态领域的活动维护和巩固其国家权力，同时以此来支持向欧洲疯狂的军事扩张活动。

德国民族社会主义党也吸收了其他国家的法西斯主义。他们从意大利法西斯主义那里学习了纳粹的敬礼姿势和一些青年娱乐组织形式。称呼希特勒的德文词"Fuhrer（领袖）"和意大利用"Dece（领袖）"称呼墨索里尼相似。

从思想特征来说，民族社会主义把对资产阶级理性的反叛推到最极端的地步。法西斯的这个意识形态结构不是以理想为基础的，而是以诉诸情感和力量为基础。希特勒曾直言不讳地说："在任何时候，我们世界上最终大变化的推动力都不是启迪群众的科学知识，而是支配他们的狂热和驱策他们前进的歇斯底里。"纳粹活动家的语言充满着企图引起激烈狂暴的感情反应的词语。民社党员的演说通常很长，有时长达4个半小时，他们千方百计地设法使听众保持高度的狂热。他们大量利用党徽、旗帜、奖章、游行等易于激起人们情绪的手段，这种诉诸感情的做法对于争取一大批德国妇女的选票支持特别有效。

①［美］科佩尔·S.平森：《德国近现代史》下册，范德一等译，商务印书馆1987年版，第666–669页。

德国民族社会主义党虽然在道德上是虚无主义的，但却知道诉诸为理想而牺牲的冲动。[1]

纳粹专政是一种反对理性的暴力的专政。但是纳粹专政并非小集团的专政。它骗取了群众的支持。纳粹党把宣传集中于争取群众，用戈培尔的话来说，叫作"征服街道居民"。戈培尔写道：街道居民"是现代政治的特征。谁能征服街道居民，也就能征服群众；谁能征服群众，就能征服国家。"这是戈培尔成为柏林党区领导人之后提出的任务。在冲锋队和纳粹新闻机构的帮助下，戈培尔在这方面取得很大的成功。在德国法西斯夺取政权以后，求助于群众的做法在历次公民投票中运用得很有成效。这些投票是对已经贯彻的国家的内政、外交政策表示一种追认和捧场。在求助于群众支持的同时，纳粹又表现出对群众的公开蔑视。它放肆地攻击政治民主和人民政体，嘲笑多数政治的原则，提出杰出人物统治的观念，而高举这些杰出人物之上的是"领袖"希特勒。他一方面用甜言蜜语讨好群众，一方面又告知他们不能自己决定需要什么，应该做什么，而在这一过程中，19世纪中期以来向德国民众反复灌输的他们无力管理自己的那种观念起了巨大的作用，使得许多群众成为法西斯追随者和支持者。[2]

德国法西斯主义的民族社会主义意识形态的核心是强烈的民族主义。它靠这种民族主义把支离破碎的纲领中互不相干的部分结合在一起。这种民族主义的模糊笼统的内容的核心就是宣传德国光荣伟大的信条。他们对人们说："除了德国，你们没有别的上帝！"由于在德

---

[1] ［美］科佩尔·S.平森：《德国近现代史》下册，范德一等译，商务印书馆1987年版，第645，652-653页。

[2] ［美］科佩尔·S.平森：《德国近现代史》下册，范德一等译，商务印书馆1987年版，第652-655页。

国的历史上民族主义有着长久的传统，纳粹分子又把民族主义和"社会主义"的要求结合在一起，使其宣传达到极大的效果。在民族主义宣传中，纳粹分子反复强调"砸碎凡尔赛和约的枷锁"，把改变第一次世界大战给德国带来的困境作为吸引和蛊惑群众的重要口号。他们在宣传中集成了泛德意志扩张的梦想，同时又继承了鼓吹建立在德国统治下的欧洲帝国的浪漫主义宣传家的衣钵，模仿他们叫嚷："今天是德国，明天我们的国家是全世界。"

民族社会主义意识形态将某些社会主义的要求内容纳入自己的纲领，以投合民众模糊的反资本主义情绪。纳粹宣传说，社会的经济困难是现代大规模的资本主义造成的。

他们提出了"普遍利益先于个人利益"和"摧毁利息的奴役"，这对于经济地位下降和破产的中产阶级和农民有很大的吸引力。同时，法西斯主义者还吹捧和拉拢工人。戈培尔对柏林工人鼓动说："起来，新的工人阶级青年贵族！你们是第三帝国的贵族。"施特拉塞尔写道："我们是现代资本主义经济的敌人，它剥削经济地位软弱的人，它的工资制度不公平，它对人的评价不道德，是根据财产和金钱，而不是根据良心和成就。我们下决心无论如何要摧毁这种制度。"希特勒把自己美化成社会民主党的继承人。他说："我只需要合乎逻辑地发展社会民主党由于企图在民主结构中实现演变而一再未能完成的事业。"[①]

德国民族社会主义意识形态的核心是种族主义。它强调种族的"纯粹"，认为所谓北欧日耳曼民族或雅利安民族具有无可争议的优

---

① ［美］科佩尔·S.平森：《德国近现代史》下册，范德一等译，商务印书馆1987年版，第662–663页。

越性。他认为，过去一切文明的衰落和消亡都是由于种族混杂造成的。人类历史上一切创造性的事物都是雅利安民族的成果，雅利安民族是人类"文化的基石"，认为国家和种族相比居于次要地位，国家是保持种族纯粹性的手段。[①]

[①] ［美］科佩尔·S.平森：《德国近现代史》下册，范德一等译，商务印书馆1987年版，第657–658页。

第五章
俄　国

第一节　中央政府机构

俄国是在封建专制的条件下，在西方影响下建立近代国家制度的。

到了17世纪，俄国以军事封建专制为特征的集权统治出现了危机。经济和政治生活的落后和停滞不前，沉重的农奴制压迫，造成了农奴和城市市民的反抗、起义频繁地发生，动摇着沙皇统治。前来俄国经商的西方商人带来了先进的西方资产阶级思想文化。启蒙主义思想已经影响到俄国统治集团和上流贵族社会。在这种背景下开始了彼得一世和叶卡捷琳娜二世的绝对主义改革。

彼得一世对俄国国家制度的改革并不是独创性的活动，而是西欧具有资本主义倾向的政治制度和政治观念哺育的产物。彼得一世受到理性国家观念的影响。他认为，西欧国家是理性指导下的、被委托以寻求普遍幸福的君主统治的国家，国家以法治取代了旧时的专制统治。①在彼得一世的心目中，"共同的幸福"和"国家的繁荣昌盛"是同一种概念。这实际上是彼得一世从西方政治思想中汲取的"理性国家"概念的表述。为了和西方国家角逐，必须建立自己的权威。彼得一世提出了君主具有最高统治者职责的思想。影响彼得一世的大主教普罗科波维奇把英国政治思想家霍布斯在《利维坦》一书中提出的臣民对君主绝对服从的概念写进自己的政治著作中，而这种君主是最高统治者的概念体现在彼得一世的政令和行动中。彼得一世在绘制国家制度的蓝图时，直接吸取了瑞典的经验。1720年2月28日彼得一世颁布的《一般规章》，便是以瑞典1661年的《宪法法令》为蓝本起草的。②彼得一世之所以要吸收西欧国家的经验，是因为在先前俄国的政治历史中找不到可供借鉴的民主性的内容和社会契约的概念。③

彼得一世即位后，俄国的国家机构极不完善。17世纪末18世纪初，波雅尔杜马人数减少，在国家生活中的作用日益下降。由于波雅尔杜马的代表几乎全是世袭的贵族和王公，他们对彼得一世的改革持反对态度。所以彼得一世对波雅尔杜马持不信任态度，在作重大决策时常常回避波雅尔杜马。

彼得一世1689年即位后，中央行政机构由40至50个衙门组成，它们拥有的权力不等，彼此间界限不清，因此地方长官很难执行中央政府下达的命令。地方长官如督军等就他们所在地区的一切事务对中央

---

① J. H. Shenna，Liberty and Order in Early Modern European State，1450—1725. London，Hutchinson，1974. pp. 78–79.

② Marc Raeff，Understanding Imperial Russia. State and Society in the Old Regime. Columbia U. P.，1984. p. 44.

③ J. H. Shenna，Liberty and Order in Early Modern European State，1450—1725. London，Hutchinson，1974. p. 76.

负责，但他们的权力界限不清。彼得一世要振兴俄罗斯，就必须首先改革国家机构，加强中央政府的建设。

彼得一世于1699年成立了由他的亲信组成的近臣办公厅作为波雅尔杜马的办事机构，以协助他处理国家日常事务，并负责行政和财政监督工作。以后，他建立了人数有限的检察院以取代特权贵族的波雅尔杜马。

彼得一世加强国家机构建设的最重要措施是在1711年建立了参议院，并设立总监察官一职。担任总监察官者不受出身的限制，但必须是智力和品质优秀者。总监察官的职责是对所有的人进行秘密监视，最高级官员也不例外。总监察官手下大约有500名密探，分散在各个部门进行调查工作，查缉受贿、贪污和偷税漏税的官员。这批密探通过罚款得到的钱款在上缴国库时自己可分得一部分，以这种方式鼓励告密活动。这种做法导致了以后出现了极为严重的滥用职权的现象发生，密探成了侦讯人，对被查讯者加以恫吓，以此敲诈勒索。诚然，这种做法也有效地惩办了一批贪官污吏。西伯利亚省省督加加林亲王因被证实犯有侵吞公款罪而被总检察官涅斯特洛夫送上绞刑架。而涅斯特洛夫本人日后也被指控犯有徇私舞弊、敲诈勒索罪处以死刑。由于监察制度存在种种弊端，后来彼得一世废除了总监察官职，仅在参议院内设立监察员，该官员直接向沙皇负责。①

1717年底彼得一世建立了参议院下属的若干委员会，以取代旧时的50个衙门，同时取消了1699年成立的近臣办公厅。从1718到1721

---

① ［法］亨利·特鲁瓦亚：《彼得大帝》，齐宗华、裘荣庆译，天津人民出版社1983年版，第305页。J. H. Shenna, Liberty and Order in Early Moderm European State., 1450—1725. London，Hutchinson，1974. pp. 78–79.

年，彼得一世共建立了11个委员会。它们是陆军委员会、海军委员会、外交委员会、支出委员会、税务委员会、矿务委员会、手工工场委员会、商务委员会、监察委员会、领地委员会和司法委员会。每个委员会由10至13名任命的官员组成，包括主席、副主席、委员和助理委员。委员会的决定不是由委员会的主席独断做出的，而是通过投票表决做出决定。[①]

彼得一世的参议院有9名参议员组成。当彼得一世离开首都外出时，由参议院主持国政。最初参议院只是一个临时性的国家管理机构，后来职权有所发展，成为直属沙皇的正式的国家最高管理机构。它管理从中央到地方的整个行政系统，负责财政预算、征收贡赋和制定陆海军编制等一应国家行政事务。参议院还有权制定国家重要法令。它在俄国历史上是一种新的政治设置。[②]

但是，彼得一世时期的参议院有一个根本性的弱点，即没有通过立法手段明确参议院的正式职权。在实际国务活动中，彼得一世也没有在颁布法令时征询参议院的意见。这样，参议院效能较低，没有充分发挥其作用。普鲁士公使马德菲尔德证实，俄国参议院在1722年有16000件待处理的文件。[③]参议院制度的不完善导致了这一制度逐渐衰落。20年代末参议院只有3人，它不再频繁地开会，以后便消失了。1730年女沙皇安娜重建了这一机构，但高级官员根本不把它放在眼

---

① George L. Yaney，The Systematization of Russia in Government. Social Evolution in the Domestic Administration of Imperial Russia，1711—1905. Illionis U. P. 1973. pp. 93–94，63–64.

② George L. Yaney，The Systematization of Russia in Government. Social Evolution in the Domestic Administration of Imperial Russia，1711—1905. Illionis U. P. 1973. pp. 92–93，62–63.

③［法］亨利·特鲁瓦亚:《彼得大帝》，齐宗华、裘荣庆译，天津人民出版社1983年版，第309页。

里。女沙皇伊丽莎白即位后重建了参议院。为使参议院有效地发挥作用，她命令所有重要的官员都作为参议院成员。但随后发生了沙皇的宠臣和大乡绅之间争夺权力的斗争。于是，参议院只是作为一个法院存在，不再起行政机构的作用。

但是，在彼得一世以后的几代沙皇统治期间，都建立了掌握国家实权的机构。在叶卡娜一世和彼得二世时期建立了最高检察委员会，在女沙皇安娜时期建立了"内阁"，在伊丽莎白朝建立了"会议"，在彼得三世和叶卡捷琳娜二世时期建立了"委员会"。①

1803年以后，参议院的地位下降了。亚历山大一世削弱参议院的权力有两个原因。一是1802年12月，参议院对一项沙皇加强农村乡绅地位的法令持异议，参议院试图进一步扩大自身的权力。1803年3月参议院的1名成员把抗议书递交给亚历山大一世。亚历山大一世于3月21日发布命令，否决参议院的请愿，并且收回了原先给予参议院可以讨论任何法令的权力。此外，沙皇与参议院议长德萨文发生了冲突。这年2月，亚历山大一世让德萨文将允许农奴主解放他们的农奴的法令提交参议院，而德萨文考虑到解放农奴会损害乡绅地主的利益，反对解放农奴。当他不得不将这道法令递交参议院时，他力劝参议员们否决这道法令。亚历山大一世谴责德萨文的做法，径直将法令公开发表。鉴于参议员与自己观点不一致，1803年3月亚历山大一世正式取消了参议院对法令的否决权。②

到了19世纪后期，参议院仍然存在。它由大约40名成员组成，

---

① George L. Yaney, The Systematization of Russia in Government. Social Evolution in the Domestic Administration of Imperial Russia, 1711—1905. Illionis U. P. 1973. p. 67.

② George L. Yaney, The Systematization of Russia in Government. Social Evolution in the Domestic Administration of Imperial Russia, 1711—1905. Illionis U. P. 1973. pp. 95–97.

他们是由沙皇从高级官员中指定的。1816年到1905年间，参议员成员从来没有在例会时到齐过。参议员所有的工作都是在它下属的几个部门中分散完成的。参议院有两个部。第一部相当于一个行政法庭，凡是围绕政府行政机构的法律权力出现的争端均由它来解决。一些地方政治关系的争端也提交第一部来解决；第二部在1884年建立，主要的职责是解决乡村管理中发生的司法争端。参议院第一部和第二部与各大臣密切的联系使参议院的独立性极度削弱。参议院审议问题时有关大臣或其副手需要参加，但不得在最后做决定时参加表决。[①]参议院的职责从未有专门的法律加以规定。曾经规定参议员是最高政府执行机构，但随着大臣委员会和国务委员会的兴起，参议院丧失了这种职能。

到了19世纪，俄国继续了18世纪开始的对国家机构的改革，建成了一整套以大臣为中心的国家机构。俄国的中央政府由最高机构和隶属机构组成。最高机构包括国务委员会、大臣委员会和参议院，隶属机构包括政府各部。俄国政府各部在19世纪初年建立。1802年亚历山大一世宣布建立8个部，它们是海军部、陆军部、外交部、司法部、内务部、财政部、商业部和教育部。1811年增加到12个部，以后部的设置变动不多。其中教育部、财政部、国内事务部、司法部、交通部、商业和工业部、农业和土地部、国家会计检察官署、神圣宗教会议9个部负责国内事务。从各部建立之时起，沙皇便通过立法要求各部向沙皇报告工作。各部频繁地召开会议，在部的会议上做出重要决

---

① George L. Yaney，The Systematization of Russia in Government. Social Evolution in the Domestic Administration of Imperial Russia，1711—1905. Illionis U. P. 1973. pp. 259–260.

定，这成为一种工作制度固定下来。^①起初曾要求参议院组织专门委员会审查大臣的报告，以后大臣的报告不递交参议院，而直接呈送沙皇。19世纪50年代各大臣的报告先呈送给大臣委员会，经审定后再送交沙皇本人。^②

19世纪50年代初，在中央各部之上成立了大臣委员会。建立这个机构的目的是在个别大臣的提案提交国务委员会之前审查这些提案。政府各部的领导人和各大臣都是大臣委员会的成员。1882年以后，国务委员会法令编纂处处长也加入了大臣委员会。1893年以后，国务大臣也参加了大臣委员会。沙皇还可以固定地或临时指定他所选择的人参加大臣委员会。大臣委员会除夏季外每周举行一次例会，每次到会人数为10至20人，沙皇担任主席。但在亚历山大二世时期，沙皇很少到会，以后沙皇根本不参加大臣委员会的会议。档案中保存的大臣会议的立法共有96件，几乎都是1865年以前的文件。1870年以后只是在非常特殊的情况下才召开大臣会议。大臣委员会趋于衰落。

大臣委员会的衰落有两个原因。一是大臣委员会到会人数甚多，讨论重大国事难以保密。二是大臣委员会与国务委员会的设置重叠，而沙皇参加大臣委员会的会议使得该机构的权力似乎超过了国务委员会，这和它作为立法机构的身份不相称。^③大臣委员会存在

---

① George L. Yaney，The Systematization of Russia in Government. Social Evolution in the Domestic Administration of Imperial Russia，1711—1905. Illionis U. P. 1973. pp. 193–194.

② George L. Yaney，The Systematization of Russia in Government. Social Evolution in the Domestic Administration of Imperial Russia，1711—1905. Illionis U. P. 1973. p. 102.

③ George L. Yaney，The Systematization of Russia in Government. Social Evolution in the Domestic Administration of Imperial Russia，1711—1905. Illionis U. P. 1973. pp. 251–252.

到1905年。①

国务委员会是亚历山大一世在1810年10月建立的最高权力机构。国务委员会凌驾于国家行政机构之上。它的职责是检查立法、计划、年度预算案，并对沙皇关心的问题提出建议。某些时候国务委员会也起最高法庭的作用。但是，国务委员会不参与立法。国务委员会的规模在19世纪有很大的增长。1810年时参加者为30人左右，19世纪中叶增加到60人，1905年增至80人。所有的大臣都是国务委员会的成员。在官吏和军队中任职多年并升至最高等级者，由沙皇任命，可成为国务委员会的固定成员。尽管在理论上沙皇可以罢免国务委员会成员，但是实际上国务委员会成员是终生职。国务委员会每年的例会从10月初开始，到下一年的5月底、6月初结束。沙皇如愿意，可出席国务委员会会议。亚历山大一世在1810到1811年固定参加国务委员会的例会，但1812年4月斯佩兰斯基解职后，他便不再到会。尼古拉一世在位30年，仅参加过5次国务委员会会议。19世纪沙皇最后一次参加国务委员会的例会是亚历山大二世到会通过废除农奴制的《解放法令》。国务委员会工作的主要部分交给它的常设委员会去完成。常设委员会又称作"部"。最初设4个部，每个部由4至8人组成，成员由沙皇在国务委员会成员中指定。在国务委员会例会期间每周开一次部的会议，会议时间通常是4小时左右。②

除了大臣委员会和国务委员会外，俄国在19世纪还设立了沙皇帝国官署。这一机构在尼古拉一世即位后最初十年间设立，1894年以后

---

① George L. Yaney，The Systematization of Russia in Government. Social Evolution in the Domestic Administration of Imperial Russia，1711—1905. Illionis U. P. 1973. p. 194.

② George L.Yaney，The Systematization of Russia in Government. Social Evolution in the Domestic Administration of Imperial Russia，1711—1905. Illionis U. P. 1973. p. 255.

由它决定一切沙皇个人的事务，包括决定官员的提升、解职和授奖等。帝国官署由国务大臣负责。国务大臣由沙皇直接任命，地位不低于国务委员会及其主席。法律规定国务大臣需要与国务委员会主席合作进行工作，国务大臣不得违背后者的意见。1893年和1901年的两道法规给予国务大臣比国务委员会更大的权力。国务大臣有立法动议权，他是大臣会议的成员。更重要的是，国务大臣掌管了国务委员会的法令编纂部门，有权对其做出的决定的合法性提醒国务委员会。[1]帝国国务大臣的这种权力是沙皇政府实际活动的需要。因为在19世纪沙皇国家庞大的官僚机器无法有效地迅速地处理大量政务。国务大臣及属下的机构承担的职责包括审议提交国务委员会的计划和大量问题、解决问题的方案。同时它还要负责与各种临时委员会联系。这样，国务大臣要比国务委员会了解更多的情况。它成为沙皇帝国国家机构中不可缺少的组成部分，它的地位甚至在某种程度上超过了参议院。[2]

彼得一世建立了俄国统一的的地方行政机构。彼得一世以前俄国的基本地方行政单位是县。1708年12月，彼得一世下令把全国分成八个大省，即莫斯科省、英格尔曼德拉省（后改为彼得堡省）、斯摩棱斯克省、基辅省、亚速夫省、喀山省、阿尔汉格尔哥罗德省和西伯利亚省。以后于1713—1714年增设了里加省、尼日哥罗德省、阿斯特拉罕省。到他在位末年共建立了12个大省。每个省设立总督1人，执掌行政和军事权力。省总督直接受中央管辖，以加强国家的权力。省总

---

① George L. Yaney, The Systematization of Russia in Government. Social Evolution in the Domestic Administration of Imperial Russia, 1711—1905. Illionis U. P. 1973. p. 255.

② George L. Yaney, The Systematization of Russia in Government. Social Evolution in the Domestic Administration of Imperial Russia, 1711—1905. Illionis U. P. 1973. pp. 257–258.

督以下设有主管税收财政、司法监察等部门的官员。为了控制省总督，在各省成立了由贵族选举产生的参议会。1719年进行了地方选举改革，仍保留了省的建制，但把全国划分为若干个州。1719年时大约有40个州，18世纪70年代增加到60至70个州。1776年敕令则取消了州的设置。以后20年间，叶卡捷琳娜二世设立省取代州。

彼得一世的各个州又划分为若干个区，省总督的权力较以前缩小了，省总督主要掌管军事。各州设立了一整套完整的行政机构，其中有财务司、粮食司、林业司等。州长与中央机关直接联系。1720年，在各个城市建立了议会。此外，彼得一世试图把司法和行政机构分开。他把全国划分成10个司法区。[①]

1762年叶卡捷琳娜二世即位。7月6日，叶卡捷琳娜二世发布诏书，允诺实行普遍的行政改革，宣布了在法律范围内始终有效的政府法规。然而，中央机关仍然存在着明显的缺陷，立法权集中在君主一人之手，没有辅助这项工作的机关，立法的倡议权归参议院的总检察官。为此，叶卡捷琳娜二世即位后立即委托契约诏书的起草人尼·伊·帕林编制解决有关机关缺编的计划。帕宁在呈交诏书草案的同时，呈交了一份报告，它的内容是将御前会议和参政院组成新的最高行政机构。帕宁严厉地抨击了前任女沙皇伊丽莎白·彼得罗夫娜（1741—1761年在位）的朝政，认为她执政时期"个人势力比国家机关的权力更起作用"，宠臣、佞臣、幸臣和狂妄之徒利用女皇的家庭内阁，抱着不负责任的态度操纵着一切事务。这是一个既没有法

---

① George L.Yaney，The Systematization of Russia in Government. Social Evolution in the Domestic Administration of Imperial Russia，1711—1905. Illionis U. P. 1973. pp. 3–54.

定政府也没有成文法律的"野蛮时期"。①在这一设计中，御前会议是公布法律兼办理文牍的机关。它颁布的每一项新法律均需要君主签署和有关的御前大臣会签。但是，御前会议不再是从前与君主融为一体的最高枢密院，参议院是独立于新设置的御前会议的最高机关，充当立法的参与者。叶卡捷琳娜二世签署了诏书，并且任命了御前会议的成员。②

1767年初，叶卡捷琳娜二世的《圣谕》起草完毕。《圣谕》是根据当时启蒙学派的若干作品汇编而成的文件。它最初为20章，以后又补充两章，各章分条款，共655条，其中294条是借用孟德斯鸠的著作。它涉及的内容有：俄国专制政权；下属管理机关；法律保管处（参议院）；国家全体居民的地位；一般法；具体法（即关于承办与犯罪的一致关系）；惩治（特别是关于判处死刑）；一般审判程序；刑事诉讼程序（刑法和审判程序）；农奴的地位；国家人口繁殖；手工业和商业；教育；贵族；中等阶层（第三等级）；城市；继承权；法律编纂和法律文体；需要解释的各项条款。附加的两章是关于城市警察局或警察，以及国家经济即收支事项。③《圣谕》广泛地囊括了立法领域，涉及国家机构的各个主要部门、最高政权及其对臣民的态度、管理、法律、公民的权利与义务、等级、立法和司法。

《圣谕》"宣告公民的平等在于人人服从同样的法律，国家享有

---

①［俄］瓦·奥·克柳切夫斯基：《俄国史教程》第五卷，刘祖熙等译，商务印书馆2013年版，第68页。

②［俄］瓦·奥·克柳切夫斯基：《俄国史教程》第五卷，刘祖熙等译，商务印书馆2013年版，第69页。

③［俄］瓦·奥·克柳切夫斯基：《俄国史教程》第五卷，刘祖熙等译，商务印书馆2013年版，第77页。

的自由即政治自由，不仅指依照法律许可的权利行使一切，而且指不能用强制手段做非分的事，还要坚信本国的安定会产生人心安定；为了这种自由，就需要这样的政府，有了它，一个公民不用害怕另一个公民，人人只害怕同一种法律。这是俄国公民从未见到过的事。《圣谕》教导说，制止犯罪应晓以知廉耻，而不是靠政府的棍棒。《圣谕》说，言论如果不同行动结合，永远构不成罪行，"谁把言论当成应处死刑之罪，那他就是在歪曲和颠倒一切"。《圣谕》多次提出一个问题，即国家、政府要不要履行其对公民的义务。《圣谕》指出："非常需要用法令、命令约束地主"，用更慎重的方式向农奴课税。[①]

《圣谕》贯彻了这样的思想，国家的法律应当适应当时的自然状况，即国家应当采取专制制度的统治形式，君主立宪应当是俄国立法的基础，在丝毫不放松专制政体的同时，允许社会阶层间接地甚至直接地参加管理，号召人民代表在编制新法典时予以合作。[②]

1767年建立了新法典编纂委员会。当选委员会代表的共有564人。其中政府机关代表占5%左右，贵族代表占30%，城市代表占39%，农村居民代表占14%左右，哥萨克、异族和其他阶级代表占12%左右。[③]但是叶卡捷琳娜二世编纂法典的尝试失败了。

彼得一世的改革把国家义务和经济利益的等级标准搞乱了。工厂

---

① ［俄］瓦·奥·克柳切夫斯基：《俄国史教程》第五卷，刘祖熙等译，商务印书馆2013年版，第78页。

② ［俄］瓦·奥·克柳切夫斯基：《俄国史教程》第五卷，刘祖熙等译，商务印书馆2013年版，第80–81页。

③ ［俄］瓦·奥·克柳切夫斯基：《俄国史教程》第五卷，刘祖熙等译，商务印书馆2013年版，第88页。

主和商人享受贵族特权，吸引贵族参加工业企业，所有阶层一律承担服兵役的义务。彼得一世希望通过实施共同权利和义务，使各等级趋于平等。但是彼得一世死后，叶卡捷琳娜二世的社会政策比彼得一世倒退了。[1]1767年的委员会活动的中心是保留了等级制，强化了等级权利。每个等级都按照自己特有的等级赋税为国家效劳，他们专门的经济利益和赋役联系在一起，这样有助于提高地产、城市商店和农业的收入。[2]

叶卡捷琳娜二世在1775年11月7日颁布公告，公告认为，现行省辖行政区地域太宽，这些行政区的机构太少，各部门在管理中互相混杂，需要进行省级行政机构的改革。叶卡捷琳娜二世对行政区进行了重新划分，原先俄国划分为20个幅员较大的省份，现在改为划分为50个省。每个省有30到40万居民。省以下行政单位为有2至3万人的县。每个省设行政和司法建制。省行政制度的主要机构是以省长或总督为首的省行政公署，这是一个集警察和行政职能为一体的机构。省辖县级机关有县警察局长和地方初等法院。它们监督本县的商业，维护道路和桥梁的畅通。

为了加强地方行政管理，叶卡捷琳娜二世在1785年4月21日签署了两份御赐贵族诏书。这两份文件完成了地方行政管理体制建设。一份是御赐贵族诏书。它规定，除了召开县贵族会议以外，还设立省贵族会议。贵族等级有选举省级代表的权利。诏书确立了贵族的权利，贵族对其不动产和农奴享有充分的所有权，他们可以把自己的爵位

---

[1]［俄］瓦·奥·克柳切夫斯基：《俄国史教程》第五卷，刘祖熙等译，商务印书馆2013年版，第106页。

[2]［俄］瓦·奥·克柳切夫斯基：《俄国史教程》第五卷，刘祖熙等译，商务印书馆2013年版，第104页。

传给妻子儿女，除非被判定有某种犯罪行为，否则这种权利不能被剥夺。贵族免除人丁税、服兵役义务和体罚，贵族会议有权向最高当局提出有关本等级需要的请求。御赐贵族诏书在俄国强化了贵族的权利和等级特权。

1785年颁发的俄罗斯帝国城市诏书，除了建立充当司法机关的政府之外，还建立了城市警察总务局。城市居民被划分为6个阶层：高贵公民、真实公民（即在城市拥有房地产而不从事工商业的人）、行会商人、行会手工业工人、外国和外城市的客商、干粗活的或从事手工业而在城市没有不动产的城郊居民。这些不同身份的人是按照出身和资产来划分的。两个杜马即全体杜马和六人杜马主持城市经济和管理。全体杜马在市长主持下由所有各等级的议员组成，起指挥作用，定期或根据需要召集会议。六人杜马由六个等级各出一名成员组成，由市长主持，是执行机关，主管日常工作，每周召开会议。[①]

1775年在省级管理体制中建立了两个新的机关，这就是社会救济厅和感化法院。以往的政府体制不论是中央的还是地方的都没有管理国民教育和社会慈善事业的专门机构。此时俄国几乎没有国民学校，又没有拨给城市相关经费。感化法院是一个凭良心进行审判的法庭，它旨在解决那些按照诉讼双方协议提交的案件。而在这以前，无论是在俄国还是在欧洲其他国家，都没有这样的诉讼机构。这两个机构的建立表现了政府开始关注社会问题。[②]

叶卡捷琳娜二世的政府体制改革有三个方面的突出结果。第一，

---

① ［俄］瓦·奥·克柳切夫斯基：《俄国史教程》第五卷，刘祖熙等译，商务印书馆2013年版，第118—120页。

② ［俄］瓦·奥·克柳切夫斯基：《俄国史教程》第五卷，刘祖熙等译，商务印书馆2013年版，第120—121页。

从积极方面来说，改革使得地方行政管理机构朝着体系化的方向前进，并且开始注意到民众的社会生活。第二，从消极方面来看，这些改革用法律强化了贵族的特权，加强了等级制，保护了贵族的利益，较之彼得一世的改革在政治上是一种倒退。第三，叶卡捷琳娜二世的行政和司法改革使得机构变得极端庞杂。由于各部门的严格分工和法院的复杂结构，当选的和政府委派的官员猛增，原先由10个到15个官员组成的办事部门，现在增加到上百人，官员队伍臃肿使得原本就很高昂的行政费用不断增加。①

叶卡捷琳娜二世时期在省以下设立了新的县。从此俄国的行政区划便由省和县两级构成。

叶卡捷琳娜二世把参议院制度从大城市推广到基层。这样就完成了彼得一世开始的想法把国内政治组织与军事组织分离的工作。1763至1764年间，叶卡捷琳娜二世大量增设省、州、县各级行政官员设置，规定新的行政官员的任命都应由参议院作出。这些行政官员应当服从参议院的领导，中央政府付给他们固定的薪金。在以后10年间，叶卡捷琳娜二世把省的数目从18个增加到23个。在俄国兼并了波兰和土耳其的领土后，1796年叶卡捷琳娜二世重建了地方行政区划，把全国分成360个县，取消了州。②

叶卡捷琳娜二世在省一级的行政机构中设立了新的拥有权力的行政官职。1764年4月把省的行政领导权授予省督，但是在1775年又设立了省总督，省总督作为沙皇个人在地方的代理人，其地位居于原先

---

①［俄］瓦·奥·克柳切夫斯基：《俄国史教程》第五卷，刘祖熙等译，商务印书馆2013年版，第122页。

② George L. Yaney, The Systematization of Russia in Government. Social Evolution in the Domestic Administration of Imperial Russia，1711—1905. Illionis U. P. 1973. pp. 68–69.

设立的省督之上，但省督没有完全丧失其地位。在全国40个省中，设立省总督的不到20个省。大约有一半的省（主要在俄国欧洲部分）仍旧由省督统治。到1798年俄国的省增加到50个，设立省总督的不过13个省。保罗即位后取消了这13个省的省总督设置。[①]

叶卡捷琳娜二世在县一级设立了由警察指挥官任主席，从地方乡绅中选举产生的两名代表和非乡绅居民选出的两名代表组成被称作"初级土地法庭"的委员会，负责监督县警察。县一级还有两个选举产生的司法机构，这就是乡绅法庭和乡村居民法庭。非乡绅代表的选举在警察监视下完成。

各县设立乡绅会议。1785年的法律文件规定，所有居住在该县的乡绅都可以出席会议，但是只能选举一人作为官员。此人必须在25岁以上，在本县的土地收入不少于100卢布。选出的乡绅代表被称为县乡绅长官，他是县行政机构的负责官吏。乡绅会议每三年召开一次。

叶卡捷琳娜二世的地方政府建设措施旨在大力扶植现存地主和城市贵族，造就统治的社会基础。在省城和一般城镇中选出的商人和工场主的上层分子处于官吏的监督之下，他们和贵族一样，参加行政管理只是起一种拓宽沙皇统治的社会基础的作用，他们无法在行政工作中独立活动。日后，在这些加入地方政权机构的贵族和工商业者中产生了沙皇的政治反对派的核心。[②]

在整个叶卡捷琳娜二世统治时期国家全部开支为16亿卢布，而岁

---

① George L. Yaney，The Systematization of Russia in Government.Social Evolution in the Domestic Administration of Imperial Russia，1711—1905. Illionis U. P. 1973. pp. 72–73.

② Marc Raeff，Understanding Imperial Russia. State and Society in the Old Regime. Colllumbia U. P. 1984. p. 97. George L.Yaney，The Systematization of Russia in Government. Social Evolution in the Domestic Administration of Imperial Russia，1711—1905. Illionis U. P. 1973. pp. 68–69.

入没有超过14亿卢布。财政赤字达到了2亿卢布。[①]从国家财政收入的种类来看，1781年从伏特加、盐和贸易征收的税为1810万卢布，征收的人头税和免役税为1340万卢布；1786年从伏特加、盐和贸易征收的税为2300万卢布，征收的人头税和免役税为2030万卢布；1796年从伏特加、盐和贸易征收的税为3370万卢布，征收的人头税和免役税为2470万卢布。[②]1805年从伏特加、盐和贸易征收的税为4560万卢布，征收的人头税和免役税为4500万卢布；1815年从伏特加、盐和贸易征收的税为14210万卢布，征收的人头税和免役税为12820万卢布；1825年从伏特加、盐和贸易征收的税为20140万卢布，征收的人头税和免役税为12610万卢布[③]。总的来看，俄国的税收中，包括人头税和免役税在内的直接税占国家岁入的比例一直较高，而商品税所占的比例不是很高。

亚历山大一世1801年即位后，他在发布的命令中表示，将把严明的法纪置于个人的意愿之上。他批评俄国"管理制度的专横"。他指出，要根除这种现象，必须要制定俄国几乎还没有的根本法，即基本法。在亚历山大一世周围聚集的是直接追随叶卡捷琳娜的一代志士能人。他们中有柯丘别依伯爵、诺沃西尔采夫、斯特罗甘诺夫伯爵等人，他们组成了一个秘密的非正式委员会，几乎每天开会研究改革计划。

在这个时期，悄悄地开始了农奴制改革。沃龙涅什的地主彼得罗

---

① John P. LeDonne, Absolutism and Ruling Class. The Formation of the Russian Political Order 1700—1825. Oxford U. P. 1991. p. 280.

② John P. LeDonne, Absolutism and Ruling Class. The Formation of the Russian Political Order 1700—1825. Oxford U. P. 1991. p. 280. Table 15. 4. Revenue from Taxation, 1781—1796（in millions of rubles）.

③ John P. LeDonne, Absolutism and Ruling Class. The Formation of the Russian Political Order 1700—1825. Oxford U. P. 1991. p. 282. Table 15. 6.

沃-索洛沃依与他的5001个农民签订契约，允许农民把耕种的土地变为己有，条件是在19年内向地主支付150万卢布。谢尔盖·鲁勉采夫伯爵根据同农民的自愿协议，考虑连带土地解放199个农民。他向政府呈交了相关的法律草案。政府采纳了这个法案，并于1803年2月20日颁布自由农法令，规定地主可以同自己的农民协商，连带土地以整个村庄或单个家庭的方式解放农民。这些被解放的农民不计入其他阶层，他们组成特殊的"自由庄稼人"阶层。①

亚历山大一世任命斯佩兰斯基（1772—1839）为御前大臣、内政部内务司司长、司法部副大臣，他和亚历山大一世一同研究国家改革的总体方案。斯佩兰斯基说，他的规划全部想法旨在"利用法律把政权建立在牢固的基础之上，使这个政权具有更大的威严和真正的威力"。他在1809年10月完成了规划的制定，提交亚历山大一世。规划详细阐述了俄国各阶层在法律面前平等的理由，阐明了农民需不带土地获得自由。设立三个国家首脑机关：立法机关是各阶层代表组成的国家杜马，行政机关是由国家杜马负责的各部，司法由参议院负责。这三个最高机构的活动由国务会议统一起来，而国务会议由贵族上层代表组成。从乡村到最高层都具有地方自治选举的性质。在中央管理机构的设置上，禁止没有俄国大学毕业证书或没有按照法令附加的规定提纲通过大学考试者担任八品和五品文官。担任八品和五品文官者必须通晓一门外语。熟悉罗马法、民法、国家经济学和刑法，了解统计学、历史、地理和数学、物理的基本知识。②

---

① ［俄］瓦·奥·克柳切夫斯基：《俄国史教程》第五卷，刘祖熙等译，商务印书馆2013年版，第206–207页。

② ［俄］瓦·奥·克柳切夫斯基：《俄国史教程》第五卷，刘祖熙等译，商务印书馆2013年版，第211–212页。

斯佩兰斯基对各部进行了改革，用11个部取代原先的8个部作为中央的独立部门。参议院改为两个独立的机关，统管参议院集中办理政府事务，司法参议院包括分布在帝国四个主要司法区的四个地方分院。但是在实践中，只有立法和行政部门进行了改革，司法部门原封未动。省级管理机关的改革也没有进行。[①]亚历山大一世的改革成果甚微。1803年2月关于自耕农的法令颁布后有3万农奴获得了自由，占俄国农奴总数的0.3%。[②]

在彼得一世统治下开始的俄国国家西欧化的过程，在这以后的一个世纪中成为统治阶级和贵族的要求。[③]

在19世纪初，俄国还没有形成中等阶级。沙皇专制制度在政治上没有进步，迫使一批贵族革命家起来进行斗争，限制专制权力，改造国家制度。在资本主义发展的压力下，贵族中的进步人士企图代替国家所缺少的第三等级。然而他们终究只是打算把自由主义制度与自己那个等级的统治基础结合起来。[④]十二月党人佩斯捷尔起草的《俄罗斯法典》提出："废除奴役制度和农奴状况是临时最高政府的一项神圣的和必然的任务"，主张推翻沙皇专制制度，建立统一的共和国，由革命的临时政府实行专政。十二月党人打算于12月14日起义时公布的施政纲领《告俄罗斯人民宣言》提出了下述政治目标："一、废除

①［俄］瓦·奥·克柳切夫斯基：《俄国史教程》第五卷，刘祖熙等译，商务印书馆2013年版，第215—216页。

②［俄］瓦·奥·克柳切夫斯基：《俄国史教程》第五卷，刘祖熙等译，商务印书馆2013年版，第247页。

③［苏］列夫·托洛茨基：《俄国革命史》第一卷，丁笃本译，商务印书馆2018年版，第19—20页。

④［苏］列夫·托洛茨基：《俄国革命史》第一卷，丁笃本译，商务印书馆2018年版，第20页。

旧政府；二、成立临时政府，直到建立选举产生的正式的政府为止；三、出版自由，取消书刊检查制度；四、任何宗教都有举行礼拜的自由；五、废除涉及人身的所有权；六、所有等级在法律面前一律平等，废除军事法庭和各种案件的审判委员会，一切案件交由就近的民事法庭管辖。"①十二月党人提出的是一个建立资产阶级共和国的政治纲领。

十二月党人1825年12月14日在参议院广场发动了起义，结果被沙皇政府的军队镇压。

尼古拉一世执政时期确定的原则是，在基础方面不做任何更动，不增添任何新制度，而只是借助立法维持现行制度，弥补缺陷，修正已经暴露的陈旧弊病。他派出亲信大臣去各省检查，揭露出了骇人听闻的情况，例如在中央，竟然没有一家金库经过检查，所有的账簿分明是伪造的，好几个官员携带数十万巨款逃之夭夭。下属机构把参议院的命令束之高阁。他成立了恩格尔委员会来整顿腐败不堪的政府机构。②他任命从流放地回来的斯佩兰斯基负责编纂法典。

尼古拉一世把执政体制的原有基础保存下来，将中央管理机构更加复杂化。他在位期间，一方面新设了大批的厅、局，一方面新建许多办公厅、委员会。每解决一项新的国家事务，都要设立一个委员会。沙皇亲自领导并审理国家大事。沙皇的御前办公厅设有各处：一处拟定呈报皇帝的公文，二处由上届法律编纂委员会组成，从事法典编纂工作；三处管理最高警察署；四处管理慈善教育机关；五处筹建

---

① 范达人："试论俄国十二月党人起义的成因及政治思想。"载《社会科学战线》，1983年第1期，第158–159页。

② ［俄］瓦·奥·克柳切夫斯基：《俄国史教程》第五卷，刘祖熙等译，商务印书馆2013年版，第253页。

新的管理体制和国家财产制度。尼古拉一世时期官僚体制膨胀，却没有办事效率。1842年司法大臣报告，帝国所有办事机关未清理的案件有3300万件。[①]

亚历山大二世1855年2月即位后实行了重大改革，在俄国废除了农奴制。1856年3月，亚历山大二世在召见莫斯科省贵族代表时表示，"占有农奴的现行制度不改是不行的"。随后组成了农民事务机密委员会。皇帝亲自主持了这个委员会。1857年11月20日发布圣谕，准许当地贵族推选人员来制定相应的规章。1858年7月各省都建立了委员会。各省的委员会到1857年底提出了改革农奴制的三种方案：第一种方案反对任何一种解放农奴的措施，只是采取改善农民状况措施；第二种方案允许解放农民，但不许赎买土地；第三种方案主张连同土地解放农民。[②]

1861年2月19日，亚历山大二世公布了解放农奴的宣言，批准了17个法令，规定在长时期内分阶段解放农奴。这些法令的内容可以归纳为两个方面：第一方面是关于农奴的人身解放。宣布废除农奴制，农奴有了自身和家庭的自由，地主不能再转让和买卖农民，不能干涉农民的生活。农民可以担任公职，进行工商业活动，他们有向法院控告的权利，可以和别人订立契约；第二方面内容是关于份地和赎买份地的条件。法令规定在保证地主土地所有制的条件下，分给农民一块土地和家庭的宅旁园地，农民有永久的使用权。农民要通过赎买的方式得到这块土地。农民可以通过服劳役或用现金赎买。在赎买过程中，

---

① ［俄］瓦·奥·克柳切夫斯基：《俄国史教程》第五卷，刘祖熙等译，商务印书馆2013年版，第256-257，259-260页。

② ［俄］瓦·奥·克柳切夫斯基：《俄国史教程》第五卷，刘祖熙等译，商务印书馆2013年版，第277，281-282页。

地主往往趁机收回好地。在废除农奴制的改革中，农民占有的土地减少了18%—20%。赎金很高，相当于代役租的16倍，大大超过了土地的价格。农民可以先付赎金的25%，余下的部分由政府垫付，农民在以后49年中连本带息偿还政府；第三方面是关于农民管理的问题，保留村社，几个村社联合设乡，村社和乡的公职人员由农民选举产生。地方行政由政府管理，不再归地主管理。村社实行联保制，监督农民履行各种义务。废除农奴制的地区主要是俄国的欧洲部分，实施的对象首先是私有农民，共解放了私人农民1025万人。1866年又解放了国有农民900万人，采邑农民100多万。总共有2100万农奴获得了解放。

1861年废除农奴制的改革，使农奴摆脱了人身奴役制度，解放了生产力。俄国通过赎买方式对农民的掠夺，是一次大规模的资本原始积累，到1905年，这笔资金积累约有20亿卢布，促进了俄国资本主义经济的发展。1861年废除农奴制改革，是俄国历史发展的转折点，是俄国资本主义社会的开始。

土地问题是俄国资产阶级革命的中心问题，俄国在废除农奴制之后，并没有立即解决农业向资本主义过渡的问题，俄国农业又回到了地主土地所有制和村社制。1905年革命以后，3万名大地主拥有7000万俄亩土地，而1050万贫农也只拥有同样面积的土地。农民用简陋的农具耕种自己的份地和租来的土地，生产力水平很低。俄国急需改变中古式的落后的农业生产方式。沙皇政府、地主和资产阶级决定用破坏农村村社的方法发来分化农民，促使资本主义在农业中发展。

斯托雷平（1821—1899）是俄国地主，显赫贵族的后裔。他曾就学于圣彼得堡大学，1885年毕业后随即进入帝国国有资产部。4年后，斯托雷平成为科夫诺省议员。担任政府公职的经历让斯托雷平深刻了解到地方的需求，同时提高了他的行政能力。1902年，斯托雷平被任命为格罗德诺省省长，后调任萨拉托夫省省长。进入中央后，斯托雷平作为一名突出的地方行政长官，被皇帝尼古拉二世任命为内政大臣，数个月后代替戈列梅金成为俄国总理。当时，斯托雷平创建了一套新的法庭制度，允许就地逮捕和迅速审判被指控从事革命活动的嫌疑犯。斯托雷平相信俄国的发展可以以一个稳定的中产阶级为基础，并以此推行一系列积极的改革政策。

斯托雷平在任期间主要关心的是土地和农民问题。斯托雷平本人就是地主。他家拥有多处庄园。在斯托雷平改革以前，俄国实施的是古老的宗法制和村社制，随着时代的变迁，这种制度的生命力已日趋枯竭，农民的不满亦日甚一日。俄国1905年革命的发生使任萨拉托夫省长的斯托雷平愈益强烈地认识到，土地问题已到了不实行改革就无法维系已岌岌可危的罗曼诺夫王朝的地步。斯托雷平土地改革的主旨是土地私有化，将土地交给农民。在村社制下，农民缺乏从事农业生产的热情，因为他们不是在自有土地上生产，其劳动成果的半数以上要交给他人。农民只有当他确知劳动成果将属于自己时，才能焕发出生产热情，才肯在土地上投资。

斯托雷平采取了三项土地改革措施。1906年1月9日颁布法令，允许农民脱离村社民并把份地作为私有财产。法令指出："1905年11月3日诏书规定，自1907年1月1日起取消农民的份地赎金，从此，那些负有赎金义务的土地将摆脱赎金义务和限制，农民将有权自由退出村社，有权将曾为村社所有的份地变为个人所有。"[1]1910年6月14日第

---

[1] 张福顺：《俄国1906年11月9日法令解读》，载《黑龙江社会科学》2009年第2期，第54页。

三届国家杜马立法规定农民非脱离村社不可。在不实行充分土地的村社中，直接确认份地为农民固定的私有财产。在实行重分土地的村社中，农民有权要求把分给他们的土地作为私有财产。在农村建立单独的田庄和独家农场。允许农民脱离村社，并可以出卖自己的份地。农民可以在村社中把分散的土地连成一块，构成独家农场，也可以把家产转移到村外去，构成一个单独的田庄。政府规定，把最好的土地分给单独组织田庄的农民。斯托雷平实施移民政策，把富裕的农民留在俄国的中心区，形成强大的富农阶级以支持沙皇政权。斯托雷平的土地改革促使俄国农业向资本主义发展。土地改革使农业播种面积扩大了，农业机械的进口增加了，肥料的使用量也增加了。粮食出口比20世纪初增加了几乎一倍，也为俄国工业的发展扩大了国内市场。

在政治制度领域，斯托雷平在1907年3月6日向国家杜马发表的政府咨文中提出，"我们的祖国应当变成法治国家"。政府的职责是"为《十月十七日宣言》宣布的那些法制原则制定还没有法定立法的准则。"言论、集会、出版、结社自由、信仰自由、人身和住宅神圣不可侵犯、通信的秘密都要为"我们的立法所规范化"。"在内阁的方案中将找到所有的法治国家已经习惯了的对人身不可侵犯的保障，而且，人身拘留、搜查、拆启信函都要有相关的机构的决议，相关的机关也要负责对24小时内按警察局的命令而进行的逮捕的法律依据进行审查。"[1]斯托雷平在1907年3月6日在杜马的辩论中说："政府的各项活动、自己对国家杜马的各个声明将要遵循的只能是严格的法律"。"政府将欢迎对任何混乱现象、任何舞弊行为的各种公开揭露。""但

---

[1]《我们的祖国应当变成法治国家》，载《俄国19、20世纪之交法政文献选编》，清华大学出版社2016年版，第5页。

愿这些滥用权力的行为被揭露出来，受到审判和谴责"。[①]斯托雷平提出了"书写自由应当成为真正的自由"这一资产阶级自由民主的目标，他认为："这种真正的自由是由公民自由、国家感情和爱国主义构成的。"[②]

斯托雷平提出："除了镇压革命，政府还应尽可能地使民众实际享有赐予他们的福利。"[③]"在给予工人积极的救济方面，其最主要任务是对丧失劳动能力的工人提供国家扶养，通过提供疾病、伤残及养老保险的方式施行。因此政府打算组织对工人的医疗救助。"[④]

1911年春，斯托雷平提交了一项议案，建议将地方议会系统扩展到俄罗斯帝国的西南诸省。起初斯托雷平估计该议案会以微弱优势通过，但却遭到国家杜马否决，这导致他辞职。

第二节　地方政府

19世纪俄国县的主要机构继续采取了常设委员会的形式。参加常设委员会的成员有两部分：一部分是选举产生的官员，一部分是任命

---

① 《政府将要遵循的只能是严格的法律》，载郭春生主编，《俄国19、20世纪之交法政文献选编》，清华大学出版社2016年版，第11页。

② 《1907年11月16日斯托雷平讲话摘录》，载郭春生主编，《俄国19、20世纪之交法政文献选编》，清华大学出版社2016年版，第16-17页。

③ 《1907年11月16日斯托雷平讲话摘录》，载郭春生主编，《俄国19、20世纪之交法政文献选编》，清华大学出版社2016年版，第16页。

④ 《大臣会议主席彼·阿·斯托雷平1907年3月6日向国家杜马发表的政府咨文》载，郭春生主编，《俄国19、20世纪之交法政文献选编》，清华大学出版社2016年版，第8-9页。

的官员。在县一级设立了农民事务委员会，它通常由3人组成：一个是县自治会议的常任官员，一个是县警察指挥官，一个是乡绅代表。县的政府行政机构设置和省级机构设置的主要差别在于，县一级没有一个拥有全权的、可以对行政机构施加压力并统一其意见的负责官员。县一级不承担司法职责，司法争端和案件审理都交由省里处理。县一级行政机构的活动则和地方乡村社会有较为密切的联系，多少带有一些地方自治的特点。例如1830年之前，县警察完全是由选出的半日制工作的乡绅来担任。[①]

农奴制废除后，俄国开始了近代地方政府机构的建设。从1864年起，亚历山大二世批准了米留京和瓦鲁也夫为首的特别委员会提出的《省、县自治机关条例》，在县和省设立自治会议，每年选举一次自治会议的代表，每年召开一次自治会议。省自治会议的代表人数为15至100人不等。自治会议在理论上代表社会各阶级。根据1865至1867年的资料，29个成立自治局的省中，县自治会议代表的主要阶级构成为，贵族和官吏占41.7%，农民占38.4%，商人占 10.4%。[②]同期省自治会议中，贵族和官吏占代表的74.2%，农民占0.6%，商人占10.9%。自治会议主席不是由代表选举产生，而规定由贵族代表兼任，贵族在自治局中占优势。但是，沙皇政府对地方贵族不完全信任，不给新建立的地方自治局以任何地方行政实权。例如，1867年6月13日政府颁布法令，禁止各自治局不经省长批准擅自印刷自治局的

[①] George L. Yaney, The Systematization of Russia in Government. Social Evolution in the Domestic Administration of Imperial Russia，1711-1905. Illionis U. P. 1973. pp. 339–344.

[②]［苏］涅奇金娜：《苏联史》第二卷第2分册，生活·读书·新知三联书店1959年版，第127页。

会议决定和报告。①

这个时期沙皇政权在城市中也建立了相应的机构。到1862年，在502个城市建立了各阶层代表参加的地方委员会。1870年6月，亚历山大二世批准了新的市政条例，决定用不分等级的杜马取代原先在叶卡捷琳娜二世时期实行的由各阶层选举出的代表组成的市杜马。杜马代表按照财产资格每4年改选一次。只有纳税人才有选举权。选举人按照纳税额分成3个选举会。第一选举会由缴纳该城市总税额三分之一的最大的纳税人组成，第二选举会由承担总税额三分之一的中等纳税人组成。小纳税人的代表参加第三选举会。每个选举会分别推派市杜马代表的三分之一。这样，就保证了资产阶级在市杜马中的优势地位。市杜马由参议院直接管辖，受县、省当局的监视。大城市市长的任职由内务部批准，小城市市长的任职由省长批准。城市杜马不掌握警察，它的权限与地方自治局相仿，完全限于经济领域。城市的实际行政权属于中央控制的省长。俄国资产阶级在步入政坛时，被置于咨询机构中而没有行政权。

第三节　军队

俄罗斯统一国家建立以前，莫斯科公国的军事组织是由大公和诸

---

① ［苏］涅奇金娜：《苏联史》第二卷第2分册，生活·读书·新知三联书店1959年版，第127页。 George L.Yaney，The Systematization of Russia in Government. Social Evolution in the Domestic Administration of Imperial Russia，1711—1905. Illionis U. P. 1973. p. 337.

侯直接控制的亲兵和地方民团构成的。亲兵本身为贵族，以行武为终身职业，一律为骑兵。但亲兵人数不多，凡遇较大规模的军事征战，需召集地方军事组织民团。民团一般为步兵，成员来自农民和小市民，战斗力较弱。这种由亲兵和民团构成的军事组织无法适应中央集权国家的军事需要。1540年反映中小贵族利益的军事思想家彼列斯维托夫向伊凡四世提出一系列改革建议。其中很大一部分建议是关于军事的。他主张建立一支沙皇指挥的军队以取代大封建主的私人武装，以镇压后者的反叛。伊凡四世接受了彼列斯维托夫的建议，实行军事改革。伊凡四世广泛推行伊凡三世已经实行的领地制。沙皇以授予贵族领地为代价，吸引中小贵族从军，在俄国建立了一支封建军队。但是这支军队的士兵逃亡或不服役者甚多，改革成效不大。与此同时，伊凡四世在1550年把伊凡三世建立的火炮兵扩建成俄国历史上第一支常备步兵"射击军"。射击军的主要来源是市民，其主要任务是防守莫斯科等城市，镇压当地人民的反抗，也可以用于对外战争。射击军平时驻扎在指定的营区内，接受专门的军事训练，统一着装并由国家发给薪饷。17世纪初，米海伊尔在招募雇佣军的同时，按照西方国家军队的式样来改造俄国军队，建立了"新制团"。1663年时它共有77000人，由国家供给，终身服现役，但在和平时期可以让部分士兵住在家里。最初，沙皇招募大批德国、苏格兰和波兰军官治军，到1670年出现了第一位俄国将军。新制团的建立标志着俄国军队向近代军队转变的第一步。以后，射击军的地位下降，领地骑兵基本被淘汰。①

　　彼得一世在1699年颁布了征召新兵的敕令。确定在自由民中按一

---

① 吴春秋：《俄国军事史略（1547—1917年）》，知识出版社1983年版，第9–13，31–93页。

定比例抽丁，共征召了约2.3万人。以后在1705年2月敕令中规定农户和工商户每20至30户抽丁1人。从1699到1725年共征兵53次，共征募约28.7万人入伍，其中主要来源是农民。到1796年野战军和守备军共有约5万人。拿破仑战争时期俄国军队达到100万人。[①]为了提高军队的素质，彼得一世一方面聘请外国人来俄国军队中任顾问，一方面开办军事学校，培养新型的军队将领。1689年在亚速夫办起海军学校，1701年起在莫斯科开办了航海学校、炮兵学校和海军学院。1716年彼得一世主持制定了《军事法规》，规定了军队训练的基本要求、军队的编制和组织原则，规定了士兵和各级军官的职责。彼得一世还颁布了《海军章程》，确定海上舰队的编制、战船的等级、海军军官的隶属关系等等。1720年成立了以缅什科夫为院长的陆军院，加强对陆军的领导。战争期间陆军野战部队设总司令，拥有全权。下设参谋机构协助总司令制定作战方案。彼得一世还注意发展军火工业和重工业，到1725年俄国共有85个兵工厂和五金工厂。这些工厂能制造各种火炮和大型海上战舰。彼得一世的军事改革在俄国建立了一支有48艘战舰、287艘帆桨战船组成的海军舰队和陆军步兵、骑兵和炮兵。[②]

彼得一世建立的这支庞大的新型军队在国家内部事务中也起了极为重要的作用。在彼得一世在位后期，由于地方官员无法进行有效的人口调查，1722年彼得一世把军队派驻农村，在1723年完成了人口调查。这样就使得彼得一世制定征税政策有了依据。在原有的地方官吏都几乎消失的情况下，军队长期留在当地帮助征收灵魂税

---

① George L. Yaney, The Systematization of Russia. Government. Social Evolution in the Momestic Administration of Imperila Russia, 1711—1905. University of Illinois Press, 1973. p. 53.

② [法] 亨利·特鲁瓦亚：《彼得大帝》，齐宗华、裘荣华译，天津人民出版社1983年版，第313-315页。

直到1763年。^①

18世纪70年代，沙皇政府的陆军大臣米留金继续进行军事改革。1874年初颁布了实行普遍义务兵役制的法令，规定年满20岁的男性青年不论其社会地位如何都有服兵役的义务，平时用抽签的方法每年征集新兵。陆军的服役期由原来25年改为15年，其中6年为现役，9年为后备役。海军服役年限为10年。第二项措施是建立军区加强指挥。在陆军部以下全国设立15个军区，军区司令部与军队直接接触。因此军事领导灵活简便。第三项措施是整顿陆军体制，加强野战部队，把野战军由28个旅增加到47个旅。训练新兵的任务改由后方部队来承担。第四项措施是在步兵战术方面用散兵队形取代过去的纵队队形，加强单兵训练、战术机动、实弹射击和工兵作业训练。此外，取消贵族武备学校，建立军官学校、士官学校。以后凡未经军校训练而升任军官者，都要经过相当于士官学校水平的考试。上述措施使俄国军官的数量和质量都有所提高。此外，俄国海军开始用汽船和装甲战舰代替帆船。^②

第四节　财政制度

1478年对诺夫哥罗德的兼并导致了莫斯科公国的财政制度发生了

---

① George L. Yaney, The Systematization of Russia. Government.Social Evolution in the Momestic Administration of Imperila Russia，1711—1905. University of Illinois Press，1973. pp. 55–56.

② 吴春秋：《俄国军事史略（1547—1917年）》，知识出版社1983年版，第232–236页。

变化。大公把没收来的土地作为服兵役的津贴，实行了一种"供养制"。用于供养制的土地面积很大。专门用于补贴某些骑兵。大公以这种方式创建了一直规模很大的骑兵部队。最初，农民的地租由地方政府官员负责征收，很快就改由骑兵自己征收。到了16世纪，兵役分地制成为俄国主要的土地所有制形式。大约在1550年正式成立了兵役赐地统领部。这个机构后来成为俄国主要的政府机构。兵役赐地用于供养骑兵及其家庭，以及骑兵家庭的农奴。[1]

15到16世纪之交，俄国课征了种类众多的税。有司法系统服务的收费，有各种贸易税、过境费、进城税、销售税、食盐生产税，还有徭役、防御工事等的建设税、官员生活费税等。16世纪20年代，引入了土地税收取标准的单位"大索卡"。1560年政府设立了负责官员供养制度的行政机构。1619年设立了烈酒管理部门，负责管理酒馆缴纳的税。[2]这个时期俄国没有银行体系，从不通过借外债为政府筹措经费，也很少在国内举债。俄国主要的储备是修道院的积蓄和财产。俄国的财政制度几乎是基于大量直接税和间接税的清一色的现收现付制。每当俄国国家有税收需要时，就开征新税。根据晚近建立的数据库，17世纪俄国有大约280种不同的税收，其中有蜂蜜税、貂皮税、火枪兵税、盐税、肉类税、沐浴税、锡税等。[3]

18世纪，彼得一世在税收领域实行了改革，在1724年引入了灵魂

---

① ［美］理查德·邦尼主编：《欧洲财政国家的兴起：1200—1815年》，沈国华译，上海财经大学出版社2016年版，第471–472页。

② ［美］理查德·邦尼主编：《欧洲财政国家的兴起：1200—1815年》，沈国华译，上海财经大学出版社2016年版，第473–475页。

③ ［美］理查德·邦尼主编：《欧洲财政国家的兴起：1200—1815年》，沈国华译，上海财经大学出版社2016年版，第478–479页。

税或称人头税，以取代户税。人头税用于供养军队。最早大约是在1680年出现了国家预算。彼得一世以后，俄国的财政仍然是由战争驱动。在18世纪，俄国的行政管理薄弱。直到18世纪60年代，俄国国家和宫廷的开支仍然混在一起。彼得一世以后的俄国把巨大的精力用于创收。俄国财政收入的主要来源是对教士、贵族、免税官员除外的男性课征的人头税、酒税和盐税、国家垄断商品的外贸销售收入和关税、税率为10%的铁、铜销售税收入、铸币和纸币发行的收入、佃户税以及向国家和宫廷农奴征收的税收。[①]

俄国没有正式的预算制度。在彼得一世之后，俄国出现了向贵族和市民借钱的机制。但最早的银行直到18世纪70年代才出现。18世纪70年代，俄国才开始举借长期外国借款，但规模微不足道。1811年以后，俄国第一次设立税收机构、国库、首席经济政策规划师和国家决算审计总局。在抵抗拿破仑入侵的最后几年中，俄国的预算体系趋于崩溃。但1815年以后，俄国财政机构恢复和发展很快，税收征收和支出体系效率很高。[②]

第五节　近代法律体制建设的迟滞

在俄国仿效西欧进行的国家制度改革中，一个根本性的弱点是法

---

① ［美］理查德·邦尼主编：《欧洲财政国家的兴起：1200—1815年》，沈国华译，上海财经大学出版社2016年版，第484页。

② ［美］理查德·邦尼主编：《欧洲财政国家的兴起：1200—1815年》，沈国华译，上海财经大学出版社2016年版，第488–489页。

制建设远远落后于政府机构建设。

在彼得一世改革的起始阶段，改革措施是通过政令而不是法令的形式实施的，因此缺乏持续性。18世纪中期以后，叶卡捷琳娜二世对法制建设表现出关注。她在《圣谕》中就早先的诏书和法令宣布的原则阐述说，国家自由不是谁愿意做什么就做什么；每个人尽可能做他必须做的事，不强迫做不该做的事；自由是在法律允许范围内从事一切事务的权利，俄罗斯人第一次被号召参与讨论有关国家自由、公民平等等问题。《圣谕》还说，言论不能构成侮辱陛下之罪，对国家来说最大的不幸莫过于谁也不敢发表自己的意见。《圣谕》反映了西方启蒙运动对叶卡捷琳娜二世的影响。[①]但是，叶卡捷琳娜二世并不打算在俄国推行西方的资本主义契约关系，只是希望通过制定法律以确定俄国的社会关系。叶卡捷琳娜二世对"自由"一词做了精巧的解释："自由是做法律允许做的事的权利"，"公民自由是从全社会每个个人确保他人安全的观点产生的稳定的思想。"在对自由做了保守主义的解释后，她强调："如果立法权或国家主权认为它自身处于反对国家的密谋或与外国侵略者勾结造成的威胁之下，它可以在一段时间里授权行政机关逮捕密谋者，让其一段时间丧失自由，以此保证立法权永远不受伤害。"这个告谕提到政府应当以一项基本法为基础建立。但它又强调："全权国家将保卫整个社会"，"统治权是绝对的"。[②]尽管叶卡捷琳娜二世并非农奴制的坚决维护

① ［俄］瓦·奥·克柳切夫斯基：《俄国史教程》第五卷，刘祖熙等译，商务印书馆2013年版，第341页。

② George L. Yaney，The Systematization of Russia. Government.Social Evolution in the Momestic Administration of Imperila Russia，1711—1905. University of Illinois Press，1973. p. 74. Marc Raeff，Understanding Imperial Russia. State and Society in the Old Regime.Columbia U. P. 1984. p. 98.

者，她曾起草一份颁发给国有农民（即国家的农奴）的宪章，打算给予他们权利，但这项宪章最终未付诸实施。叶卡捷琳娜二世出于稳定地维持统治的需要，对农奴制废除问题极其谨慎，而农奴制的存在正是阻碍国家发展的重大障碍。

19世纪俄国在尼古拉一世即位后加强了法典编纂工作。1826年尼古拉一世将1804年成立的法典编纂委员会改为第二处，任命巴路甘扬斯基为处长，具体编纂工作由斯佩兰斯基承担。在斯佩兰斯基的建议下开始编纂《法令全集》和《法律全书》。他希望重新编纂法典，使立法适应俄国资本主义经济发展的需要。1830年《俄罗斯帝国法令全集》第一版的编纂和刻印工作完成。《俄罗斯帝国法令全集》收入了从1649年的《会典》到1825年12月12日止俄国的全部立法。1833年《俄罗斯帝国法律全书》的编纂工作完成。《俄罗斯帝国法律全书》共5卷，42000条，按法律门类编列。第1至3卷为"根本的制度性法律"，包括各种国家机关的权力和文牍程序的立法；第4至8卷包括国家的义务、收入和财产的立法；第9卷是关于等级规定的法律；第15卷为刑法。《俄罗斯帝国法律全书》颁布后又经多次修改和补充。[①]

沙皇政府在新的法律中确认了新兴市民资产阶级的身份地位。1832年的一项法律确定了从城市居民中分化出来的上层分子的地位。法律规定，被称为"名誉公民"的城市资产阶级上层分子，又有"世袭"和"终身"之分。他们都享有不受体罚、免服兵役、免纳人头税等特权。这个时期社会居民仍由贵族、教士、城市居民和农村居民构成。法令在这种划分之外，又将所有的居民分成"纳税者"和"免税

---

① 法学教材编辑部《外国法制史》编写组：《外国法制史》，北京大学出版社1982年版，第122-123页。

者"两类。规定贵族、教士及"名誉公民"为免税者,其他的市民和农村居民为纳税者。这种划分实质上是把城市资产者的上层分子划入免税的特权集团,处于与贵族几乎同等的地位。①

在刑法领域,沙皇政府在1844年编纂了《刑罚和感化法典》,它的主要原则是同罪不同刑,处罚按犯罪者的社会地位来决定。贵族、教士、名誉公民、两个基尔特的商人享有免受体罚的特权。此外,在复杂的刑法分类中,有刑事处分和感化处分之分,把一切刑罚分为主刑、附加刑和代替刑。规定可以在某些情况下以刑罚处分代替主刑,以保护贵族特权等级。该法典中对触犯农奴制和君主专制的案犯处罚极其严厉。这一法典较明显地表现出封建性质。

1861年亚历山大二世开始进行司法改革。1862年在法学家谢伊·札鲁德尼的领导下制订了新的司法制度和诉讼程序的基本原则。1864年12月2日亚历山大二世批准了以欧洲司法制度为蓝本、贯彻了资产阶级法律原则的新的司法章程。这次司法改革是同期一系列资产阶级性质的改革中比较彻底的一次。旧的等级法院现在被一个共同的法院代替。所有的人都在同一个法院、根据同一法律和同样的审判程序受审。在每一个司法区设一个区法院。刑事案件由区法院会同当地居民中最富有阶层代表担任的陪审员审理。判决原则上不得再行上诉。只有未经陪审员参加而做出的判决才可以向高等司法厅上诉。

这次司法改革确定了陪审制度,并建立了律师制度。陪审员从有一定财产、识字的和在当地定居两年以上的居民中选出,共12人。由他们决定被告是否有罪,然后再由法院院长和两名法官量刑或决定释

---

① 法学教材编辑部《外国法制史》编写组:《外国法制史》,北京大学出版社1982年版,第12页。

放。出任律师需受过高等司法教育并有5年以上的司法实践经验。律师在高等司法厅的监督下执行业务。地方设立治安裁判所,处理较小的民事诉讼和轻微的违法行为。地方治安裁判所的裁判员从县自治代表会议的代表中选举产生。治安裁判所主席由治安裁判员推选产生。他们须经政府任命。这样,使得律师、陪审员和治安裁判员能从资产阶级知识分子中产生。改革规定的司法人员不受政府任命和撤换,审判完全按照法律进行等保证司法独立性的规定,体现了资产阶级的法制原则。但它又为沙皇政府所控制。这次司法改革保留了根据1861年2月19日法令设立的按照习惯和惯例进行审理案件的乡等级农民法院,保留了审判僧侣案件的特别法院。沙皇政府的官吏犯渎职罪,只能在他的长官决定后才能交付法院审理。政治案件不交由陪审法庭审理,而由高等司法厅或参议员审理,以后转由司法大臣和宪兵队用行政方法加以判决。这些条款都体现了司法制度包含的封建特征和不平等。①

第六节 向半资本主义君主立宪国家转变

鲍戈庭对沙皇俄国官僚主义的政治机制描写道:"一架巨大的机器,根据最简单的原理构造,由一人之手引导……一个简单动作就能

---

① 涅奇金娜主编:《苏联史》第二卷第2分册,生活·读书·新知三联书店1959年版,第130-133页。孙成木,刘祖熙,李建主编:《俄国通史简编》下册,人民出版社198年版,第49-150页。

使它随时运转，无论选择何种方向和速度。这不光是一种机械运动，机器完全由传统继承的情感推动，它属于沙皇，无条件地信任沙皇，忠诚于沙皇，沙皇是他们在地上的上帝。有谁胆敢向我们进攻，谁能让我们不迫使他服从？"阿伦特则认为俄国是一个神权的、庞大的专制帝国："当时只有沙皇俄国提出了一副官僚政治统治的完整画面。"国家"幅员辽阔难以统治，居住在那里的史前民族没有任何一种政治组织的经验，他们单调地生活在俄国官僚政治无法理喻的暴政之下——组成了一种无序和危险的氛围，其中大小官吏们冲突的想法和日常无能为力的相互无关的事件激起了一种哲学，视偶然为真正的上帝，神意的幽灵。"①

18至19世纪俄国国家机构重大的缺陷是缺少资本主义民主的内涵。俄国没有近代议会制度。在1809年秋季，斯佩兰斯基在拟定的题为《国家法典绪论》的改革计划中写进了在俄国实行君主立宪制，建立一种特殊的议会制度——国家杜马。杜马代表由四级选举制产生，即由拥有不动产者选出乡杜马，由乡杜马推选出参加区杜马的代表，由区杜马选出省杜马代表，最后由省杜马选出国家杜马代表。贵族、商人、市民等"中等地位"的公民有选举权。在政权关系上实行立法、司法、行政三权分立，立法必须经国家杜马通过方能生效，政府各部必须对杜马负责。斯佩兰斯基绘制了将俄国国家制度改造为资本主义国家的蓝图。但由于当时俄国存在着根深蒂固的农奴制，资产阶级没有权力，所以斯佩兰斯基的改革计划中只有关于加强行政机构和司法制度的内容为沙皇政府吸纳，用以加强官僚专制。而具有资产阶

---

① [德] 汉娜·阿伦特：《极权主义的起源》，林骧华译，生活·读书·新知三联书店2011年版，第333，332页。

级自由主义内容的那部分设想则被束之高阁。只是当来自下层的革命压力和威胁强大到震撼沙皇制度本身时，统治者才愿意朝着政治改革的方向走几步。

20世纪初，对外帝国主义战争节节失败，在国内一浪高一浪的工人罢工和农民骚动的冲击下，俄国沙皇统治集团察觉到统治不稳，便开始在两个方面加强国家制度的基础。一项措施是拓宽统治的阶级基础。由维特和诺尔德草拟了在1904年12月2日颁发的《完善国家制度规划诏令》。诏令提出了必须吸收社会贤达参加国务委员会，责令大臣委员会探讨采取何种措施实行法制、扩大言论自由、信仰自由和地方自治权、消除对非俄罗斯人的过分排斥。但沙皇尼古拉二世在审定时删除了扩大国务委员会阶级构成的内容。

1905年俄国资产阶级民主革命爆发。在革命的强大压力下，沙皇于2月17日批准了一项文件，一是宣称全体居民有向大臣会议请愿的权利。①二是授予杜马以立法权，召开国家杜马。内务大臣布里根提出一项诏书草案，提出按西欧议会的模式召开国家杜马，杜马具有人民代表协商国事的职能，但没有立法决定权。1905年8月6日，沙皇颁布了《关于设立国家杜马的诏书》《国家杜马章程》和《国家杜马选举条例》三个法令，规定杜马为议会型的常设机构，所有长期的或临时的法律、编制、预算都必须提交杜马讨论。杜马为协商机构。杜马代表的选举权不受民族和宗教信仰的限制。沙皇保证国家杜马复选人的选举不迟于11月20日，国家杜马的召开不迟于

---

① ［俄］谢·尤·维特：《俄国末代沙皇尼古拉二世——维特伯爵的回忆》，张开译，新华出版社1983年版，第268，396页。

1906年1月中旬。①

1905年10月17日，沙皇签署了由维特起草的《整顿国家秩序宣言》，希望以此"敉平当前迷漫之骚乱、盲动、暴行"。10月17日《宣言》宣布：第一，"依照确保人身不受侵犯，信仰自由、言论自由、集会自由、结社自由诸原则，恩赐平民以公民自由之坚实基础。（1）不阻止原定之国家杜马选举，而今尚须在杜马召开前余下之有限时间内尽量吸收迄今全无选举权之居民阶级参加杜马，然后依据新确立之立法制度进一步发展普选法原则。（2）规定下述不可更改之原则：任何法律未经国家杜马认可不得生效；民选机构得以确实参与监督朕所授予之权力行使是否合法。"②

1906年4月23日，公布了新版的《国家基本法》。它使俄国国家政权披上立宪的外衣，同时又把最高权力控制在沙皇手中。该法令宣布，"最高专制权力属于全俄罗斯皇帝，服从他的统治不仅是出于敬畏，也是出于良心，这是上帝的意旨；""皇帝陛下与国务会议和国家杜马共同实现立法权；""皇帝陛下批准法律，没有他的批准，任何法律都不能成立；""全俄罗斯国家境内的行政管理权完全属于皇帝陛下。在最高管理机关，皇帝陛下直接行使权力。在下属的管理机关，某些权限由皇帝陛下依法授予以皇帝的名义、按皇帝的意旨行事的下属地方和官员。"皇帝是所有外交交往的最高领导者；"皇帝陛下宣布战争、媾和及与外国签订条约；"沙皇拥有任免大臣的权力。在关于俄罗斯臣民的权利和义务的第八章规定，"每个人的住宅都是

———————————

① 刘显忠：《近代俄国国家杜马：设立及实践》，社会科学文献出版社2007年版，第49页。

②［俄］谢·尤·维特：《俄国末代沙皇尼古拉二世——维特伯爵的回忆》续集，张开译，新华出版社1985年版，第1页。

神圣不可侵犯的"；"每个俄罗斯臣民都享有自由地选择居住和就业地点"；"俄罗斯臣民有权举行不违法的和平集会。"

《国家基本法》给予国家杜马批准法律的权力。"任何新法律没有得到国务会议和国家杜马的赞同不能成立，没有皇帝陛下的批准不能生效；""国务会议和国家杜马每年都根据皇帝陛下的诏令召集一次；""国务会议和国家杜马在立法事务中享有平等的权力。"[1]

国务会议和国家杜马通过的法律要经过沙皇签署才生效。在杜马休会期间，沙皇政府有权自行立法。国务委员会由谘议机构变成与杜马具有同等立法权的机构，它实际上成为处于杜马之上的上议院。国务委员会成员一半由沙皇任命，另一半由贵族、地主自治局、工商业大资产阶级、僧侣选举产生，结果是地主和贵族在国务委员会中占据多数。[2]

第七节　政党

1905年革命前，在俄国禁止建立政党。《十月十七日宣言》颁布后，俄国政治舞台上先后出现了几个政党，俄国多党制迅速形成。

20世纪初，由于农民运动的发展，民粹派组织在一部分小资产阶

---

① 刘显忠：《近代俄国国家杜马：设立及实践》，社会科学文献出版社2007年版，第271-278页。

② Geoffrey A. Hoskin, The Russian Constitutional Experiment, Government and Duma, 1907—1914. Cambridge U. P. 1973. pp. 10–11.

级知识分子中复活了。1901到1902年一些民粹派小组联合组成了社会革命党。1905年12月末到1906年1月初举行了该党的成立大会。党的领袖为维梅尔舒尼、阿泽夫、郭茨和切尔诺夫。社会革命党代表了农民的利益，但知识分子在代表中占多数。1905年革命初期，社会革命党党员人数为2500人，其中70%为知识分子，大约25%为工人，农民仅占1.5%。后来该党的构成发生变化，大多数成员为工人和农民。但党的政策还是由知识分子决定。社会革命党主张推翻专制制度，建立民主共和国，根据联邦制的原则实行地方自治和村社自治。在国家的各民族之间实行联邦制的原则，承认各民族的无条件的民族自决权。要求不分性别、宗教和民族的普选权；实行免费教育、政教分离，信仰、言论、出版、集会、罢工自由；人身和住宅神圣不可侵犯、废除常备军代之以"人民警察"；实行八小时工作制。在土地问题上，社会革命党人要求没收私有者的土地。但他们不主张土地国有化，而是主张土地社会化，将它作为全民财产，由村社进行分配，按劳动标准在所有公民中分配使用。社会革命党人主张把农民村社作为在农村建立社会主义性质的社会关系的基础。在斗争策略上，他们继承了民意党人的个人恐怖活动的斗争策略。主张以暴力革命的方式实现自己的主张，斗争的主要方式是进行暗杀活动。他们先后暗杀了内务大臣西皮亚金、普列维等。十月革命时期，列宁为了争取农民的支持，实际上接受了社会革命党的土地纲领①。

社会革命党在第一届国家杜马中没有代表，在第二届国家杜马中有37名代表。以后，社会革命党认为按照"六三"选举法选出的

---

① 刘显忠：《近代俄国国家杜马：设立及实践》，社会科学文献出版社2007年版，第102–103页。

第三届和第四届国家杜马是反人民的杜马，他们对这两届国家杜马采取了抵制态度。因此在第三届和第四届国家杜马中都没有社会革命党的代表。

此外，还有人民社会主义者。他们是从民粹派中分离出来的该派的右翼。人民社会主义者反对暴力斗争方式。国家杜马开幕后，在国家杜马内形成了新的劳动派，又称劳动团，它的成员中既有社会民主党人、又有社会革命党人，也有农民协会的成员和各种社会主义者的代表。[①]

俄国社会民主工党是1898年成立的。但这次会后几名代表即被捕，党的工作并没有展开。1903年在伦敦召开了第二次代表大会，通过了党章。俄国社会民主工党内部形成了孟什维克和布尔什维克两派。1912年初，布尔什维克在组织上和孟什维克分手。俄国社会民主工党成为一个马克思主义政党。

20世纪初俄国的资产阶级自由派政党有两个，即立宪民主党和十月党。

立宪民主党是在1903年成立的"地主自治局立宪派人士联盟"和1905年成立的"解放同盟"这两个自由派组织的基础上建立的。它成立于1905年10月。1906年1月在它的"二大"上改名为"人民自由党"。立宪民主党反对暴力革命，力图通过改良的、和平和合法的方式实现俄国的社会变革。立宪民主党是一个知识分子占多数的政党。这批知识分子积极拥护欧洲的发展模式，主张限制君主的权力，建立英国式的君主立宪国家，建立对杜马负责的责任内阁制。该党在1917

---

① 刘显忠：《近代俄国国家杜马：设立及实践》，社会科学文献出版社2007年版，第104—105页。

年提出了建立民主共和国的主张。立宪民主党坚持公民权利一律平等、废除宗教壁垒、宗教信仰自由、言论出版自由、集会结社自由、人身神圣不可侵犯，主张在普选的基础上改组地方机关，反对等级原则、克服审判制中的等级残余。立宪民主党人主张工人结社、集会和罢工自由、工人与资本家订立集体契约以保证劳资双方的权利和义务。该党主张土地国有化，按公正的价格征用地主的土地作为国家土地储备，以解决农民缺地的问题，同时维持1861年改革后存在的各种土地占有和土地使用形式。立宪民主党人中有不少社会主义思想的拥护者。[①]

十月党的全称为"十月十七日同盟"，是资产阶级自由派的右翼。十月党在1905年10月建立，也是一个主张改革的政党。它反对绝对专制，主张实行君主立宪，将国家政权分成三部分：一部分归沙皇，一部分归有产阶级为代表的上院，另一部分归普选产生的下议院及国家杜马，而国家杜马起主导作用；要求保障公民的权利和自由；发展和巩固地方自治；按资本主义方式进行司法改革，所有公民在法律面前一律平等；保证劳动自由、工商业自由、人身神圣不可侵犯，废除村社，承认工人有结社、集会、罢工自由、限制个人的劳动时间。十月党要求恢复君主和缙绅会议共同执政的格局。它认为："俄罗斯帝国具有继承性的君主立宪制，皇帝作为最高政权的体现者，要受到《根本法》的限制"。[②]在十月党的成分中，世袭贵族、商人和荣誉公民占四分之一，大多数党员受过高等教育。

---

① 刘显忠：《近代俄国国家杜马：设立及实践》，社会科学文献出版社2007年版，第108、110页。

② 刘显忠：《近代俄国国家杜马：设立及实践》，社会科学文献出版社2007年版，第112页。

82.42%的党员住在城市，大多数党员为银行和股份企业的董事会成员、房地产所有者、城市议员。

在第一届国家杜马中，立宪民主党最初获得153个席位，以后席位增加到179个，成为杜马中第一大党。立宪民主党在国家杜马中起领导作用。国家杜马的主席、副主席、杜马秘书等领导职务都由立宪民主党人担任。立宪民主党获得杜马主席团的三分之二的席位。23个杜马分部的主席有16个是立宪民主党人。在第二届国家杜马中，立宪民主党仍居领导地位。但是，根据"六三"选举法选出的第三届和第四届国家杜马中，立宪民主党的代表人数很少。第三届国家杜马中立宪民主党代表及其追随者为154人，第四届国家杜马中立宪民主党代表只有98人。[1]

进步党是在第三届国家杜马中组成的"进步派"的基础上形成的，1912年11月在彼得堡成立。一些著名的大企业家参加了这个政党。进步党的主要要求是：废除紧急状态、限制行政当局的专横妄为；废除1907年的"六三"选举法；扩大人民代表机关的权力，改革国务会议，言论、出版、集会和结社自由；人身神圣不可侵犯，信仰自由；俄国各民族的民族和文化自决；改革城市和地方自治机构；指出在国内建立"大臣对人民代表机关负责的君主立宪制度"的必要性。第四届国家杜马中进步党有48名代表。[2]

当时俄国，还存在地主—君主派政党，这个党通常称作黑帮，如1905年11月在彼得堡成立的俄罗斯人民联盟。这个党得到了警察署的

---

① 刘显忠：《近代俄国国家杜马：设立及实践》，社会科学文献出版社2007年版，第113—114页。

② 刘显忠：《近代俄国国家杜马：设立及实践》，社会科学文献出版社2007年版，第118页。

财政援助和尼古拉二世的支持。俄罗斯人民联盟成立后很快就成为最大的有影响的右翼组织。①

第八节　国家杜马

在维特内阁执政期间，俄国国家表现出资产阶级制度倾向，沙皇不能在杜马和新的国务会议召开以前实施非常状态；颁布了出版、结社和集会自由法；确定了信教自由原则；立法机构对行政当局的活动进行了监督。从1906到1912年，俄国先后召开了4届国家杜马。俄国封建君主制开始向资产阶级立宪君主制转变。

俄罗斯沙皇国家在国家的观念上没有理性主义的国家观念。没有公民的概念，而只有臣仆的概念。俄罗斯国家的统治，没有民主的制度，它是警察和监狱国家。

1905年12月11日，颁布了国家杜马选举法。该选举法把选民按照财产和阶级划分为4个选民团，即土地所有者选民团、城市选民团、农民选民团和工人选民团。各阶级推选杜马代表的人口比例不同。地主每2000人可以产生一个候选人，工人要90000人才能产生1名候选人。1906年4月27日第一届国家杜马召开时，进步党人在杜马中有12名代表，民主改革党有6名代表，立宪民主党人有179名代表，劳动派有98名代表，社会民主党人有17名代表，无党派人士有94名代表。②

---

① 刘显忠：《近代俄国国家杜马：设立及实践》，社会科学文献出版社2007年版，第119页。
② 刘显忠：《近代俄国国家杜马：设立及实践》，社会科学文献出版社2007年版，第284页。

第一届国家杜马开幕后，提出了3种土地改革方案。立宪民主党人提出了《对土地所有法进行修改的基本原则》（"42人土地方案"），主张依靠国家的、皇室的、各部的、修道院的、教会的土地来增加农民使用的土地。他们所说的把土地转归农民，是让农民长期使用，但没有土地所有权。杜马中的劳动派对立宪民主党的"42人方案"持否定态度。劳动派在5月23日提出了"104人方案"，要求"所有土地连同土地上的资源和水源都属于全体人民，"归耕种它的人使用，所有的公民都有平等的使用权。政府完全反对杜马的要求，杜马与政府发生冲突。沙皇政府于7月9日解散了第一届国家杜马。①布尔什维克党抵制了第一届国家杜马。杜马解散后，200多名杜马代表发表了《维堡宣言》，表示抗议。

1907年2月20日，新选出的第二届国家杜马开幕。俄国社会民主工党和社会革命党没有抵制这届杜马，而是参加了这次杜马的选举。在第二届国家杜马中，右翼代表为18人，温和的右翼为30人，十月党人为13人，和平革新党人为6名，穆斯林党团为30人，波兰党团为46人，哥萨克党团有18名代表，民主改革党有1名代表，立宪民主党人有104名代表，劳动派有104名代表，社会民主党人有65名代表，社会革命党人有37名代表，人民社会主义者有15名代表，无党派的左翼有3名代表。②这届杜马中，左、右两派的力量都加强了。由于许多著名的领袖被逮捕因而缺席，这届杜马的影响没有第一届杜马的影响那么大。这届杜马比较温和，占主导地位的立宪民主党人提出了避免

---

① 刘显忠：《近代俄国国家杜马：设立及实践》，社会科学文献出版社2007年版，第140—144页。

② 刘显忠：《近代俄国国家杜马：设立及实践》，社会科学文献出版社2007年版，第284页。

冒进、"保全杜马"的策略。这届杜马讨论的中心问题仍然是土地问题。布尔什维克代表提出没收地主土地实行土地国有化的主张。但任何土地纲领在这届杜马都没有得到通过。

到第二届国家杜马召开时，斯托雷平出任了大臣会议主席并兼任内务部长。6月初，政府认识到，国家杜马过于激进，除了解散杜马再度选举别无他法。6月3日颁布了解散国家杜马的3个法令，史称"六三政变"。

第三届国家杜马于1907年11月开幕，这届杜马完成了它的5年任期。第三届国家杜马第一次年会的代表中，右翼为49人，温和的右翼为69人，民族主义者为26人，十月党人为148人，穆斯林党团为8名，波兰党团为11人，白俄罗斯–波兰–立陶宛代表为7人，进步党人有25名代表，立宪民主党人有53名代表，劳动派有14名代表，社会民主党人有19名代表，无党派人士有11名代表。第三届国家杜马第五次年会的代表中，右翼为52人，温和的右翼为77人，独立的民族主义派为16人，右翼十月党人为11人，十月党人122人，穆斯林党团为9人，白俄罗斯–波兰–立陶宛党团代表为6人，进步党人有39名代表，立宪民主党人有53名代表，劳动派有14名代表，社会民主党人有14名代表，无党派人士有16名代表。[1]尽管在这届杜马选举时沙皇政府竭力帮助民族主义分子和右翼人士当选，但选举结果令他们不满意。在这届杜马初期，右翼十月党的代表有292人，而到这届杜马末期减少到268人。从1909年开始，第三届国家杜马内部出现了左倾倾向。[2]

---

① 刘显忠：《近代俄国国家杜马：设立及实践》，社会科学文献出版社2007年版，第284页。
② 刘显忠：《近代俄国国家杜马：设立及实践》，社会科学文献出版社2007年版，第210–211页。

　　第三届国家杜马审议了地方行政改革法案，讨论了宗教信仰法案、审议了国家预算、审议讨论了教育法案、地方自治问题、通过了在疾病和伤残的情况下对工人提供支付的社会保险法。第三届国家杜马最重要的活动是讨论了土地问题，最终在1911年5月29日通过了《土地规划新规则》。这一文件取消对出售作为私有财产的地块的所有限制，推动建立独家农庄和独家田庄。斯托雷平土地改革法最终在杜马通过成为法律。①

　　第四届国家杜马从1912年1月开始工作。第四届国家杜马代表中，右翼为65人，无党派的右翼为2人，温和的右翼为88人，中派党团为32人，十月党人为101人，穆斯林党团为6人，波兰党团为11人，白俄罗斯-波兰-立陶宛党团代表为6人，无党派的进步人士为1人，进步党人为48人，立宪民主党人有59人，劳动派有9人，社会民主党人有15人，无党派的左翼有1人。②这届杜马的代表中。右翼和自由派的人数都在增长，十月党人在政治上向左转，杜马中出现了左翼中心。1914年第一次世界大战爆发后，俄国自由资产阶级提出了"一切为了战争""一切为了胜利"的口号。国家杜马在7月26日召开会议，除了俄国社会民主党党团通过决议谴责战争、反对战争拨款外，其他各党派都支持政府的战争政策。政府逮捕了布尔什维克的代表，将他们流放到西伯利亚。俄国的政治形势恶化。③

---

　　① 刘显忠：《近代俄国国家杜马：设立及实践》，社会科学文献出版社2007年版，第196-197页。

　　② 刘显忠：《近代俄国国家杜马：设立及实践》，社会科学文献出版社2007年版，第284页。

　　③ 罗将柯后来回忆1916年5月国家杜马的状况时说："在这个会期中，日常工作萎靡不振，代表们懒懒散散地前来开会……长期的奋斗毫无结果，政府什么都不愿意听。混乱在滋生蔓延，加上没有经过革命的资产阶级软弱无力，以致君主制度在1915年期间似乎又得到了社会的支持。"（［苏］列夫·托洛茨基：《俄国革命史》第一卷，丁笃本译，商务印书馆2018年版，第41页。）

1917年革命前夕，国家杜马、国务会议和地方自治机关都提出了改革国家管理体制的要求。但沙皇不愿意限制专制政权，不愿意向国家杜马让步。

从国家杜马代表的等级比例来看，在第一届国家杜马代表中，贵族代表为36.5%，宗教界代表为3.1%，农民代表为45.53%，商人代表为4.6%，市民代表为4.46%；在第二届国家杜马代表中，贵族代表为32.8%，宗教界代表为2.7%，农民代表为47.7%，商人代表为4.23%，市民代表为4%；在第三届国家杜马代表中，贵族代表为50.9%，宗教界代表为10.2%，农民代表为19.3%，商人代表为12.5%，市民代表为2.7%；在第四届国家杜马代表中，贵族代表为54.5%，宗教界代表为10.6%，农民代表为18.8%，商人代表为5.9%，市民代表为2.5%。

杜马代表的阶级构成如下：土地所有者在第一届国家杜马代表中占14.5%，在第二届国家杜马代表中为20.8%，在第三届国家杜马代表中为37.9%，在第四届国家杜马代表中为41.6%。商人和工业家在第一届国家杜马代表中占6%，在第二届国家杜马代表中为4.4%，在第三届国家杜马代表中为7%，在第四届国家杜马代表中为9.7%。农民在第一届国家杜马代表中占27.8%，在第二届国家杜马代表中为31%，在第三届国家杜马代表中为15.2%，在第四届国家杜马代表中为14.4%。工人和手工业者在第一届国家杜马代表中占5.6%，在第二届国家杜马代表中为6%，在第三届国家杜马代表中为2.5%，在第四届国家杜马代表中为2%。[①]统计表明，在俄国20世纪初的四届国家杜

---

① 刘显忠：《近代俄国国家杜马：设立及实践》，社会科学文献出版社2007年版，第286–287页。

马中，土地所有者的代表最多，农民的代表其次，工商业者的代表不超过10%。国家杜马代表中的资产阶级成分不多。如果从代表的阶级背景来看，俄国国家杜马并不是一个由资产阶级代表为主组成的代议制机构。

第一次世界大战俄国军队在前线的失败，使国内革命危机加剧。从1917年1月9日"流血星期日"纪念日起，反战示威在莫斯科、彼得格勒、巴库等地爆发。孟什维克和社会革命党人号召工人保卫国家杜马。但是在国家杜马开幕的2月14日，工人们响应布尔什维克的号召举行了示威。从2月中旬起，彼得格勒的革命运动迅速发展。18日普梯洛夫约1.3万名工人罢工。2月21日伊诺尔工厂工人罢工，同时发生了粮食骚动。2月23日（公历3月8日）是国际妇女节，彼得格勒布尔什维克委员会发动约9千名妇女、工人和大学生举行了纪念"三八"妇女节反对沙皇的政治罢工。2月24日罢工人数增至20万人。2月25日在莫洛托夫为首的中央局领导下，面对沙皇军警的镇压，总政治罢工转变为武装起义。2月26日，起义工人占领彼得格勒的维堡区，罢工民众与警察发生激烈的冲突，起义工人争取了部分士兵转到起义者方面来，当日沙皇命令警察和军队向民众开枪。杜马主席建议不用子弹而用水驱散群众，并劝说沙皇建立一个国家的"信任内阁"。沙皇当晚颁布了中止国家杜马和国务会议活动的诏令。沙皇政府的哈巴罗夫将军宣布戒严令，但已无法阻止革命。国家杜马主席罗将柯要求沙皇向人民让步，以挽救国家和王朝，但是沙皇在2月26日下令解散国家杜马。2月27日，6万多彼得格勒的士兵投向起义者。工人占领了藏有约4万支步枪的军火库，把自己武装起来。起义者占领了政府机关，逮捕了沙皇大臣，控制了彼得格勒。

2月27日晚，召开了彼得格勒苏维埃第一次代表大会，它由工人代表和士兵代表组成。由于布尔什维克的多数领袖仍在监狱中和流放地，列宁侨居国外，只有孟什维克是自由的。27日晚，杜马中的资产阶级代表、孟什维克、社会革命党领袖经过交涉后，组成了国家杜马临时委员会。它由罗将柯、涅克拉索夫、克伦斯基、齐赫泽、舒利金、米留科夫、卡拉乌洛夫、科诺瓦洛夫、德米特留科夫、勒热夫斯基、李沃夫、希德洛夫斯基等12人组成，罗将柯任主席。[1]

1917年3月2日，经国家杜马临时委员会和彼得格勒苏维埃协商，成立了临时政府。临时政府以大地主李沃夫亲王为首脑。临时政府成员有：外交部长为立宪民主党领袖、历史学家米留科夫；司法部长为社会革命党人克伦斯基；陆海军部长为十月党人、莫斯科企业家和银行家古契科夫；财政部长为糖业企业家捷列申柯；农业部长为立宪民主党人申加廖夫。[2]1917年3月3日，沙皇米哈伊尔宣布退位，政权交给临时政府。

① 刘显忠：《近代俄国国家杜马：设立及实践》，社会科学文献出版社2007年版，第250–251页。

② ［苏］列夫·托洛茨基：《俄国革命史》第一卷，丁笃本译，商务印书馆2018年版，第207–218页。

第六章
美　国

美国近代国家制度是在没有封建前史的背景下建立的。它从一开始便采取了共和制这种典型的资产阶级直接统治形式。美国的资本主义政治制度从一开始就比较成熟。

推翻英国殖民统治的独立战争是美国资产阶级革命和近代国家建立的第一个阶段。

第一节　十三州殖民地

在美洲英格兰人建立的第一个永久殖民地是根据英王詹姆士一世1606年颁发给托马斯·盖茨及其合伙者的特许状而建立的。特许状授予他们建立位于美洲被称为弗吉尼亚的殖民地和普利茅斯殖民公司占有的新英格兰殖民地。每一个殖民地对他们第一个定居点50英里范围内的所有领土拥有独立的产权。[①]弗吉尼亚殖民地的特许状在1624年被废除，殖民公司被解散。特许状被废除后，这个殖民地便成为王室殖民地，处于王室的直接管理和控制之下。国王签署特别委任状，任命1名总督和12名枢密官，赋予他们对殖民地事务的全部裁量权。以后，查理一世宣布该殖民地为英帝国的一部分。[②]

普利茅斯殖民地的占领者41人在登陆前签署了一份契约，它宣称："为了上帝的荣耀，为了促进基督教的信仰，为了吾王吾国的荣誉，我们越海扬帆，以在弗吉尼亚北部开拓第一个殖民地，在此出现的我们，在上帝面前和相互面前，共同庄严立誓签约，自愿结为一个公民政治团体，以使上述目的得以顺利进行、维持并发展。公正和平等的法律、法规、条例、规章应按上述目的而起草、制定和筹划，并且，官员们应随时地——如被所认为的那样——最大限度地满足本殖民地的总体利益；对此，我们全体承诺应有的遵守和服从。"[③]1629年这个殖民地获得王室的特许状。1691年该殖民地与马萨诸塞合为一个殖民地。

1628年3月查理一世授权在南部弗吉尼亚殖民地建立了马萨诸塞州湾的总督和殖民公司。不久以后该殖民公司做出大胆的决定，将该公司改为殖民地事务的行政管理机构。1691年威廉和玛丽颁布新的特许状，该殖民地成为一个行省，与马萨诸塞合并。[④]

---

① [美]约瑟夫·斯托里:《美国宪法评注》，毛国权译，上海三联书店2006年版，第8-9页。

② [美]约瑟夫·斯托里:《美国宪法评注》，毛国权译，上海三联书店2006年版，第10-11页。

③ [美]约瑟夫·斯托里:《美国宪法评注》，毛国权译，上海三联书店2006年版，第18页。

④ [美]约瑟夫·斯托里:《美国宪法评注》，毛国权译，上海三联书店2006年版，第23-25页。

1629年11月约翰·梅森从普利茅斯理事会获得一项土地专有授权，建立新罕布什尔殖民地。它作为王室殖民地一直存在到独立战争。[1]

1622年8月，普利茅斯理事会将一块土地授予费迪南多爵士和约翰·梅森船长。1639年费迪南多爵士从王室获得了土地专有权确认令，缅因成为一个英格兰的行省。[2]

康涅狄格原先在马萨诸塞保护下开展殖民活动。1638年当地居民为自己制定了政府宪章和法律。1662年4月，康涅狄格殖民地从查理二世处获得关于政府和领土的特许状。该特许状在领土范围上包括了纽黑文。[3]

罗德岛是来自马萨诸塞的移民进行拓殖形成的，这批人从印第安人手中买下了这个岛。1644年他们从英国议会两院获得特许状。[4]

马里兰行省原先包括在南部或弗吉尼亚殖民公司的土地专有权范围内。公司解散后归还给王室，查理一世时期巴尔的摩勋爵乔治·卡尔弗特取得产权授权。1634到1635年全体自由民参加了马里兰第一届立法会议，以后建立了议会。议会分为两院，拥有立法权。[5]

纽约原是荷兰移民的拓殖地，它处于普利茅斯理事会属下的新英格兰的范围内。查理二世复位后，考虑到维护王室利益，1664年3月授予他的兄弟约克和奥尔巴尼公爵这片土地的专有权。同年派军队

---

[1]［美］约瑟夫·斯托里：《美国宪法评注》，毛国权译，上海三联书店2006年版，第27–29页。

[2]［美］约瑟夫·斯托里：《美国宪法评注》，毛国权译，上海三联书店2006年版，第30–31页。

[3]［美］约瑟夫·斯托里：《美国宪法评注》，毛国权译，上海三联书店2006年版，第32–33页。

[4]［美］约瑟夫·斯托里：《美国宪法评注》，毛国权译，上海三联书店2006年版，第35页。

[5]［美］约瑟夫·斯托里：《美国宪法评注》，毛国权译，上海三联书店2006年版，第41–44页。

到达这里，荷兰人屈服了。在荷兰战争中，纽约殖民地重新被荷兰征服。在1674年合约中，重新归约克公爵占有。[1]

新泽西是授予约克公爵的领地的一部分。1664到1665年业主们签署了一个政府宪章或特许规约。1676年业主分离了该省，由卡特雷特和威廉·佩恩分别占有东、西新泽西。1702年4月，两个行省的业主放弃他们的全部政府权力，将权力交给女王。女王随即将两个行省合并为一。[2]

宾夕法尼亚在早期由荷兰、瑞典和其他国家的殖民者在那里进行拓殖，1681年威廉·佩恩从查理二世处获得土地专有权授权，成为宾夕法尼亚土地的领主。这里成为一个王室行省和政府领地。1701年制定了政府规章。该行省按照这个政府规章进行治理，直到独立战争。[3]

佩恩在1682年购买了主要是荷兰人和瑞典人定居的特拉华的3个南部郡的领土和所有的权力和利益。该地区先是在1682年与宾夕法尼亚行省统一，后于1703年最终与宾夕法尼亚行省分离，该地区由自己独立的立法机关治理。[4]

在北纬36度到佛罗里达角的广阔地区，原先有西班牙、法国和英格兰三国在争夺。1662年3月查理二世颁布特许状，设立为卡罗来纳

---

[1] ［美］约瑟夫·斯托里：《美国宪法评注》，毛国权译，上海三联书店2006年版，第45-46页。

[2] ［美］约瑟夫·斯托里：《美国宪法评注》，毛国权译，上海三联书店2006年版，第49-51页。

[3] ［美］约瑟夫·斯托里：《美国宪法评注》，毛国权译，上海三联书店2006年版，第53-54页。

[4] ［美］约瑟夫·斯托里：《美国宪法评注》，毛国权译，上海三联书店2006年版，第56页。

王室行省，授予克拉伦顿勋爵。它直接隶属于王室。1729年业主放弃特许状，王室接管该领土的管理权。该行省后来分裂为北卡罗来纳和南卡罗来纳。[1]

1732年在萨凡纳和奥尔塔马霍河之间未被占领的土地上建立了佐治亚殖民地，授予帕西瓦尔勋爵和其他20人组成的公司以特许状。1751年6月，他们将特许状交还给王室，这里成为一个王室殖民地，享有和其他殖民地同样的自由和豁免权。[2]

北美殖民地可分为3种类型。即王室的、业主的和特许（自治）的政府。这些殖民地的政治制度根据英格兰王室颁发给总督的委任状和相应的伴随委任状的谕旨确定。不论殖民地的组织是王室的、业主的或者特许的政府，它们有下列共同之处：享有在大不列颠出生的臣民的权利和特权，以及英格兰普通法授予的利益。它们所有的法律不得违背英格兰的法律和制定法。北美殖民地在立法权方面有较大的空间。在所有殖民地建立地方立法机构，立法机构的其中一院由人民自由选举的代表组成，代表和维护人民的利益，并对所有法律拥有否决权。[3]

北美殖民地的建立发生在欧洲资本主义生产关系已经发展起来之时，这使得北美殖民地的生产关系十分复杂。在这里，资本主义关系、封建关系和奴隶制因素混杂在一起。资本主义关系是殖民者从资本主义的母国引入的。18世纪中叶，在殖民地的工场手工业中，资本

---

① ［美］约瑟夫·斯托里：《美国宪法评注》，毛国权译，上海三联书店2006年版，第60页。

② ［美］约瑟夫·斯托里：《美国宪法评注》，毛国权译，上海三联书店2006年版，第62—63页。

③ ［美］约瑟夫·斯托里：《美国宪法评注》，毛国权译，上海三联书店2006年版，第71—75页。

主义关系发展起来。独立战争爆发前夕，在宾夕法尼亚的纺织企业中，已经开始用机器代替手工劳动。在这些企业中，工人领取工资，受资本家剥削。北美的封建关系主要表现在庄园制中。在殖民地的英国贵族以及和王室有关系的人士凭借从英王那里得到的特许状，占有大片土地，建立了庄园。在庄园中实行封建剥削。到庄园里定居的移民只能租种土地，每年缴纳代役租。地租有实物地租和货币地租两种形式。移民的后代只能继承租佃权。北美殖民地存在着大量的使用奴隶劳动的种植园。北美的奴隶分为两种，一种是白奴或称契约奴，他们是来自宗主国的移民，其中有一些是因欠下债务无法偿还，或是受迫害的囚犯，被罚为奴到殖民地从事强迫劳动的，称为"强迫契约奴"，一般做奴隶的期限为7至10年。另一些是欲来殖民地而无旅费者，为借得旅费自愿为奴，一般为期5至7年。契约奴只是一段时间失去人身自由。到独立战争前夕，北美共有黑奴约100万人。独立战争爆发前，十三个殖民地经济发展可分三类。北部新英格兰区共4个州，这里工业和资本主义关系发展水平较高。南部5个州以种植园经济为主，大量使用奴隶劳动力，工业发展水平较低，资本主义因素较弱。中部的4个州，资本主义关系不如北部发达，小农经济和种植园经济交织在一起。

第二节　北美独立战争

到18世纪中叶，殖民地与宗主国的矛盾加剧。当时北美殖民地农业生产基本自给，工业不仅能够自足，还能够向英国出口工业品。殖民地的经济发展对宗主国不利，英国希望把北美殖民地变成其产品市场和原料供应地，因此竭力阻挠殖民地工商业发展。英国王室和议会屡次颁布禁令，禁止殖民地制造诸种工业产品，禁止开设工厂，严禁英国发明的机器传入殖民地。1750年英国政府禁止殖民地发展轧铁企业和扩建熔铁炉，禁止殖民地和其他国家直接贸易。殖民地把商品运往英国，限于用英国船只运输。这样，在经济上，殖民地和宗主国发生了尖锐的矛盾。

在政治上，独立战争前夕，北美大多数殖民地是英王的直辖领地，总督从伦敦派来，或由英王任命当地的土地贵族或商业贵族担任。只有一两个州获准选举总督。但选出后须得到英王批准。各殖民地州成立了议会，但议会只有咨询权，它颁布的法令不得与宗主国的法律相抵触。此外，如果总督对法令加以否决，它也不能生效。殖民地处于无权的状态，它们迫切要求在政治上独立，摆脱英国的束缚。北美殖民地与英国的矛盾虽然早已存在，但在七年战争结束前尚未达到爆发的程度。这是因为殖民地的资产阶级和种植园主害怕法国殖民势力侵入和本地居民的反抗，他们还需要英国政府的支持。同时，英国政府也害怕法国利用殖民地的不满来反对英国。英国在战争时期也无力派军队来对付殖民地人民的反抗。因此双方的矛盾暂时掩盖着。

1763年英法七年战争结束后，北美殖民地与英国的矛盾日益尖锐化。当时英国把从法国手中夺来的阿巴拉契亚山脉至密西西比河之间的土地作为王室私产，激起了希望到西部去占有土地的小农和种植园主、手工业者和土地投机商的强烈不满。英国政府在战争中亏空了14000万法郎，他们要把这笔负担转嫁给殖民地人民。他们颁布各种新税，加紧掠夺，同时把与法军作战的英军留在北美以控制殖民地。工业革命开展后，英国政府努力保护本国的产品在北美市场的统治地位，坚决地限制北美殖民地主要工业产品纺织品的生产和日益兴旺的走私贸易，严重危及北美殖民地工商业资产阶级的利益。这样，反英斗争日益激烈地发展起来。

1765年英国政府颁布"印花税法"，对每一份买卖单据、凭证、合同、大学文凭、毕业证书、执照、报纸和杂志都要抽取印花税，使殖民地的经济文化活动难以进行。殖民地人民纷纷举行集会抗议。1765年10月，在纽约召开了殖民地代表大会，提出只有得到殖民地人民同意才能征税。大会还宣布抵制英货。英国议会不得不在1766年3月废除了"印花税法"。1770年3月5日，在波士顿英军士兵开枪打死了玩耍的无辜儿童和及前来抗议的三十多名群众。随后群众发动示威游行，英军被迫撤出波士顿城。各殖民地成立了通讯委员会。1773年英国议会通过《茶叶法案》，给予英国东印度公司特权，把茶叶运入美洲可免交税额较高的入口税，只缴纳税额较低的商业税。使得东印度公司的茶叶在市场上的价格比走私商人的茶叶价格低50%，损害了殖民地走私商人的利益。1773年12月，以走私商人为首的波士顿市民乔装登上英国商船，强行将多箱茶叶倾入海中。事后，英国政府于1774年春颁布"五项法令"，封闭波士顿港、取消马萨诸塞州自治、宣布英军可以自由驻扎、颁布英人享有司法审判特权的司法权条例、把俄亥俄州以北和宾夕法尼亚以西的地区划归英王之下的殖民地魁北克，引起北美殖民地人民的不满。1774年，革命形势在英属北美殖民地形成。

1774年9月，经弗吉尼亚州下院提议，北美英属殖民地各州代表在费城召开了第一届大陆会议。会议决定和英国断绝贸易关系。要求英王未征得殖民地同意不得向殖民地征税。乔治三世拒不接受，扬言要用武力解决问题。独立战争的发生不可避免。

1775年4月，驻波士顿英军前往康科德收缴通讯委员会的武器，遭到反英民军的袭击，独立战争开始。

独立战争开始时，英国殖民当局对危机估计不足，尚未做好镇压起义的准备。反英力量居于攻势，将英军围困在波士顿达11个月，1776年7月4日北美殖民地宣布独立。但随着英军援军到来，殖民地人民处于困难中。大陆军多是未加训练的民兵，装备很差。大陆军在1776年上半年有16000人，下半年仅剩5000人，他们还要和殖民地内部的十多万英国的效忠派作战。1776年发生纽约之战，大陆军战败，英军包围了波士顿，占领了纽约和费城。1777年10月发生萨拉托加战役，英军柏高英将军率领5000英军向纽约推进，企图切断华盛顿的防线。这时新英格兰的民军组织起来，协助华盛顿的军队打击英军。加之原定前来接应的英军未能赶到，柏高英率领的英军在萨拉托加最后投降。萨拉托加战役成为独立战争的转折点。这个时期大陆会议加强了外交活动，取得了法国、荷兰、西班牙等国的承认。这三国在1778、1779和1781年先后对英国宣战。法国派出舰队支持北美殖民地人民的斗争。此外，俄国、瑞典和丹麦宣布了有利于北美殖民地的"武装中立"政策。

萨拉托加战役后，战场转到美国南部，英军实力削弱，停止战略进攻。战争进入相持阶段。1780年1月大陆军在南部的查尔斯顿战役中失利，相继在7月的坎登战役中战败。但是持久的战争也消耗了英军的有生力量。农民们这时发动起来，组织了游击队，在南方各地打击英军，英军的势力被消耗，双方力量对比发生了变化。这时格林出任南部美军司令。在领导游击战争中取得很大成绩的格林率军挥师南下，在南卡罗来纳州取得军事胜利。康华理所率英军被华盛顿和拉法夷特率领的大陆军包围在约克镇，1781年8月被迫投降。独立战争结束。1783年9月，美英最终在巴黎签订了合约。英国承认北美13州殖民地独立。

独立战争时美国的第一次资产阶级革命，完成了推翻英国的殖民统治争取独立的任务，建立了资产阶级的共和国，建立了大资产阶级和种植园主的联合政权，完成了部分资产阶级革命的任务，为资本主义发展开辟了道路。独立战争传播了资产阶级政治理论，英国约翰·洛克的政治理论为托马斯·潘恩继承发展，反过来又影响了法国和英国的资产阶级民主运动。但是，独立战争没有完成消灭封建残余和废除奴隶制的任务。

第三节　独立宣言和《邦联条例》

独立战争爆发后，1775年在费城召开第二届大陆会议。1776年7月，通过了《独立宣言》。《独立宣言》是一份以资产阶级的天赋人权论和社会契约论为理论基础的文件。它宣布了人生而平等。它写道："人人生而平等，他们都从他们的造物主那里被赋予某种不可转让的权利，其中包括生命权、自由权和追求幸福的权利，所以才在他们中间成立政府。政府的正当权力，则系得自统治者的同意。如果遇有任何一种形式的政府变成损害这些目的，那么，人民就有权利来改变它或废除它，以建立新的政府。""当一个政府恶贯满盈，倒行逆施，一贯地奉行着那一个目标，显然是企图把人民压抑在绝对专制主义的淫威之下时，人民就有这种权利，人民就有这种义务，来推翻那样的政府，而为他们未来的安全设立新的保障。"①《独立宣言》在历史上第一次以政治纲领的形式提出了"人民主权"的主张。

《独立宣言》宣布："我们以这些殖民地的善良的人民的名义和权力，谨庄严地宣布并昭告，这些联合殖民地从此成为，而且名正言顺地应当成为自由独立的合众国。它们解除对于英王的一切隶属关系，而他们与大不列颠王国之间的一切政治联系亦应从此完全废止。作为自由独立的合众国，它们享有全权去宣战、媾和、缔结同盟、建立商务关系、或采取一切其他凡为独立国家所理应采取的行动和事宜。"②《独立宣言》宣告了美利坚合众国的成立。

1777年11月，美利坚合众国各州的代表达成协议，制定了《邦联条例》。《邦联条例》规定，本邦联的名称为"美利坚合众国"。条例给予各州很大的权力。"各州保留其主权、自由和独立，以及其他一切非由本邦联条例明文规定授予合众国国会的权力、司法权和权利。"条例规定，"合众国国会对于下列事务有绝对权力：宣布和战；派遣和接受大使，订立条约和同盟，制定条例以便判决一切案件中哪种陆上和海上的掠捕是合法的，以及为合众国服务的海军或陆军所掠获得战利品应依何种方式分配，在和平时期给予捕拿证或报复性的拘

---

① 《美国独立宣言》。载，法学教材编辑部《外国法制史》编写组：《外国法制史参考资料选编》（下册），北京大学出版社1982年版，第440–441页。

② 《美国独立宣言》。载，法学教材编辑部《外国法制史》编写组：《外国法制史参考资料选编》（下册），北京大学出版社1982年版，第444页。

捕证，任命审判在海上所犯海盗罪及重大罪犯的法庭，设立法庭受理一切掠捕案件的最后上诉，但国会议员不得受命为上述法庭的法官。"国会有铸币权。没有得到9个州的同意合众国不得参加战争。合众国国会有权将会议延期到一年内的任何时候，一次休会时间不超过6个月。[①]

这个文件在当时美国中央权力很弱而各州地方权力很大的历史背景下，对于各州建立的邦联政府的权力和各州与中央政府的关系作出了一些规定。《邦联条例》是1787年美国联邦宪法产生前美国的根本法。

1781年3月制定了《联邦组织法》。《联邦组织法》规定，"每州保留其主权自由及独立"。"各州相互间对于每一州之法案、法律、条规，记载，及法院及管理治裁决，判断，均当完全信任而承认。""除非得有'在会议中集合之合众国'许可，任何一州不得向任何国王、元首或国家派遣任何使节或接纳任何使节，或与任何国王、元首或国家结订任何条约、同盟协定或举行会议谈判"。[②]

邦联的政治结构和权力很不完善，离一个有效力的成熟的资本主义国家还有很大的距离。《邦联条例》虽然宣布各州的联盟是永恒的，但它行使国家权力需要取得9个州的同意。邦联没有募集国家收入、征税、执行法律、管理贸易的权力。邦联缺乏贯彻宪法的整体的强制性权威。这样它无法履行政府的全部效能。没有各州的善意支持，它的任何措施都无法贯彻。华盛顿评述说："邦联成为没有实质

①《邦联条例》。载，法学教材编辑部《外国法制史》编写组：《外国法制史参考资料选编》（下册），北京大学出版社1982年版，第445—451页。

②《联邦组织法》。载，法学教材编辑部《外国法制史》编写组：《外国法制史参考资料选编》（下册），北京大学出版社1982年版，第452—454页。

内容的空壳。"①邦联没有拥有关于联盟权力方面初审和上诉司法管辖权的国家法院。国会没有权力要求服从，或者惩罚对它的法令不服从者。《邦联条例》没有明确被授权使用武力。每一个州"保留没有明确托付给国会的每一种权力、权利和管辖权。国会没有进行征税或者筹集收入的权力。赋予国会的全部权力就是"确定为合众国公益而应筹集的必须数量"，在每一州分配额度或者比例。国会向13个独立的州提出的征款要求，要由每个州议会来决定是否同意。在战争期间，国会试图得到各州授权，对进口的和捕获的商品征收5%的关税，结果没有得到各州的同意。邦联政府建立的最初8年中，国会的征款非常不稳定和不确定，无法偿付邦联开支所需的资金。所以，1786年2月国会宣布"危机已经来临。"②邦联国会缺乏管理对外贸易或国内贸易的权力，缺少管理贸易的统一的制度，这成为邦联最主要的缺陷。美国的航海没有得到保护，无法参与外国船舶的竞争。英国垄断了美国国内贸易的全部利益，外国产品几乎覆盖了美国的市场，美国自己的产品只能削价处理。

邦联从未得到人民的批准。邦联缺乏招募军队的直接权力。国家只存在一个一院制的议会，没有行政、司法和立法职能分离的机构设置。《邦联条例》要求国会成员的职位轮换过于频繁，公共理事会没有处理公共事务上的长期经验和知识优势。缺乏与政府权力同等范围

---

① ［美］约瑟夫·斯托里：《美国宪法评注》，毛国权译，上海三联书店2006年版，第107页。

② ［美］约瑟夫·斯托里：《美国宪法评注》，毛国权译，上海三联书店2006年版，第107-109页。

的司法权力。[①]

邦联国会作为州的立法机构权力很大。这些立法机构任意没收人们的财产，疯狂发行纸币，随意废除债务，引起很大的不满。麦迪逊批评说，这些立法机构制定了太多的法律，其中很多是不公正的，所有的权力无论是司法权还是行政权都集中到了立法机构手中。杰斐逊写道："把这些权力集中在同一些人的手中，这正是专制政体的定义。"[②]

由于各州自行其是，在1782年有6个月邦联国会几乎无法召集到法定人数开会，参加会议的代表也是各州权力的强烈拥护者。人们要求在费城召集国民大会，重新考虑《邦联条例》的内容，但此事一直被拖延。[③]在谢斯起义发生后，1787年7月14日国民大会才正式召集。

第四节　1787年美国宪法和宪法修正案

1787年2月21日，国会作出《召开联邦制宪会议的国会决议》，提出5月第二个星期一在费城举行各州指定的代表参加的制宪会议。[④]

①［美］约瑟夫·斯托里：《美国宪法评注》，毛国权译，上海三联书店2006年版，第110–113页。
②［英］塞缪尔·E.芬纳：《统治史》卷三，马百亮译，华东师大出版社2014年版，第473页。
③［英］塞缪尔·E.芬纳：《统治史》卷三，马百亮译，华东师大出版社2014年版，第473页。
④［美］汉密尔顿、杰伊、麦迪逊：《联邦党人文集》，程逢如、在汉、舒逊译，商务印书馆2015年版，第511页，附录一《召开联邦制宪会议国会决议》。

费城会议面临的问题不是是否应该建立一个全国性的政府，与会各方在这一点上没有异议。与会各方都希望有一个中央政府。但是，在一些结构问题上与会者存在分歧，即这个政府应该怎样组织，它和各州之间应该是一种什么关系。州权主义者认为一切事务必须先需要通过州政府才能进行，他们不喜欢制宪会议。[1]在费城会议上，伦道夫提出了弗吉尼亚方案。它倡导国家至上，各州保留很小的权力。立法机构包括两个议院，下议院的议员由民众直接选举产生，各州代表的人数根据其人口来决定。上议院议员由下议院从各州立法机构推荐的候选人中选举产生。行政首脑和法官由两个议院选举产生。两院制的立法机构受由行政首脑和一些法官组成的审查委员会的约束。中央政府管辖的范围无所不包，可以对州采取武力。另一个方案称为新泽西方案。这个方案表面上遵循三权分立的原则，立法机构为一院制。行政首脑均由它任命。但是这一方案没有设立审查委员会。立法机构的权力被具体罗列出来，它所制定的法律凌驾于各州的法律之上。该方案和弗吉尼亚方案不同之处在于，每个州在立法机构的代表同样多，它与人口数量无关。最后，新泽西方案被否决，人们的注意力转到弗吉尼亚方案上来。会议作出的修改是，上议院应当由各州立法机构选举产生，而不是由下议院选举产生。在上议院，各州有同等名额的代表，在下议院代表的人数根据各州的人口来确定。同时确定，行政首脑任期为4年，可以连任，行政首脑是军队总司令。[2]

1787年9月18日制宪会议通过了现行宪法的方案。宪法方案当时

---

[1]［美］汉密尔顿、杰伊、麦迪逊：《联邦党人文集》，程逢如、在汉、舒逊译，商务印书馆2015年版，第476页。

[2]［美］汉密尔顿、杰伊、麦迪逊：《联邦党人文集》，程逢如、在汉、舒逊译，商务印书馆2015年版，第477–479页。

得到了11个州的批准。到1790年13个州都批准了宪法。①

1787年美国联邦国会制定的美国宪法规定，联邦立法权属于由参议院和众议院构成的国会。国会的众议院由每个州每两年一次选举的议员组成；参议院由各州议会选举两名参议员组成，任期为6年。宪法对参众两院议员的资格条件作出规定："凡年龄未满二十五岁，为合众国国民未满七年，非当选州居民者，不得当选为众议院议员"。"凡年龄未满三十岁，为合众国国民未满九年，及当选时非其选出州之居民者，不得当选为参议员。"②任何议案要经议会两院三分之二的议员同意才算通过；国会通过的一切法案都要经过总统签署，如果总统在10天内没有否定这项法案，该法案便发生法律效力。

宪法规定，"行政权属于美利坚合众国总统，总统之任期为四年"。总统是国家元首、行政首脑、陆海军最高统帅，可以任命和免去国内任何官员的职务，对国会立法有批准权和搁置、否决权。"经参议院的协议及同意，并得到该院出席议员三分之二赞成时，总统有权缔结条约；总统提出大使、公使、领事、最高法院法官及合众国政府其他官员，经参议院的协议及同意时，任命之。"总统采取间接选举的方法产生，任期为4年，以后华盛顿开创了美国总统不能连任两届以上的先例。

"合众国的司法权属于最高法院及国会随时制定予与设立的下级

---

① ［美］约瑟夫·斯托里：《美国宪法评注》，毛国权译，上海三联书店2006年版，第118–120页。

② 《美利坚合众国宪法》。载，法学教材编辑部《外国法制史》编写组：《外国法制史参考资料选编》（下册），北京大学出版社1982年版，第459–460页。

法院。最高法院与下级法院的法官毋渎职守时，得终身任职。"①

美国宪法体现了孟德斯鸠提出的三权分立的原则，规定了立法、司法和行政权力互相制约。联邦宪法还对州的权力作了规定。

美国宪法制定之初含有很多保守性内容，缺少资产阶级民主性的内涵，以后，随着资产阶级民主运动的进行，美国宪法先后进行了26项修正。

1787年宪法规定，美国总统是行政机构的最高首脑。他由公民通过直接和间接选举产生。总统有权在国会同意的情况下任命各部部长。部长服从总统的决策，他们只对总统负责。

美国的中央行政机构分作三类，即中央各部、委员会、以及诸如合众国银行一类公司形式的管理机构。19世纪共有9个部，它们是国务院（1789年建立）、财政部（1789年建立）、陆军部（1789年建立）、司法部（1870年建立）、内务部（1849年建立）、农业部（1889年建立）、商务部（1913年建立）、劳工部（1913年建立）等。经过20世纪的调整、归并和增设，最后为13个部。

美国是联邦制国家。近代时期共有48个州，目前有50个州。联邦和州实行分权。1781年的邦联条例承认各州拥有主权。但1787年宪法不承认州有主权。目前联邦与州还有共同行使的权力，但联邦与州具体的分权关系并未严格规定下来，争论与变动很大。

为了保证资产阶级国家机构正常运转和有较高的效率，克服资产阶级两党制对于政府职能的周期性冲击和分赃制度的流弊，19世纪在美国建立了文官制度。

---

① 《美利坚合众国宪法》。载，法学教材编辑部《外国法制史》编写组：《外国法制史参考资料选编》下册，北京大学出版社1982年版，第459、464、466页。

在1789年法国大革命的影响下，对美国宪法提出了若干修正案，在美国宪法中加进了资产阶级民主的内容，史称《权利法案》。第一项修正案宣布实行言论、出版自由和宗教信仰自由，禁止书刊检查，允许人民"和平集会和向政府申冤情愿"。第二条款和第三项修正案允许人民组织自己的民团，人民有携带武器的权利。第四条修正案规定人身、住宅、文件和财产不受侵犯，没有正式的命令不得进行逮捕、搜查和扣押。第五条修正案规定建立刑事案件的陪审团陪审制度，非经法庭决定，不得剥夺生命、自由和财产。第八条修正案禁止酷刑和过重的罚金。修正案将教育与教会分离，对各州的自治权做了补充规定。《权利法案》加入了关于私有财产权的规定，规定"凡私有财产，如无适当的赔偿，不得占为公用"，不经适当的法律程序，不得扣押任何人的财产。

美国宪法修正案提出了建立一个民主共和国的法律原则，增加了关于公民的自由和权利的内容。但是，美国宪法没有规定废除奴隶制。这是因为在当时的美国政治生活中尚未根除南方奴隶制和种植园奴隶主集团。

第五节　南北战争

独立战争以后美国经济沿着两个方向发展，北部和西部沿着资本主义道路发展，南部则按照种植园奴隶制方向发展。独立战争以后美国积极向西部扩张，东部居民大量西迁，西部还吸引了大量外国移民。美国在1803年以1500万美元从法国手中买下了路易斯安那，1811年和1819年先后从西班牙手中夺得西佛罗里达和东佛罗里达，1845年吞并了墨西哥控制的得克萨斯，1846年从英国手中夺得俄勒冈南部地区，1867年从俄国购得阿拉斯加。这样，美国的版图比独立战争时扩大了十倍。美国南部实行种植园奴隶制经济，工业发展远远落后与北方。北部和西部的资产阶级要求发展资本主义，铲除阻碍资本主义发展的奴隶制，摆脱英国对美国经济发展的束缚，把美国建设成为一个资本主义工业国。南部的种植园奴隶主则力主保存和扩大奴隶制并保持与英国在经济上的联系，继续为英国棉纺织业种植棉花，通过出口棉花谋取厚利，把英国的工业品大量输入美国。两个阶级和两种社会制度的斗争，是南北战争爆发的根本原因。

代表南部奴隶主阶级的民主党在内战前30年间基本控制了国家政权。30年中总统职位有24年由民主党人担任，最高法院有26年由民主党控制，众议院有22年由民主党控制。北方资产阶级和南方奴隶主集团的政治斗争围绕着西部新建立的州以何种政治身份加入联邦展开。因为这涉及联邦议会中哪个阶级占据优势的问题。根据美国宪法，参议院议员由每州派出2人组成，众议院议员则根据居民人数按比例选出。到1819年，北部各自由州共有人口517万，在众议院占有150个议席。而南部蓄奴州人口较少，为485万人，在众议院占有81席。北部资产阶级在众议院已取得当然的多数。但是，由于自由州和蓄奴州数目相等，双方在参议院中的席位数相等。北方资产阶级和南方奴隶主集团都希望加强自己一方在参议院的势力，以取得对参议院的控制权。于是双方都把新加入联邦的州作为争夺的对象。

1820年在密苏里州加入联邦时，双方达成《密苏里妥协案》，它规定西部在北纬36度30分以南的州将来应作为蓄奴州加入联邦，而在北纬36度30分以北的州将来应作为自由州加入联邦。如果有一个蓄奴州加入联邦，必须同时也有一个自由州加入联邦。当时从马萨诸塞州划出一块土地成立缅因州，作为自由州加入联邦，与密苏里州作为蓄奴州加入联邦相平衡。1854年堪萨斯州和内布拉斯州要求加入联邦，该两州都位于北纬36度30分一线以北。但是联邦政府中以道格拉斯为首的一些人秉承南部奴隶主集团的意旨，提出堪萨斯–内布拉斯法案，让两州居民自行投票决定时作为蓄奴州还是作为自由州加入联邦。南方奴隶主集团派出军队进入堪萨斯州干涉投票。消息传出后，北部手工业者和农民也组织军队开进堪萨斯州，双方发生了武装冲突。

1860年在山雨欲来风满楼的形势下举行了大选。这次大选将决定究竟是北部资产阶级政党共和党执政，还是西部和南部的奴隶主政党民主党执政，从而将决定奴隶制在美国的命运。共和党选择了林肯作为总统候选人。1860年11月大选中，林肯得到了186万张选票，比民主党候选人道格拉斯得到的选票多出了50万张，当选为总统。

南方奴隶主集团极其害怕共和党人执政，就在林肯总统授职前发动叛乱，反对中央政府。1860年12月南卡罗来纳州推出联邦，到1861年2月，又有亚拉巴马、密西西比、佛罗里达、佐治亚、路易斯安那和得克萨斯6个州退出联邦。反叛的南方各州在1861年2月组成南方同盟，推举戴维斯为总统，成立了伪国会，定都里斯满，组织军队向北方大举进攻，开始了南北战争。南北战争开始后，又有弗吉尼亚、阿肯色、北卡罗来纳和田纳西4个州退出联邦。叛乱各州的总面积占全国面积的40%。

在南北战争开始时，美国有13个州属于北方联邦政府阵营，南方阵营只有11个州。北方经济力量和人口也压倒南方，但是来自南方的各级军官控制了联邦政府的军队。南方阵营还得到英国和法国的支持，北方对于这场战争准备不足。南北战争初期，联邦政府军并未在军事上占据优势。在直至1862年底的战争第一阶段，联邦政府在东部战场接连失败。1861年7月，麦克道尔率领的联邦军在马纳萨斯战役中战败。华盛顿城也面临失守的危险，继任总司令麦克累伦采取了保守的战术和对南方动摇不定的立场。1862年6至7月麦克累伦在大战中惨败。第一阶段联邦政府军只是在西部战场取得了胜利。格兰特将军指挥的联邦政府军队夺回密苏里州和弗吉尼亚州后，1862年1月向肯塔基州挺进，收复了东肯塔基；2月占领了田纳西州东部。1862年4月底，海军将领法拉格特率领舰船进入密西西比可口，攻占了新奥尔良。

林肯为首的联邦政府在人民的推动下采取了一些重要的措施，推进战争的进程。

1862年5月20日，林肯政府颁布了《宅地法》，规定从1863年起，耕种西部无主土地的农民只要交纳10美元的证件费，就可以获得160英亩土地。在这块土地上连续耕种5年，土地就成为他的财产。这项措施使自由劳动力可能在西部获得一块谋生的土地，可以在不缴纳地租的条件下充分发展。这项措施也根除了奴隶主夺取西部土地的可能性。为美国农业中资本主义发展提供了条件。《宅地法》满足了自由农民和市民的土地要求，调动了他们与南方奴隶主集团作斗争的积极性。

1862年9月，林肯颁布了《解放宣言》，宣布从1863年1月1日起，继续反叛合众国的各州的奴隶成为自由人，联邦政府和军队将保障他们的自由。他们可以参加联邦军队。宣言尽管给予黑人的人身自由，而没有给他们平等的政治和公民权。1864年2月，国会颁布了全面征召黑人入伍的法案。南方蓄奴州的原黑奴纷纷起义或投奔北方。在联邦军占领的南方，共有18.6万黑人参军，成为打击南部奴隶主集团的重要的军事力量。在此同时，林肯政府在军队中清洗亲奴隶主分子和妥协派，1862年11月解除了麦克累伦指挥弗吉尼亚联邦政府军的职务，提拔战争中涌现出来的优秀军事人才，增强了联邦政府军的战斗力。

在1863年到1864年4月的南北战争第二阶段，形势发生了变化。1863年7月，联邦政府军的乔治·米德将军与进犯的南方同盟的罗伯特·李将军在葛提斯堡会战，联邦军取得大胜。同月，格兰特将军在西部战场攻占维克斯堡。联邦军队占领了整个密西西比河流域，同时，切断了南方同盟军队在大西洋沿岸的东部与在墨西哥湾的西部诸州的联系。1864年3月，格兰特将军出任陆军中将衔的联邦军总司令，随后向位于波托马克河的南方同盟的防线发动进攻。在彼得斯堡展开了相持战，消耗了南部同盟的有生力量。1864年5月，谢尔曼将军率领约10万人的军队实行"向海洋挺进"的计划，切断南部同盟的防线，攻占亚特南大。1865年4月，格兰特将军占领南部同盟的首都里士满，4月9日罗伯特·李将军率部投降。其他南部同盟军队也投降了。南北战争以南方奴隶主集团的失败而告终。

1861年南北战争结束后，对宪法提出了新的修正案。1865年通过的宪法第3条修正案，规定在美国废除奴隶制度。1866年第14条和第15条修正案赋予黑人以公民权利，规定不得因种族、肤色或曾经是奴隶而剥夺公民投票权。

美国经过南北战争，从统治集团中逐出了种植园奴隶主集团，建立了一个巩固的资本主义国家。

第六节　法律和司法制度

在近代时期，美国确立资本主义社会秩序的法制建设已基本完成。进入20世纪，西方国家的法律制度进入通过新的宪法和其他法律的制定来反映变化动荡的政治关系和进一步调整国内阶级和社会矛盾的阶段。

第一次世界大战以后，美国对宪法进行了若干补充。从1920年开始生效的宪法第19条修正案使妇女获得选举权，单个州仍然保留了实行这条法律的具体法规。从1933年开始生效的宪法第20条修正案规定，大选后国会的选举不再从3月开始开会，而是从1月20日开始。从1951年开始生效的宪法第22条修正案禁止任何人担任总统职务超过两届。1961年开始生效的宪法第23条修正案规定哥伦比亚联邦区的公民享有参加总统和副总统选举的权利。1964年开始生效的宪法第24条修正案废除在选举联邦机构时征收选举税。1967年开始生效的宪法第25条修正案是在肯尼迪总统被刺杀后通过的，它确定了国家元首突然逝世或丧失行动能力时，由副总统履行总统的职务。①

现代民法的发展变化与美国国家与经济关系的历史性变化直接相

---

① ［苏］康·格·费多罗夫：《外国国家和法律制度史》，叶长良、曾宪义译，中国人民大学出版社1985年版，第364–365页。法学教材编辑部：《外国法制史》，北京大学出版社1982年版，第308页。

联系。第一次世界大战以后，随着经济大危机的爆发，垄断资本主义国家对于经济生活的干预加强了，国家的经济职能有了突出的发展。美国的民法也加进了很多对经济和财产干涉的内容。当局要求法院坚持执行谢尔曼法和克莱顿法，用制裁手段对付托拉斯或其他任何形式的违反契约协定或者限制州与州之间贸易的垄断行为，违反者要课以罚金或判处徒刑。[①]在小企业主的压力下，1936年美国通过了《罗宾逊——帕特曼法》，禁止采取压低商品价格的手段，或者在付给个人雇佣劳务报酬中采取"不正当的优势"和采取"不老实的做法"，以此保护小商人和推销人。[②]1950年制定了《赛列尔—凯弗维尔法》，规定了新的对付垄断组织的措施。5年后，违反谢尔曼法的罚款由5000美元增至50000美元。但是在此同时，美国国会允许在实施反托拉斯法中可以有例外。例如，1918年制定的《韦布—波默林法》规定，只要不是以改变价格为手段来达到排挤和削弱无产者的目的，准许出口贸易商之间达成协议。资本集团以灵活的方式来对付政府反垄断倾向的立法，建立起控股公司、股份公司、合伙经营组织、非正式的合伙组织，订立情报协定，以避免遭到反托拉斯法的制裁。反托拉斯法没有触及美国大资产阶级的根本利益。[③]

[①] 法学教材编辑部：《外国法制史》，北京大学出版社1982年版，第312页。

[②]［苏］康·格·费多罗夫：《外国国家和法律制度史》，叶长良、曾宪义译，中国人民大学出版社1985年版，第365页。

[③]［苏］康·格·费多罗夫：《外国国家和法律制度史》，叶长良、曾宪义译，中国人民大学出版社1985年版，第355–356页。

第七节 政府政治

自托马斯·杰斐逊1800年当选总统，共和党人取代联邦党人控制了总统职位。总统使用委任权，让自己的盟友担任要职。在允许他作出的92项任命中，杰斐逊作出了73人的任命。他的继任者詹姆士·麦迪逊和詹姆士·门罗也做出了数量大致相等的任命。无论联邦党还是杰斐逊派，所任命的对象都限于地方显要。[①]

亚历山大·汉密尔顿对建立一个强大的有效率的政府很有兴趣。他在《联邦论》中阐述了"施政活力"问题。他是第一任财政部长，他在这个部门创建了庞大的官僚体系，但他的做法遭到托马斯·杰斐逊的激烈反对。杰斐逊在就职演说中表示了对官僚体系和大政府的不信任，他说："我们可能怀疑我们的组织太复杂太昂贵，官职和官员出现了不必要的增长，有时对本应获得推进的服务反而造成伤害。"这时美国政府只有大约3000名雇员。但随后政府规模快速增长，到1831年政府官员已达20000人。联邦政府官员可分为两大类，高级官员包括内阁部长和他们的助理、海外部长、地方总督和局长等；下级职员包括海关官员、邮递员和测量员。在初期，除了有海军外，并没有庞大的正规军。[②]

---

①［美］弗朗西斯·福山：《政治秩序与政治腐败：从工业革命到民主全球化》，毛俊杰译，广西师范大学出版社2015年版，第125页。

②［美］弗朗西斯·福山：《政治秩序与政治腐败：从工业革命到民主全球化》，毛俊杰译，广西师范大学出版社2015年版，第125页。

从1789到1828年的美国政府属于精英庇护体制。安德鲁·杰克逊1828年当选总统，他来自当时属于边疆的田纳西州，出生于平凡的村野之家，只受过断断续续的正规教育。他在总统任期内奠定了所谓杰克逊民粹传统。这一传统来源于苏格兰-爱尔兰移民，这批移民在18世纪中叶几十年间从北爱尔兰、苏格兰低地、英格兰北部和苏格兰接壤地带来到北美。杰克逊1829年上台后，提出了"简单工作的理论"，宣称"所有公共职位的职责简单明了，至少不难完成，以致任何聪明人都能胜任"。他之所以提出这种反精英理论，是因为当时美国的平均教育程度仅仅略高于小学水平。杰克逊的体制频繁轮换在任的官员。他说："在做官上，没有人比他人拥有更多的固有权利"。杰克逊认为，这些公职可以用来动员政治上的追随者。杰克逊开始将现存的精英庇护体制转化为大规模的依附主义。

以后几十年在美国，随着选举权扩展，演化出一种政党制度。政党需要说服支持者，在投票、游行、示威和集会中为本党呐喊。资产阶级民主政治得到发展。

杰克逊以后出现的政治体制可以称为"法院和政党的国家"。法治和政党负责制这两种制度迅速地发展起来。但美国没有发展成为像法国、普鲁士和英国那样的中央官僚国家。

这个时期新兴的政党对政府运作实施高度控制，以取代国家功能。以预算为例，在欧洲各国的议会体制中，这项工作通常由行政部门来完成。但是到19世纪的美国，却成了国会政党管辖的工作。组织政府机构的工作由政党操纵控制。"通过任人唯亲、轮流分赃实现行政程序的惯例化，对散布各地的邮局、国土局和海关实行遥控。"政党在做这项工作时，放弃了明确的纲领性目标。其实，他们作为一个联盟本来就缺少根本性的目标。此时的法院不让自己局限于司法功能，而是致力于为不同的政府部门界定职责、监督政府和公民的关系、作出实质性的决议。美国立法和司法机构开始行使在欧洲政治体制中通常由行政机构承担的职能。[1]

在19世纪前三分之一的时间里，联邦政府承担的事务不多，除了海关、邮局和土地分配，几乎无其他事可做。政府不需要大规模的军事动员，也没有改革压力。1849年扎卡尔·泰勒当选总统后第一年，撤换了三分之一的官员。民主党的詹姆士·布坎南在1857年撤换了同样数量的官员。林肯在1860年当选总统后，面对大量对官职的要求，他在两届总统任期中保留尽可能多的公职人员的岗位。

战争刺激了国家机构的建设。美国内战发生后，联邦军队的人数从15000人增至100多万人。为了供养这支庞大的军队，建立了庞大的官僚体系。但是这个国家集权和权力膨胀的阶段很快就结束了。

19世纪70年到80年代的政治体制，是高度组织化的依附主义，在全国范围内形成了严密的等级结构，由政党来分配公职和好处。美国政客多数从政治工作中获得好处。[2]19世纪80年代的美国，建立了民主制度和竞争性的选举，但选票可以用公职交易和收买。政府职员普遍质量较差。[3]

---

① ［美］弗朗西斯·福山：《政治秩序与政治腐败：从工业革命到民主全球化》，毛俊杰译，广西师范大学出版社2015年版，第130页。

② ［美］弗朗西斯·福山：《政治秩序与政治腐败：从工业革命到民主全球化》，毛俊杰译，广西师范大学出版社2015年版，第131-132页。

③ ［美］弗朗西斯·福山：《政治秩序与政治腐败：从工业革命到民主全球化》，毛俊杰译，广西师范大学出版社2015年版，第136页。

美国在19世纪中叶是个小政府社会。联邦政府的税收只占国内生产总值的2%。税收主要来源于关税和实物税。国家治理工作主要在州和地方进行。当时没有可以自由发行货币的美联储。私人利益在竞争中充满活力，通过贿赂和依附主义，索取国会的权力。这种政治是和19世纪美国的农业社会相适应的。①

但是，到了19世纪最后20年，美国经济有了很大的发展，铁路延伸到了整个美国大陆，电报通达全国各地，这样美国的市场规模大大发展。越来越多的美国人离开农村进入城市，定居于开发的西部地区。教育机构培养了受过高等教育的精英，城市中产阶级出现了。经济和社会的变化要求美国国家制度也有相应的变化，需要一个官僚机构来管理国家。这种变化在19世纪80年代开始出现。

1881年7月，一个谋求官职的心理失衡者查尔斯·吉托开枪刺杀新当选的总统詹姆斯·加菲尔德。这一事件引发了全国取消分赃制的公共运动。总统加菲尔德死后不久，成立了全国文官改革联盟。参议员乔治·彭德尔顿提出法案，建议对公共部门进行改革。1879年全国文官制度改革联盟的创始人多尔曼·伊顿应总统拉瑟福德·海斯的要求，出版了对英国文官制度的研究成果。未来的总统伍德罗·威尔逊稍后在1887年发表了论文，题为《行政管理的研究》。威尔逊选择的政治体制是马克斯·韦伯在20世纪初描述的体制。但是他认为，普鲁士和法国的官僚模式"做事效率高到让人离不开它们"，它们太专制，不适合美国的民主。威尔逊肯定，强大的中央集权政府的许多功能是必不可少的，包括监管铁路和电报的运作、遏制试图垄断市场的

---

① ［美］弗朗西斯·福山：《政治秩序与政治腐败：从工业革命到民主全球化》，毛俊杰译，广西师范大学出版社2015年版，第138页。

大企业。[①]

1883年1月，国会议员以压倒多数通过了《彭德尔顿法》。《彭德尔顿法》在思想上受到英国的诺斯科特–屈维廉文官制度改革的影响。它恢复了文官顾问委员会，建立了任人唯才的行政官员体系，招聘行政官员不再是政党和国会的特权。它废除了强制捐款制度，联邦官员不再将工资的一部分缴纳给任命自己官职的政党。它制定了官员入职的考试要求和择优录取的原则，但它根据美国的平均主义信条，不仿效英国那种吸收牛津和剑桥大学的精英毕业生进入政府高层文官行列的做法，美国没有让哈佛和剑桥的毕业生占有大量政府机构的高层官职，只希望启用具有适中教育程度的人才。[②]

西奥多·罗斯福当选总统后，美国行政权力增强了。19世纪后期，总统权力下降。罗斯福具有政治活力，他认为行政部门必须发挥自主的权威，要尽量拓展总统的宪法特权。在出任总统之前，罗斯福是文官顾问委员会成员。现在他运用总统权力，大大扩展和加强了联邦政府根据才干用人的做法。在1904年他的党在选举中获胜后，罗斯福与文官顾问委员会紧密合作，加强对联邦机构的监管，切断政党和属下官员的关系。该委员会获得了招聘和晋升控制权。以后1912年当选的民主党总统伍德罗·威尔逊对改革毫无兴趣。威尔逊以后的共和党总统重返19世纪的体系。[③]

---

　①［美］弗朗西斯·福山：《政治秩序与政治腐败：从工业革命到民主全球化》，毛俊杰译，广西师范大学出版社2015年版，第137页。

　②［美］弗朗西斯·福山：《政治秩序与政治腐败：从工业革命到民主全球化》，毛俊杰译，广西师范大学出版社2015年版，第138–139页。

　③［美］弗朗西斯·福山：《政治秩序与政治腐败：从工业革命到民主全球化》，毛俊杰译，广西师范大学出版社2015年版，第145页。

19世纪80年代以后40余年中，美国逐渐摧毁了依附性的官员体系，奠定了专业官僚机构的基础。这种制度在美国实行，比欧洲国家晚了好几代人。总的来说，美国现代国家制度的建设在时间表上大大晚于欧洲。国家建设工程开始后，又遇到许多挫折和反复。福山认为其中的原因有二：一是美国的政治文化历来抵制政府权力，二是美国的政治制度为改革设置了许多障碍。美国国家制度建设的任务不仅要清除腐败，而且要使政府发展，使之具有足够的能力和自主性，以较高的水平来履行职能，又要对公民负责。这些问题都留到20世纪去解决。

国家建设和职能的发展表现在具体部门。欧洲的铁路是政府发展起来的，而美国的铁路几乎全是自由市场的产物，这造成了铁路行业各公司之间激烈竞争。竞争最激烈的是铁路大干线。这些公司建筑的铁路的线路超过了需求，引发毁灭性的铁路运费恶性竞争。州际商务管理委员会是第一个联邦级的监管机构。到第一次世界大战结束时，它制定了一项在全国范围内监管铁路的现代管理规则。

20世纪第一个10年通过的立法给予州际商务委员会行政权力。1903年的《埃尔金斯法》和1906年的《赫本法》允许州际商务委员会设定最低运费和强制执行这些运费规定的权力。政府把铁路当作公共事业，由行政机构来设定运费，而不单靠市场调节。《州际商务法》通过10年后，铁路收入趋于稳定。1917年，威尔逊总统宣布整个铁路系统国有化，调整运费和工资，由政府直接经营铁路。到了20世纪70年代，大部分铁路陷入融资困难，东部的37家铁路公司被迫停产。70年代后期，卡特政府放宽了对铁路的监管，并放宽了公共运输规则，允许铁路灵活定价。①

林业部是林肯总统在1862年建立的。同年颁布的《莫里尔法》创办了一系列政府赠予土地的学院，以培养农学家。19世纪政府实行了免费发放种子的计划。农业部努力提高官员的能力。这些新的官员相信现代科学，努力把理性的方法应用于农业管理中。林务局管理着150余个国家森林公园和超过两百万英亩的土地。

美国政府的功能范围在20世纪获得了很大的扩展。这种扩展掩盖了政府质量的大幅度下降。政府质量在这个时期恶化，使国家的财政赤字更加难以控制，美国的制衡体制很难做出决策。美国政府质量衰败还在于它又回到了"法院和政党治国"的结构。法院和立法机构占据了行政部门很多应有的功能，使得政府的运作秩序混乱和效率低下。行政部门司法化和利益集团影响力的蔓延，削弱了人民对国家的信任。②

到20世纪，新上台的总统可以在联邦政府中颁发4万多个官职任命，远远超过了其他资本主义国家。尽管国家建立了严格的规则，这些措施包括公务员考试、利益冲突管控、反贿赂和反腐败法等制度，以克服偏爱亲友的倾向。但是，利益集团可以成功地影响政府。利益集团可以用先行捐款然后坐等回报的合法方式来影响议员。华盛顿的利益集团和游说团数目惊人，1971年有175家注册的游说公司，10年后上升到2500家。2013年注册的游说者达到2000人，花费超过32亿美元。这种做法扭曲了美国的公共政策效应。在美国，防止个人腐败的

①［美］弗朗西斯·福山：《政治秩序与政治腐败：从工业革命到民主全球化》，毛俊杰译，广西师范大学出版社2015年版，第155–156页。
②［美］弗朗西斯·福山：《政治秩序与政治腐败：从工业革命到民主全球化》，毛俊杰译，广西师范大学出版社2015年版，第428–429页。

规则已经非常广泛和严格。当然也有个人腐败的恶性案件。例如2006年绰号"公牛"的加州众议员兰迪·坎宁安和2011年伊利诺伊州州长罗德·布拉戈耶维奇因相关案件分别被判有罪。①

福山指出:"在20世纪下半叶,法律的重心不再是对政府的制约,而成了扩大政府功能范围的替代工具。官僚机构原本可以有效执行的功能,却移交给法院、行政部门和个人的混合体。美国不想搞大政府,结果庞大的政府没能避免,反而因为落到法院之手而使责任越发缺失。"②

第八节　政府和国家经济

美国政府与国家经济生活之间的关系日益密切是20世纪的显著特征之一。德·热拉斯曾指出:"政府在国民经济上的作用日益增强。""在资本主义高度发达的美国,情况也并无不同。不仅谁都可以看到自1929年大危机到现在,甚至政府在经济上的作用日趋强大,并且很少有人否认这种作用是势所必至。"

1938年美国国民收入大约有20%已经社会化。但到1940年,这个百分比至少已达到25%。政府对国民经济的系统的计划开始于罗斯福总统。同时,政府人员数目及政府业务,尤其是联邦政府的业

---

① 〔美〕弗朗西斯·福山:《政治秩序与政治腐败:从工业革命到民主全球化》,毛俊杰译,广西师范大学出版社2015年版,第434,436页。

② 〔美〕弗朗西斯·福山:《政治秩序与政治腐败:从工业革命到民主全球化》,毛俊杰译,广西师范大学出版社2015年版,第441-442页。

务也日趋增大。约翰逊和克罗斯指出："20世纪的主要特征之一便是政府尤其是联邦政府的实力在经济事务上的不断增长。"1820年联邦政府的支出为309600万美元，联邦公债为2436453000美元。1840年联邦政府的支出为8998100万美元，联邦公债为42967531000美元；1950年联邦政府的支出为40166800万美元，联邦公债为256708000000美元。[①]

到20世纪中叶，美国政府在经济中发挥了巨大的作用。政府的管制权力不仅出现在劳工关系范围，而且插手生产领域，涉及运输、天然气、煤炭等全国重要的经济部门，涉及公共事业的拓展、自然资源和人力资源的保护、银行与信贷、电力、低价房屋的供应，以及公用事业。这些发展的结果产生一种'混合经济'，在这种经济制度下公用事业的一部分与政府管理的私人企业，以及不受政府管制的私人企业并存。[②]

---

　　① ［南斯拉夫］德·热拉斯：《新阶级——共产主义制度的分析》，陈逸译，世界知识出版社1963年出版，第184–185页。
　　②［南斯拉夫］德·热拉斯：《新阶级——共产主义制度的分析》，陈逸译，世界知识出版社1963年出版，第186页。

第四编

20世纪资本主义国家制度运行机制研究

第一章
国家权力的膨胀

在国家形态发展的不同历史时期，国家制度发展的主要路径并非一致。经过从封建社会中期到近代后期一千年的漫长途程，西方国家设置和必要的职能到19世纪末已趋于完善。进入20世纪，西方资本主义社会的内在矛盾已经不再是通过机构建设能够解决的了。各国垄断资产阶级为了解决资本主义国家深刻的内部矛盾，转而通过调节国家功能来寻找出路。所以，现代时期国家功能有很大发展。

西方国家权力经过了一个相当长时间的历史发展后，到了20世纪已经和过去有很大的不同，国家权力大大地加强了。阿兰·沃尔夫写道："如果和绝对君主制的路易十四时期相比较，戴高乐的政府具有更大的权力，它决定着包括所有人的日常生活"[1]，政府的权力及其广度得到了极大的增长。迈克尔·曼指出，国家权力的极大发展是在西方资本主义社会实施普选权后40年来重要的新现象。国家这样一种中央集权化的制度，通过其社会经济职能的扩大，随着国家对社会生

---

[1] Alan Wolfe, The Limits of Legitimacy, Political Contradications of Contemporary Capitalism. New York, Free Press, 1977. pp. 257–258.

活等方面的干涉和调节职能的实施，国家对于国家和社会赖以生存的下部基础的控制权，由于对社会履行各种责任，权力得到很大的发展，国家渗透于市民社会的能力迅速增强。国家征收收入税和财产税，它可以搜集一切政治、社会和经济的情报，它控制经济，甚至以年金、家庭补助的形式直接向居民提供生存条件。

20世纪中叶，对国家的恐惧感在西方知识分子中流露出来。艺术史家贝伦森在去世前不久曾这样说："上帝才知道我是否害怕原子弹把世界摧毁，但是至少有一件事我同样担忧，那就是国家对整个人类的侵犯。"福柯写道："这是一种国家恐惧症的最纯粹、最清晰的表达。"①

国家是由一系列特殊的机构构成的。国家制度的第一个结构要素是政府。政府实际上是国家本身。政府以国家的名义说话，并对国家的行动负全部责任。但这并不意味着政府已经在极大程度上控制了国家的权力。

国家制度的第二个结构要素是行政机构。它包含了大量各种各样的机构，有的与内阁部门有关，它们或多或少地拥有自主权。它靠公共团体、中央银行、管理委员会，以及直接或间接介入了经济、社会、文化和其他领域的管理机构，来行使自己的职权。这些存在于发达资本主义社会的行政机构和官僚机构的领导人与政府和社会有密切关系，对于决定国家的作用十分关键。②行政机构的官员听命于政府。卡尔·曼海姆说："所有官僚思想的基本倾向是把所有的政治问

---

① ［法］米歇尔·福柯：《生命政治的诞生》，莫伟民、莫伟译，上海人民出版社2018年版，第95—96页。
② ［英］拉尔夫·密里本德：《资本主义社会的国家》，沈汉等译，商务印书馆1997年版，第55页。

题转变为行政问题。"①行政过程也就是政治过程的一部分。行政机构的高级文官和其他国家行政官员拥有权力。文官支持着国家机器的运行。当政权虚弱，内阁倒台时，文官常常在政策制定中起主导作用。但这些人不让人们察觉到他们在行使国家权力。②

国家制度的第三个部分是军队和国家的保安以及警察力量这些准军事组织。它们共同构成了国家的强力部门。它们在宪法上独立于政治执行机构，资本主义国家中维持这些机器耗费了大量的财力。从绝对主义时期到第一次世界大战，是西方国家军事组织发展的主要时期，服役的军队人数在这个时期迅速增长。西班牙的军队1850年为154000，1980年为342000人。法国的军队在1850年为430000人，1980年为495000人。英格兰和威尔士的军队在1850年为201000人，1980年为320000人。荷兰的军队在1850年为30000人，1980年为115000人。瑞典的军队在1850年为63000人，1980年为68000人。俄罗斯的军队在1850年为850000人，1980年为3663000人。③

资本主义国家中军事开支占国家预算的比例，奥地利在1925年为7.7%，1970年为4.9%。法国这一比例在1850年为27.4%，1875年为23.2%，1900年为37.7%，1925年为27.8%，1950年为20.7%，1970年为17.9%。英国这一比例在1875年为37.8%，1925年为19.1%，1950年为24%，1970年为14.7%。荷兰这一比例在1875年为34%，1900年为26.4%，1925年为15.1%，1950年为18.3%，1970年为11.3%。丹麦这

---

① Karl Mannheim, Ideology and Utopia. London, 1952. p. 105.

②［英］拉尔夫·密里本德：《资本主义社会的国家》，沈汉、陈祖洲、蔡玲译，商务印书馆1997年版，第55–56页。

③［美］查尔斯·蒂利：《强制、资本和欧洲国家（公元990—1992年）》，魏洪钟译，上海人民出版社2012年版，第98页，表4.4。

一比例在1900年为28.9%，1925年为14.2%，1950年为15.6%，1970年为7.4%。德国这一比例在1900年为22.9%，1925年为4.0%，1950年为13.5%，1970年为6.4%。[①]

国家制度的第四个部分是司法机构。西方国家没有在宪法上正式规定司法机构有满足政府意图的职责。但司法机构通过保护所有权来保护它。而且它们还有责任保护公民免受政治执行机构和它的代理人的侵害。在国家与社会成员的冲突中，作为后者的权力和自由的捍卫者来行动。在任何情况下，司法都是国家体制中一个主要的部分。[②]

国家制度的第五个部分是代议制机关，它们的活动是围绕着政府进行的。它们在宪法和权力中是独立的机构。代议制机构和政府的关系不只是起一种批评和阻碍的作用，议会对国家的立法和重要政策起支撑作用。所以，政府和议会之间的关系既有冲突又有合作关系。

上述这些组织对于国家都有不同程度的权力和影响。此外，在国家制度之外还有一些人拥有权力，而且极大地影响着国家制度。

现代资本主义社会国家权力的加强是以一整套发展起来的机制为基础的。如果说在一般情况下是市民社会决定国家的性质，那么也可以说，国家发展到今天，由于它的权力的膨胀，它不仅是资本的工具，同时也成为一个相对自主的实体。甚至在某种程度上可以说它已经成为市民社会存在的条件。

第一，在当代西方所有资本主义国家中，国家已经接管了并承担了维持劳动力和保持它的再生产能力的一切功能，包括为劳动者提供

① ［美］查尔斯·蒂利：《强制、资本和欧洲国家（公元990—1992年）》，魏洪钟译，上海人民出版社2012年版，第149页，表3.2.欧洲1500年到1980年的服役人数。

② ［英］拉尔夫·密里本德：《资本主义社会的国家》，沈汉、陈祖洲、蔡玲译，商务印书馆1997年版，第57页。

教育、居住条件、健康保障条件和福利设施。

第二，资本主义国家在它赤裸裸的强有力的镇压职能之外，又加强了它的社会监视和社会控制的职能。[①]这使得国家在资本积累的过程中活动更加有效率，并且看起来显得"合理化"。

第三，国家的功能变得日益集中化。在每个西欧国家中，国家机构的所有分支，从教育、警察到地方经济社会政策的实施，国家的中央活动和地方活动加强了结合和一致性。而在这个过程中，资产阶级政党的活动和权力有所削弱。他们把自己的权力交给了行政机构。这样就给资产阶级政治生活带来了许多危机，导致了传统的议会民主制被削弱，同时导致了不满和反抗者采取"直接行动"的斗争形式，并且这种形式有所增长。在一些城市中出现了反对资本主义统治的恐怖活动。

第四，发展起了国家对经济生活的直接干涉。国家对经济的干预从凯恩斯主义倡导的长期经济管理转变为国家通过国债、补助金的形式和组织国家资本主义企业的形式进行直接的经济干涉。

第五，在资本国际化和保持民族国家的经济能力之间产生了日益增加的矛盾。尽管一国范围内的民族资本仍有很大的发展，但国际劳动分工造成的边缘国家对于中心资本主义国家在政治经济上的依赖性，以及随着管理工业、财政和政治关系，超民族的制度结构发展起来，使得在大多数资本主义国家中，民族国家的资本积累能力出现了问题。[②]

---

① 提出国家具有监视和控制职能的首先是法国哲学家福柯，他在20世纪70年代出版了《监视与惩罚》一书，对这个问题做了论述。

② Richard Scase，ed.，The State in Western Europe. London，Weidenfeld and Nicolso，1980. pp. 16–18.

　　二战以后，"美国拥有了空前强大的经济和军事实力，准备成为世界真正的霸主。到处都可以找到统治者精心谋划的体现自己利益的世界秩序的痕迹"①。

　　国家权力在当代资本主义国家的发展，给西方国家权力关系带来了新的特征。到了当代，西方资本主义国家中权力重心偏移更加突出了。立法权逐渐成为行政权的奴婢。密里本德指出："在当今的发达资本主义国家，立法议会现在在决策过程中倾向于起次要的作用。尽管人们仍然称颂它们是'人民意志'的最终来源，各国政府仍不断寻求使自己同有效的议会压力隔离开来。""尽管如此，议会仍保留着某种程度的影响；尽管主要'利益'现在倾向于把它们当作实现自己目的的辅助工具，但他们仍然觉得有必要通过立法机构行使压力。"②

　　到了20世纪，英国一部分重要的大臣都出任议会下院议员。虽然英国在1937年颁布过《国王大臣法》，规定21名大臣中只能有18名同时出任下院议员，但这一规定并没有严格执行。到了第二次世界大战期间，根据战时紧急法的条款，这一人数限制放宽了。战后大臣出任下院议员不再受《国王大臣法》的限制。1957年通过了《下院资格丧失法》，把可以担任下院议员的政府大臣的数目增加到70人。1964年工党政府提出并通过了《国王大臣法》，把允许进入下院的大臣数目从76人增至91人，并取消了对高级大臣进入下院的人数限制。③1964年工党下院议员有一半以上担任了大臣、高级大臣和其它官职。政府对于议会的影响和控制作用在英国表现得十分明显。

---

① ［美］诺姆·乔姆斯基：《遏制民主》，汤大华译，商务印书馆2013年版，第415页。
② Ralph Miliband，The State in Capitalist Society. London，1969，p. 165.
③ R. M. Punnet，British Government and Politics. London，1971. pp. 190–191.

在美国情况也是如此。普特南指出："政府采用的绝大多数政策动议，是由主要为常任文官组成的公共官僚机构负责提出的。不仅是决定个别问题的权限，而且起草大多数立法议案内容的权限都已从议会转到行政部门。由于行政官员事实上既垄断了涉及实际政策方案所需的技术专长，也垄断了有关现行政策缺点的大部分情报，因而他们获得了拟定决策议事日程的主要的影响力。在所有国家中，职业文官的人数，以及他们的任职时间都大大超过了经选举产生的行政官员。事实上，现代政治体系本质上是'官僚化的'——以'文官统治'为其特征。"①阿尔蒙德和鲍威尔强调："大多数政治部门几乎是单独执行着一项关键性的政治功能——在各种情况下实施法律、法规和规章，从某种意义上说，官僚机构垄断了政治体制的输出方面。""官僚体制还大大地影响着决策过程。""大多数现代的立法议案都是非常一般化的，只有当行政官员制定出法规，详细阐述政府部门所采取的政策时，立法才能有效地实施。一项普遍政策得以贯彻到什么程度，通常取决于官僚对它的解释，以及他们实施这项政策的兴致和效率。此外，现代政治体系中大量的裁决活动，也是由政府机构来进行的。"②美国和英国同属于西方资本主义国家中政治较为稳定的国家，因为它的各种政治势力起伏变动不大，所以权力关系的变化趋于传统形式。但是在法国情况就完全不同了。

战后法国的国家形态和国家内部的权力关系变动非常频繁，有时是议会地位至上，有时是行政权和行政官员占据统治地位，有时国家

---

① 普特南：《高级文官的政治态度》，第17页，载，［美］阿尔蒙德和鲍威尔：《比较政治学：体系、过程和政策》，曹沛霖等译，上海译文出版社1987年版，第324-325页。

② ［美］阿尔蒙德和鲍威尔：《比较政治学：体系、过程和政策》，曹沛霖等译，上海译文出版社1987年版，第325-326页。

成为垄断资本的直接工具。不过它总是采取较为极端的形式，因而导致政治动荡的幅率较大。这与法国党派众多、党争激烈的历史传统以及第二次世界大战后法国重建的历史直接相关。

现代资本主义国家的权力结构在各国有不同的特征。内特尔指出，由于各国不同的政治发展道路，各国的国家的政治文化概念有很大的差异。欧洲大陆国家把统治权归于中央行政机构，英国把统治权归于议会的政党，而美国公民不承认有任何作为统治者的有形的个体，相反，把统治权归于法律和立法机构。卡雷尔森和普鲁耶特持类似的观点，他们说美国是一个用立法和诉讼治理的国家，政治不过是把社会和经济利益转变为法律。[①]

国家研究的另一个问题是国家权力的阶级归属，即谁是掌权者。西方那些经历了封建社会的国家，演变成为较为纯粹的资本主义国家经历了漫长的历史过程。其中过渡国家直到20世纪初才彻底地摆脱了贵族地主阶级对于政治权力的控制，进入现代政治阶段，资产阶级和土地贵族分享国家政权的局面在经过两个多世纪的演变后到此时最终结束。现代西方资本主义国家权力的分配主要已经不是在资产阶级与土地贵族之间进行，而是在资产阶级各个阶层和依附于资产阶级的少数其他阶层之间进行。这个时期全球各国资产阶级已经克服重重法律和习惯的障碍走上了执政的地位。尽管说现代时期资本主义国家的政治权力的社会归属比近代时期要纯粹得多，但仍有需要研究的问题。譬如，资本主义国家是如何代表资产阶级利益的，在这样的国家中是由什么人代表资产阶级出台掌权的，等等。这些问题引起众多争论。

---

① Evans，P.，P. Rueschemeyer，and T.Skocpol，eds.，Bring the State Back in. Cambridge U. P. 1986. p. 22.

考茨基说："资本主义阶级统治着但并不治理国家"。他随后补充说，"它自己满足于统治着政府"。马克斯·维贝尔曾断言说，工业家既没有时间也没有特别的能力投身于政治生活。[1]熊彼特在《资本主义、社会主义与民主》中则写道："工业家和商人他们完全没有任何神秘的魔法使其赖以统治人，一个在商业机关非常机敏的人却往往根本无法在它之外，无论是在讲坛上还是在更衣室中嘲笑别人是笨蛋。"[2]上述意见都低估了实业家进入国家体制的程度。

1889到1949年的美国，实业家是最大的职业集团。实业家在这个时期的内阁成员中所占的比例很高，60%以上的内阁成员是这种或那种实业家。英国在1886到1950年间有将近三分之一的内阁成员是实业家，其中包括3位内阁首相，即邦纳·劳、鲍德温和张伯伦。在1951到1964年，英国保守党内阁中也有相当一批实业界人士。

在法国，无论是"法国计划"的设计和还是实施，都是实业界人士在起作用，其中尤其是大实业家占据了突出的压倒优势的地位。1950年代"法国计划"的制定过程中，高级政府文官和大企业的高级经理之间自愿进行了合作。在财政部门和信贷部门中，以及在国有化部门中，出现了企业家占据主导地位的现象。一些人认为企业家并不直接加入政府和行政机构的看法并不符合法国的事实。

但是，直到现在为止，实业家只不过构成了整个资本主义国家政治精英集团的一个非常小的组成部分。说发达资本主义国家中的经济

---

[1] Reinhard Bendix，Max Weber，a portrait. 1960. p. 436.

[2] Ralph Miliband，The State in Capitalist Society. London，Weidenfeld and Nicolso，1969，pp. 55–56.

界精英构成了资本主义社会的"统治阶级"并不十分准确。[①]资本主义国家的实业家没有能在国家统治集团中占据独占的统治地位，还需要从这个阶级的心态上来寻找原因。一般来说，实业家更熟悉也更热心于经济和金融事务。他们对于全力投身于政坛，无休止地参与对政治和政策失误的争论兴趣不大，他们宁愿让一些人代替他们去决定政策。

在几乎所有资本主义国家中，政治上的统治集团大部分来源于社会地位处于上等和中等地位的阶级。这种现象不仅见诸资本主义国家中的行政、军事、司法界的高级官员这些完全不依赖普选产生的官员集团，也发生在那些经过政治竞争或选举产生的集团中。达兰多夫指出，在今天大多数欧洲国家，中产阶级是补充权力精英集团的社会来源和社会基础。

资产阶级知识分子在国家体系中那些从人民中产生的官员中占主导地位的现象，与资本主义社会的等级制文化和教育制度直接有关。出生于上等阶级和中等阶级家庭的儿童可以在教育和训练的机会和条件上超过其他家庭的儿童。不平等的受教育机会使前者有较多的成员能够进入国家文官队伍。因为文官制度规定文官将从接受过良好高等教育的人中选择。在法国，取得最高层行政官职的途径是毕业于国家行政学院。研究表明，每71个出身于社会地位特别受人尊敬的家庭的大学生中，有56个成功地通过了国家行政学院的入学考试；而每22个顺利取胜的文官候选人中，有10人属于这个阶层。法国军职和司法职位的担任者也有同样的情况。这种情况不仅发生在法国，同样也发生

---

① Ralph Miliband, The State in Capitalist Society. London, Weidenfeld and Nicolso, 1969, p. 59.

在英国。

"后冷战"时期国际体系存在着惊人的不平衡。经济秩序由美国、日本和由德国为首的欧盟构成的三极决定。美国是唯一有意愿和能力在全球范围展现强力的国家。在此以前，苏联制约它的作用已越来越小。但是，美国不再享有经济上的优势。随着苏联帝国的崩溃和苏联心脏地区极权统治的结束，美国成为军事实力最强大的国家。[①]

英国政府在18世纪20年代雇用了大约12000名公职公务员，在18世纪60年代雇用了16000名。这两个数据还不包括苏格兰的官员。[②]在这个时期，英格兰、威尔士和苏格兰共有880万居民。英国在宪政主义政权的基础上成功地建立了一个官僚制的基础结构。格洛夫雷伊·霍姆斯和约翰·布鲁尔的研究表明，18世纪的英国实际上形成了一个高度发达的政府体制，其中有郡、县、自治市镇构成的地方政府，英国的财政和行政管理也拥有一个在官僚体制上组织良好的基层机构，它的绝对总量比弗里德里希大帝时期的普鲁士更大。布鲁尔认为，英国"与18世纪欧洲其他任何政府机构相比较，更接近马克斯·韦伯所说的官僚制"。[③]查尔斯·蒂利则提出，英国"可以通过一个规模相对小的财政机关，吸纳一个相对大规模且商业化的资源储备库"来治理国家。"勃兰登堡—普鲁士是高度消耗可利用资源的经典案例。普鲁士努力建立一支军队，与规模更大的大陆邻国势均力敌，它

---

① ［美］诺姆·乔姆斯基：《遏制民主》，汤大华译，商务印书馆2013年版，第4页。

② Geoffery Holmes, Augustan England. London，1982. p. 255.

③ ［美］托马斯·埃特曼：《利维坦的诞生——中世纪及现代早期欧洲的国家与政权建设》，郭台辉译，上海人民出版社2016年版，第37页，并见注25。

创造出一个巨无霸结构。"①

奥托·欣策认为："把阶级冲突考虑为历史的唯一驱动力，是片面的、夸大其词，因此也是错误的。国家之间的冲突重要得多，来自外部的压力比内部结构总是产生一种决定性的影响。"②

19世纪关于官僚人数的完整资料较少，但可以确定欧洲各国已形成了庞大的官僚队伍。维克托·安德里安–韦堡估计，1840年奥地利有14万以上官员和海关官员，这个数字不包括地方官员和10万名领年金者。1819年巴伐利亚州雇用了8800名官员，普鲁士大臣一级的官员1821年到1901年增加了将近3倍。1906到1909年普鲁士雇用了72000名官员，其中有167000名在铁路部门工作。全德国在邮政、铁路和其他公共事务部门共使用了390000名官员，高级和下级官员共有1200000名。1908年估计全法国官员的人数是19世纪的6倍。1913年一个法国专家说，当时在各部门、行政区和工业企业如铁路和煤气工厂中，有100万公共官员。这预示着每40名法国公民中就有1名官员，或每11名选民中有1名官员。③1910年据法国官员估计，在每1万居民中，比利时有200名公共官员，法国为176人，德国为126人，美国为113人，英国为73人。④

19世纪的官僚制度从部门集体制向首长制转变。18世纪欧洲大陆

---

① ［美］托马斯·埃特曼：《利维坦的诞生——中世纪及现代早期欧洲的国家与政权建设》，郭台辉译，上海人民出版社2016年版，第11页。

② Otto Hintze, "Power Politics and Government Organization." in Otto Hintze, Historical Essays. pp. 178–215.

③ Eugene N. and Pauline R. Anderson, Political Institutions and Social Change in the Continental Europe in the Nineteenth Century. University of California Press. 1967. p. 167.

④ Eugene N. and Pauline R. Anderson, Political Institutions and Social Change in the Continental Europe in the Nineteenth Century. University of California Press. 1967. p. 167.

国家的政府部门实行的是集体制，部门首长要经过集体讨论来作出决定，这种机制效率很差。到了19世纪，部门改行首长制。改革的主要理由是为了使政府运行更有效。首长制产生了对决策的主动性、办事速度和个人责任心的要求。议会出现后，官员比以往得到更好的训练，官员受雇和提升的资格有了较科学的标准。

普鲁士在19世纪早期改革中采取了18世纪的做法，在执行大臣制过程中并且在地区官僚中保留了集体制的做法。在这种制度下，若没有对当时问题有兴趣的大臣参加，就不会做出任何决定。同时在各省中，采用了集体制的决策方法，在那里，代议制团体参加讨论问题，在某种程度上由首席官员控制。普鲁士直到1849年都没有取消集体制的做法；甚至在那以后，有由一个大臣就感兴趣的问题向官员集体进行咨询的做法。国王在做出决策之前要向关心这个问题的每个大臣征询意见。[①]

奥地利史学家维克托·比布尔评论当时的官僚体制说："根据'一切都由政府决定，没有什么由人民决定'的原则，政府实行了严厉的警察控制制度、对一切出版物严格的书报检查制度，对结社的限制、对学校执行全国的学科管理，对地方等级会议的严格限制，等等。这些措施退化成为'铁的警察压迫'，被民众视为极不受人尊敬。""由于整个政府的行为遵循所有权力交到君主手中的原则，统治者为了防范一切不公正，官僚队伍非常庞大和非常复杂，超出了需要。为了防范官僚的专横，设计出了累赘的官僚机制，结果是要办成

---

① Eugene N. and Pauline R. Anderson，Political Institutions and Social Change in the Continental Europe in the Nineteenth Century. University of California Press. 1967. pp. 167–173.

一件小小的事，至少要经过6个官僚层次"①。官僚们掘壕自守，绝对
君主有至上的权力。奥地利的玛丽亚·特雷萨时期出版的标准的国
家法著作写道："正像个人从属于统治者那样，整个社会也是如此，
所有的人都有服从他的统治者的义务。""当人民授予他统治权时，
他们就宣布对他的裁决表示满意。如果他统治得不好，那就该他们
倒霉。"②

　　在19世纪，政府大臣的能力都不强。他们主要靠该部门常设的文
官来管理相关的部门业务。大臣常常不熟悉部长的工作，害怕做出决
策。在法国，大臣经常缺席，允许下属官僚来负责任。德国也是这
样，大臣在做出决策时更多依靠常设官员提供的建议。1905年古斯塔
夫·施穆勒对这种情况描述说："大臣们来了又走了。农业部的主要
官员一再说：'这已经是我加以训练的第6个大臣了。'当接替兰德
拉特位置的赫富特下台后，米昆尔接任大臣。我和他谈话时，他告诉
我，赫富特和他以前的普特卡默一样，影响都不大；赫富特关心的使
自己能够被任命为地位更高的4个或5个官职之一，然后像所有大臣一
样，把事情留给他个人的导师去做。""是的，完全是枢密院顾问官、
大臣的导师和次长在统治我们。"古斯塔夫·施穆勒揭露官员们没有
能力管理企业，反对扩大政府对工业的所有权。斯佩兰斯基在提议俄
国改革需要认可亚当·斯密的理论时，他补充说，由于每个国家都存
在官僚，他自己的国家还没有为引进这些原则做好准备。③

---

① Eugene N. and Pauline R. Anderson, Political Institutions and Social Change in the
Continental Europe in the Nineteenth Century. University of California Press. 1967. p. 173.

② Eugene N. and Pauline R. Anderson, Political Institutions and Social Change in the
Continental Europe in the Nineteenth Century. University of California Press. 1967. pp. 173–174.

③ Eugene N. and Pauline R. Anderson, Political Institutions and Social Change in the Continental
Europe in the Nineteenth Century.University of California Press. 1967. pp. 176，181，183.

资本主义国家的运行时而带有暴力的倾向，时而带有温情脉脉的情调。由于当今世界资本主义国家的权能是在资本主义经济的迅速发展、国民财富的持续增长、人民大众生活水平的逐步提高和自由主义文化的背景下实施的，这就造成了它具有欺骗性和隐蔽性，时常被不熟悉它的人们尤其是经济落后于资本主义国家的第三世界国家的观察者加以颂扬。

克劳斯·奥菲分析说，当代资本主义的政治机构使控制、压迫机制自动行事，这种状况是经过一个逐步的过程才形成的。"在资本主义社会组织并不严密的早期，控制和压迫机制仍要求居主导地位的个人组织按照其意愿展开行动。今天的情况则完全不同。政治机构运作的方式以及保持其稳定的内在条件已使这些机制自动行事。确切地说，这些机构的职能仍是相同的：规范利益的多元体制从形成共识的过程中剔除那些具有普遍本质，而且不与任何特权阶层相联系的要求，那些对利用资本和劳动力资源没有任何功能意义、因而不能解决冲突的要求，以及那些不能无条件遵守审慎谈判的实用原则从而超越特定历史体系代表乌托邦理想的要求。"①

---

① ［美］克劳斯·奥菲："政治权利和阶级结构：对晚期资本主义社会的分析"，转引自，［美］艾伦·沃尔夫：《合法性的限度——当代资本主义的政治矛盾》，沈汉等译，商务印书馆2005年版，第443页。

第二章
合法化过程

第一节　两种合法性概念

R.H.奇尔科特分析说："马克思把国家结构解释为整体的，与统治阶级利益相连的；而韦伯则把国家结构看成是支持利益多元的。二人都关心统治问题：马克思把资本主义国家内一切统治形式都视为非法，而韦伯则注意合法形式的统治：马克思主张国家及阶级的消亡；而韦伯则预想国家通过其活动的合法性而得到加强。马克思把国家与统治阶级的变动理解为历史唯物主义的反映以及代表各时代特点的社会关系与生产力之间的相互矛盾作用。与此相对照，韦伯关心的是通过科层秩序的合理化来解决矛盾，因为他把欧洲资本主义视为促进高度合理化的、因而是稳定的社会形式，感到维持这种社会就是维护秩序。马克思和韦伯都研究国家如何使用武力和暴力。韦伯的解释是，把国家武力与暴力同合法性相联系，但是马克思提出一个更广泛的定义，说明国家只能是镇压下等阶层的一种狡猾的强制手段。"①这位非马克思主义的激进派学者阐释了马克思的国家观和韦伯的国家观的区别。

国家合法性的概念今天已经在国家制度史研究中已经被非常广泛地使用。对国家合法性的见解，基本上可分为两大派。一派以马克斯·韦伯为代表，右翼法兰克福学派的哈贝马斯接近这一派，这一派属于为资本主义国家辩护的派别。另一派以拉尔夫·密里本德为代表，他对资本主义国家持否定和批判态度。

韦伯派从形式上来论证理性统治观念。这一观念认为，一种统治至少满足两个条件才可以说是合法的。这两个条件是，第一，必须从正面建立规范秩序；第二，在法律共同体中，人们必须相信规范秩序的正当性，即必须相信立法形式和执法形式的正确程序。②

哈贝马斯认为："形式民主的制度与程序的安排，使得行政决策一直独立于公民的具体动机以外。这是通过合法化过程实现的；合法化过程诱发了普遍化的动机，即内容各不相同的大众忠诚，但同时避免了群众的参与。资产阶级公共领域的结构转型为形式民主的制度和程序创造了应用条件，公民在一种客观的政治社会中享有的是消极公民的地位，只有不予喝彩的权利。"③

在使用"legitimacy"一词时，马克思主义学者与韦伯派对其内容和含义的解释完全相反，他们否认资本主义国家具有"合法性"。马

---

① ［美］R. H. 奇尔科特：《比较政治学理论——新范式的探索》，高铦、潘世强译，社会科学文献出版社1998年版，第131—132页。

② ［美］R.H.奇尔科特：《比较政治学理论——新范式的探索》，高铦、潘世强译，社会科学文献出版社1998年版，第128页。

③ ［德］尤尔根·哈贝马斯：《合法化危机》，刘北成、曹卫东译，上海人民出版社2000年版，第50—51页。

克思主义学者认为，资本主义国家的一切统治形式都是非法的。密里本德从这一立场出发来解释资本主义国家，他使用了"legitimation"一语，中文应当译为"合法化"。他分析，资本主义国家的一切活动都是努力使得自身看起来是合法的。他在《资本主义社会的国家》中专门设立了以"合法化过程"为题的第七章和第八章来研究资本主义国家这方面活动的意图。他认为，政党、大众传媒和教育都是资本主义国家用以俘虏和同化被统治阶级以实现统治合法化的力量或手段。"作为经济和社会制度的资本主义恰恰由于它自身的存在程度，在本质上倾向于在从属阶级中同时也在其他阶级中生产出合法化的条件。"[①]

康托洛维茨提出了"宪制语义学"。他认为，政治观念是一种人为的"拟制"，即凭借特殊言辞来建构政制的正当性。[②]

第二节　资本主义国家的宪法和法律

评判资本主义国家宪法的作用，是政治学研究无法回避的重要问题。西方学者关于宪法学的著作已是汗牛充栋。马克思主义国家理论和非马克思主义国家理论对宪法的作用有不同见解。现在存在一种关于宪法的神话，认为制定了一部宪法就是实现了宪政。其实，可以找出很多相反的例证。例如，一是统治者为了现实政治需要，可以频繁地修改宪

---

① ［英］拉尔夫·密里本德：《资本主义社会的国家》，沈汉等译，商务印书馆1997年版，第262页。

② ［德］恩内斯特·康托洛维茨：《国王的两个身体——中世纪政治神学研究》，徐震宇译，华东师范大学出版社2018年版，刘小枫："中译本前言"。第12页。

法的某些条文。二是统治者对宪法的一些基本原则置之不理，他们可以制定这样那样具体的法令，给实施宪法的某些原则制造障碍，使宪法规定的公民的自由、民主、集会、结社的权利成为虚设。

资本主义国家的宪法性质和功能应当说具有双重性。一方面宪法在其初期是反对封建社会制度的政治宣言，它规定了资本主义国家制度的结构和信条，这些信条中一部分也是非资产阶级社会的各阶级成员包括工人阶级可以接受的东西。另一方面，它在将自由、民主、平等、法治这些内容写进宪法时，便建立了一个为资本主义社会制度辩护的知识体系。亨利·列斐伏尔写道："任何官僚体制都占据一个为自身辩护的知识体系，以充实它的等级，提升它的成员，使其等级秩序合法化。"①宪法使统治看起来很文明。宪法的某些"合理化"的条文使得资本主义国家具有了合法性。宪法是资产阶级合法化统治的重要手段。

西方资产阶级政治法律史学派用"宪政史"的名称来写国家政治制度史，这是一种明显的误导。这种学派对资本主义国家制度缺少批判性，因为它把具有粉饰性的宪法文字视为国家运行的真正内容，而没有看到掩藏在宪法背后的国家的镇压职能和运作的阴暗政治。任何一个国家的宪法既是对一个国家的制度确立原则的初步规定，又是将国家制度合法化的一种手段。宪法具有将国家权力合法化或加以美化的功能，它将国家的全部功能包括对被压迫阶级的镇压职能都描写为合法地维护所有人利益的功能。国家的许多不可少的活动在宪法上并没有写入和泄露，所以单凭国家宪法来撰写国家制度史，把国家制度

①［法］亨利·列斐伏尔：《马克思的社会学》，谢永康、毛林林译，北京师范大学出版社2013年版，第7页。

史和权力史写成一本宪法史，是难以揭示国家的阶级秘密和它的全部内容的，还可能不知不觉地成为那个制度的辩护者。

资本主义国家宪法的一个重要的隐瞒是没有把资产阶级政党这个国家政治生活的重要结构写进宪法。

罗伯特·米歇尔斯（1876—1936年）是德国的政治社会学家和经济学家，以提出"寡头政制铁的法则"著名。他著有《政党》（纽约，1915年）一书。他指出，一切具有明确目的的组织由于包含我们在西欧所熟悉的那种人类，往往把权力集中在少数人的手中。他认为政党和其他社团不可避免地会走向寡头政治、极权主义和官僚主义。因为资本主义国家的活动不可能总是合法的。宪法是统治阶级统治国家的合法化的手段或工具。宪法起着为国家活动正名和辩护的作用。宪法是国家意识形态的工具。宪法在一个国家能否稳定地起作用，取决于统治集团的意志、他们的权力、他们是否奉行法制和统治集团对国内政局的掌控。所以，宪法史就是一部国家阶级斗争和政治统治史。宪法的至上性及其稳定地付诸实施，不一定是必然的。西方国家统治集团在一般情况下会严格遵从宪法，但是在特定条件下他们不是不可能逾出宪法的规定去使用权力。从国家机制来说，它取决于立法权在该国是否能具有至高无上性，宪法立法在这个国家是否具有权威性，宪法是否得到尊重和具有不被修改的权威性地位，以及有没有一个负责监督的全权机构保证宪法付诸实施。法国的宪法法院就是这样的一种机构。

卡尔·施密特（1888—1985年）对宪法的功效也表示了怀疑。他写道："宪法不是什么绝对的东西"，"宪法并非自己把自己制造出来，而是为一个具体的政治统一体制造出来的。""宪法的效力有赖于制定宪法的人的政治意志。一切类型的法律规范，包括宪法法规在内，都预设了这种政治一致的存在。"①施密特承认，"从欧陆国家的情况来看，在19世纪，最重要的是，经选举产生的人民代议机关扩大了对君主制政府的政治影响力。议会作为立法机关力图超越立法领域，将其触角延伸到政府。"②但是施密特强调："在当今的民主政体下，议会制的思想前提已经荡然无存了。"这表现在，"辩论被取消了"，"公开性被取消了"，"议会和议院的代表性质被取消了"。③卡尔·施密特提出"宪法＝权利分立"，他写道："自从18世纪以来，这种制度就在一种特殊的意义上被看作是自由的、真正的宪法的题中应有之意，它提供了组织上的保证以防止国家权力的滥用。""'权力分立'已成为宪法的标记了。按照这种观点，在一个没有实施或者抛弃了这项原则的地方，暴政、专制、独裁自然就居于支配地位。"④

对于资本主义国家意识形态职能的实施，特里·伊格尔顿分析说："为了把自己确立为真正带有普遍性的阶级，资产阶级要做的不仅仅是按照少数破旧不堪的格言行事，其同质性的意识形态必须既证明理性的普遍形式，又证明情感性直觉的无可置疑的内容。"资本主义国家的宪法一方面要为建立的国家的统治制定运作的原则即统治的规范，同时宪法又是履行统治阶级的意识形态功能的工具。它必须证

① ［德］卡尔·施密特：《宪法学说》，刘小枫编，刘锋译，上海人民出版社2016年版，第49页。

② ［德］卡尔·施密特：《宪法学说》，刘小枫编，刘锋译，上海人民出版社2016年版，第401页。

③ ［德］卡尔·施密特：《宪法学说》，刘小枫编，刘锋译，上海人民出版社2016年版，第418–419页。

④ ［德］卡尔·施密特：《宪法学说》，刘小枫编，刘锋译，上海人民出版社2016年版，第69页。

明这种统治具有理性和具有无可置疑的道德上的合法性，即要很好地充当这个政治体制的辩护士。事实证明，统治集团可以凭借自己的权力和掌握的议会多数，在需要时任意修改宪法的条文，为资产阶级统治的需要服务。资本主义国家的活动不可能总是合法的。宪法是统治阶级统治国家的合法化的手段或工具。宪法起着为国家活动正名的作用。

对于资本主义国家的宪法和法律的神圣性，不同派别的法学家和政治家对此见解不同。凯尔逊说："借助法的颁布而实现自己的完美化，这就是法和国家的最大神秘之所在，并且正因为如此，才允许它在阐述法的性质时使用不适当的概念。"梭穆罗说："法的性质的特征在于，即使某个规范是不公正的，但也可以是合法的，也就是说，法的合理的起源不能作为一个条件而写进法律概念中。"[1]列宁曾说过："至于普选权、立宪会议和国会，都不过是形式、不过是一种支票。"[2]

孟什维克领导人拉斐尔·阿布拉莫维奇在回忆录中，记载了他在1917年8月与契卡后来的领导人捷尔任斯基的一段谈话：

"阿布拉莫维奇，你记得拉萨尔关于宪法本质的讲话吗？"

"当然记得。"

"他说，任何宪法总是由当时在某个特定国家起作用的社会力量之间的关系所决定的。我想知道，政治力量与社会力量之间的这种相关性如何可能被改变？"

"嗯，改变因素有任何时候政治和经济领域中进行的各种变化过

---

① ［匈］卢卡奇：《历史和阶级意识》，王伟光、张峰译，华夏出版社1989年版，第110页。

② 列宁：《论国家》，载《列宁选集》第四卷，人民出版社1972年版，第54页。

程、经济增长新形式的出现、各社会阶层的兴起，所有那些你已经非常了解的事情，费利克斯……"

"是的，但是不可能比这改变得更加彻底吗？靠强迫某些阶级屈服或完全消灭他们如何？"[1]

前所列举的人士对资本主义宪法和法律的神圣性都表示了怀疑。

在资本主义国家中，议会有一项最重要的任务，即"对政府行为持续进行合法性和目的性控制"。[2]议会和普选民主制一样，是资本主义国家合法化运作的重要工具。

强调三权均衡和制衡是老的宪法学者所持有的静态的理论见解。西方国家的权力关系恐怕总是保持着非均势的状态。在中世纪典型时期，王权比较强大，行政机构发育不成熟。从绝对主义时期开始，王权得到加强，行政机构得到建设。到近代时期行政权发育成熟。以后，行政权不断强化，成为国家权力运作中居于主导地位的权力分支。[3]德国法学家耶利内克看到了这一点，他说："如果我们对议会制度的总体发展进行梳理，可以发现它的声望与力量总体上在衰落。"[4]格奥尔格·耶利内克写道："过去的教训提醒我们，不能过于迷信某种人类制度，相信它会万世一系。""议会制已不知不觉地经历了一个始料未及但却越发急剧的变迁，即出现了一个日趋明显的趋势——

---

① Stephane Courtois, Nicolas Werth, Jean-Louis Panne, Andrzej Paczkowski, Kare Bartosek, Jean-Louisl Margolin, The Black Book of Communism.Crime, Terror, Repressipn. Harvard U. P., Cambridge, Massachusetts, London, 1999. p. 75.

② [德] 格奥尔格·耶利内克：《宪法修改与宪法变迁论》，柳建龙译，法律出版社2012年版，第78页。

③ 沈汉、刘新成：《英国议会政治史》，南京大学出版社1991年版，第401-402页。

④ [德] 格奥尔格·耶利内克：《宪法修改与宪法变迁论》，柳建龙译，法律出版社2012年版，第80页。

议会将它的权力让渡给从它派生出来或者与它相联系的其他机关，或者说议会权力的政治意义淡化了。"[1] "对英国当下实际宪法制度的内涵可以简单勾勒如下：内阁制政府是建立在议会制基础之上，和以前一样，它在形式上源于议会，但是，议会全部实际权力都转移到内阁手中。""除了一些微不足道的细节外，议会在所有立法问题上通常都依赖于政府，这使议会对内阁的控制归零，它本身仅能通过提出辞职作为威胁而向占据内阁、持相反意见的多数派施加压力。"[2]

---

[1] ［德］格奥尔格·耶利内克：《宪法修改与宪法变迁论》，柳建龙译，法律出版社2012年版，第58-59页。

[2] ［德］格奥尔格·耶利内克：《宪法修改与宪法变迁论》，柳建龙译，法律出版社2012年版，第62页。

第三章
资本主义民主制

　　资本主义国家是一个极为复杂的制度，对这种制度的运作机制进行剖析时，资本主义民主制是重要的之一环，这种机制具有极其复杂的结构并且极其迷惑人。马克思去世后，在19世纪末资本主义和平发展，工人运动欣欣向荣，社会民主党的选票和议席迅速增长的情况下，恩格斯一度曾对这种制度寄予过高的希望。

　　1895年3月6日，恩格斯在《卡尔·马克思〈1848年至1850年的法兰西阶级斗争〉一书导言》中写道，在1848年革命中，我们丝毫不怀疑"伟大的决战已经开始"，这个决死战的结局"只能是无产阶级的最终胜利"。"但是，历史表明我们也曾经错了，我们当时所持的观点只是一个幻想。历史做的还要更多：它不仅消除了我们当时的迷误，并且还完全改变了无产阶级进行斗争的条件。1848年的斗争方法，今天在一切方面都已经陈旧了，这一点是值得在这里较仔细地加以研究的。""那么这就彻底证明了，在1848年要以一次简单的突然袭击来达到社会改造，是多么不可能的事情。"

　　"历史表明，我们以及所有和我们有同样想法的人，都是不对的。历史清楚地表明，当时欧洲大陆经济发展的状况远没有成熟到可以铲除资本主义生产方式的程度；历史用经济革命证明了这一点，这个经济革命自1848年起席卷了整个欧洲大陆。""而由于这样有效地利用普选权，无产阶级的一种新的斗争方式就开始采用，并且获得进一步的发展……旧式的起义，在1848年以前到处都起过决定性作用的筑垒的巷战，现在大都陈旧了。"他又写道："资产阶级政党和政府害怕工人政党的合法活动更甚于害怕它的不合法活动，害怕选举成就更甚于害怕起义成就。""我们采用合法手段却比采用不合法手段或采用变革办法要获得多得多的成就。"

恩格斯把争取普选作为一种新的斗争策略提了出来。他写道："它们给予了世界各国同志们一件新的武器——最锐利的武器中的一件武器，它们向这些同志们表明了应该怎样利用普选权。"

1893年6月底，恩格斯在与英国《每日纪事报》记者谈话时，当记者问："您希望很快看到您那么希望看见的执政的社会党政府吗？"恩格斯回答说："为什么不呢？如果我们的党今后也以正常的速度发展，我们在1900年到1910年间将拥有多数。"

显而易见，恩格斯当时对普选权道路和资本主义民主制度对于工人阶级和社会主义的意义估计过高了。从一个世纪以后西方资本主义国家制度的历史和社会主义运动的历史来看，资本主义民主制的实施没有根本改变资本主义国家的性质，而只是起了巩固这个制度的作用。

第一节　工人阶级在早期资本主义民主改革中的
积极作用

　　英国资产阶级议会改革和民主运动在1832年第一次议会改革中达到了高峰。新兴的中等阶级在这一运动中表现出十分胆怯。从1830年11月到1831年3月，各阶层群众共向议会下院提交了645份呼吁改革的请愿书，其中伦敦的工人阶级全国联合会就提交了5份请愿书。当1831年10月8日上院在二读中以199票对58票否决了这项法案的消息传出后，全国上下群情激奋，在伍斯特、巴斯、德比和诺丁汉立即爆发了群众改革的骚动。《贫民卫报》和其他民主派报纸在10月提出建立一支国民自卫军以反对专制暴政。10月29日，布里斯托尔群众举行暴动，暴动者实际上一直到10月31日占领了这座城市。[①]在民众压力下，内阁决定于12月6日再次召开议会。[②]12月12日，拉塞尔勋爵提出第三个改革法案后，1832年4月14日这项改革法案由于托利党议员的修正议案受阻。于是，20万群众5月7日在伯明翰纽豪尔山举行了群众大会，表达了强烈的改革要求。[③]在民主派和改革派的压力下，6月4日议会改革法终于通过三读。工人阶级民主派和劳动群众发动的民主运动是推动1832年议会改革的关键力量。

---

① M.Brooke，The Great Reform Act.London，1973. p. 252.

② M.Brooke，The Great Reform Act.London，1973. p. 258.

③ Donard Read，English Province. 1961. p. 92.

在18世纪到19世纪，资产阶级抑制民主有两项主要的措施：一是规定了选民取得被选举权和选举权有财产资格限制，防范普通劳动者当选为议员而进入上层。二是通过地主和资产阶级政党对选举加以控制。这些政党都以选区为单位设立政党委员会，选区政党委员会把争取选民作为其中心任务，在这一过程中广泛使用行贿手段争取选民。政党的选举经费有很大一部分用在这方面。在英国，郡选区用于每个议员候选人的费用1868年为3011镑，1882年为3128镑。用于大选的总费用1880年为1736281镑，1906年为1166858镑，1910年两次大选的费用分别是1295782镑和978312镑，其中大量是非法开支。[①]激进民主派深知选举制度的虚伪性。霍利约克在60年代的演讲中说："尽管代议制向我们打开了大门，我们却不易很快走进这个大门。下院正如伦敦酒家一样，只向那些付得起高额费用的人开放……所有的劳动者的后代目前所能得到的只不过是自己进行咨议的权利"[②]。

西方国家在实现资本主义民主制的目标时走过不同的道路。一些国家由于中世纪存在着顽固的封建制度和贵族政治，因而在实现普选权和民主制这一目标时步履艰难。而另一些国家则没有浓厚的封建背景，较容易地通过颁布宪法而实施了普选权。

一些人把资本主义民主制视为国家主动赐予的制度。不了解历史细节的人会把资产阶级民主制的实现归功于资产阶级，事情却并非如此。民主绝不是统治者主动施舍予社会的。它是资产阶级小资产阶级和工人阶级发动的民主运动斗争的结果。

---

① H. J. Hanham, Election and Party Management, Politics in the Time of Disraeli and Glastone. Longman, 1959. pp. 261–271, 250–251, 249.

② H. J. Hanham, Election and Party Management, Politics in the Time of Disraeli and Glastone. Longman, 1959. xii.

资本主义社会的民主是一柄双刃剑，这在资本主义国家从民主运动到民主制度的转换过程中得以表现，它从向社会政治秩序的挑战的武器逐渐转变为巩固资本主义社会秩序的制度性工具。我们可以从早期资产阶级民主运动众多原始文献中看到早期工人阶级争取自己政治权力的勇气，以及他们对于自己面对的国家机器庞然大物的本质认识。[①]广泛的真正的民主即便在资本主义国家中，从来都是对统治阶级权力的一种挑战。英国1832年争取议会改革的群众运动和1836年开始的宪章运动便是这样一种契机，它们威胁到掌权的土地贵族的权力，甚至已经潜在地威胁到当时还未掌权的中产阶级的利益。所以，在民主运动中，中等阶级的政治组织很快地便在改革运动中与工人阶级民主派组织分道扬镳。马克思在19世纪50年代宪章运动后期曾天真地希望英国无产阶级会通过普选权取得政权。然而结果恰恰相反，等到民主被资本主义国家和资产阶级接受以后，民主便变质了。它在初期的选举运动中被有产阶级的政党千方百计地控制，如1867年和1884年的英国两次议会改革后变是这样。而到了官方不再需要对选举民主制加以控制的时候，民主和选举制已经变为统治阶级国家权力合法化的一个重要手段。有了较充分的民主制的西方国家并没有改变它的资本主义性质，相反资本主义国家取得了这个防震器，足以保证其统治的稳定。这使得资本主义民主政治体制运作的结果出乎几乎所有17到19世纪为之奋斗的民主派斗士的预料，这是它的诡谲之处。

19世纪初到19世纪中期英国的资产阶级民主运动实质上是巩固英国资本主义国家的重要的合法化过程。法国大革命以后英国激进

---

① 沈汉：《英国早期工人运动活动家的阶级斗争理论》，《南京大学学报》1985年第3期。沈汉：《英国宪章运动》，甘肃人民出版社1997年版。

主义运动风起云涌，前仆后继，英国处在革命的威胁中。英国政府在1825年废除了《结社法》，辉格党和托利党出于对革命的恐惧，在议会下院通过了1832年议会改革法，使资产阶级民主合法化，最终平息了民众强大的不满情绪和革命呼声。到1867年英国第二次议会改革时，社会主义者只是作为改革运动的一个温和的激进派别在其中活动，绝无1832年改革前夕工人民主派那种冲决一切的革命气势。1884到1885年议会改革则已完全成为政府的立法过程，看不到大规模的群众运动作为其呼应。

英国工业革命完成时期，在1832年第一次议会改革没有解决群众普选权要求的背景下，工人阶级以成年男子普选权为中心要求的《人民宪章》为纲领，发动了历时22年的宪章运动。宪章派先后组织了1839年、1842年和1848年三次大规模的全国请愿，每次请愿的人数达到百万以上。

从1837年开始，英国发生了持续六年之久的自然灾害，经济危机的发生，大工业迅速发展对手工工人的排挤，加之爱尔兰贫苦移民的流入，失业人口剧增，造成了工人阶级和劳动人民处境无比艰难的"饥饿的四十年代"。工人阶级和贫苦农民革命情绪高涨。在宪章运动时期，运动参加者先后组织了新港起义、兰尼卢起义，策划了卢卑克、布雷德福、曼彻斯特等地的暴动。在宪章运动三次高潮发生的年代，英国濒临革命的边缘。

到宪章运动后期，左翼宪章派领袖曾与恩格斯就工业革命结束后英国是否可能发动一次革命的无产阶级的战略问题展开过一次争论。哈尼在1846年3月30日致恩格斯的信中写道："我对你所推测的英国会迅速发生一次革命是很怀疑的。我想，在法国老恶棍路易·菲力普死后发生一场革命变革是确定无疑的。但是我承认，直到英国被外部因素和内部因素同时推动而导致革命真的发生为止，我在英国并没有看到具有这种变革的可能性。你所预言的我们可以在今年通过人民宪章并在3年内取消私人财产无疑是不会实现的；无疑后者是一定会实现的，而且我希望它会来到，但是我认为无论是你还是我都看不到它了"①。

英国当时的政治格局不利于工人阶级进行一场革命。英国资本主义国家没有形成一种专制制度，它以虚伪的两党制和议会制调节着资产阶级的统治。资产阶级的两个党派处于变动和争夺之中，辉格党和托利党在几年一次的大选中相互攻击、推诿罪责，以此暂时转移被压迫剥削的工人阶级的不满和愤怒情绪。代表工业资产阶级的反谷物法同盟的请愿也在和宪章运动争夺群众，它分散了工人群众的注意力。

给予工人阶级普选权，是资产阶级国家使其统治合法化的重要手段。给予言论、出版、集会和结社自由，同样也起着使资本主义国家统治合法化的重要作用。1848年12月，在法兰西第二共和国总统选举前夕，路易·波拿巴在声称要捍卫秩序和所有制的时候，把新闻自由作为他竞选的纲领之一。民主的许诺是波拿巴当选的一个重要的因素。

登记和参加投票,就是表示参与这个制度和对这个制度表示支持。通过给予工人阶级和其他劳动大众以普选权，资产阶级就把作为资本主义国家体制的反对派和革命阶级的工人阶级从体制外转到了体制内，把他们转变成为资本主义国家政治的参加者和支持者，这样就不知不觉中剥夺了他们的革命性；同时，使得资本主义国家统治获得

---

① G. M. and R. M. Black，eds.，Harney Paper，Assen，1969. pp.239–242.

了某种合法性，不再受到革命阶级的威胁，得以安全存在。这是资本主义民主制的真正奥秘。

第二节　资本主义民主制的不足

西方资本主义国家近代时期在民主制实施中，存在着对民主制的种种限制。

在殖民地时期的北美十三州，财产限制的程度十分明确。比如，在18世纪的纽约殖民地，不动产所有者如果在几个县里拥有土地，就能够在每个县里投票。每个县的选举都安排在不同的日子举行，以方便有产者多次投票。纽约立法机构在1737年批准拥有土地的非本地居民有在他们土地所在地投票的权利。18世纪的大半时间，宾夕法尼亚州的选举为商人寡头所控制，由于有50镑的财产资格限制，1775年在费城，3452个纳税男人中只有335人有资格投票。在独立战争时期，十三个殖民地中的十二个都有投票权的财产资格限制，余下的殖民地即宾夕法尼亚有选举投票的纳税资格限制。这些殖民地中的四个在1792年之前改成纳税资格限制。另有四个在1842年到1846年间发生了变化，两个改成纳税资格限制，还有两个改成简单的居住地限制。简单居住地资格到1810年在3个殖民地得到实施，到1850年在7个殖民地得到实施。到美国内战前夕，最早的殖民地有6个依然有选民的纳税资格限制。[1]

---

[1] ［美］塞缪尔·鲍尔斯、赫伯特·金蒂斯：《民主和资本主义》，韩水法译，商务印书馆2003年版，第287页。

在当代资本主义发展过程中，那些被从资产阶级的活动中排挤下来的人并不会完全成为无产阶级的后备军。义务教育的扩大，强迫退休，大规模的常备军，以及妇女参加经济活动的壁垒，这些因素都对无产阶级人口的增长产生了消极影响。结果是从1890年到1980年，无产阶级在选民中始终只占少数。在20世纪初年，比利时建立了大批企业，使得工人占选民的比重在1912年达到50.1%，实现了难得的多数。这在欧洲国家中是第一次。从那以后，这一比例不断下降，到1971年降到9.1%。在丹麦，工人占选民的比例从来没有超过20%。在芬兰，这一比例从未超过24%。在法国，这一比例从1893年的39.4%下降到1968年的24.8%。德国工人占选民的比例有所增加，从1871年的25.5%增加到1903年的36.9%，此后也一直保持在1/3左右。在挪威，1894年工人占选民的33%，到1900年达到34.1%的高峰。在瑞典，工人占选民的比例从1908年的28.9%，增加到1952年的40.4%，然后，这一比例到1964年下降到38.5%。

在战后，任何国家的社会民主政党从来没有获得五分之四以上选民的选票。只是在少数情况下，他们获得过实际投票人数一半的支持。他们甚至不能获得全部工人的选票。在几个国家里，多达三分之一的体力劳动者把选票投给了资产阶级政党。在比利时，有多达二分之一的工人没有把选票投给社会主义者。在英国1979年的选举中，工党失去了工人阶级49%的选票。

当代社会民主党人在选举中处于两难状态。普热沃尔斯基教授指出了社会民主党在大选中策略上遇到的困难。为了赢得选民的支持，在选举竞争中获胜，社会民主党必须代表不同的集团，建立超阶级的联盟。这个联盟必须以工人阶级和其他集团的直接利益的趋同为基础。为此，当社会民主党动员对象时，他们必须承诺，不是在为一个工人阶级的特殊的目标而斗争，而是要为工人作为个人与其他阶级的成员共享的那些目标而斗争。也就是说，社会民主政党在求助于大众时，表明他们已经不再仅仅代表工人阶级的利益了。由于社会民主政党不再表现出与其他政党有什么本质的区别，它们也不再强调阶级忠诚，这种阶级淡化反过来影响了工人对社会民主党的支持态度，使社会民主党失去了特有的对工人阶级的吸引力。

近代资产阶级曾在反对封建专制的斗争中冲锋陷阵，一些先进的资产阶级革命家曾在《人权宣言》等纲领性的政治文件中提出了民主纲领。但是，随着时间的推移，资产阶级开始把民主运动看作是对他们权力的挑战。资产阶级只要他们自己的自由和权力，而极端畏惧资产阶级民主。路易·波拿巴在1853年说过："自由从来就不会帮助建立一座持久的大厦，只是当时间巩固地建立这种大厦时，把自由作为它的一种装饰的花环"[1]。波拉尼则就英国19世纪的改革运动评述说："民主的概念和英国中等阶级毫不相干。"[2]几乎在所有资本主义国家中，近代资本主义民主制的实现，都是在资产阶级民主派尤其是工人阶级运动造成的议会外强大的压力之下才逐步实现的。西方资本主义民主制的建立，使得国家政治生活与封建贵族政治有了根本的差别，扩大了政治参与面，有很大的历史进步性。但是资产阶级民主制度并不是资本主义国家恩赐的结果。

在资本主义制度下，政府给予了人民较充分的民主自由，对民主

---

[1] Alain Plessis, The Rise and Fall of the Second Empire, 1852–1871. Cambridge U. P. 1987. p. 14.

[2] Alan Wolfe, The Limits of Legitimacy: Political Cotradications of Contemporary Capitalism. New York, Free Press. 1977. p. 7.

和自由的限制不多，这是一个客观事实。但是，资本主义国家对于公民的言论、出版自由并非全无限制。

美国在1787年制宪会议上制定的宪法文本中没有对公民的基本权利做出规定。在参与宪法制定的人们中对此也有看法。他们提出，宪法中缺少对某些公民基本权利的明确保证，应该尽快制定一个法令保障公民的基本权利。但也有人提出，公民基本权利的保障无须在字面上做出规定。但前一种呼声占优势。1789年9月25日美国国会提出的12条宪法修正案得到批准，在1791年12月15日成为宪法的组成部分。十条修正案的第一条规定：禁止国会立法侵犯和限制人民的言论、出版、和平集会以及向政府请愿的自由。宪法第一修正案对美国公民的言论自由做出了规定。但是，在许多细节上存在着争议。在报纸发行问题上，一种观点认为，报纸发行关系到言论自由的权利，应该受到宪法的保护。另一种观点认为，报纸、杂志和书籍是商品，只要是商品，它的出售就应该加以管理。言论自由受到当时当地的政治、经济、社会、文化环境的影响。宪法第一修正案规定国会不能制定法律限制言论自由，但是并没有规定政府不能利用任何信息渠道来为自己做宣传。美国是一个实行判例法的国家，一旦政府与媒体发生了冲突，任何一方被告上法庭，还要根据当时当地的具体情况进行具体分析。①

在西方制度运行中，为确保这个制度的本质方面不受影响，要消除公众对政策的抵制。当局采取的措施是通过政治组织、工会、独立于公司寡头干预的媒体或其他流行架构向民众灌输信息，向他们明晰发展思

———————
① 沈国麟：《控制沟通：美国政府的媒体宣传》，上海人民出版社2007年版，第183，186，191页。

路。教化灌输系统在运行中造成领导人具有尊严和权威的形象，以此束缚公众，至少在他们面前保持必要的幻象。例如，里根上台伊始，媒体就已在兜售里根备受爱戴的故事，但这些内容纯属虚构。[1]

当代资本主义国家的居民通过日常生活已经感觉到，这样一个自诩为自由、民主的制度已经是千疮百孔、问题成堆、积重难返。他们对资本主义国家制度产生了极大的失望和不信任。法国的《世界报》在1970年曾进行了一次民意调查，调查的结果表明，47%的民众认为他们的国家是一个保护富人的国家，只有8%的民众认为这是一个保护穷人的国家。有24%的民众认为国家倾向于右翼势力。占人口大多数的73%的民众认为他们对国家的现状无能为力，而只有23%的民众认为他们能够影响国家。[2]1964到1970年美国的民意调查也得出类似的结论。美国民众对政府的信任率很低，1964年为22%，1968年为37%。认为政府只是代表大的经济利益集团的群众的比例在逐步上升。密执安大学的阿瑟·密勒研究得出的结论是："今天美国的形势是基本的政治不满和疏远感在广泛传播。"[3]迈克尔·克罗泽则说："现代国家需要解决的问题太多，它变得毫无希望。"亨廷顿比克罗泽的悲观主义的论调走得更远。他说，随着人民日益具有政治性，他们的失望愈益不可避免。因为只要人民不驯服，民主社会就无法有效地工作，其结果是人民越来越对政府失去信心。[4]

---

① ［美］诺姆·乔姆斯基：《遏制民主》，汤大华译，商务印书馆2013年版，第100—101页。

② Alan Wolfe，The Limits of Legitimacy. Political Contradication of Contemporary Capitalism. Free Press. 1977. pp. 323–324.

③ Alan Wolfe，The Limits of Legitimacy. Political Contradication of Contemporary Capitalism. Free Press. 1977. p. 324.

④ Alan Wolfe，The Limits of Legitimacy. Political Contradication of Contemporary Capitalism. Free Press. 1977. p. 326.

1995年和1996年汉斯·迪特尔·克林斯曼记录了包括18个民主国家在内的许多国家进行调查时人们对下列问题的回答。问题是："总的说来，对于您的国家民主制度的运作情况，你感到非常满意、比较满意，还是一点都不满意？"对本国民主制度满意程度最高的是丹麦和挪威，83%的丹麦人和82%的挪威人说他们对本国的民主制度"非常满意"或者"比较满意"。意大利和希腊两国公众的满意程度最低，只有19%的意大利人和28%的希腊人对本国的民主制度表示满意。

在2005—2007年开展的"世界价值观调查"中，调查人员对许多国家的居民提出了类似的问题："您所在的国家的民主程度如何？"根据对结果的综合，挪威群众的满意程度最高，达到了74.1%，最低的满意度又出现在意大利，仅为24.5%。还有几个国家比意大利好不了多少，韩国为29.5%，荷兰为30.1%，特立尼达和多巴哥为31.2%，英国为33.3%，美国为35.5%。[①]

选民投票率成为考察民主质量的最重要的指标。因为选民投票率显示了公民对获得代表权的实际关切程度。投票率是反映政治平等的间接指标。[②]在研究的36个国家中，国与国之间选民投票率差别很大，最低的只有38.3%，最高的可达95%。选民投票率最高的国家是马耳他（95%）、乌拉圭（94.5%）和卢森堡（88.5%）。选民投票率最低的国家有瑞士（38.3%）、博茨瓦纳（46.5%）、牙买加（50.6%）

---

① ［美］阿伦·利普哈特：《民主的模式——36个国家的政府形式和政府绩效》，陈崎译，上海人民出版社2017年版，第238页。
② ［美］阿伦·利普哈特：《民主的模式——36个国家的政府形式和政府绩效》，陈崎译，上海人民出版社2017年版，第236页。

和美国（51.3%）。[①]

第三节 民主：从斗争工具到资本主义合法化统治的手段

英国马克思主义政治学家拉尔夫·密里本德从经济方面分析了资本主义民主制的不公正。他写道："在描绘西方类型的政权时通常使用的民主这一概念，受到浓厚的意识形态影响，留下许多问题没有得到解决。运用这一概念的政治家和评论家回避了一个情况，即西方色彩的民主制是在资本主义社会制度范围内运作的，由此就产生出它的重大的、甚至是会影响活动能力的局限性。民主制的一个前提是生活情况大致平等，这才可以使任何社会集团都不能在做出决策时从根本上拥有持久的权力优势和影响优势。但资本主义民主制政权的主要情况恰恰不是这样的，在这种制度下，公民在收入、财富、权力、影响等方面的不平等的程度在各个国家是不同的，但在任何一国都不是可以简单地加以忽视的。与进步的资本主义世界相比，在美国、英国和法国这些不断歌颂自己的民主宪政的国家里，这种不平等特别明显。"[②]

---

① ［美］阿伦·利普哈特：《民主的模式——36个国家的政府形式和政府绩效》，陈崎译，上海人民出版社2017年版，第237页。

② 拉尔夫·米利班德："共产党政权将由什么来接替？"载，戈尔巴乔夫、勃兰特等：《未来的社会主义》，中央编译出版社1994年版，第290–291页。

"作为国家行使职能的资本主义关系是：对巨大财力的控制处于相对来说占少数的人的手里，他们因此拥有强大的权力，他们的几乎唯一的目标是使自己的企业获得最大限度的利润。自由经营的辩护人往往声称，似乎很大范围的中小企业都可以自由经营，它们彼此处于激烈的竞争之中。实际上今天的资本主义当然是受大康采恩的支配的，谁控制了这些康采恩，就可以作出决定，这些决策不仅对于企业本身，而且也对它们所在的城市、它们所处的地区以及它们所在的国家，而且往往对远远处于它们国家之外的一些人和其它的国民经济具有极其重要的意义。这些决策的一个决定性特征是，它所涉及的人几乎或者根本对此不能产生任何影响。西方色彩的民主制通常不超出理事会一级的范围，它对企业的经济关系几乎不起作用。"[1]

---

[1] 拉尔夫·米利班德："共产党政权将由什么来接替？"载，戈尔巴乔夫、勃兰特等：《未来的社会主义》，中央编译出版社1994年版，第291页。

第四章
资本主义福利政策

统治阶级要维持其统治，通过社会调节和控制来缓解社会矛盾和不满，比意识形态控制具有更大的重要性。尽管资本主义国家的社会调节职能到了20世纪后期的福利国家阶段才成熟，但社会调节工作在近代时期的济贫等措施中便已初现。

英国在17世纪实行了一种由教区征收的济贫税，作为补助金分发给教区贫民的制度。这一制度实行到1722年。1722年英国颁布《自新院法》。该法令修改了1622年的《定居法》的规定，下令各地方当局修建自新院，把一切想领取补助金的人都赶入习艺所。[①]

从18世纪第二个50起，在英国广泛地建立习艺所，但习艺所不是单纯的救济机构。它在强迫贫民学习一些技术后，让他们进入纺织厂去做工人。1776年的一份报告书表明英国各郡大多数已建立了这类收容贫民的"自新院"。此外，在英国还建立了各种其他类型的习艺所和城市济贫院。诺里奇的城市贫民习艺所是当时最大的一个。这个贫

---

① A. E. Bland，P. A. Brown，and R. H. Tawney，eds.，English Economic History.Select documents. London，1914. pp. 650–652.

民习艺所每年冬天平均容纳1200人。[①]在18世纪对贫民控制管理过程中，继续实施1662年的《定居法》。这项法令确认教区有权保证其财源，取消工人一切迁徙自由，以解决日益加剧的贫民问题。[②]在工业革命开展后，英国贫民问题日益严重，而地方当局又无力筹措大量济贫资金的背景下，1795年5月英国当局在伯克郡斯宾汉姆兰村召开了各郡治安法官的会议，通过了斯宾汉姆兰条例。该条例确定在济贫院内实施贫民救济的原则。条例规定，当重8磅11盎司的面包售价为1先令时，每个勤勉的穷人每周可以得到3先令的救济金。他们的妻子、儿女每人可以得到1先令6便士的救济金。法令还确定了济贫金随面包价格调整。[③]这一条例被认为具有法律效力。其基本原则是贫民应当在他出生的教区接受救济，中央政府不加干涉。但随着工业革命的进展，贫民人数的增加，救济金制度的实施遇到很大的困难，尤其是教区难以筹措到足够的济贫经费。根据王室调查委员会的调查报告，15000个教区在1818年收到济贫税约800万英镑，但1832年仅收到约80万镑，远远不敷需要。一些教区由于负担过重濒临破产。[④]于是1834年8月通过了《济贫法修正案》，规定每个需要救济的贫民必须在济贫院内领取救济。它强调中央政府要对济贫事务的官吏加以指导，并以济贫院的恶劣条件迫使贫民以极低的工资待遇受雇。[⑤]

---

① ［英］克拉潘：《现代英国经济史》上卷，姚曾廙译，商务印书馆1964年版，第438页。

② A. E. Bland，P. A. Brown，and R. H. Tawney，eds.，English Economic History. Selectdocuments. London，1914. pp. 647–650.

③ A. E. Bland，P. A. Brown，and R. H. Tawney，eds.，English Economic History. Selectdocuments. London，1914. pp. 655–658.

④ William C. Lubenow，The Politics of Government Growth. Early Victorian Attitudes toward State Intervention，1838—1848. London，David & Charles，1971. p. 32.

⑤ A. E. Bland，P. A. Brown，and R. H. Tawney，eds.，English Economic History. Selectdocuments. London，1914. pp. 663–664.

在欧文主义者、工会运动和其他慈善人士的压力下，英国在19世纪中叶先后制定了监督工厂制度的一系列《工厂法》。1833年的《工厂法》规定，13岁以下的儿童每天工作时间不得超过9小时，除丝厂外，禁止雇佣9岁以下的儿童，并规定设工场巡回视察员4人，以监督《工厂法》的实行。在行使这些职责时，巡回视察员有权制定实施该法令所需要的细则。1844年的《工厂法》规定，8到13岁的儿童每周可以工作6天半，女工每天工作时间不超过12小时，并规定工场视察员可以进入任何使用童工的工厂和学校等地，调查被雇佣的童工及其受教育的情况。这些视察员受内务部指导。1847年的《工厂法》对纺织业中的女工和童工实行10小时工作制，他们只能在上午5时半到下午8时半的期间工作，不得做夜班。1850年和1853年的《工厂法》规定纺织业工厂一天只能开工12小时，女工和童工每周最多工作58至60小时，周末工作时间为10.5小时，星期日为7.5小时。1874至1875年纺织业工厂的工作时限从60小时下降到57小时。1891年把在工厂和车间工作的童工最低年龄提高到12岁。1895年的《工厂法》则规定童工每周工作不得多于30小时，女工和青年工人每周工作时间不得多于60小时，14岁以下的童工禁止上夜班。

由于工业革命过程中及工业革命后新兴工业城镇兴起，大量外来劳动者涌入新的工业中心，使得工人住房拥挤，卫生条件极差，各种疾病如斑疹伤寒、霍乱、天花流行，公共健康成为严重问题。1843年以巴鲁克公爵为首的王室委员会调查了人口密集的城镇的卫生状况，发表了详尽的报告。1848年拉塞尔政府制定了《公共健康法》，对卫生和健康食物加以管理。1875年迪斯雷利政府制定了《公共卫生法》和《技工和劳工住宅改进方法》，授权地方当局拆除贫民窟，在原地建造供工人居住的新住房。

19世纪在法国也开始实施社会调节政策。法国在1841年通过一项法令，规定完全禁止8岁以下儿童参加工作，12岁以下儿童每天工作时间不得多于8小时，16岁以下儿童每天工作时间不得多于12小时，但这项规定只适用于20人以上的使用机器作为动力的企业。1848年二月革命发生后，临时政府于2月26日颁布组织国家工场的法令。法令称国家工场应当保障所有的失业者就业，但是不对职业的性质作保证。结果所有被召入国家工场的工人，不论他们有何种手艺和技能，都被派去干开河挖路、打扫广场的粗活。资产阶级政府以此嘲弄工人提出的"劳动权"要求。在第三共和国期间，温和共和派政府曾颁布了几项缩短劳动时间的法令。1874年5月的法令规定，12至16岁的少年每天劳动时间不得超过12小时，禁止16岁以下的男孩和21岁以下的女孩上夜班。1892年又规定，妇女和16岁以下的少年每天劳动时间减为10小时，加上1小时进餐时间，每天劳动时间不超过10.5小时。[1]

在德国，社会立法发展得很慢。1839年普鲁士王国颁布过一项法令，绝对禁止9岁以下儿童从事工厂和矿山的劳动，把16岁以下青年的劳动时间限制在每天10小时，但立法缺少监督。1853年普鲁士颁布了另一项法令，禁止雇佣12岁以下的儿童劳动，并将12至14岁的儿童每天工作时间限制在12小时之内，同时对工厂实行监督。1845年普鲁士政府颁布了一项工场手工业法规，允许手工业者和工人组织资助基金会，但是禁止企业主、帮工和工人结社从事斗争。[2]俾斯麦任北德意

---

① 沈炼之主编：《法国通史简编》，人民出版社1990年版，第408页。

② ［民主德国］汉斯·豪斯赫尔：《近代经济史——从十四世纪末到十九世纪下半叶》，王庆余等译，商务印书馆1987年版，第383页。

志联邦首相时，在1869年颁布过劳动立法。德意志帝国建立后在70和80年代多次通过立法，对星期日劳动、实物工资制、正常支付工资等作出最初的法律规定，建立了每周6天工作制，按时给工人支付货币工资。1871年通过一项法律，规定雇主有义务支付并非工人过失而发生的一切工伤事故的费用。1878年颁布法令，废除在工矿企业中使用童工。被雇佣的青工必须读完小学，年满12岁至14岁以下的青工劳动日为6小时，14到16岁青工的劳动日不得超过10小时。1883年通过疾病保险法，规定保险费的30%由雇主负责缴纳，70%由工人缴纳。工人患病期间，可以从保险费中支付3周（以后增至26周）的病假工资、医疗费和丧葬费。1884年的工伤事故保险法规定保险费全部由雇主缴纳，视工人受伤程度决定领款数目，死者家属可领取相当于死亡者薪金20%的津贴。1889年的残废和老年保险法规定保险费由国家、雇主和工人缴纳，领取年龄开始为79岁，后来改为75岁，视其工作年数领取原收入15%至40%的年金。服兵役的年份年金全部由国家支付。1887年德国社会保险费总额为近1亿马克，1900年增至5亿马克。该年领取保险费的人数达到500万人。1911年德国制定了保险法典。[①]

　　俄国在历史上很晚才有社会性立法。在工人斗争的压力下，沙皇政府在1882年7月1日颁布了限制童工的法律。1885年7月8日颁布的法律禁止妇女和童工在有害于健康的条件下生产，不得在夜间工作。1886年6月3日沙皇政府颁布了工人雇佣条例，规定了企业雇佣工人的期限和形式、现金支付工资的期限和应负的义务，并禁止以实物代替现金工资。根据新的法律，工场主课取的罚款必须提作"改善工人状

---

　　① ［英］克拉潘：《1815—1914年法国和德国的经济发展》，傅梦弼译，商务印书馆第375–376页。丁建弘、陆世澄主编：《德国通史简编》，人民出版社1991年版，第421–422页。

况"的特别基金。但是这种罚款制度使工人遭到巨大的经济损失。在1896年夏季彼得堡3万纺织工人大罢工的压力下，沙皇政府不得不于1897年6月2日颁布法令，工人在20人以上的企业，限制工人的劳动时间为每天11.5小时，并规定在星期天和纪念日休息。手工业、运输业、以及工人人数较少的企业不在此规定之列。法令还规定15岁以下的儿童为童年，他们每天的工作时间限制为9小时。15至17岁的少年工人每天工作时间不得超过10小时。[①]

当代资本主义国家与近代国家的一个重要的差别表现在国家与经济和社会生活的关系上。19世纪近代资本主义国家在很大程度上仍属于原始积累时期的国家。国家支持资本主义的自由活动和残酷剥削，而对于处于生产关系另一极的工人阶级和劳动群众没有制定系统的社会福利政策。一些资本主义国家如英国和德国曾提出了早期的社会政策，但这种政策未普遍推行。社会福利政策的大规模实施应当说与国家掌权集团的构成有直接关系。在近代后期，世界上还没有社会民主党在哪个国家执掌政权，国家政权是由纯粹资产阶级政党或地主阶级政党控制着。然而进入20世纪以后，特别是在第二次世界大战以后，社会民主党的势力在欧洲政治生活中加强了，社会党实际所属的一些政党实力已经相当雄厚，先后有好几个社会民主党成为执政党，有的则长期执政。例如瑞典社会民主党曾经连续执政44年之久。英国工党与保守党轮流执政，直到1979年保守党在大选中获胜。曾经执政过的社会民主党还有西班牙工人社会党、荷兰共产党、挪威工党。到20世纪80年代初，参加联合执政的有比利时、意大利、圣马力诺和瑞士的

---

①［苏］梁士琴科：《苏联国民经济史》第2卷，李延栋等译，人民出版社1954年版，第236–237页。

社会民主党。目前单独执政的社会民主党有3个，他们是奥地利、丹麦和马耳他的社会民主党。[①]

在一度由社会民主党执政的国家里，福利政策比较明显。在一些社会民主党尚未执政的国家中，也不同程度地采取了福利政策。国家的福利政策包括收入、食品供给、住房、教育、健康（医疗）保险、贫民救济等方面的内容。

实行社会福利政策以北欧斯堪的纳维亚国家最为典型。在瑞典，社会民主党到1976年10月执政已经长达44年之久。瑞典的历届政府已经在相当广泛的范围内控制了资本的活动，使社会各阶层能较为均等地分享物质利益。斯堪的纳维亚国家实施的福利政策和其他西方国家不同，它的覆盖面广，覆盖了所有的公民，包括家庭主妇和处于劳动力市场之外的群众。给予老年人以年金的政策首先在瑞典推行，随后为其他斯堪的纳维亚国家采纳。几乎所有的福利政策都是由瑞典首先做出倡议，然后才由其他国家追随实施的。1946年瑞典实施对所有76岁以上的公民实行普遍的不以贡献为依据的年金制度，所有公民没有任何资格要求均可得到同样的基本年金。到50年代中期，其他斯堪的纳维亚国家也采取了类似的年金制度。随着年金制度实施的是许多其他社会保险措施，如意外灾害和疾病的保险等，这些措施也是实施于所有公民。到了50年代中期，瑞典的年金制度又有新的发展。瑞典社会民主党提出一项强迫劳动和相对报酬年金制度，以补充现存的基础年金制度。这种建议的理论基础是高收入者通过附加的私人保险来补充他们的基本年金，而低收入者则不可能取得私人保险。相对报酬年

---

① [英] 威廉·E·佩特森、阿拉斯泰尔·H·托马斯编：《西欧社会民主党》，林幼琪、王国明、郑世平、朱英璜译，徐宗士校，上海译文出版社1982年版，第2页。

金制度在瑞典引起激烈的争论。1958年瑞典社会民主党取得大选胜利上台后，于1959年通过立法制定了新的年金制度。其核心是设立一个公众控制的年金基金。瑞典的做法在其他国家产生了影响，其他斯堪的纳维亚国家也通过了类似的立法。由于在芬兰议会议员的主要成分是资产阶级，社会民主党和工人议员从未占据议会大多数而成为执政者，芬兰采取了稍有不同的做法。1962年通过一项立法，在芬兰建立了私人保险公司。在丹麦，社会民主党和工人运动在争取立法改革的运动中从未取得大的成功。但是丹麦在1971年也实行了一项年金制度，从公共税收中支付费用。制度化的年金和保险制度在中等阶级和中等收入的纳税人阶层中很受欢迎。[①]

到1960年，丹麦、挪威和瑞典已经奠定了现代福利国家的坚实基础。在挪威，主要是通过工业和信贷政策而不是劳动力市场政策来保证充分就业。芬兰和其他北欧国家的不同之处在于，它的国民生产人均值较低。1979年瑞典国民生产人均值为11930美元，丹麦国民生产人均值为11990美元，挪威国民生产人均值为10700美元，而芬兰国民生产人均值只有8160美元。所以芬兰政治家和工业家认为芬兰的公共社会支出不应当达到瑞典的水平。此外，芬兰的社会结构与其他北欧国家也有差别。它有较多的农业人口。福利政策的制定需要由农业中央党和社会民主党取得协调一致。丹麦历史上长期存在着大量传统的中等阶级和小企业主，经济生活由小单位构成，社会不平等特别在住房和年金收入上广泛存在。所以丹麦采取了从一般税收资源中提取款

---

① Richard Rose and Rei Shiratori, eds, The Welfere State. East and Wert. Oxford U.P. 1986.pp. 111–113.

项来支付社会福利开支的政策。[①]

　　到了1980年代，尽管斯堪的纳维亚国家中对福利国家政策的支持有所削弱，但这些国家用于社会福利的开支实际上并没有削减。从1950年到1983年斯堪的纳维亚各国社会福利开支占国民生产总值的比例不断增长。挪威1950年社会福利开支占国民生产总值的6.3%，1975年占19.4%，1983年占22.2%。芬兰1950年社会福利开支占国民生产总值的8%，1975年占25.8%，1983年占30.7%。社会福利开支在国民生产总值中所占比例最高的是瑞典，1950年社会福利开支占国民生产总值的8.5%，1975年占26.1%，1983年占35.7%。各国社会福利支出的费用由3个方面来负担，即由政府岁入、雇主和工资劳动者分别承担。以1981年为例，在丹麦，福利开支的88%从政府收入中解决，10%由雇主承担，2%由劳动者本人承担。同年，芬兰的福利开支的46%从政府收入中解决，6%由劳动者本人承担。瑞典的福利开支的48%从政府收入中解决，1%由劳动者本人承担。总的趋势是斯堪的纳维亚各国在1981年时个人承担的社会福利开支比例已极小，瑞典占1%，芬兰占6%，丹麦占2%，挪威最多，为20%。[②]

　　德国是一个发展较晚的资本主义国家，它各方面的发展都比较迟缓。1871年建立的德意志帝国开始实施了部分社会性政策。第一次世界大战结束后建立的魏玛共和国在1927年建立了一个劳工保护和社会保险体系，以解决第一次世界大战后出现的大量社会问题。[③]但是这

　　[①] Richard Rose and Rei Shiratori, eds., The Welfare State. East and West. Oxford U. P. 1986. pp. 113-115.

　　[②] Richard Rose and Rei Shiratori, eds., The Welfare State. East and West. Oxford U. P. 1986. p. 117. Table 5. 3.

　　[③] Richard Rose and Rei Shiratori, eds., The Welfare State. East and West. Oxford U. P. 1986. p. 132.

个时期德国用于社会保险的开支还不到国民生产总值的10%，它远远落在英国、瑞典之后。因此，还不能说第二次世界大战结束前福利政策在德国已经成为占主导倾向的政策。联邦德国广泛采取福利政策的倾向最初是在1949年宪法中表现出来的。这部宪法的第20条和第28条提出了联邦德国应当是"民主的社会联邦国家"，"共和主义的、民主主义的社会立法的国家"。它在古老的自由主义的宪法内容以外，又强调了公民的物质利益和权利也需要加以保护和发展，国家认为它有义务向公民们提供包括收入、就业、保险在内的公正的社会生活条件。联邦德国通过社会预算来实施社会保障体系。从60年代到80年代，联邦德国社会预算占国民生产总值的比例有很大的提高。1960年联邦德国社会预算总额为6280万德国马克，占国民生产总值的17.5%。1968年为11270万马克，占国民生产总值的24.5%。1969年为15350万马克，占国民生产总值的25.4%。1976年为37390万马克，占国民生产总值的33.3%。1983年为53690万马克，占国民生产总值的32.3%。从1983年德国的社会福利开支来看，它主要包括以下几个部分：用于老年人、因病残丧失劳动能力者和未亡人的开支占社会开支总额的39%。用于健康和医疗保障的费用占社会开支的32%，用于家庭的开支占9%，用于就业的开支占9%，用于住房的开支占2%。从社会福利机制来划分，最大的一块为老年人和丧失劳动能力者的保险体系的支出占30%，健康保障体系占支出的19%，文官年金制度占开支的9%，包括贫民救济在内的社会救济服务占9%，失业救济占8%。社会福利总基金由联邦政府和地方政府筹措38%，由雇主筹措32%，由拥有房屋的个人出资28%。[1]德国社会福利政策的核心是老年人健康保障制度。社会开支中有三分之一用于老年人和丧失劳动能力者和未亡人的救济，三分之一用于健康保障。不同系统中工作的白领和蓝领工人的退休金的比例不同。如工作35年的年金领取者在公共企业工作的可领取相当于工资72%的年金，而在私人企业工作的只能领得相当于工资39%的年金。[2]1983年以后，联邦德国的社会预算又有所提高。1984年为25800万德国马克，比上年增加1.8%。1985年为26500万马克，比上年增加2.8%，1986年为27300万马克，比上年增加3%。[3]尽管如此，联邦德国在推行社会福利政策中仍遇到很大的困难，后青春期、后父母期和退休后的年龄群对消费提出了更高的要求，人口的老龄化提出了更多的预防治疗和健康保障的要求。联邦德国有3600万人年龄在75岁以上，其中寡妇和鳏夫不少于200万人，他们需要有人来照顾。国家的社会福利政策在实施中遇到很多问题。

英国的福利政策是在20世纪20和30年代以后大规模实施的。英国用于失业者救济的开支在二战前后有巨大差别。中央政府用于失业者救济的开支在二战前占国民生产总值的4%左右，在二战期间增加到国民生产总值的8%。[4]在第二次世界大战期间，丘吉尔把一些共产党党员吸收进战时民族团结政府时，共产党大臣当时已在酝酿采取社会福利政策。在战时内阁中任职的有艾德礼、格林伍德、劳工大臣贝

---

① Richard Rose and Rei Shiratori, eds., The Welfare State. East and West. Oxford U. P. 1986. pp. 133-135.

② Richard Rose and Rei Shiratori, eds., The Welfare State. East and West. Oxford U. P. 1986. p. 137.

③ Richard Rose and Rei Shiratori, eds., The Welfare State. East and West. Oxford U. P. 1986. p. 138. Table 6. 5.

④ Anne Digby, British Welfare Policy: Workhouse to Workfare. London-Boston, 1989. pp. 49-50.

文、内政大臣莫里森和曾任驻苏大使的斯塔福德·克里普斯。在第二次世界大战期间，艾德礼实际上已经在控制英国政府的国内政策。为了全面地制定政策，解决社会问题，内阁成员格林伍德在1941年向自由党人、当时担任伦敦经济科学学院院长的凯恩斯主义者贝弗里奇下达了一项研究任务。第二年，贝弗里奇发表了一份长篇报告。[1]他在报告中提出，为了建设一个福利国家，应该和"五害"作斗争，"五害"就是需求、疾病、愚昧、肮脏和怠惰。这个报告实际上向国家提出了繁重的社会任务。这包括建立由国家安全部负责的社会保险网，为每个人提供最低生活费用，设置公费医疗和免费医疗制度，为学校儿童分发食品，给老人和餐费人员提供资助，改革教育制度等。贝弗利奇报告还提出了实施福利政策的原则，这就是社会保险必须通过国家和个人的合作来实施，国家应当提供保障的设备和投资，国家在组织社会保障中不应当简单行事和全部包揽下来，而应当给每个人留出自愿做贡献的余地。[2]1943年贝弗利奇的方案提交下院讨论，它在舆论上受到全国的欢迎。政府为此发表了《白皮书》，表示对这一计划的支持。在二战期间，贝弗里奇报告中的某些方面的内容已经实现。后来，工党提出了一份题为《正视困难》的纲领，除了要建立大规模的社会服务设施外，还提出了一系列国有化的措施，对煤炭、电力和煤气工业实行国有化。换言之，实施福利政策是工党同自由主义彻底决裂、加强国家对经济社会进行干预的政治倾向的一个组成部分。在战争进行的背景下，当时还不可能使所有的社会重建纲领都成为立

---

① John Harrison, ed., British Society and Politics, 1780—1960. London, 1965. pp. 438–445.

② Richard Rose and Rei Shiratori, eds., The Welfare State. East and West. Oxford U. P. 1986. p. 137.

法。1944年英国政府首先制定了《教育法》，在教育体制上实施了靠资助建立独立学校和地方当局办学校的双轨制，它还提高了最低入学年龄，为所有的人提供了中等教育的机会。[1]

在1945年7月的大选中，英国工党获胜，取得了393个议席，而保守党只取得了163席。工党上台执政后，工党首相艾德礼和外交大臣贝文密切合作，先后由多尔顿、克里普斯和比万负责社会工作方面的职务，随后采取了大规模的福利政策。1946年通过了国民保险法。法令规定，凡达到入学年龄者均可申请投保。以被保险人、职员和国家支付的资金为基础建立保险公司，对失业、疾病、火灾、生育、丧偶、退休和死亡实行保险。随后又制定了国家救济法，该法令规定向任何有困难的人提供资助。此外，制定了国家医疗法，规定原则上实行公费医疗，由政府任命的卫生委员会来管理医务人员。当时这个设想遭到了保守党人的反对，他们认为病人就医时有权在私人医疗机构和国家医院之间进行选择。最后，比万不得不放弃了全部免收医疗费的制度。除了上述一系列社会保险措施外，英国政府还通过了住房建筑法，制定了一个大规模的建设计划和改造破旧肮脏地区的计划，即城乡规划法。实施这些法令的结果，在伦敦周围建立了一系列新的住宅区。此外还制定了国民收入再分配法，规定超过400英镑的大笔财产要课以累进税或遗产税。[2]

---

① ［法］雅克·德罗兹：《民主社会主义：1864—1960年》，上海译文出版社1985年版，第339-341页。John Harrison，ed.，British Society and Politics，1780—1960. London，1965. pp. 445-448.

② ［法］雅克·德罗兹：《民主社会主义：1864—1960年》，上海译文出版社1985年版，第339-341页。波普、普拉特和霍伊尔（合编）：《英国的社会福利：1895—1985年》，伦敦1986年版，第114-139页。

二战以后英国的社会福利投资有很大增长，英国国民生产总值中公共设施的投资在1910年时占12.7%，1937年为25.7%，1951年为44.9%，1973年为50.5%。[①]英国的社会福利政策取得了一定的成效。1914年以后英国住房建设的投资增加了一倍以上，增加的住房超过11000000间，住房所有者从1914年公民的10%上升到1981年时的59%。租用私人住房者只占居民户数的13%，其余住在市营住宅中。英国的慈善事业也有很大发展。1981年有27万公共事业的雇员接受了社会公益服务。用于社会慈善福利事业的总开支在1983至1984年达到2100000英镑，占公共开支的2%。1983年有450000人接受了国家提供的护理和伤残护理。1948年建立的全国保险体系实施于所有居民。[②]

如同在讨论19世纪资产阶级政治民主时指出的，福利政策在很大程度上是在工人阶级左翼政治民主派和激进的小资产阶级民主派强大的民主压力之下取得的。20世纪西方福利政策推行的基础是在议会中和国家机构中的社会党党团、政府和议会外强大的工人组织和他们对社会党、社会民主党的支持。例如在瑞典，从1956年起，产业体力劳动工人的选票有69%支持社会民主党；60年代产业体力劳动工人的选票有80%左右投给了瑞典社会民主党。此外，服务业工人、农业雇工和店员中三分之二的选票、低级白领工人40%的选票投给了社会民主党。这说明在瑞典，社会民主党的主要支持者是工人阶级。[③]总之，福利政策尤其在那

---

① Alan Wolfe，The Limits of Legitimacy：Political Contradictions of Contemporary Capitalism.New York，Free Press. 1977. p. 257.

② Richard Rose and Rei Shiratori，eds.，The Welfare State .East and West. Oxford U. P. 1986. pp. 88，92.

③ ［英］威廉·E·佩特森、阿拉斯泰尔·H·托马斯编：《西欧社会民主党》，林幼琪、王国明、郑世平、朱英璜译，徐宗士校，上海译文出版社1982年版，第46页表1。

些社会民主党占统治地位的国家或那样的历史时期中非常突出。

在美国，福利政策不像西欧和北欧国家那么突出，但是也有所表现。美国在60年代后期到70年代末越南战争期间，开始实施对老年人、残废者（残废军人）和死亡者的社会救济、医疗补助政策，对老年人的医疗照顾方案，和对残废的穷人救济等福利措施。美国的福利政策在约翰逊、尼克松、福特总统执政时期较为突出，但在里根时期也没有完全中断。美国联邦政府社会事业费用支出的增长率在肯尼迪和约翰逊总统时期（1961—1969年）是7.9%，在尼克松和福特总统时期（1969—1977年）是9.7%，在卡特总统时期（1977—1981年）是3.9%，在里根总统时期（1981—1985年）1.5%。[①]但是，美国福利政策实施的领域不像欧洲国家那么广泛，支出的费用在国民生产总值中所占的比例也比欧洲国家低许多。在1960年至1980年代期间，国家社会开支占国民生产总值的比例在英国是29.5%，在联邦德国是31.5%，在意大利是29.1%，在瑞典是33.4%，而在美国仅占20.8%。在社会福利开支分项统计表中，美国除了在教育费用方面的百分比与欧洲国家差距较小外，在年金和健康保障方面美国的百分比都较低，尤其是健康保障投入的费用在国民生产总值中所占的比率低于上述所有的国家。[②]在美国的健康保障和教育事业投资中，个人投资远远超过国家的投资。以1982年为例，在健康保障方面的投资中，个人投资额为1.86亿美元，而国家投资为1.37亿美元。[③]

---

① Richard Rose and Rei Shiratori, eds., The Welfare State .East and West. Oxford U. P. 1986. p. 46. Table 1.

② Richard Rose and Rei Shiratori, eds., The Welfare State .East and West. Oxford U. P. 1986. p. 209. Table D.

③ Richard Rose and Rei Shiratori, eds., The Welfare State. East and West. Oxford U. P. 1986. p. 62.

在美国，福利政策没有得到有力实施有一些根本性的原因。一是美国的国家结构中存在着联邦制的原则，它制约了中央政府社会政策和措施的提出及其实施。二是美国居民中存在着很大的宗教和种族差别和矛盾，国家和各城市在解决社会福利问题时必须考虑到这些异质性。这就使得一般性的社会福利问题的解决措施难以提出。三是美国存在着大量的黑人，他们的前身是南北战争以前的黑奴。他们在19世纪中叶获得了人身解放，但他们在法律地位上仍旧低人一等。在没有根本解决黑人地位问题以前，社会政策无法有大的成果。四是美国存在着大量的移民，至今每年大约有60万移民来到美国，国家不可能给他们充分的照顾。五是美国存在着较为强烈的资产阶级个人主义意识，认为社会问题的合理解决不应当全靠政府，而应当同时依靠各企业集团和独立的机构。①六是在美国始终没有形成强大的社会民主党类型的政治势力，在美国的政治生活中社会民主主义没有很大的影响。这些都是美国缺乏强有力的福利政策的原因。

由多数是工人阶级组成的社会民主党执掌政权而实施的广泛的社会福利政策，并不意味着福利国家的性质不同于一般的发达资本主义国家。因为从国家所代表的所有制关系来看，它们仍然是垄断资本主义的国家。例如，瑞典是世界上垄断资本主义最发达的国家之一。在西方国家中没有哪一个国家像瑞典那样有着高度集中的私人所有制。在60年代，瑞典的100家大公司雇用了全国产业工人的43%。这100家公司的产出占全国总产出的46%。1968年一份瑞典政府的调查报告说，瑞典工商业集中的程度在战后有所提高。在60年代中期，0.1%的

---

① Richard Rose and Rei Shiratori, eds., The Welfare State .East and West. Oxford U. P. 1986. pp. 50-51.

股东掌握了约四分之三的股份资本，各届社会民主党政府都没有能力摧毁他们的势力。相反，政府鼓励工商业的合作，以加强瑞典产品在世界市场上的竞争能力。①

　　19世纪中叶到1975年的统计资料表明，这个时期西方国家的开支发生了结构性的变化。这种变化的一个特点是国家在社会服务方面的支出占GDP的比例在逐步增加。在奥地利这一比例1920年为2.0%，1940年为2.3%，1960年为7.3%，1975年为10.8%。在法国这一比例在1920年为2.8%，1940年为5.1%，1960年为8.9%，1975年为9.2%。在英国这一比例在1900年为0.7%，1920年为4.1%，1940年为5.3%，1960年为9.6%，1975年为15%。在荷兰这一比例在1920年为3.2%，1940年为4.4%，1960年为879%，1975年为17.2%。在丹麦这一比例在1900年为1.0%，1920年为2.7%，1940年为4.8%，1960年为7.6%，1975年为24.6%。在德国这一比例在1920年为7.5%，1940年为11.1%，1960年为14.9%，1975年为20.8%。②

　　在西方，社会支出在国内生产总值中所占比重最高的国家依次是法国、德国、瑞典，随后依次是爱尔兰、新西兰、美国和冰岛。而韩国的社会支出占比最低，而且比其他国家低得多。③

---

　　①［英］威廉·E·佩特森、阿拉斯泰尔·H·托马斯编：《西欧社会民主党》，林幼琪、王国明、郑世平、朱英璜译，徐宗士校，上海译文出版社1982年版，第285–286页。

　　②［美］查尔斯·蒂利：《强制、资本和欧洲国家（公元990—1992年）》，魏洪钟译，上海人民出版社2012年版，第146页，表4.2。

　　③［美］阿伦·利普哈特：《民主的模式——36个国家的政府形式和政府绩效》，陈崎译，上海人民出版社2017年版，第242页。

第五章
国家的经济职能

第一节　英国的国有化

英国的国有化企业大都资本含量很高。1977年国有化企业占有劳动力的7.6%，产值占国内生产总值的12.7%。第二次世界大战以后，英国政府除了控制钢铁工业外，1967年建立了不列颠全国石油公司，1977年将宇航和造船公司国有化。此外，还由国家企业部出面接管了罗斯罗伊斯公司、阿尔富瑞特赫伯特公司、费兰迪公司、不列颠莱蓝德公司。这些国有企业可以分作两类。一类属于关键部门，如提供能源、交通运输，另一类是不允许解散的由残疾人组成的企业。[①]

1961年英国政府发布了一封题为《国有化工业的财政和经济义务》的白皮书。这份报告书中陈述说，政府最终有义务去观察这些工业如何经济地和有效地加以管理。文件称，尽管这些工业部门具有国家的和非经济方面的义务，但这些部门也应当盈利和有适当的资金储

[①] Sidney Polland, The Development of the British Economy, 1914—1990. Edward Arnold, 1992. pp. 262–263.

备。随后，电力局、煤气局和煤炭局都拟定了各自的资产目标。①

英国国有化工业在1961到1965年期间年均资本需求为16.9亿英镑，全部净投入为21.1亿英镑。1966到1970年期间年均资本需求为34.8亿英镑，全部净投入为31.9亿英镑。1971到1975年期间年均资本需求为53.6亿英镑，全部净投入为73.7亿英镑。1967年对这些企业的价格和投资提出了指标。但是这些部门的经营失败了。在1960年到1975年间，9个主要的企业中尽管煤气、电力、航空和电信部门的增长势头比国有化之前要快，但是有4个企业产值下降，有7个企业雇员减少。它们的困境在某种程度上是由于降价造成的。这些企业提出的得到更多的资金和补助金的要求使政府管理部门感到困难。1976年货币收紧，政府加紧了控制，在1977—1978年要求英国钢铁公司自寻财路。以后发布的两份白皮书加紧对国有企业的控制，提出了利润上缴率的要求。

把政府成长作为研究中心的公共选择派理论家在英国采取私有化政策方面起了推波助澜的作用。他们提出两个理由：一是失去统治政党控制的公共开支在增大；二是政府提供商品和服务的机构设施无效率。英国私有化的推行与保守党的意识形态和策略直接相关。1974年保守党在大选中败北后，保守党领袖采取了通过抨击工党发展国有经济的政策来争取选民的策略。②1979年5月保守党上台执政。保守党政府开始实行该党在作为反对党活动时期由基斯·凯瑟琳和保守党中央政策研究部制定的计划。保守党政府认为：第一，以前工党执政时期整体的经济政策存

① Sidney Polland, The Development of the British Economy, 1914—1990. Edward Arnold, 1992. p. 263.

② Nicolas Zahariadis, Markets, States and Public Policy, Privatization in Britain and France. Ann Arbor, The University of Michigan Press, 1995, pp. 17-23.

在一些根本性的错误，使英国经济已经空前衰落；第二，需要纠正的主要错误是对于短期问题作出重复的惊恐反应，现在需要做出中期的战略考虑；第三，英国经济问题不是通过发展内需就可以解决的，而是要从供应方面寻找问题。保守党认为，解决英国经济的主要问题是要把英国经济的发展退后一些，缩小政府的活动范围，取消一切对于银行业、国际金融和劳动力市场的限制，削弱国有化部门，对国有化的工业部门实行私有化，削减政府的开支，这样可以降低赤字。政府的作用要限定在提供健康的货币、坚持纯粹的货币主义政策，工厂应当从工会的控制下解放出来。[①]

英国国家石油公司的私有化是保守党私有化政策的一个例子。1950年北海油田发现后，1976年创建了英国国家石油公司。1974年7月，新选出的工党政府宣布建立国家所有的石油企业。政府希望该石油公司的盈利达到20亿至30亿英镑。保守党从一开始就反对大宗资金投入北海油田，反对建立国家石油公司。1979年保守党政府上台后，改变了政府对国家石油公司的政策。1982年保守党政府在议会通过法案，将英国国家石油公司分解，将它的业务划给新成立的不列颠石油公司，而将51%的股票上市出售，政府不再对该公司拥有控制权。以后，英国国家石油公司成为购销北海石油的贸易公司。由于国际油价大跌，英国国家石油公司亏损巨大。1985年3月英国政府正式撤销英国国家石油公司。[②]

英国电信业的私有化是另一个例子。英国1961年的《邮电法》授

---

① Sidney Polland, The Development of the British Economy, 1914—1990. Edward Arnold, 1992. p. 377.

② Nicolas Zahariadis, Markets, States and Public Policy, Privatization in Britain and France. Ann Arbor, The University of Michigan Press, 1995, pp. 69–79.

权邮政大臣有效地经营电信业务。当时电信业是一个半自治的部门，资金缺乏。由于那个阶段邮政大臣对邮政公司计划和管理不善，招致很多批评。1969年邮政法最终把邮政公司从政府代理机构转变为国有企业。20世纪70年代，英国公众对邮政和电信业的价格上涨普遍不满，于是政治家提出对邮电体制进行改革的主张。1979年保守党上台执政后，将邮电公司分成邮政公司和电信公司，建立了英国电信公司。1981年英国通过了政府提出的电信法，除了授权出售国有的有线和无线电信公司外，还将电信业务和邮政业务分离。英国电信公司仍属于国有公司。1981年成立了由有线和无线电信公司控股的水星通信公司。水星通信公司的成立，打破了英国电信公司对电信业的垄断地位，对后者的经营提出了挑战。1983年英国政府规定，只允许英国电信公司和水星通信公司经营固定网络和基本的电信业务。英国电信产业形成了"双寡头垄断"的格局。1984年英国政府对电信业实行了私有化政策，对英国电信公司实行了私有化，将其51%的股份出售。1991年英国政府颁布了题为《竞争与选择：20世纪90年代的电信政策》的白皮书，终止了"双寡头"政策，推行了一系列旨在鼓励竞争、提高效率和为顾客提供多样化优质服务的措施，对电信业实行了有步骤地放松管制，从此英国电信业完全开放。[1]

---

① Nicolas Zahariadis, Markets, States and Public Policy, Privatization in Britain and France. Ann Arbor, The University of Michigan Press, 1995, pp. 80–83.

第二节　法国国家和经济

　　第一次世界大战爆发后，法国是西线战场这个主要战场所在地。法国在进入帝国主义阶段后，在西方资本主义世界中经济地位较差，法国的钢铁工业的生产能力只有德国的三分之一，化学工业无法生产制造炸药必不可少的原料氨和硝酸。由于大战爆发后前线需要人力，法国把63%的男性工人征召入伍，使得工业部门劳动力缺乏的现象非常严重。74%的产煤区、81%的生铁产区、63%的钢产区、55%的锻件产区、6%的食糖产区和25%的机械工程产品产区成为工业瘫痪区。1914年秋季爆发了设备危机，使法国的形势变得更加严重。物资短缺使法国在这次世界大战中获胜困难极大。大战期间财政平衡问题也越来越严重。到1917年春季，经济比例完全失调了。法国设立了一些部门与雇主合作，如1914年10月成立的专门负责化学产品的部门等。但这些部门的任务不够明确，有的只是承担收集情报的任务，有的具有咨询权，有的则有决策和管理权。在1916年中，政府和雇主合作，设立了一些附属于政府部门的商人和工业家联合体。到1918年，这些联合体已成为重要的经济部门。1918年底这类部门和委员会一共有291个，其中18个出于国防部管辖战争的需要。使一些企业界的首脑人物成为准工业部门的行政首领。1914年法国重工业雇主联合会的秘书长皮诺成为非正式的军需部长。当时唯有他能够提供有价值的关于工业情况的报告，如工业家承担任务的情况。皮诺仿佛成为一个高级文职官员，他根据严格的规定垄断了原料的购买和分配权。这是由自由主义企业家承担政府官员职责的典型例子。

第一次世界大战期间，军事部门的大部分投资是在政府支持下有计划地自筹资金解决的。军需部为了鼓励企业家向军需工业投资，允许大幅度降低生产成本。军需工业投资的增长可以从战争期间相关部门税收的增加看出来。从1914年8月到1915年2月税收为24亿法郎，1916年为42亿法郎，191年为53亿法郎，1918年为54亿法郎。战争使得早在19世纪就已经出现的国家干涉经济的倾向得到了巩固和发展。但是，还不能说在第一次世界大战时期法国国家大规模干涉经济已构成国家与经济关系的主导倾向。这个时期法国国家干涉措施属于在战时特殊条件下的权宜政策。

战争给法国的经济和财政带来极其不利的影响。到1916年法国已经完全无法弥补对外贸易的赤字。整个战争期间法国的总赤字达到641亿法郎。在大战结束时法国的外债达到100亿法郎。它的整个贸易体系都依靠美国的贷款。第一次世界大战给法国经济造成了很大的困境。1919年法国债台高筑，出口无法抵销进口。这一年法国失去协约国的信贷支持，外汇市场上法郎汇率猛跌。1920年、1923年至1924年发生了经济危机，1926年又发生了货币危机。

1929年大危机影响法国较晚，但持续时间较长。1931年底经济危机在法国出现了。1929年法国有6500家企业公开宣布破产，1935年破产企业数达到13370家。危机期间有670家银行破产。大危机以前法国失业人口不多，1932年失业人口猛增至26万人，1935年达到42.6万人。法国农产品在市场上的价格猛跌。直到1938年最后几个月法国才出现经济复苏的迹象。

第三节　国有化和私有化

　　法国在19世纪只有很少的国有部门，它们主要是兵工厂、烟草火柴厂和邮政局。第一次世界大战结束后，成立了几家享有特权的银行。国家信贷银行成立于1919年，全国农业信贷银行成立于1920年。这两家银行在1930年以后在法国银行界具有举足轻重的地位。储蓄信贷银行作为国家的银行部门，1835年以后一直负责经营储蓄存款和支持政府的公债。

　　全国制氮工业局在1925年成立。1930年因为该公司的私人投资者缺乏热情，由国家买下了公司35%的股份。 1932年法国经济衰退使国有化的步伐加快。政府向各个将要破产的公司发放贷款。法国政府购买了法国航空公司25%的股票，还购买了大西洋轮船总公司的股票。1931年9月法国政府给予全国商业银行20亿法郎的贷款，最终使该银行有能力还清债务和有能力履行它的职能。

　　1937年的铁路国有化开启了法国的国有化。1937年11月，在危机的压力下，全国铁路公司的负责人勒内·梅埃尔同法国政府就公司的铁路实行国有化问题进行了谈判。当时政府已拥有该公司51%的股票，但这家公司的经营仍不受政府控制。

　　在20世纪20年代到30年代大萧条的影响下，在法国有组织资本主义的观念逐渐取代了传统的经济自由主义原则。在知识分子、工业管理者和公务员中，越来越多的人主张政府干预经济和根据"专家治国论"来对付危机。

1945年到1946年，法国制定了一系列国有化的法律。全国抵抗委员会在其纲领中规定，"大型国有化生产资料归国家所有"。戴高乐在1945年3月2日的演说中强调："国家的任务是把主要能源（煤、电、油）的供应，主要运输工具（铁路、轮船、飞机），以及它们所依赖的划汇调拨手段都归国家自己利用。"政府希望"结束久已成为人民负担的各种利益集合与联合在一起的大企业"，以满足公共利益。

在第二次世界大战期间，法国政府采取了加强对经济控制为特征的战时经济政策。这些政策包括控制外贸、规定禁止进口和出口的物品、严格控制货币兑换以防止通货膨胀。政府还采取了国家指导生产的一系列措施，控制劳动力流动，控制进口机器分配。根据战争的需要在工业家之间分配原料和中间产品，由政府决定哪些企业应当得到优先照顾。1940年比舍隆成立了"组织委员会"。该组织对商业企业享有广泛的权力，甚至掌握了官方的强制性手段，它的任务是执行中央分配局的指示。1945年实际发挥作用的委员会有231个，掌管着一批企业。当时提出了以政府和经济寡头合作为基本思路的管理国民经济的办法。这种构想极大地影响了战后法国国家的经济政策。但是，当时的经济体制实际上是二元的，一方面是配给经济，另一方面是黑市，因此体制上是混乱的。

法国在第二次世界大战时期只是在少数国有企业和几家混合制企业实行了国有制。战争带来了重大的政治变化，使得国有制企业大规模地发展起来并为法国人士广泛接受。国有化计划得到戴高乐的赞成。在法国，国有化纲领不是狭隘的政党政治的产物，而被认为是

"民族的工作",是一个"抵抗和反对私人垄断的联盟"。法国国有化纲领设计与英国的国有化有所不同,它涉及了更多的部门。但是在法国的银行业和保险业中,又给国有制和私有制的竞争留下了空间。

以后,戴高乐政府继承了过去的政策,提出国家应当组织和指导经济,刺激经济发展,同时缓解紧张的社会关系。1944年12月通过了第一个国有化法令,把煤矿业列入国有化部门。几个月后,国家对煤气和电业主要的企业实现了国有化。1945年2月,将法兰西银行剩余的股份收归国有。在此同时,金融部门重组,4家最大的储蓄银行收归国有,大部分保险业收归国有。最后,若干单个的大企业,如雷纳公司、化学和宇航公司收归国有。这样,国有制企业成为法国经济重建的关键部门。第二次世界大战以后,具有强烈的国家干涉主义和为人们广泛接受的国家所有制倾向的政策模式,一直持续到密特朗总统执政时期1982年国有化纲领的提出。

1945年以后,"统制经济"被法国作为经济政策的基本方向。它采取了三种形式。第一种形式是一系列重要的工业部门全部或是部分国有化。第二种形式是继续战时保护新价格和数量控制的措施。以后,价格在相当大程度上得到放松。第三种形式是实施法国"计划"。法国一些人士提出,要保证经济稳定、全部就业和有效生产,就需要有国家计划。当时国家计划的思想已经深入到一些进步雇主、政府顾问和工会会员中。法国先后制定了一系列的计划,使国家对投资起支配性的影响。法国计划和社会主义国家的计划经济不同,前者具有灵活性,它的作用是指导生产而不是控制生产。

1946年制定的宪法宣布:"所有一切已经具有和将要具有为全民服务,或事实上具有或将要具有垄断财富性质的企业,必须全部成为全社会的财产"。1945年1月雷诺工厂实行了国有化，罗纳诺默公司也实行了国有化，后来将它改组为全国飞机发动机研制公司。此外，1946年4至5月电力和煤气的生产和供应实现了国有化。1946年煤矿实现了国有化，煤气和电力部门也实现了国有化。随后，国家投入大量资金实施煤矿现代化。在莱茵河和罗纳河上建造水力发电厂。[①]

国有化的第二个大的部门是银行业和保险业。1936年法兰西银行实行了部分国有化，接受国家全面管理。1945年2月到1946年4月，大多数大型储蓄银行和34家保险公司实现了国有化。此外，对法国航空公司、飞机发动机制造厂和雷诺汽车公司实行了国有化。

如果按照会计学的分类方法把国家拥有30%以上资本的企业通称为国有企业的话，那么法国国营企业的分支机构1967年为256家，1972年为527家。在这个时期，国营企业和私营企业都在加快发展。

第二次世界大战以后，法国政府加紧了对经济领域的干预。法国政府的干预主要表现在三项措施上。第一项措施是对价格加以干涉。法国政府在1945年制定了几项备忘录，授权政府对工商业企业的价格强行控制，这些备忘录从来没有被废除过。在1952年实行严格的价格控制。1957年进行了第二次控制价格的尝试。1953年德斯坦制定了稳定化计划，当时制定了严格的条例，对价格的控制达到了高潮。第二项措施是对货币和信贷加以控制，推行预算政策，主要是控制短期资本外逸。从1971年起，法兰西银行以浮动汇率代替固定汇率，并在1972年初取消了最高贴现率的限制。1967年法国采取了无报酬的强制准备金制度，从

---

① ［意］卡洛·M.奇波拉主编：《欧洲经济史》第六卷上册，李子英、崔书香译，商务印书馆1991年版，第71页。［法］弗朗索瓦·卡龙：《现代法国经济史》，英健良、方廷钰译，商务印馆1991年版，第263页。

1973年起扩大到银行和其他金融机构可获得的信贷。这项措施成为控制信贷的有力手段。其间，在1963年3月到1965年6月，以及1968年1月至1970年11月，政府在数量上对扩大银行信贷实行强制性限制，采取"信用紧缩"政策。从五十年代初开始，法国政府把公共投资作为调整和控制经济形势的手段。1954年至1955年埃德加·富尔政府把财政开支用作推动经济发展的资金，以后在1959至1960年和1962年也采取了类似的措施。1969年法国设立了用于发展经济的基金。1974年在极其严重的困难形势下，法国采取巨额预算计划，通过公共投资来达到恢复经济的目标。

从60年代初期，在法国通货膨胀严重的背景下，戴高乐、蓬皮杜和德斯坦为保卫法郎亲自进行干预，推行经济调整政策。为了减少资本供应，德斯坦在1963年9月提出稳定计划，发行20亿法郎的债券，推行信用紧缩政策和鼓励储蓄，制定了一个庞大的计划以"重新形成法国的信贷结构"。它在鼓励进口并采用现代方式进行销售的同时，重新实行物价冻结政策，并把这一政策一直推行到1966年。这些措施使物价下降，经济活动变得平稳。 1967年政府采取了恢复经济的措施，在1967年6月实行了新的信贷政策。1968年德姆维尔政府采取了为中小企业提供信贷的便利措施，并限制税收和严格控制物价，但这项政策没有取得成功。德斯坦在物价飞腾的情况下，在1974年6月实行稳定计划，使用财政手段来调节经济，政府负责缩减投资或使投资更具有选择性，以避免通货膨胀。在1974年出现经济下滑后，政府采取预算措施、货币措施和加强物价控制等措施来复苏经济。

法国在因时而异地采取经济调整政策的同时，从50年代开始加强对经济的计划，提出了"法国式"计划。法国政府先后提出了7个计划。

第一个计划（1947—1950年）是让·莫内制定的。第二次世界大战期间莫内曾在美国领导法国的采购工作。莫内计划的目标是使工业和农业产量超过1929年的25%，并显著地提高生活水平。他的办法是发展和更新一些基础部门，如煤、电、钢铁、水泥、运输，克服制约经济发展的瓶颈。法国投资于装备现代化的基金来自美国的援助。在第一个计划的前两年，物价水平高涨。1946—1948年批发价格上涨了5倍，达到相当于1938年价格的20倍。到20世纪50年代开始时，大量直接控制的措施解除了，法国计划的实施不再依靠强制性措施来进行。①

第二个计划 （1952—1957年）是集中力量促使科学和技术的发展，提高工业生产力和专业化程度，扩大职业训练和扩大农产品的销路，保证充分就业和加速经济增长，使工业年增长6%。它把计划作为指导经济的手段，还制定了住房建造计划。

鉴于在第二个计划实施时财政赤字达到每年6.5亿美元，同时考虑到当时共同市场已经建立的新情况，法国政府制定了第三个计划（1958—1961年）。其任务是恢复国际收支平衡、提高生产率，使法国能够进入共同市场，为年轻人提供职业训练和教育。计划预计能使全国产量比1975年增加20%。

第四个计划（1962—1965年）涉及改善老人、低工资收入者和农民的生活，以及落后地区的发展。它提出4项主要目标：总产值年增长率达到5.5%，总增长率达到24%；稳定国际收支；增加包括住房在内的几种公共投资的比例；通过适当的干预促进地区的发展。

---

① Vera Lutz, "The French 'Mirale'", in Jossleyn Hennessy, Vera Lutz and Giuseppe Scimone, Economic "Miracles".Andre Dentsch, 1964. p. 81.

第五个计划（1966—1970年）规定年增长率为5%。这一计划没有对各个经济部门分配确切的指标，但在收入方面提出了新的要求，制定了收入增长与生产发展相平衡的原则。具体的规定包括，在法国西部实行工业化，那里的工业就业率要达到35%—40%，公共财政支出计划中的投资优先给予学校、医院、电信和城市规划。这个计划的重点放在社会发展和一些区域的发展。[①]

在第五个计划实施的过程中，加速集中化是法国政府促进企业的国际竞争力的一个重要的措施。政府试图通过加快组织和发展以法国资本为基础的具有国际地位的集团，来加强法国经济的竞争能力。具体措施是把原来分散的企业从技术上、商业上和财政上集中起来，形成一些大的集团。法国政府采取了一系列刺激的措施。早在1955年政府就颁布了提供各种贷款和额外津贴的法令。1965年7月2日的立法规定，合并的企业可以享受特别的税收减免待遇。[②]

在实施第六个计划（1970—1975年）的过程中，表现出明显的"专家治国"的倾向。提出和指导实行"法国计划"的机构是"计划官员署"。这一机构最初规模很小，但是到了第六个计划开始之前，它邀请了大批顾问人员参加，建立了三个咨询委员会。其中第一个机构是计划跨部门委员会，它由总理、财政部部长和其他与计划活动有关的部长组成，它的职责是"按照准备执行计划"。第二个机构是计划高级委员会。它由三类人士组成，即前政府部门和官员的代表、向政府和利益

① 克洛德·福朗：《1920—1970年的法国》，载，［意］卡洛·M.奇波拉主编：《欧洲经济史》第六卷上册，李子英、崔书香译，商务印书馆1991年版，第73—74页。
② ［法］弗朗索瓦·卡龙：《现代法国经济史》，吴良健、方廷钰译，商务印书馆1991年版，第265页。

集团咨询后推选的代表、由总理和财政部部长提名的独立个人。[①]到第六个计划期间，它扩展到100多个委员会，参加的机关工作人员超过了4000人。

在第七个计划（1970—1974年）实施过程中，成立了发展、就业和筹资委员会、外贸委员会、社会不平等委员会和城乡规划委员会共4个委员会。[②]在第七个计划开始前，法国修改了科技政策。科技事务局制定了一项"全面面向工业的政策"，确认科学的发展一定要服从社会和国家的需要，尤其要服从当时工业政策的需要。为了使科研工作尽量带有"生产的性质"，重点放在使用而不是基础研究上。国家的科研经费大大增加。1958年科研经费在国家预算中占2.46%，1967年占6.22%，1969年占5.2%。1969年科研总经费77亿法郎中，国家支出部分占到88%。[③]

法国计划的实施缩短了投资周期，而根据计划确定的投资规模甚大。法国计划在全国实施起到克服经济发展不稳定的作用。调查表明，大部分法国工业企业都了解法国计划的发展目标，某些大企业已经把自己的经营决策与法国计划联系起来。有调查说，将近有一半雇佣5000人以上的企业的决策受到法国计划的影响。几乎每家企业在发展中都考虑到未来的经营管理问题。[④]前后相继的法国计划在某种程

---

① Nikolaos Zahariadis, Markets States and Public Policy, Privatization in Britain and France. Ann Arbor, The University of Michigan Press, 1995. p. 119.

② ［法］弗朗索瓦·卡龙：《现代法国经济史》，吴良健、方廷钰译，商务印书馆1991年版，第286页。

③ ［法］弗朗索瓦·卡龙：《现代法国经济史》，吴良健、方廷钰译，商务印书馆1991年版，第301–303页。

④ ［法］弗朗索瓦·卡龙：《现代法国经济史》，吴良健、方廷钰译，商务印书馆1991年版，第287页。

度上起到了国家对经济发展的规划、引导和间接调控的作用，具有与国有化相似的趋势。

1972年法国社会党、法国共产党和左翼激进派签署了一项《共同纲领》，提出了国有化的计划。《共同纲领》写道："为了摧毁大资本的支配地位，确立与大资本实行的不同的经济和社会政策，政府将把现在控制在占统治地位的资本主义集团手中的最重要的生产资料和金融设施转变为集体所有。"根据1982年工业部长官署的表述，"基本变革的本质是扩大共有部分；以利用国有公司的经济框架实行国际竞争。"①

1981年12月8日，法国国民议会通过了《国有化法规》。1982年2月11日，密特朗政府颁布了《国有化法令》，决定在工业、金融等领域对大型私人企业实行国有化。这批国有化的企业包括：5个大的国际集团（汤姆森–勃兰特公司、电力设备公司［CGE］、贝西奈-犹齐纳-库尔曼集团、圣戈班桥穆松公司和基本化学公司），两个负债的钢铁公司（于斯诺公司和马特拉公司）、3个完全或部分被外国跨国公司控制的工业集团（甜心牛IC卡公司、电话建设总公司、鲁塞尔-于克拉弗公司）等。这次国有化大大提高了国有经济在法国经济中的比重。②密特朗政府希望通过实行国有化，帮助法国克服失业和通货膨胀危机。但是，在社会党执政一年后，法国的国有化措施只取得了一些短期成果，激进措施超过了社会能够接受的程度。于是，在1982年7月通过了《计划改革方案》，提出了新的指导思想：既要保证国家对经济的指导作用和计划目标的实现，又要放松对企业的监督，尊重

---

① W.Rand Smith, "Nationaliizations for What? Capitalist Power and Public Enterprise in Mitterrant's France" *Politics & Society*, 18, No.1（1990），pp. 78–81.

② W. Rand Smith, "Nationaliizations for What? Capitalist Power and Public Enterprise in MItterrant's France" *Politics & Society*, 18, No. 1（1990）.

和扩大企业的自主权。

经过20世纪80年代的国有化浪潮，到80年代末，法国工业各部门中国有企业已占到相当的比例。邮政业为100%，电信业为100%，电力业为100%，煤炭业为100%，铁路业为100%。航空业为75%，汽车业为50%，钢工业为75%，造船工业中没有国有化企业。在美国、日本、德国、意大利、英国、加拿大和法国这7个经合组织国家中，法国国有化的程度最高。1986年以后，新上台的总理希拉克否定了国有化政策，实施了把先前的国有企业私有化的政策。根据1986年的纲领出售了65家国有企业。其中包括9个工业集团，38家银行、13家保险公司、4家金融公司和1家电视台。在对上述65家公司私有化的过程中，其中29家私有化的公司涉及了大约50万名雇员。法国一共对1454家企业（包括附属的公司）实行了私有化。1993年爱德华·巴拉迪尔总理宣布了新的私有化纲领。实行私有化的企业包括了列入希拉克私有化名单而尚未私有化的12个大型国有企业，此外加上9家先前没有准备出售的公司，[①]其中包括埃多夫·阿奎坦公司（卖得32亿法郎）、巴黎银行（卖得136亿法郎）、圣戈班集团（卖得82亿法郎）、阿尔萨斯兴业银行（卖得7亿法郎）、法国商业信贷银行（卖得43亿法郎）、法国燃气苏伊士集团（卖得155亿法郎）、法国电视一台（卖得43亿法郎）、法国巴黎银行（卖得279亿法郎）、基本化学公司（卖得43亿法郎）等。[②]

---

① Nikolaos Zahariadis，Markets，States，and Public Policy，Privatization in Britain and France. Ann Arbor，The University of Michigan Press，1995. p. 117.

② Nikolaos Zahariadis，Markets，States，and Public Policy，Privatization in Britain and France. Ann Arbor，The University of Michigan Press，1995. p. 118. Table 5. 1：Major French Privatizations，1986—1988 and 1993.

德国国有化的百分比在邮政业中为100%，在电信业中为100%，在电力部门中为75%，在天然气工业中为50%，在石油企业中为25%，在煤炭企业中为50%，在铁路部门中为100%，在航公司中为100%，在汽车制造业中为25%，在造船企业中为25%。

意大利国有化的百分比在邮政业中为100%，在电信业中为100%，在电力部门中为75%，在天然气工业中为100%，在石油企业中为100%，在煤炭企业中为100%，在铁路部门中为100%，在航空公司中为75%，在汽车制造业中为75%。

英国国有化的百分比在邮政业中为100%，在电力部门中为100%，在天然气工业中为25%，在石油企业中为25%，在煤炭企业中是50%，在铁路部门中为100%，在汽车钢铁业中为75%，在造船业中为25%。

美国国有化的百分比例较低，在邮政业中为91%，在电力部门中为25%，在铁路部门中为25%。

日本国有化的百分比也较低，在邮政业中为100%，在电信业中为33%，在铁路业为25%。

加拿大国有化的比例不高，在邮政业中为100%，在电信业中为25%，在电力部门中为100%，在铁路部门中为75%，在航空公司中为75%。[1]

---

[1] Nikolaos Zahariadis, Markets, States, and Public Policy, Privatization in Britain and France. Ann Arbor, The University of Michigan Press, 1995. p. 12. Table 1. 1.

第六章
对资本主义制度挑战的力量

到了20世纪，随着资本主义的发展，西方社会结构发生了重大的变化①，中产阶级兴起，产业工人的革命精神衰退，马克思在19世纪中叶建立的阶级斗争和阶级冲突的理论框架已经不足以解释20世纪以来的社会现实和社会冲突的形式了。必须根据马克思以后的历史发展的事实对马克思的模式作相应的修改。

20世纪下半叶，在发达资本主义条件下的社会冲突自然是"来自社会下层的压力"，但它不仅包括有组织的劳工运动，而且出现了被称为"新社会运动"的力量。它包括学生运动、妇女运动、黑人运动等基于性、民族和种族划分、性别的选择、环境保护和裁军展开的运动和斗争，此外还有神学解放运动。这些运动与过去几十年中很有限的有组织的劳工运动相比，显得格外激进，富于创新精神和挑战性。②它们统称为新社会运动。新社会运动围绕着这些问题把群众组

---

① 沈汉：《西方社会结构的演变——从中古到20世纪》，珠海出版社1998年版，第256-364页，第四编，"当代资本主义社会结构"。

② Ralph Miliband，Divided Societies.Class Struggle in Contemporary Capitalism. Oxford，Clarendon Press. 1989. pp. 17，95.

织起来，在事实上形成了对资本主义社会的冲击。这些运动的绝大部分是由资产阶级和小资产阶级领导的，而他们的支持者主要也不是工人阶级。但不管它们的阶级构成如何混杂，新社会运动具有共同特点，即它们与资本主义社会现行的权力结构、目前的政治决策及一般的思维模式相对立。可以视为具有不同政见者的使命。他们的运动构成了资本主义社会中来自下层的压力，因为他们为居民中受剥削压迫的那部分人说话，为少数人说话。密里本德指出："这种来自下层的压力的许多方面与阶级斗争密切相关，而且真正是属于阶级斗争的一部分。"[①]波尔塔和卡安妮认为，国内化抗议与外部化的抗议是欧洲社会运动的潜在力量，它导致社会动员以及新的公共空间，这也成为增加欧洲民主的潜在力量。

第一节　学生运动

20世纪60年代，在欧美主要资本主义国家爆发了此起彼伏的学生造反运动，其规模之大、范围之广，在历史上前所未闻，形成了第二次世界大战结束后左翼运动的高峰。这次学生运动对于资本主义文化和教育制度、对于帝国主义的侵略战争政策、对于资本主义的制度，都作了尖锐的批判，震动了西方社会。

60年代学生运动的起因在不同的西方国家中不相同。在美国、英

---

① Ralph Miliband, Divided Societies. Class Struggle in Contemporary Capitalism. Oxford, Clarendon Press. 1989. pp. 96–97.

国和联邦德国，学生运动的爆发与政治关系密切，而法国"五月风暴"则源于青年学生的道德和文化反叛。在法国，导致大学生不满情绪爆发的直接原因，是学校当局对男女学生宿舍实行严格的分离。教育部和学校颁布了严格禁止男女学生自由进出对方寝室的条规。废除这一条规，成为"五月风暴"掀起前三年学生斗争的直接目标。1965年秋季，在巴黎最大的学生宿舍区安东尼区，1700名学生用强力阻止在女生宿舍前建造看门人的传达室，在三个月中示威不断。1967年春季，在楠泰尔学院又发生了男生为进入女生宿舍而引起的骚动，学校召来了消防队和警察。由于这场冲突，一名督导被解雇。1968年2月圣瓦伦丁节，学生为争取在男女生宿舍之间自由走动而发动的骚动在法国全国爆发。随后，教育部长佩雷菲特重申禁令。这成为学生的不满发展为与政府对抗的原因之一。法国学生从反对限制男女学生交往的大学当局开始，进而把斗争矛头对准整个教育制度和资产阶级国家。

性解放是当时西方青年学生反对传统道德规范束缚、争取个性解放的文化反抗的口号。1965年8月，在美国学生运动高潮中，"性自由联盟"曾在加州大学校园内组织了裸体示威游行。[1]在法国"五月风暴"中，学生曾表示说："我越谈恋爱，我就越要造反，因而我也越要谈恋爱。"[2]但是，性解放绝非60年代学生运动全部或主要的文化批判内容。参加学生运动的青年学生把骚动不安的青春欲求、性解放、道德反叛与政治要求混杂在一起，奏出了时代动荡的合奏曲。对

---

[1] Patrick Seale，Maureen Mc Conville. Red Flag/ Black Flag：French Revolution 1968. New York，Putnam's Sons. 1968.

[2] David Lance Goines. The Free Speech Movement. Coming of Agein the 1960 s. California，Berkeley，Ten Speed Press，1993.

资本主义教育制度的批判从一开始就是法国学生运动的一个重要内容。而且，对教育制度进而对社会制度批判的内容立即在运动中压倒了性解放的要求，成为"五月风暴"的基调。

检索一下"五月风暴"前后的历史时间表，不难看出学生运动在5月以前已经迅速深化，从对教育的批判发展到对社会的政治批判。

1967年11月20日，法国索邦大学学生委员会发布了第一号传单，要求教师"不要讲那些无价值的东西，不要柏格森式的叽里咕噜，不要那些驯猴似的考试"。传单在最后写道："我们明白，没有一场革命，实现这些目标显然是不可能的。"

1968年3月"法国学生全国联盟"的出版物《法兰西学生》增刊的文章说："如果我们要使社会教育体制避免完全崩溃的话，推翻现存的结构是极其必要的。"[①]1968年3月22日社会学系学生发表的题为《社会学家为什么这样？》的文章，它将社会学存在的问题归结为社会学家充当了资产阶级社会的工具。文章说："社会学的兴起日渐为通过理性化的实践以服务于资产阶级社会要求的目标所束缚"。"有组织的资本主义的实践导致了巨大的矛盾"，"我们的社会学家在充当一只'看门狗'的同时，也会为拼凑社会学的'理论'作出些贡献"。[②]

60年代西方学生运动就其起因而论，在不止一个西方国家中，学生运动的爆发有着重要的外部因素。它在不同程度上受到第三世界反对帝国主义、资本主义、新老殖民主义的民族解放运动和革命运动的

---

① Alain Schnapp, Pierre Vidal-Naquet. The French Student Uprising, Nov. 1967—June 1968. Boston, Beacon Press, 1970.

② Alain Schnapp, Pierre Vidal-Naquet, The French Student Uprising, Nov. 1967—June 1968. Boston, Beacon Press, 1970.

影响。在个别国家，第三世界民族解放运动对发达资本主义国家的影响甚至成为诱发大规模学生运动的主要原因。这是60年代西方学生运动与19世纪群众运动和革命运动的一个重要不同之处。

第三世界的民族解放运动和革命武装斗争在"冷战"的格局下使得美国政府和其他西方资本主义国家极度恐慌。帝国主义国家的政策向右急转，美国政府对东南亚的革命运动和民族解放运动采取大规模武装干涉的政策。正如马尔库塞评述的，"西方世界达到了一个新的发展阶段。今天，为了保护资本主义制度，需要把内部的反革命与外部的反革命都组织起来。反革命最极端的表现形式就是继续施行纳粹政权的暴行。在印度支那、印度尼西亚、刚果、尼日利亚、巴基斯坦以及苏丹，进行了可怕的屠杀，这场屠杀或是针对所有称为'共产主义'的东西，或者针对所有反对为帝国主义国家效劳的政府的活动"[①]。美国的镇压和战争政策，则对第三世界的民族解放运动和革命斗争起了同样的作用，它激起了本国学生青年对美国政府反动政策的不满。在美国、英国和联邦德国，反对美国政府侵略印度支那的战争政策，反对在大学校园里招募军官、士兵和培训后备军官，反对大学的科研与军事工业相结合，以及反对美国以外其他国家政府支持美军进行越战的政策，成为这些国家大规模学生运动的重要原因。反对罗得西亚种族主义是60年代英国伦敦经济学院学生运动的一个动因。70年代初美国侵略柬埔寨，则激起了美国学生反叛运动最后的高潮。第三世界革命运动和民族解放运动对西方学生运动起了重要的促进作用。

---

① Alain Schnapp, Pierre Vidal-Naquet, The French Student Uprising , Nov. 1967—June. 1968. Boston, Beacon Press, 1970.

60年代西方学生运动是一次发生在资本主义世界体系形成和资本主义全球化形成时期的运动。在资本主义世界体系形成的历史条件下，西方发达资本主义国家国内政治生活已不仅仅受到本国政治和社会矛盾的影响，发生在第三世界的革命浪潮也反过来冲击着西方帝国主义国家，赋予这些国家的左翼力量和学生青年批判和反对资本主义和帝国主义的灵感、激情和力量。这是19世纪旧式革命运动中从未具有过的新动力。在全球化时代，资本主义制度的力量毋庸置疑是相当强大，发达资本主义国家的社会相对稳定，资本主义制度的困境和矛盾往往在其边缘地带，即在与第三世界国家的关系上暴露出来。新的反资本主义的力量和运动往往会从边缘地带滋生发展起来。阶级冲突和社会冲突将在全球范围内展开。60年代西方学生运动这一特征前瞻性地预示了这一点。

20世纪60年代学生运动的参加者大多是中产阶级或中产阶级下层的子女。他们在大学期间一般是较优秀的学生。美国加州大学伯克利分校古典文学系主任约瑟夫·方廷罗斯曾有如下评述："自由言论运动的领袖代表了新一代学子……他们都是好学生，他们严肃，有奉献精神，负责任，有献身民主观念。"有人对1964年12月初美国一次静坐示威中被捕的自由言论运动参加者作过分析，结论是他们绝大多数是高出一般水准的学生。被捕的大学生中有47%均分在3分（即B级）以上，有71%的被捕研究生均分在3.5分（即在B级与A级之间）以上。根据1964年11月在社会学系教授罗伯特·萨默斯监督下进行的调查，在被采访的学生中，均分达到B级或更高级别的人中，45%是支持自由言论运动的，只有10%反对自由言论运动。而在B级或以下级别的学生中，有1/3反对自由言论运动，只有15%的学生支持自由言论运动。[1]

从整个学生团体来说，其成员的社会来源纷杂，绝大多数学生不是来自工人阶级家庭。法国共产党曾对法国学生团体的构成做过阶级分析，结论如下：领工资的农业工人子女占0.6%；农场主的子女为5.6%；文职人员子女为0.9%，蓝领工人的子女为6.4%；白领工人的子女为7.9%；工业和商业部门总经理的子女为17.7%；中层经理人员的子女占17.8%；自由职业者和上层经理的子女为28.5%；无职业但拥有财产的人士的子女为7.6%；出身于其他家庭的学生为7.6%。[2]

学生运动最初阶段并没有超过中产阶级运动的范畴。巴黎索邦大学的占领者在《对权力的想像》一文中表述说："资产阶级革命是司法革命；无产阶级革命是经济革命；我们的革命是社会和文化的革命，其目的是使人能实现自我"[3]。在美国，从1964年9月在加州大学伯克利分校开展的自由言论运动，其要求没有超出资产阶级民主、自由的范畴。美国60年代学生运动最重要的组织"争取民主社会学生组织"，在它1960年创立和在1962年提出的《休伦港声明》中，将其目标限于人道主义、个人主义和参与民主制。然而，到1968年秋季以后，这个组织提出要"成为一个革命的青年运动"，并于1968年12月分裂出了"气象员"派。此时，它提出把与世界范围内的解放力量团结一致和"创立一个革命群众运动"作为其目标，[4]向"左倾"政治

---

[1] H. Draper. Berkeley：The New Student Revolt. New York. 1965. pp. 13-14.

[2] Morris Dickstein. Gates of Eden：American Culture in the Sixties. 上海外语教育出版社，1985年。

[3] H. Draper. Berkeley：The New Student Revolt. New York，1965.

[4] Richard Johnson. The French Communist Party versus the Students. Revolutionary Politics in May—June 1968. Yale University Press. 1972.

方向迅速转变。

从整体上来看，60年代美国、法国、西德和英国学生运动在使用的话语和实际活动中，具有"左倾"政治化的鲜明特征。

在60年代西方各国，马克思、马尔库塞和毛泽东被简称为"三M"，成为西方学生运动参加者的革命偶像。影响学生运动并在学生运动中极为活跃的还有各种左翼和极"左"的政治组织、信奉极端革命论的"第四国际"的托洛茨基派。到了学生运动后期，美国和联邦德国的学生运动在资本主义国家的压力和打击下，学生骨干中革命盲动策略占据上风，成立了极"左"的派别组织，甚至采取了不恰当的密谋暗杀和爆炸等消极反抗的活动方式，严重脱离群众，组织内部也发生分裂，最终遭到镇压。

学生运动开始后的"左倾"政治化可以从学生组织依据阶级理论，对学生与工人阶级结合问题的陈述中窥见。"法国学生全国联盟"发布的一份文件指出，与现存大学对抗和与现政权对抗是不可分割的。文件强调了"学生斗争与工人斗争相联系"的目标。文件指出："只有当工人自身进行斗争时，现政权才可能垮台。这就是说，变革社会的主要力量是工人阶级，工人应该掌握自己的命运，从现在起就应在所有企业中向雇主的权力展开攻击。"①学生组织在其文件中，反复提出要与工人运动结合并改造自身思想。他们对毛泽东有关知识分子与工农相结合以改造自己思想的理论烂熟于心。

在美国，"争取民主社会学生组织"在1968年秋季提出，要"决定它对于工人阶级的方向"，"在校园内外都要扩展到新的民众中去，

---

① G. and D. Cohn Bendit，Obsolete Communism. The Left Wing Alternative. London，1969.

并把'争取民主社会学生组织'组织成一个革命的青年运动。"①从
"争取民主社会学生组织"中分裂出了革命派别"气象员"。这个
派别认为，要在国内开辟一条反帝战线，包括在需要时进行武装斗
争，与世界范围内的"解放力量"团结一致。声明最后宣布，必须
创建一个以城市的白人、青年人的武装力量为基础组成的、"具有处
于秘密状态的自力更生的骨干组织""集中化组织的'革命党'"。
1969年9月芝加哥大会以后，"气象员"开始实行全国行动计划，宣布
要"把战争引向国内"。《新左派短简》将这个口号印在刊物的封面
上。②1970年《新左派短简》发表的题为《下一次是大火》的文章，
甚至提出了"我们的计划是通过一场社会主义革命完全重组美国"的
极"左"的口号。③

　　在联邦德国，学生运动活动家鲁迪·杜切克在1968年初提出了
"穿透整个制度的长征"的策略口号。他认为，学生运动在未来应
采取的做法，是"加深在社会不同层次（高级中学、假期培训学院、
大学、著名的工业部门，等等）……业已存在的矛盾……以此分裂
代议制制度整体的各部分和分支，并把他们争取过来转入革命者阵
营。""颠覆性地利用复杂的国家—社会机器中可能有的矛盾，以此在
一个长期的过程中摧毁它。"④在联邦德国，学生运动参加者先后建
立了"革命细胞组织""红军党团""六二运动"，进行了大量小规模
的恐怖活动。

---

① 许明龙，"1968年法国五月风暴资料选"，《世界史研究动态》，1984年第5期。

② Harold Jacobs. Wealtherman. Ramparts Press. 1970.

③ Kirpatrick Sale. SDS. New York，Vintage Books，1974.

④ Ronald Fraser，1968：A Student Generation in Revolt. London，Chatto and Windus，1968.
p.138.

60年代西方学生运动极端的"左"倾政治化，表明这个运动已部分超出了传统的中产阶级知识分子运动的性质。然而，极"左"的冒险主义策略又反映了青年学生面对强大的资本主义制度时的不成熟和无奈。

20世纪60年代西方学生运动标志着二战结束后西方左翼政治力量发展的峰巅。它的余波持续到70年代最初几年，而后便急剧地衰落和瓦解了。以后便是保守主义的泛滥和苏联、东欧社会主义国家的解体。60年代以后在西方兴起的"新社会运动"无论在规模和锋芒上都无法与60年代学生运动相比。

第二节　女权运动

女权运动的前身在19世纪就已开始了。"女权主义"这一术语在19世纪80年代首次出现在英文中，它旨在支持男女平等的法律和政治权利。[①]那以后，这个词的含义处于演变中，各派对它有不同的解释。

美国在1890年2月建立了全美妇女选举权协会。20世纪60年代美国民权运动开展，黑人妇女积极参加了这一运动。它的基本要求是强调两性之间分工的自然性，消除男女同工不同酬的现象，要求在两性社会关系中忽略把两性差别看作是女性依附于男性的基础的观点，要求本领域对公众开放。

---

① 瓦莱里·布赖森：《女权主义政治理论引论》，载，李银河主编，林春、谭深副主编：《妇女：最漫长的革命——当代女权主义理论精选》，生活·读书·新知三联书店1997年版。

从20世纪初到20世纪60年代，经历了两次世界大战，殖民制度瓦解，社会矛盾和冲突的内容发生了很大的变化。女权主义在这个大动荡的时期得到蓬勃发展。这个时期，第二代女权主义分道扬镳，形成了以凯特·米丽特、凯瑟琳·麦金农等人为代表的"激进主义女权主义"，以朱丽叶·米切尔为代表的"马克思主义/社会主义女权主义"和以贝蒂·佛里丹等人为代表的"自由主义女权主义"。马克思主义/社会主义女权主义主要是从经济和阶级斗争方面要求妇女和男性的平等，要求妇女的物质地位。"激进女权主义"和"自由女权主义"却是在性方面诉求女性的"解放"。她们挑战的是整个男性社会，挑战"性阶级"体制。美国的凯特·米丽特在她的《性政治学》（1970年）一书引入"父权制"的概念，她认为妇女受压迫的根源是"父权制"。她们将女性和男性完全对立起来：男人是敌人，女人是朋友；男人暴躁，女人温柔；男人是迫害者，女人是被迫害者；男人是压迫者，女人是被压迫者；男人是战争贩子，女人是和平主义者；男人是胜利者，女人是失败者；等等。这种简单的二分法，受到以后的后现代女权主义的批判。不过，这一时期的女权主义，尤其是激进和自由女权主义对"性解放"的诉求，对一批女权主义作家产生很大影响。弗吉利亚·伍尔芙和莱莘等人的作品虽然有后现代的痕迹，可是基本上是这一时期女权主义在文学上的代表。此外，女权主义文学的代表人物还有杜拉斯和米兰·昆德拉。

1963年8月，数十万示威者在华盛顿纪念碑前，聆听金和其他黑人领袖的演讲。当时，黑人女权先驱和民权教母黑人女士多萝西·海特便站在马丁·路德·金的旁边，仅一臂之遥。在讲台上，作为这次活动重要组织者的海特却没有发言。她的沉默意味深长。

　　妇女在民权运动中的地位不可小视。有学者做过统计，在1964年以前的民权运动中，黑人女性的参与要比男性多。在30到50岁的年龄段，黑人女性的参与人数是男性的三到四倍，她们为民权活动家提供各种支持。一名民权人士写道："总是有一位'妈妈'在场。""她通常是社区中争强好胜的女人，语言坦率、善解人意，情愿赴汤蹈火。""她白天砍一整天棉花，傍晚又给几十人准备美餐，然后就在前面的门廊坐到半夜，怀里横摆着一支短枪，用以保护在她家住宿的宣传队。"除了洗衣做饭之外，她们在诸多民权活动中也都是主要参与者和组织者，起着运动脊梁的作用。

　　当时的美国，妇女对社会关系比较重视，南方黑人女性有着虔诚的宗教信仰，拥有发达的宗教组织体系。因此，长期从事社区和教堂工作的黑人妇女就为民权运动提供了重要组织基础和活动平台。在当时的群众游行、不合作运动以及动员选民等民权斗争活动中，黑人妇女都是主要参与者。

　　美国"民权教母"多萝西·海特，当时是全国黑人妇女协会的主席，她在一开始就参与了"民权领袖联合委员会"的讨论与协商工作，是6位主要男性领袖之外的第7人，被称为美国"国家宝藏"。当她要求在游行中体现出女性的参与和女性的诉求之时，"民权领袖联合委员会"中还存在着男性沙文主义。历来只要有女性在座，她就要被支使着去端茶倒水、做记录。

　　华盛顿进军之后，许多妇女开始对民权运动表示失望。海特在一次采访中说，民权斗争也是大家的斗争，她不介意谁站在前排。民权运动内部的男女不平等，让她们感到自己是二等公民，并产生幻灭感。民权运动中的这种内在矛盾，是它在20世纪60年代末失去动力最终衰败的原因之一。

女权运动的第三阶段称后现代女权主义运动，它演变为学术界知识分子的思想运动。

1968年国际妇女运动产生了两个分支，即"女权革命运动"和"精神分析与政治组织"。"女权革命运动"代表了美国妇女运动的活动方向，这个分支在理论上认为女人和男人没有什么区别，而"精神分析与政治组织"则代表了法国妇女运动的活动方向，它认为女人是独特的群体。

1968年3月8日国际妇女节，巴黎的"精神分析与政治组织"的成员在市内游行时，高举"打倒女权主义"的标语。这个运动反对"女权主义"这一口号，但支持妇女运动。"精神分析与政治组织"是当时妇女运动的文化中心。她们创办了《妇女周刊》。1968年巴黎的游行是女权主义向后女权主义过渡的标志性事件。

妇女解放运动的发起人是安东妮特·弗克，她是欧洲议会的议员。20世纪60年代曾同拉康一同研究精神分析。1970年在巴黎第八大学开设讲座。她是《妇女周刊》的创办者。

女权革命运动的代言人是莫妮克·卫提，她是美国亚利桑那大学的法语和意大利语教授。她同克里斯丁·德尔菲和西蒙·德·波伏娃一同创办了《女权主义问题》杂志。卫提关心的是社会性别差异的生理根源。1970年成立了女权革命运动小组，她们反对"精神和政治分析组织"，借鉴美国模式反对弗洛伊德的精神分析学，要求平等，主张独立。西蒙·德·波伏娃1968年成为女权主义者并成为女权革命运动小组的成员，她著有《第二性》（1948年）这部女权主义的重要著作。她说，"一个人并非生来就为女人，而是变成为女人"。女权革命运动小组反对生理决定论，即女人臣服于男性标准的观点。

后现代女权主义开始于20世纪60-80年代，它的产生和两个因素有关，一是由于60年代的"性解放"和将男女对立起来的女权思想，带来了无数的家庭破裂、单亲母亲、问题儿童和艾滋病流行，于是人们反思：社会值不值得为性解放和女权主义付出那么大的代价？另一个因素是，80年代以后，越来越多的女人进入了政府、企业、学校和传媒的领导地位，后现代的女权运动应运而生。如果说第二代"现代女权主义"重实践，则第三代"后现代女权主义"更重视超出女性范围的哲学思考，社会主义和性自由的色彩更浓厚。

法国后女权主义者露丝·伊瑞格瑞写了《他者，女人的反射镜》（1974年），她批评拉康的精神分析学派，指出精神分析是父权制的，他并没有认识到它的话语和其他东西一样也是由历史和文化决定的。1970年朱丽叶·米切尔写了开创性的著作《心理分析和女权主义》一书，她认为弗洛伊德的精神分析学为女权主义提供了一个视角，以此来透视男权意识是怎样被男人和女人双方内在化的，同时还为女性主义者提供了一种不依赖于生理上性差异的理解。[1]

第三节　绿党

60年代初美国学者R.卡姆的《寂静的春天》出版，向人类敲起了

---

① ［英］索菲亚·孚卡、瑞·怀特：《后女权主义》，王丽译，文化艺术出版社2003年版。第68页。

生态危机的警钟。人口爆炸、土地沙化、资源枯竭、能源危机、环境污染已使人类陷入了生存的困境。1972年，一个由科学家组成的非政府组织罗马俱乐部发表了研究报告《增长的极限》，向人类报告了能源和环境问题对人类社会与延续的终极制约。极大地影响了各国的经济生产方式、社会生产模式乃至政治发展内涵。1972年第一次联合国环境大会召开，在世界各地产生了巨大的反响。

1960年代末，欧洲逐渐形成了一支绿色政治运动的队伍，它以环境保护、反核、可持续能源等作为其政治诉求。同时在体制内和体制外作抗争和进行改革活动。绿色运动最先在挪威、瑞典、芬兰以及德国开始发展。在其初期常常进行相当激烈的街头抗争与国际性的干预活动。1970年4月22日，美国2000万各阶层人士参加了盛大的环保游行，在街头和校园，游行、集会、演讲和宣传。它的影响日渐扩展到美国国界以外。

70年代初，环境保护运动和学生运动相交错，建立了"自然之友""峰峦俱乐部""绿色和平组织""世界卫士""布伦特兰委员会"等非政府组织。

70年代，呼吁保护环境的非政府组织发展成为绿党。绿党一贯主张非核化、非军事化，坚决反对使用核能。绿党提出了"生态优先"、非暴力、基层民主、反核原则等政治主张，开展环境保护活动。世界上最早成立的绿党是1972年成立的新西兰价值党，以后在澳大利亚、北美、非洲都成立了绿党。1973年在欧洲出现了第一个绿党——英国人民党。1979年德国环保主义者组成了德国绿党。德国外长菲舍尔是德国绿党的党员。

绿党的特征是他们提倡生态的永继生存与社会正义。这使得绿党与传统的资本主义社会的激进运动和社会主义派别大不相同。绿党是由社会运动的行动者组成，他们是一个政治上的弱势群体或是少数族群。绿党提出的4个基本主张是：生态可延续、草根民主、社会正义和世界和平。现在全球已有超过70个绿党组织。在非洲和拉丁美洲建立了绿党的组织联盟。欧洲绿党联合会在1993年成立。1999年绿党在欧洲议会的626个席位中占有了47席。在欧洲17个国家的议会中，绿党议员达到206名。欧盟的15国中，有12个国家的政府中有绿党成员。

绿党根据生态和谐原则，奉行非暴力原则，它反对充满暴力行为和压迫剥削的现存社会。绿党认为，由国家、制度充当主体所实行的暴力是一种结构性的暴力，它是国家和政府强加于社会和个人的压迫和剥削制度。其中最集中的暴力行为是军事上的黩武主义、对妇女的歧视和压迫、以及对第三世界国家和人民的剥削。绿党广泛开展世界和平运动、反对部署核武器运动和要求裁军运动。它主张首先在欧洲实现和平，建设一个没有集团对抗、没有对立的军事组织的欧洲。他们提出德国首先销毁核武器，并单方面裁军，实行社会防御政策。绿党反对对妇女的压迫。他们认为，在现代社会中，妇女是一个最大的受压迫、受剥削的集团，因此，保护妇女权利成为绿党向国家制度暴力发起的最猛烈的进攻。他们提出了大量女权主义的立法，要求同工同酬、教育平等、财产继承、孩子养育以及流产权利。

绿党认为世界秩序充满了结构性暴力和事实上的不平等、不公正，这基本上属于殖民地的遗产。发达国家利用他们在各方面的优势，残酷剥削和掠夺第三世界，是造成发展中国家贫困的主要原因。为此，绿党提出给第三世界以援助，为他们提供一个自力更生、调整经济、谋求发展的机会，减少发展中国家对发达国家的依赖，力求建立一种平等互利、友好合作的伙伴关系。

绿党倡导基层民主的原则，主张人民必须更加直接地控制社会、强调生态、经济和政治力量之间复杂的相互作用。绿党认为，传统的政党政治已和大资本的利益集合在一起，大资本集团通过游说、贿赂、馈赠等各种手段，控制了国家和各级政府的决策，权力日益集中在少数人手中。各政党的上层决策者由于官僚化和等级化的组织结构，已与下层党员和群众脱离，失去了社会责任感，无法再代表下层群众的利益和愿望，他们对现存的社会问题和生态问题负有不可推卸的责任。因此，绿党把基层民主的原则贯彻在组织结构中，通过民主参与的方式吸收更多的民众支持。例如德国绿党在1983年制定的联合纲领中明确地表述："我们决定建立一种新型的党的结构，以不可分割的基层民主和分散化概念为基础的党的结构"。绿党这种基层参与性的组织结构，其目的就是扩大基层的权力，防止形成权力机构与权力个人垄断。这种基层授权制是绿党与传统政党的最大区别。绿党的决策过程不是自上而下，而是自下而上，基层拥有实际决策权，而上级机构只是办事机构。绿党实行干部的轮换和任期制。绿党认为，任期过长会使信息和权力集中，这些与基层的理想相抵触；希特勒时代已经说明了把权力赋予那些能力超凡的领袖人物的危险性。绿党从中央到地方都实行集体领导，为防止任何权力垄断现象的出现，绿党规定一人不得身兼数职，实行领导职务轮换制，对党内职务的确定和重新当选均有严格规定。党内事务实行男女平等参与。尽管绿党的组织结构有无政府主义之嫌，但它在这方面的探讨对欧洲政治发展产生了很大的影响。欧洲绿党奉行直接民主，站在被压迫者和穷人一边。有人把绿党称为"新马克思主义者"或"后马克思主义者"。

在英国，建立了核裁军运动。这是一个倡导单方面进行核裁军的英国反核运动组织。该组织倡导开展国际核裁军运动，通过协议加强国际武器控制。它反对任何可能导致使用核武器、生物武器和化学武器的军事行动，并反对在英国境内修建核电站。核裁军运动形成于1957年，以后半个世纪该运动一直处于英国诸多和平运动的前列。自1958年以来，该运动组织了一个"奥尔德玛斯顿游行"。游行在复活节周末从伦敦特拉法加广场出发走到伯克郡奥尔德玛斯顿村附近的一个原子武器研究机构，组织的领导者为选举产生的主席。

第四节　解放神学运动

解放神学是一个相当复杂的运动，它于20世纪60年代在拉丁美洲兴起。作为一种思潮，它源于20世纪50年代殖民地时期的非洲。当时宗主国为了巩固他们在殖民地的利益和控制，不惜用战争手段屠杀起来争取独立的人民。非洲人争取解放的背景是非常单纯的，不管是通过武装革命、非暴力的方式或谈判，最终要从统治者手中解放出来，争取自由独立。

但是当这种思想传播到拉丁美洲及其他第三世界国家时，情况就较为复杂了。解放神学的体系变得多元化且内容丰富。引发60年代广泛的神学解放运动浪潮的，是针对有形和无形的殖民主义观念的神学反省。它源自信仰以天主教为主的拉丁美洲。它从受压迫的穷人的角度来解释基督教信仰。

解放神学是1968年世界性革命运动的一部分。解放神学主要的回应对象是马克思主义。1959年爆发了古巴革命。1968年罗马教皇诺望二十三世成立"梵蒂冈第二届大公会议"筹备委员会。1968年8月在哥伦比亚麦德林召开了为落实"梵蒂冈第二届大公会议"精神的"拉丁美洲主教会议",它宣告了解放神学的确立。会议痛斥了在拉丁美洲无视广大人民群众生命及其基本需求的现实的"罪的境况",指责导致大规模贫穷的不义的社会制度是"体系化的暴力",号召人民为正义而斗争。[①]1971年古铁雷斯出版了标志着解放神学正式诞生的《解放神学》一书指出:"解放史与拯救史乃同一个历史"。解放神学斗争的焦点是拯救"被钉在十字架上的人民"。伊格纳西奥·埃雅库里亚认为,我们的时代的基本问题是贫穷问题。这个问题的根源是"钱财的文明"或"资本的文明"。这是解放神学提出的基础教会理论。[②]伊格纳西奥·埃雅库里亚指出:"暴力史诠释着强加的不义",暴力是"权力的滥用"。权力滥用有三种最严重的形式,一种是"试图使不义的政治、社会秩序永久化的司法",另一种是"形形色色的刑讯逼供",还有一种是"在人民中形成一种坏良心的宣传谎言"。这种不义"用强力剥夺人的人格权利,组织人依自己的判断而安排自己的生活"。为应对这种境况,革命暴力在某种境况下是无可避免的。[③]伊格纳西奥·埃雅库里亚指出,贫穷的问题"涉及的不单单是一个社会

---

① 叶健辉:《托邦——拉丁美洲解放神学研究初步》,中央编译出版社2015年版,第60—61页。

② 叶健辉:《托邦——拉丁美洲解放神学研究初步》,中央编译出版社2015年版,第110,115页。

③ 叶健辉:《托邦——拉丁美洲解放神学研究初步》,中央编译出版社2015年版,第118—119页。

或政治问题，这关系到天主的拯救意志，关系到天主之国在人间的建立"。穷人已经起来为改变不义的钱财文明而斗争，这可以被视为一场"圣战"，这是已经临近的天主之国的新讯号。[①]

解放神学对1968年革命持高度肯定的立场，巴西主教卡马拉说，教会必须向阿奎那对待亚里士多德那样来对待马克思。[②]在1968年，召开了麦德林主教会议，这次会议宣告了解放神学的诞生。本来在大学教书的哥伦比亚神父卡米洛·托雷斯加入了游击队，乌拉圭神夫胡安-卡洛斯萨法罗尼退出耶稣会成为"工人神父"。神学融入穷人的解放运动之中。

解放神学家陷入的困难问题则是："在非正义的世界里。公义的神在什么地方呢？"顾特莱分析说，"解放神学的起点是委身于穷人，一种'非人'，它的概念源于受害者。"巴西的天主教神父莱奥纳尔多和博夫说，这是一种化学反应：信仰＋压迫＝解放神学。1970年以后，解放神学从拉丁美洲扩散到其他地方。美国詹姆士·龚等人写出的黑人神学，关心的是种族压迫；南非反对种族隔离政策的黑人神学寻求政治上的平等权利。饱受战争蹂躏的北爱尔兰人，也有他们的解放神学。在剥削和压迫下发出的神学呼声渐渐受到社会的重视和关注。

解放神学反思的来源，是第三世界基督教国家多年在统治下经历的贫穷、剥削和压迫。解放神学家认为，这种状况是违反神的旨意的。这种神学观念具有基督教良知和道德使命感。顾特莱说："我们站在穷人一边，不是因为他们是对的，只是因为他们是贫穷的。"乌拉圭天主教

---

① 叶健辉：《托邦——拉丁美洲解放神学研究初步》，中央编译出版社2015年版，第118–119页。

② 叶健辉：《托邦——拉丁美洲解放神学研究初步》，中央编译出版社2015年版，第259页。

神父薛君度说："不要忘记我们生活在一个基督教的国度，同时也是一个最非人的地方。"

有些类型的解放神学可以追溯到欧洲的政治神学和莫特曼的希望神学。默茨指出，解放神学家认为我们必须正视信仰在政治层面的意义，而教会则是社会良心的一种建制。莫特曼强调，末世论与希望的政治特性都能在历史中发挥出解放的功能。这些言论与顾特莱的观点很相似。潘霍华则呼吁人要重新界定宗教，并且拒绝把教会与世界分割的二元论。但是，难以断言解放神学来源于德国，因为欧洲对神学的讨论太宽泛，他们的反省都是抽象的理论，过于中性，忽略了悲惨和不义的现实，只是从纯教义建设来思考问题。

20世纪60年代梵蒂冈第二次会议表示要重新检视世界的社会经济状况。1968年拉丁美洲主教麦德林会议重新研究了共产主义和社会主义的意义。然而，梵蒂冈与解放神学的冲突不断。以后，1986年梵蒂冈发布了题为《基督教自由与解放的指引》的文件，这份文件承认了解放神学，表明教会与穷人站在同一阵线的决心。它还表示，在某种压迫的环境下，要恢复社会正义可能需要诉诸武力；它认为教会关心公共利益的原则，较之关心个人财富更重要。在梵蒂冈这种姿态背后，可以看出它在坚持传统教会教导的同时，已同意解放神学的不同倾向存在。解放神学认为经济体系是压迫的主要原因，而阶级斗争则是这种压迫的结果。但近年来解放神学家对共产主义的依赖似乎在减弱。墨西哥学者米兰达说："我们全是骑在马克思的肩膀上。"但是对于马克思主义在解放神学中扮演什么角色，解放神学家持有不同的看法。薛君度认为，开始阶段解放神学在大学中产生，属于中等阶级的学说。到了20世纪70年代，它慢慢变成了一般人的思想，其主要的特征是，由穷人和一般人组成的基层的教会团体建立和发展起来。解放神学关注的实际上是现实的社会状况。

但是，解放神学未能付诸运动实践。它没有真正取得成功。

第五节　"911"事件和恐怖袭击

2001年9月11日上午，两架被恐怖分子劫持的民航客机分别撞向美国纽约世界贸易中心一号楼和二号楼。两座建筑在遭到攻击后相继倒塌，世界贸易中心其余5座建筑物也震坍损毁。9时许，另一架被劫持的客机撞向位于美国华盛顿的美国国防部五角大楼，五角大楼局部结构损坏并坍塌。虽然塔利班发表声明说恐怖袭击事件与本·拉登无关，但美国政府仍然认定本·拉登是恐怖袭击事件的头号嫌疑。"911"事件是发生在美国本土的最为严重的恐怖袭击行动，遇难者总数高达2996人。对于此次事件的财产损失各方估计不一。联合国发表报告称此次恐怖袭击对美的经济损失达2000亿美元，相当于当年生产总值的2%。此次事件对全球经济造成的损失甚至达到1万亿美元左右。此次事件对美国民众造成的心理影响极为深远，美国民众对经济和政治上的安全感均被严重损伤。"911"事件可谓对美国资本主义社会的一次重大的打击。

在所有19名劫机者中，有7人原本就是飞行员，其他的人也在各地参加过飞行学校学习。其中有13人是在2011年1月到6月之间到达美国的。2016年3月，纽约法庭的法官约翰乔治·丹尼尔做出判决，伊朗应向

2001年9月11日的恐怖袭击遇难的家庭和保险公司支付105亿美元的赔偿金。"911事件"调查委员会的报告认为，被美国视为恐怖组织的黎巴嫩真主党受到伊朗的支持，而黎巴嫩真主党曾向基地组织提供了物资支持，甚至为恐怖袭击提供了协助。上述报告为此次判决提供了根据。但这一结论遭到了《伊朗新闻》主编艾玛德·阿布舍纳斯的反驳。

作为对这次袭击的回应，美国发动了"反恐战争"，入侵阿富汗以消灭藏匿基地组织恐怖分子的塔利班，并通过美国爱国者法案。2001年10月1日，美国总统乔治·沃克·布什宣布对阿富汗发动军事进攻。2011年5月1日，美国海豹突击队突袭本·拉登的住所，本·拉登被击毙。

"911"事件发生后一周之内，美国最大的财产保险公司AIG就赔付了5亿美元，第二大寿险公司大都会人寿保险有限公司赔付了3亿美元，美国信诺金融保险集团赔付了2.3亿美元。全球几家大型的再保险公司也损失惨重，慕尼黑再保险、瑞士再保险、伦敦劳合保险、通用再保险等公司元气大伤。国际资信评估机构美国穆迪投资服务公司预测，全球保险业此次的赔付总额在150亿到300亿美元之间。

"911"恐怖袭击事件给美国经济造成了一次重大的打击。

20世纪80年代以后的全球化时期，国际政治一个突出的问题是国家主权和世界秩序发生冲突。超国家的世界政治组织或联合国在某些地区发生安全和人道主义危机时，出面用军事、非军事的手段进行干涉，对国家主权实施强制，结果是严重地侵害到国家主权，表现出新帝国主义的特点。国家主权具有至上性，国家主权是不容置疑和不容挑战的。政治全球化对国家主权的干涉和侵犯是全球化过程中出现的一个突出问题。

第七章
全球化时代的国家

第一节　国家权力在全球的扩张

一、苏美核军备竞赛

二战结束后，美苏陷入了冷战。1945年美国向日本投了两颗原子弹。斯大林下令要用最短的时间造出原子弹，于是苏联科学家在1949年也制造出了原子弹。美国在1948年研制出了洲际轰炸机。它是战略核力量的重要组成部分，是大量核武器的主要运载工具。随后，美国在1952年研发出热核炸弹。热核弹为900万吨当量级核弹，相当于900万吨TNT炸药，可产生600倍于1945年在日本广岛投下的原子弹的威力。面对美国的这一行动，苏联人于1953年也研制出了热核炸弹。苏联在1957年率先研制出了洲际弹道导弹和人造卫星。洲际弹道导弹射程大于8000公里，可用于攻击敌国领土上的重要军事、政治和经济目标，而人造卫星则用于抢占太空。美国随即在1958年也研制出了洲际弹道导弹和人造卫星。以后短短几年内美苏又搞出了多种新装备。美国在1959年、苏联在1968年发射了照相侦察卫星；美国在1960年、苏联在1968年通过潜艇发射导弹；美国在1966年，苏联在1968年生产出多弹头导弹；苏联在1968年、美国在1972年制成反弹道导弹；美国在1970年、苏联在1975年发射了多弹头分导式导弹；美国在1982年、苏联在1984年生产出远程巡航导弹。美苏的军备竞赛的速度惊人。

　　1961年1月肯尼迪进入白宫后，情报部门估计当时苏联只有50枚洲际导弹。1961年3月肯尼迪在国情咨文中决定将"北极星"潜艇由6艘增至9艘，后改为41艘；潜艇所载导弹数量从96枚增至656枚。民兵洲际导弹的数量由300枚增至600枚，1961年进一步增至1200枚，并将15分钟预警的B-52轰炸机的数量增加50%。1961年4月美国拥有各类战略核武器3012件，到1964年增至5007件，增加了66%。1962年美国拥有各类核武器27387件，而苏联只有3322件。在战略核武器运载方面，1962年美国有洲际导弹294枚，潜艇发射的弹道导弹144枚，远程轰炸机630架。而苏联分别拥有洲际导弹56枚，潜艇发射的弹道导弹24枚，远程轰炸机159架。美国拥有各种战略核弹头5000枚，而苏联只有300枚。此外，美国在各大洋部署了20艘航空母舰。美国政府还制定了旨在彻底摧毁苏联的核战计划。如果在1963年爆发美苏全面战争，战略空军的全部力量将对苏联、中国和东欧发动进攻。战略轰炸机可以携带3423件核武器，对中苏集团的1077个军事、工业与城市目标发动进攻，摧毁中苏集团的战略核能力、重要的军事与政府部门，同时打击其重要的城市工业中心。参谋长联席会议估计，苏联、东欧和中国的3.6亿至4.25亿人口将因此被消灭。

　　苏联赫鲁晓夫在1960年最高苏维埃主席团会议上提出，要用核武器威慑美国，使其不敢发动战争。他计划发展战略火箭部队，使苏联的核弹头的数量从400枚增至1961年的2450枚，并在1961—1962年间进行112次核试验。在核武器领域苏联与美国展开激烈竞争。但在苏美核军备竞赛上，苏联始终处于劣势。[①]

全球化时代的国家活动的特点尤其表现在军事行动和战争的参与上。这里举出几个例子。

二、越南战争

1945年胡志明领导的越南独立联盟（越南共产党）宣布独立，于1945年9月2日在河内建立了"越南民主共和国"。1954年5月7日法国军队在奠边府宣布投降后，1955年10月26日吴庭艳成立越南共和国。1955—1960年，艾森豪威尔政府在南越扶植吴庭艳担任总理，建立亲美政权。在美国的支持下吴庭艳集团发动"控共""灭共"战役，屠杀北越共产党。1959年，越南共产党中央委员会决定武装推翻越南共和国。1960年12月越南南方民族解放阵线成立。1963年下半年起，越南南方民族解放阵线的进攻急剧加强。截至1964年，美国特种部队共建立了18个民间游击自卫队监视营地，到1965年的时候，共装备了近2万名民间游击自卫队武装人员。1964年底，北越军队进入南方作战。1964年初，南越形势的恶化使美国制订轰炸北越的方案。这一方案包括军事和政治两方面。军事方面的计划工作由太平洋美军总司令部承担。到4月下旬计划拟订完毕，代号"37—64行动计划"获参谋长联席会议批准。1964年7月30日夜间，北部湾事件发生。8月4日下午，美国国家安全委员会会议，决定立即对北越发动"报复性轰炸"。这是美国对北越第一次公开的武装进攻。 10月，约翰逊命令支援南越对北越实施海上攻击行动。1962年夏天，应越方要求，中国

---

① 赵学力、陈红：《肯尼迪、赫鲁晓夫与美苏核军备竞赛》，载《南开学报：哲学社会科学版》，2013年第5期。

领导人决定向越南无偿提供可装备230个营的武器装备。1963年，越南提出了中越两军协同作战的要求。1964年北部湾事件后，中国于1965年春决定向北越派遣铁道兵、工程兵、高射炮兵等部队。1965年4月，越方向中方正式提出派遣支援部队赴越南北方的请求。1967年，苏联向北越提供军事装备（高射武器、地对空导弹设施、小型战舰、高级雷达探测系统及战斗机和轰炸机），派遣大量军事专家，并直接参加了部分军事行动。

1965年3月8日，3500名美国海军陆战队员在越南岘港登陆，越南战争正式爆发。6月，美国军队开始直接同越南人民军作战。1965年3月至1968年11月间，美国空军共出动153784架次的飞机轰炸北越，海军和海军陆战队也出动了152399架次飞机。受美国政府邀请，韩国、日本、联邦德国、菲律宾、澳大利亚、新西兰、泰国等国家，以及国民党台湾当局，直接或间接介入越战。 1968年1月底，越南人民军和南方民解武装力量在开始发动新春攻势，在南越大范围内对美军设施实行总攻，向西贡等64个大中城市、省会及军事基地展开猛烈进攻。3月，约翰逊政府被迫宣布部分停止对北越的轰炸。5月越美巴黎谈判开始。11月美国宣布完全停止对越南北方的轰炸。至此，"局部战争"结束。1969—1973年，美国政府实行战争越南化政策，扩充并重新装备南越军队以及加大对北越的轰炸力度，宣布从南越逐步撤出美国部队。1972年3月，武元甲发动了更大规模的袭击。尼克松下令美国B-52战略轰炸机对越南民主共和国进行全面轰炸，驻越美军在北越的海防港进行布雷，实施港口封锁，迫使越南民主共和国回到谈判桌前。1972年4月1日，尼克松政府进一步加大对北越的军事压力。从5月8日到10月23日，美国共向北越发动了41500架次的空袭。

1969年到1973年美越双方间断进行了巴黎和谈。1973年1月27日，巴黎会议四方正式签署了《关于在越南结束战争、恢复和平的协定》。美国国防军全部撤出越南。北越分批释放美国战俘。美军从南越撤出后，1975年4月30日南越总统杨文明宣布投降，越南战争结束。1976年1月2日越南民主共和国统一了越南。

三、阿富汗战争

阿富汗位于中亚南部，是苏联南下印度洋的必经之地。1978年4月28日，阿富汗亲苏的人民民主党主席塔拉基发动政变，推翻不完全听从苏联的达乌德总统。苏联各种"专家""顾问"大批进入阿富汗，控制了阿富汗的政府和军队。不久，人民党内部因争权夺利分裂成立卡尔迈勒为首的旗帜派和以塔拉基为首的"人民派"。1979年9月亲美派副总理阿明杀死了塔拉基，夺取政权，自任总理。苏联为了确保阿富汗有一个稳定的亲苏政权，12月27日派空降兵占领了喀布尔的广播电台以及政府所在地，处决了阿明。28日凌晨，苏联中亚的一家电台用"阿富汗电台"的名义播放了"政变成功"的消息，并向苏联发出"迫切请求""援助"的声明。与此同时，苏联地面部队大举入侵，一周之内占领了主要城市和交通线，同时把卡尔迈勒作为傀儡扶植上台，苏联对阿富汗实行全面军事占领。阿富汗人民对苏联入侵进行抗击。苏联陷入了持久的消耗战。到1987年苏军伤亡达5万人，耗资400多亿美元。苏联不得不表示用政治方法解决阿富汗问题，1888年2月宣布从阿富汗撤军。4月14日在日内瓦签署了关于政治解决阿富汗问题的协议，5月15日苏军开始撤军。第二年2月15日，侵阿苏军全部撤出。

四、两伊战争

1979年7月16日，萨达姆就任总统，成为伊拉克党和国家的领导人。萨达姆执政后，一直试图扮演阿拉伯的领袖。当时伊朗正爆发伊斯兰革命。1980年9月22日，在两伊边境发生一系列冲突事件之后，萨达姆·侯赛因发动了两伊战争。1988年8月20日，两伊正式停火，战争结束。长达八年的两伊战争使伊拉克经济受到重大打击，对石油出口的依赖变得更为重要。1990年8月2日，伊拉克指责科威特蓄意推低油价，对外宣布"科威特为伊拉克的一个省"，入侵科威特。联合国安理会开始对伊拉克实施经济制裁。从此伊拉克在国际上被孤立。1991年1月17日，美国领导的多国部队发动海湾战争，开始对伊拉克和被占领的科威特进行代号为"沙漠风暴行动"的大规模空袭。空袭在2月28日结束，萨达姆决定伊拉克部队停止入侵科威特。这场战役引起全球多国对伊拉克制裁。

美国历来认为自己在中东有着十分重要的战略利益。2002年夏美国国防部向布什总统和国会提交的《国防报告》中，将中东列入美国重点保护的关键地区之一。"911"恐怖袭击事件发生后，美国总统布什把铲除中东的原教旨主义温床、遏制恐怖主义威胁作为自己在中东追求的战略目标。宣布向恐怖主义作战，并将伊拉克等多个国家列入"邪恶轴心国"。

美国等国对伊拉克开战的主要理由是认为萨达姆政权拥有大规模杀伤性武器和伊拉克当局政府践踏人权。据美国国防部长唐纳德·亨利·拉姆斯菲尔德的说法，这场战争的主要目的为铲除萨达姆独裁政权，帮助伊拉克人民建立一个自由、民主的政权；搜寻并销毁隐藏在伊拉克境内的大规模杀伤性武器，剿灭恐怖分子；结束独裁统治，提供人道主义援助；保护伊拉克的石油及其他天然资源。伊拉克战争实质上是美国借反恐之机，以伊拉克拒绝交出子虚乌有的生化武器为借口，趁机清除反美政权的一场战争。

2002年10月15日，萨达姆在总统选举中以100%得票率当选。美国指控萨达姆使用武力镇压政治持不同意见者与竞选对手，暗中支持恐怖分子，并指责伊拉克拥有违禁武器。2003年2月2日，萨达姆·侯赛因否认伊拉克有违禁武器，否认与基地组织有任何关系。3月15日，伊拉克开始备战。英美军队为主的联合部队在2003年3月20日对伊拉克发动军事行动。美国政府宣称有49个国家支持该军事行动，但真正参战的只有美国、英国、澳大利亚和波兰四国。伊拉克战争是一场有争议的非法战争，它没有得到联合国安理会的授权。

3月20日，美军开始实施"斩首行动"。4月9日美军占领了巴格达，伊拉克政权被摧毁。12月13日伊拉克时间晚上八时，萨达姆在家乡提克里特被捕。2006年12月30日伊拉克当地时间早上六点多，萨达姆在巴格达北部的秘密地点被处绞刑。

到2010年8月美国战斗部队撤出伊拉克为止，美方历时7年多最终没有找到所谓大规模杀伤性武器。2011年2月15日，当年向美国及德国透露伊拉克藏有大规模杀伤性武器的伊拉克变节者首次承认一切均为谎言。美英联军推翻了萨达姆政府后，2011年12月18日美军全部撤出。

五、科索沃战争

科索沃战争是一场由科索沃的民族矛盾直接引发的。1980年铁托去世后，以独立为目标的科索沃民族主义运动逐步兴起，并得到阿尔巴尼亚的支持。1989年科索沃、塞尔维亚和阿尔巴尼亚族紧张关系升级，米洛舍维奇派军队和警察进入科索沃恢复社会秩序，并取消科索沃自治省的地位，激起了阿尔巴尼亚族的对抗情绪。后者自行组织公民投票，宣布科索沃为共和国。南斯拉夫社会主义联邦共和国实际解体，分裂成波斯尼亚、黑塞哥维那、斯洛文尼亚、克罗地亚、马其顿5个独立国家。1992年阿尔巴尼亚族的民族主义运动选出共和国总统，形成了与塞族政权并立的另一个政权。1996年，阿族激进分子成立了"科索沃解放军"，开始运用暴力手段展开分离运动。米洛舍维奇为首的南联盟和塞尔维亚当局派军队和警察进驻科索沃。冷战结束后，世界各种力量重组，西方国家企图在干涉中获取军事优势，以美国为首的北约开始介入科索沃危机，北约和南联盟的矛盾上升为主要矛盾。从1999年3月24日到6月10日。北约19个成员国中的13国直接参战，其余6国提供后勤支援。战争中北约共部署了1153架飞机和47艘战舰（含3艘航空母舰）。南斯拉夫政府军和科索沃解放军展开战斗。在这场高科技战争中，双方力量完全失衡，南联盟军力处于弱势。1999年2月，联合国安理会发表声明，敦促科索沃冲突各方参加和平谈判。1999年3月18日，阿尔巴尼亚族代表在和平协议上签字，而塞尔维亚方面拒绝签字。1999年春季，北约对南联盟实施了大规模的空袭。1999年6月2日，南联盟总统米洛舍维奇接受了由俄罗斯特使、芬兰总统和美国副国务卿共同制定的和平协议。协议规定科索沃未来的地位由联合国安理会决定。科索沃战争以塞尔维亚人的失败告终。

第二节　全球化时代的国家

面对着当代各国和国际政治的发展变化出现的新情况，当代学者和政治家对未来国家形式的发展提出了不同的判断。中心问题是国家发展是保持民族国家的现行框架抑或发展为超国家。

查尔斯·蒂利指出："国家的强有力的竞争对手出现——国家集团如北约、欧洲经济共同体、欧洲自由贸易共同体、非法贵重商品（如毒品和武器）贸易商的全球网络、财经组织如庞大的国际石油公司——对国家的主权提出了挑战。1992年，欧洲经济共同体将在很大程度上消除贸易壁垒，以致大大地限制成员国在货币、价格和就业方面采取独立政策的能力。这些迹象表明，国家可能很快就会失去其难以置信的霸权。"[1]

一位美国学者指出，在整个人类历史上，强大的民族总是试图按照他们自己的意愿创立国际经济体系，以与他们的利益相适应。跨国公司势必会插手东道国的政治事务。[2]联合国跨国中心指出，西方发达国家的跨国公司在东道国内作为经济活动者的重要性必然对这些国家的政治制度和机构产生某些影响。跨国公司通过积极支持或反对政府或该国的特殊个人或集团，可能对东道国的政治制度产生影响。

---

[1] 查尔斯·蒂利：《强制、资本和欧洲国家（公元990—1992）》，魏洪钟译，上海人民出版社2012年版，第5页。

[2] Raymond Vernon, Storm Over the Multinationals. The Real Issues. Harvard U. P. 1977. pp. 12–13.

有的跨国公司与当地的非法组织勾结，对企业和社会产生了恶劣的影响。一些跨国公司代表了本国利益，公开地或隐蔽地干涉东道国的内政，因此声名狼藉。①

当代不少学者开始关注国家国际化的问题。社会学家吉登斯提出了民族国家体系会成为一种自逆的运作体系，监督恐怕不再限于彼此独立的国家的内部关系，而会变为他们之间正常关系的条件。如果监督发展到一定时候，它会导致国家之间的关系的广泛的绥靖，然后有效的分离的权力中心就会合并起来。如果这种倾向得到逻辑的发展，一个权力中心就会形成，分离的国家权力中心就会结成一个单一的国家。②

到了当代，全球国家成为20世纪国家制度史发展出现的新迹象。对于全球国家的趋势，一种乐观主义的观点认为："世界国家不会像民族国家那样大规模地运作。它发生在完全不同的条件下——不是起源于领土的竞争和统治阶级的不安定，而是联合起来努力去控制环境技术发展的结果，以分享人权的利益和对于核灾变的担忧。它代表着国家观念的一个新阶段。它超出了在民族领域对合法化暴力的垄断的配置"。③这是一种过于乐观的见解。阿尔布罗认为："在全球时代，国家会扩散，越过民族国家的边界，渗透进并在普通人的日常生活中出现。"但他就这种现象谨慎地说："世界国家的存在在当下还是一种

---

① 联合国秘书处经济社会事务部编：《再论世界发展中国家的跨国公司》，南开大学经济研究所世界经济研究室和对外国经济联络部国经济合作司合译，商务印书馆1982年版，第103页。

② Martin Shaw，Theory of the Global State.Globality as Unfinished Revolution. Cambridge U. P. p. 184.

③ M. Albrow，The Global Age. Cambridge，Polity. 1996. p. 173.

可能而非现实"①。

当代全球国家征兆的出现，首先见诸全球西方国家的团块。这是一种暴力的权力组织的结合。它把大量在立法上限定的国家和国家间的国际组织整合在一起。这种跨国家权力中心是冷战时期的核心国家的派生物，但它在许多方面具有21世纪的特征。复杂的国家联盟作为一种暴力组织，可以看作是一种新型国家类型。跨国家权力中心有几个特点。第一个和最重要的是，与其他中心相比，它的功能是单一的军事权力中心。这个集团的核心国家是美国、英国和法国。在第二次世界大战中进行了一些整合，在冷战中这个集团成熟了。

北大西洋公约组织（简称北约）是国际军事同盟组织，根据《北大西洋公约》的规定于1949年成立。最初签字国为美、加、英、法、比、荷、卢、丹麦、挪威、冰岛、葡萄牙和意大利，后又有土、希、联邦德国和西班牙加入。最高权力机构为北大西洋理事会。

欧洲经济共同体又称"西欧共同市场"，是欧洲一些国家建立的经济联盟，1958年1月1日正式建立。最初参加者有法国、联邦德国、意大利、荷兰、比利时、卢森堡等6国。以后，英国、爱尔兰、丹麦、希腊、西班牙和葡萄牙相继加入。1967年与欧洲煤钢共同体和欧洲原子能共同体合并为欧洲共同体。欧洲经济共同体的宗旨是促进欧洲的经济和政治的一体化。1991年12月欧洲共同体马斯特里赫特首脑会议通过《欧洲联盟条约》（《马斯特里赫特条约》）。1993年11月1日该条约正式生效，欧盟正式诞生。

苏联和华沙条约组织解体后，北约势力东扩。一些原华约国家

---

① M. Albrow，The Global Age. Cambridge，Polity. 1996. pp. 172–173.

和成为独立国家的苏联的加盟共和国纷纷加入北约。1993年3月，北约首先将捷克、匈牙利和波兰吸纳为会员。2004年3月，斯洛伐克、保加利亚、罗马尼亚、斯洛文尼亚以及波罗的海沿岸国家爱沙尼亚、拉脱维亚和立陶宛等7国成为北约组织的正式成员国。北约成员国由先前的19个增加到26个。2008年4月，布加勒斯特峰会同意克罗地亚和阿尔巴尼亚加入北约，北约成员国达到28个。北约东扩是冷战后国际政治军事领域中的重大事件，会对北约自身及各成员国的发展产生重大影响，同时也将对全球安全格局尤其是欧洲安全格局产生重大影响。

欧洲自由贸易联盟又称"七国集团"，由英国、瑞士、丹麦、挪威、瑞典、奥地利和葡萄牙等7国组成，1960年1月在斯德哥尔摩建立。以后又有列支敦士登、芬兰、冰岛相继加入。以上的政治组织或联盟都是以美国为中心建立的。在冷战的环境里，这些集团以反对苏联为首的社会主义阵营为政治目标。

华沙条约组织简称"华约"，是以苏联为首的与北大西洋公约组织抗衡的军事联盟。1955年由苏联、阿尔巴尼亚、保加利亚、波兰、捷克斯洛伐克、罗马尼亚、匈牙利、民主德国等8国组成。它设立武装部队联合司令部和欧洲协商委员会等机构。在冷战的背景下，华约国家和北约国家一度形成了政治和军事的对峙。1968年50多万苏联、波兰、东德、匈牙利、保加利亚的军队出兵侵占捷克斯洛伐克。20世纪80年代末90年代初苏东剧变发生后，华约于1991年解散。

欧洲以外一些独立的不发达国家也先后建立了的跨国家的地区性的政治联盟。

阿拉伯国家联盟，是阿拉伯国家的地区性组织，1945年3月，由埃及、叙利亚、约旦、伊拉克、沙特阿拉伯、黎巴嫩、也门等7个创始国在开罗建立。以后又有阿尔及利亚、阿联酋、阿曼、巴勒斯坦、巴林、吉布提、卡塔尔、科威特、利比亚、毛里塔尼亚、摩洛哥、苏丹、索马里、突尼斯等国参加。到1991年阿拉伯国家联盟共有21个成员国。宗旨是密切成员国之间的合作关系，协调彼此间的政治活动，全面考虑阿拉伯国家的事务和利益。自1964年起不定期举行阿拉伯国家首脑会议。

非洲统一组织，是非洲独立国家组成的区域性国际组织，是为了保卫独立成果、加强非洲大陆团结与统一以战胜共同的敌人而建立的全非政治组织。它由埃塞俄比亚国王海尔·塞拉西一世倡议，在1963年5月成立。截止1991年底它有51个成员国。最高机构为国家和政府首脑会议，每年召开一次会议，讨论成员国共同关心的问题以协调总政策。

中美洲国家组织，是中美洲国家的区域性组织，1951年成立，参加国有哥斯达黎加、洪都拉斯、尼加拉瓜、萨尔瓦多和危地马拉等。1962年7月，上述五国成立了经济一体化的中美洲共同市场。1965年7月，危地马拉、洪都拉斯、尼加拉瓜和萨尔瓦多四国成立了由防务委员会调配的中美洲共同部队。

美洲国家组织，是美国与拉丁美洲国家组成的区域性国际组织。它的前身是1890年建立的"美洲共和国国际联盟"。1910年改名为"美洲共和国联盟"。1948年改为"美洲国家组织"。长期以来，美国操纵和控制了该组织，20世纪70年代以后，拉美各国要求改革美洲国家组织，美国对该组织的控制能力削弱。

二战以后出现跨国资本主义倾向，资本主义发展的需要使政治生活和经济生活都国际化了。提出跨国界国家不是一种让越来越多的人加入资本主义世界秩序深思熟虑的办法，而是统治阶级精英无力建立使其既可获取利润又可以进行政治控制的格局的结果。①

当今世界国际化和全球化的趋势和重要性不可否认，但民族国家仍有其存在的合理性。普兰查斯对超民族国家理论持怀疑态度。他说："我们所看到的并非一个超越民族国家的新国家，而是现有民族国家下面潜藏的国家统一的破裂。这体现在地方分权主义者这一重要现象上。而地方分权主义又表现为民族主义的重新抬头，这说明资本的国际化与其说带来了国家的超民族化，不如说造成了历史形成的国家的分裂"②。普兰查斯断言民族不会消失，而且会在阶级斗争和国际经济关系的调节方面发挥重要作用。普兰查斯强调，国家应当是民族国家。他在对超帝国主义的批判中暗示，国际资产阶级拥有有效的政治霸权是错误的说法。但是权力可以让国际资本重新安排，国家则为它们提供了资本积累所需的框架。像G7和欧盟这样的国际化政府性的组织，它们拥有的只是国际化的外壳，根本的权力仍然掌握在民族国家手中，主权仍以国家疆界为限，至今参加国仍然保留着各自的国内政策。③

当国际间的自由化和日益增长的世界整合使得资本的全球流动的成本降低，并从而给强大的经济行为者——尤其是银行和大型股份公

---

① ［美］艾伦·沃尔夫：《合法性的限度——当代最资本主义社会的矛盾》，沈汉等译，商务印书馆2005年版，第352页。

② Nicos Poulantzas，"Internationalizatio of Capitalist Relation and the Nation State"，in *Economiy and Society*，no. 3（May 1974），p. 172.

③ ［美］史丹利·阿若诺威兹、彼得布拉提斯：《逝去的范式——反思国家理论》，李中译，吉林人民出版社2011年版，第229-231页。

司——提供了强大的讨价还价的权力之时，民主的民族国家如何能够维持它们自主的有效性？①这成为当代国际政治的重大问题。

目前国家领域的统治能力由于资本全球化、国际管理机构的扩散和人员在全球范围惊人的流动造成的变动而被削弱了。目前资本主义的发展似乎不仅对目前的国家形式是一种挑战，而且对国家领域化的、政治的和军事的主权实施的可能性提出了质疑。这并不是说民族国家已经消失，而是说国家的统治权遭遇到严重的挑战。对于民族国家的主权提出挑战的有4种力量：第一，战争的威胁；第二，资本主义的全球化；第三，民族统一性的断裂；第四，大型传媒网络的出现。②

在经济全球化正在世界范围内向前推进，在经济不平等和经济活动的侵略性不容忽视的背景下，当帝国主义国家仍然在世界范围内具有强大的力量和扩张意图，在发达国家和发展中国家的经济和社会发展水平存在很大差距，在世界上存在着的不同性质的国家制度之间政治及意识形态严重对立，在美国为首的资本主义国家不断进行扩军和武力炫耀的时候，鼓吹全球化的国家理论，很难不把它与建立超级大国的势力和帝国主义政治联系在一起。在核武器作为一种威慑和灭绝性的攻击力量在世界政治中起着不可低估的作用的时候，民族国家和国家主权无疑是现实的对抗帝国主义力量的有效机制，是维持世界和平的重要政治权力结构。

全球化时期，国家政治史的一个突出问题是国家主权和大国维持

---

① ［美］塞缪尔·鲍尔斯、赫伯特·金蒂斯：《民主与资本主义》，韩本法译，商务印书馆2003年版，第5页。

② Walter C. Opello, Jr., and Stephen J. Rosow, The Nation-State and Global Order. Lynns Rienner Publishers. 2004. p. 245.

"世界秩序"的活动发生了冲突，结果是出现了"国家主权"的危机。国家主权的重要性在当今世界是不容置疑的。在理论上否认国家主权，将导致国际社会秩序出现大国霸凌的现象，而这对人类和平和国际关系的公正化是非常危险的。在当今国际政治中，维护国家主权，对于维护国际公正和反对大国霸权和维护公正的国际关系有着重要意义。

参考书目

马克思，恩格斯. 马克思恩格斯全集. 北京：人民出版社，2002.

马克思，恩格斯. 马克思恩格斯选集. 北京：人民出版社，1972.

列宁. 列宁全集. 北京：人民出版社，1986.

朱福惠，邵自红，胡婧，王建学主编. 世界各国宪法文本汇编：3卷. 厦门：厦门大学出版社，2013.

法学教材编辑部《外国法制史》编写组. 外国法制史资料选集：上下册. 北京：北京大学出版社，1982.

施展. 法国革命时期法政文献选编. 王新连等编译. 北京：清华大学出版社，2016.

黄卉主编. 德国魏玛时期国家法政文献选编. 北京：清华大学出版社，2016.

郭春生主编. 俄国19、20世纪之交法政文献选编. 北京：清华大学出版社，2016.

柯岚，毕竞悦主编. 美国建国时期法政文献选编. 北京：清华大学出版社，2016.

都尔教会主教格雷戈里. 法兰克人史. 寿纪瑜，戚国淦，译. 北京：商务印书馆，1991.

F. W. 梅特兰. 英格兰宪政史——梅特兰专题讲义. 李红海，译. 北京：中国政法大学出版社，2010.

马克·布洛赫. 封建主义：上下卷. 张绪山等，译. 北京：商务印书馆，2004.

马克·布洛赫. 国王神迹——英法王权所谓超自然性研究. 张绪山等，译. 北京：商务印书馆，2018.

恩内斯特·康托洛维茨. 国王的两个身体. 徐震宇，译. 上海：华东师大出版社，2018.

诺贝特·埃里亚斯. 文明的进程：上下卷. 王佩莉，袁志英，译. 三联书店，1998.

威廉·里奇·牛顿. 大门的背后：18世纪凡尔赛宫廷生活与权力背后. 曹帅，译. 北京：北京联合出版公司，2018.

恩斯特·卡西尔. 国家的神话. 范进，杨君游，柯锦华，译. 北京：华夏出版社，1990.

但丁. 神曲. 王维克，译. 北京：天地出版社，2015.

但丁. 论世界帝国. 朱虹，译. 北京：商务印书馆，1985.

圭恰迪尼. 意大利史. 辛岩，译. 桂林：广西师范大学出版社，2014.

雅各布·布克哈特. 意大利文艺复兴时期的文化. 何新，译. 马香雪，校. 北京：商务印书馆，1979.

伟·桑巴特. 现代资本主义：第一卷. 李季，译. 北京：商务印书馆，1958.

保罗·斯特拉森. 美第奇家族——欧洲最强大家族缔造权力与财富的故事. 林凌，刘聪慧，程旭，译. 北京：机械工业出版社，2016.

克里斯托弗·达根. 剑桥意大利史. 邵嘉骏, 沈慧慧, 译. 王军校, 北京: 新星出版社, 2017.

奥托·冯·俾斯麦. 思考与回忆: 3卷. 山西大学外语系翻译组, 译. 陆世澄, 校. 北京: 东方出版社, 1985.

让·博丹. 主权论. 朱利安·H. 富兰克林, 编. 李卫海, 钱俊文, 译. 北京: 北京大学出版社, 2008.

格劳秀斯. 战争与和平法. 弗朗西斯·W. 凯尔西, 等英译. 马呈元, 谭睿, 译. 北京: 中国政法大学出版社, 2017.

斯蒂芬·巴克勒. 自然法和财产理论: 从格劳秀斯到休谟. 周清林, 译. 北京: 法律出版社, 2014.

斯宾诺莎. 政治论. 谭鑫田, 傅有德, 黄启祥, 译. 桂林: 广西师大出版社, 2016.

斯宾诺莎. 神学政治论. 温锡增, 译. 北京: 商务印书馆, 1963.

斯宾诺莎. 伦理学. 贺麟, 译. 北京: 商务印书馆, 1983.

塞缪尔·普芬道夫. 人和公民的自然法义务. 鞠成伟, 译. 北京: 商务印书馆, 2014.

塞缪尔·冯·普芬道夫. 自然法与国际法: 第一——二卷. 贺国强, 刘瑛, 译. 北京: 北京大学出版社, 2012.

艾弗尔·詹宁斯. 英国议会. 蓬勃, 译. 北京: 商务印书馆, 1959.

孟德斯鸠. 法的精神// 北京大学西方哲学史编写组编. 十八世纪法国哲学. 北京: 商务印书馆, 1983.

卢梭. 社会契约论// 北京大学西方哲学史编写组编. 十八世纪法国哲学. 北京: 商务印书馆, 1983.

卢梭. 论人类不平等的社会起源// 北京大学西方哲学史编写组编.

十八世纪法国哲学.北京：商务印书馆，1983.

汉密尔顿，杰伊，麦迪逊.联邦党人文集.程逢如，在汉，舒逊，译.北京：商务印书馆，2009.

约瑟夫·斯托里.美国宪法评注.毛国权，译.上海：上海三联书店，2006.

安东尼·刘易斯.言论的边界：美国宪法第一修正案简史.徐爽，译.北京：法律出版社，2016.

瑟诺博斯.法国史.沈炼之，译.北京：商务印书馆，1982.

斯塔尔夫人.法国大革命：上下册，李筱希，译.长春：吉林出版集团有限公司，2015.

托克维尔.旧制度与大革命.冯棠，译.桂裕芳，张芝联，校.北京：商务印书馆，1992.

鲍桑葵.关于国家的哲学理论.汪淑钧，译.北京：商务印书馆1996.

威廉·冯·洪堡.论国家的作用.林荣远，冯兴元，译.北京：中国社会科学出版社，1998.

吴彦编.康德法哲学及其起源——德意志法哲学文选（一）.汤沛丰，朱振，等译.北京：知识产权出版社，2015.

邦雅曼·贡斯当.论社会制度与政治.石磊，编译.北京：中国商业出版社，2017.

黑格尔.法哲学原理.范扬，张企泰，译.北京：商务印书馆，1961.

中共中央马克思，恩格斯，列宁，斯大林著作编译局国际工运史研究室编.卢森堡文选：上下卷.北京：人民出版社，1984.

卡尔·考茨基.考茨基文选.王学东，编.北京：人民出版社，2008.

郑异凡. 托洛茨基读本. 北京：中央编译出版社，2008.

列夫·托洛茨基. 俄国革命史：3卷. 丁笃本，译. 北京：商务印书馆，2018.

托洛茨基. 被背叛的革命——苏联的现状及其前途. 北京：三联书店资料室，1963.

尼古拉·伊·布哈林. 布哈林文选. 郑异凡，编. 北京：人民出版社，2014.

安东尼·葛兰西. 狱中札记. 葆煦，译. 北京：人民出版社，1983.

安东尼·葛兰西. 狱中书简：上下册. 田时纲，译. 北京：吉林出版集团有限责任公司，2014.

加塔诺·莫斯卡. 统治阶级. 贾鹤鹏，译. 北京：译林出版社，2012.

V·帕累托. 普通社会学纲要. 田时纲，译. 北京：社会科学文献出版社，2016.

马克斯·韦伯. 经济和社会：上下册. 林荣远，译. 北京：商务印书馆，1997.

戴维·伊斯顿. 政治体系：政治学状况研究. 马清槐，译. 北京：商务印书馆，1993.

沃尔夫冈·J. 蒙森. 马克斯·韦伯与德国政治：1890—1920. 阎克文，译. 北京：中信出版集团，2016.

劳伦斯·斯通. 贵族的危机：1558—1641年. 于民，王俊芳，译. 上海：上海人民出版社，2011.

凯尔森. 法与国家的一般理论. 沈宗灵，译. 北京：商务印书馆，2014.

弗里德里希·奥古斯特·冯·哈耶克. 通往奴役之路. 王明毅，冯兴远，等译.北京：中国社会科学出版社，1997.

卡尔·波普尔.开放社会及其敌人：两卷.陆衡，郑一明，等译.北京：中国社会科学出版社，1999.

路德维希·冯·米瑟斯.自由与繁荣的国度.韩光明，等译.北京：中国社会科学出版社，1995.

尼科斯·普兰查斯.政治权利和社会阶级.叶林、王宏周，马清文，译.北京：中国社会科学出版社，1982.

拉尔夫·密利本德.马克思主义与政治学.黄子都，译.北京：商务印书馆，1984.

拉尔夫·密利本德.英国的资本主义民主制.博铨，等译.北京：商务印书馆，1988.

拉尔夫·密利本德.资本主义社会的国家.沈汉，等译.北京：商务印书馆，1998.

佩里·安德森.绝对主义国家的系谱.刘北成，龚晓庄，译.上海：上海人民出版社，2001.

本尼迪克特·安德森.想象的共同体：民族主义的起源与散布.吴叡人，译.上海：上海人民出版社，2011.

阿尔都塞.哲学与政治：阿尔都塞读本.陈越，译.长春：吉林人民出版社，2010.

约瑟夫·斯特雷耶.现代国家的起源.华佳，等译.上海：格致出版社，2011.

贾恩弗兰科·波奇.近代国家的发展：社会学导论.沈汉，译.北京：商务印书馆，1997.

艾伦·沃尔夫.合法性的限度.沈汉，等译.北京：商务印书馆，

2005.

艾蒂安·巴里巴尔. 关于历史唯物主义的基本概念。// 路易·阿尔都塞和艾蒂安·巴里巴尔. 阅读资本论. 李其庆，冯文光，译. 北京：中央编译出版社，2001.

雅克·德里达. 马克思的幽灵：债务国家，哀悼活动和新国际. 何一，译. 北京：中国人民大学出版社，2008.

乔治·索雷尔. 论暴力. 乐启良，译. 上海：上海人民出版社，2005.

巴林顿·摩尔. 民主和专制的社会起源. 拓夫，等译. 北京：华夏出版社，1987.

塞缪尔·P. 亨廷顿. 变化社会中的政治秩序. 王冠华，等译. 北京：生活·读书·新知三联书店，1989.

S. N. 艾森斯塔得. 帝国的政治体系. 闫步克，译. 贵阳：贵州人民出版社，1993.

约翰·罗尔斯. 正义论. 修订本. 何怀宏，何包钢，廖申白，译. 北京：中国社会科学出版社，2009.

迈克尔·曼. 社会权利的来源：第一卷. 刘北成，李少军，译. 第二卷. 陈海宏，等译. 第三卷. 郭台辉，茅根红，余宜斌，等译. 第四卷. 郭忠华，徐法寅，蒋文芳，等译. 上海：上海人民出版社，2007，2015.

迈克尔·曼. 民主的阴暗面：解释种族清洗. 严春松，译. 北京：中央编译出版社，2015.

尤尔根·哈贝马斯. 合法化危机. 刘北成，曹卫东，译. 上海：上海人民出版社，2000.

让-马克·夸克. 合法性与政治. 佟心平，王远飞，译. 北京：中央编译出版社，2002.

卡尔·施密特. 宪法学说. 刘小枫，编. 刘锋，译. 上海：上海人民出版社，2016.

卡尔·施密特. 合法性与正当性. 冯克利，李秋零，朱雁冰，译. 上海：上海人民出版社，2015.

亨利·列斐伏尔. 马克思的社会学. 谢永康，毛林林，译. 北京：北京师范大学出版社，2013.

克劳斯·奥菲. 福利国家的矛盾. 郭忠华，等译. 长春：吉林人民出版社，2011.

雷蒙·阿隆. 阶级斗争——工业社会新讲. 周以光，译. 南京：译林出版社，2003.

查尔斯·蒂利. 社会运动：1768—2004. 胡位钧，译. 上海：上海人民出版社，2009.

查尔斯·蒂利. 信任与统治. 胡位钧，译. 上海：上海人民出版社，2010.

查尔斯·蒂利. 集体暴力的政治. 谢岳，译. 上海：上海人民出版社，2011.

查尔斯·蒂利. 政治与斗争剧目. 胡位钧，译. 上海：上海人民出版社，2012.

查尔斯·蒂利. 强制、资本与欧洲国家：公元990—1992年. 魏洪钟，译. 上海：上海人民出版社，2012.

查尔斯·蒂利. 民主. 魏洪钟，译. 上海：上海人民出版社，2009.

卡罗尔·佩特曼. 参与和民主理论. 陈尧，译. 上海：上海人民出版社，2012.

彼得·埃文斯，迪特里希·鲁施迈耶，西达·斯考切波. 找回国家. 方立雄，黄宜瑞，黄琪轩，等译. 北京：生活·读书·新知三联书店，2009.

西达·斯考切波. 国家和与社会革命：对法国、俄国和中国的比较分析. 何俊杰，王学东，译. 上海：上海人民出版社，2015.

罗纳德·H.奇尔科特. 比较政治学理论：新范式的探索. 高铦，潘世强，译. 北京：社会科学文献出版社，1998.

汉娜·阿伦特. 极权主义的起源. 林骧华，译. 北京：生活·读书·新知三联书店出版，2008.

汉娜·阿伦特. 共和的危机. 郑辟瑞，译. 上海：上海人民出版社，2013.

J. H. 伯恩斯. 剑桥中世纪政治思想史：上下册，程志敏，陈敬贤，徐昕，郑兴凤，郭正东，溥林，忉倩，郭淑伟，等译. 北京：生活·读书·新知三联书店，2009.

沃格林. 中世纪晚期. 段保良，译. 上海：华东师范大学出版社，2009.

猪口孝. 国家和社会：宏观政治学. 高增杰，译. 北京：经济日报出版社，1989.

塞缪尔·鲍尔斯，赫伯特·金蒂斯. 民主和资本主义. 韩永法，译. 北京：商务印书馆，2003.

尼古拉斯·菲利普斯，昆廷·斯金纳. 近代英国的政治话语. 潘兴明，周保巍，译. 上海：华东师范大学出版社，2005.

昆廷·斯金纳，博斯特拉思. 国家与公民：历史理论展望. 彭利平，译. 上海：华东师范大学出版社，2005.

J. G. A. 波考克. 古代宪政与封建法：英格兰17世纪历史思想研究. 翟小波，译. 南京：译林出版社，2014.

J. G. A. 波考克. 马基雅维利时刻：佛罗伦萨的政治思想和大西洋共和主义传统. 冯克利，傅乾，译. 上海：译林出版社，2013.

特伦斯·鲍尔，J. G. A. 波考克. 概念变迁与美国宪法. 谈丽，译. 上海：华东师范大学出版社，2010.

弗朗茨·维亚克尔. 近代私法史：以德意志的发展为观察重点. 上下册. 陈爱娥，黄建辉，译. 上海：上海三联书店，2006.

米歇尔·斯托莱斯. 德国公法史：国家法学说和行政学，1800—1914. 雷勇，译. 北京：法律出版社，2007.

格奥尔格·耶利内克. 国家法学——政治学之维、宪法修改与宪法变迁论. 柳建龙，译. 北京：法律出版社，2012.

格奥尔格·耶里内克. 〈人权与公民权利宣言〉：现代宪法史论，李锦辉，译. 北京：商务印书馆，2012.

伯阳. 德国公法导论. 北京：北京大学出版社，2018.

瓦·奥·克柳切夫斯基. 俄国史教程. 刘祖熙，等译. 5卷. 北京：商务印书馆，2009.

瓦·奥·克柳切夫斯基. 俄国各阶层史. 徐昌翰，译. 北京：商务印书馆，1990.

谢·尤·维特. 俄国末代沙皇尼古拉二世：维特伯爵的回忆. 北京：新华出版社，1983.

谢·尤·维特. 俄国末代沙皇尼古拉二世：维特伯爵的回忆. 续集. 北京：新华出版社，1985.

普列汉诺夫. 俄国社会思想史：3卷：孙静工，译. 郭从周，校. 北京：商务印书馆，1990.

一八二五——一九〇五年的俄国. 张蓉初，张盛健，孙元珍，王九鼎，选译. 北京：商务印书馆，1962.

刘显忠. 近代俄国国家杜马：设立及实践. 北京：社会科学文献出版社，2007.

弗朗索瓦·基佐. 欧洲代议制政府的历史起源. 张津清，袁淑娟，译. 上海：复旦大学出版社，2008.

C. H. 麦基文. 宪政古今. 翟小波，译. 贵阳：贵州人民出版社，2004.

丹·琼斯. 空王冠：玫瑰战争与都铎王朝的崛起. 陆大鹏，译. 北京：社会科学文献出版社，2018.

休·希顿-沃森. 民族与国家：对民族起源和民族主义政治的探讨. 吴洪亮，黄群，译. 北京：中央民族大学出版社，2009.

诺姆·乔姆斯基. 失败的国家：滥用权力和践踏民主. 白璐，译. 上海：上海译文出版社，2009.

诺姆·乔姆斯基. 遏制民主. 汤大华，译. 北京：商务印书馆，2013.

爱德华·S. 赫尔曼，诺姆·乔姆斯基. 制造共识：大众传媒的政治经济学. 邵洪松，译. 北京：北京大学出版社，2011.

尚塔尔·墨菲. 论政治的本性. 周凡，译. 南京：江苏人民出版社，2016.

安娜·玛丽·史密斯. 拉克劳与墨菲：激进民主想象. 付琼，译. 南京：江苏人民出版社，2011.

贝尔·胡克斯. 激情的政治：人人都能读懂的女权主义. 沈睿，译. 北京：金城出版社，2008.

索菲亚·孚卡，瑞·怀特. 后女权主义. 王丽，译. 北京：文化艺术出版社，2003.

妇女——最漫长的革命// 当代女权主义理论精选. 李银河，主编. 林春，谭深，副主编. 北京：三联书店，1997.

杰克·斯奈德. 从投票到暴力：民主化和民族主义冲突. 吴强，译. 北京：中国编译出版社，2018.

叶健辉. 托邦：拉丁美洲解放神学研究初步. 北京：中央编译出版社，2015.

蔡佳禾. 当代伊斯兰原教旨主义运动. 银川：宁夏人民出版社，2003.

董正华. 伊斯兰现代主义的特征：托古以改革// 战略与管理，2011.

刘颖.新世纪以来西方新社会运动研究.北京：人民出版社，2018.

约翰·朱迪斯. 民粹主义大爆炸：经济大衰退如何改变美国和欧洲政治.马霖，译.北京：中信出版社，2018.

伊波利特·泰勒. 现代法国的起源：旧制度. 黄艳红，译. 长春：吉林出版集团公司，2014.

阿尔贝·索布尔. 法国大革命史. 马胜利，高毅，王庭荣，译. 北京：北京师范大学出版社，2015.

勒庞.法国大革命.青闰，译.天津：天津社会科学出版社，2016.

雅克·夏普萨尔，阿兰·朗斯洛. 1940年以来的法国政治生活. 上海：上海译文出版社，1981.

皮埃尔·罗桑瓦龙. 公民的加冕礼：法国普选史. 吕一民，译. 上海：上海人民出版社，2005.

皮埃尔·罗桑瓦龙. 法兰西政治模式：1789年至今公民社会与雅各宾主义的对立. 高振华，译. 沈菲，梁爽，校. 北京：生活·读书·新知三联书店，2012.

乔治·勒费弗尔. 法国大革命的降临. 洪庆明，译. 上海：上海格致出版社，2010.

罗杰·夏蒂埃. 法国大革命的文化起源. 洪庆明，译. 南京：译林出版社，2015.

弗朗索瓦·博雷拉. 今日法国政党. 复旦大学国际政治系，译. 上海：上海人民出版社，1977.

大卫·科泽. 仪式、政治与权力. 王海洲，译. 南京：江苏人民出版社，2015.

菲利普·T. 霍夫曼，凯瑟琳·诺伯格. 财政危机、自由和代议制政府：1450—1789. 储建国，译. 上海：上海格致出版社、上海人民出版社，2008.

詹姆士·B. 柯林斯. 君主专制政体下的财政极限：17世纪上半叶法国的直接税制. 沈国华，译. 上海：上海财经大学出版社，2016.

理查德·邦尼. 欧洲财政国家的兴起：1200—1815年. 沈国华，译. 上海：上海财经大学出版社，2016.

戴维·斯塔萨维奇. 信贷立国：疆域、权力与欧洲政体的发展. 席天扬，欧恺，译. 上海：上海格致出版社，2016.

威廉·多伊尔. 捐官制度：十八世纪法国的卖官鬻爵. 高毅，高煜，译. 北京：中国方正出版社，2017.

卡尔·迪特里希·埃隆德曼，等. 德意志史：1—4卷：张载扬，等译. 北京：商务印书馆，1986.

米歇尔·斯托莱斯. 德国公法史：国家法学说和行政学1800—1914. 雷鸣，译. 北京：法律出版社，2007.

弗里茨·斯特恩. 金与铁：俾斯麦、布莱希罗德与德意志帝国的建立. 王晨，译. 成都：四川人民出版社，2018.

弗·梅林. 德国社会民主党史：1—4卷. 青载繁，译. 北京：生活·读书·新知三联书店，1973.

乌尔夫·迪克迈尔，等. 德意志史. 孟钟捷，等译. 北京：商务印书馆，2018.

玛丽·富布卢克. 剑桥德国史. 高旖嬉，译. 李雪涛，校. 北京：新星出版社，2017.

玛丽·弗尔布鲁克. 德国史：1918—2009年. 卿文辉，译. 张润，校. 上海：上海人民出版社，2011.

查尔斯·A. 比尔德. 美国宪法的经济解释. 何希齐，译. 北京：商务印书馆，1984.

施密特，谢利，巴迪斯. 美国政府与政治. 梅然，译. 北京：北京大学出版社，2005.

李道揆. 美国政府和美国政治：上下册，北京：商务印书馆，1999.

保罗·利科尔. 战争、枪炮与选票. 吴强，译. 南京：南京大学出版社，2018.

伊曼纽尔·克雷克，威廉·切斯特尔·乔丹编. 腐败史：上、中、下. 邱涛，等译. 刘北城，李亚丽，审校. 北京：中国方正出版社，2016.

安格鲁·帕尼比昂科. 政党：组织与权力. 周建勇，译. 上海：上海人民出版社，2013.

米歇尔·福柯. 生命政治的诞生. 莫伟民，赵伟，译. 上海：上海人民出版社，2018.

林恩. 新垄断资本主义. 徐剑，译. 北京：东方出版社，2013.

B. 盖伊·彼得斯. 政治科学中的制度理论："新制度主义". 王向民，段红伟，译. 上海：上海人民出版社，2011.

钱学森，许国志，王寿云. 组织管理的技术——系统工程// 文汇报，1978-7-27.

汉斯·摩根索. 国家间政治：权力斗争与和平. 肯尼斯·汤普森，戴维·克林顿，修订. 徐昕，等译. 北京：北京大学出版社，2006.

理查德·拉克曼. 国家和权力. 郦菁，张昕，译. 上海：上海人民出版社，2013.

乔尔·S. 米格代尔. 社会中的国家：国家与社会如何相互改变与相互构成. 李杨，等译. 南京：江苏人民出版社，2013.

阿尔托尔汉诺夫. 权力学. 张开，等译. 2册. 北京：新华出版社，1980.

布鲁斯·阿克曼. 别了，孟德斯鸠：新分权理论与实践. 聂鑫，译. 北京：中国政法大学出版社，2016.

亚当·普热沃尔斯基. 资本主义与社会民主. 丁韶斌，译. 北京：中国人民大学出版社，2012.

凯马尔·H. 卡尔帕特. 当代中东的政治和社会思想. 陈和丰，等译. 北京：中国社会科学出版社，1992.

劳伦斯·赖特. 末日巨塔：基地组织与"9·11"之路. 张鲲，蒋莉，译. 上海：上海译文出版社，2014.

依高·普里莫拉兹. 恐怖主义研究：哲学上的争议. 周展，曹瑞涛，王俊，译.杭州：浙江大学出版社，2010.

塞缪尔·亨廷顿.文明的冲突与世界秩序的重建.周琪，等译.北京：新华出版社，1999.

弗朗西斯·福山.政治秩序的起源：从前人类时代到法国大革命.毛俊杰，译.桂林：广西师大出版社，2014.

弗朗西斯·福山.政治秩序与政治衰败：从工业革命到民主全球化.毛俊杰，译.桂林：广西师大出版社，2015.

弗朗西斯·福山.大断裂：人类本性与社会秩序的重建.唐磊，译.桂林：广西师大出版社，2016.

布莱恩·唐宁.军事革命与政治变革：近代早期欧洲的民主与专制之起源.赵信敏，译.上海：复旦大学出版社，2015.

约翰·伊肯伯里.自由主义利维坦：美利坚世界秩序的起源、危机和转型.赵明昊，译.上海：上海人民出版社，2013.

卡罗尔·佩特曼.参与和民主理论.陈尧，译.上海：上海人民出版社，2012.

迈克尔·佩里.权利的新生：美国宪法中的人权.徐爽，王本存，译.北京：商务印书馆，2016.

托马斯·埃特曼.利维坦的诞生：中世纪及现代早期欧洲的国家与政权建设.郭台辉，译.上海：上海人民出版社，2016.

阿兰·瑞安.论政治：上下卷，林华，译.北京：中信出版社，2016.

肯尼迪.大国的兴衰：1500—2000年经济变革和军事冲突.王保存，译.北京：求实出版社，1988.

简·伯班克，弗里德里克·库珀.世界帝国史：权力与差异政治.

柴彬，译.北京：商务印书馆，2017.

克里斯多夫·皮尔逊.论现代国家.刘国兵，译.北京：中国社会科学出版社，2017.

德·热拉斯.新阶级：对共产主义制度的分析.陈逸，译.北京：世界知识出版社，1963.

杰克·斯奈德.从投票到暴力：民主化和民族主义冲突.吴强，译.北京：中央编译出版社，2018.

汉斯J.沃尔夫，奥托·巴霍夫，罗尔夫·施托贝尔.行政法.高家伟，译.1—3卷.北京：商务印书馆，2014.

朱利安·班达.知识分子的背叛.佘碧平，译.上海：上海人民出版社，2015.

沈汉.资产阶级自由民主观念的起源问题// 世界历史.1987-4.

沈汉、刘新成.英国议会政治史.南京：南京大学出版社，1991.

沈汉.专制主义时期的国家形态// 现代文明的起源与演进.南京：南京大学出版社，1991.

沈汉.法国专制主义时期国家机构的变革// 史学月刊.1992-5.

沈汉.当代西方学术界对国家史和国家理论的研究// 世界史研究动态.1993-5.

沈汉，王建娥.欧洲从封建社会向资本主义社会过渡研究：形态学的考察.南京：南京大学出版社，1993.

沈汉.西方社会结构的演变：从中古到20世纪.珠海：珠海出版社，1998.

沈汉.英国宪章运动.兰州：甘肃人民出版社，1997.

沈汉，黄凤祝. 反叛的一代：20世纪60年代西方学生运动. 兰州：甘肃人民出版社，2002.

沈汉. 世界史的结构和形式. 北京：生活·读书·新知三联书店，2013.

沈汉. 资本主义史：3卷. 北京：人民出版社，2015.

Abraham.David，The Collapse of the Weimar Republic，Political Economy and Crisis. Princeton U. P. 1986.

Alavi，Hamza，and Teodor Shanin，（eds.），Introduction to the Sociology of "developing Societies." Macmillan，1982.

Alfonso，Isabell，Hugh Kennedy，and Julio Escalona，（eds.），Building Legitimacy. Political discurses and forms of legimacy in medieval societies. Leiden，Brill，2004.

Anderson，Eugene. N.，and Pauliner R.，Political Institution and Social Change in Continental Europe in the Nineteenth Century. California U. P. 1967.

Anderson，James，The Rise of Modern State. Sussex，1986.

Anisirmov，E. V.，The Reforms of Peter the Great：progress through coercion in Russia. M. E. Sharpe. 1993.

Armstrong，J. A.，The European Administrative Elite. Princeton U. P. 1973.

Ascher，Abraham，P.A.Stolypin，The Search for Stability in Late Imperial Russia. Stanford U. P. 2001.

Ashley，M.，Financial and Commercial Policies Under the Cromwellian Protectorate.London，1972.

Aylmer, Gerald E., The King's Servants. the Civil Service of Charle I, 1625—1642. London, Routledge & Kagan Paul, 1973.

Aylmer, Gerald E., The State's Servants. the Civil Service of the English Republic, 1649—1660. London, Routledge & Kagan Paul, 1981.

Aylmer, Gerald E., The Crown's Servants: Government and Civil Service Under Charles Ⅱ, 1660—1685. Oxford U. P. 2002.

Bake, K. M., ed., French Revolution and the Creation of Modern Political Culture. Pergamon Press. 1987. 4Vols.

Baldwin, John W., The Government of Philip Augustus: Foundations of French Royal power in Middle Ages. Berkeley, 1986.

Barker, Ernest, The Development of Public Services in Western Europe 1660—1930. Hamden, Conn., 1966.

Baloyra, Enrique A., ed., Comparing New Democracies. Westview Press. 1987.

Baron, Hans, The Crisis of the Early Italian Renaissance. Civic Humanism and Republican Liberty in An Age of Classicism and Tyranny. Princeton U. P. 1966.

Barraclough, G., The Origins of Modern Germany. Oxford Bail Blackwell. 1972.

Barrett, M., Women's Oppression Today: Problems in Marxist Feminist Analysis. London, 1980.

Bassi, Karen, and J. Peter Euben, When World Elide: classics, politics, culture. Lexitong Books. 2010.

Baumgold, Deborah, Contract Theory in Historical Context.Essays on Grotius, Hobbes, and Locke. Brill, 2010.

Beetham, David, Democracy and Human Rights. Polity Press. 1999.

Bell, David A., Lawyers and Citizens: The Making of A Political Elite in Old Regime France. Oxford U. P. 1994.

Bendix, Reinhard, Kings or People? Power and the the Mandate to Rule. University of California Press. 1978.

Bendix, Reinhard, and S. M.Lipset, Class, Status and Power. Free Press. 1953.

Berger, Stefan, and Alexei Miller, (eds.), Nationalizing Empires.CEU Press, 2015.

Beyer, Cornelia., Inequality and Violence: Re-appraisal of Man, the State and War. Ashgate, 2014.

Blackbourn, David and Geoff Eley, The Peculicarities of German History. Bourgeois Society and Politics in Nineteenth Century Germany. Oxford U. P. 1984.

Blockmans, Willems Pieter, A History of Power in Europe: people. market and states. Antweep 1997.

Blockmans, Wim, and Nicolatte Mout, (eds.), The World of Emperor Charles V, 1500—1558. Amsterdan, 2004.

Blockmans, Wins Pieter, Andre Holenstein, Jon Mathieu and Daniel Schlappi, Empowering Interactions, Political Cultures and the Emergence of the State in Europe 1300—1900. Ashgate, 2009.

Blomgrew, Magnus, and Oliver Rozenberg, (eds.), Parliamentary roles in modern legislature. Routledge, 2012.

Bonney, Richard, Political Chang in France Under Richelieu and Mazaran 1624—1661 Oxford U. P. 1976.

Bonney, Richard, Society and Government in France Under Richaeliu and Mazarin, 1624—61. Macmillan, 1988.

Bottomore, T.B., Elite and Society. Penguin Books. 1976.

Braun, R., "Taxation, sociopolitical structure and the state building; Great Britain and Brandenburg Prussia." in Charles Tilly, ed., The Formation of National State in Western Europe. University of Princeton Press.1975.

Brauneder, Wilhelm, "History of the Structure of General Administration in Austria." in Federal Chancellery, ed., Public Administration in Austria. Wien, 1992.

Brewer, John, and Eckhart Hellmuth, (eds.), Rethinking Leviathan: the eighteenth-century state in Britain and Germany. Oxford U. P. 2004.

Brink, Tobinsten, Global Political Economy and the Modern State System. Brill, 2014.

Brooke, M., The Great Reform Acts. London, Hutchinson Unversity Library. 1973.

Brustein, William, The Social Origins of Political Regionalism. France , 1949—1981. University of California Press. 1988.

Bull, Hedley, (ed.), The Expansion of International Society.

Oxford U. P. 1984,

Bush, M.L., The European Nobility. Manchwster U. P. 3 Vols.

Cannon, John, Parliamentary Reform 1640–1832.Cambridge U. P. 1972.

Cannon, John, Aristocratic Century: The Peerage of the Eighteenth Century. Cambridge U. P. 1984.

Caplan, Jane, Government Without Administration: state and civil sevice in Weimar and Nazy Germany. Oxford U. P. 1988.

Carlyle, Thomas, History of Friedrich Pressia, Call Frederick the Great. London, 1858—1868. 8 Vols.

Carnoy, Martin, The State and Political Theory. New Jersey, Princeton U. P. 1984.

Carsten, F.L., Princes and Parliaments in Germany from 15th to 18th Century. Oxford, Clarendon Press. 1958.

Carsten, F.L., A History of the Prussian Junkers. Scolar Press. 1989.

Chabod, Frederico. Machiavelli and the Renaissance. Harper Torchbooks, 1958.

Chambers, David, The Imperial Age of Venice, 1380—1580. London, Thames and Hundson, 1970.

Chambers, David, and Brian Pullan, (eds.), Venice. A Documentary History, 1450—1630. Blackwell. 1993.

Chandler, Palph Clark, A Centennial History of the American Administrative State. Free Press, 1987.

Cheyette, Fredric L., (ed.), Lordship and Community in Medieval Europe. New York, 1968.

Chirot，Daniel，Modern Tyrants，The Power and Revalence of Evil in Our Age. Free Press. 1994.

Church，Clive H.，Revolution and Red Tape. The French Ministerial Bureaucracy 1870—1850. Oxford Clarendon Press. 1981.

Church，W.F.，Constitutional Thought in Sixteenth Century France. Cambridge U. P. 1941.

Coggins，Bridget，Power politics and state formation in the twentieth Century：the dynamics of recognition. Cambridge U. P. 2014.

Cohen，Jean L.，Globalization and Sovereignty：rethinking legality and constitutionlism. Cambridge U. P. 2012.

Cohen，Ronald，and John Middleton，（eds.），Comparative Political Systems. Studies in the Politics of Pre-industrial Societies. University of Texas Press. 1967.

Cohen，Ronald，and Judith Toland，State Formation and Political Legitimacy. Political Anthropology，Volume Ⅵ. New Brunswick and Oxford，Transaction Books. 1988.

Collins，I.，Napoleon and His Parliaments，1800—1815. London，1979.

Collins，Irene，Government and Society in France 1814—1848. Edward Arnold，1970.

Collins，James B.，From Tribes to Nation：The Making of France 500—1799. Thomas Learning. 2002.

Collins，Stephen L.，From Divine Cosmos to Sovereign State：An Intellectual History in Consciousness and Ideas of Order Renaissance

England. Oxord U. P. 1989.

Corringan, Paul, ed. Capitalism, State Formation and Marxist Theory. London, 1980.

Corringan, Paul, and Derek Sayer, The Great Arch.English State Formation as Cultural revolution. Basil Blackwell, 1985.

Courtois, Stephane, Nicolas Werth, Jean-Louis Panne. Andrzej Paczkowski. Karel Bartosek, and Jean-Louis Margolin, The Black Book of Communism.Crimes, Trror, Repression. Translated by Jonathan Murphy and Mark Kramer. Consulting Editor Mark Kramer. Cambridge, Massachusetts. Harvard University Press.1999.

Crummey, R.C., The Formation of Muscovy, 1304—1603. London, 1983.

De Jasay A., The State. 1985.

Diamond, Larry, and Marc F. Plattner, (eds.), The Global Divergence of Democracies. Johns Hopkins U. P. 2001.

Dickson, P. G. M., Finance and Government under Maria Theresia 1740—1780. Oxford, Clarendon Press. 1987. 2Vols.

Dippel, Horst, ed., Constitutions of the World from the late 18th Century to the Middle of the Nineteenth Century. Sources on the rise of modern constitutionalism. Muenchen, 2005.

vol. 1: Constitutional Documents of the United Kingdom 1782—1835 Ed. by H. T. Dickinson.

vol. 2: Constitutional Documents of Austria, Hungary and Liechtenstein 1791—1849 Ed. by Lise Reiter, Augres Cieger, Paul Vogt.

vol. 3：German Constitutional Documents 1806—1849.

vol. 4：Constitutional Projects of Russia 1799—1825 By Oleg Subbotin. 2007.

vol. 5：Polish Constitutional Documents 1790—1848.

vol. 6：Constitutional Documents of Denmark，Norway and Sweden 1809—1849.

vol. 8：Constitutional Documents of Switzerland 1791—1865，part Ⅲ.

Dorwart，R. A.，The Adminintrative Reform of Frederick William Ⅰ of Prussia.Harvard U. P. 1953.

Dukes，Paul，The Making of Russian Absolutism，1613—1801. Routledge，2014.

Dwyer，Philip G.，ed.，The Rise of Prussia 1700—1830. Longman，2000.

Elazar，Dahlia S.，The Making of Fascism：Class，State，and Counter-Revolution，Italy 1919—1922. Praeger. 2011.

Elton，G.R.，The Tudor Revolution in Government. Cambridge U. P. 1979.

Elton，G.R.，Policy and Police：The Enforcement of the Reformation in the Age of Thomas Cromwell.Cambridge U. P. 1972.

Evans，P.，P. Rueschemeyer，and T. Skocpol，eds.，Bring the State Back in. Cambridge U. P. 1986.

Fell，A. London，Origins of Legislative Sovereignty and the Legislative State. Knningstein，1983-2010.7 Vols.

Ferguson，A.，An Essay on the History of Civil Society. 1767.

Edinburgh U P. 1966.

Field, Daniel, The End of Selfdom. Nobility and Bureaucracy in Russia, 1855—1861. London, 1976.

Finer, H., The Theory and Practice of Modern Government. London, 1932.2 Vols.

Finer, Herman, The Major Government of Modern Europe. 1960.

Finer, S. E., The man on horseback: the role of military in politics. London. 1962.

Finer, S. E., Comparative Government. Penguin Books, 1970.

Finnish, John, Natural Law and Natural Rights. Oxford U. P. 2011.

Firth, C. H., and R. S. Rait, eds., Acts and Ordinance of the Interregnum, 1642—1660. London, 1911, 3vols.

Fitzmauring, Andrew, Sovereignty, Property and Empire, 1500—2000. Cambridge U. P. 2014.

Fominaya, Cristian Flesher, and Laurence Cox, Understanding European Movements; New Social Movernments, Global Justies Struggle, Anti-austerity Protest. New Routledge, 2013.

Ford, F. L., Robe and Sword, the Regrouping of the French Aristocracy After Louis XIV. Harvard U. P. 1953.

Fortescue, William, The Third Republic in France, 1870—1940, Conflicts and Continuities. Routledge, 2000.

Franklin, Julian H., Jean Bodin and the Sixteenth-Century Revolution in the Methodgy of Law and History. Columbia U. P. 1963.

Friedrich, Karin, Brandenburg-Prussia, 1466—1806. The Rise of a Composite State. Palgrave Macmillan，2012.

Gagliardo，John G.，Germany Under the Old Regime，1600–1790. London，1991.

Galbraith，John K.，The New Industrial State. London，1968.

Gamberini，Andrea，and Isabella Lazzarina，（eds.），The Italian renaissance state. 2012. Cambridge U. P. 2012.

Gamberini. Andrea，ed.，A Companion to Late Medieval and Early Modern Milan. The Distinctive Features of An Italian State. Leiden，Brill.

Gardiner，S. R.，ed.，Cnstitutional Documents of Puritan revolution 1625—1660. Oxford，Clarendon Press，1906.

Gewirth，Alan，（ed.），Marsilius of Padua. N. Y. 1979. 2vols.

Giddens，Anthony，and David Held，eds.，Classes，Power，and Conflict. Classical and Contemporary Debates. California U. P. 1982.

Gilbert，Felix，ed.，The Historical Essays of Otto Hintze. New York. Oxford U. P. 1975.

Gil，Grame J.，The Nature and the Development of Modern State. Palgrave Macmillan Press. 2003.

Goldsmith，Raymond William，Premodern Financial System：a historical comparative study. N. Y. Cambridge U. P. 1987.

Gouth，Hugh，The Newspaper Press in the French Revolution. London，Routledge，2016.

Gregor，A. James，Italian Fascism and Developmental Dictatorship. Princeton U. P. 1979.

Grekov，B.，Kiev Rus. Moscow，1959.

Guenee, B., States and Rulers in Later Medieval Europe. Oxford U. P. 1985.

Guttsman, W.L., The British Political Elite. London, 1963.

Guyver, Chriotopher, The Second French Republic 1848—1852. A Political Interpretation. Palgrave Macmillan, 2016.

Hall, John A., Power and Liberty. Oxford, Blackwell, 1985.

Hall, John A., State in History. Blackwell, 1986.

Hamburg, G.M., Politics of the Russia Nobility 1881—1905. New Jersey, 1984.

Hamerow, Theodore S., Restoration, revolution, reaction: economic and politics in Germany, 1815—1871. Princeton U. P. 1972.

Hansen, Mogens Herman, (ed.), A Comparitive Study of the Thirty City-State Culture. Copenhagen, 2000.

Harding, Alan, Medieval Law and the Fundatons of the State. Oxford U. P. 2002.

Harding, R. R., Anatomy of Power Elite: The Provincial Governors of Early Modern France. Yale U. P. 1978.

Hatton, Richard, Louis XIV and Absolutism. Ohio State University Press, 1976.

Hay, Douglas, Peter Linebaugh, and E. P. Thompson, (eds.), Albion's Fatal Tree. Crime and Society in the Eighteenth Century England. London, Allen Lane, 1975.

Hayden, J. Michael, France and the Estates General of 1614. Cambridge U. P.

Head, Michael, Domestic Development of the Arms Forces: military Power, Law and Human Right. Ashgate, 2009.

Heckscher, Eli F., Mercantilism.London, 1935, 2 vols.

Heim, Susanne, The Kaiser Wilhelm Society Under National Socialism. NewYork. Cambridge U. P. 2009.

Henderson, W. O., The State anf the Industrial Revolution in Prussia 1740—1870. Liverpool U. P. 1958.

Hill, Christopher, Puritism and Revolution. Secker and Warburg, 1958.

Hilton, Rodney, ed., The Transition from Feudalism to Capitalism. London, New Left Books, 1982.

Hirst, Derek, The Representatives of People? Cambridge U. P. 1975.

Hobson, John A., Imperialiam. A Study. New York, 1902.

Holborn, H., A History of Modern Germany, 1648—1840. New York, 1964, 2 Vols.

Holloway, John, and Sol Picciotto, State and Capital. A Marxist Debate. Austin, University of Texas Press, 1979.

Holton, R., The Transition from Feudalism to Capitalism. London, Macmillan, 1984.

Hosking, Geoffrey A., The Russian Constitutional Experiement, Governmentand Duma, 1907—1914. Cambridge U. P. 1973.

Hubstach, W., Federick the Great.Absolutism and Administration. Londoin, 1975.

Hubstach, W., Studies in Medieval and Modern German History.

Macmillan，1985.

Hughes，E.，Studies in Aedministration and Finance 1558—1825. Manchester U.P.，1934.

Huntington，Samuel P.，The Soldier and State：the theory and politics of civil-military resolutions. 1967.

Jacob，Frank，and Gilmar Visoni Alonzo，The Military Revolution in Early Modern Europe. A Revision. Palgrave Macmillan，2016.

Jessop，Bob，The Capitalist State. Oxford U. P. 1982.

Jones，Chris，State Social Work and the Working Class.Macmillan，1983.

Jones，Eric I.，The European Miracle：Environments，Economics and Geopolitics in the History of Europe and Asia. Cambridge U. P. 1981.

Jones，Larry Eugene，German Liberalism and the Dissolution of the Weimar Party System，1918—1933. University of North Carolina Press. 1988.

Jones，Mark，Founding Weimar. Violence and the German Revolution of 1918—1919. Cambridge U. P. 2016.

Jones，Philip J.，The Italian City-State. Oxford. Clarendon Press. 1997.

Keeler，M. F.，The Long Parliament 1640—1641. Philadelphia，1954.

Kenyon，J. P.，（ed.），Stuart Constitution. Documents and Commentary.Cambridge U. P. 1988.

Kidron，Michael，Western Capitalism Since the War. London，

1968.

Kienan, V. G., "State and nation in western Europe." in *Past and Present*. 31.

Kingsley, John Donald, Representative Bureaucracy: An Interpretation of British Civil Service. Antioch Press. 1944.

Kirshner, Julius, (ed.), The Origins of the State in Italy 1300—1600.University of Chicago Press, 1995.

Kohn, A., and A. Wolfe, (eds.), Feminism and Materialism. LOndon, 1978.

Kruman, Marc W., Between Authority and Liberty: State Constitution Making in Revolutionary America. University of North Carolina Press, 1997.

LeDonne, John P., Absolutism and Ruling Class. The Formation of the Russian Political Order 1700—1825. Oxford U. P., 1991.

Lefort, Claude, The Political Form of Modern Society. Bureaucracy, Democracy, Totalitarianism. Edited and Introduced by John B. Thompson. Polity Press. 1986.

Lefort, Claude, Democracy and Political Theory. Translated by David Macey. Polity Press. 1988.

Lefort, Claude, Complications. Communism and the Dilemmas of Democracy. Translated with an Introduction, by Julian Bourg.NewYork, Columbia University Press. 2007.

Lefort, Claude, Machiavelli in the Making. Northwestern University Press. 2012.

Lev, Amnor, Sovereignty and Liberty: a study of the foundation of power.Routledge, 2014.

Lewis, P. S., "The Failure of the French Medieval Estates." *Past and Present*, 23（1962）, pp. 3–24.

Lincoln, W.Bruce, The Great Reforms; Anticracy, Beraucracy, and the Political Change in Imperial Russia. Illinois U. P. 1990.

Loewenberg, Gerhard, On Legislature: The puzzle of representation. Boulder, 2011.

Lubenow, William C., The Politics of Government Growth.Early Victorian Attitude Toward State Intervantion, 1833—1848. David & Charles. 1971.

Lynch, John, Spain 1516—1598. From Nation State to World Empire. Oxford, Blackwell, 1992.

Lynch, John, The Hispanic World in Crisis and Change, 1598—1700. Oxford, Blackwell, 1992.

McFarlane, A., The Origins of English Individualism. Oxford, Blackwell. 1978.

Mackay, Ruth, The Limits of Royal Authority: resistance and obedience in seventeenth–century Castile. Cambridge U. P. 1999.

Mackintoch, J. P., The British Cabinet. London, Methuen, 1968.

Maitland, F. W., The Constitutional History of England, Cambridge U. P. 1909.

Major, J. Russell, From Renaissance Monarchy to Absolute Monarchy: French king, nobels & estates. John Hopkins U. P. 1994.

Major, J. Russell, The Monarchy, the Estates and the Aristocracy in Renaissance France. Various Press, 1988.

Mandel, Ernest., The Marxist Theory of the State. N. Y. 1971.

Mann, Michael, Power in 21st Century: conversation with John A. Hall. Polity Press, 2011.

Marongiu, Antonio, Medieval Parliaments. A Comparative Study. London, 1968.

Marshall, Thomas. H., Citizenship and Social Development, Garden City, N. J., 1965.

Martin, Roderick, The sociology of power. Routledge & Kegan Paul. 1977.

Martines, Lauro, Power and Imagination: City State in Renaissance Italy. N. Y. 1979.

Mayer, A. R., Parliaments and Estates in Europe to 1789. London, Thomas and Hudson, 1975.

McNeill, William H., The Persuit of Power: technology, arm force, and society since A. D. 1000. University of Chicago Press.1982.

Mehring, F., Absolutism and Revolution in Germany, 1525—1848. London, 1975.

Meinecke, Friedrich, Machiavellism. The Doctrine of Raison D'Etat and Its Place in Modern History. London, Routledge and Kegan Paul. 1957.

Michels, Robert, Political Parties; A Sociological Study of the Oligarchical Tendencies of Modern Democracy. Free Press. 1959.

Middicott，J. R. and D. H. Palliser，（eds.），The Medieval State：essays present to James Campbell. Hambleden Press，2000.

Miliband，Ralph，Parliamentary Socialism. A Study in the Politics of Labour. London，Merlin Press，1972.

Mitteis，H.，The State in the Middle Ages. North Holland Publishing Co. 1975.

Moaddel. Mansoor，Islamic Modernism，and Fundamentalism. University of Chicago Press. 2005.

Moazami，Behrooz，State，Religion and Revolution in Iron，1796 to Present. Macmillan Palgrave. 2013.

Molho，Anthony，Florentine Public Finances in Early Renaissance，1400—1433. Harvard U. P. 1971.

Molho，Anthony，Kurt Raaflaub，and Julia Emlen，（eds.），City States in Classical Antiquity and Medieval Italy. Ann Arbar，The University of Michigan Press，1991.

Moon，David，The Russian Peasantry 1600—1930. The World Peasant Made. Longman. 1999.

Moore，R. I.，Lineages of European Political Thought. 2009.

Mosse，W. E.，Alexander Ⅱ and the Modernization of Russia.I. B. Tauris and Co. Ltd. 1992.

Mousnier，Roland，The Institutiojs of France Under the Absolute Monarchy，1598—1789. London and Chicago，1979. Vol. 1. Society and State. Vol. 2. Organs of State.

Murphy，Russall D.，Strategic culculations and the admission

of new states into the union, 1789—1960: congress and politics of statehood. Edwin Mellen Press, 2008.

Murvar, Vatao, (ed.), Theory of Liberty, Legitimacy and Power: New Directions in the Intellectual and Scientific Legacy of Max Weber.Routledge and Kagan Paul, 1985.

Myer, A. R., Parliaments and Estates in Europe to 1789. London. 1975.

Nader, Helen, Liberty in Absolutist Spain: The Habsburg Sale of Towns, 1516—1700. John Hopkins U. P. 1994.

Newman, Michael, Ralph Miliband and the Politics of the New Left. London, Merlin Press, 2002.

O'Connor, James, The Fiscal Crisis of the State. New York, 1973.

O'Connor, James, The Corporations and the State. Essays in the Theory of Capitalism and Imperialism. New York, 1974.

Oestreich, G., Neostoicism and the Early Modern State. Cambridge U. P. 1982.

Offer, Claus, and V. Ronge, "These on the Theory of State." in Antoney Giddens and David Held, eds., Classes, Power and Conflict. 1974.

Offer, Claus, Disorginised Capitalism. Contemporary Transformation of Work and Politics. Oxford, U. P. 1985.

Oppenheimer, Franz, The State. Ita History and Development Viewed Sociologically. New York, Vanguard Press. 1928.

Oxford Handbook of State and Local Government. Oxford U. P. 2014.

Pallot, Judith, Landscape and Settlement in Romannov Russia 1613—1917. Oxford, Clarendon Press. 1990.

Parker, Geoffrey, The Military Revolution.Military innovation and the rise of the West, 1500—1800. Cambridge U. P. 1988.

Parker, Geoffrey, Sovereign City. The City State Thought History. Beaktion Books. 2004.

Paterson, W. E., and A. H. Thomas, Social Democratic Parties in Western European. London, 1977.

Paul, T.V, G. John Ikenberry, and John A. Hall, (eds.), The Nation–State in Question. Princeton U. P. 2003.

Pelczynski, Z.A., The State and Civil Society. Studies in Hegel's Political Philosophy. Cambridge U. P. 1984.

Plessis, Alain, The Rise and Fall of the Second Empire 1852—1871. Cambridge U. P. 1987.

Pocock, John G. A., Three British Revolution, 1641, 1688, 1776. New Jersey, Princeton U. P. 1980.

Poggi, Gianfranco, The State.Its Nature, Development and Prospects. California, 1990.

Pollard, S., The Genesis of Modern Management. London, 1965.

Pope, Rex, Alan Pratt and Bernard Hoyle, (eds.), Social Welfare in Britain, 1885—1985. London, 1986.

Poulantzas, Nicos, Classes in Contemporary Capitalis. London, New Left, Books. 1979.

Poulantzas, Nicos, State, Power, and Socialism. London, 1980.

Poulantzas, Nicos, The Poulantzas Reader; Marxist, Law, and the State. London, Verso, 2008.

Price, Roger, The French Second Empire: An Anthmy of Political Power. Cambridge U. P. 2001.

Punnett, R. M., British Governmant and Politics. London, 1971.

Rabb, T. K., The Struggle for Strability in Early Modern Europe. New York, 1975.

Raeff, Marc, The Well-Ordered Police State. Social and Institutional Change Through How in the Germanies and Russia 1600—1800. Yale U. P. 1983.

Raeff, Marc, Understanding Imperial Russia. State and Society in the Old Regime. Columbia U. P. 1984.

Raeff, Marc, Political Ideas and Institutions in Imperial Russia (1689—1917). Western Press, 1994.

Read, Donard, English Provinces, 1760—1960: a study in influence. London, Edward Arnold, 1964.

Reiter, Erich, Heinz Gartner, (eds.), Small States and Alliance. Heidelberg, 2001.

Reuter, Timorthy, The Medieval Nobility. North-Holland Publishing Company, 1979.

Roberts, Clayton, The Growth of Responsible Government in Stuart England. Cambridge U. P. 1966.

Robinson, Paul, ed., The Foucault Reader. Penguin Books, 1986.

Rose, Richard, and Rei Shiratori, (eds.), The Welfare State, east and west. Oxford U. P. 1986.

Rosenberg, H., Bureaucracy, Aristocracy and Autocracy. The

Prussia Experience, 1660—1815.

Rubinstein, Nicolai, The Government of Florence under the Medicci (1434 to 1494) . Oxford U. P. 1997.

Russell, Conrad, Parliament and English Politics 1621—1629. Oxford Clarendon Press. 1979.

Saunders, David, Russia in the Age of Reaction and Reform 1801—1881. Longman, 1992.

Scase, Richard, (ed.) , The State in Western Europe. London, 1980.

Schissler, Hanna, "The Social and Political Power of the Prussian Junkers." in Ralph Gibson and Martin Blinkhorn, (eds.) , Landownership and Power in Modern Europe.London, Harpe Collins Academic. 1991.

Schilling, Heinz, Religion, Political Culture and the Emergence of Early Modern Society. Essays in German and Dutch History. E. J. Brill. 1992.

Schoen, Douglas E., The End of Authority: how a loss of legitimacy and broken trust endangering our future. 2013.

Scott, Tom, The City-State in Europe, 1000—1600. Oxford U. P. 2012.

Seton-Watson, Hugh, The Russian Empire 1801—1917. Oxford , Clarendon, 1967.

Seyssel, Claude de, The Monarchy of France. Yale U. P. 1981.

Sharp, W. R., The French Civil Service. 1931.

Sharp, W. R., The Government of French Republic. 1938.

Shaw, Martin, Theory of the Global State: globality as unfinished revolution. Cambridge U. P. 2000.

Shen Han, "Morphology and the Studies of Western State History: A Case of Transition State." in Ethnohistorische Wege und Lehrjahre eines Philosophen. Festschrift fur Lawrance Krader Zum 75. Geburtstag. Frankfurt. Peter Lang, 1994.

Shennan, J. H., Government and Society in France, 1461—1661. London, Allen & Unwin, 1969.

Shennan, J. H., The Origins of the Modern European State 1450—1725. Lodon, Hutchinson, 1974.

Shennan, J. H., Libersy and Order in Early Modern Europe. the Subject and the State, 1650—1800. Longman, 1986.

Shennan, J. H., The Parlement of Paris. Sutton, 1998.

Shlapentikh, Dmitry, Societal Breakdown and the Rise of the Early Modern State in Europe: Memory of the Future. Palgrave Macmillan, 2008.

Shonfield, Andrew, Modern Capitalism. The Changing Balance of Public and Private Power. Oxford U. P. 1965.

Sismondi, J. C. L. D., A history of Italian republics. London–New York, 1907.

Smith, A. G. R., The Government of Elizabeth England. London, 1967. Cornell U. P. 1991.

Taylor, A. J., Laissez–Faire and State Intervantion in Nineteenth Century Britain.London, 1972.

Brink, Tobias Ten, Global Political Economy and the Modern State System. Leiden, Brilol, 2004.

Thornhill, Chris, A Sociology of Constitutions and State Legitimacy in Historical-Sociologicl Perspective. Cambridge U. P. 2011.

Tilly, Charles, ed., The Formation of National States in Western Europe. Princeton U. P. 1975.

Veall, Donald, The Popular Movement for Law Reform 1640—1660. Oxford, Clarendon Press, 1970.

Vile, M. J. C., Constitutionalism and the Separation of Power. Oxford, Clarendon Press. 1967.

Wailey, Daniel, The Italian City-Republics. London, 1988.

Walker, Mack, German Home Towns. Community, State, and General Estate, 1648—1871. Cornell U. P. 1998.

Weiler, Bjorn, and Simon MacLean, (eds.), Representations of Power in Medieval Germany 800—1500. Brepols, 2 Vols. 2006.

Wesson, R. G., Imperial Order.Berkeley, 1967.

William, Penry, The Tudor Regime. Oxford, Clarendon Press. 1981.

Williams, Stephen F., Liberal Reform in an Illiberal Regime. The Creating of Private Property in Russia, 1906—1915. Hoover Institution Press. California, 2006.

Wilson, Peter H., The Thirty Years War: Europe's Tragedy. Belkknap Press of Harvard U. P. 2009. Russia's Age of Serfdom, 1649—1861. Blackwell, 2008.

Wirtschafter, Elise Kimerling, Russia's Age of Serfdom, 1649—1861.Blackwelll, 2008.

Wolfe, Martin, The Fiscal System of Renaissance France. Yale U. P.

1972.

Yaney，George L.，The Systematization of Russian Government. Social Evolution in the Domestic Administration of Imperial Russia，1711—1905. University of Illionis Press，1973.

Zaller，Robert，The Discourse of Legitimacy in Early Modern England. Stanford U. P. 2007.